일본
정신
분석

일본
정신
분석

라캉과 함께
문화코드로 읽는
이미지의 제국

엮은이 / 박규태
펴낸이 / 강동권
펴낸곳 / (주)이학사

1판 1쇄 발행 / 2018년 11월 30일

등록 / 1996년 2월 2일 (신고번호 제1996-000015호)
주소 / 서울시 종로구 율곡로13가길 19-5(연건동 304) 우 03081
전화 / 02-720-4572 · 팩스 / 02-720-4573
홈페이지 / ehaksa.kr
이메일 / ehaksa1996@gmail.com
페이스북 / facebook.com/ehaksa · 트위터 / twitter.com/ehaksa

© 박규태, 2018, Printed in Seoul, Korea.
ISBN 978-89-6147-328-6 93150

이 책의 저작권은 저자가 가지고 있습니다.
저작권법에 의해 보호를 받는 저작물이므로 이 책 내용의 일부 또는 전부를 재사용하려면
저작권자와 (주)이학사 양측의 동의를 얻어야 합니다.

"이 도서는 한국출판문화산업진흥원 2018년 우수출판콘텐츠 제작 지원 사업 선정작입니다."

* 책값은 뒤표지에 표시되어 있습니다.

이 도서의 국립중앙도서관 출판예정도서목록(CIP)은 서지정보유통지원시스템 홈페이지
(http://seoji.nl.go.kr)와 국가자료공동목록시스템(http://www.nl.go.kr/kolisnet)에서 이용
하실 수 있습니다.(CIP제어번호: 2018037028)

박규태 지음

라캉과 함께 문화코드로 읽는
이미지의 제국

建前
物哀
型
本音
和

일본 정신 분석

이학사

일러두기

1. 주요 인명이나 영화명은 처음 나올 때 한 번 원어를 병기하고 본론에서 해당 인물이나 영화를 집중적으로 소개할 때 한 번 더 병기하는 것을 원칙으로 했다.
2. 부호의 쓰임은 다음과 같다.
    『 』: 책(만화책 포함), 잡지, 저널 제목
    「 」: 단편소설, 시, 문서, 규정, 백과사전 항목, 성경의 편 제목
    〈 〉: 영화, 드라마, 애니메이션, 그림, 표, 노래 제목
    ( ): 서양어, 음이 같은 한자, 일본어에 대한 한자 병기. 출전 표기, 지은이의 부연 설명
    [ ]: 음이 다른 한자나 뜻을 설명하는 한자의 병기. 인용문 내에서 인용자(본서 지은이)의 부연 설명

차례

9	서문: 왜 일본정신분석인가?

27　1부 라캉과 일본 문화: 예비적 고찰

31	**1장 라캉적 주체**
33	I. 무의식의 주체와 충동
42	II. 욕망하는 주체
45	III. 상상계·상징계·실재계
60	IV. 주체·환상·응시
67	V. 주체·주이상스·대상a
80	**2장 일본문화코드와 라캉**
83	I. 일본문화코드
118	II. 일본문화코드와 라캉의 접점

141　2부 라캉으로 읽는 소노 시온의 영화: 주체·사랑·주이상스

148	**3장 주체와 아이덴티티: 〈자살클럽〉과 〈노리코의 식탁〉**
148	I. '카오스의 가족'과 아이덴티티 문제
160	II. 증상으로서의 자살: 죽음충동과 승화
170	III. 렌털 아이덴티티: 상상계·상징계·실재계의 아이덴티티
185	IV. 무엇이 사막이고 무엇이 낙타인가
190	**4장 사랑과 여성적 주이상스: 〈사랑의 죄〉**
190	I. '여성혐오'의 섹슈얼리티: 성(城)은 무엇인가
202	II. 여성적 주이상스의 이야기
212	III. 주이상스의 스피리추얼리티
218	IV. 사랑과 증오의 섹슈얼리티

223	**5장 사랑의 응시: 〈사랑의 노출〉**	
223	I. 소노 영화와 상징계 속의 종교	
229	II. 응시: "나는 나 자신을 바라보는 나를 바라본다"는 착각	
239	III. 환상과 욕망: "나는 실패할 수밖에 없는 불가능한 것을 욕망한다."	
252	IV. 사랑: "당신은 결코 내가 당신을 바라보는 곳에서 나를 바라보지 않는다."	

265	**6장 도착의 미학과 가면의 욕망: 〈기묘한 서커스〉**	
265	I. 미를 향한 욕망과 주이상스	
268	II. 〈감각의 제국〉과 도착의 미학	
272	III. 〈기묘한 서커스〉와 도착의 미학	

289	**3부 라캉으로 읽는 일본 애니메이션: 주체·성장·욕망**

293	**7장 성장하지 않는 주체: 세카이계와 신카이 마코토**	
293	I. '아톰의 명제'와 세카이계: 성장하지 않는 아이	
309	II. 신카이 마코토와 세카이계의 전개	
317	III. 꿈꾸는 주체: 〈구름 저편, 약속의 장소〉	
323	IV. '무스비'의 주체: 〈너의 이름은〉	
337	V. 세카이계를 넘어서: 일상계	

346	**8장 성장하는 주체: 미야자키 하야오와 "살아라!"의 정언명령**	
348	I. 미야자키 하야오 작품 세계의 특징과 성장하는 주체	
365	II. 상상계·상징계·실재계적 주체의 성장	
383	III. 욕망과 환상의 주체	
394	IV. "살아라!"는 정언명령	

414	**9장 성장을 꿈꾸는 반(半)주체: 안노 히데아키의 〈신세기 에반게리온〉**	
414	I. 에반게리온 신드롬	
421	II. 오이디푸스 이야기 vs 아마에 이야기	
431	III. 일본적 자아의 이야기	
440	IV. 모노노아와레의 집합적 주체	

460	**10장 욕망의 주체: 인형의 꿈과 환상, 그리고 욕망과의 화해**	
461	I. 인형의 욕망: 가와모토 기하치로	
467	II. 꿈과 환상의 욕망: 곤 사토시	
482	III. 욕망과의 화해: 〈도쿄 구울〉	
495	**11장 죽음의 주체: 타나토스·불사·트랜스휴머니즘**	
495	I. 타나토스의 이야기: 〈데스노트〉	
505	II. 불사(不死)를 욕망하는 주체: 〈불새〉	
519	III. 트랜스휴머니즘과 죽음의 주체: 오시이 마모루	

543	**4부 글쓰기의 욕망과 일본**

546	**12장 일본에 대한 정신분석적 글쓰기: 피터 그리너웨이의 〈필로우북〉**
546	I. 피터 그리너웨이의 영화 세계
550	II. '글쓰기'의 일본정신분석: 대상a로서의 몸-책
570	III. 주이상스의 글쓰기: 팔루스적 주이상스에서 여성적 주이상스로
580	IV. 모노노아와레의 글쓰기와 일본의 기표

591	**맺음말: 일본과 대상a**
607	**후기**
611	**참고 문헌**
630	**찾아보기**

서문: 왜 일본정신분석인가?

일본정신분석을 시도해보고자 한다. 대담한 기획일지도 모르겠다. 일본을 '정신분석'하자는 것인가? 아니면 '일본정신'을 분석하자는 것인가? 일본이라는 타자와 만나면서 나는 종종 막연하게나마 일본은 정신분석의 대상이라는 생각을 하곤 했다. 일본인과 일본 사회를 경험하면서 느꼈던 이문화 충격 때문이었을까? 열거하자면 끝이 없겠지만, 이를테면 양파 껍질처럼 속이 텅 빈 중심으로서의 천황제에 대한 집착의 일본사, 남에게 '메이와쿠(迷惑, 폐)'를 끼쳐서는 안 된다는 철저한 예절 문화와 질서에의 강박증, 그러면서도 때로 지나치다 싶을 정도로 폭력적이거나 관대한 성문화, 촘촘하게 짜인 거미줄 사이사이로 교묘하게 엮어지는 인간관계의 정형화와 형식 문화, 일본 사상사에서 흔히 엿볼 수 있는 상대주의적 발상 혹은 상반된 사유 방식의 공존, 금욕적 초월성을 내세우는 종교에까지 깊이 침투해 있는 현세적 욕망의 과장, 한편으로는 그런 과잉 욕망과 다른 한편으로는 철저히 자기를 부정하는 몰아(沒我)적 절제 사이의 경계 불확정성, 원리적인 것[理]을 배제한 채 자기를

버리고[無私] 주어진 역할에 최선을 다한다는 '마코토(誠)' 윤리의 내면화, 성인이 된 후에도 유아기의 모성 의존 심리에 고착된 '아마에(甘え)'라는 문화 현상, 이것과 짝을 이루면서 타자에게 책임을 떠넘기려는 'OO해 받다(してもらう)'라는 기묘한 일본어 용법, 알파에서 오메가까지 모든 것이 뒤섞여 있으면서도 실은 같은 자리에 늘어서 있는 모순의 질서, 논리보다 감정이 일차적인 현실을 구성하는 '모노노아와레(物哀れ)'적 공동체에의 자기 분열적 기억 같은 거 말이다.

가라타니 고진의 『일본정신분석』[1] 다시 읽기

실은 두 마리 토끼를 쫓아보자는 것일까? 본서의 기획에는 일본을 '정신분석'하면서 현대 일본인의 '정신'세계 심부까지 들여다보고 싶다는 '불가능한 욕망'이 숨어 있다. 하지만 이런 기획 의도가 현대 일본의 대표적인 비평가 가라타니 고진(柄谷行人)이 말하는 '일본정신분석'과 반드시 일치하는 것은 아니다. 내가 아는 한 일본 지식인 가운데 일본정신분석이라는 야심적인 용어를 내세운(그것도 저서 제목으로!) 인물은 가라타니가 유일하다. 도대체 그는 무슨 생각으로 일본정신분석이라는 표현을 쓴 것일까?

가라타니가 궁극적으로 다루고자 한 것은 전통적으로 '야마토다마시이(大和魂)'라 칭해져온 자민족 중심적인 '일본정신'에 대한 비판적 재해석에 있다. 그는 근세 국학(國學)의 대성자인 모토오리 노

---

[1] 柄谷行人, 『日本精神分析』(文藝春秋, 2002). 총 4장으로 구성된 이 책의 제목은 아쿠타가와 류노스케(芥川龍之介)의 단편소설 「신들의 미소(神々の微笑)」를 다룬 제2장 "일본정신분석"에서 따온 것이다. 한국에는 『일본정신의 기원』이라는 제목으로 번역되었다.

리나가(本居宣長)에 의해 정식화된 야마토다마시이를 또한 노리나가에 의해 체계화된 미적 개념인 '모노노아와레'와 연결시켜 재해석하고 있다. 가령 가라타니는 "열광적이기는 커녕 매우 실용적이며 여성적인 야마토다마시이로 표상되는 일본의 내셔널리즘은 작고 애잔한 것의 공동성, 즉 '모노노아와레적 공동성'을 기반으로 한다"(가라타니 고진, 2006: 96)고 지적한다. 도덕적 원리가 부정하고 억압하고 은폐해버리는 작은 감정으로서의 모노노아와레를 무엇보다 소중하게 여기는 것이야말로 일본정신의 정수라는 말이다.

노리나가 국학은 세 가지 측면으로 이루어져 있다. 모노노아와레를 다루는 섬세한 문예론[歌論], 실증적인 고대 일본어 연구, 광적인 신도론[古道論]이 그것이다. 이중 신도론은 중국이나 한국에서 건너온 외래적인 것, 모든 타자적인 것을 철저히 배제하는 '가라고코로(漢心)' 담론에 입각해 있다. 일본 사상사 연구자 고야스 노부쿠니는 문예론 및 일본어 연구와 신도론 사이의 화해할 수 없는 균열과 관련하여 "노리나가의 고대 일본어 연구가 그 치밀한 실증성에서 획기적인 것임에 비해, 이 동일한 학자가 조야하고 광신적인 배타적 국가주의를 주창한 것은 도대체 어찌 된 일인가?"(子安宣邦, 1995: 178)라는 이른바 '노리나가 문제'를 제기한다. 이런 노리나가 문제에 비추어볼 때, 일본정신에 대한 가라타니의 재해석에 반드시 동의할 수 있는 것만은 아니다. 끊임없이 "진정한 타자란 무엇인가?" 혹은 "타자와의 대화란 무엇인가?"를 진지하게 탐구해온 가라타니 윤리학의 자리에서 보더라도, 극단적으로 타자를 부정하는 노리나가 국학에 대해 모노노아와레의 측면을 지나치게 부각시키는 듯한 상기의 재해석은 납득하기 어려운 구석이 있다. 그럼에도 불구하고 가라타니의 일본정신분석이 여전히 유용하다면 어떤 면에서 그러한지를 좀 더 짚어볼 필요가 있겠다.

일본 '근대문학의 종언'과 모놀로그적인 근대적 사유의 해체를 주창해온 가라타니는 주체나 원리성에 입각한 서구의 근대적 사유가 '편집증적'이라면, 이에 반하여 주체나 원리성을 갖지 않는 자아 불확실성의 일본적 사유를 '정신분열적'이라고 규정한다. 이때 그는 불교를 비롯한 일본의 외래 사상 수용 양상에 주목하고 있다. 마루야마 마사오(丸山眞男)나 다케우치 요시미(竹內好)와 마찬가지로 가라타니 또한 일본에는 확고한 자기나 원리 같은 것이 없기 때문에 일본은 외래적인 것을 무엇이든 잘 받아들이며, 동시에 실은 아무것도 받아들이지 않는다고 보았다. 바깥에서 들어온 것이 일본에 정착하는 경우는 오직 아쿠타가와 류노스케가 단편「신들의 미소」에서 언급한 '변조하는 힘'에 의한 것일 뿐이다. 그 결과 일본에서 불교는 종종 외래 사상으로 간주되곤 한다. 가라타니는 이와 같은 사유 경향을 '거세(원억압)'나 '배제'2라는 라캉(Jacques Lacan)의 개념을 빌려 설명한다.
　예를 들어 한국에서 불교는 세계종교화됨으로써 외래성이 거세되었고 그 결과 자기가 형성되었으며 그후 내면화 과정을 거쳐 더이상 외래 사상으로 인식되지 않고 있다. 이에 반해 일본 불교는 세계종교로의 거세 자체가 배제되었기 때문에 자기가 형성되지 않았다. 그러니까 외래적인 것을 무엇이든 재빨리 받아들이는 일본의 천재적 모방 능력은 일종의 배제 형태라는 말이다. 즉 일본에서

2　'억압'과 구별되는 특수한 방어기제로 "어떤 요소가 한 번도 존재해본 적이 없었던 것처럼 상징계의 밖으로 거부해버리는 것"을 뜻하는 용어. 이 배제의 대상은 '아버지의 이름'이다. 즉 아버지의 이름이 특정 주체에게서 배제될 때 도저히 채울 길이 없는 구멍이 상징계에 남게 된다. 이럴 때 그 주체는 정신병에 걸리거나 혹은 정신병의 증상을 보이지 않을지라도 정신병적 구조를 갖게 된다. 한국에서는 '폐제(foreclosure)'라는 용어를 쓰기도 한다(에반스, 1998: 409-411).

불교는 세계종교로서의 제도화된 보편 질서로 상징화되지 않은 채 일본적 사유 체계 안에 별개의 '영토'로 재배치되었다고 바꿔 말할 수도 있겠다. 이에 비해 한국에서 불교는 거세의 과정을 거쳐 한국인의 정신 밑바닥에 억압됨으로써 확실하게 '재영토화'되었다고 볼 만하다.

일본어와 '야마토다마시이'의 정신분석

하지만 가라타니가 시도한 일본정신분석의 유용성은 거세나 배제와 같은 정신분석 개념들의 적절한 원용에 있다기보다는 오히려 "일본에 관해 '정신분석'이라고 할 만한 것이 있다면, 그것은 문자 문제를 빼고는 있을 수 없다"(가라타니 고진, 2006: 89)고 말하는 그의 문제의식 자체에 있다. 문자는 무의식을 규정하는 기표이며, 사건을 가능하게 만들고 역사에 의미를 부여하는 것은 주체가 아니라 기표이기 때문이다. 그런데 라캉은 『에크리(Écrits)』(1966) 일본어판 서문에서 한자를 훈독(訓讀)하는 일본의 경우는 항상 무의식을 드러내고 있으므로 정신분석이 불필요하다고 언급한 바 있다(ジャック・ラカン, 1972: III-IV). 이는 정신분석이란 무의식을 의식의 표층으로 끌어올리는 작업인데, 일본인은 무의식과 의식의 경계가 애매하기 때문에 정신분석이 불필요하다는 말처럼 들리기도 한다.

일본에서는 정신분석 실천이 이해받기 어려울 것이라는 라캉의 말은 틀린 말이 아니다. 실제로 일본에서는 오늘날에도 프로이트-라캉 정신분석에 대해서는 이론 연구만 이루어지고 있으며 실천과 응용은 거의 없다. 그 이유는 두 가지이다. 첫째, 일본어의 구조상 일본인은 정신분석의 운용에 핸디캡이 있다. 이때 라캉이 주목한 일본어의 구조는 음독과 훈독이다. 주지하다시피 일본어는 한자를 본래의 중국어 읽기 방식인 음독과 그 문자를 일본어로 번역해서 뜻으로 읽는 훈독의 두 가지로 표현하고 있다. 그 결과 일본인의 무의식과 사고에 독특한 특징이 드러나게 된다. 훈독에서는 자동번역언어, 즉 메타언어[3]가 나타난다. 그러니까 일본어 문자에는 처음부터 번역적 요소가 포함되어 있는 셈이다. 이에 따라 일본인은 무의식적으로 자신이 말하는 것을 메타적으로 번역하게 된다. 라캉도 지적했듯이 일반적으로 인간 주체에게는 메타언어가 존재하지 않지만, 일본인에게는 그것이 존재한다. 이렇게 일종의 메타언어인 일본어를 모국어로 하는 일본인은 사고 및 무의식과 발화 사이에 괴리가 생겨난다. 둘째, 일본인은 모계사회적이고 유아적인 정신 구조를 가지고 있다. 그래서 오이디푸스콤플렉스와 거세 개념에 입각한 정신분석 이론과 실천을 적용하기 어렵다는 것이다(고바야시 요시키, 2017: 225-229).

가라타니 또한 음독과 훈독의 구조에 주목한다. 그는 일본정신분석을 "여기[현재]서 출발하여 과거로 소급하는 것"(가라타니 고진, 2006: 86)으로 정의 내린다. 그러면서 특히 메이지시대 이래 오늘날에 이르기까지 일본인의 정신 상태를 병적인 것으로 진단하고 그런 병리 현상을 유년기로 거슬러 올라가 역사적으로 분석할 것이 요청된다는 점을 강조한다. 이때 그는 일본인이 한자에 대해 음독도 하고 동시에 훈독도 한다는 점, 그리고 한자와 가나를 병용한다는 점에 초점을 맞추면서, 그와 같은 문자 사용 방식이 일본인의 자아 구조를 형성시킨 회로를 추적하고 있다. 앞서 말한 거세는 상

---

[3] 가령 "1+2=3"이라는 등식은 숫자라는 대상에 관해 말한 대상언어(일차언어)라고 한다. 이에 비해 "1+2=3은 산수의 명제이다"는 대상언어에 대한 이차언어로 이를 메타언어라 한다.

징계, 즉 언어의 세계로 들어가는 회로를 가리킨다. 그러나 일본의 경우는 "상징계로 들어가면서 동시에 들어가지 않는다."(가라타니 고진, 2006: 93) 예컨대 훈독을 하는 일본인은 한자를 수용하면서도 그것을 자기 것이 아닌 어디까지나 외래적인 것(가라고코로)으로 간주하게 된다.

노리나가가 말하는 가라고코로, 즉 외래적인 것은 관념적인 원리성에 논리·이론·사상·언어 등이 고착되어 억압적인 양상을 보여주는 데 비해, '마고코로(眞心)'로서의 일본정신, 즉 야마토다마시이는 거세가 배제된 상태에 가깝다고 보는 것이 가라타니의 입장이다. 그런데 가라타니는 이와 같은 일본정신의 정신분석적 이해에만 머물지 않는다. 거기서 더 나아가 일본의 정치적, 문화적 형태를 크게 규정한 것이 다름 아니라 한국이라는 점을 지적하기도 한다. 가령 그는 이렇게 말한다. 후대에 히라가나와 가타가나로 정착되기 이전 7세기의 만엽가나는 한반도로부터 열도에 건너온 도래인(渡來人)들에 의해 고안되었으며, 미나모토씨(源氏)와 다이라씨(平氏) 간의 겐페이(源平) 전쟁은 신라와 백제 사이에 벌어진 싸움의 연장선상에서 이해해야 한다. 이뿐만 아니라 그후로부터 오늘날에 이르기까지 일본이 외래 세력에 의한 군사적 정복(태평양전쟁의 패배로 인한 미군정 치하를 제외한다면)이 한 번도 없었던 근본적인 요인은 한반도가 방파제 역할을 했기 때문이다. 또한 일본에 원리적이고 체계적인 것의 억압이 없었다는 사실은 역으로 그런 체계적인 억압(가라고코로)이 강했던 한국의 존재 때문에 가능한 것이었다. 그러니까 한국정신이 '억압'과 관련되어 있다면 일본정신은 '배제'와 밀접한 관계가 있다는 말이다.

이런 식의 일본정신분석은 과연 타자와의 참된 조우가 어떤 것인지를 고민해온 가라타니다운 발상이다. 나는 유대교 연구에 심취했던 젊은 시절 한때 "타자의 고통에 얼마만큼 민감한지"를 '누가 사람인가'라는 물음의 제1척도로 제시한 랍비 아브라함 헤셸(Abraham J. Heschel)에게 깊은 감동을 받았다. 그러다가 오랜 시간이 흐른 뒤 "타자의 외부성에 민감하게 반응하기"를 추구하는 가라타니의 윤리학에 접하면서 다시금 젊은 날의 표박(漂泊)을 떠올리게 되었다. 가라타니에 의하면 타자란 '나'라는 주체의 외부에 내가 이해할 수 없는 방식에 따라 '필연적으로' 존재하며, 그런 타자가 존재함으로써 비로소 내가 존재할 수 있다. 타자는 결코 나의 언어 게임 규칙에 의해 코드화되거나 영토화될 수 없는 그런 존재라는 것이다. 하지만 뿌리 깊은 가부장제로부터 근대의 파시즘, 제국주의, 식민주의뿐만 아니라, 인간중심주의에서 현대의 정치 이데올로기, 종교적 근본주의, 신자유주의 및 환경 파괴적 경제 논리 등에 깔려 있는 모든 형태의 모놀로그적 사유는 동일한 언어 게임 안에서 그 규칙에 포섭되지 않는 타자들을 동질화하거나 배제하는 동선들로 이루어져 있다. 심지어 공공성과 합의를 전제로 한 민주적 다원주의 공간에서 흔히 거론되어온 다이얼로그(대화)조차 이미 모놀로그적 사유에 근거하고 있다. 그렇다면 참된 대화란 무엇인가? 바흐친(Mikhail Bakhtin)의 폴리포니적(다성적) 대화를 상기시키듯 가라타니는 "동일한 언어 게임의 규칙으로 환원될 수 없는 타자와의 비대칭적 관계 속에서 이루어지는 대화"야말로 참된 대화라고 말한다. 가라타니의 작업은 그런 낯설고 이질적인 타자와의 '우연한 만남'을 통해 지금까지 '나'를 만들어온 지극히 익숙한 언어 게임의 코드를 의심하고 내 경험이나 인식의 자명성과 타당성을 다시 의심하는, 즉 내가 자명한 것으로 믿어 의심치 않는 고정관념에서 벗어나려는 사유를 지향한다.

도래인 문화의 의의

그의 일본정신분석이라는 작업 또한 이런 지향성 안에서 이루어진 것임에 틀림없어 보인다. 하지만 전술했듯이 노리나가의 모노노아와레론에 대한 일종의 타협적 태도에 대해서는 다소 석연치 않은 느낌이 남는 것도 사실이다. 이와 더불어 내게 더욱 짙은 앙금으로 남아 있는 문제가 하나 있다. 그것은 고대에 한반도에서 일본으로 건너간 이주민들의 문화, 즉 일본 학계에서 말하는 이른바 '도래인' 문화에 관한 문제이다. 새삼스런 말이지만, 일본의 많은 보수적 지도자와 지식인은 집요하게 한반도 기원의 도래인 문화가 가지는 의의를 가능한 한 축소시키거나 왜곡하고 은폐하기 위해 의식적으로든 무의식적으로든 심혈을 기울여온 듯하다. 오래전부터 나는 일본인들이 가장 고유한 일본적 전통 중의 하나로 꼽아온 신사(神社)와 신도(神道)에 관심을 기울여왔는데, 이는 애당초 가장 순수한 형태의 일본 문화가 무엇인지를 확인하고 싶은 동기에서 비롯된 것이었다. 그런데 그 과정에서 뜻하지 않게 만난 것이 바로 도래인 문화였다. 일본열도 전국의 신사들을 찾아다니면서 숱하게 만난 한반도 관련 신사들은 내게 또 하나의 문화 충격을 던져주면서, 어떤 문화든 순수하게 고유한 것은 존재하지 않는다는 사실을 일깨워주기에 족했다. 고대 일본에서 도래 씨족의 광범위한 분포와 그들이 남긴 놀라운 족적들을 말해주는 문헌 기록들도 얼마든지 많이 찾아볼 수 있다. 일본에서는 1970년대 이래 도래인 연구가 상당히 축적되어왔고 최근에 이르러 더욱 체계적인 성과들이 속속 나오고 있지만, 정작 일본 아카데미즘에서 아직 그것들은 여전히 소수 의견으로 치부되고 있는 실정이다.

가라타니는 일본정신분석에서 도래인 문화의 의미에 대해서는 별 언급이 없다. 물론 전술했듯이 만엽가나의 창시자가 도래인이라는 점을 분명히 지적하기는 했다. 그러나 만엽가나 시대보다도 훨씬 더 멀리 거슬러 올라가 일본 문화의 원형에 결정적인 영향을 끼친 도래인 문화의 실상이 충분히 밝혀져야만 비로소 일본정신분석의 지도 그리기가 완성될 수 있을 것이다. 재레드 다이아몬드(Jared M. Diamond)의 다음 제언은 도래인 문화에 대한 이해의 중요성을 일깨워준다.

> 아랍인과 유대인의 경우처럼 한국인과 일본인은 같은 피를 나누었으면서도 오랜 시간 서로에 대한 적의를 키워왔다. 하지만 동아시아와 중동에서의 이러한 반목은 함께 해결해나갈 수 있다. 한국인과 일본인은 수긍하기 힘들겠지만, 그들은 성장기를 함께 보낸 쌍둥이 형제와도 같다. 동아시아의 정치적 미래는 양국이 고대에 쌓았던 유대를 성공적으로 재발견할 수 있는가에 달려 있다 해도 과언이 아니다(다이아몬드, 2011: 654).

도래인 문화에 대한 이해는 "양국이 고대에 쌓았던 유대를 성공적으로 재발견"하기 위한 의미 있는 단초를 제공해줄 것이다. 어쨌든 이를 위한 최소한의 동기를 부여해주었다는 점에서 가라타니의 작업이 가지는 의의를 높게 평가할 만하지만, 도래인 문화에 대한 본격적인 연구는 향후의 과제가 아닐 수 없다.

라캉과 함께 문화코드로 읽는 일본 영화와 애니메이션

가라타니는 히라가나, 가타가나, 한자로 구성되어 있는 일본어 문제만이 라캉과 일본의 유일한 접점이라고 말한다. 하지만 반드시 그렇지는 않다. 본서 전체에서 확인할 수 있듯이 일본 영화와 애니메이션의 해석에 라캉적 개념들은 나름대로 유용한 도구가 될 수 있다. 라캉 정신분석은 인간 정신과 문화의 보편적 구조를 다루고 있기 때문이다. 물론 일차적으로 서구적 맥락에서 형성된 라캉 이론만으로 일본 서브컬처를 해석하는 데에는 한계가 있을지도 모른다. 이런 한계를 보완하기 위한 장치로서 본서는 일본문화코드에 주목하고자 한다. 본서 2장에서 서술하고 있는 '아마에'나 '모노노 아와레'를 비롯한 많은 일본문화코드는 라캉과 직간접적으로 접목될 수 있는 소지가 적지 않다. 그리하여 한국 사회에 비해 훨씬 더 촘촘하고 조밀한 일본의 사회시스템과 일본인의 인간관계를 이해하는 데에 라캉 정신분석과 일본 문화론을 조합시킨 관점이 일정 부분 기여할 수 있으리라고 기대된다.

긍정적 의미에서든 부정적 의미에서든 일본 사회는 일종의 질서 강박증에 사로잡혀 있다고 말해도 과언이 아닐 것이다. 어디든 깔끔하게 정리되고 잘 청소되어 있는 일본의 길 위에는 가는 곳마다 '멈추시오'라고 적혀 있다. 동네의 관청이나 버스와 전철 안에서는 거의 세뇌적 수준으로 끊임없이 핸드폰 사용법 등 공공질서를 지키라는 방송을 내보낸다. 도로 폭과 버스 좌석 혹은 호텔방은 너무 부족하지도 않고 남지도 않을 만큼의 공간만 허용되며, 각 가정과 학교에서는 어릴 때부터 매우 철저하게 예절 교육을 시킨다. 일본을 다니다 보면 똑같은 가방을 메고 한겨울에도 맨살이 드러나는 짧은 바지만 입고 콜록거리는 초등학생들을 흔히 볼 수 있다. 어느 정도 자발적인 형태로 이루어지는 이 모든 질서 훈련은 실은 암묵적이면서도 강력한 사회적 압력에 의해 뒷받침되고 있다. 이것이 공공성이나 시민 의식을 함양하는 데에 큰 효과를 발휘함은 말할 나위 없다. 그 결과 일본 사회는 외관상으로는 매우 안정되고 질서

정연해 보인다. 하지만 이것은 일면 사회적 갈등을 은폐하는 이데올로기적 환상이 그만큼 강하다는 것을 말해주기도 한다.

이와 같은 일본 사회의 질서 강박증은 한편으로 오랜 세월 동안 사무라이들의 엄격한 지배와 통제를 받아온 일본 역사의 산물로 보이지만, 다른 한편으로 인간의 카오스적 본성을 예리하게 간파한 자기방어기제의 결과일지도 모른다. 그래서 인간은 항상 잘 관리되어야만 한다고 여긴 것이리라. 이 점에서 일본인들은 대단히 현명하고 영리해 보인다. 하지만 인간 안에 증오와 폭력이 존재한다고 말하는 미야자키 하야오(宮崎駿)는 일본인의 질서 의식이 우수한 민족성 때문이라기보다는 환경적이고 후천적인 것임을 다음과 같이 지적한다.

> 옛날부터 일본인들이 현명하여 나무를 소중하게 여겼기 때문에 숲이 많이 남았다는 말은 틀린 말이다. … 그것은 토지의 힘이었지 인간의 힘이 아니었다. 풀어놓으면 일본인은 더욱 심할 것이다. … 가령 한반도에 일본인이 살고 있었다면 한국인과 마찬가지로 그곳을 벌거숭이산으로 만들었을 것이다. 반대로 북한 사람들이 일본 같은 곳에 살았다 해도 일본이 벌거숭이산이 되지는 않았을 것이다(宮崎駿, 1997a: 43).

그런데 인위적인 질서의 관리와 통제는 무질서만큼이나 이런저런 틈새와 균열을 초래한다. 치밀하고 조직적인 일본 사회시스템 안에서 무의식적으로 억압되어 있는 일본인들에게 그 틈새는 은폐되어 있기 십상인데, 그런 불가시적인 틈새를 서사적 이미지로 보여주는 대표적인 문화영역이 바로 영화와 애니메이션이다. 그리고 라캉은 누구보다 우리 삶과 세계의 구석구석에 균열과 파열로 존재하는 틈새를 잘 들여다본 사상가이다. 이런 의미에서 나는 그를 '틈새의 사상가'로 부르고 싶다. 라캉으로 일본 영화와 애니메이션을 읽어내려는 본서의 작업은 잘 보이지 않는 일본 사회의 틈새와 증상을 들여다보려는 시도와 다르지 않다.

영화와 애니메이션은 일본의 전통 사회와 현대사회 모두를 반영하는 유용한 거울이다. 확실히 일본 영화와 애니메이션은 일본의 문화적 정체성과 밀접한 관계를 보여주며, 지극히 예술적이면서도 인간의 심층 심리를 자극하는 주제와 양식을 가진 하나의 문화 형식이라 할 수 있다. 가령 소노 시온(園子溫)의 영화나 신카이 마코토(新海誠)의 작품을 비롯한 세카이계 애니메이션 및 특히 안노 히데아키(庵野秀明)의 〈신세기 에반게리온〉 등은 현대 일본 사회에 숨어 있는 틈새의 조각들을 우리 앞에 집어내어 보여주는 확대경에 비유될 만하다. 또한 미야자키 하야오의 작품은 신도(神道)로 대변되는 일본의 전통적 아우라를 밑그림으로 하면서도 환경, 여성, 전쟁, 마이너리티 문제와 같은 현대사회의 첨예한 이슈들을 망라한다. 이처럼 본서에서 다루는 일본 영화와 애니메이션 작품들은 대개 역사적, 종교적, 철학적, 정치적, 사회 문화적 통찰력을 내장하고 있다.

그중 본서에서 집중적으로 조명하고자 하는 것은 영화와 애니메이션 속에 나타난 아이덴티티 위기의 정신적 상황, 일본 특유의 집단주의적 주체성 혹은 부재하는 주체의 집단주의적 문화, '영원의 소년'이나 '구원의 소녀'를 둘러싼 '주체의 성장'이라는 주제, 성(性)적 과잉과 관련된 욕망의 문제 등이다. 이와 같은 문제군은 현대 일본 사회가 실제로 겪고 있는 난제를 배경으로 하고 있다. 가령 무사(無私)라는 전통적 가치와 근대적 '개인'이라는 가치와의 뿌리 깊은 불협화음이나 패전 전 일본의 모토였던 '멸사봉공(滅私奉

公)'과 전후 일본에 나타난 '멸공봉사(滅公奉私)' 사이의 간극을 들수 있겠다. 특히 1980년대 이후 '미이즘(meism)'이라 불린 사생활주의의 만연은 우익 성향의 정치 지도자들로 하여금 '사(私)'를 이기적인 것으로 규정하여 억압하고 일본 국가라는 '공(公)'을 복권시키려는 정책의 강화를 촉발시켰다.

라캉 정신분석적 관점은 기본적으로 "주체란 무엇인가?"라는 물음으로 수렴된다는 점에서 이런 현대 일본 사회의 문제군을 조명하는 유용한 도구가 될 수 있다. 하지만 재차 강조하거니와 서구 정신사의 흐름을 배경으로 형성된 라캉 사상만으로 일본 영화와 애니메이션을 분석하는 데에는 한계가 있기 마련이다. 그런 한계를 보완해줄 수 있는 것으로 본서가 채택한 관점이 일본 문화론적 접근이다. 현대 일본 사회의 문제군은 대체로 논리보다 감성이 일차적인 현실을 구성한다든지 또는 '나'를 주장하지 않는다든지 하는 일본 문화의 중핵적인 특성과 결부되어 나타난다. 그런 특성을 일본에서는 '모노노아와레'나 '마코토'라 부른다. 본서에서는 라캉 이론과 더불어 이와 같은 일본문화코드에도 세심한 주의를 기울이고 있다. 이처럼 일본문화코드를 폭넓게 참조하면서 '영화와 애니메이션을 통한 일본 문화의 라캉적 해석'으로서의 일본정신분석을 지향하는 본서는 다음과 같이 구성되어 있다.

본서의 구성

먼저 본서의 서술을 위한 기본 개념과 이론을 다룬 '1부 라캉과 일본 문화' 중 「1장 라캉적 주체」에서는 주체의 문제를 중심으로 무의식, 충동, 욕망, 상상계·상징계·실재계, 환상, 응시, 주이상스, 대상a 등 라캉 정신분석의 핵심 개념에 대해 살펴본 후, 「2장 일본문

화코드와 라캉의 접점」에서는 장(場)의 윤리, 화(和)의 원리, 모성원리, 아마에, 세켄(世間), 간인(間人)주의, 역(役)의 원리, 다테(縱)사회, 기리(義理), 시고토(仕事), 수치[恥], 형(型)의 문화, 사비(寂び)와 와비(詫び), 모노노아와레, 나카이마(中今), 다테마에(建前)와 혼네(本音), 잇쇼켄메이(一所懸命), 이카사레루(生かされる), 마코토 등 본서에서 자주 언급되는 일본문화코드에 대해 기술하면서 그것들과 라캉과의 접점을 모색한다.

이와 같은 예비적 고찰을 거쳐 소노 시온이라는 개성적인 감독의 영화에 대한 라캉적 해석을 다루는 '2부 라캉으로 읽는 소노 시온의 영화' 중 「3장 주체와 아이덴티티」에서는 라캉적 주체, 환상 가로지르기, 상상계·상징계·실재계, 주이상스 등의 개념들을 도구삼아 〈자살클럽〉과 그 속편격인 〈노리코의 식탁〉을 중심으로 포스트 고도성장기 일본 사회가 안고 있는 정신적 아이덴티티 위기의 문제가 영화 속에서 어떤 식으로 표현되고 있는지를 확인함으로써 상징계 구조의 래디컬한 변형을 겪고 있는 일본 사회의 구조적 병리를 고찰한다. 계속해서 「4장 사랑과 여성적 주이상스」는 특히 '여성적 주이상스' 개념에 초점을 맞추면서 〈사랑의 죄〉에 대한 정신분석적, 종교학적, 젠더론적 분석을 시도한다. 이를 통해 '증오의 스피리추얼리티'와 결부된 소노 영화 특유의 여성성에 대한 지향성을 규명함과 아울러 남성 연대적, 여성혐오적인 일본 사회가 안고 있는 트라우마를 파헤친다. 한편 「5장 사랑의 응시」에서는 응시와 대상a 등의 개념을 매개로 라캉과 소노 시온의 사랑 담론을 교차시키면서 〈사랑의 노출〉에 대한 정신분석적 해석을 시도한다. 이어지는 「6장 도착의 미학과 가면의 욕망」은 〈감각의 제국〉을 참조하면서 소노 영화 가운데 가장 잔혹한 가족극이라 할 만한 〈기묘한 서커스〉에 대해 도착증, 페티시, 가면 등의 개념에 초점을 맞추어 분석한다.

이처럼 일본 영화를 텍스트로 하는 2부의 키워드가 주체와 사랑과 주이상스라면, 일본 애니메이션을 다루는 '3부 라캉으로 읽는 일본 애니메이션'은 주체와 성장과 욕망이 키워드라 할 수 있다. 즉 「7장 성장하지 않는 주체」는 '성장하지 않는 아이'라는 '아톰의 명제'를 실마리로 삼아 '세카이계'라 불리는 애니메이션 작품군의 특징을 제시하면서, 특히 신카이 마코토의 〈별의 목소리〉, 〈초속 5센티미터〉, 〈구름 저편, 약속의 장소〉, 〈너의 이름은〉 등의 작품에 나타난 라캉적 주체의 문제를 주로 일본 문화론적 관점에서 천착한다. 나아가 「8장 성장하는 주체」에서는 상상계적 주체, 상징계적 주체, 실재계적 주체 개념에 입각하여 미야자키 하야오의 〈원령공주〉, 〈이웃집 토토로〉, 〈센과 치히로의 행방불명〉, 〈벼랑 위의 포뇨〉, 〈하울의 움직이는 성〉 등을 분석하는 한편, "살아라!"는 명제가 유독 일본 애니메이션에 반복적으로 등장하는 데에 착안하여 그 명제를 칸트적 '정언명령'으로 보면서 이를 특히 〈원령공주〉와 〈바람이 분다〉에 적용시켜 해석한다.

7장 및 8장과 변증법적 관계에 있는 「9장 성장을 꿈꾸는 반주체」는 전적으로 1990년대 후반 이래 '에바 신드롬'을 불러일으킨 안노 히데아키의 문제작 〈신세기 에반게리온〉에 집중한다. 여기서는 현대 일본 사회를 이해하는 데 있어 간과할 수 없는 중요성을 지닌 이 작품에 대해 오이디푸스 이야기, 아마에 이야기, 일본적 자아의 이야기, 반(半)주체의 종교 이야기 등의 관점에서 라캉과 함께 읽는 일본 문화론적 독법을 펼친다. 이어지는 「10장 욕망의 주체」에서는 가와모토 기하치로(川本喜八)의 인형 애니메이션을 비롯하여 미야자키 하야오와 어깨를 견줄 만한 거장 곤 사토시(今敏)의 작품들 및 근래의 화제작인 〈도쿄 구울〉 등을 분석 대상으로 삼아 욕망의 문제를 다루면서 최종적으로 욕망과의 화해라는 '불가능한' 주제까지 건드린다. 한편 「11장 죽음의 주체」는 타나토스·불사(不死)·트랜스휴머니즘 등의 키워드를 중심으로 〈데스노트〉와 〈불새〉 및 오시이 마모루(押井守)의 작품들을 다루면서 죽음의 문제에 대한 일본인의 서브컬처적 상상력에 가까이 다가선다.

끝으로 '4부 글쓰기의 욕망과 일본'의 「12장 일본에 대한 정신분석적 글쓰기」에서는 영국 출신의 피터 그리너웨이(Peter Greenaway) 감독이 일본의 고전 『침초자(枕草子)』를 소재로 만든 독특한 영화 〈필로우북〉에 대해 글쓰기의 욕망, 상상계의 글쓰기, 상징계의 글쓰기, 실재계의 글쓰기, 에로스의 글쓰기, 타나토스의 글쓰기, 주이상스의 글쓰기, 모노노아와레의 글쓰기 등을 설정하여 라캉 정신분석적, 일본 문화론적 해석을 감행한다. 〈필로우북〉은 일본 영화는 아니지만, 본서의 취지와 관련하여 일본 문화를 인상 깊게 다룬 중요한 작품이라는 점에서 고찰 대상으로 삼았다. 이상과 같은 본서의 흐름을 총괄하는 「맺음말: 일본과 대상a」에서는 '금지 사회에서 주이상스 사회로' 이행 중인 일본에 대해 글을 쓰고 있는 '지금 여기의 나'를 메타적으로 대상화하면서, 궁극적으로 '대상a를 욕망하는 일본' 및 '대상a로서의 일본'에 관해 포괄적으로 조망함으로써 일본정신분석의 핵심적인 의의를 밝힌다. 독자는 이상의 순서에 구애받지 않고 어떤 장을 먼저 펼쳐 보아도 상관없다. 읽다가 라캉의 개념이나 특정 일본문화코드의 벽에 부딪치면 1부의 해당 기술을 참조하면 될 것이다. 그러면 이제 라캉과 함께 문화코드로 읽는 이미지의 제국 일본으로의 여행을 떠나보기로 하자.

1부

라캉과 일본 문화:
예비적 고찰

라캉으로 일본 문화를 말한다는 것은 어쩌면 숲도 보고 나무도 보겠다는 무모한 작업일지도 모른다. 인간 정신의 보편적인 구조를 다루는 라캉 정신분석 개념과 일본 문화의 일반적인 경향을 문제 삼는 일본문화코드가 모두 일본이라는 숲을 조망하는 수단이라면, 라캉으로 영화와 애니메이션이라는 특정한 문화 영역을 읽는 데에는 숲속의 나무들이 가진 개성을 드러내는 과정이 필연적으로 수반될 것이기 때문이다. 게다가 문화라는 말의 다의적 용법은 이러한 어려움을 더 가중시킨다. 따라서 '라캉과 일본 문화'를 말하기에 앞서 먼저 '라캉과 문화'의 함의에 대해 짚고 넘어가지 않으면 안 될 것이다.

지젝은 문화를 "실제로 믿지 않으면서도, 진정으로 받아들이지 않으면서도 행하는 모든 것들에 붙인 이름"(지젝, 2007: 51)으로 이해한다. 다소 독특한 이와 같은 문화 정의는 문화가 기본적으로 상징적 질서에 속해 있다는 인식에서 나온 것이다. 라캉은 상징적 질서 안의 주체를 '안다고 가정된 주체'라고 불렀다. 지젝은 거기서 더 나아가 '믿는다고 가정된 주체'를 상징적 질서의 구성적 특징으로 파악했다. 어떤 경우든 문화는 상징적 질서와 떼려야 뗄 수 없는 관계를 갖는다. 그러니까 '라캉과 문화'를 다룰 때 핵심적인 것이 바로 주체 개념이라 할 수 있다. 사실 주체의 문제는 라캉 정신분석 이론의 근간을 이룬다. 그뿐만 아니라 일본 문화론에서도 주체의 문제는 풀어야 할 가장 첨예한 과제로 제시되곤 한다. 이런 맥락에서 1부에서는 먼저 주체 개념을 중심으로 한 라캉 정신분석 개념들을 살펴보고, 나아가 일본문화코드 및 그것과 라캉이 어떤 접점을 가질 수 있는지에 대해 생각해보고자 한다.

1장
라캉적 주체

"주체는 사유하는 의식의 주체가 아니라
욕망하는 무의식의 주체이다."(자크 라캉)

"정신분석은 인간 의식을 오인의 원리로 규정한다"(라캉, 1994: 207)
고 말하는 프랑스 정신의학자 라캉(Jacques Lacan, 1901-1981)은 근본적으로 인간을 오류의 존재로 간주한다. 그렇다면 오류의 존재들에 의해 구성된 사회, 시스템, 조직에 대해서도 부정적인 관점을 가질 수밖에 없을 것이다. 이것이 내가 라캉에게 관심을 가지게 된 최초의 동기였다. 우리는 왜 똑같은 실수를 반복하는 걸까? 만일 오류나 시행착오가 없다면 진화도 진보도 없는 걸까? 인간은 왜 조직이나 시스템 속에서 무력하고 취약해지는 걸까? 이런 의문에 사로잡혀 있던 내게 라캉과의 만남은 어찌 보면 자연스러운 귀결이었던 것 같다. 또 하나의 계기가 있다. 그것은 라캉이 '전체로서의 하나' 혹은 '하나가 되는 것으로서의 사랑'이라는 합일 담론을 거부한다는 점이다. 정신분석 담론은 모든 것이 사랑에 관한 이야기이므로 사랑에 대한 관심은 포기할 수 없는 것이지만, 합일 담론으로서의 사랑은 불가능한 것이며 사랑은 다르게 말해야 한다는 것이 라캉의 입장이다. 사랑은 종교, 신화, 철학, 문학, 예술뿐만 아니라 영화나 통속적인 가요와 드라마에 이르기까지 영원한 단골 주제임에도 불구하고 우리가 가장 무지한 영역이라고 생각하던 내게 라캉의 사랑 담론은 많은 것을 새롭게 바라볼 수 있게 해주었다.

하지만 본서의 문제의식과 관련하여 내가 가장 눈여겨보는 점은 주체에 대한 라캉의 논쟁적인 관점이다. 라캉은 "프로이트의 무의식의 발견은 코페르니쿠스의 혁명과 견줄 수 있는데, 이는 우주의 중심에 선 코기토적 인간의 위상에 의문을 제기하는 것"(라캉, 1994: 79)이라고 주장하면서 '프로이트(Sigmund Freud)로의 복귀'를 주장했다. 여기서 '코기토(cogito)'란 데카르트(René Descartes)의 유명한 명제, 즉 "나는 생각한다. 고로 존재한다"고 할 때의 사유 주체를 가리키는데, 그런 데카르트적 주체는 라캉에게 신기루일 뿐이다. 그 신기루 속에서 우리는 주체의 확실성을 믿어 의심치 않는다. 하지만 우리는 "나는 나이다"라는 동어반복 속에서만 내가 나임을 확신할 수 있을 뿐이다. 라캉은 지금까지 우리가 자명한 것으로 여겨온 '나라는 사유 주체'의 신기루를 무너뜨리고자 한다.

라캉이 그런 전복의 출발점으로 삼은 프로이트로의 복귀는 실제로는 소쉬르(Ferdinand de Saussure)나 야콥슨(Roman Jakobson) 등 구조주의 언어학과의 종합을 통해 생물학적인 프로이트 정신분석을 전면적으로 재구성한다는 것을 뜻한다. 가령 라캉은 생물학적으로 정초된 프로이트적 주체를 언어학적으로 구성된 라캉적 주체로 대체했으며, 프로이트적 무의식도 언어적 산물로 설명했다. "무의식은 언어처럼 구조화되어 있다"는 라캉의 잘 알려진 정식은 무의식이 의식적인 언어 주체를 지배한다는 것을 의미한다. 흔히 우리는 자신이 언어를 구사한다고 생각하지만, 실은 언어는 인간 주체로부터 독립적이다. 인간이 언어를 도구로 이용하는 것이라기보다는 언어가 인간을 가지고 노는 것이다. 요컨대 라캉은 주체의 문제,

사회 속에서의 인간 주체의 위치, 주체와 언어의 관계에 초점을 맞추어 프로이트를 독창적으로 재해석했다. 그에 따르면 언어야말로 인간들 사이의 관계에 관한 모든 것을 결정짓는 바로미터이며, 주체 형성의 자리는 욕망을 추구하는 과정에서 언어 획득과 긴밀하게 연결된 세 가지 정신 영역인 상상계·상징계·실재계로 이루어져 있다.

라캉 이론과 개념은 매우 난해한 것으로 악명 높다. 이는 "애매모호한 내재적 의미들을 극단적인 형태로 드러내는 것을 선호하여 의도적으로 모호하고 난해한 수사학에 의존하는 라캉의 성향에서 비롯된 것"(변정은, 2010: 59)이다. 하지만 그 밑그림에는 인간 자체가 난해하기 그지없는 존재이고 특히 인간의 마음이란 정말 알 수 없는 어떤 것이라는 라캉의 생각이 깔려 있다. 이런 난해성에도 불구하고 오늘날 철학, 문학, 종교학, 여성학 등 인문사회과학 분야뿐만 아니라 영화학에서도 라캉 정신분석에 큰 관심을 가지고 있다. 이하에서는 일본 영화와 애니메이션의 정신분석적 해석을 위한 예비 작업으로서 먼저 주체, 무의식, 충동, 대타자, 욕망, 상징계, 상상계, 실재계, 환상, 환상 가로지르기, 응시, 물, 주이상스, 대상a 등 라캉의 중심 개념들을 살펴보기로 하자.

I. 무의식의 주체와 충동

우리는 보통 '주체' 하면 특정 대상을 의식하는 인식 주체나 무언가를 생각하는 사유 주체 혹은 주어나 주인으로서의 주체나 능동적이거나 자주적인 어떤 작인을 떠올린다. 내가 나 자신의 주인이며, 나는 타자와는 구별되는 독립적이고 환원 불가능한 어떤 것이라고 여기는 것이다. 하지만 라캉이 말하는 주체는 종종 이런 통상적인 어법에서 벗어난다. 주체라는 개념 자체를 해체하는 구조주의자들과 달리 라캉은 주체 개념이 없어서는 안 된다고 주장하면서 근본적으로 새로운 주체 이론을 제시했다. 주체가 무엇이고 어떻게 형성되며 그 효과는 무엇인지를 이해하는 것이야말로 라캉 정신분석의 처음이자 끝이라고 말해도 과언이 아닐 정도로 중요하다. "자유자재로 사고할 수 있는 곳에서 나는 항상 내가 아니며, 의식적으로 사고할 수 없는 곳에서만 나는 나일 수 있다"(라캉, 1994: 80)는 말에서 엿볼 수 있듯이 무엇보다 먼저 라캉적 주체는 의식의 주체가 아닌 무의식의 주체라는 점에 유의할 필요가 있다.

충동은 본능이 아니다

우리는 마음이란 것이 결코 단순하지 않다는 사실을 잘 알고 있다. 프로이트라면 인간 마음의 복잡성이 무의식의 존재 때문이라고 말할 것이다. 그는 무의식을 리비도라 불리는 원초적 충동(Trieb)의 억압 과정에서 생겨난 부정적인 산물로 이해했다. 프로이트는 충동을 생물학적 개념인 본능과 구별한다. 가령 성 본능과 성적 충동은 다른 것이다. 충동이란 본능적 차원 위에 문화적 차원이 겹치면서 생긴 것으로, 목적을 달성하거나 대상을 획득하려는 것이기보다는 유기체를 밀고 가는 정신과 육체의 역동적 측면 그 자체를 가리키는 말이다. 그래서 성적 충동에는 성 본능과 달리 정신적 차원이 개입되어 있다고 말할 수 있다. 널리 알려진 성 발달단계론(구순기, 항문기, 남근기, 성기기)에서 나온 프로이트의 충동 개념은 정신과 육체 사이의 경계 혹은 외부와 내부가 연결되는 경계의 장소를 중심으로 이루어져 있다. 그것은 우리가 흔히 견물생심(見物生心)이라고 말하는 것, 즉 대상을 보고 충동을 느낀다고 말할 때의 충동과는 전혀 다른 개념이다. 충동은 내적 긴장 자체에서 비롯되는 것이므로 외적 대상에 의존하지 않는다. 오히려 충동 자체가 만족 혹은 억압의 대상이라 할 수 있다. 인간은 이런 억압에 기초하여 자아와 세계의 이미지를 구성한다. 프로이트는 초기에 성적 충동(쾌락원칙)과 자아 보존 충동(현실원칙)을 언급했지만, 후기에는 생명충동(에로스)과 죽음충동(타나토스)에 주목했다. 이중 라캉은 특히 죽음충동 개념을 상징계로 재해석하면서 후술할 주이상스 개념과 연관시켜 이해했다.

라캉은 『세미나 11』(1964)의 제목을 "정신분석의 네 가지 근본 개념"이라고 붙였는데, 거기서 네 가지 근본 개념이란 무의식, 전이,[1] 반복, 충동을 가리킨다. 충동 개념은 정신분석의 핵심적 개념 중 하나인 것이다. "인간을 사유하게 하고 행동하게 만들며 고통과 쾌락의 다양한 단계로 밀어 넣거나 빠져나가도록 만드는 힘"(백상현, 2017a: 99)으로서의 충동은 『세미나 7』에서는 인간 심리의 중핵에 존재하는 어떤 역설적 대상 또는 장소를 가리키는 물(das Ding)의 영역에 속한 것으로 제시되었지만, 『세미나 11』에서는 후술할 욕망의 원인으로서의 대상a 주변을 순환하는 것으로 제시되었다. 백상현은 이 충동과 주이상스를 동일 선상에 놓고 그것과 무의식의 관계에 대한 라캉적 관점을 다음과 같이 풀어낸다.

> 오직 다형적 충동만이 실재한다. 그 실재의 영역은 충동(주이상스)의 영역이며 그곳에는 파편적 질서 또는 무질서만이 유일

---

[1] 피분석자와 분석자가 만났을 때 피분석자의 감정이나 대상 집중이 분석가에게로 향하는 것.

한 질서이다. 이것을 질서의 부재라는 의미에서 '공백'이라고 명명할 수 있겠다. 무의식이란 이런 공백을 말하는 다양한 방식의 수사학이다. 이때 무의식은 충동을 필터링한다. 이것이 바로 상징계의 역할이다. 라캉이 '무의식은 언어처럼 구조화되어 있다'고 말한 의미가 이것이다. 무의식은 자신의 중핵에 도사리고 있는 충동을 기표들의 대체 기능 속에서 은유적으로만 표현한다. 그런 은유적 표현은 히스테리적 문법, 강박증적 문법, 편집증적 문법, 도착증적 문법 등 다양한 형태로 나타난다. 인간 주체란 이런 다형적 충동들에 대해 무의식의 언어 체계가 어떤 방식으로 은유하느냐, 즉 어떤 문법을 사용하느냐에 따른 결과물이다. 무의식의 언어 구조는 충동의 사건들을 필터링하고 억압하고 재해석하여 다양한 환상을 만들어내는 환영 체계이다. 인생은 충동의 실재 가운데에서 꾸는 은유적 꿈의 이야기인 셈이다. 우리의 심리를 조율하는 일종의 자아 방어 시스템인 현실원칙이 촉발되는 기원적 지점은 충동의 지대이며 주이상스의 사건적 장소들이다. 따라서 현실원칙은 전적으로 충동을 방어하는 원칙이 되며 충동을 억압하여 우회시키는 통제 시스템이 된다(백상현, 2017a: 110-113. 필자의 요약).

무의식은 상징계의 언어 체계(기표 연쇄)를 도구로 삼아 은유적으로 충동의 다형성과 존재의 공백을 드러내거나 혹은 규범적인 현실원칙을 통해 충동을 통제한다. 한마디로 충동은 무의식의 언어 구조와 불가분의 관계에 있다. 그리고 주체란 충동과 무의식의 언어 구조가 만들어내는 산물이라 할 수 있다.

무의식과 주체

무의식을 부정적인 것으로 본 프로이트 정신분석에 주체가 들어설 자리는 매우 협소하거나 부재한다. 이에 비해 프로이트의 제자 융(C. G. Jung)은 주체로 하여금 자신의 그림자와 마주보게 하고, 그럼으로써 자기실현에 이르게 하는 무의식의 창조적 측면에 주목했다. 하지만 라캉은 부정적 혹은 긍정적 측면으로부터 비켜선 채, 무의식을 주체 형성에 없어서는 안 될 어떤 것으로 규정한다. 프로이트는 인간 마음의 가장 깊숙한 내면에 무의식의 자리를 마련했고, 융은 개인적 무의식의 심층에 집단적 무의식을 상정했다. 이에 비해 라캉은 무의식을 인간 내면의 개인적 영역이 아니라 서로에 대한 상호 관계의 결과라고 이해했다. 무의식은 주체와 주체 '사이'에 존재한다는 것이다. 그러니까 무의식은 주체가 사고하고 욕망하는 자리, 혹은 사고와 욕망이 행해지는 메커니즘, 나아가 사고와 욕망을 구성하는 구조라 할 수 있다. 이는 주체란 것이 개인에게 고유한 어떤 것이 아니라 어디까지나 사람과 사람 사이에서 무의식적으로 구성되고 작동하는 그물망 같은 것임을 시사한다.

우리는 모두 이 세상에서 낯선 존재이다. 라캉이 말하는 주체나 무의식의 의미가 바로 이것이다. 그래서 라캉은 "무의식은 (대)타자의 담론"이라고 말한다. 우리가 '나'라고 부르는 자아의 관점에서 보면, 자신이 무엇을 생각하고 느끼는지를 스스로 안다고 믿는다. 혹은 자신이 어떤 행동을 할 때 왜 하는지를 스스로 안다고 믿는다. 하지만 정말 그럴까? 우리는 스스로를 잘 통제하고 있다고 믿지만, 때때로 외래적이고 낯선 어떤 것, 즉 타자가 내 입을 통해 말하거나 내 몸을 통해 행동하는 듯한 느낌에 빠질 때가 있다. 브루스 핑크(Bruce Fink)는 이런 타자성을 다음과 같이 이해한다.

우리는 우리가 태어나기 전부터 언어의 세계 속에 있었고 그 세계는 우리가 죽은 후에도 계속 존재할 것이다. 아이가 태어나기 오래전부터 이미 부모의 언어 세계에는 아이를 위한 자리가 준비되어 있었다. 부모는 아직 태어나지 않은 아이에 대해 이야기하고 아이의 이름을 짓고 아이를 위한 방과 유아용품을 준비한다. 이런 부모의 언어 세계는 아이에게 하나의 타자로서 각인되고, 아이는 무의식적으로 그런 타자를 받아들이면서 거기에 동화된다. 아이의 무의식은 다른 사람들의 말, 대화, 목표, 열망, 환상 등으로 가득 차 있다. 훗날 아이가 갖게 될 양심, 죄책감, 초자아 등은 이런 타자의 담론으로서의 무의식이 내면화된 것이다(핑크, 2010: 27-29, 35. 필자의 요약).

주체와 언어: 기표의 주체

주체는 언어 능력이 발달하면서 비로소 형성되기 시작한다. 언어 안에서 인간 주체가 구성되는 것이다. 이 '말하는 주체'가 라캉적 주체의 한 본질을 구성하고 있다. 그러니까 '주체는 무의식의 주체'라고 할 때의 무의식이란 곧 언어를 가리킨다. 무의식이 바깥으로 모습을 드러내는 순간 그것은 언어의 형태를 띠게 된다. 그래서 라캉은 "무의식은 언어처럼 구조화되어 있다"고 말한다. 우리는 통상 언어를 의미 전달의 수단으로 생각한다. 하지만 라캉이 언어에 대해 말할 때 그것은 타자의 언어를 가리킨다. 거기에는 원래 의미가 부재한다. 무의식으로서의 언어는 다음 라캉의 말처럼 기의(시니피에)가 기표(시니피앙) 아래로 미끄러짐을 통해 태어나는 것이기 때문이다.

의미는 어떤 특정한 기표에 의해 만들어지는 것이 아니라, 기표들의 연쇄 속에서 비로소 가능해진다. 의미화 작용을 대신할 만한 어떤 초월적 기표도 존재할 수 없기 때문이다. 이리하여 우리는 기의가 끊임없이 기표 아래로 미끄러져갈 뿐이라는 사실을 받아들이지 않을 수 없다(라캉, 1994: 62).

기표와 기의는 일대일로 대응하지 않으며, 하나의 기표가 무수한 기의를 담고 있다. 다시 말해 기표에는 어떤 단일한 혹은 고정된 의미가 없다. 기표의 의미는 다만 차이에 의해 결정될 뿐이다. 가령 '나무'라는 기표는 그 자체로는 아무런 의미도 없으며, 다만 풀이나 꽃과 같은 다른 기표와의 차이에 의해서만 나무라는 뜻을 가질 수 있다. 기표는 자의적인 것이며 따라서 기표와 대상 간의 일치는 불가능하다. 이 기표가 기의를 지배한다. 언어의 최소 단위는 기표와 기의로 구성된 것, 즉 소쉬르가 말하는 기호가 아니라 기표 그 자체라는 말이다. 그래서 라캉은 "언어(기표)가 기의의 전체 영역을 대신할 수 있다. 기의는 기표로서만 존재할 수 있다. 그러니까 기표는 기의를 재현하는 기능만을 가지고 있다는 환상을 계속 추구하는 한, 문제는 해결되지 않는다"(라캉, 1994: 55-56)고 말한다.

그런데 의미가 만들어지려면 어차피 기표와 기의가 결합해야만 한다. 하지만 기표와 기의 사이에는 분리선이 가로놓여 있어서 기의는 "끊임없이 기표 아래로 미끄러져갈 뿐"이다. 그리하여 라캉은 기표와 기의를 임시적으로 묶어주는 어떤 것을 상정해야만 했다. 그것을 라캉은 '고정점'이라고 불렀다. 고정점이 기의가 기표 밑으로 계속 미끄러져가는 것을 붙들어준다는 것이다. 바로 이 고정점의 자리가 '의미의 전달자'로서의 주체, 곧 기표의 주체가 발생하는 곳이다. 기표의 연쇄가 바로 주체라는 말이다. 라캉은 기표가 주체를 결정한다고 보아 주체는 하나의 기표가 또 다른 기표에 대해 대표하는 그 무엇이라는 점을 강조한다. 그러니까 기표가 자의적인 것이듯 주체 또한 고정된 것이 될 수 없는 것이다. 게다가 고정점은 절대적인 지점이 아니라 임시적인 것에 불과하다. 따라서 주체도 절대적 실체가 될 수 없다.

이처럼 자의적이고 유동적이며 임시적인 성격을 지닌 주체는 자신이 원하는 바를 언어로는 결코 완벽하게 표현할 수 없다. "언어는 믿을 수 없는 것이다. 기표는 그 반대편에 있는 무언가의 존재를 환기시키는 것처럼 보이지만, 그것이 무엇인지를 우리에게 이야기해주지 않는다."(벨지, 2008: 72) 우리가 말하는 것과 우리가 의미하는 것 사이에는 언제나 틈새가 존재한다는 말이다. 언어는 객관적 실재를 지칭하지 못한다. 언어는 사물을 지시하는 것이 아니라 연쇄적으로 또 다른 의미 작용을 만들어낼 뿐이다. 이때 어떤 의미 작용도 또 다른 의미 작용을 참조하지 않고서는 지속될 수 없다. 그래서 라캉은 언어에 의한 상징적 표상이 항상 주체를 왜곡한다고 생각했다. 즉 "주체는 '자기 자신의 것'이 될 기표를 찾을 수 없다. 그는 항상 너무 조금 말하거나 너무 많이 말한다. 그는 자신이 말하고자 했던 것과는 다른 무엇을 말한다."(지젝, 2013: 277)

이와 같은 언어의 불완전성에 대해 라캉은 "나는 내가 아닌 곳에서 생각한다. 그러므로 나는 내가 생각할 수 없는 곳에서 존재한다"(라캉, 1994: 80)고 말한다. 그것은 의미란 고정된 것이 아니라는 점, 모든 의미는 궁극적으로 실패하고 무너질 수밖에 없다는 점을 시사한다. 주체를 구성하는 무의식이 이질적인 타자의 담론이라는 점, 그리고 언어가 의미를 풀어내지 못한다는 점도 주체의 불완전성을 말해준다. 따라서 "언어의 의미화를 기다리는 무의식적 장소"로서의 라캉적 주체는 "그 실재를 밝혀 언명할 수 없다는 의미에서 가상"(권순정, 2014: 30)의 성격을 지니게 된다.

그런데 주체의 불완전성과 가상성은 흔히 자아의 속성으로 잘 못 인식되곤 한다. 우리는 흔히 주체와 자아를 혼동한다. 이것은 누구나 저지르는 실수이다. 이때 "나는 누구인가?"라는 물음이 자아의 문제에 속한다면, "인간은 무엇인가?"를 묻는 물음은 주체의 문제에 귀속된다. 이런 맥락에서 전자는 주관적 영역에 그리고 후자는 '존재의 객관적 구조'에 관여한다고 말할 수 있다(오질비, 2002: 40). 자아가 주체에 영속성과 안정성이라는 감정을 줄 수도 있겠지만 그것은 환상일 뿐이다. 주체는 개인들이 가진 생각의 힘이나 인식능력 혹은 재능이나 기질로부터가 아니라 차이에 의해 결정되는 기표들의 연쇄 구조로부터 생성되기 시작하며, 그것은 결국 의미의 실패로 귀결된다. 이것이 라캉적 주체의 가장 뚜렷한 특징 중 하나이다. 기표의 연쇄 구조는 주체가 언어(기표)를 사용하는 한, 다시 말해 주체가 다른 주체와 공유하는 언어 체계 속에 있는 한 자신의 말 속에서 주체의 의도와 전혀 다른 것이 나올 수도 있다는 점을 보여준다. 확실히 언어는 주체의 생각을 전달하기 위한 도구 이상의 것이다. 전술했듯이 의미는 고정되어 있는 것이 아니므로 주체 또한 통일되어 있지도 않고 안정되어 있지도 않다. 이리하여 인간 주체의 한가운데에는 기본적으로 '존재의 결여'가 생겨나게 된다(사럽, 1994: 132).

이때의 '결여'는 단순히 없다는 것을 뜻하지 않는다. 주체 속에 '존재의 결여'가 생긴다는 말은 주체가 자신의 실재적 존재로부터 소외되어 불완전한 의미의 차원으로 들어가게 된다는 것을 지칭한다. 이에 대해 라캉은 "존재를 선택하면 주체는 사라지고 우리의 손을 벗어나 무의미 속으로 떨어지게 된다. 의미를 선택하면 의미는 무의미의 부분이 도려진 채로만 존속하게 된다"(라캉, 2008: 192)고 설명한다. 하지만 실은 인간에게 자유로운 선택권은 없다. 존재든 의미든 그것은 '어쩔 수 없는' 선택일 뿐이다. 주체는 언어의 세계로 들어가면서 결국 고유한 존재성을 상실하게 되고, 의미화되지 못한 채 무의미 속으로 떨어진 부분은 기표들의 연쇄 속에서 환원 불가능한 것으로 남게 된다. 이렇게 해서 불완전한 의미의 세계 속에 들어간 주체는 동시에 무의식의 주체가 되는 것이다.

이처럼 항상 불완전함과 연계되는 라캉적 주체는 "실체가 그 실체 자신에 대해 취하고 있는 거리 또는 실체 내부의 환원 불가능하고 비논리적인 이질성"(김현강, 2009: 39)을 가리킨다. 라캉은 논리로 환원될 수 없는 인간의 특수성과 개별성을 강조하기 위해 주체라는 개념을 도입했다. 이런 그에게 근대 철학에서처럼 과학적 진리나 절대적 또는 형이상학적 진리를 보증해주는 신적 지위의 주체는 아무런 가치도 가지지 못한다. 그러니까 절대적인 주체가 되려 하지 말고 인간 본성의 한계를 인정할 때 비로소 순수한 주체 혹은 타자가 될 수 있는 길이 열린다는 것이다. 요컨대 라캉은 "불완전한 것이 완전한 것보다 더 완성된 경지이며, 부족한 것이 완벽한 것보다 더 견고한 것"(김서영, 2007: 13)임을 강조한다.

II. 욕망하는 주체

불완전한 무의식의 주체는 온갖 의미로부터 미끄러짐으로써 본질적으로 분열되어 있고, 그런 만큼 무언가를 계속 욕망한다. "삶에는 단 하나의 의미만이 있다. 그것이 바로 욕망이다."(이종영, 2012: 53) 하지만 주체의 욕망은 결코 만족될 수 없으며, 그런데도 무언가가 더 있을 것이라는 느낌을 떨쳐버리지 못한다. 식욕, 성욕, 물욕, 권력욕, 명예욕 같은 이런저런 욕망은 결코 채워지지 않으며, 우리는 하나의 욕망이 실현되는 순간 다른 욕망을 추구하게 된다. 왜 그럴까? 이는 욕망이란 본질적으로 무의식적 주체의 욕망이기 때문이다. 물론 라캉이 말하는 욕망은 성욕이나 권력욕 같은 것을 직접 지칭하는 것은 아니다. 라캉의 무의식적 욕망은 일종의 메타적 욕망, 즉 '욕망에 대한 욕망' 혹은 '욕망을 욕망하는 것'이라 할 수 있다.

라캉은 '욕망(desire)'을 '욕구(need)' 및 '요구(demand)'와 구별한다. 욕구가 식욕이나 성욕 같은 가장 일차적인 충동이나 생물학적 본능을 가리킨다면, 요구는 욕구가 충족된 이후에도 계속되는 어떤 정신적인 갈구로서 일반적으로 언어형식을 빌려 표현된다. 아기가 울면 엄마가 젖을 주는데, 엄마의 젖가슴은 아기에게 단순히 우유를 제공하는 생물학적 기관에 그치지 않는다. 아기는 거기서 젖 이상의 사랑을 요구하고 있는 것이다. 욕구는 언제나 요구를 통해 표현되고 충족되는 것이지만 그 충족은 늘 불충분하다. 배불리 젖을 먹여도 아기는 계속 울어댄다. 그럴 때 공갈 젖꼭지를 입에 물려주면 아기는 어느새 편안하게 잠든다. 여기서 공갈 젖꼭지는 엄마의 사랑에 대한 메타포이다. 엄마의 사랑을 구하는 아기의 요구는 욕구 충족과는 별도로 계속된다. 하지만 이때의 사랑은 상식적인 수준에서의 '모성애'를 뜻하지 않는다. 라캉에게 사랑이란 "자신이 가지고 있지 않은 것을 주는 것"을 뜻하기 때문이다. 엄마의 젖처럼 가진 것을 주는 것 그 자체는 결코 사랑일 수 없다는 것이다. 가지고 있는 것을 주는 것은 기껏해야 우리의 욕구를 충족시켜줄 뿐이다.

이리하여 욕구와 요구 사이에는 언제나 틈새가 생기기 마련이며, 그런 틈새에서 욕망이 형성된다. 다시 말해 욕망은 사랑의 요구와 욕구 충족 간의 차이로부터 발생한다. 욕망은 충족을 위한 식욕이나 성욕도 아니고 사랑에 대한 요구도 아니며, 굳이 말하자면 요구에서 욕구를 뺀 차이를 가리킨다. 욕망은 하나의 차이 개념이다. 사랑의 요구는 아기가 엄마한테 요구하는 것이다. 그런데 엄마는 아기의 욕구만을 충족시켜준다. 욕구는 만족시킬 수 있지만 요구는 항상 빗나가며, 이런 어긋남으로 인해 욕망은 결코 충족되지 않는다. 인간의 근본적 욕망은 사랑에 대한 욕망이며 더 나아가 완전한 사랑을 받으려는 욕망인데, 이는 불가능한 욕망으로 끝나기 마련이다.

어긋남과 차이로서의 욕망은 항상 나의 바깥에 있다. 그것은 나의 욕구와 나의 요구를 넘어선 어딘가에 있다. 그것은 내게 결여되어 있고 내게 이질적인 어떤 것이다. 그래서 라캉에게 모든 욕망은 결여된 것에 대한 욕망을 뜻한다. 욕구나 요구가 내가 원하는 어떤 대상에 대한 것이라면, 욕망은 대상과는 무관한 어떤 결핍에 대한 것이다. 욕망은 존재의 핵심에 있으며 근본적으로 결핍과 밀접하게 결합되어 있다. 다시 말하자면 욕망은 항상 주체와 타자 속에 결핍되어 있는 어떤 것을 명백하게 보여준다. 그것은 개인적 사건이 아니라 항상 다른 주체(타자)들의 욕망과 변증법적 관계를 구성하면서 드러난다. 이런 의미에서 욕망은 사회적 산물이라 할 수 있다(김경순, 2009: 22, 39).

요약하자면 주체는 "사유하는 의식의 주체가 아니라 바로 욕망의 주체"(라캉, 1994: 217)이다. 이때 주체의 욕망은 타자의 욕망과 구분하기 어려울 정도로 뒤엉켜 있다. 그러니까 주체란 타자의 욕망을 욕망하는 그런 욕망의 대상으로부터 비롯되는 일종의 '자기화'를 뜻한다. 이런 의미에서 주체는 자신의 욕망으로부터 소외된 비이성적인 주체라 할 수 있다. 주체가 무의식적으로 무언가를 강하게 욕망하면 할수록 주체의 욕망은 충족되지 못한다. 채우면 비우고 그래서 텅 비게 되면 또 다시 채우는 것이 욕망하는 주체이다. 그리하여 욕망하는 주체는 부질없는 오류를 끊임없이 반복하는 주체가 된다. 개인은 자신이 원치 않는 악습을 반복하고 집단은 역사의 오류를 반복한다.

그렇다면 이런 반복에서 벗어나는 길은 무엇인가? 욕망은 흔히 생각하듯이 주체 외부의 어떤 대상을 욕망하는 것이 아니라는 점, 존재 자체가 욕망의 대상이며 결국 욕망에는 대상이 없다는 점을 깨닫는 것이 그 길로 들어서는 이정표가 되어줄지도 모른다. 라캉은 욕망하는 주체와 그 욕망의 대상 저변에 깔려 있는 무의미성에 초점을 맞추고 있다. 그런 무의미성을 그대로 인정한다는 것은 곧 허무에 굴복한다는 것을 뜻하지 않는다. 욕망은 우리 존재의 핵심이기 때문이다. 그 욕망의 장소는 "내가 사고한다고 생각하지 않는 그곳"이므로 궁극적으로 의미나 무의미와는 관계가 없다. 의미의 자리에서 욕망을 재단하려는 우리의 오래된 고정관념이야말로 많은 문제를 낳는 원천일지도 모른다. 그런 고정관념에서 조금이라도 벗어날 때 오류의 반복을 최소화할 수 있지 않을까?

III. 상상계·상징계·실재계

프로이트에 대한 라캉적 재해석의 가장 큰 특징 중 하나는 무의식을 언어 구조로 파악했다는 점이다. 이런 맥락에서 라캉은 이미지-언어의 세계, 언어 이후의 세계, 언어 이전 혹은 언어 너머의 세계를 각각 상상계, 상징계, 실재계라는 말로 개념화하고 있다. 세 가지 영역은 "개인의 심리 행위에 작용하여 그들의 삶에 서로 다른 방식으로 영향을 주는 힘의 장"(마이어스, 2005: 53)으로, 이중 상상계는 "착란적 자연의 무질서"(아사다 아키라, 1995: 115)를, 상징계는 우리의 문화적 질서나 사회적 현실을, 그리고 실재계는 그 상징적 질서가 실패하는 지점, 곧 상징적 질서에 항상 출몰하는 간극 혹은 틈새를 나타낸다. 이와는 다른 관점에서의 이해도 가능하다. 예컨대 실재계는 불가시적인 질서와 관계가 있다. 이에 비해 상상계는 우리가 보는 세계의 가시적인 질서를 가리키는 개념이며, 상징계는 그런 가시적 세계를 지탱하고 규제하는 구조를 지칭한다. 언어 영역으로서의 상징계는 우리 자신과 세계를 표현하는 언어뿐만 아니라 인간에게 어떤 고유한 아이덴티티를 부여함으로써 우리의 경험을 틀 짓는다.

그런데 인간은 어떤 상징적 아이덴티티에 대해서도 그것이 완벽하게 자신과 딱 들어맞는다고 느끼지 못한다. 언어는 총체적인 진실을 다 말할 수 없으며, 언어에 의해 구성된 모든 이데올로기는 그 구조 내에 설명이나 표상이 불가능한 지점을 내포하기 때문이다. 이런 틈새를 채워주는 것이 자아(ego)라는 상상적 감각이다. 상상계는 나의 아이덴티티를 형성하는 상징적 질서의 힘뿐만 아니라 그런 아이덴티티 형성에 완벽하게 성공하지 못하는 불가능성 모두를 보이지 않게 숨기고 감춘다. 이에 비해 실재계는 상징적 질서의 불완전성을 지시한다. 실재계는 의미 작용이 파열되고 단절되는 지점이며 사회구조 안에 내장되어 있는 틈새이다(McGowan, 2007: 3).

한편 주체로 하여금 윤리적으로 행동하게 하는 것으로서 프로이트가 제시한 세 가지 작인을 통해 상상계·상징계·실재계를 해명할 수도 있다. 주체의 이상화된 자기 이미지 혹은 내가 되고 싶은 모습이나 타인이 그렇게 봐주기를 원하는 모습을 가리키는 이상적 자아(ideal ego), 내가 자아 이미지 속에 새겨 넣고자 하는 응시의 작인 혹은 나를 감시하고 나로 하여금 최선을 다하도록 촉구하는 대타자이자 내가 따르고 실현하고자 하는 이상으로서의 자아이상(ego ideal), 이런 자아이상에 포함된 엄격하고 때로 잔인하기까지 한 징벌자로서의 초자아(super ego)가 그것이다. 이 세 가지 작인이 구조화되는 원리는 각각 상상계(이상적 자아), 상징계(자아이상), 실재계(초자아)에 대응된다.

대타자와 주체

여기서 '대타자(대문자 타자)'란 무엇인가? "주체가 태어나는 장소"(사립, 1994: 150) 혹은 "말이 구성되는 장소"(임진수, 2011: 12)로 규정되는 대타자는 기본적으로 주체와 주체 간의 상호 관계를 매개하는 "절대적인 제3자"(아사다 아키라, 1995: 114)를 가리키는 타자 개념이다. 우리는 다른 사람들과의 관계 속에서 살고 있다. 통상 우리는 이런 관계를 나 자신이 만들어나가는 것이라고 생각한다. 하지만 라캉은 그렇지 않다고 보았다. 주체와 다른 주체(타자) 간의 직접적인 상호 관계는 금지되어 있고, 따라서 항상 대타자를 경유할 수밖에 없다는 것이다.

타자란 주체에게 외래적이거나 이질적인 그 무엇인데, 핑크는 라캉적 타자의 다양한 층위를 언어로서의 타자, 상상적 타자, 욕망으로서의 타자, 주이상스로서의 타자, 요구로서의 타자 등 다섯 가지로 분류한다. 먼저 "무의식은 대타자의 담론"이라고 할 때의 대타자는 언어로서의 타자를 가리킨다. 그다음 상상적 타자란 상상계에서 형성되는 이상적 자아를 뜻한다. 우리는 통상 데카르트의 사유하는 주체, 즉 코기토에 해당하는 이 상상적 타자를 '나'라고 생각하며 산다. 이에 비해 욕망으로서의 타자는 상징계에서 형성되는 자아이상을 지칭한다. 내가 욕망한다고 믿는 것은 실은 타자의 욕망일 뿐이다. 한편 주이상스로서의 타자는 일종의 초자아라 할 수 있다. 주이상스 개념에 관해서는 뒤에서 상술하겠지만, 주이상스를 타자로 본다는 것은 주이상스가 내게 없다는 것을 의미한다. 끝으로 요구로서의 타자는 대상에 대한 가치판단과 함께 우리에게 무언가를 요구하거나 명하는 대타자, 가령 부모, 사회, 신, 지식, 고정관념, 법, 언어 등을 의미한다(핑크, 2010: 10).

이에 비해 라캉 자신은 상상계와 상징계를 기준으로 삼아 타자를 크게 소문자 타자와 대문자 타자로 구분한다. 이때 "소문자 타자는 상상계의 타자(타아)이고 대문자 타자는 상징계의 대타자"(라캉, 1994: 93)를 가리킨다. 이상적 자아에 입각한 상상계가 소문자 타자 및 자아의 이상화된 분신 이미지를 거점으로 삼는다면, 자아이상의 원리에 토대를 둔 상징계는 나의 상징적 동일화의 지점 혹은 그것으로부터 나 자신을 관찰하고 판단하는 대타자 내부의 지점이라 할 수 있다. 이에 비해 초자아가 작동하는 실재계는 내게 불가능한 요구들을 퍼붓고 나의 실패를 조롱하는 잔인하고 탐욕스러운 작인으로, 내가 그 요구들에 응하려 하면 할수록 그 시선 속에서 나는 점점 더 죄인이 된다(지젝, 2007: 124).

라캉은 대타자의 불완전성을 강조한다. 가령 언어의 불완전성에 대해서는 앞서 언급한 그대로이다. 법이라는 것도 얼마나 불완전한 것인가! 아무리 정교한 법체계라 해도 반드시 그 법망을 빠져나가는 구멍이 있게 마련이다. 겉보기에는 상징계의 대타자가 우리의 모든 것을 지배하는 것처럼 보이지만 실은 대타자에는 구멍(틈새 혹은 균열)이 많으며, 그것들은 결코 메워지지 않는다. 법이 그렇듯이 이런 구멍이 있어야 대타자가 작동할 수 있다는 사실은 아이러니가 아닐 수 없다.

상상계

상상계(the imaginary)는 의식적으로 혹은 무의식적으로 인식되거나 상상되는 오이디푸스기 이전 상태의 이미지들이 지배적인 정신의 층위를 가리킨다. 우리는 상상계가 없이는 세계에 대해 아무것도 알 수 없으며, 따라서 상상계로부터 완전히 벗어날 수 없다. 이 상상계는 자아와 주변 세계 및 타자 사이에 허구적 동일시가 일어남으로써 결국 자아를 소외시키는 미분화 상태, 즉 자아와 타자 및 그 표상들 사이의 구분이 이루어지지 못하는 존재 양식과 관계가 있다. 이런 허구적 동일시가 발견되는 곳에서는 언제나 상상계가 지배력을 장악한다. 무엇보다 주목할 것은 이 상상계에서 미분화 상태를 통합된 안정적인 상태, 곧 자타의 구분이 없는 조화로운 전체로 인식하는 '오인'이 발생한다는 점이다. 라캉은 특히 이 오인이 일어나는 상상계의 과정을 1936년 국제정신분석협회의 발표[2]에서 처음으로 '거울단계'라고 지칭하면서 다음과 같이 적고 있다.

> 거울단계는 ① 거울 속에 비친 자신의 이미지에 매혹되어 ② 이미지와 자신을 동일시하려는 주체를 만들어낸다. ③ 또한 그것은 일련의 환상들과 관련을 가지는데, 그것들은 자기동일성을 가정하는 자기방어적인 갑주의 형태를 띠고 주체를 소외시키는 역할을 하게 된다. ④ 바로 이런 소외 구조가 향후 주

---

[2] 이 발표문은 원래 불어판 *Écrits*(1966)에 실렸던 것으로 영어 번역은 "The Mirror Stage as Formative of the I Function as Revealed in Psychoanalytic Experience"라는 제목으로 영어판 *Écrits*(Lacan, 2002: 75-81)에 수록되었다. 한국어 번역은 「정신분석 경험에서 드러난 주체 기능 형성 모형으로서의 거울단계」라는 제목으로 『욕망이론』(라캉, 1994)에 실려 있다.

체의 전반적인 정신적 발전을 규정짓게 된다(라캉, 1994: 44. 번호는 필자).

상상계라는 말은 우리가 흔히 말하는 '상상력'과 관련된 것이 아니라 바로 이 거울단계에 나오는 거울상에서 비롯된 용어이다. 거울단계는 생후 6개월에서 18개월 사이의 아이가 거울에 비친 자기 이미지를 자신의 이상적인 모습이라고 잘못 동일시하는 정신 영역을 가리킨다. 거기서는 아이에게 응답하는 타자의 모든 행동이 거울의 역할을 한다. 이때 아이는 거울에 비친 자신의 모습을 보고 환희한다. 아이는 자신의 거울상 뒤에 감추어져 있지만 자신을 바라보는 어머니(타자)의 시선을 느끼는데, 그 시선은 아이에게 자신이 어머니의 욕망 대상임을 확신시켜주기 때문이다(①). 이로써 최초의 자아가 태어난다. 자아 형성을 위해서는 타자의 존재가 필수적인데, 거울단계에서 최초의 타자에 대한 이해는 바로 아이 자신의 이미지가 만들어낸 것이다. 이렇게 해서 형성된 자아는 향후 나르시시즘적 주체의 모태가 된다. 거울 이미지와 자신을 동일시하려는 자아의 나르시시즘적 심리가 주체화의 첫 번째 순간을 결정짓는 것이다. 이 경우 자아의 중심은 아이의 바깥, 즉 거울 이미지나 어머니에게 있다(②).

한편 거울단계에서 아이는 아직 자기 몸을 마음대로 통제하지 못하는데도 거울에 비친 자신의 이미지를 총체적이고 완전하며 통일적인 어떤 것으로 받아들인다. 하지만 이런 자아의 기능은 순전히 상상적인 것이므로 자기소외의 원천이 된다. 나아가 자아는 자기소외를 극복하기 위해 이런저런 환상에 의존하려 한다(③). 그 결과 거울단계는 단지 상상계에만 머물지 않고 성인이 된 이후에까지 지속적으로 확장된다. 가령 자아의 자기소외는 향후 주체의 자기소외로 이어지며, 자아의 동일시는 향후 주체의 동일시로 이어진다. 아이와 어머니라는 이자 관계 안에서 타자와의 합일을 욕망하는 거울단계에서의 동일시는 이상적 자아, 즉 자아가 동일시하는 투사된 이미지를 모델로 한다. 이에 비해 성인이 된 이후의 동일시는 타자의 특정 응시를 대신하는 자아이상에 따라 무의식적으로 남의 생각을 받아들이는 주체의 방식으로 나타나게 된다(④).

 이리하여 거울에 비친 아이의 통일적인 이미지는 정신적 측면에서 계속 거울단계의 소외된 자아상, 즉 '나'라는 의식을 어떤 고정관념이나 혹은 인간을 지배하는 갖가지 환상과 결합시키려 한다. 늘 자신의 행위를 합리화 혹은 정당화시키고 진실을 은폐하기 위해 자신이 보고 싶은 것만 보려는 인간의 습관적인 경향은 바로 이와 같은 거울단계에서의 왜곡되고 소외된 거울 이미지로서의 자아상에서 비롯된 것이라 할 수 있다. 라캉은 이런 자아를 오인의 산물이라고 보았다. 그 오인은 두 가지 차원에서 확인할 수 있다. 첫째, 거울에 비친 아이의 이미지는 좌우가 뒤바뀌고 전도된 채 통합적이고 대칭적 형태로 나타나는데, 이는 아이의 실제 상태가 아니라는 점에서 오인을 낳는다. 둘째, 아이는 자신이 어머니의 욕망 대상(팔루스)을 가지고 있다고 믿는데, 이는 자아를 이상적 자아, 즉 완전한 자아로 인식하게 만드는 오인을 초래한다. 이 오인으로 인해 자아는 사회화되기 이전부터 이미 허구적 성향을 갖게 된다. 라캉은 이와 같은 상상계의 '오인의 구조'로부터 인간에 대한 사유를 시작하자고 제안한다.

상징계

 오이디푸스기 이후의 언어의 세계, 이름 붙여지고 분류되어 차이를 나타내는 영역, 욕망을 획득하는 장소, 그 욕망을 통제하는 법과 제도의 영역, 자연의 영역과 대립되는 문화의 영역 등 모든 사회 체계를 포함하는 보편적 질서의 세계, 특히 언어(기표) 영역을 통해 사회의 일원으로 인정받고 모든 것이 상징화를 통해 의미를 부여받음으로써 주체가 형성되는 정신의 층위를 가리켜 상징계(the symbolic)라 한다. 이때 언어 영역이란 언어 자체나 의사소통이 이루어지는 상상적 공간을 말하는 것이 아니라 교환과 차이를 발생시키는 추상적 구조와 형식을 가리킨다. 또한 상징화란 그 자체로는 의미를 갖지 못하는 차별적 요소인 기표의 연쇄화를 뜻한다. 이런 상징계를 부정한다는 것은 우리의 삶 자체를 부정하는 것과 같다. 우리는 오직 상징계 안에서만 안정된 삶을 살아갈 수 있기 때문이다.

 앞서 시사했듯이 상징계로 진입하면서 거울단계가 완전히 사라지거나 억압되는 것은 아니다. 상상계와 상징계는 짝을 이루면서 변증법적으로 연결되어 있다. 우리가 상징계를 현실 세계로 인식할 수 있는 까닭은 거기에 항상 상상계가 같이 붙어 다니기 때문이다. 상상계에서 거울단계를 거친 아이는 오이디푸스기로 접어든다. 거기서 아이는 이성 부모를 욕망하고 동성 부모와 경쟁 관계에 돌입하지만, 결국 이성 부모에 대한 욕망을 포기하고 동성 경쟁자와 자신을 동일시하면서 오이디푸스콤플렉스를 극복한다. 그 과정에서 어머니를 욕망의 대상으로 삼아서는 안 된다는 아버지의 금지는 주체를 통제하는 일체의 권위를 상징한다. 이때의 금지를 라캉은 '아버지의 법'이라고 부른다. 아이는 '아버지의 법'에 의한 통제를 수용함으로써 해당 문화의 조직 원리와 규율 및 금기 등에 종속되면서 자기 내부에 초자아를 형성하게 된다. 이런 오이디푸스콤플렉스의 극복이 성공적으로 이루어질 때 아이는 비로소 상징계에 진입하여 '사회화'된다.

이것이 바로 '거세'이다. 거세란 어머니로부터 분리되어 아버지의 법을 수용하는 것을 가리키는 말이다. 오직 거세된 자들만이 상징계에 안착하여 사회적 주체가 될 수 있다. 여기서 오이디푸스콤플렉스의 핵심은 아이와 어머니 사이의 이자 관계를 삼자 관계로 변형시키는 '아버지의 이름'의 기능에 있다. 라캉은 이를 상상적 남근을 뜻하는 '팔루스(phallus)' 또는 대타자라고 바꿔 말하기도 한다. 만약 이런 아버지의 이름, 즉 대타자로서의 팔루스가 제대로 작동하지 않으면 주체와 타자와의 정상적인 관계나 사회화는 불가능해진다. 하지만 여기서 '정상적'이라는 말은 어디까지나 상징계의 정상적인 지배력을 가리킬 뿐이다. 라캉은 궁극적으로 상징계에 함몰되어 있는 주체를 신경증자로 보기 때문이다. 그러니까 정상인이란 없다는 것이다. 다만 상징적 질서에 정상적으로 편입된 사람들만이 존재할 따름이다.

아버지의 이름은 기표의 연쇄로 이루어진 상징적 질서를 대표한다. 다시 말해 오이디푸스기를 거쳐 상징계에 진입하는 것은 언어를 습득하면서 상징계에 진입하는 과정과 겹쳐진다. 라캉에 따르면 인간은 어머니를 독점하려는 욕망이 좌절되면서 언어의 세계로 진입하게 된다. 인간은 어머니와의 일체화를 대체하는 것으로서 최초의 언어기호를 획득한다는 것이다. 아이는 젖을 달라고 보챈다. 그러면 젖을 물려준다. 하지만 아이는 부분적으로만 충족된다. 그래서 다시 보챈다. 이를 반복하는 가운데 아이는 음성기호와 사물을 결부시키게 된다. 라캉은 이처럼 오이디푸스적 욕망의 대상이 어머니로부터 언어로 치환되는 데에서 언어활동의 기원을 본 것이다.

상징계는 자타가 구분되는 세계 혹은 주체와 타자의 차이가 형성되는 영역이다. 그곳은 주체가 형성되는 원천이자 주체가 활동하는 무대로서 기표의 연쇄적 결합과 상호작용에 의해 구성된다. 그런데 이런 상징계적 주체는 분열된 결여의 주체이다. 아이는 상징적 질서에 통합됨으로써 '말하는 주체'가 된다. 하지만 '말하는 주체'는 기표의 무한한 미끄러짐에 의해 상징적 질서와 실재 사이에서 분열되어 있고 상상계보다 더 심각한 주체의 소외를 겪게 된다. 거기서 양자를 이어준다고 가정되는 것이 팔루스, 즉 '아버지의 이름'이다. 상징계에 통합된 '말하는 주체'는 아버지처럼 팔루스를 소유함으로써 대타자의 사랑을 받고자 하거나 결핍을 채워줄 것으로 기대되는 완벽한 대상(가령 소울 메이트나 스타 혹은 신)을 찾게 되고 그것을 실재라고 믿으면서 거기서 어떤 보상을 얻을 것을 기대한다. 그러나 대타자를 포함하는 그 대상은 결코 충족될 수 없는 착각인 동시에 포착하는 순간 허상임이 드러나는 그런 대상이다.

그래서 지젝은 "주체는 대타자 속의 공백이며 구멍"(Žižek, 1989: 196)이라고 말한다. 주체는 그 운명이 언어에 의해 결정된다는 의미에서 기표의 주체인 동시에 상징계에서의 의미화 과정이 균열되면서 생겨난 텅 빈 공백으로서의 주체라는 것이다. 해당 사회시스템을 유지시키는 각종 이데올로기는 새로운 주체를 만들어내는 대신 이런 공백으로서의 주체를 감추거나 메우는 역할을 통해 지배를 강화한다. 라캉은 이런 상징계를 완벽하게 작동하는 기계로서의 '기표의 왕국'으로 보았다. 그 기계와 기표는 주체를 너무나도 철저히 지배함으로써 종종 주체가 이러한 사실을 인식할 수 없게 만든다.

라캉은 이와 같은 상징계 개념을 레비스트로스(Claude Lévi-Strauss)의 인류학적 연구로부터 차용했다. 레비스트로스에 따르면 사회적 영역은 친족 관계와 커뮤니케이션 교환을 규정하는 어떤 법칙에 의해 구조화되어 있다. 사회구조가 곧 상징계라는 것이다. 거기서 법과 구조의 개념은 언어 없이는 생각할 수 없다. 그런데 모든 구조는 주체의 구조이건 상징계의 구조이건 필연적으로 불완전하며 그 내부에는 이미 모순을 포함하고 있다. 즉 모든 구조 안에는 항상 규칙의 예외인 잉여 혹은 잔여물이 있는 것이다(김경순, 2009: 141). 이런 모순을 설명하기 위해 라캉은 상상계와 상징계에 더하여 실재계라는 개념을 설정했다.

실재계

상징계에서는 여러 대립 항이 변별적으로 규정되고 기표 연쇄의 차이를 통해 의미가 생성되지만, 제3의 질서인 언어 너머의 실재계(the real)에서는 모든 기표가 모든 기의와 완벽하게 부합하고 모든 기호가 모든 지시 대상과 일치하므로 결코 의미화 연쇄가 일어나지 않는다. 그곳은 의미 대신 상징화에 저항하는 잉여들로 구성된 세계라 할 수 있다. 실재 또는 실재계는 상징계 내부의 틈새와 간극이 발생하는 바로 그 지점에 위치한다. 이때 그 틈새는 상징적 질서의 작동을 방해하지만, 동시에 그런 작동을 가능케 하는 동인이기도 하다. 그것은 상징계(대타자)의 불완전성을 말해준다. 즉 상징계 내부의 모든 역설과 알 수 없는 모순을 포함하는 실재계는 의미 작용이 무너지는 지점, 사회구조의 틈새가 발생하는 자리, 철저히 상징화를 거부하는 정신 질서, 상징계적 법에 대한 위반이나 저항, 상징계에서 상징화되지 못한 부분 혹은 상징화가 불가능하므로 주체가 도저히 감당할 수 없는 것들을 가리키는 말이다. 다시 말하면 상징화될 수 없는 것들이 환상을 통해 상징체계 속으로 편입되면서 실재계로 이동하는 것이다. 상징계 안에는 "낯선 현실 혹은 어긋난 현실, 그러면서도 항상 되돌아오는 어떤 것"(라캉, 2008:

82, 94)으로서의 실재가 내포되어 있다. 그것은 언어 획득 이전의 미분화 상태 혹은 분절화를 거부하는 불가시적인 일종의 트라우마적 경험, 즉 "주체성과 상징계의 심부에 있는 트라우마적 중핵"(호머, 2006: 178)과 관계가 있다. 상징화를 거부하는 이 트라우마적 중핵으로서의 실재는 언어를 넘어선 영역이므로 가시적인 것으로 실존하지 않으며 따라서 재현이 불가능하다. 언어로 말해질 수 없는 것은 실존하지 않는 것이기 때문이다.

이리하여 실재계는 상상계와 상징계 바깥에 있으면서 상상계와 상징계의 한계를 드러내 보여준다. 하지만 그것은 실제 현실과는 직접적으로 관계가 없다. '언제나' 그리고 '이미' 거기에 있기 때문이다. 그러면서 실재는 특히 성(性), 죽음, 그로테스크, 종교경험의 차원과 접속되어 예기치 못한 곳에서 갑작스럽게 튀어나와 우리를 당황스럽게 만들거나, 현실과는 전혀 거리가 멀고 감지하기 불가능한 것으로 상상계와 상징계의 현실적 공간을 파괴한다든지 상징화된 것들을 무의미하게 만들기도 한다. 이 점에서 실재는 프로이트가 말하는 이드와 비슷해 보인다. 그러나 무의식은 실재가 아니고 실재의 저장소도 아니다. 그것은 "실재를 상실한 결과"(벨지, 2008: 84)이다.

이 밖에도 실재계는 "상징계적 욕망이 완전히 충족되지 않아 잔여가 남은 상태에서 다음 대상을 찾아나서는 단계", "아무리 해도 결코 욕망의 대상에 다다를 수 없는 영역", "상징계에서의 상징적 거세, 즉 주이상스의 포기 이후에도 남는 어떤 흔적이나 잉여 혹은 잔여", "상징화(의미화) 과정에 저항하는 트라우마적 잉여", "상징계의 작동이 실패하는 지점", "상징계 내부의 공백", "존재의 핵심에 있는 심연이나 공허", "쾌락원칙 너머에 있는 반복강박으로서의 죽음충동(타나토스)과 현실원칙에 지배받는 삶의 충동(에로스)이 함께 병존하는 순간", "주이상스의 집" 등 다양한 방식으로 말해진다. 이 중 주이상스란 더 이상 언어적 주체에게는 불가능한 전(前) 오이디푸스적인 대상의 향유(enjoyment)를 의미한다.

실재는 상징화에 절대적으로 저항하지만, 그럼에도 상징계는 다양한 방식으로 실재를 분할하거나 실재의 침범을 막으려 한다. 이런 시도가 실패하여 실재가 상징계 속으로 범람해 들어올 때 정신병이나 편집증이 발생한다. 흔히 말하는 사이코패스란 실재의 지배를 받는 자를 가리키는 말이다. 사이코패스에게는 주이상스가 보호막 없이 그대로 주체를 덮친다. 상징계와 달리 "실재계에는 틈새가 전혀 없다."(Lacan, 1988: 97) 실재계에는 틈새도, 높낮이도, 충만도 없다. 그것은 일종의 매끄럽고 이음새 없는 표면이나 공간 같은 것, 우주 전체 혹은 유아의 신체 같은 것이다. 상징적 질서는 이런 실재의 매끄러운 겉면을 자르고 들어가서 구분과 틈새와 구별 가능한 것들을 만들어낸다. 그럼으로써 실재를 폐기하고 무화시키면서 우리가 그 속에서 살아가는 '현실'을 창조하는 것이다. 이때의 현실이란 언어에 의해 명명되며 사고되고 이야기될 수 있는 어떤 것으로서의 현실이다(핑크, 2010: 62). 더 엄밀히 말하자면 상징계와 상상계가 만들어내는 것이 재현(표상)의 질서로서의 현실인 것이다.

상상계와 상징계에 더하여 뫼비우스의 띠처럼 연결되어 있는 수수께끼 같은 영역인 실재계 개념을 제시한 라캉은 "정신분석의 모든 개념 가운데 중추적인 역할을 하는 것이 바로 실재와의 만남"(라캉, 1994: 204)이라고 말한다. 이 실재는 현실 속에 깃들어 있지만 '드러날 수 없는 현실'로 존재한다. 우리는 상징계의 기표에 의존할 때에만 그런 불가시적인 현실을 어렴풋이나마 알 수 있다. 따라서 우리는 실재계만으로 인간존재를 설명할 수 없다. 그렇다고 상상계나 상징계에만 의존해서도 안 된다. 인간은 상상계에 뿌리를 둔 채 상징계와 실재계의 두 양 극단 사이에서 근본적인 긴장 관계를 살아가는 존재이기 때문이다. 라캉은 『세미나 20: 앙코르』(1972-1973)에서 인간 주체의 구조가 상상계·상징계·실재계라는 세 가지 고리로 만들어지는 보로메우스 매듭에 의거하며, 이 세 가지 고리는 서로 등가적이고 상보적인 관계에 있다고 보았다(Lacan, 1998). 이런 의미에서 주체들이 관계 맺고 사는 세계에는 상상계·상징계·실재계가 공존한다고 말할 수 있다. 일반적으로 이 세 가지 고리가 연합할 때 사유와 주체성이 이루어진다.

상상계·상징계·실재계와 욕망의 주체

하지만 상상계·상징계·실재계에서 주체는 각각 상이한 위상을 가지고 있다. 거울단계에서 태어나는 상상계의 자아가 최초의 주체라면, 상징계적 주체는 상징적 질서에 대한 관계로서 존재한다. 양자 모두 주체의 위치는 본질적으로 타자와의 관계에서 설정된다(핑크, 2010: 11). 이와 관련하여 라캉은 인간의 행동, 사고, 느낌 등이 언제나 모두 주체적인 것은 아니며 그 대부분은 비주체적이라는 점을 강조한다. 한편 라캉이 주체의 분열을 말할 때 그것은 인간존재 일반이 분열되어 있다는 것, 즉 한 인간 안에 여러 주체성이 있다는 것을 가리킨다. 라캉은 그중 무엇이 진짜 주체인지를 집요하게 묻고 있다.

상상계에서 형성되는 주체성은 오인의 구조로 인해 결국 허구적인 것일 수밖에 없다. 아이가 거울 속에서 보는 자신의 이미지는 진정한 자기 자신이 될 수 없다. 그럼에도 상상계적 주체(자아)는 실재계와 상징계를 중계하는 역할을 할 수 있다(김경순, 2009: 25). 한편 분열되고 소외된 상징계적 주체도 참된 주체라고 말하기 어렵다. 어쩌면 라캉이 생각하는 참된 주체란 상상계·상징계·실재계의 경계를 넘나드는 욕망의 주체일지도 모른다. 이종영은 '욕망의 문제'를 중심으로 라캉적 주체 담론의 추이를 다음과 같이 요약한다.

초기 라캉은 욕망 속에서 주체성을 보면서(1957년 이전) 팔루스로 존재하려는 욕망을 존재론적 욕망으로 간주하고 그것을 최종적 주체성으로 이해했다(1958년). 그러다가 욕망은 주이상스에 대한 방어로 설정된다. 거기서 욕망은 상징적 거세와 금지에 의해 제약받는 것, 따라서 제약 없는 주이상스와 대립하는 것으로 간주됨으로써 온전히 주체적인 성격을 가질 수 없게 된다(1959년 말엽 이후). 하지만 그후 욕망으로부터 무의식으로 초점이 바뀌면서 라캉은 무의식적 사고가 무의식적 코기토로서의 주체성이라고 주장한다든지(1964년 이후), 혹은 환상의 논리를 무의식적 사고의 한 토대로 제시한다(1966년 이후). 나아가 팔루스에의 욕망을 헛된 꾸밈에 불과한 것으로 간주하기도 했는데, 거기서 욕망은 주이상스의 금지에 의해 제약받기보다는 오히려 주이상스를 적극적으로 제약하는 어떤 것으로 묘사되기에 이른다(1971년 이후). 말년의 라캉은 실재계에 대해 깊은 관심을 표명하면서 욕망에 대립하는 것으로서의 영혼 혹은 욕망으로부터 우리를 구출할 수 있는 것으로서의 영혼을 긍정하고 곧이어 부정한다(이종영, 2012: 27-28). 영혼의 주체성도 하나의 환상이라고 여겼기 때문일까?

IV. 주체·환상·응시

환상과 주체

우리는 누구라도 환상을 피할 수 없다. 우리의 삶과 세계 자체가 환상에 의해 유지되고 있기 때문이다. 라캉에게 욕망의 주체는 곧 환상의 주체이기도 한데, 그 환상은 겹겹의 층위로 이루어져 있다. 누구나 피할 수 없는 첫 번째 환상의 층위는 말할 것도 없이 '주체라는 환상'이다. 나는 나 자신에게 속할 뿐 그 누구에게도 속하지 않는다는 환상이 그것이다. 나는 어디까지나 나이고 너나 그가 될 수 없다는 것이다. 이런 환상에 대해 빔 벤더스(Wim Wenders) 감독의 〈베를린 천사의 시(Wings of Desire)〉(1987)에 나오는 시인은 "왜 나는 나이고 네가 될 수 없을까?"라고 묻는다. 주체의 숫자만큼이나 많은 환상이 존재하기 때문일까? 그런데 이처럼 비록 상상적인 산물이라 해도 "환상은 주체 형성에 절대적으로 필요하다."(사럽, 1994: 112) 라캉은 환상이야말로 현실의 최종적인 토대라고 말한다. 인간은 환상을 통해 사회 현실을 구성한다. 다시 말하자면 우리의 실제 현실을 떠받치고 있는 것이 바로 환상인 것이다. 이때의 환상은 단순히 "삶이란 한낱 꿈일 뿐"이라거나 "현실은 그저 환상일 뿐"이라는 것을 뜻하지 않는다. 정신분석에서의 환상이란 일차적으로 주체가 결코 충족될 수 없는 것을 충족하려 드는 시도를 의미한다. 즉 환상이란 주체가 주인공이 되어 소망의 충족을 재현하는 상상적 장면을 가리킨다.

여기서 두 번째 환상의 층위가 모습을 드러낸다. 모든 욕망은 타자의 욕망인데, 그 욕망의 실현이 마치 가능한 것처럼 보이게 하는 일종의 징후가 바로 환상이다. 그것은 주체의 동일시와 밀접한 관계가 있다. 이런 동일시는 물론 하나의 오인이다. 예컨대 환상은 오인을 통해 대타자의 결여를 은폐하면서 신이나 독재자를 완벽한 것으로 믿게 하는 기능을 가진다. 그럼으로써 환상은 주체의 욕망을 유지시키는 역할을 한다. 결국 욕망은 오인과 환상을 통해 형성된다. 이뿐만 아니라 환상은 상징계와 실재계를 연결하는 통로이자 욕망의 진실을 드러내 보여주는 실재의 흔적이기도 하다. 이것이 세 번째 환상의 층위이다. 그것은 억압된 것을 불러내거나 혹은 결코 상징화될 수 없는 실재를 흘깃 엿보는 정신병적 경험과 유사한 측면을 내포한다. 실재의 흔적을 포착하여 불멸의 대작을 낳은 음악가나 화가 혹은 작가 등의 예술가 중에 정신병적 증상을 드러낸 이들이 적지 않은데, 아마도 그들은 이 세 번째 유형의 환상과 밀착되어 있는지도 모른다.

   그러나 네 번째 환상의 층위는 특별한 예술가들의 사례를 넘어서서 인간 일반과 사회에 공통된 현상으로 나타난다. 그 환상은 "우리 자신의 주이상스에 대한 불만 및 실재계의 불가능성과 화해하도록 이끄는 방어기제"(호머, 2006: 170), 즉 주이상스에 대한 방어로 기능한다. 그러니까 실재계가 우리 일상생활의 경험 세계 안으로 침입할 때 방어하는 역할을 하는 것이 바로 환상이라는 말이다. 라캉은 이를 '환상 가로지르기'라 부른다. 환상 가로지르기란 저 너머의 세계가 없음을 인식하는 것이며, 오히려 저 너머의 세계가 현실 세계 내부에 존재한다는 사실을 깨닫는 것을 의미한다. 나아가 환상 가로지르기는 주체가 실재계의 트라우마를 주체화하는 것, 즉 주체가 환상을 통해 트라우마적 사건을 받아들이고 그 주이상스에 대해 책임을 지는 것을 뜻하기도 한다(핑크, 2010: 127). 대타자(아버지의 법 혹은 신)는 환상에 지나지 않지만, 그럼에도 불구하고 그것이 없다면 현실을 뒷받침하는 질서 자체가 실재의 침투로 인해 와해되고 말 것이다. 권력욕, 물욕, 명예욕, 지식욕의 환상은 말할 것도 없고 심지어 순수한 사랑이나 에로티시즘이나 포르노의 환상에 이르기까지 모든 환상은 근원적 트라우마나 주이상스로부터 자신을 지키기 위한 무의식적인 방어기제의 측면을 포함하고 있다.

이는 환상의 역할이 주체의 욕망을 조정하고 그 욕망의 대상을 특화시키며 그 속에서 주체가 취하는 위치를 지정하는 데에 있음을 시사한다. 이런 의미에서 환상은 욕망의 대상이 아니라 욕망의 무대(미장센)라고 말할 수 있다. 주체가 욕망하는 주체로 구성되는 것은 오직 환상을 통해서이다(김경순, 2009: 144-145, 185). 하지만 다음의 지젝의 말처럼 우리는 이런 환상의 역할에 대해 무지하거나 혹은 애써 모른 척한다.

> 환상은 지식의 측면에 있는 것이 아니라 이미 현실 자체에, 사람들의 행동 속에 있다. 그들이 간과하고 오인하는 것은 현실 자체가 아니다. 그들은 현실을 구조화하는 것이 환상이라는 사실을 무시하고 있는 것이다. 그들은 실제로 현실을 잘 알고 있다. 하지만 그들은 여전히 마치 그걸 몰랐다는 듯이 행동한다. 그들은 환상을 간과하고 있다. 이는 무의식적인 것이다. 이처럼 간과된 무의식적인 환상이야말로 이데올로기적 환상이다(지젝, 2002: 68).

우리는 현실이 환상에 의해 구조화된다는 사실을 무의식적으로 덮어버린다. 라캉에 따르면 환상의 논리는 무의식적 사고의 핵심에 위치한다. 이것이 다섯 번째 환상의 층위이다. 무의식적 사고는 논리적 법칙의 지배를 받는데, 그것이 바로 환상의 논리이다. 이는 환상의 논리를 무의식적 주체의 관점에서 바라보자는 입장이다. 이런 환상 개념은 상징적 질서에 통합된 의식의 주체인 '나' 또는 상상계적 자아와는 무관하며, 따라서 나르시시즘적 성격을 갖지 않는다. 그것은 상징계적 '나'의 층위보다 더 심층에 있는 '나', 곧 상징적 질서로부터 축출된 '나 아닌 어떤 것[非我]'에서 비롯되는 것이다. 여기서 환상은 주이상스에 대한 방어가 아닌, 내 안의 '나 아닌 어떤 것'이 나의 의지와는 무관하게 욕망의 대상을 뒤쫓는 무의식적인 반복 운동으로 자리매김된다.

가령 인간은 다른 동물들과는 달리 특정한 발정기가 없이 강박적으로 성적 행위를 반복한다. 왜 그럴까? 라캉에 따르면 이는 성적 행위를 통해 찾아내고자 하는 존재의 의미와 성적 행위 속에서 실제로 만나는 경험 사이에 차이가 있기 때문이다. 이런 반복은 기의(의미)를 만나지 못하는 기표의 무한한 미끄러짐과 동일한 구조를 보여준다. 그런 차이로 인해 결여가 다시 생겨나고 그래서 그 결여를 다시 메우려는 반복이 되풀이된다. 그 결과 무의식의 주체가 생겨나는 것이다(이종영, 2012: 101-102, 107). "항상 아직 실현되지 않은"(비트머, 1998: 72) 이 결여의 주체는 타자를 통해 자신의 빈 곳을 채움으로써 완전한 충만함에 이를 수 있을 것이라는 무의식적인 환상에 사로잡혀 있다.

응시와 주체

하지만 이것들보다 더욱 본질적인 환상의 층위가 있다. 그것은 '응시(gaze)'와 관련된 여섯 번째 환상의 층위이다. 우리는 거울 앞에서 나 자신을 바라본다. 이런 몸짓은 거울단계의 연장선상에 놓여 있다. 그러나 라캉은 거기서 더 나아가 아예 거울 속으로 들어가려

한다. 예컨대 라캉은 "의식 주체의 '나는 나 자신을 바라보는 나를 바라본다'는 환상은 안과 밖이 바뀐 응시의 구조에 기초해 있다"(라캉, 1994: 207)고 말한다. 이는 거울 속의 거울을 보는 것과 같은 환상의 구조를 보여준다. 실제로 우리는 무언가를 생각하거나 말할 때 그 생각이나 말 안에서 자신을 바라보는 또 하나의 나를 보고 있는 듯한 느낌에 사로잡힌다. 하지만 라캉은 이것이 착각에 불과한 환상이며, 응시에 의존한다고 보았다. 그러니까 응시가 의식의 토대라는 것이다.

통상적인 어법에서는 시선과 응시가 유사한 의미로 쓰이지만, 라캉은 양자를 엄밀하게 구분한다. 인간은 바라보는 시선(eyes)의 주체일 뿐만 아니라 보여지는 응시의 대상이기도 하다. 인간에게는 시선과 응시가 함께 있다. 이때 라캉은 응시가 시선에 앞서 존재한다고 주장한다. 우리는 시선을 통해 대상을 본다. 이에 비해 응시는 그렇게 대상을 보는 행위 자체를 욕망의 대상으로 삼는다. 시선은 주체에게 있지만, 응시는 주체가 아니라 타자에게 있다. 다시 말해 응시에서 주체는 소멸되는 것이다. 라캉이 『세미나 11』에서 인용한 아라공(Aragon)의 『엘자의 미치광이(Le Fou d'Elsa)』에 나오는 시 「반대선율(Contre Chant)」의 다음 한 구절은 이런 응시의 본질을 드러낸다. "나는 거울과도 같은 불행한 존재 / 비출 순 있지만 볼 수는 없다네 / 나의 눈은 마치 거울처럼 텅 비어 있고 마치 거울처럼 / 너의 부재에 홀려 아무것도 보지 못하네."(라캉, 2008: 125) 즉 대상을 바라보는 눈은 주체의 것이지만 실은 그 주체는 거울 같은 존재일 뿐이라서 "비출 순 있지만 볼 수는 없다". 응시는 대상 쪽에 위치하기 때문이다. 시선과 응시는 일치하지 않는다. 이와 같은 시선과 응시의 분열은 시각의 영역에서 나타나는 주체의 분열을 의미한다.

시선과 응시의 변증법에서 양자는 일치하는 것이 아니라 분열 속에서 서로를 유혹한다. 사랑을 하면서 상대방이 나를 봐주기를 원할 때 내게 매우 불만스럽고 항상 결핍되어 있는 것은 "당신은 결코 내가 당신을 바라보는 곳에서 나를 바라보지 않는다"(라캉, 1994: 219)는 점이다. 반대로 내가 보는 것은 결코 내가 보기를 원하는 것이 아니라는 말이다. 이 대목에서 라캉은 고대 그리스의 화가 제욱시스(Zeuxis)와 파라시오스(Parrhasios)의 일화에 주목한다. 제욱시스는 포도를 그려 날아가는 새를 유혹함으로써 처음에는 우위를 차지하는 것처럼 보인다. 그러나 파라시오스는 벽에 베일을 그려 제욱시스를 이긴다. 베일이 곧 그림이며 그 뒤에는 아무것도 없음을 알지 못하는 제욱시스는 파라시오스에게 "자, 이제 그만 베일 뒤에 당신이 그린 그림을 보여주시오"라고 요구한다. 이는 시선(제욱시스의 그림)에 대한 응시(파라시오스의 베일 그림)의 승리를 보여준다. 시선이 머무는 외관 너머에, 즉 베일 그림 뒤에는 본질상 아무것도 존재하지 않는다. 그곳에는 바로 응시가 존재하기 때문이다(라캉, 1994: 233-234). 시선은 환상이라는 빙산의 일각에 지나지 않는다. 환상의 거대한 본체는 보이지 않으면서 보여지는 응시 쪽에 위치한다.

응시에 대한 가장 간략한 정의는 '보여지는 것'이다. 하지만 그것은 누군가가 나를 보고 있다는 의미에서의 단순한 '보여짐'이 아니다. 그런 단순한 보여짐은 실은 '보여지는 것으로서의 응시'가 아니라 타자의 영역에서 나에 의해 '상상되는 응시'이며, 주체와 주체의 관계, 즉 나를 바라보고 있는 타자들의 현전에서부터 생겨나는 응시일 뿐이다. 가령 무언가를 훔쳐보다가 들켰을 때 우리는 놀라고 부끄러워하는데, 주체와 주체 사이에서 일어나는 이 훔쳐보기의 대상은 응시의 대상이 될 수 없다. 굳이 예를 들자면 몰래카메라에

찍힌 것을 익명의 수많은 사람이 볼 때 그 대상이 더 응시에 가까울지 모르겠다. 거기서 주체는 소멸된다. 응시는 직접적이 아닌 간접적이고 이중적이며 무의식적인 보여짐이기 때문이다.

미셸 푸코(Michel Foucault)가 주목한 '판옵티콘'처럼 세계는 모든 것을 바라보지만 그것을 드러내지 않는다. "나는 한곳만을 바라보지만 나는 모든 방향에서 보여진다."(라캉, 1994: 194) 세계 속에서 우리는 보여지는 존재들이며, 우리는 내가 알지 못하는 사이에 누군가에게 보여질 수 있다. 이처럼 우리를 규정하면서도 그런 사실을 드러내지 않은 채 우리를 보여지는 존재로 만들어버리는 것이 바로 응시이다. 우리는 태어나기 전부터 이미 대타자(부모)의 응시하에 있었다. 이런 부모의 응시, 곧 타자의 욕망이 우리의 삶의 좌표를 결정짓는 것이다. 그 결과 우리는 생애에 걸쳐 타자의 욕망을 자신의 욕망이라고 착각하면서 살게 된다. 이런 의미에서 응시는 타자의 욕망을 시각의 차원으로 바꿔 말한 용어라 할 수 있다.

응시가 주체의 소멸을 수반하는 것은 '욕망하는 주체'와 관계가 있다. 이와 관련하여 라캉은 독일 르네상스를 대표하는 화가 홀바인(Hans Holbein)의 〈대사들(The Ambassadors)〉(1533)이라는 그림의 사례를 든다. 그림 속의 두 인물 사이에는 당대의 허무를 상징하는 물체들, 즉 첨단 대수학, 음악, 기하학, 천문학 등 과학과 예술을 상징하는 물체들이 놓여 있다. 그런데 두 인물의 발 아래에 왜곡된 형상, 즉 '왜상'으로 묘사되어 알 수 없는 물체가 하나 더 있다. 그것은 응시를 상징하는 물체이다. 이 물체를 통해 홀바인은 주체의 소멸을 보여주고자 했다. 즉 이 그림은 응시를 유혹하는 미끼인 셈이다. 우리가 이 그림에서 응시를 찾는 바로 그 순간 응시는 사라져버린다. 이 그림은 주체인 우리가 문자 그대로 그림 속으로 호출당하여 그 안에 사로잡혀 있다는 점을 명백하게 보여준다. 우리가 옆으로 비켜서서 무심코 저 불가사의한 물체를 힐끗 바라볼 때에만 드러나는 해골의 형상은 우리 자신의 무(nothingness), 즉 공백을 나타낸다. 즉 이 그림은 주체를 사로잡는 욕망과의 관계를 보여준다(라캉, 1994: 214-216). 실은 왜상이 묘사되지 않았다고 해도 모든 그림은 응시와 관계가 있다. 그림에는 시선과 더불어 항상 응시가 공백 속에 숨어 있다. 화가들은 의식하지 못한다 해도 그들이 그림을 그리는 참된 목적은 공백으로부터 응시가 쏟아져 나오지 못하도록 방어하는 데에 있다.

이제 환상의 마지막 층위를 말해야 할 때가 왔다. 욕망의 원인이자 대상을 나타내는 개념인 대상a와 그 대상a를 핵심으로 하는 개념인 주이상스가 그것이다. 사실 응시는 라캉이 대상a라는 개념을 주장하면서 내놓은 용어였다. 응시가 이르게 되는 곳이 바로 대상a이기 때문이다. 그런데 환상은 분열된 주체가 대상a와 맺는 관계이며, 주체는 대상a와의 환상적 관계 속에서 존재(being)감과 주이상스를 획득한다. 달리 말하자면 환상은 주이상스를 구현하는 대상a에 대한 주체의 불가능한 관계를 가리킨다(김경순, 2009: 97, 144).

V. 주체·주이상스·대상a

주이상스의 주체

'향락' 또는 '향유'로 번역되는 주이상스(jouissance, enjoyment)를 라캉은 간결한 어조로 "고통"(Lacan, 1992: 184) 또는 "죽음으로 가는 통로"(Lacan, 2007: 18)로 정의 내린다. 주체로 하여금 가능한 한 고통을 피하도록 명령하는 쾌락원칙은 주이상스를 제한하는 역할을 한다.

그러나 주체는 종종 이런 금지를 위반하고자 한다. 그 결과는 쾌락이 아니라 고통이다. 쾌락원칙의 한계를 넘을 때 그 쾌락은 고통이 되며, 그런 "고통스러운 쾌락 혹은 고통 속의 쾌락"(Evans, 1996: 93)이 주이상스이다. 그러니까 주이상스란 쾌락원칙을 넘어서려는 전복적인 충동이자 일탈된 욕망을 가리키는 말이다. 그것은 고통과 맞물려 있는 무의식적인 쾌락이다. 이는 주이상스에 대한 가장 일반적인 이해라 할 수 있다.

여기서 더 나아가 주이상스라는 말은 "압도감이나 혐오감을 초래하지만 동시에 매혹의 원천을 제공하기도 하는 과도한 잉여 쾌락", "죽음 직전에 이르는 순간까지도 얻고자 하는 어떤 것", "늘 모자라거나(결핍) 혹은 넘치는(잉여) 사유", "우리의 욕망이 실패할 때 경험하는 일종의 불만" 등으로 규정되는가 하면, "삶에 가치를 부여하는 본질이나 속성" 또는 "무언가 더 있을 것이라는 막연한 느낌이나 기대" 등과 같이 확장된 개념으로 사용되기도 한다. 게다가 근원적 주이상스, 존재의 주이상스, 사유의 주이상스, 잉여 주이상스, 팔루스적 주이상스, 성적 주이상스, 육체의 주이상스, 여성적 주이상스, 타자적 주이상스, 사랑의 주이상스, 파괴적 주이상스, 죽음의 주이상스, 초월적 주이상스, 신의 주이상스, 열반의 주이상스 등과 같이 수많은 범주로 분류되기도 한다. 그만큼 주이상스는 강력하고 풍부한 사유를 불러일으키는 힘을 지니고 있는 매우 복합적인 개념이다.

크게 보면 주이상스도 욕망의 범주에 속하지만, 라캉은 경우에 따라 주이상스를 욕망과 구별한다. 욕망은 끊임없이 주체를 충족시키려고 노력하면서 하나의 기표에서 다른 기표로 부단히 움직인다. 욕망의 대상이 계속 바뀔 뿐 욕망 자체는 끝이 없다. 욕망은 하나의 '근원적인 결핍'에서 비롯되는 것으로 결코 채워질 수 없는 것이기 때문이다. 이에 비해 주이상스는 인간 세계에 쾌락과 고통과 죽음이 존재하는 한 언젠가 한번은 절대적이고 확실하게 채워질 수 있는 그런 것이다. 이런 의미에서 주이상스는 "욕망의 끝"(김경순, 2009: 67)이라고 칭해질 만하다. 그 욕망의 끝에 이르기까지 우리는 인생이 아무리 모순에 차 있고 고달프다 할지라도 상징계 안에서 어떤 고통이든 참아내려 한다. 이런 의미에서 주이상스는 '판도라의 상자 속에 갇힌 희망'과 같은 것이다. 주체는 '욕망의 낭떠러지 끝'에서조차 어딘가에 무언가 더 있을 것이라는 기대를 버리지 못하는데, 이때의 '무언가 더(something more)'에 해당하는 것이 바로 주이상스이다(Homer, 2005: 90).

이와 같은 주이상스의 위상은 상상계·상징계·실재계의 삼각형에서 어떤 배치로 나타날까? 상상계에서 우리는 주이상스를 상상한다. 상징계에서는 상징이 우리 대신 주이상스를 향유한다. 상상계는 오직 상상된 주이상스만을 제공하며, 상징계는 오직 욕망만을 제공한다. 이에 비해 우리는 실재계와의 만남을 통해서만 주이상스를 향유할 수 있다(McGowan, 2004: 19). 실재계와의 만남은 특히 성적 주이상스를 경험하는 오르가즘의 순간이자 '텅 빈 충만'으로 경험되기도 한다. 라캉은 죽음과 성이 근본적으로 연관되어 있다고 보면서 "성욕의 최종 종착지는 죽음"(라캉, 2008: 227, 268)이라고 말한다. 예컨대 불어로 '작은 죽음(petite mort)'을 뜻하는 오르가즘은 실재계의 근원적 주이상스가 성적 주이상스로 전환된 것이라 할 수 있다(권택영, 2001: 212, 216).

프로이트는 『쾌락원칙을 넘어서』(1920)에서 인간의 일차적 동기가 고통을 피하고 쾌락이나 욕망을 충족시키고자 하는 데에 있다는 쾌락원칙 이론을 수정한다. 임상적으로 볼 때 주체들은 고통스럽고 트라우마적인 경험들을 강박적으로 반복한다는 사실을 알 수 있는데, 이는 쾌락원칙에 반하는 것이기 때문이다. 이처럼 쾌락원칙 너머에 있는 어떤 충동을 프로이트는 '죽음충동(타나토스)'이라 불렀다. 라캉은 이런 죽음충동이 고통을 참고 견디고자 하는 현실원칙을 넘어서서 주이상스를 향해 나아가려는 주체의 끊임없는 욕망, 주이상스를 획득하려는 패턴을 반복하고자 하는 욕망에 주어진 이름이라고 이해했다. 결국 라캉은 프로이트의 충동 개념을 주이상스로 대체시킨 셈이다. 주체의 삶을 위협하는 지점까지 무의식의 층위에서 계속 자기주장을 하는 모든 충동은 본질상 섹슈얼리티이자 죽음충동으로 주이상스와 관련되어 있다고 본 것이다.

이렇게 볼 때 죽음의 다른 이름은 '열반의 주이상스'라 할 수 있다. 프로이트가 말한 열반원칙에는 자극이 없는 세계, 흔들림 없고 충만한 세계를 희구하는 인간의 소망이 담겨져 있다. 인간은 스스로를 파괴하는 한이 있더라도 미분화 상태의 평화로운 죽음의 세계, 곧 근원적인 열반의 세계로 들어서고자 한다. 이것이 바로 라캉이 말하는 '근원적 주이상스'이다. 이에 비해 쾌락원칙은 '팔루스적 주이상스'에 입각한 것이라 할 수 있다. 한편 현실원칙은 주체가 대타자의 세계, 즉 상징계로 들어서면서 작동하는데, 이때 주체는 타자의 시선을 느끼면서 초자아를 만들어낸다. 라캉은 초자아를 상징계에 위치시키면서 그것을 "향유하라!"는 주이상스의 절대적 명령으로 이해했다(Lacan, 1998: 3). 이는 새로운 윤리학의 요청을 뜻한다. 그것은 "너는 네 속에 있는 욕망에 따라 행동했는가?"라는 물음으로 요약되는 윤리학이다. 전통적인 윤리학은 "선이란 무엇인가?"라는 물음을 중심으로 선회해왔다. 그러나 라캉적 윤리학은 선을 포함한 모든 초자아적 이상을 거절하면서 "나는 그것이 있었던 곳[무의식]으로 돌아가야 한다"는 프로이트의 유명한 명제를 "나는 주이상스가 있는 곳으로 돌아가서 그 주이상스의 주체로 존재해야 한다"고 바꿔 말한다.

    이와 같은 주이상스의 주체는 사유를 낳는 원천으로서의 주이상스에 기초하고 있다. 거기서 데카르트의 "나는 생각한다. 고로 존재한다"는 명제는 상징계와 실재계로 각각 분절된다. 즉 "나는 생각한다"의 '나'가 상징계적 주체라면, "나는 존재한다"의 '나'는 실재계적 주체라 할 수 있다(김경순, 2009: 105). 이중 주이상스의 주체가 후자에 속함은 두 말할 나위도 없다. 그리하여 사유를 낳는 주이상스의 주체는 "나는 존재한다. 고로 생각한다"고 말하게 된다. 이렇게 해서 라캉은 데카르트적 사유를 주이상스의 사유로 바꾸었다. 라캉이 '존재의 주이상스'를 끌어들이면서 "사유는 주이상스이다"(라캉, 1994: 279)라고 말한 주이상스의 사유는 죽음충동 위에 세워지는 사유이자 동시에 타자의 사유이기도 하다. 주이상스의 사유는 자신이 생각하지 않은 곳, 자신이 알지 못하는 곳에서 일어나는 것이기 때문이다. 이때의 주체는 '안다고 가정하는 주체'에 불과하다. 우리는 통상 어떤 생각을 하거나 판단할 때 그것을 자명하거나 확실한 이성에 입각한 것으로 여기기 십상이지만, 거기에는 항상 알 수 없는 강렬한 죽음충동이 숨겨져 있다. 주이상스가 우리의 사유를 좌우하는 것이다. 라캉적 주체는 이런 "주이상스의 원초적이고 압도적인 경험에 대한 이끌림이나 방어"(핑크, 2010: 11)로서 존재한다.

대상a와 주체

혹자는 욕망의 대상이면서 동시에 욕망의 원인인 '대상a(objet petit a)'를 라캉 정신분석의 가장 핵심적인 개념으로 이해한다. 실제로 후기 라캉은 상징계·실재계·상상계의 중심에 대상a를 자리매김했다. 라캉이 정신분석에 기여한 가장 큰 공헌 중의 하나로 평가되는 이 대상a에 대한 이해는 곧 라캉 이론의 요체를 파악하는 지름길이다(임진수, 2011: 89, 93).

상상계의 자아는 대상(가령 어머니)이 자신의 욕망을 완전히 채워줄 것이라고 믿는다. 그러나 상징계에 진입하면 대상이 욕망을 충족시켜주지 못한다는 사실을 깨닫는다. 그리하여 이제 대상은 어떤 잃어버린 존재의 일부가 된다. 라캉은 이처럼 주체가 상징계에 들어서면서 필연적으로 영구히 상실하게 되는 어떤 것을 대상a라고 불렀다. 그것은 주체가 영원히 붙잡을 수 없는데도 끊임없이 주체의 욕망을 불러일으키는 원인으로서의 '부재하는 대상'을 가리킨다. 그러니까 대상a는 통상적인 어법에서의 대상이 아니다. 그것은 다른 일반적인 대상들처럼 저기 우리 눈앞에 있지만 그렇다고 하나의 객체적 사물처럼 거기에 있는 것은 아니다. 대상a는 거기서 우리에게 다가오는 어떤 것, 그래서 우리 내면의 무엇인가를 불러내면서 마치 나의 일부분인 양 안으로 스며들어와 나를 뒤흔들어 버리는 어떤 것이다. 그것은 현실 속의 대상 그 자체라기보다는 상징계적 현실 속의 무수한 모순적 균열과 틈새 혹은 공백을 메우고 은폐하는 역할을 한다.

이와 같은 대상a는 "주체가 자신을 주체로 만들기 위해 자신으로부터 분리시킨 기관"(라캉, 2008: 161)을 비롯하여 "결핍의 상징", "상징이 메울 수 없는 부재", "언어로 표상될 수 없는 것", "오이디푸스콤플렉스를 통해 주체가 구성되기 이전의 주체의 실재", "주체의 형성 과정에서 통합 불가능한 것으로 남는 어떤 것", "주체가 경험하는 기괴한 주체의 타자성", "말하는 주체에게 영원히 결핍되어 있는 상실한 대상", "아포리아, 모순, 수수께끼의 원인 혹은 구조의 순조로운 작용을 전복시키는 원인", "상징계의 상징적 거세 이후에도 뒤에 남는 어떤 잔여물이나 흔적 혹은 잉여", "상징계가 불완전하며 불충분함을 드러내는 지점", "주체의 욕망을 일으키는 대타자의 욕망", "주체가 대타자와 자신을 동일시하게 만드는 원인" 등 다양한 방식으로 규정될 수 있다.

대상a를 어떻게 정의 내리든 그것은 언제나 하나의 왜곡이다. 전술한 왜상으로 드러나는 응시도 대상a의 일종이다. 그것은 주체의 욕망이 우리 현실에 초래하는 불안과 혼돈의 잔여를 구현한 것에 지나지 않는다. 따라서 대상a는 객관적인 눈으로 바라볼 때는 무(無)이다. 하지만 욕망의 관점에서 그것은 어떤 형태를 띠게 된다. 또한 대상a가 없다면 불안도 없다. 불안이란 항상 주체 자신이 응시당하고 있다는 느낌에서 비롯된 불안이기 때문이다. 이런 응시로서의 대상a는 시각의 영역에서 욕망의 중심에 놓여 있는 결여를 상징하는 대상이다. 앞서 인용한 그림 〈대사들〉 속의 해골 그림은 마치 '다른 것'인 양 가장한다. 이 다른 것이 바로 대상a이다. 화가는 항상 대상a의 문제를 안은 채 그림 그리기를 시작한다(라캉, 1994: 246-247).

대상a의 발단은 최초의 분리, 즉 출생 시 어머니로부터의 분리로부터 시작된다. 그후 거울단계에서 대상a는 거울에 비친 자기 자신의 육체적 이미지와 결부된다. 이는 대상a가 원래 어머니와 아이의 공생 관계가 균열됨으로써 생겨난 것임을 시사한다. 그러다가 아이는 상징계에 진입하면서 상징적 거세를 겪게 되는데, 이때 대상a는 상징적 질서로 인해 상실된 어떤 것들로서 나타나게 된다. 그것은 상징적 질서 속에 존재하는 구체적인 대상들이 아닌, 상징계에 진입할 때 육체로부터 영원히 떨어져나간다고 상상되는 신체 부위인 '상실의 다섯 가지 형태'로 제시된다. 젖꼭지, 똥, 팔루스, 응시, 목소리가 그것이다. 이중 젖꼭지가 구순기 단계의 대상a라면,

똥³은 항문기 단계의 대상a, 팔루스는 성기기 단계의 대상a를 가리킨다.

이처럼 '영원히 상실해버린 어떤 것' 혹은 '근원적인 결핍'으로서의 대상a 안에는 상실한 주이상스의 흔적이 남아 있다. 우리는 부재하는 어떤 결핍으로 인해 계속 욕망한다. 그때 주체는 자신이 잃어버린 어떤 대상의 일부라고 여기는 욕망의 대상이자 원인인 대상a와의 결합을 통해 주이상스를 얻을 수 있다고 믿는다. 이처럼 주체의 욕망은 기본적으로 주이상스를 향해 있지만, 주이상스의 어두운 그림자로부터 등을 돌리면서 그 흔적인 대상a만을 간직하려 한다. 주체가 대상a와의 환상적 관계 속에서, 즉 대상a를 매개로 하여 주이상스를 획득하지 않고 직접 주이상스와 대면하게 되면 주체 자신이 파괴될 것이기 때문이다. 이로써 욕망은 주이상스에 대한 방어가 된다. 그런데 언어적 요구 속에서 표현되지 못한 욕망을 사라지지 않게 지탱해주는 것이 환상이다. 그리고 이 환상을 규제하는 것이 쾌락원칙인데, 그것은 주이상스와 대립한다. 욕망과 환상이 주이상스에 대한 방어라는 말은 이 점을 뜻한다. 거기서 주이상스의 흔적은 법의 바깥에 존재하면서 주이상스를 제공하는 실재계의 작은 조각이라 할 수 있다. 되풀이 말하거니와 주체는 이와 같은 대상a와의 관계 속에서 존재감과 주이상스를 획득한다. 이런 의미에서 대상a는 '주이상스의 핵'(김경순, 2009: 177)이라고 말할 수 있다.

주이상스의 핵심에 위치하는 대상a는 상징계의 범위를 넘어 실재계에 속해 있으므로 언어로 표상할 수 없고 따라서 아무것도 의

---

3   이때의 똥은 배변 훈련을 완전히 거치지 않은 아이의 관점에서의 똥을 가리킨다. 아이는 똥을 자신으로부터 분리된 자신의 귀중한 일부로 여긴다.

미하지 않는다. 그러면서도 그것은 신이나 깨달음 또는 궁극의 미적 감동처럼 주체에게 절대적 타자성이나 혹은 내재적 불이(不二)로 존재하는 불가시적인 어떤 것과 조우하는 경험을 가능케 해준다. 이와 같은 대상a는 주체가 분리될 때의 나머지 부분, 즉 잉여를 의미한다. 주체는 잉여로서의 대상a 덕분에 어머니(대타자)에 대한 욕망을 지탱할 수 있다. 하지만 주체가 언어의 세계, 즉 상징계 안에 들어서면서 대상a와의 직접적인 접촉은 불가능해진다. 주체는 부단히 대상a를 통해 자신의 결핍을 채움으로써 완전한 충만함을 얻을 수 있으리라는 환상에 사로잡혀 있지만, 대상a는 분열된 존재인 빗금 친 주체($)와 결코 직접적인 관계를 맺을 수 없다. 라캉은 이런 불가능성을 '$◇a'라는 환상 공식으로 표시한다. "분열된 주체가 대상a를 욕망한다"는 것을 뜻하는 이 대수학적 환상 공식은 환상의 본질이 주체의 상실을 회복하는 데에 있지만 그것은 실패할 수밖에 없는 목표임을 시사한다. 대상a는 기본적으로 대상 속에 내재하면서 주체의 욕망을 촉발하지만, 그 주변에는 항상 맹목적으로 움직이는 위반의 충동들이 끊임없이 소용돌이치고 있기 때문이다. 결국 욕망하는 주체와 관련하여 대상a 개념이 던져주는 가장 중요한 메시지는 "욕망에서 관건은 주체가 아니라 대상"이라는 점에 있다.

라캉의 메시지: 인간학적 통찰

지금까지 살펴본 라캉의 주요 개념들은 서로 복합적으로 연동하면서 인간의 마음을 입체적으로 새롭게 조명해준다. 이런 의미에서 라캉은 '마음의 조각가'라 불릴 만하다. 이때 그의 조각품들이 던져주는 핵심적인 메시지는 크게 공백의 사유, 전복의 윤리, 주체의 발명이라는 세 가지 관점으로 요약된다.

첫째, 주체를 비롯하여 팔루스, 욕망, 충동, 상징계, 환상 가로지르기, 실재, 물, 대상a, 주이상스 등 라캉의 주요 개념들은 하나같이 '공백'이라는 기표로 규정되거나 수식된다. 내 안에도, 역사에도, 사회에도 우리가 알 수 없고 이해하기 힘든 어떤 공백이 존재한다. 그것은 언어로 상징화되기를 거부하는 어떤 것이다. 무, 틈새, 간극, 균열, 잉여, 잔여물, 구멍, 부재, 결여, 결핍 등은 모두 공백의 다른 버전이다. 이런 의미에서 라캉 이론을 '공백의 사유'라고 불러 마땅하다. 라캉은 공백의 사유를 통해 우리가 인간과 세계에 관하여 사유하는 방식 자체를 새롭게 갱신하고 싶어 한 것 같다. 가령 라캉에 따르면 인간은 결코 제대로 사유하는 주체가 아니다. 인간의 생각은 항상 빗나가거나 뒤틀리거나 동일한 오류를 반복하기 십상이다. 우리는 언제나 자신이 보고 싶어 하는 것만 보려는 경향에 사로잡혀 있다. 이런 경향에서 조금이라도 자유로워지기 위해서는 유아기의 거울단계에서 비롯되는 오인의 구조를 인정하는 데에서부터 모든 사유를 다시 세팅할 필요가 있다. 그럴 때 우리는 "주체는 오인을 통해 구성된다"는 명제의 참뜻을 이해할 수 있게 될 것이다. 그것은 "공백의 사유는 오류나 실패, 몰락이나 죽음에 대해 적극적인 의미를 부여한다"는 명제와 맞닿아 있다. 종래 서구 형이상학은 이데아나 신을 꽉 차고 충만한 실재로 간주했다. 하지만 라캉은 공백이나 결여야말로 세계의 실재라고 말한다. 다시 말해 실재는 텅 비어 있는 어떤 것이라는 말이다.

둘째, 이와 같은 공백의 사유는 전복의 윤리와 동전의 양면을 이룬다. 전복의 윤리는 승화로서의 위반 혹은 환상 가로지르기를 통해 무엇보다 고정관념의 전복을 의도한다. 여기서 전복이란 단순히 기존 관념을 뒤집어엎거나 다른 것으로 대체하는 것만을 뜻하지 않는다. 그것은 범주 자체의 재설정을 포함한다. 어떻게 사드(Marquis de Sade)를 칸트(Immanuel Kant)와 동일 선상에 놓고 말할 수 있었을까? 라캉이 칸트와 크레온과 남자를 선에, 그리고 사드와 안티고네와 여자를 악에 배치해온 기존의 고정관념을 뒤집으면서 선악의 범주 자체의 정당성을 되묻는 장면은 우리가 흔히 말하는 '발상의 전환'의 극대화를 보여준다. 임상의 차원에서 라캉이 신경증, 도착증, 정신병 환자를 비정상인으로 취급하지 않았다는 점 또한 전복의 윤리를 뒷받침해준다. 그가 볼 때 이른바 정상인이라 불리는 사람들을 포함하여 인간은 모두 기본적으로 신경증자이다. 만일 정신병자를 비정상이라고 규정한다면 모든 인간이 다 비정상이라고 말해야 할 것이다. 하지만 다음 인용문에서 잘 엿볼 수 있듯이 특히 여성성에 대한 라캉의 재평가야말로 전복의 윤리가 지니는 혁명적 측면을 가장 웅변적으로 드러낸다.

주어진 질서, 즉 지배적 질서는 아버지의 이름을 중심으로 구성된 남성적 유한성이다. 이에 비해 물의 영역은 상징계의 외부라는 의미에서 여성적이다. 무에서 유의 창조(엑스 니힐로)는 언제나 여성적 영토로 나아가는 경향을 가진다. 그리하여 후기 라캉은 여성적 주이상스를 강조한다. 주이상스의 영토이자 기표 연쇄의 시작점인 물의 장소로부터 승화의 과정을 통해 출현하는 것이 여성이다. 팔루스의 법이 아버지의 법으로 한계 지어진 욕망의 지대를 가리킨다면, 그 한계 너머의 욕망의 대상이 바로 여성이라는 말이다. 여성적 주이상스는 위반을 통해 도달되는 존재의 영토이다. 여성은 결국 남성적 영토의 균열점이다. 그것은 오직 고립된 공백의 형식, 예컨대 이유 없는 것, 볼 수 없는 것, 한계 지을 수 없는 것, 무한한 것 등으로 묘사될 수밖에 없다. 이런 여성에 접근하는 모든 절차가 바로 승화이다(백상현, 2017a: 300-301. 필자의 요약).

셋째, 앞에서 살펴보았듯이 라캉 정신분석의 주요 개념들은 모두 주체의 문제를 중심으로 방사되거나 다시 수렴된다. 라캉은 프로이트나 후기구조주의자들과는 달리 주체라는 범주를 적극적으로 도입하여 그것을 불완전성·비실체성·불가능성으로 새롭게 정의 내린다. "주체는 하나의 존재론적 구멍이고, 주체화란 철저한 비존재의 실현을 뜻한다"(김석, 2014: 25)는 것이다. 우리는 일반적으로 주체를 사유의 주체나 기의의 주체, 즉 언어로 자신의 생각을 표현하고 타자와 소통하고자 하는 어떤 의미의 담지자 혹은 능동적인 주어 같은 것으로 여긴다. 하지만 라캉은 그런 통일적인 주체란 존재하지 않는다고 말한다. 주체란 텅 빈 구멍에 불과하다는 것이다. 나는 이와 같은 통찰력을 주체의 '발견'이 아닌 하나의 '발명'이라고 부르고 싶다. 라캉은 그런 발명의 과정에서 주체가 대상을 보는 시선의 자리로부터 대상이 주체를 보는 응시의 자리로 주체의 좌표를 이동시켰다. 그것을 '주체로부터 대상으로의 코페르니쿠스적 전환'이라고 불러도 좋을 것이다.

라캉적 주체는 이런 전환을 둘러싸고 두 개의 상반된 회로를 내장하고 있다. 하나는 타자의 언어와 지식 혹은 타자의 욕망에 의해 지배받는 주체와 그로 인해 소외된 주체의 회로이다. 오인의 구조에 입각한 환상 극장으로서의 세계 속에서 고정관념의 상징계적 권력에 완전히 장악된 이 회로는 실은 공백에 삼켜지지 않으려는 주체의 무의식적인 방어 전략이 만들어낸 결과물이라 할 수 있다. 그것은 가장 현실적인 회로이다. 하지만 또 하나의 회로는 전적으로 미래에 속한 주체의 회로이다. 그것은 자신의 주이상스에 대해 자신의 고유한 언어를 발명함으로써 타자의 욕망이 있던 자리에 주체가 들어서도록 안내해주는 회로를 가리킨다. 그 이정표에는 "죽음충동에 사로잡히는 순간에도 끝끝내 자기 자신의 욕망을 포기하지 말고 타자의 욕망에 저항하라"고 적혀 있다.

이상의 세 가지 메시지는 단지 정신분석에만 한정되는 것이 아니라 인간이 무엇인가를 묻는 인간학 일반에 관한 통찰력을 보여준다. 이런 맥락에서 "우리가 라캉을 읽는 것은 우리 자신을 우리 자신의 언어에 의해 재발명하기 위한 것"(백상현, 2017b: 14)이라고 지적하는 백상현이 『세미나 7: 정신분석의 윤리』에 대한 강해서의 제목을 『라캉의 인간학』(백상현, 2017a)이라고 붙인 것은 매우 시사적이다. 인간이 무엇인지에 대한 물음은 결코 타자의 욕망에 의해 규정되거나 재단되어서는 안 되며 각자의 주체의 자리에서 발명해 내야만 하는 그런 것이다. 라캉과 함께 문화코드로 이미지의 제국 일본을 읽어내자는 본서의 무모한 시도는 바로 이와 같은 라캉의 인간학적 통찰에 입각하고 있다.

2장
일본문화코드와 라캉

"고양이는 우리에게 세상의 모든 일에 목적이 있는 건 아니라는 것을 가르쳐주고 싶어 한다."(게리슨 케일러Garrison Keillor)

문화는 말하는 주체로서의 인간이 거주하는 영역이다. 그것은 의식, 이야기, 오락, 생활양식, 스포츠, 규범, 믿음, 금지, 가치 등에 이르기까지 한 사회에서 의미를 생산하는 실천의 모든 영역을 구성한다. 영화와 애니메이션도 그중 일부이다. 문화는 이러한 실천들의 의미 속에 존재한다. 주체성이나 정체성이란 이와 같은 문화의 효과, 즉 문화의 각본에 따라 쓰인 것이자 의미를 낳는 실천 속에 각인된 효과를 지칭하는 말이다. 따라서 문화 바깥에 인간의 자리는 없다. 문화란 우리가 알고 있거나 혹은 안다고 생각하는 모든 것이다. 우리는 늘 문화 속에 있다. 그것은 언어를 통해 우리에게 알려진다.

문화 이론가 캐서린 벨지(Catherine Belsey)는 문화를 라캉이 말하는 '실재'와의 관계 속에서 이해할 것을 제안한다. 실재는 현실과는 다른 것이다. 현실이란 문화가 우리에게 표상해주는 이 세계에 대한 그림이다. 간단히 말해 우리가 알고 있는 것을 현실이라 한다면, 실재는 우리가 알지 못하는 어떤 것을 가리키는 말이다. 실재는 그것에 대한 나의 생각과는 관계없이 존재하는 하나의 타자성이다. 그것은 상징적 질서로 환원할 수 없는 타자성이므로 언어에 종속된 주체인 우리는 실재와 직접 접촉할 수 없다. 다만 언어(상징계)를 매개로 하여 그 존재를 어렴풋이 상상할 수 있을 뿐이다. 우리는 실재를 상실했다. 하지만 죽음 속에서 실재와 재회할 것이다. 지젝은 실재를 부재하며 존재하지 않는 것으로 규정한다. 이에 반해 라캉이 말하는 실재는 아이가 오이디푸스기를 거쳐 상징계에 진입하여 문화 속의 유기체, 즉 말하는 주체가 되면서 상실해버리는 어떤 것을 뜻한다. 이런 의미에서 실재는 "문화가 실패하는 지점"(벨지, 2008: 35)이라 할 수 있다. 그래서 실재는 문화 속에서 살아가는 우리를 늘 불안에 빠지게 한다.

문화는 언어의 영역인 상징계의 영토에 속해 있다. 상징계의 권력은 막강하다. 그것은 아주 어릴 적부터 우리에게 행사되어온 저항할 수 없는 권력이다. 우리는 이런 권력에 매우 익숙해 있으며, 평소에는 그 권력이 내게 행사되고 있는지조차 의식하지 못한 채 살고 있다. 왜냐하면 상징계(언어)의 권력은 말하는 타자인 부모에 의해 유아의 신체에 새겨진 강력한 문화적 흔적이기 때문이다. 그 흔적은 향후 생애에 걸쳐 주체의 욕망 구조를 지배하는 결정적 요인이 될 것이다. 적어도 상징계의 영토를 살아가는 동안 우리는 정신적 성장이나 성숙, 자기실현, 세속적인 성공, 사랑의 발견, 사회에 대한 기여, 종교적 혹은 정치적 이상의 추구 등 타자로부터 인정받고자 하는 욕망에 사로잡히게 된다. 이런 류의 욕망은 본질적으로 문화적인 것이다. 끊임없이 우리를 뒤흔드는 정체불명의 충동들도 이와 마찬가지로 문화적인 산물이다. 말하는 타자인 부모는 이것을 해서는 안 된다든가 저것은 이렇게 해야만 한다든가 하는 금지와 명령의 언어 체계를 통해 부단히 아이의 충동을 고정시키고 유형화한다.

　우리는 사춘기에 접어들면서 종종 그와 같은 금지를 넘어 헛되이 위반을 꿈꾸기도 하지만, 대개는 상징계의 권력을 받아들여 문화를 향유하는 사회적 존재로 고정되어가게 마련이다. 평범해 보이는 그런 순응이야말로 가장 안락하고 안전한 길임을 스스로 터득하게 되는 것이다. 그러나 치명적인 실패나 사고 혹은 사랑하는 사람의 상실로 인한 트라우마가 나의 삶에 지워지지 않을 어떤 균열을 만들어낼 때, 우리는 언뜻언뜻 우리 앞에 드러나는 실재의 텅 빈 공백을 목도하게 된다. 그럴 때 어떤 이는 한순간 세상이 너무나도 터무니없는 거짓말들의 환상 무대라는 진실을 깨달으면서 제2의 위반을 감행하기도 한다. 라캉은 이것을 환상 가로지르기라고 불렀다. 만일 그런 환상의 횡단이 승화에까지 이르지 못한다면, 이제 남은 가능성은 주이상스의 영토인 죽음충동에 의해 삼켜지는 일밖에 없을 것이다. 하지만 승화도 죽음충동도 모두 어릴 때 우리의 신체에 각인된 문화적 흔적이 상이한 방식으로 반복 출현하는 문화적 사건이다. 유아기의 문화적 흔적은 트라우마가 그러하듯이 결코 지워지지 않은 채 생애에 걸쳐 그때그때 다른 옷을 입고 반복적으로 나타날 뿐이다.

　요컨대 문화란 상징계에 귀속된 주체들을 공동체의 일원으로 규정짓는 하나의 반복적인 코드, 곧 규범으로서의 약호라 할 수 있다. 이하에서 다룰 일본문화코드는 일본인 개개인이라기보다는 "일본 혹은 일본 문화의 지배적인 에토스를 규정짓는 규범적 약호들"을 가리키는 말이다. 그것은 일본인에게 내면화된 것으로, 법이나 제도와는 다른 일종의 문화 규범이다. 규범으로 내면화된 문화코드는 경우에 따라 객관적 법칙(레비스트로스), 권력(푸코), 정치적인 것(지젝) 등 다양한 방식으로 이해되기도 하며, 시대와 지역에 따라 상이한 형태로 나타날 수도 있다. 그러나 본서에서는 문화 규범을 주로 언어적 상징 질서로 보는 라캉의 관점에서 접근하고 있다. 이때 일본인들의 집합적 사고방식이나 행동 양식을 이를테면 비트겐슈타인(Ludwig Wittgenstein)이 말하는 '가족유사성(family resemblance)'**1** 같은 것으로 이해한 것이 바로 일본문화코드라는 점에 유의할 필요가 있다.

I. 일본문화코드

일본에는 다른 나라에서는 찾아볼 수 없는 '일본인론' 혹은 '일본문화론'이라 불리는 특이한 장르가 있다. 오늘날 일본의 대형 서점에 가면 이런 일본 문화론에 관한 책들만 따로 모아놓은 서가를 어렵지 않게 볼 수 있다. 그것은 "일본이란 무엇인가?", "일본인은 누구인가?", "일본 문화의 특징은 무엇인가?"를 물으면서 일본의 역사, 지리, 정치, 경제, 예능, 사회, 문화, 사상과 국민성의 특징을 주제로 하는 담론을 가리킨다. 이런 일본 문화론의 성립은 에도시대의 국학까지 거슬러 올라가며, 근대 일본에서도 야나기타 구니오(柳田國男) 민속학이나 국가신도적 국체론을 비롯하여 다양한 일본문화론이 생산되었다. 그러다가 니토베 이나조(新渡戶稻造)의 『무사도』(1899)나 와쓰지 데쓰로(和計哲郎)의 『풍토』(1935) 등을 거쳐 패전

---

1 범주의 한 구성원이 가진 속성을 그 범주의 다른 구성원들이 공유하는 정도를 지칭하는 척도. 가령 A, B, C라는 일본인이 있는데, A와 B는 특징 1이 닮았고, B와 C는 특징 2가 닮았고, C와 A는 특징 3이 닮았다고 하자. 이들 모두에게 공통되는 특징은 없지만 서로 교차하는 유사성 때문에 이들을 같은 가족으로서의 일본인으로 인식할 수 있다. 이와 같은 유사성을 가족유사성이라 한다.

후에는 루스 베네딕트(Ruth Benedict)의 『국화와 칼』(1946)을 기점으로 일본 문화론이 대중 소비재가 되어 널리 읽혀왔다. 초기에는 나카무라 하지메(中村元)의 『일본인의 사유 방식』(1947)이나 마루야마 마사오의 『일본의 사상』과 같이 일본 문화를 부정적으로 보는 비판적 경향이 지배적이었지만, 점차 긍정적인 일본 문화론이 대세를 점하게 되었고 이런 경향은 특히 1990년대 이래 더욱 강화되어 오늘날까지 이어지고 있다. 아마도 자기 자신의 정체성에 대해 일본인만큼 맹렬한 호기심으로 되물으면서 강박적이라 할 정도로 집착하는 민족은 세계에서 다시 찾아보기 힘들 것이다. 여기서는 이와 같은 일본 문화론에 자주 등장하는 문화코드를 통해 일본 문화의 특징을 생각해보고자 한다. 물론 일본 문화론적 접근 방식에는 숲을 보고 나무를 보지 못할 위험성이 상존한다. 이 점을 경계하면서 거시적 관점에서 일본이라는 숲을 투시해보기로 하자.

모성 원리와 장의 윤리

융 심리학자 가와이 하야오에 따르자면 일본 사회에서는 모성 원리가 지배적이다. 이때의 모성 원리는 '포함하는' 기능에 의해 특징지어진다(河合隼雄, 1976). 부성 원리가 모든 것을 구별하고 절단하려 든다면, 모성 원리는 좋은 것이든 나쁜 것이든 모든 것을 품어 안는다. 이와 같은 모성 원리에 기초한 윤리관은 어머니 슬하의 장(場) 안에 있는 모든 자녀에게 절대적인 평등성을 부여한다. 이를 '장의 윤리'라고 할 수 있다면, 부성 원리는 개인에게 높은 가치를 부여하는 '개(個)의 윤리'라 할 수 있다.

김태창은 '리(理)'를 지향하는 경향이 강한 중국과 '기(氣)'의 영향이 매사에 드러나는 한국에 비해, 일본은 '장(場)'에 대한 감각이

예민한 문화라고 본다(김태창, 2010: 100). 이때의 장은 기본적으로 작게는 가정에서 크게는 일본이라는 국가에 이르기까지 크고 작은 집단적 관계를 나타내는 장소적 개념이다. 근대 일본을 대표하는 철학자 니시다 기타로(西田幾多郞)의 '장소의 논리'에서 '나'라는 자기의식은 주객 미분의 순수경험과 관련된 '절대무(絶對無)의 장소'로 말해진다. 이때 절대무의 장소란 "자각의 근원을 이루는 비(非)대상적인 의식" 혹은 "영원의 지금"을 가리킨다(中村雄二郞, 1998: 305). 이 니시다 철학의 장소론은 무아(無我) 또는 무사(無私)라는 일본적 가치를 배경으로 하고 있다. 이른바 "주어진 장의 공기(空氣)를 읽는다"는 것은 니시다의 장소론이 일본인의 일상생활에 적용되어 나타난 것이라 할 수 있다. 여기서 '공기'란 대인 관계나 집단 내에서의 사회적 분위기를 가리키는 말로 화(和)나 세켄(世間)과 밀접한 연관성을 가지는 문화코드이다(鴻上尙史, 2009). 일본 사회에서는 분위기 파악을 하지 못하는 사람을 'KY', 즉 "공기를 읽을 줄 모른다(空氣が讀めない)"[2]는 은어로 경시하고 배제시키는 암묵적인 이해가 어른 사회에서도 어린아이 사회에서도 만연해 있다. 즉 공기를 읽을 수 있는 인간은 화를 이루는 좋은 사람이고 그렇지 못한 자는 화를 어지럽히는 이질적인 타자라는 것이다. 이것이 장의 윤리가 지시하는 실질적인 내용이다.

장의 윤리에서는 어떤 잘못에 대한 책임이 개인보다는 구성원 모두에게 있다고 간주된다. 거기서는 주어진 장의 평형상태를 유지하는 것이 무엇보다 중요시된다. 가령 교통사고의 예를 생각해보자. 가해자가 자신의 잘못을 인정하고 피해자의 병문안을 간다

---

2 K와 Y는 각각 일본어 '구키(공기)'와 '요무(읽다)'의 첫 글자 발음을 알파벳으로 나타낸 것이다.

면 두 사람 사이에는 일종의 장이 형성됨으로써 피해자가 그 장의 평형상태를 깨뜨릴 정도의 보상금을 요구하는 일은 거의 없다. 또한 전쟁 책임과 관련하여 일본의 무책임성이 종종 문제시되는데, 이는 일본인이 개인의 책임과 장의 책임을 혼동하는 데에서 비롯된 것일 수도 있다. 그 결과 일본에서는 전원이 피해자 의식에 시달리게 되는 경우가 많다. 이와 같은 장의 윤리에서는 그 장에 속해 있느냐 아니냐가 윤리적 판단의 기준이 된다. 그 경우 선악의 문제나 옳고 그름의 문제는 이차적인 문제로 밀려나기 십상이다. 동일한 장 안에서는 모든 구별과 차이성이 애매해지기 때문이다. 쉽게 말해서 장 안에서는 모두가 나카마(仲間), 즉 동료로 여겨진다.

아마에

장의 윤리 또는 나카마 의식이 토대로 삼고 있는 모성 원리는 이른바 '아마에(甘え)'라고 하는 특이한 심리적 성향을 낳았다. 아마에라는 용어는 정신의학자 도이 다케오가 『아마에의 구조』라는 제목의 책을 출판한 이래 유행어가 되어 일본의 고등학교 교과서에까지 실린 개념이다. 거기서 도이는 아마에를 "남에게 의지하고 싶어 하는 집단 의존적인 심리"(土居健郎, 1971)로 규정한다. 이것은 특히 어머니에 대한 자녀들의 의존심이 강하여 어른이 된 후에도 심리적으로 어머니와의 분리가 곤란한 일본적 현상을 가리킨다. 일본의 모자 관계에서는 특히 어머니에 대한 아이의 의존 감정과 욕구가 성인으로 성장하는 데 없어서는 안 되는 것으로 강하게 긍정된다. 그리하여 아마에는 아이가 성인이 되어 새로운 인간관계를 맺을 때에도 계속 작동한다. 일본의 사회적 규범에는 이와 같은 의존적 인간관계가 내면화되어 있다. 이와 관련하여 라캉파 정신분석학자

사사키 다카쓰구는 "어머니는 일본인의 마음의 중심에 있으며, 그런 어머니와의 일체감이 일본인들 사이의 일체감의 근저를 이루고 있다"(佐々木孝次, 1985: 120)고 지적한다.

우리가 흔히 말하는 '응석'이라는 말이 곧 아마에에 해당된다. 그러나 일본인의 아마에는 단순한 응석만은 아니다. 아마에의 대상 의존성은 타자에게 접근해서 타자와 일체가 되고 싶다는 주객 합일의 원망(願望) 감정이나 행동을 내포하고 있기 때문이다. 그때 아마에는 본질적으로 서로 모순되는 양가감정(ambivalence)을 함축한다. 다시 말해 아마에는 그것이 적절히 충족되지 못할 경우에는 정반대의 원한 감정으로 전환될 수 있다. 예컨대 생트집 부리기, 앵돌아지기, 비꼬기, 비뚤어지기 등의 원한 감정과 응석 부리기, 아첨하기, 멋쩍어하기, 구애받기 등의 아마에 감정은 상호 침투적이다. 그런데 패전 후 이와 같은 아마에를 상호성의 원리로 삼는 전통적인 도덕규범이 급속히 사라짐으로써 오늘날에는 아마에가 원한과 애매하게 뒤섞여 절망적인 것이 되어버렸다. 이것이 도이의 진단이다. 과거와는 달리 현대 일본 사회에서는 아마에의 부정적 측면이 더 많이 드러난다는 말이다.

도이는 일본인이 집단주의적 성향을 가지는 이유 가운데 하나로 이런 아마에의 요인을 꼽기도 한다. 일본인은 집단에 자신을 귀속시킴으로써 불안을 해소하고 싶어 하는 걸까? 이와 관련하여 사회심리학자 미나미 히로시(南博)의 견해에 귀 기울일 만하다. 그는 단독자로서의 주체성을 결여한 자아 불확실감이 일본적인 자아 구조의 기본적인 특징이라고 보았다(미나미 히로시, 1996: 15). 많은 일본인은 자아의 중심이 자기 안에 있는 것이 아니라 자기 몸 바깥 어딘가에 있다고 생각한다. 예컨대 자아의 중심이 자기가 속한 집단에 존재한다고 보는 것이다. 그런 집단의 정점에 위치하는 것이 천황제이고 일본이라는 나라이다. 이렇게 보면 집단에 대한 일본인의 집착을 이해할 수 있을 성싶다.

다테사회·역의 원리

장의 윤리에서는 장 내외의 대비가 매우 분명하다. 거기서 장의 바깥에 대한 적대 감정이 작동하면 극단적인 대립 관계가 생겨날 수 있다. 하지만 장 안에서는 말로 표현되기 어려운 감정적 일체감에 의해 모든 것이 애매하게 하나가 된다. 이런 애매성으로 인해 오늘날 일본 사회는 여러 국면에서 많은 혼란을 겪고 있다. 나아가 일본 사회는 장의 평형상태를 유지하기 위한 메커니즘으로 장내의 구성원들을 철저히 서열화함으로써 이런 혼란을 더욱 부채질하고 있다. 예컨대 일본 사회에는 장 전체의 의사 결정을 내릴 때 ― 개개의 구성원이 자신의 요구를 강하게 주장할 경우 장의 평형이 깨어질 위험이 있으므로 ― 서열에 따라 발언하는 관행이 뿌리 깊게 존재한다. 이는 어디까지나 장의 평형상태를 유지하기 위한 것으로 일단 개인의 능력이나 권력과는 거의 무관하게 행해진다.

사회인류학자 나카네 지에는 이와 같은 일본적 현상을 다테(縱)사회, 즉 종적 사회에 특유한 현상으로 규정한다(中根千枝, 1967). 통상 많은 이가 다테사회라는 용어를 권력에 의한 위로부터의 지배 구조로 이해하고 있으나 반드시 그렇지만은 않다. 물론 다테사회에서는 아랫사람이 윗사람의 의견에 따르지 않으면 안 되며, 따라서 아랫사람은 그것을 권력자에 의한 억압으로 받아들이기 쉽다. 하지만 윗사람은 장 전체의 평형상태를 유지해야 한다는 책임감에서 아랫사람의 욕구를 억누르는 것이다. 어쨌거나 다테사회에서는 상하의 대인 관계가 무엇보다 중시되며 거기서는 개인보다 집단의 장에 더 많은 가치가 부여되는 것이 사실이다. 이렇게 집단의 장이 중시될 때 자칫하면 무자각적으로 전체주의적 이데올로기의 지배를 받게 될 위험이 있다. 사실 천황제 이데올로기하에서 군국주의로 치달은 근대 일본은 그런 위험성에 노출된 전력이 있다. 하지만 우리는 이와 더불어 현대 일본 사회의 경제성장과 문화적 저력이 다테사회적 집단주의에서 나왔다는 사실도 간과해서는 안 될 것이다.

그런데 이처럼 집단의 장을 중시하는 가치관은 일본의 역사에서 이미 오래전에 그 토대가 마련되었다. 나는 평소 오늘날 한국과 일본의 차이는 조선시대와 에도시대의 차이라는 생각을 해왔다. 왜냐하면 현대 일본 사회의 중요한 가치관들은 대부분 에도시대에 그 틀이 만들어졌기 때문이다. 역사학자 비토 마사히데는 에도시대의 가장 두드러진 사회시스템 원리로 역(役)의 원리를 제시한다(尾藤正英, 1992). 역의 원리란 각 개인이 자신의 분수에 따라 주어진 직분을 중시하고 그 직분 수행에 전력을 기울이는 데에서 삶의 보람을 찾는 사회시스템을 가리킨다. 말하자면 그것은 주어진 역할에 절대적인 가치를 부여하는 태도라 할 수 있다. 물론 에도시대에 형성된 이 역의 원리는 일차적으로 봉건적 신분제의 성격을 띠고 있다. 그러나 거기에는 기능적 차원에서 역할의 분담이라는 관념이 내포되어 있다. 예컨대 천황, 장군, 무사, 농민, 직인, 상인에게는 각자에게 주어진 고유한 역할과 기능이 있으며 그것을 최선을 다해 수행해야 한다는 말이다. 현대 일본어로는 역(役)을 '에키' 혹은 '야쿠'로 읽는다. '에키'로 읽을 때는 노역, 고역, 사역, 전역 등 강제성을 띤 노동을 뜻하며, '야쿠'로 읽으면 자발적 의무를 가리킨다. 전자의 의미가 한자의 본래적 의미인데, 일본에서는 이런 본래적 의미와는 다른 후자의 관념이 에도시대에 정착되었고 그것이 오늘날까지도 일본인의 사회윤리적 가치로서 내면적인 규제력을 가지고 있는 것이다.

다테마에와 혼네

한국 사회와 마찬가지로 일본도 명분을 중시한다. 하지만 우리와는 달리 일본에서 명분은 독특한 이중구조를 갖는다. 표면적 명분을 뜻하는 다테마에(健前)와 내면적 명분을 의미하는 혼네(本音, 속마음)의 이중구조가 그것이다. 이런 이중구조는 일본인이 겉 다르고 속 다른 위선자라는 것을 뜻하지 않는다. 그것은 어디까지나 집단 내에서 요구되는 하나의 사회적 행동 양식과 관련된 짝 개념일 뿐이다. 이 가운데 다테마에가 집단이나 사회 전체의 논리라 한다면 혼네는 개인 및 소집단의 논리를 구성한다. 일본에서는 오랫동안 전원 만장일치의 의사 결정 방식이 선호되어왔다. 여기에 반대하는 소수파는 전체를 깨지 않기 위해 자신의 소신을 굽히거나 혹은 사전 교섭에 따라 표면상 동조하게 된다. 집단 내에서의 일차적인 행동 원리는 일반적으로 혼네보다 다테마에가 더 우선시된다. 만일 다테마에와 혼네가 심각하게 대립할 경우 외견상으로는 다테마에를 내세우면서 실제로는 혼네에 따라 일을 진행시키기도 한다.

화의 원리

604년에 성립한 쇼토쿠(聖德)태자(574-622)의 「17조 헌법」은 제1조 "화를 소중히 하라[以和爲貴]. 상하가 화목하여 일을 논의하면 이치[理]와 통하게 될 것이며, 그러면 무슨 일이든 안 되는 일이 없을 것이다"라는 말로 시작된다. 이때의 '화'가 구체적으로 지시하는 내용은 다음과 같은 「17조 헌법」 제10조가 잘 보여주고 있다(『日本書紀』下, 180, 184).

> 마음의 분함을 끊고 성난 얼굴을 하지 말며, 다른 사람이 나와 다른 것에 대해 화를 내서는 안 된다. 사람은 제각각 생각이 다르다. 그래서 남이 좋다고 생각하는 것을 나는 나쁘다고 생각한다. 혹은 내가 좋다고 생각하는 것을 어떤 사람은 나쁘다고 생각한다. 따라서 자기만이 성인이고 다른 사람은 다 어리석은 사람이라고 말해서는 안 된다. 사람은 모두가 현명함과 어리석음을 함께 가지고 있는 범부일 뿐이다.

원효(617-686)의 '화쟁(和諍)' 사상을 연상케 하는 이 「17조 헌법」 조문의 정신은 1400여 년이 지난 현대 다원 사회에도 그대로 적용될 만한 가치를 전해주고 있다. 일본에서는 종종 이런 '화(和)'가 정치, 경제, 사회, 문화의 기본 원리로 간주된다. 가령 오늘날 일본 노조는 대체로 화의 원리에 따라 과격한 투쟁을 지양하고 회사 측과의 협상을 중시하는 경향이 있다. 또한 관용, 조화, 협조, 합의, 화해, 화목, 화친 등과 같은 역대 일본 내각의 표어에서 엿볼 수 있듯이 정치 영역에서도 화의 원리가 중요한 역할을 담당하고 있다. 나아가 화는 일본 문화 자체를 나타내는 상징으로 여겨지기도 한다. 예컨대 일본식 다다미방을 '화실(和室)'이라 하고 일본 음식은 '화식(和食)'이라 칭해진다. 이와 같은 화의 원리에서 우리는 가능한 한 집단 내 투쟁과 갈등을 회피하여 질서와 안정을 지향하고자 하는 일본인의 성향을 엿볼 수 있다.

과연 일본인은 이질적인 것들을 조화시켜 공존하게 만드는 원리로서 화를 중시해왔다. 이런 화의 형성에 없어서는 안 되는 것이

"공간적, 시간적, 심리적 거리로서의 '사이[間]'에 대한 감각"(長谷川權, 2009: 90)이다. 그런데 김태창은 종래 이 일본적 화가 실은 동(同)이었다고 지적한다. 일본에서 중시되어온 화는 실은 한 집단 내에서의 동화(同化), 동호(同好), 동행(同行)을 가리키는 말이며, 그런 동일화 또는 획일화에서 벗어나는 타자를 배제하고 배척하는 원리로 작동해왔다는 것이다. 따라서 화는 자기와 타자가 상대를 서로 중시하는 상화(相和)와는 전혀 다른 것이다. 그 결과 화와 동이 혼동됨으로써 여러 가지 오해나 왜곡이 생겨날 수 있다(김태창, 2010: 53, 96-97).

가타의 문화

때로 강박적이라고 느껴질 만큼 조직적이고 질서 지향적인 일본 문화의 토대를 이루는 것으로 이와 같은 화의 원리와 더불어 가타(型)의 규범을 들 수 있다. 가타란 중세 무로마치시대에 막부가 정한 '무가 예식'에 입각하여 역사적으로 형성된 예의범절을 원형으로 하는 규범으로 여러 일본적 양식(style)이나 형식(form) 또는 유형(pattern) 등을 합친 개념이라 할 수 있다. 이는 새해에 연하장을 보내거나 명함을 교환하는 일상적인 관습에서부터 손님 접대나 결혼식과 장례식을 비롯한 각종 의식에서 참석자의 자리를 각자의 사회적 위상에 맞게 미리 정해놓는 등의 사회적 의례와 노(能), 가부키, 분라쿠(文樂) 등과 같이 형식을 중시하는 예능에 이르기까지 광범위하게 적용된다.

일본 문화의 정형화된 표현형식을 단적으로 압축한 이 가타의 규범 내용은 크게 두 측면으로 나누어볼 수 있다. 절차(process)를 중시하는 측면과 형식미학적 측면이 그것이다. 이중 전자가 정해진 절차를 철저히 따르는 매뉴얼 문화의 측면이라고 한다면, 후자는 그런 절차 자체를 미학적인 것으로 간주하는 측면을 가리킨다. 가장 전형적인 형식미학적 측면의 사례로 다도(茶道), 화도(華道), 가도(歌道), 무도(武道), 무사도(武士道) 등을 들 수 있겠다. 거기에는 어떤 것이든 도(道)라는 순수 형식으로 만들어버리는 철저한 형식미학이 작동한다. 여기서 더 나아가 개인과 집단의 불안을 해소하고 심리적 안정감을 유지하게 해주는 가타의 규범은 때로 종교적 경지를 지향하기도 한다. 다도를 '아름다움의 종교'(야나기 무네요시, 1996: 38)로 부르는 것이 대표적인 경우이다.

이처럼 형식을 중시하는 일본 문화에는 일본적인 특징이 투명하게 드러난다. 코제브(Alexandre Kojève)는 『헤겔 독해 입문』(1947)의 제2판 주석에 삽입한 '일본론'에서 일본 사회의 유례없는 독특성에 대해 기술하고 있다. 일본은 수백 년간에 걸쳐 '역사의 종말'의 시대, 곧 내란도 대외 전쟁도 없는 시대를 경험한 유일한 사회였다. 그런 일본 사회에는 유럽적 혹은 역사적 의미에서의 종교도 도덕도 정치도 존재하지 않았다. 그 대신 일본인들은 순수 상태의 스노비즘(속물주의)을 통해 형식의 순수화 또는 내용으로부터 자유로운 형식의 철저성을 추구해왔다. 일본 문화는 여러 영역에 걸쳐 형식의 순수화 및 형식화를 철저하게 추구함으로써 성립되었고 그것에 의해 유지되어왔다는 것이다.

간인주의

일본 문화에서는 단독자로서의 개인이나 주체의 관념은 그다지 발달되지 않았다. 그보다는 집단에 투영된 개인 혹은 집단과의 상호 교섭을 통해 성립되는 주체의 관념이 일본인들에게는 훨씬 더 익숙하다. 이러한 관여적 주체를 사회심리학자 하마구치 에슌은 간인(間人)이라고 불렀다(浜口惠俊, 1982). 그는 집단이나 개인이라는 개념 대신 간인이라는 새로운 개념을 제시하면서 이 간인이야말로 일본인의 인간관에서 핵심적인 관념이라고 주장한다. 바꿔 말하자면 간인이란 대인 관계 속에 내재화된 인간을 뜻한다. 즉 일본인은 철저하게 자기와 타자(집단) 사이의 관계를 통해 자기를 규정하는 것이다. 간인은 자신이 속한 집단 혹은 자신과 친하고 익숙한 집단을 유지하고 거기에 충실하는 데에 큰 의미를 부여하며, 심지어 그런 관계성에 일종의 신성성을 부여하기까지 한다. 그 결과 같은 일본인들 사이에 특수한 상호 의존과 상호 신뢰의 관계가 형성되며, 나아가 일본 중심주의 혹은 '신국(神國) 일본'이라는 내셔널리즘에 사로잡히기 쉬운 풍토가 생겨난다. 이와 같은 간인으로서의 일본인은 자립적인 개인이 되는 것을 부담스러워할지도 모른다. 그래서 일본인은 전통적으로 집단 속에서만 개인이 존재할 수 있다고 생각해왔다. 이는 종종 일본인이 항상 타인의 시선을 의식하면서 외부적 기준을 더 중시하는 태도로 이어진다.

간인주의(間人主義)는 한마디로 관계를 중시하는 인간관인데, 김태창은 이것이 상생(相生)의 인간관과 대립된다고 보았다. 일본 사회에서는 '안'과 '밖'의 구별이 철저해서 그것들이 따로따로 공존하거나 공생하기는 해도 서로를 살리는 상생에까지는 이어지지 않는다. 이는 일본인의 내면 중시 경향과 밀접한 관계가 있다. 모든 것이 내면으로 수렴되는 곳에서는 자기와 다른 존재와의 '사이'에 대한 진지한 발상이 생겨나기 어렵기 때문이다. 거기에는 안과 밖은 있어도 사이는 없다. 간인에 사이가 없다는 것은 참으로 역설적이다. 어쨌든 일본인에게 상생이라는 생각은 희박하다. 그들의 관심은 주로 공생에 쏠려 있다. 거기서 구한말의 종교 사상가 강증산(姜

甑山)이 주창한 '해원상생(解冤相生)' 같은 발상은 나오기 어려워 보인다. 이 때문에 일본인은 서로 살고 살리는 상생의 길을 열기 위한 기본 조건으로서 역사를 청산하고 진심으로 사죄함으로써 서로의 새로운 삶의 지평을 열어갈 필요성과 그것의 중요성을 체감하기가 어렵다(김태창, 2013: 6-7).

세켄

앞에서 간인주의는 외부적 기준을 더 중시한다고 했는데, 이때의 외부란 일본 특유의 생활 형태인 세켄(世間)을 가리킨다. 원래 불교에서 온 세켄이라는 말은 고대부터 근대에 이르기까지 일본 문헌에 수없이 많이 등장하는데, 메이지시대 이후에는 대개 '사회(society)'라는 말로 대치되었다. 하지만 세켄은 사회와는 다른 개념이다. 그것은 사회보다 더 범위가 좁은 인간관계의 틀을 지칭하는 말이다. 이를테면 회사, 관공서, 대학, 각종 동우회 모임, 동아리, 동창회, 학회 등에서 크게는 일본이라는 국가에 이르기까지 모든 집단과 조직이 세켄을 구성한다. 일본인이라면 누구나 자신이 세켄 속에서 살아가고 있으며, 그 세켄의 구속력이 얼마나 강력한 것인지를 잘 알고 있다. 일본인은 자신이 한 행동의 결과로 이런 세켄에서 배제당하지나 않을까 늘 조심하고 두려워하며 산다. 세켄 속에서는 눈에 띄지 않게 말과 행동을 하는 것이 중요하다. 그래서 항상 겸손한 태도를 보여주어야 하며, 될수록 집단의 전체 의견과 다른 자신의 의견을 표현하지 않는 편이 좋다. 회사나 관공서에서 어떤 불상사가 일어났을 때 그 책임자는 흔히 "나는 죄가 없다. 하지만 세켄에 소란을 피워 죄송하다"는 식으로 말을 한다. 일본에서는 자신이 죄가 없다고 하면서도 사죄를 하는 것이다. 그것은 어디까지나 세켄에 대한 사죄이다. 그만큼 일본인은 개인으로서의 자기 자신보다도 세켄을 엄중히 여긴다.

　세켄 속에서 살아가는 일본인은 세켄 안의 사람들(다른 일본인들)에게만 시선을 둔 채 살아간다. 거기서 전쟁, 재해, 질병, 사고 등은 세켄 바깥에서 세켄 속 사람들을 갑자기 습격해오는 돌발적인 사태라고 간주된다. 따라서 세켄이라는 울타리 안에 갇혀 사는 일본인에게 역사의 의미와 직접 대면할 기회는 그만큼 축소될 수밖에 없다. 이와 같은 세켄은 평상시에는 은폐되어 있지만, 정체를 감춘 채 일본인의 삶 속에서 계속 작용하고 있다. 오늘날 세켄이라는 말은 일상 대화나 소설 속에서만 쓰이며 공식적인 장소에서는 사용되지 않는다. 그런데 흥미롭게도 세켄의 범주에는 현재와 과거뿐만 아니라 미래에 관계를 맺을 사람까지 포함되어 있다. 또한 그것은 살아 있는 사람뿐만 아니라 죽은 자와, 나아가 사물이나 동물 및 자연과의 관계까지도 포함한다.

　일본 사회에서는 한 사람의 개체가 개인으로 살아가기가 매우 어렵다. 이는 일본인이라면 누구나 이미 유년기에 자각하게 되는 부분이다. 일본의 부모들은 자신들의 유년기 체험을 자식이 반복하기를 원치 않으면서도 결국 세켄의 관습에 맞추어 아이를 교육하게 된다. 그 결과 일본 사회 속에서 개인은 지금도 정당한 위치를 차지하지 못하고 있다. 따라서 자립적인 개인이 되기 위해서는 무엇보다 먼저 세켄 속에 유폐되어 있는 개인을 해방시켜야 할 것이다(아베 긴야, 2005).

'나카이마'의 시간 의식

세켄 속에서 살아가는 일본인의 행동 원리 중 하나로 '공통된 시간

의식'을 들 수 있다. 일본에는 "앞으로도 잘 부탁드립니다(これからもよろしくお願いします)"라거나 "일전에는 감사했습니다(この間はどうも)"라는 일상적 인사말이 있는데, 이런 표현에는 일본인 모두가 공통된 시간 속에서 살아간다는 감성이 깔려 있다. 그런 감성에 입각한 전통적인 시간 의식을 '나카이마(中今)'라 한다. '나카이마'란 사전적 정의로는 "과거와 미래의 한가운데에 있는 지금 또는 무한한 과거로부터 무한한 미래에 이르는 사이로서의 현재"를 가리킨다. 그것은 '지금, 여기'의 현재를 찬미하는 일본인의 시간관념을 잘 보여준다. 이런 '나카이마'를 신도(神道)적으로 해석하면 '바로 지금 현재 속의 신대(神代)'를 뜻하는 말이 된다. 다시 말해 "신대가 지금 여기에 있으며, 지금 또한 신대 안에 있다"는 것이다.

나카이마의 시간관념은 20년마다 주기적으로 신전을 허물고 새로 짓는 이세신궁(伊勢神宮)의 식년천궁(式年遷宮)에서 전형적으로 엿볼 수 있다. 식년천궁을 통해 신화적 시간, 성스러운 신적 시간이 '나카이마'로서 현재 안에 끊임없이 재생되는 것이다. 그것은 시간의 지속적 흐름을 아름다운 영원의 순간으로 변환시킴으로써 영원 속에서 살고자 하는 욕구, 또는 시간의 무게에서 벗어나 시간을 역류하여 '영원의 지금' 속에 머물고자 하는 역설적인 소망을 나타낸다. 영원에 대한 미학적 노스텔지어일까? 그런데 흔히 영원에 대한 노스텔지어는 과거의 이상향을 모델로 삼아 미래적인 유토피아를 꿈꾸는 기획으로 나타나기 마련이다. 하지만 일본의 경우는 영원에 대한 노스텔지어가 반드시 이상적 과거나 유토피아적 미래로 인식되지만은 않는다. '나카이마'의 시간관념에서 엿볼 수 있는 신도적 노스텔지어는 과거나 미래보다는 오히려 현재에 초점이 맞추어져 있기 때문이다. 실제로 일본의 종교사는 일본인들의 강한 현세 중심적 종교관을 특징적으로 보여준다. 그래서 '아름다운 영원의 지금'을 즐겁고 감사한 마음으로 생기 넘치게 최선을 다해 사는 것에 신도의 근본정신이 있다고 설해지기도 한다(박규태, 2009a: 149-150).

니시다 기타로는 이와 같은 신도적 시간관을 철학적으로 풀어냈다. 니시다에 따르면 '영원의 지금'은 유와 무 혹은 일(一)과 다(多)처럼 대립되는 것들의 모순적인 융즉(融卽), 곧 '즉(卽)'의 논리에 입각한 "절대 모순적 자기동일성인 영원의 현재의 참된 순간"(西田幾多郎, 2016: 10)을 가리킨다. 그런 '영원의 지금'이 스스로를 한정시킨 것이 바로 시간이다. 그러니까 니시다는 유와 무의 대립이 사라진 절대무의 장소에서 절대 모순적 자기동일성을 통해 영원과 지금(순간)이 화해하고 나아가 양자의 일치가 이루어지는 것을 나카이마라는 전통적 시간 의식의 특징으로 본 것이다.

기리와 시고토

한편 일본인의 세켄적 행동 원리 중에는 '증여와 상호 보답의 원칙', 즉 누군가에게 대접을 받으면 언젠가 반드시 나도 대접을 해야만 한다는 '기리(義理)'의 원칙이 있다. 일본의 국민 서사시로 말해지는 「주신구라(忠臣藏)」는 기리가 무엇인지를 이해하는 데에 매우 중요한 텍스트이다. 「주신구라」는 1701년에서 1703년 사이에 지금의 효고현 지역인 아코번에서 일어난 실제 사건을 소재로 만든 사무라이 이야기이다. 47인의 사무라이는 기라 영주의 모욕적인 간계 때문에 죽은 주군 아사노 영주의 복수를 결심한다. 이를 위해 명성, 부모, 아내, 자식, 누이 등 모든 것을 희생시키며 와신상담 끝에 기라를 베고 난 후 막부의 명에 따라 모두 할복자살을 한다는 내용이다. 1748년에 오사카에서 조루리(淨瑠璃) 인형극으로 초연된 이래 지금까지 가부키, 연극, 영화, 드라마, 소설, 만화, 게임 등으로 수없이 재현되고 있는 이「주신구라」만큼 일본인의 마음을 강하게 사로잡은 대중문화 콘텐츠는 없었다. 그래서 아사노 영주와 47인의 사무라이의 묘지가 있는 도쿄 천악사(泉岳寺)는 예로부터 수많은 일본인이 참배하는 명소가 되었다.

이와 같은「주신구라」의 주제와 관련하여 근대 일본의 한 초등학교 교과서는 "그들은 기리를 위해 아내를 버리고 자식과 헤어졌으며 부모를 죽이기까지 했다"고 적고 있다. 그러니까「주신구라」의 중심 주제는 주군에 대한 기리라는 말이다. 여기서 '기리(義理)'란 무엇일까? 일본어 기리는 한국어 의리와 한자 표기는 같지만 그 용법이나 뉘앙스에서 차이가 크다. 가령 기리는 의리와는 달리 강력한 의무 개념 혹은 타자의 시선에 대한 전적인 의존과 밀접한 관계가 있다.

루스 베네딕트는『국화와 칼』에서 기리를 '세켄에 대한 기리'와 '이름에 대한 기리'로 구분한다(베네딕트, 2008: 188). 이중 세켄에 대한 기리란 우선 세상을 살아가면서 타자에게 받은 도움이나 호의를 반드시 갚아야만 하는 빚으로 여기는 태도를 말한다. 만일 이런 의무를 무시하면 '기리를 모르는 자'라는 비난을 받게 된다. 거기에는 '나에 대한 세상의 평판'이 무엇보다 중요시된다. 달리 말하자면 기리란 다른 사람들의 평가나 사회적 관습에 따르는 의무라 할 수 있다. 그래서 일본인은 언제나 다른 사람이 어떻게 생각할지, 무슨 말을 할지를 잘 헤아려서 행동하는 것이 철저히 몸에 배어 있다. 일본에 타자를 배려하는 문화가 잘 발달한 것도 이런 행동 양식에서 비롯된 것이라고 볼 수 있다.

기리라는 문화코드는 일본 사회 전반에 걸쳐 어떤 의미에서는 법이나 제도보다 더 강력한 사회적 구속력을 발휘하면서 일본인

안에 내면화되어 있다. 그런데 일본인은 이런 기리의 의무가 정확히 자기가 받은 만큼만 갚으면 해소된다고 생각한다. 근대 일본을 대표하는 작가 나쓰메 소세키(夏目漱石)의 소설 중에 도쿄 출신의 젊은 교사인 주인공이 어떤 작은 지방 마을의 학교에 처음으로 부임하면서 겪는 이야기를 엮은 『도련님』이라는 작품이 있다. 주인공은 언젠가 한 동료 교사에게 빙수 한 그릇을 얻어먹은 적이 있었는데, 후에 그 동료 교사가 자신을 모욕했다는 소문을 듣고는 다음과 같이 매우 예민하게 반응한다. "난 한 그릇밖에 먹지 않았으니까 1전 5리만 빚졌을 뿐이지만, 사기꾼에게 빚을 져서야 죽을 때까지 뒷맛이 좋지 않아." 이렇게 생각한 그는 다음 날 동료 교사의 책상 위에 정확히 1전 5리를 내던진다. 그럼으로써 그는 기리가 해소되었다고 생각했던 것이다. 실제로 일본인들은 선물을 할 때 상대와 상황에 따라 매우 신중하게 선물의 가격과 종류를 선택한다. 일본에는 "잡어를 주었더니 도미를 돌려보냈다"는 속담이 있는데, 이 말은 기리의 원칙에 어긋나는 선물을 했을 때 비난조로 하는 말이다. 그러니 우리가 일본인을 대접하거나 선물을 할 경우에는 상대방 입장과 상황에 따라 적절한 수준이 무엇인지 신중하게 고려할 필요가 있을 것이다.

이번에는 '이름에 대한 기리'에 관해 생각해보자. 그것은 자신의 이름이나 직위에 기대되는 의무를 다함으로써 오명을 피하려는 태도를 말한다. 국가신도 이데올로기의 지배를 받았던 근대 일본에는 학교에서 불이 나 교실에 걸린 천황 사진이 몽땅 타버렸다는 이유만으로 자살한 교장들과, 천황 사진을 구해내기 위해 불타는 학교 건물로 뛰어들었다가 타죽은 교사들이 많았다고 한다. 이들은 죽음으로써 천황에 대한 절대 충성뿐만 아니라 자기 이름에 대한 기리를 입증하려 한 것이다. 나아가 「군인칙유」나 「교육칙어」를 낭송하다가 중간에 잘못 읽자 자살함으로써 오명을 씻은 사람이나, 심지어 우연히 자식 이름을 천황의 이름인 히로히토라고 지었다가 세간의 비난에 직면하자 아이와 함께 자결한 사람의 이야기도 있을 정도이다.

이런 기리 관념 때문에 일본인은 자기 전문 분야에서의 실패나 무지를 인정하지 않으려는 경향을 보인다. 그래서 일본인은 종종 자신이 불리한 입장에 놓이는 것에 대해 대단히 신경질적인 반응을 나타내곤 한다. 가령 전시기에 군인은 군인이라는 이름에 대한 기리 때문에 적 앞에서 후퇴하거나 항복해서는 안 된다고 믿었다. 침략 전쟁, 식민지 지배, 종군 위안부 문제, 야스쿠니 참배 문제 등의 잘못을 인정하지 않으려는 현대 일본 정치가들의 태도 또한 이런 이름에 대한 기리와 관계가 있어 보인다. 이 밖에 이름에 대한 기리는 각자 분수에 맞는 생활을 할 의무를 뜻하기도 한다. 각자의 분수를 넘는 것은 이름에 대한 기리를 저버리는 일이라고 여기는 것이다.

그리하여 일본인은 흔히 "기리만큼 힘들고 쓰라린 것은 없다"고 말한다. 예컨대 그들은 오늘날과 같은 스마트폰 시대에도 신년에 1인당 평균 50장 이상의 연하장을 써 보낸다. 내가 아는 한 일본인 교수는 매년 정초마다 연하장을 200장도 넘게 보낸다고 한다. 이뿐만 아니라 결혼, 자녀 출생, 이직, 이사, 장기 출장 등과 같은 신변의 변화가 있거나 휴대폰 번호가 변경된 경우에도 주변의 지인들에게 일일이 사진까지 넣은 엽서를 보내어 알린다. 그렇게 하지 않으면 '기리가 없는 사람'으로 낙인찍혀 사회로부터 소외당할 위험이 있기 때문이다. 이런 기리는 일본인들에게 분명 매우 번거로운 것임에 틀림없다. 그것은 외부로부터의 구속력, 즉 세상이나 타자들로부터 받는 무언의 무거운 사회적 압력이다.

기리의 문화는 양날의 칼을 보여준다. 한쪽이 타자에 대한 배려의 칼이라면, 다른 쪽은 복수와 전향의 칼이라 할 수 있다. 이름에 대한 기리는 모욕이나 실패에 대한 비난을 받았을 때 그 오명을 씻어야 할 의무, 즉 복수의 의무를 수반한다. 『무사도』의 저자로 서구에 널리 알려진 니토베 이나조는 "복수라는 것에는 어딘지 모르게 우리 일본인들이 가지고 있는 정의감을 만족시키는 측면이 있다"(新渡戶稻造, 1983: 120)고 말한다. 가령 메이지시대 초엽에 반복적으로 주창된 정한론(征韓論)은 도쿠가와막부와의 신의를 중시하여 신정부와의 통교를 거절했던 조선에 대한 복수의 의미가 컸다.

그런데 일본인은 상황이 바뀌면 재빨리 태도를 바꾸며, 그것을 도덕의 문제라고 생각하지 않는 경향이 농후하다. 패전 후 일본인들의 예상 밖의 전향이 대표적인 사례이다. 연합국 점령군은 일본인들로부터 매우 정중하고 예의 바른 환대를 받았으며, 맥아더는 44만여 통의 감사 편지와 선물을 받는 등 일종의 숭배 현상까지 나타났다. 상황 변화에 재빨리 적응하는 이런 전향의 태도는 한편으로 유연한 현실주의로 볼 수도 있지만, 다른 한편으로 복수의 이면이라 할 수 있다. 복수와 전향은 일본 역사에서 동전의 양면과도 같다.

이와 같은 기리는 받은 만큼 갚으면 해소될 수 있는 유한한 의무이다. 하지만 주어진 일에 대한 의무를 가리키는 '닌무(任務)'는 천황이나 법률 혹은 일본이라는 나라에 대한 충(忠)의 의무나, 부모나 조상에 대한 효(孝)의 의무와 동일한 선상에서 무한한 의무로 간주된다. 닌무는 단지 군인이나 회사원에게만 한정된 것이 아니라, 집단 내에서 역할이 부여된 모든 이에게 해당된다. 여기서 주어진 '일'을 일본어로 '시고토(仕事)'라 한다. 일본인에게 이 시고토라는 말은 항상 특별한 무게로 다가선다. 시고토를 위해서라면 개인적인 사정을 뒤로 하는 것이 당연시되며 그 밖의 어떤 희생도 감내할 것이 요구되기 때문이다. 따라서 시고토에 관한 것은 도덕적인 책임을 어느 정도 면제받을 수도 있다. 좀 극단적인 사례이긴 하지만 일본에서는 AV(어덜트 비디오, 즉 포르노) 배우라는 직업까지도 시고토라는 이름으로 인정받는 풍토가 있다. 그런 도덕적인 면책이 가능한 이유는 시고토가 무한한 의무로 여겨지기 때문이다. 그것은 평생 의무를 다해도 결코 끝나지 않는 의무이다. 한때 일본의 샐러리맨들이 '일벌레'라고 불린 것도 시고토에 대한 이런 관념과 무관하지 않을 것이다.

수치의 문화

방금 상술한 기리 관념은 대단히 복잡한 미로와도 같다. 일본에서는 지금도 여전히 기리가 일상적인 인간관계를 지배하는 중요한 문화코드로 작동하고 있으며, 그런 기리의 의무를 소홀히 하거나 무시하는 자는 수치(치욕)를 모르는 사람으로 간주되곤 한다. 일본어로 수치는 '하지(恥)'라고 하는데, 그것은 우리말의 '부끄러움'과 상통하는 면이 있지만 정확히 일치하지는 않는다. 가령 일본인에게는 "하늘을 우러러 한 점 부끄러움이 없기를" 꿈꾸는 한국인의 정서가 매우 추상적인 관념으로 비추어지기 십상이다. 한국인에게 가장 근원적인 부끄러움은 바로 자기 자신 혹은 하늘에 대한 부끄러움이 아닐까? 그러한 부끄러움은 다른 사람들에게는 감출 수 있을지 몰라도 '하늘' 앞에서는 결코 감출 수 없는 것이기 때문이다.

이에 비해 일본 문화에서는 일반적으로 세켄과 타자의 눈이 수치의 기준이 되기 십상이다. '세켄에 대한 기리' 관념과 마찬가지로 수치라는 문화코드도 자기 행동에 대한 타자의 평가에 지극히 예민하게 신경 쓰는 태도와 밀접하게 결부되어 있다. 또한 '수치를 아는 자'는 구체적으로 자기 이름의 명예를 중시하는 자를 뜻한다. 이 점에서 수치는 '이름에 대한 기리'와 떼려야 뗄 수 없는 관계에 있는 문화코드라 할 수 있다. 따라서 수치가 기리의 경우와 마찬가지로 복수 개념과 밀접하게 연결되어 있다 해도 전혀 이상할 것이 없다. 복수를 미덕으로 정당화하는 의식의 밑그림에는 바로 수치라는 개념이 깔려 있는 것이다. 이와 관련하여 베네딕트는 일본 문화를 서구의 '죄의 문화'와 대비시켜 '수치의 문화'라고 불렀다(베네딕트, 2008: 293-294).

수치의 문화도 양날의 칼을 보여준다. 한쪽이 '잔혹의 미학'이라는 칼이라면 다른 쪽은 '마음의 칼'이라 이름 붙일 만하다. 이중 잔혹의 미학은 할복이라는 사무라이의 자살 방식에서 가장 극적인 형태로 나타난다. 베네딕트는 주변으로부터 인정받으려는 목적으로 가장 엄밀한 규칙과 절차에 따라 행해지는 것이 할복이라고 이해했다(베네딕트, 2000: 39). 실제로 사무라이 문화에서 할복은 가장 웅변적인 자기표현으로 간주되었다. 그래서 무사 집안에서는 사내아이가 성인식을 올리기 전에 먼저 자세히 할복의 예법을 가르쳤던 것이다. 널리 알려진 47인의 사무라이의 할복 사건 외에도 1591년 4월 21일에 일본 다도의 성자로 불리는 센노리큐(千利休)가 70세의 고령에도 불구하고 도요토미 히데요시의 명에 따라 할복한 사건을 전형적인 사례로 들 수 있겠다.

할복은 수치를 씻어내어 이름에 대한 기리를 확보하고자 하는 극단적인 방식인데, 일본의 국민 작가 시바 료타로(司馬遼太郎)는 그것을 한마디로 "무사의 허영의 극치"라고 비판한 바 있다. 사형 집행 방법으로서의 할복은 1873년에 법적으로는 폐지되었다. 그러나 메이지시대 이후에도 자결 방법으로서의 할복은 계속 행해졌고 그것을 명예로 여기는 관념은 현대에도 어느 정도 남아 있는 것 같다. 세계적인 작가 미시마 유키오(三島由紀夫)가 1970년 11월 25일 황국 일본의 재건을 주창하면서 천황 만세를 외치고 할복한 사건은 그 극단적인 사례라 할 수 있다.

그러나 수치의 문화는 이와 동시에 도덕적인 '마음의 칼'을 품고 있기도 하다. 일본인은 수치를 아는 것이야말로 모든 덕의 근본이라고 말한다. 그것은 무사(無私), 청정, 인내, 자기 수련, 절제 등과 같은 일본적 도덕률의 원동력으로 간주된다. 물론 질서와 규율을 잘 지키는 일본인들의 절제된 행동 양식은 특히 700여 년에 걸친 엄격한 무사 통치하에서 역사적으로 습득된 측면이 많다. 가령 에도시대에 반복적으로 내려졌던 사치 금지령은 모든 항목을 각 계층별, 성별, 수확량 등에 따라 상상을 초월할 만큼 매우 상세하게 규제했다. 그것은 지붕 높이, 방의 숫자, 기와의 사용 여부, 혼례 때의 음식 종류와 가짓수, 혼례품의 종류 및 선물 가격, 심지어 신발, 머리끈, 빗 등에 이르는 시시콜콜한 것까지 구체적으로 규정했다. 하지만 마음의 칼의 정수를 가장 잘 보여주는 것은 다름 아니라 '마코토'와 '잇쇼켄메이'라는 문화코드이다.

마코토와 잇쇼켄메이

마코토(誠)는 성실을 뜻하는 일본어인데, 우리가 말하는 성실과는 미묘한 차이가 있다. 마코토는 원래 유교적 개념이다. 가령 『중용』에 보면 "성(誠)은 하늘의 도이며 이를 행하는 것은 사람의 도"라는 말이 나온다. 주자는 이 『중용』의 성을 리(理)와 하나가 된 상태라고 해석한 데 반해, 일본의 마코토 이해는 형이상학적 원리성인 리를 부정함으로써 객관적인 규범성과 당위성이 약화되었다. 그 대신 거기서는 대상과의 정서적 교감이나 공감을 통해 자기를 버리고 순수하게 대상과 하나가 되는 것이 무엇보다 중요한 목표로 간주된다. 이런 태도는 일본적 윤리의 가장 큰 특징 중 하나이다. 그리하여 윤리학자 사가라 도오루는 마코토를 "주어진 상황에서 순수하게 나를 버리고[無私] 자신을 자타 합일의 관계에 귀일시키면서 주어진 역할과 의무에 전력을 다하는 주관적 심성"으로 규정한다. 거기에는 원리적인 것이 결여되어 있으므로 모순된 현실에 대한 비판이나 부정의 계기가 누락되기 쉽다. 그 결과 집단적 전체성에 자신을 던지면서 현실의 질서를 절대적인 것으로 긍정하는 경향이 현저하게 나타난다(相良亨, 1989: 195-196).

이와 관련하여 일본 근대 국민국가 구축에 지대한 역할을 했던 정치가이자 와세다대학의 창립자 오쿠마 시게노부(大隈重信)는 "마코토야말로 규범 가운데 규범이라 할 만한 최고의 가르침이다. 모든 도덕적 교훈의 기초가 이 한마디 말에 들어 있다고 해도 좋을 정도다. 고대 일본어 가운데 유일하게 윤리적 함의를 담은 어휘가 바로 이 '마코토'라는 말이다"(베네딕트, 2008: 283)라고 말한 바 있다. 여기서 마코토는 일본 윤리 체계의 핵심으로 제시되고 있다. 일본에는 '마코토가 있는 사람'이라는 특별한 호칭이 있는데, 이는 무사(無私)의 경지에 이른 이상적 인간상을 지칭하는 표현이다. 그런데 거기서 자기의 내적 신념에 따라 언행을 실천한다거나 혹은 거짓되게 행동하지 않는다는 의미의 도덕성은 이차적인 의미만을 가질 뿐이다. 일본에서 '마코토가 있는 사람'이란 선악의 기준과는 상관없이 일차적으로 자기를 버리고[無私] 자신에게 주어진 역할과 책무를 성실하게 다하는 사람, 기리의 의무를 다하는 사람을 의미한다. 이른바 일본의 장인 정신이라는 것도 이런 '마코토가 있는 사람'을 지칭하는 표현 중 하나라고 할 수 있다.

1882년에 발포된 「군인칙유」는 충, 예의, 용기, 검소와 절약 등의 군인 정신을 강조하면서 그것이 곧 '마코토의 마음(誠心)'이라고 결론짓는다. 이런 마코토의 마음만 있다면 무슨 일이든 이룰 수 있다는 것이다. 이처럼 군인이 지켜야 할 모든 덕목과 의무를 열거한 후 마지막으로 마코토의 마음을 든 것은 과연 일본적이다. 마코토는 일본정신을 나타내는 가장 적절한 단어일 것이다. 제2차 세계대전 중 일본인 격리 수용소에서 일본 편을 드는 이민 1세들이 미국 편을 드는 이민 2세들에게 끊임없이 퍼부었던 판에 박힌 비난은 그들에게 마코토가 없다는 것이었다. 이때 '마코토가 없는 사람'은 '수치를 모르는 사람'이자 '일본정신이 결여된 사람'을 가리키는 말이었다. 일본인이 마코토라는 말을 쓸 때의 근본적인 의미는 자기를 버린 채 아무것도 따지지 말고 정해진 법도에 따라 일본정신에 의해 지도상에 그려진 루트를 따라가는 순수한 열성에 있다. 개개의 문맥에서 마코토라는 말은 다양한 의미를 가지기도 하지만, 그것은 항상 일본정신이라고 말해지는 어떤 측면에 대한 찬미 혹은 그 지도 위에 세워진 공인된 이정표에 대한 찬미를 공통분모로 삼고 있다. 이런 마코토야말로 수치라는 문화코드에 내장되어 있는 예리한 '마음의 칼'이라 할 수 있다.

시고토의 측면에서 보자면 마코토는 항상 주어진 일에 목숨 걸고 필사적으로 임하는 '잇쇼켄메이(一所懸命)'의 정신을 요청한다. 잇쇼켄메이란 원래 일본 무사도의 원류인 중세의 관동(關東) 무사들이 새로 개척하거나 수여받은 영지[一所]를 중앙 귀족들에게 빼앗기지 않도록 목숨 걸고 지키려 했던 결연한 자세에서 비롯된 말이다. 그것이 오늘날에는 '죽는 날까지 평생 최선을 다해 열심히 산다[一生懸命]'는 의미로 전화되어 쓰이기도 한다. 우리말에 "열과 성을 다한다"는 표현이 있는데, 그것을 일본문화코드로 바꾼 것이 마코토와 잇쇼켄메이라 할 수 있겠다. 하지만 우리가 쓰는 열성이라는 말과 달리 마코토와 잇쇼켄메이는 개인보다 집단을 더 우선시하는 무사의 가치에 입각한 문화코드이다.

이카사레루

일본에서는 마코토와 잇쇼켄메이만 있으면 누구든 세켄 속에서 "저절로 살아진다". 이때 '살아진다'를 의미하는 일본어 '이카사레루(生かされる)'는 특히 일본인의 종교적 심성 한가운데에서 작동하는 중요한 문화코드이다. 가령 현대 일본 사회에서 가장 큰 세력을 점하는 신종교 교의에 공통된 '생명주의적 구원관'에서 이런 이카사레루의 관념을 잘 엿볼 수 있다. 거기서 인간은 기본적으로 '소우주=대우주'의 틀 안에서 이해되며, 소우주로서의 인간은 '근원적 생명=우주=부모신[親神]'에게서 비롯되고 또한 생명을 부여받아 '살아지는' 신의 분신 혹은 신의 자녀로 간주된다(對馬路人他, 1979). 그러니까 내가 내 힘으로 사는 것이 아니라 근원적 생명인 부모신이나 우주 혹은 자연에 의해 살아지고 있다는 말이다. 이 관념은 타인에 대한 의존 감정을 뜻하는 아마에가 신이나 자연에 투사된 경우이다. 나아가 그것은 주체를 감춘다는 점에서 'OO해 받다(してもらう)'는 특이한 일본어 어법과도 상통하는 측면이 있다.

일본인의 미의식과 문화코드

때로 과도하리만큼 예민한 일본인들은 다채로운 미의식을 발전시켜왔다. 가령 헤이안시대에는 『침초자』로 대표되는 밝고 명랑한 정취의 주지주의적 미의식인 '오카시', 『겐지 이야기』로 대표되는 '모노노아와레', 즉 사물의 마음 또는 사물의 비애와 슬픔을 아는 미적 감수성, 궁정풍 혹은 도회풍의 우미하고 귀족적인 연애의 정취를 가리키는 '미야비(雅)'의 미의식 등이 형성되었다. 그후 정원, 노(能), 다도, 꽃꽂이 등 전통적인 일본 예능 양식들이 출현한 중세 무로마치시대에 이르러 일본인의 미의식이 더욱 본격적으로 개화했다. 와카(和歌)와 노의 미적 이념으로 행간의 여백미와 깊은 정적미를 중시하는 유현미(幽玄美), 다도의 미적 이념으로 간소하며 검소한 정취를 가리키는 와비(侘), 특별히 다기(茶器)의 와비를 가리키는 미의식인 시부사(澁さ), 후대에 하이쿠(俳句)의 미적 이념으로 발전한 한적하고 고담스러운 정취인 사비(寂) 등이 그것이다. 한편 근세에는 『만엽집(萬葉集)』풍의 남성적이고 힘찬 무사도적 정취인 마스라오부리(益荒男振) 및 『고금집(古今集)』풍의 섬세하고 여성적인 다오야메부리(手弱女振)를 비롯하여, 유곽을 중심으로 아다(婀娜), 스이(粹), 쓰(通), 이키(意氣) 등의 미의식이 발달했다. 이중 아다가 요염하고 퇴폐적인 유녀의 성적 매력과 관련된 미의식이라면, 스이와 쓰는 세상 물정이나 화류계 사정에 환하여 촌스럽지 않고 세련된 멋을 가리킨다. 한편 근대 일본이 낳은 철학자 구키 슈조(九鬼周造)는 이키를 "때를 벗고(불교적 체념) 고집이 있는(무사도적 기개) 요염한(이성에 대한 미태) 아름다움"(구키 슈조, 2001: 32)이라고 정의 내리면서 이것이 일본인의 정신을 가장 잘 드러내는 미의식이라고 주장했다. 하지만 국학자 모토오리 노리나가는 모노노아와레야말로 가장 일본다운 미의식이라고 여겼다.

이처럼 일본인의 미의식은 지극히 주지주의적인 것(오카시)에서 지극히 주정주의적인 것(모노노아와레)에 이르기까지 다양하며, 그 중간 어디쯤에 위치하는 균형잡힌 것(스이, 쓰, 이키)도 있다. 그런가 하면 가장 남성적인 것(마스라오부리)에서 가장 여성적인 것(다오야

메부리)에 이르기까지, 또는 가장 심오한 것(유현미) 혹은 고상한 것(미야비, 사비, 와비, 시부사)에서 가장 요염한 것(아다)에 이르기까지 그 미적 감수성의 스펙트럼이 대단히 넓다. 그야말로 알파에서 오메가까지 다 있는 셈이다. 이는 일본인들이 상반된 미의식이라 할지라도 별 모순을 느끼지 않은 채 그것을 함께 받아들이는 경향이 있음을 시사한다. 그런 일본인의 미적 감수성은 더 나아가 선악을 넘어서서 존재하는 것, 혹은 선악 모두를 포괄하는 것 안에서 아름다움을 찾아내기도 한다. 요컨대 일본인의 미의식은 양면성을 내포한다. 그것은 한편으로 존재에 대한 깊고 절절한 공감 능력을 풍부하게 함축하고 있다. 하지만 다른 한편으로는 논리보다 감정이 일차적인 현실을 구성하면서 모순에 대한 절대 긍정이 할복의 미학화에서처럼 폭력적인 미의식으로 이어지기도 한다. 예컨대 아름다운 행위라면 테러리즘이라도 승인한다는 미시마 유키오의 발상은 참 위험해 보인다.

모노노아와레

모노노아와레(物哀)란 원래 헤이안시대의 애상적인 정조를 나타내는 문학 용어였다. 그러다가 에도시대 이후가 되면서 세상의 모든 일을 자신의 눈으로 보고 귀로 듣고 몸으로 직접 느낌으로써 만물의 마음을 맛보고 그 만물의 마음을 자신의 마음으로 분별하여 아는 것, 즉 "사물의 마음 또는 사물의 비애와 슬픔을 아는 것"(『本居宣長全集』4, 57)이 곧 모노노아와레라고 이해되기도 했다. 모노노아와레는 사물의 마음을 분별하여 아는 미적 감수성을 가리킨다. 즉 각각의 사물이 제각기 지닌 마음에 따라 그 사물을 느끼는 것이 모노노아와레이다. 세상의 모든 대상을 접할 때마다 그때그때 자연스럽게 마음이 동한다. 기뻐할 만한 일에는 기뻐하고, 우스운 일을 만나면 웃음이 나오고, 슬픈 일을 만나면 슬퍼지고, 그리워할 만한 일에는 그리워진다. 이렇게 각각의 대상에 따라 다르게 느끼는 것, 그것이 모노노아와레를 아는 것이다.

  사물의 마음을 안다는 것은 그 사물의 바깥에서 사물과 철저히 분리된 초월적인 주체가 사물의 의미를 파악한다는 것이 아니다. 그것은 사물이 가지고 있는 의미와 주체의 마음이 정서적인 공감을 매개로 하여 명확히 분화되지 않은 채, 감동을 통해 사물의 의미를 직관적, 감성적으로 체득함으로써 만사의 마음을 헤아려 안다는 것을 가리킨다. 거기서는 주체의 마코토, 즉 순수성을 전제로 하여 사물이 그 자체로 완전히 긍정되고 있다. 그러니까 모노노아와레를 아는 것이란 먼저 대상이 되는 사물을 받아들이고 그것과의 공감을 기초로 하여 주체가 사물과 동화되어 그 사물 안으로 들어가는 것을 필수로 여기는 인식 행위라 할 수 있다(田原嗣郞, 1986: 23-24).

  모노노아와레는 무엇보다도 정(情)과 공감에 입각하여 대상과의 합일을 추구하는 미의식이다. 세상의 모든 살아 있는 것에는 정이 있다. 그리고 정이 있으면 사물에 접할 때 반드시 마음에 느끼는 바가 있게 된다. 그렇기 때문에 살아 있는 모든 것에서 시와 노래[歌]를 찾아내게 되는 것이다. 특히 인간은 다른 존재들보다도 더 많이 느낄 줄 안다. 이는 인간이 모노노아와레를 알기 때문이다. 문학작품은 바로 이런 모노노아와레에서 생겨난다. 모토오리 노리나가는 신도(神道) 연구에서는 지독한 국수주의자였는데, 시가 연구에서는 매우 참신한 측면을 보여주기도 했다. 일본의 와카가 모노노아와레를 아는 데에서 나온다고 여긴 그는 모노노아와레가 고대의 이상적인 신대풍을 전달해주는 것에 지상의 가치를 부여했다.

그런데 시가란 생각나는 대로 나오는 것이며, 마음에 떠오른 것을 선악에 관계없이 읊는 것이라고 본 노리나가는 모노노아와레를 도덕적 선악의 피안에 상정하고 있다. 대상의 마음을 느낀다는 것은 도덕적 가치판단 이전의 좀 더 근원적인 어떤 원초적 감성이다. 느끼는 마음은 자연스럽고 예민하여, 나의 마음이면서도 내가 어쩔 수 없는 것이다. 그것은 악에 대해서도 마찬가지다. 악에 마음이 동해서는 안 된다고 생각해도 자연히 악을 예민하게 느끼게 된다. 그리하여 노리나가는 이 "모노노아와레를 아느냐 모르느냐가 선악의 중요한 기준이 된다"(『本居宣長全集』 4, 425)고 이해했다. 요컨대 모노노아와레라는 것은 통상의 윤리적 판단을 넘어서서 미학적인 것을 기준으로 삼은 선악의 판단 기준이라 할 수 있다.[3]

'각자 알맞은 자리 취하기'와 문화코드

지난 2011년 3월 11일에 발생한 동일본 대지진 때와 마찬가지로 2016년 4월에 일어난 구마모토 대지진 때에도 일본인의 질서 의식이 세계의 주목을 받았다. 일본인의 질서 정연한 행동 양식은 전술한 '마음의 칼'이 가시적으로 드러난 현상으로 이해할 수 있다. 실로 일본 사회는 다른 어떤 나라보다도 그 행동 양식의 매뉴얼이 처음부터 끝까지 정밀한 지도처럼 미리 정해져 있는 세계이다. 그 지도에 나온 규칙들은 소소한 세부에 이르기까지 매우 구체적이다. 일본인은 이런 지도를 신뢰하면서 어릴 때부터 그 세계를 당연한 것으로 받아들이는 법을 훈련받으며 살아간다. 그 지도에 표시된

---

[3] 모노노아와레에 관해서는 대표적으로 모토오리 노리나가(2016) 및 박규태(2012c) 참조.

길을 따를 때에만 안전을 보장받을 수 있다는 것을 어릴 때부터 몸으로 익혀왔기 때문이다.

일본 문화와 사회의 특징으로 베네딕트가 제일 먼저 주목한 것도 이런 지도의 행동 양식을 통해 각자의 사회적 지위가 고정된 엄격한 계층 질서였다. 일본은 역사적으로 정복이나 피정복과 같은 외국과의 격렬한 접촉이 거의 없었기 때문에 우리에 비하면 사회 시스템이 본질상 그다지 변하지 않았다. 특히 에도시대 300여 년간의 쇄국은 일본 특유의 봉건제를 고도로 완성시켰다. 베네딕트는 이런 일본 민족의 심성을 관통하는 것이 계층 질서 의식이라고 파악했다. 계층 질서가 일본의 핵심적인 사회구조라는 말이다. 그리하여 베네딕트는 "일본은 전체 역사를 통틀어 현저한 계급적 카스트 사회였다"(베네딕트, 2008: 90)고 말하면서 '각자 알맞은 자리 취하기'를 일본인의 행동 양식과 사고방식을 결정짓는 가장 중요한 표어로 제시한다. 이 표어야말로 일본 사회의 계층 질서를 만들어내고 유지시켜온 제일 원칙이라는 것이다.

전후에도 일본 사회의 각 방면에 걸쳐 계층 질서를 대표하는 신분 질서 의식이 여전히 남아 있다. 도쿄에서 생활할 때 딸아이를 일본 유치원에 보냈는데, 거기서 아내와 친해진 한 일본인 학부형의 일화가 생각난다. 그녀는 자신이 과거에 천민이었던 부락민 출신이라는 이유로 시댁으로부터 결혼 승낙을 받지 못했다고 했다. 그럼에도 반대를 무릅쓰고 결혼은 했지만, 지금까지도 시댁에서 인정받지 못하고 있었다. 그녀가 천민 출신이란 걸 어떻게 알았을까? 간단하다. 우리의 본관 같은 것이 일본에도 있는데, 그걸 조사해보면 과거에 천민이 모여 살던 지역인지 아닌지를 알 수 있기 때문이다. 우리의 경우는 식민지 시대와 한국전쟁을 겪으면서 신분 질서 의식이 거의 해체되었지만, 일본의 경우는 천민 출신을 결혼이나 직원 채용 때 기피하는 경향이 지금도 뿌리 깊게 남아 있다.

일본 역사와 문화에서 일본인의 행동과 사고를 궁극적으로 규정해온 것은 각자에게 적합한 자리를 지시하는 계층 질서였다. 각자의 자리에서 자기를 내세우지 말고 주어진 역할과 직분에 최선을 다하는 데에서 삶의 의미와 보람을 찾으라는 것이다. 언제나 분수를 지켜 상부의 권위에 순종하라, 위만 쳐다보지 말고 겸손하게 자기가 서 있는 땅을 응시하라, 거기서 발을 떼지 말라, 거기서 최선을 다하면 사회가 인정해준다는 말이다. 앞서 살펴본 장의 윤리, 아마에, 세켄, 화의 원리, 기리와 수치, 마코토와 잇쇼켄메이, 모노노아와레 등의 여러 문화코드는 이와 같은 일본 사회의 계층 질서를 지탱해온 삼각대라 할 수 있겠다.

부재하는 주체의 집단주의

일본 문화론의 탁월한 평자로 널리 알려진 가토 슈이치(加藤周一)는 대다수의 일본인들이 일상생활을 영위하면서 자신이 속한 집단에 대해 가지는 관계 양상이 시대에 따라 다르지만, 일관되게 집단 지향성을 보여준다는 사실을 인정한다. 이때의 집단 지향성이란 "개인의 의견이 집단의 이익, 목적, 분위기와 모순되는 때에는 원칙상 언제나 집단의 주장을 우선시하는 태도"(가토 슈이치, 2010: 219)를 가리킨다. 이런 뿌리 깊은 집단주의적 태도가 온존하는 일본 문화의 풍토하에서 오늘날 '개인의 확립'이 매우 중요한 사회적 과제로 부각되고 있다. 가령 철학자 나카무라 유지로(中村雄二郎)가 주체의 반대 개념으로서 '장소' 개념을 내세운 니시다 기타로의 '장소의 철학'을 비판하면서도 여전히 장소의 중요성을 강조한 것은 결코 주체를 부정하기 위함이 아니라 어디까지나 "주체를 재파악"하고 "주체에 정당한 위치를 부여"하기 위함이었다(나카무라 유지로, 2012: 145). 그럼으로써 서구적 개인주의와 차별성을 가지는 일본적 '개인의 확립'을 지향한 것이다.

앞에서 살펴본 다양한 일본문화코드에서 우리는 '개인의 확립'을 저해하는 요소들을 많이 찾아볼 수 있다. 그것들은 일면 주체를 부정하는 무사(無私)의 집단주의로 수렴된다. 가령 장의 윤리에서의 장이란 개인이 아니라 집단의 장을 가리키며, 일본인이기만 하면 A급 전범이라도 야스쿠니신사에 합사하여 제사 지내며 끌어안는 모성 사회 일본의 병리는 분명 집단적인 현상이다. 그런 모성 원리와 짝을 이루는 아마에는 자신이 속한 집단에 의존하는 심리를 가리킨다. 크게 보자면 이와 같은 장의 윤리, 모성 원리, 아마에는 차이를 무화시키고 개인을 하나로서의 전체와 동화시키는 화의 원리에 둘러싸여 있다. 이것들은 공통적으로 동일성의 원칙에 입각한 문화코드이다.

그러나 현실 사회는 다양한 차이의 세계로 이루어져 있으며 그런 차이로 인한 사회적 갈등이 상존하고 있다. 다테사회, 역의 원리, 간인주의, 세켄 등의 문화코드는 인간관계를 조정함으로써 갈등을 최소화하기 위한 사회적, 심리적 장치로 기능한다. 다테사회는 집단의 평형상태를 유지하기 위해 엄격한 상하 관계의 확립을 요구하며, 역의 원리는 각자의 분수에 맞는 역할 분담을 하나의 사회윤리적 가치로 승화시킴으로써 그런 종적 계층 질서를 정당화하는 데 기여한다. 이와 같은 역의 사회시스템 안에서의 인간관계를 간인주의라 하며, 그 간인주의가 적용되는 모든 집단을 세켄이라고 한다.

사회적 갈등을 최소화하기 위한 장치는 여기에 그치지 않는다. 집단 내의 효율성을 높여주는 의무 관념으로서의 기리(유한한 의무)

와 시고토(무한한 의무)는 말할 나위 없고, 나아가 자신의 이름 혹은 자신이 속한 집단의 명예가 손상되는 것을 치욕으로 여기는 수치의 문화 또한 불필요한 갈등을 가능한 한 빨리 제거하여 집단의 평형상태를 회복시키고자 하는 교묘한 제어장치라 할 수 있다. 개인의 생각보다는 집단의 명분을 더 중시하는 '다테마에와 혼네'의 이중적 구조나, 개인의 발전과 성장을 위한 것처럼 보이지만 실제로는 집단을 위한 표어로 작동하는 잇쇼켄메이 등 그 밖의 다른 일본문화코드도 모두 이와 유사한 사회적 장치로서의 성격을 지니고 있다.

이와 같은 집단주의적 문화코드가 공통적 기반으로 삼고 있는 최고의 사회적 윤리가 바로 마코토인데, 그 핵심은 개인을 부정하면서 집단 속에서 각자에게 주어진 역할과 일에만 전념할 것을 요구하는 '무사(無私)'의 이데올로기에 있다. 무사의 마코토만 있으면 '저절로 살아진다'고 여기는 것이다. 이것이 '이카사레루'라는 문화코드이다. 삶의 주체는 결코 내가 아니다. 나는 다만 대타자나 집단에 의해 살아지는 일종의 '결여된 주체'로서만 살아갈 것을 강요받는다. 그리하여 많은 일본인은 주체가 내 안에 부재하며 내 바깥의 어딘가에 존재한다는 느낌에 사로잡히게 된다.

이런 의미에서 일본문화코드는 부재하는 주체의 집단주의로 수렴된다고 할 수 있다. 그러한 집단주의는 매우 강고하다. 왜냐하면 그것은 지금 여기의 순간과 영원을 심미적으로 연결시키는 나카이마의 시간관, 결여의 미를 구현한 사비·와비, 순수한 형식미학을 추구하는 가타의 문화, 그리고 존재하는 모든 것의 마음을 읽어 내는 것이야말로 가장 아름답다고 보는 모노노아와레 등의 미학적 문화코드에 의해 뒷받침되기 때문이다. 논리보다 감정이 가장 중요한 현실을 구성하는 일본 문화에서 미학적 원리의 지배력은 의 심할 여지가 없을 만큼 강력하다.

하지만 이처럼 정교한 집단적 제어장치가 다수 존재한다는 것은 그만큼 일본 사회에 갈등이 많다는 것을 반증한다. 그러니까 부재하는 주체, 즉 무사의 집단주의는 어떤 유전적인 본질이라기보다는 역사적이고 사회적인 산물이라고 보아야 할 것이다. 이와 관련하여 김태창은 종래 일본인의 마음이라고 말해져온 무사의 정신은 상위자로부터 강제된 것이며, 일본인의 자연스럽고 진실한 마음은 역시 무사가 아니라 행복을 바라는 '사(私)'의 마음일 것이라고 지적한다(가타오카 류, 2012: 13). 그러나 역사적으로 일본에서 이런 '사'는 늘 집단과 집단의 권위를 상징하는 '공(公)'의 지배를 받아왔다.

주체의 부재를 수반하는 일본의 집단주의는 명확한 목적어를 가지는 주어의 논리보다는 주어와 목적어가 애매모호한 술어의 논리에 더 많이 의존하게 된다. 니시다 기타로는 그것을 '장소의 논리'라고 불렀다. 많은 일본인이 개인보다 장으로서의 집단이 더 중요하다고 느끼는 것은 어쩌면 이 때문일지도 모른다. 이런 의미에서 우리는 목적이 아닌 수단으로서의 집단주의를 상상해볼 수 있겠다. 일본인과 일본 문화의 집단주의적 성향은 어떤 특정한 목적을 명확히 드러내지는 않는다. 설령 목적이 있다 해도 그것은 대개 은폐되어 있기 마련이다. 그보다 오히려 부재하는 주체의 집단주의는 자발적 형식을 지닌 하나의 수단으로 존재한다. 비유컨대 집단주의를 어느 정도 자발적으로 추종하는 일본인은 충실하게 주인을 따르는 강아지보다는 오히려 "우리에게 세상의 모든 일에 목적이 있는 건 아니라는 것을 가르쳐주고 싶어 하는 고양이"에 더 가까워 보인다.

II. 일본문화코드와 라캉의 접점

일본교와 일본문화코드

"일본인이라는 것은 곧 일본교도라는 것이다!" 1970년 야마모토 시치헤이(山本七平)는 이자야 벤다산이라는 필명으로 펴낸 롱런 베스트셀러『일본인과 유대인』에서 이렇게 선언한다. 그런데 야마모토에 의하면 일본인은 일본교도라는 자각은 전혀 가지고 있지 않으며, 일본교라는 종교가 존재한다는 생각도 안 한다. 여기서 '일본교'는 '일본 종교'와는 전혀 다른 것이며, 일반적인 종교 관념을 벗어나는 용어이다. 그것은 모든 일본 종교를 포괄하는 상위개념이자 가장 광의의 종교 개념에 속해 있다. 하지만 이런 일본교는 세계에서 가장 강고한 종교로 엄연히 존재한다. 왜냐하면 그 신자들이 스스로를 일본교도라고 자각하지 못할 만큼 일본인의 내면 깊숙한 곳까지 일본교가 완벽하게 침투해 있기 때문이다. 그래서 야마모토는 "일본교도를 타 종교로 개종시킬 수 있다고 생각하는 사람이 있다면, 실로 그는 제정신이 아니다"라고까지 단언한다(イザヤ・ベンダサン, 1970: 89-90).

일본교의 강고함은 아쿠타가와 류노스케가 단편「신들의 미소」(1922)에서 언급한 '변조하는 힘'과 동전의 양면을 이루고 있다(아쿠타가와 류노스케, 2000). 등장인물 오르간티노 신부는 기도 중에 일본 선교가 불가능하다는 사실을 고백하면서 아름다운 일본의 풍경 속에는 "산에도 들에도 또 집들이 늘어선 마을에도 뭔가 알 수 없는 이상한 힘이 숨어 있다"고 말한다. 이때 노인의 모습으로 그의 앞에 나타난 일본의 혼령은 문자를 비롯하여 도교, 유교, 불교, 기독교 등 외래의 것이 일본에 수용되었지만, 그 어느 것도 일본인을 개종시키지는 못했다고 지적한다. 이는 오히루메무치[4]로 표상되는 일본 가미(神)의 '파괴하는 힘'이 아니라 '변조하는 힘' 때문이라는 것이다(박규태, 2015: 354-355). 여기서 변조하는 힘이란 우리가 흔히 일본인을 '모방의 천재'라고 말할 때의 모방의 능력을 가리키는 표현이다. 실제로 일본의 역사에는 외래적인 것을 일본화하는 데에 탁월한 능력을 보여준 사례가 많다.

일본교의 수장은 말할 것도 없이 천황이다. 이런 의미에서 일본교는 곧 천황교라고 바꿔 말할 수도 있다. 일본에서 천황제는 단지 정치적 혹은 법률적 제도에만 그치지 않고 문화 개념으로서 더욱 중요한 의미를 가진다. 흔히 천황은 일본 문화를 대표하고 총괄하는 존재이며, 천황제는 일본 문화의 구조적 특질을 체현한 것으로 간주되기 때문이다. 다케우치 요시미는 이 점을 "일본 사회에서는 나무 한 그루 풀 한 포기에도 천황제가 깃들어 있다"는 말로 표현한 바 있다.

이와 관련하여 미시마 유키오는 『문화방위론』에서 일본 문화의 핵심적인 특징 중 하나로 본래 오리지널(original)과 카피(copy)를 엄격히 구별하지 않는 문화를 들고 있다. 가령 천황가의 조상신을 모시는 이세신궁은 고래로 20년마다 본전을 허물고 다시 짓는 식년천궁의 관습이 지켜져왔는데, 그때마다 새롭게 지어진 이세신궁이 오리지널이 된다. 그리고 그 오리지널은 때가 되면 카피에 오리지널의 자리를 넘겨준다. 카피가 오리지널이 되는 것이다. 소재는 20년마다 새로운 것으로 바뀌지만 형태와 형식(가타)은 원형을 유지한다는 의미에서 카피가 곧 오리지널이라는 말이다. 이와 마찬가지로 각 시대의 천황은 황조 아마테라스(天照大神)의 자손(카피)이

---

4 일본 천황가의 조상신으로 말해지는 황조신 아마테라스의 이칭.

아니라 그 자체가 직접 황조를 체현하고 있으며 그런 의미에서 카피(천황)가 그대로 오리지널(황조)이 된다(三島由紀夫, 2006: 43-45).

'영원의 지금'을 뜻하는 '나카이마'의 문화코드를 통해 이세신궁과 천황의 유비 관계를 말할 수도 있다. 이세신궁은 니시다 기타로가 말하는 '영원의 지금'을 표상한다. 영원의 지금은 "'절대무의 자각적 한정'으로서 어디서든 시작되고 순간순간마다 새롭게 무한한 과거와 미래를 현재의 한 점으로 끌어당길 수 있다."(中村雄二郎, 1998: 305) 따라서 식년천궁을 통해 새롭게 짓는 신사 건물은 그런 영원의 지금을 표상한다. 또한 개개의 천황의 경우도 역사를 넘어서서 직접 황조와 연결됨으로써 영원의 지금을 드러낸다.

이와 같은 일본교 담론은 일본 문화의 특징을 단순한 형태로 정식화하고 그 독자성을 매우 강조하는 담론인 일본 문화론(일본인론)을 종교의 측면에서 언급한 것이라 할 수 있다. 야마모토가 말하는 일본교의 기본 내용은 사실상 일본 문화론의 주장과 거의 일치한다. 가령 야마모토가 일본교의 핵심적인 성례전적(聖禮典的) 요소로 꼽은 7가지 항목(山本七平, 1981: 158-218) 중에는 혼네와 마코토라는 문화코드가 들어가 있다. 하지만 무엇보다 일본교의 기본 이념으로 제시된 가장 중요한 항목은 '인간'인데, 그 실질적인 내용은 모두 일본문화코드로 풀어 말할 수 있다. 가령 마코토가 있는 인간, 기리가 있는 인간, 일본이라는 장 안의 인간, 세켄 속의 인간, 역의 시스템 내부의 인간, 간인주의적 인간 등이 그것이다. 그러니까 일본의 이상적 인간상은 '각자 알맞은 자리를 지키는 인간'으로 요약될 수 있다. 이와 같은 일본교의 특징은 나카무라 하지메가 이에(家), 신분제도, 국가, 사회질서 등 주어진 현실을 절대화하는 "유한하고 특수한 폐쇄적 인륜 조직을 중시하는 경향"(中村元, 1962: 11, 141-144)이라고 말한 것과 일치한다.

일본문화코드의 이념형적 도식

일본교 담론은 일본 문화론을 종교의 측면에서 언급한 것인데, 그렇다면 일본 문화론에서 추출된 일본문화코드란 역으로 일본교 담론을 문화의 측면에서 언급한 것이 된다. 이런 일본문화코드를 하나의 가설적인 이념형으로 도식화한 것이 아래 〈그림 1〉이다. 여기서

〈그림 1〉 일본문화코드의 구조

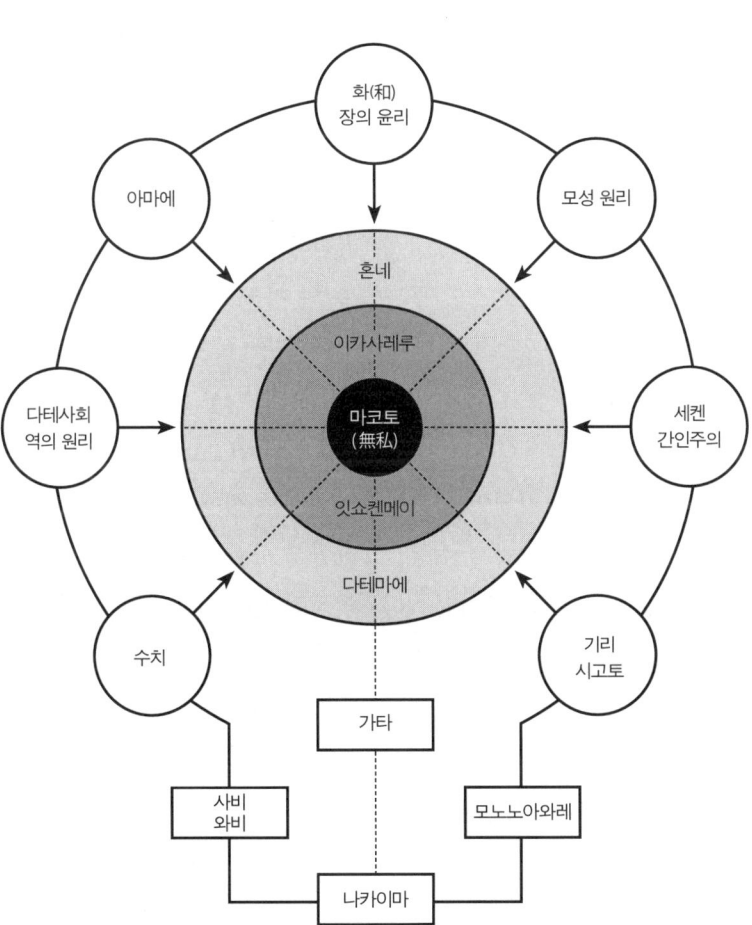

원 상단부의 화의 원리와 장의 윤리 및 모성 원리와 아마에가 동일성을 추구하는 상상계적 영역에 속한다면, 보이지 않는 대타자의 지배력을 뒷받침해주는 세켄, 간인주의, 기리, 시고토, 수치, 다테사회, 역의 원리 등 원의 하단부는 상징계적 영역에 배치된다. 이에 비해 미학적 감수성에 입각한 모노노아와레, 나카이마, 사비·와비, 가타 등 하단의 장방형은 각각 모노(物), 영원, 결여, 순수 형식이라는 측면에서 실재계적 영역과 결부시킬 수 있다.

전술한 일본교의 특징을 보여주는 일본문화코드들로 이루어져 있는 이 도식은 전체적으로 열쇠 구멍의 모양을 나타내고 있다. 그렇다면 열쇠는 무엇일까? 도식은 일본의 심층으로 들어가는 입구를 열 수 있는 해답으로서의 열쇠가 바로 전술한 일본교임을 보여준다. 종교란 일반적으로 해답의 상징체계로서 기능하는 상징계의 문화 시스템이기 때문이다. 도식 중 원의 한가운데에 위치하는 것이 일본교의 핵심적 요소인 무사(無私)의 마코토이며, 그 주위를 혼네와 다테마에 및 잇쇼켄메이와 이카사레루라는 문화코드가 동심원을 이루며 둘러싸고 있다. 이는 한편으로 마코토야말로 일본 문화를 이해하는 열쇠임을 시사하며, 다른 한편으로 부재하는 주체의 혼네가 종종 억압되어 이카사레루의 수동성에 지배받으면서 자아 불확실성을 유발하기 쉬운, 그러면서도 다테마에의 차원에서 항상 죽을힘을 다해 주어진 일을 열심히 해나가는 잇쇼켄메이와 마코토의 정신 구조를 보여준다.

이러한 일본문화코드의 전체적인 도식은 다음 몇 가지 측면에서 상징계에 편입되어 있으면서도 동시에 상징계를 빠져나오는 일본 문화의 불안정한 구조를 나타낸다. 첫째, 일본 문화에서는 세켄이나 기리와 수치를 비롯하여 시고토, 다테사회, 역의 원리 등이 강력한 구속력을 갖고 있는데, 이는 곧 일본인의 정신세계에서 상징계의 권력이 행사하는 막강한 지배력을 시사한다. 둘째, 일본적 집단주의를 구성하는 모든 문화코드는 중심의 마코토와 통해 있다는 점에서 언제나 주체의 부재[無私]를 드러낸다. 셋째, 그 결과 일본인의 정신세계에서는 상징계로부터 상상계로의 귀환이 비교적 손쉽게 이루어질 수 있다. 넷째, 상징화될 수 없는 영역인 실재계가 일본의 경우에는 상징계와 일부 중첩됨으로써 두 영역 간의 상호 침투가 비교적 용이해 보인다.

이렇게 볼 때 우리는 도처에서 일본문화코드와 라캉의 접점을 예상해볼 수 있다. 가령 불완전한 것이 완전한 것보다 더 완성된 경지이며 부족한 것이 완벽한 것보다 더 견고한 것임을 강조하는 라캉 정신분석은 불완전한 것을 아름다운 것으로 보는 홀수의 미학으로서의 '와비'라는 일본문화코드와 상통한다. 무엇보다 실체가 없는 라캉적 주체는 무사의 마코토라는 집단주의적 문화코드와 유사한 정신 구조를 보여준다. 또한 일본인의 심리를 지배하는 자아 불확실성은 상상계적 거울단계에서의 '오인의 구조'로 설명할 수 있는 측면이 있다. 나아가 무의식이 주체와 주체 사이에 존재한다고 본 라캉의 관점은 간인주의라는 문화코드를 연상시킨다. 이 밖에 오이디푸스콤플렉스와 모성 원리, 응시와 세켄, 증상과 가타의 문화, 주이상스와 기리, 상상계의 지배력을 보여주는 이카사레루, 타자의 욕망을 욕망하는 아마에와 화의 원리 및 상상계, 할복의 주이상스와 수치, 결여와 공백의 미학인 사비·와비, 빗금 친 주체(분열된 주체)를 표상하는 다테마에와 혼네, 응시와 장의 윤리·세켄·간인주의·기리·수치·모노노아와레, 물 혹은 대상a와 모노노아와레, 대타자와 장의 윤리 등과 같이 다양한 차원에서 양자의 접점을 생각해볼 수 있겠다.

응시와 일본문화코드

이 가운데 먼저 관계성을 중시하는 장의 윤리, 세켄, 간인주의, 기리, 수치 등의 문화코드는 라캉이 말하는 주체성 및 '시선과 응시'의 문제의식과 겹치는 측면이 있다. 우리는 자신의 의지와는 상관없이 태어날 때부터 하나의 장소 속에 던져진다. 아이는 "부모의 언어적 우주 안에 미리 확립되어 있는 장소"(핑크, 2010: 28)에서 태어나는 것이다. 그후 아이가 사회 속에서 주체로 성장하기 위해서는 상징적 질서의 관계성로부터 한 발짝도 벗어나서는 안 된다. 라캉은 이에 대해 "주체는 타자의 장에 종속된 상태로서만 주체일 수 있다"(라캉, 2008: 285)고 말한다. 다시 말해 인간은 어디까지나 관계의 장 안에서 자신이 부여받은 역할을 온전히 수행할 때에만 인간으로 인정받을 수 있다는 것이다. 일본인은 특히 이 점에 매우 민감한 문화 속에서 살고 있다.

이처럼 관계성에 종속된 채 끊임없이 무언가를 욕망하는 주체는 세계 속에서 사방을 주시하는 시선의 근원점으로 존재하지 않는다. 그보다 주체는 자신처럼 욕망에 사로잡힌 다른 주체 혹은 대타자로부터 항상 주시당하고 있다. 이것이 바로 라캉이 말하는 '응시'이다. "나는 단 한 지점에서 볼 뿐이지만, 나의 실존 속에서 나는 사방에서 응시되고 있다"(라캉, 2008: 114)는 것이다. 주체는 이런 응시를 벗어날 수 없다. 응시는 "타인과의 관계를 통해 자신의 존재성을 유지하려고 하는 주체의 반응"(권순정, 2014: 29)과 다르지 않기 때문이다. 이와 마찬가지로 '세켄에 대한 기리'의 의무를 지킨다는 것은 세상(상징계)이 나를 어떻게 볼 것인지 혹은 내가 타자에게 어떻게 보여질 것인지(응시)를 항상 의식하면서 산다는 것을 의미한다. 세켄에 대한 기리의 의무를 소홀히 하면 일본 사회에서 살아가기 어렵기 때문이다. 그런 기리의 의무를 다하지 못하거나 다하지 못했다고 비난받을 때 일본인이 느끼는 감정이 바로 '수치'이다.

시선(보는 눈 혹은 보고 있는 나)이 상상계의 작용이라면, 응시(보여지는 나)는 상징계의 작용이다. 그런데 우리의 시선은 결코 응시를 볼 수 없다. 즉 우리는 우리가 사물을 바라볼 때 사물이 우리를 응시하는 것을 인지하지 못하는 것이다. 시선과 응시는 분열되어 있기 때문이다(손성우, 2013: 39). 이런 맥락에서 세켄은 '보이지 않는 응시의 장소'라고 할 수 있다. 거기서는 주체가 배제되기 십상이다. 우리에게 〈동경 이야기(東京物語)〉(1953)로 널리 알려져 있는 오즈 야스지로(小津安二郞)는 이런 응시의 장소를 영화적으로 표현하는 데에 탁월한 감독이다. 그의 영화 기법은 정교한 시선의 관계망을 강박적으로 추구한다. 바로 거기서 응시가 출현하는 것이다. 이런 의미에서 오즈의 영화는 '세켄의 영화'라고 부를 만하다. 근래 세계적으로 주목을 받았던 'J호러(일본 공포영화)' 장르도 '세켄의 영화'라고 할 수 있다. 시선이 응시로 바뀔 때 거기서 공포가 나온다. 내가 알지 못하는 곳에서 누군가 날 보고 있는 듯한 느낌을 받게 되기 때문이다.

세켄은 불가시적인 공간이다. 그렇기 때문에 일본인에게 세켄은 두렵고 무서운 것으로 인식된다. 세켄이 강력한 규제력을 가지는 까닭이 여기에 있다. 이와 마찬가지로 응시도 불가시적인 것이며 따라서 더욱 두렵고 공포스럽게 다가온다. 응시의 정체는 "결여의 공백으로부터 쏘아져 나오는 욕망하는 시선"이다. 그것은 우리 세계의 질서 내부로부터 발생하는 균열의 지점, 지식 체계에 난 구멍으로부터 쏘아져 나온다. 그리하여 응시의 욕망은 우리가 속한 세계의 질서를 언제나 넘어선다. 우리는 우리의 정체성을 유지시켜 주는 상징 질서를 파괴하지 않는 한, 즉 우리 자신을 스스로 파괴하지 않는 한 응시를 만족시킬 수 없다. 다시 말해 응시는 상징계 속의 틈새와 균열이 벌어지는 지점의 공허로부터 떠오르는 공포의 '눈'이다. 우리는 통상 해석된 '의미의 그물망' 속에서 안전하게 보호받고 있다. 하지만 그런 안전망이 우연한 사고로 인해 흔들리는 순간, 그리하여 극단적인 상실감이나 스트레스 속에서 자기통제의 끈을 놓쳐버리는 순간, 우리는 모든 곳에서 자신을 노려보는 응시의 존재를 느끼고 두려움과 혼란에 빠지게 된다(백상현, 2014: 77-78). 많은 일본인이 사회적 비난을 받을 때 흔히 세켄을 어지럽게 해서 죄송하다고 사과하는 관례는 이런 응시의 공포와 관계가 있어 보인다.

모노노아와레와 응시·물·대상a

"사물의 마음을 아는 것"이라고 정의되는 모노노아와레도 응시의 관점에서 이해할 수 있다. 이때 사물의 마음을 아는 것이란 곧 사물이 나를 본다는 사실을 아는 것을 뜻한다. 내가 사물을 보는 것(시선)만으로는 사물의 마음을 알 수 없다. 이와 동시에 내가 사물에 보여짐(응시됨)으로써 비로소 사물의 본질이 내게 열릴 것이다. 응시는 주체가 아니라 대상 쪽에 있기 때문이다. 이와 마찬가지로 모토오리 노리나가의 모노노아와레론에서도 주체보다 대상적 세계가 더 부각된다. 우리는 흔히 주체가 대상을 욕망하면서 그 대상을 인식하고 지배한다고 여긴다. 하지만 라캉은 대상이야말로 주체의 원인이며 주체를 지배한다고 보았다. 그는 이런 대상을 대상a라 불렀다.

모노노아와레의 중심축인 대상적 세계는 『세미나 7』의 중심 개념인 '물(物, das Ding)'과 모종의 접점을 내포한다. 칸트는 오성에 의해 포착되지 않는 세계를 '물자체'라 부르면서 피안으로 추방했다. 그러나 라캉은 이 물자체를 칸트와는 상이한 방식으로 다시 문제 삼았다. 그것이 물이다. 물은 모노노아와레와 여러 측면에서 근본적인 차이가 있다. 통상 모노노아와레는 "사물이나 사건에 감동할 줄 아는 능력"(발리, 2011: 108), 즉 일종의 공감 능력을 가리키는 미학적 개념이다. 꽃, 노을, 달, 사랑하는 연인 등 현실 속의 대상들은 종종 감동이라는 감정을 불러일으킨다. 이 감동은 모노노아와레적 공감 능력을 통해 작용한다. 하지만 라캉은 이런 감동이 이해받거나 이해하고 있다는 착각을 불러일으킨다고 말한다. 그 착각은 감동의 효과로 말미암아 주체를 언제나 동일한 자리로 되돌려 놓는다. 주체는 감동한 뒤 다시 익숙한 일상으로 돌아와 예전과 같은 삶을 반복하는 형식으로 동일한 욕망의 루틴을 되풀이하게 된다. 그러니까 정신분석의 관점에서 보자면 모노노아와레는 착각의 기제에 불과하다. 한편 감동을 야기하는 모노노아와레에 비해 물은 동요를 야기한다. 동요는 감동과는 다른 것이다. 정신분석은 감동이 아니라 동요를 유도한다. 환자의 욕망이 물로 향하도록 함으로써 환자를 뒤흔들어 그의 자아를 상실하게 만드는 것이다(백상현, 2017: 342-344).

노리나가는 모노노아와레야말로 참된 감정(情=마음)이라고 생각했다. 노리나가가 모노노아와레에 대해 주장한 것은, 찰나적인 직접성으로 파악된 세계는 그 자체로 절대적인 것이며 그 이상의 어떠한 정당성도 필요가 없다는 것이었다. 감정은 아무리 부도덕한 것이라 해도 긍정되지 않으면 안 된다. 사물과 접촉함으로써 비로소 발생하는 움직임으로서의 감정은 절대적인 것이기 때문이다(사카이 나오키, 2017: 542-543). 이에 반해 라캉은 동요든 감동이든 인간의 감정이 모두 속임수라고 보았다. 슬픔, 분노, 기쁨, 만족 따위의 감정은 그 기원이라고 여겨지는 원인과는 전혀 다른 장소로부터 온다는 것이다. 물이 바로 그 장소이다. 이 물은 인간의 감정을 왜곡시키는 방식으로 자신을 숨긴다. 가령 강력한 주이상스의 장소인 물에 주체가 가까이 접근할 때 주체는 쾌락보다 불안의 감정을 느낀다. 반대로 물과 멀리 떨어져 있는 주체는 불쾌가 아닌 안정과 만족의 감정을 얻는다. 하지만 이런 감정들은 원래 실체도 보편성도 없다. 감정이란 단지 물이 그곳에 존재함을 알리는 신호, 즉 실재에 대한 신호일 뿐이다.[5]

이와 같은 근본적인 차이에도 불구하고 모노노아와레의 '모노'와 물은 타자의 자리에서 서로 만난다. 라캉은 언어 안에 있는 표상적 대상과 언어 바깥에 있는 원초적 대상인 물을 구분한다. 대상a는 이중 더 이상 환원할 수 없는 타자로서의 물로부터 비롯된 것이다. 대상a는 사적이고 말해질 수 없지만, 우리를 지배하는 어떤 것이다. 이처럼 대상a로서의 물이 사적이고 말해질 수 없는 것은 그것이 상징적 질서 바깥에 있는 어떤 것, 혹은 내 안의 이해할 수 없는 또 하나의 나 같은 어떤 것이기 때문이다. 한편으로 대상a는 물이 상징계의 개입으로 인해 현실로부터 떨어져 나가 실재계 속으로 영원히 상실되어갈 때 그 실재계의 이면에 남긴 파편 또는 나머지(여분, 잉여, 과잉)이다. 다른 한편으로 대상a는 상징계의 공백을 채움으로써 주체에게 존재감을 부여하는 어떤 것이기도 하다.

---

[5] 가령 공포의 감정은 물과 주체의 거리가 너무 가까울 경우 무의식이 보내는 경고 신호이다. 실질적 이유 없이 출현하는 불안 증세는 주이상스에 너무 가깝게 다가서는 주체에게 보내는 경고의 의미이다. 분노란 무의식의 중핵을 구성하는 물이 자신을 표출할 방법을 찾지 못한 나머지 상징계 전체를 향해 공격적인 표현을 드러내는 현상이다. 분노는 무의식적 충동이 적절히 해석될 수 있는 상징계의 흐름과 연결되지 못할 때 출현한다. 이 점에서 분노조절장애는 충동조절장애라 할 수 있다(백상현, 2017: 132-138).

이처럼 대상a는 상징계와 실재계 모두에 관련되어 있다.

이와 마찬가지로 모노노아와레의 '모노(物)' 또한 상징계와 실재계의 두 영역에 걸쳐 있다. 모노노아와레의 모노는 통상 꽃이나 달이나 사람 등 우리 주변의 평범하고 일상적인 대상과 거기서 더 나아가 '존재 일반' 혹은 존재하는 모든 '있음'과 '사건', 심지어 '마음'이나 '혼'까지도 함축하는 타자적 개념이다. 이와 관련하여 와쓰지 데쓰로는 흥미로운 해석을 제시한다. 그에 따르면 모노란 형태나 심적 상태에 관계없이 의미와 사물과 사건 모두를 포함하며, 나아가 일반적으로 한정되지 않은 모노로서 일종의 영원한 근원을 가리키기도 한다. 이런 모노가 불러일으키는 감동(아와레)을 가리키는 모노노아와레는 한정된 개개의 사물로서 우리 주변에 존재하는 모노에 대한 감동이자 동시에 그 본래의 한정되지 않은 모노로 돌아가고자 하는 부단한 움직임으로 해석될 수 있다는 것이다(和辻哲郎, 1992: 228-230). 이런 해석은 모노가 상징계라는 한정된 세계와 실재계라는 경계 너머의 세계 모두에 연루되어 있음을 시사한다.

장의 윤리와 대타자

'주체가 태어나는 장소'나 '말이 구성되는 장소'로 규정되는 대타자는 기본적으로 하나의 장소로 제시된 타자 개념이라는 점에서 '장의 윤리'라는 문화코드와 비교 가능한 측면이 있다. 특히 대타자는 장의 윤리를 철학적으로 표현한 니시다 기타로의 '장소' 개념과 유비될 만하다. 근대 일본이 낳은 가장 일본적인 철학의 제창자로 말해지는 니시다의 사상은 한마디로 '장소의 논리'라고 일컬어진다. 그것은 '세계의 자기모순'을 전제로 하는 사상이다. 예컨대 니시다는 장소의 논리를 "일(一)과 다(多)의 절대 모순적 자기동일성을 통해 장소가 장소 자신을 한정하는 것"(니시다 기타로, 2013: 139)이라고 정의 내린다.

니시다의 장소 개념은 크게 세 가지 층위를 가진다. 유(有)의 장소, 무(無)의 장소, 절대무(絶對無)의 장소가 그것이다. 유의 장소가 일상적 혹은 현상계적 의미에서의 일반적인 장소라면, 무의 장소는 의식과 대상이 대립적인 관계를 맺는 인식론적 장소를 가리킨다. 이에 비해 절대무의 장소는 유와 무의 대립이 해소되는 절대무의 차원을 뜻한다. 니시다는 존재하는 모든 것이 이런 '절대무의 장소'의 자기 한정을 통해 성립한다고 보았다(이정우, 2018: 199).

니시다가 '절대 모순적'이라고 말할 때의 모순 개념은 이와 같은 장소 개념과 불가분의 관계에 있다. 니시다는 모순에 대해 장소를 나타내는 한자어 '어(於)'의 훈독으로 생긴 일본어 '오이테(於て)'를 사용하여 "무엇에 있어서 존재하는 것(~に於てあるもの)"이라는 표현으로 설명한다. 이 일본어 표현은 두 개의 장소(於て와 ある)가 겹쳐져 있는데, 이는 모순되는 것들이 동일한 장소에 놓여 있음을 가리킨다. 그러니까 '모순적 자기동일성'이란 곧 '장소적 자기동일성'과 같은 말이 된다. 그렇다면 니시다가 말하는 '일과 다의 절대 모순적 자기동일성'이란 어떤 것일까? 그것은 전체[一]는 개체[多]의 자기부정적 전체이고, 개체는 전체의 자기부정적 개체라는 것을 뜻한다. 또한 '자기 한정'이란 전체에도 개체에도 의존하지 않은 채 다만 전체와 개체의 상호 부정을 통해 자기 자신을 긍정적으로 형성하는 것을 의미한다. 단순화시켜 말하자면 이는 자기부정을 통한 긍정이라 할 수 있겠다. 가령 '무사(無私)'라는 일본문화코드의 핵심에는 자기[私]를 부정[無]함으로써만 집단의 인정(긍정)을 받을 수 있다는 사고방식이 깔려 있다.

'세계의 자기모순'이나 '절대 모순적 자기동일성'에 대해 실체성을 중심으로 풀어볼 수도 있다. 라캉이 주체를 실체가 없는 것으로 보았다면, 니시다는 세계를 실체가 없는 것으로 생각했다. 세계든 생명이든 모든 것은 실체가 없으며, 따라서 애당초부터 태어나거나 소멸되지도 않는다. 니시다는 이런 절대 모순적 자기동일성의 세계를 '장소'와 연관시킨 것이다. 그것은 한마디로 '절대무의 장소'를 가리킨다. 다시 말해 니시다가 말하는 장소라는 용어는 특정 공간을 점유하는 실체적인 개념이 아니라 절대무와 동일시된 추상적인 개념인 것이다. 이때의 무는 '있음[有]'의 결여가 아니라 '없음'으로 인해 무한히 풍부해지는 그런 세계, 즉 주어적 논리가 아니라 술어적 논리에 입각한 어떤 근본적인 기체(基體)를 뜻한다.

그렇다면 술어적 논리란 무엇인가? 간단히 말해 주어적 논리가 유의 논리(서양)라면 술어적 논리는 무의 논리(일본)를 지칭한다. 니시다는 주어와 술어의 관계를 장소의 관점에서 파악하고 있는데, 거기서의 장소는 거울에 자기 자신을 비추어보는 상상계적 자기의식과 관계가 있다. 니시다는 주객의 대립 구도를 벗어나 자기 안에서 자기를 비추는 자각이라는 발상으로부터 '장소의 논리'를 구축했다. 이때 그는 주어적 논리로부터 술어적 논리로, 그리고 '주어-술어'의 사유로부터 '장소의 자기 한정'이라는 발상으로 전환했다. 이런 전환은 주체보다 대상을 더 우선시하는 모노노아와레의 미의식이나, 주체보다 대타자의 우위성을 인정하는 라캉적 관점에서 보자면 대단히 의미심장한 것이다.

니시다는 나 자신을 비추어주는 장소가 바로 절대무의 장소이며, 그런 절대무의 장소가 없다면 나는 나를 사유할 수도 알 수도 없다고 생각했다. 그러니까 인간이 의식하거나 안다고 생각하는 모든 사물은 이런 절대무의 장소에 존재한다는 것이다. 라캉과 마찬가지로 니시다도 코기토의 주체를 부정한다. 그는 코기토가 아

니라 장소를 사유의 출발점으로 삼자고 주장했다. 그에게 주체란 애당초부터 '어떤 장소에 있어서 존재하는 것(ある場所に於てあるもの)'으로서의 주체를 가리킨다. 그는 이것을 '장소의 자기 한정' 또는 '절대무의 자기 한정'이라는 어려운 말로 나타냈다. 라캉은 무의식의 주체를 공백 혹은 무(nothing)로 묘사하기도 했는데, 그것은 니시다가 말하는 절대무에 비견될 수 있다. 단 양자는 서로 반대편에서 무를 바라보고 있다. 니시다는 주체가 곧 무의 장소라고 말한 적이 없다. 오히려 그는 이른바 '장소의 논리'로써 장소를 주체의 반대 개념으로 이해하고 있다. 이는 "자기로부터 세계를 생각하는 것이 아니라, 세계로부터 자기를 생각하는 입장" 또는 "추호도 '나[私]'가 없이 세계의 사물이 되어서 생각하는 것"(니시다 기타로, 2013: 142)을 뜻한다.

  결국 니시다는 장소의 철학을 통해 주체의 구조와 그 불안정성을 지적한 것이다. 이는 라캉과 장소 개념의 접점을 설정하는 것이 가능함을 시사한다. 라캉에 따르면 "무의식은 대타자의 담론"(라캉, 1994: 89)인데, 이는 무의식이 개별 주체들을 넘어선 어떤 차원과 관계가 있음을 뜻한다. 거기서 욕망은 타자에게 인정받기를 원하는 대타자의 욕망이 된다. 이와 같은 라캉의 주장은 개인의 욕망이 그가 속한 집단의 욕망으로 치환되는 장의 윤리를 연상케 한다. 그런데 니시다는 이런 장소를 곧바로 '무' 혹은 '절대무' 또는 그 "절대무의 자각적 한정"으로 드러나는 '영원의 지금', 즉 '나카이마'의 문화코드와 결부시켜 상대적 차원을 모두 배제시켜버렸다. 그럼으로써 니시다의 '장소의 논리'는 근대 일본의 역사를 절대시하고 천황제 이데올로기를 이론적으로 뒷받침하는 데에 일조하게 되었다. 절대무의 현현을 일본 황실과 천황제에서 보고자 했던 것이다. 이는 니시다의 시대적 한계였다.

아마에와 상상계·히스테리 담론·정신병

라캉주의 정신과 의사인 고바야시 요시키(小林芳樹)는 일본을 "모자 관계가 보다 농밀한 유아적 사회"(고바야시 요시키, 2017: 26)라고 규정한다. 이런 유아적 사회의 심리적 특징을 나타내는 문화코드가 바로 아마에이다. 통상 "어머니에 대한 의존 감정"을 뜻하는 아마에는 유아기 때 어머니를 포기해야 하는 이유를 설명할 수 없는 데에서 비롯된 심리적 경향을 보여준다. 흔히 일본인들은 성인이 된 이후에도 정신 구조 속에 어머니에 대한 의존 감정이 짙게 남아 있다고 한다. 그래서 일본인에게는 상상계로의 회귀를 통해 어머니와의 원초적인 합일 상태를 추구하는 경향이 있다. 그것은 일종의 트라우마적 측면을 내포한다. 상징계의 언어로 설명할 수 없고, 그래서 이해할 수 없는 사건은 종종 트라우마로 남게 되기 때문이다.

일본인의 심리를 대표한다고 말해지는 아마에의 의존 대상은 아이가 성장하면서 어머니 대신 그가 속한 공동체 내부의 대타자(교사, 선배, 상사, 정치가, 천황 등)로 대체된다. 이 아마에는 라캉이 말하는 히스테리 담론과 유사한 구조를 보여준다. 각각 네 가지 요소(행위자, 타자, 생산, 진리)로 구성된 네 가지 정신분석 담론 중 하나인 히스테리 담론은 행위자의 자리에 분열된 주체($\$$)가 오고 진리의 자리에 대상a가 오며, 타자의 자리에 주인 기표(S_1)가 그리고 생산의 자리에 다른 기표 혹은 지식(S_2)이 오는 경우를 가리킨다. 히스테리증자는 자신의 욕망의 진실을 항상 대타자, 즉 주인 기표에게 구하지만 답을 얻지 못한다. 왜냐하면 진리의 자리에 공백(결여)으로서의 대상a가 위치하고 있기 때문이다. 그 결과 히스테리증자는 대타자(주인 기표)에 대해 절대적 의존관계에 놓이게 된다.[6]

노리나가는 "아랫사람은 윗사람이 선하든 악하든 그의 뜻에 따

라야만 한다"(『本居宣長全集』 1, 70)고 하면서 천황에 대한 무조건적인 복종을 설했다. 오늘날에도 대부분의 일본인들은 심정적으로 천황제에 동의한다. 천황이라는 기표에 의존하는 일본인의 아마에적 심리는 지금도 크게 변함이 없다. 천황이 대타자의 자리를 차지한 주인 기표로 기능하고 있는 것이다. 그러나 사실은 천황은 진리에 대해 아무것도 말해주지 않는다. 천황제의 한가운데는 텅 비어 있기 때문이다. 만일 천황이 진리를 말하려 한다면 그는 자리를 내놓아야 할 것이다. 이와 관련하여 흥미로운 사례가 있다. 일본 역사서 『속일본기』 제50대 간무(桓武) 천황 790년(延曆9) 정월조에 다음과 같은 기사가 나온다.

> 황태후의 조상은 백제 무령왕의 아들 순타(純陀)태자이다. … 백제의 먼 조상인 도모왕(都慕王[동명성왕을 가리킴])은 하백의 딸이 일광에 감응하여 태어났다. 황태후는 그 후예이다(『續日本紀』後篇, 541-542).

여기서 황태후란 헤이안(지금의 교토) 천도를 단행하는 등 수많은 치적으로 일본사에서 3대 성왕에 꼽히는 간무 천황의 친모 다카노노 니가사(高野新笠)를 가리킨다. 그러니까 간무 천황은 백제 무령왕의 후예라는 말이다. 지난 2002년 한일 월드컵 공동 주최에 즈음하여 일본 천황이 기자회견 때 위 기사를 인용하면서 한국과 깊은 인연을 느낀다고 말한 적이 있다. 그러자 당시 아사히신문과 NHK

---

6 슐라이어마허가 '절대의존감정'이라고 정의 내린 종교의 경우야말로 히스테리 담론과 가장 유사한 구조를 보여준다. 사람들은 삶의 의미가 무엇이고 진리가 무엇이냐고 신(대타자)에게 묻지만 신은 침묵 그 자체이다. 그럴수록 사람들은 신에게 더 절대적으로 의존하게 된다.

방송을 제외한 모든 매스컴은 이 부분만 삭제한 채 인터뷰 기사를 내보냈다. 세상에는 사실 혹은 진실이라 해도 그대로 드러낼 수 없거나 드러내서는 안 되는 것들이 많기 때문일까? 그 직후 궁내청에는 천황이 또 다시 그런 허튼소리를 하면 가만히 있지 않겠다는 극우 측의 협박 전화까지 걸려 왔다고 한다. 일본에는 천황이라 해도 진실을 밝힐 수 없는 구조가 있다. 일본열도에 큰 파문을 일으킨 이 해프닝은 일본에서 아마에의 궁극적 대상인 천황제가 진리의 자리에 공백으로서의 대상a가 위치하는 히스테리 담론과 유사한 구조를 갖고 있음을 보여준다.

한편 정신병의 관점에서 아마에의 심리를 이해할 수도 있다. 프로이트는 성도착의 심리가 '부인'의 개념을 중심으로 구조화된다고 보았다. 라캉은 이를 발전시켜 부인을 '거세에 대한 부인'으로 설명한다. 아이에게 어머니는 자신의 모든 필요와 욕구를 해결해 주는 신과 같은 존재, 완벽하고 유일한 타자였다. 그런데 아이는 어느 날 이런 어머니가 불완전한 존재라는 것을 깨닫게 된다. 이때 신경증자(라캉이 말하는 정상인)는 언어적 질서의 추상화 과정을 통해 결국 사회적 법질서(아버지의 법)에 굴복함으로써 어머니의 불완전함을 받아들인다. 그러나 정신병자는 이런 부재를 절대 받아들이지 않은 채 끈질기게 어머니와 자신의 관계가 완결된 것, 불가침적인 것임을 주장한다. 그는 계속해서 자신을 어머니의 유일한 욕망의 대상으로 고집한다. 어머니와의 심리적 유착 관계에 고착된 아마에의 심리는 그 밑에 어머니의 부재를 부인하려는 경향이 깔려 있다는 점에서 정신병적 구조와 닮은 측면이 있다.

증상으로서의 일본문화코드

히스테리적 구조든 정신병적 구조든 아마에는 일본문화코드가 하나의 '증상'으로 나타난 전형적인 사례라 할 수 있다. 정신분석에서 증상이란 상징계에서 배제된 것이 실재로서 되돌아온 것을 가리킨다. 라캉은 맑스가 처음으로 증상 개념을 고안해냈다고 말한다. 또한 지젝은 맑스의 상품 분석과 프로이트의 꿈 분석이 유사하다는 데에 주목했다. 양자 모두 내용보다는 형식이 우위성을 가지기 때문이다. 상품 분석의 참된 문제는 상품의 내용(상품 가치)이 아니라 왜 노동이 그런 상품 가치의 형식을 띠고 나타나는가에 있다. 상품 형식 속에 이미 노동이 들어가 있다는 것이다. 이와 마찬가지로 증상으로서의 꿈의 본질은 드러나 있지 않은 어떤 사고에 있다기보다는 겉에 드러난 형식(전치와 응축)7 속에 있다.

사물의 핵심은 내용이 아니라 형식에 있다는 말이다. 드러나 있는 것에서 숨겨진 의미를 찾아내는 것이 해석학인데, 라캉은 그런 숨겨진 해석학적 의미는 없다고 생각했다. 가령 카프카(Franz Kafka)의 『법 앞에서』는 법 안으로 들어가려는 주인공 남자의 이야기를 통해 내용에 대한 형식의 우위성을 시사한다. 문지기가 못 들어가게 막는 바람에 그는 문 앞에서 기다리다 노인이 되고 말았다. 그러자 문지기가 "이 문은 당신만을 위해 만든 것이오"라고 말한다. 주인공은 문지기의 금지 자체가 법 안으로 들어가는 하나의 절차, 곧 형식이었다는 사실을 몰랐던 것이다. 이 이야기는 사물의 비밀이 내용보다 형식과 절차에서 더 잘 드러난다는 것을 말해준다.

---

7 자리 옮김을 뜻하는 전치가 환유(연결)의 원리에 토대한다면, 응축(압축)은 은유(대체)의 원리에 입각하고 있다.

이 점에서 형식과 절차를 엄격하게 중시하는 일본의 가타의 문화는 라캉과 통하는 구석이 있어 보인다.

프로이트가 꿈이나 말실수 같은 증상에 주목했다면, 라캉은 신경증, 도착증, 정신병 등을 통해 증상의 주체론적 의미를 추구했다. 가령 성도착증에서는 진리와 현상 또는 실재와 환상 사이에 간극이나 차이가 존재하지 않는다. 그래서 "눈에 보이는 것이 곧 진리 그 자체"가 되어버린다. 성도착자에게 세계는 완벽하며 그 자체로 보존되어야만 하는 극단적 보수주의의 공간이다. 도착증자는 이처럼 완전한 세계 이미지에 대한 환상 속에서 충만한 주이상스에 도달할 수 있는 자신만의 내밀한 기술을 창조해낸다. 그러나 이런 도착적 심리 구조는 세계의 진리인 본질적인 결여 또는 불완전성을 부인하기 때문에 본질적으로는 기만적이고 위선적일 수밖에 없다(백상현, 2014: 170, 173-174). 부재하는 주체의 일본적 집단주의, 신보다 인간에 초점을 맞추는 일본교, 일본의 신사(神社) 문화에 편만한 인신(人神, 인간의 신격화) 신앙, 일본 종교의 현세 중심주의적 에토스, 일본열도의 창조에 초점을 맞춘 일본 신화, 일본적 내셔널리즘에서 흔히 엿볼 수 있는 절대적인 일본 중심주의, '지금, 여기'를 절대시하는 나카이마의 문화코드 등에서 우리는 눈에 보이는 것을 절대시하려는 도착적 심리 구조의 단면을 읽어낼 수 있다.

세계의 완전성에 대한 집착은 강박증에서 더 두드러지게 나타난다. 강박증이란 특정 생각에 강박적으로 사로잡혀 일상생활 자체가 어렵게 되는 신경증적 증상을 가리킨다. 그것은 기표의 연쇄, 즉 사유에 집착함으로써 주이상스의 출현을 강하게 억압하고 은폐하려 든다. 다시 말해 자신의 충동에 대해 과도하게 방어적이 되는 것이다. 가령 강박증자는 자신이나 타자에 대한 완벽한 이미지를 만들고 그것에 부합하기 위해 집착한다. 과도하리만치 집단적 질서에 집착하는 일본인의 성향은 일면 강박적인 요소를 보여준다. 이때 그에게는 충동의 근원지인 타자의 욕망을 부정하는 경향이 두드러지게 나타난다. 가령 서문에서 언급한 '가라고코로'를 철저하게 부정한 노리나가의 타자 부정 또한 강박증의 측면에서 해석될 여지가 있어 보인다. 그런데 주이상스를 억압하거나 감추려 하는 강박증은 종종 주이상스의 과잉을 초래하기도 한다. 질서를 극단적으로 추구하지만 결국 실패하면서 주이상스를 초과시키는 것이다. 일본인의 집단적 질서 강박증의 이면에서 다양하게 발달한 주이상스의 문화, 가령 사디즘과 마조히즘을 약어화한 SM장르와 같은 도착적 성문화는 초과 주이상스 현상의 일종이라고 볼 수 있다.

그런데 주이상스의 초과는 우리를 산산조각 낼 수 있다. 이를 피하고 자신의 파편화되는 자아를 안정시키기 위해 우리는 특정한 서사에 필사적으로 매달리게 된다. 물론 그 서사는 보편성을 획득하지 못하고 개별적인 망상의 형태로 남을 것이다. 이를 편집증이라 한다. 흔히 가미카제(神風)로 표상되는 신국 사상에 집착해온 일본정신사에서 이와 같은 편집증적 요소를 찾아보기란 그리 어렵지 않다.

다른 한편 주이상스의 초과는 주이상스를 금지하는 초자아의 강화로 이어지게 마련이다. 주이상스의 금지에는 역설적인 차원이 존재한다. 초자아는 금지에 복종하는 주이상스의 주체에게 더욱 가혹하고 정교한 억압을 가한다. 주이상스에 접근하려는 주체와 주이상스로부터 멀어지려는 주체 모두에게 초자아의 공격과 억압은 언제나 증가하는 경향이 있다. 이것이 주이상스의 역설이다. 이는 욕망의 역설이기도 하다. 욕망은 언제나 그것을 금지하는 법과의 상호 관계 속에서만 작동한다. 욕망은 법으로 금지되기 때문에 오히려 그 너머를 욕망하게 된다. 위반의 충동에 사로잡히게 되는 것이다. 하지만 그 너머를 욕망할수록 법의 금지 또한 더욱 강화된다. 쾌락은 그 자체로 무구하지만 그것을 엄청난 죄악으로 만들면서 동시에 엄청난 쾌락의 주이상스로 변모시키는 것은 모두 금지의 법 자체이다. "법이 없다면 죄도 몰랐을 것"(「로마서」 7:7)이라는 사도 바울의 말이 뜻하는 바가 이것이다. 아주 단순한 쾌락을 거부할 수 없는 강렬한 주이상스로 만드는 것은 바로 금지의 법이다. 그렇기 때문에 "주이상스와 관련하여 인간의 심리는 항상 채무의 감정을 가질 수밖에 없다. 이 채무감은 쾌락을 추구하건 금지하건 어떤 경우에도 인간을 따라다니는 중압감이다."(백상현, 2017: 247) 바로 이 대목에서 가장 일반적으로 일본인의 인간관계를 규정하는 채무(의무)로서의 기리 관념이 라캉과 만나게 된다. 이리하여 일본 문화코드는 무겁고 번거로운 의무를 수반하는 하나의 증상으로 드러난다. 일본 서브컬처에서 그런 증상들을 읽어내는 일이 다음에 해야 할 작업이다.

2부

라캉으로 읽는
소노 시온의 영화:
주체·사랑·주이상스

시나리오 작가이자 시인이기도 한 일본의 영화감독 소노 시온(園子溫, 1961-현재)은 국제적으로 많이 알려져 있지만 우리에게는 아직 익숙하지 않은 이름이다. 하지만 〈표 1〉의 필모그래피에서 보듯이 부천국제판타스틱영화제와 부산국제영화제에서 〈자살클럽〉, 〈노리코의 식탁〉, 〈사랑의 노출〉, 〈차가운 열대어〉, 〈사랑의 죄〉, 〈두더지〉, 〈희망의 나라〉, 〈지옥이 뭐가 나빠〉, 〈리얼 술래잡기〉, 〈러브 & 피스〉 등이 상영되면서 국내 팬들도 꾸준히 늘고 있는 추세이다. 일각에서 "1990년대 이후 일본 영화계에서 세계로 진출한 뉴웨이브 가운데 가장 독창적이고 도전적인 영화를 만들어온 감독"(ダリオー·トマージ他編, 2012: 8)으로 평가받는 소노는 실험적인 8미리 영화 〈나는 소노 시온이다!〉(1985)로 데뷔한 이래 〈자전거 한숨〉(1990)으로 일본 영화계에서 전도유망한 감독으로 떠오르게 되었다. 한편 그가 주도한 '도쿄 가가가(Tokyo Gagaga)'(1997)[1]라는 가

1 여기에 참가한 사람들은 집단적으로 저항주의적인 시를 낭송하면서 도쿄의

두 시 낭송 퍼포먼스는 일본의 시인 집단 사이에 소노라는 이름을 깊이 각인시켜주기도 했다.

영화감독으로서의 그의 명성은 2000년대 벽두에 내놓은 〈자살클럽〉(2001)의 대성공 이래 그 속편인 〈노리코의 식탁〉(2005)을 비롯하여 〈기묘한 서커스〉(2005) 및 '증오 3부작'이라 칭해지는 〈사랑의 노출〉(2008), 〈차가운 열대어〉(2010), 〈사랑의 죄〉(2011) 등 시적, 철학적 감성을 내장한 매우 노골적이고 자극적인 폭력과 개성적이고 그로테스크한 섹슈얼리티를 묘사하는 작품을 거쳐 3.11 이후 내놓은 사회파적 작품인 〈두더지〉와 〈희망의 나라〉[2]에 이르러 하나의 고원에 도달한 듯싶다. 하지만 여전히 정점은 보이지 않는다. 실험적 청춘 영화, 감동적인 휴먼 드라마, 사회파적 작품에서 서스펜스 범죄물, 호러, 액션, 에로물, 심지어 포르노물에 이르기까지 다양하게 펼쳐져 있는 그의 영화 세계는 한마디로 착란적이고 심리적이며 동시에 신경증적이고 분열적인 '카오스의 미학'이라 할 수 있겠다. 그럼에도 그것은 창발적이기도 하다. 카오스란 원래 그 끝을 알 수 없는 어둡고 무정형적인 창조의 원질이기 때문이다. 그런 만큼 소노는 관객들의 호오가 분명하게 갈리는 유형의 감독이다. 사실 〈지옥이 뭐가 나빠〉 같은 작품은 과연 이 작품을 만든 감독이 전술한 시적, 철학적, 사회파적인 작품들을 비롯하여 〈제대로 전하다〉나 〈러브 & 피스〉 혹은 〈소곤소곤 별〉을 만든 감독과 동일한 인물인지를 의심하게 만들 정도로 조야한 느낌을 준다. 하지만 어쩌면

유명한 공공장소에 그림을 그렸다. 종종 경찰의 제지가 있기는 했지만 이들의 퍼포먼스는 수주일간 계속되었고 연인원 2만여 명이 참가한 것으로 집계되었다. 이후에 이는 한 권의 책으로 출간되었다.
[2] 2011년 3월 11일에 일어난 동일본 대지진으로 촉발된 원전과 방사능 문제에 대해 일본에서 유일하게 정면 돌파를 시도한 작품이다.

이런 분열적이고 착란적인 카오스성이야말로 정신분석적 해석을 필요로 하는 이유가 될지도 모르겠다.

〈표 1〉 소노 시온의 주요 작품

연도	타이틀	장르	비고
1985	나는 소노 시온이다!(俺は園子温だ)	실험적 청춘 영화	8mm / 피아영화제 입선
1986	남자의 꽃길(男の花道)	실험적 청춘 영화	8mm / 피아영화제 그랑프리
1989	남자들은 반성하시오 (男のコたち反省しなさい)	AV(포르노)	
1991	자전거 한숨(自転車吐息)	실험적 청춘 영화	16mm / 피아영화제 스칼라십 / 베를린영화제 정식 초대작
1992	방(部屋)	서스펜스	35mm / 도쿄선댄스영화제 심사위원특별상
1997	게이코입니다만 (桂子ですけど)	실험적 청춘 영화	16mm
1998	남흔(男痕-THE MAN)	게이 포르노	35mm
1999	매미(うつしみ)	실험적 청춘 영화	8mm
2000	은밀한 여자들(ある密かな壺たち)	핑크 영화 (에로물)	
2001	자살클럽(自殺サークル)	사회파	2003 판타지아(Fant-Asia)영화제 독창적 아이디어상 2015 부천국제판타스틱영화제 특별전
2001	아버지의 날(父の日)	휴먼 드라마	
2004	노팬츠 소녀들 성인이 되면 (ノーパンツ・ガールズ 大人になったら)	옴니버스 영화	3인 공동 감독
2005	꿈속으로(夢の中へ)	판타지 드라마	
2005	노리코의 식탁(紀子の食卓)	사회파	2005 카를로비바리영화제 돈키호테상 2006 부천국제판타스틱영화제 상영 2015 부천국제판타스틱영화제 특별전
2005	기묘한 서커스(奇妙なサーカス)	서스펜스	2006 베를린영화제 "베를리너 자이퉁" 독자 심사위원상

2006	해저드(HAZARD)	청춘 드라마	
2006	기구클럽, 그 후 (氣球クラブ’その後)	사회파	제16회 일본영화비평가대상 심사위원 특별감독상
2007	에쿠스테(エクステ)	호러	2007 오스틴판타스틱영화제 베스트작품상
2008	마지막 소원 (MAKE THE LAST WISH)	웹드라마	2011년 극장 공개
2008	사랑의 노출(愛のむきだし)	컬트 드라마	2009 베를린영화제 칼리가리상 2009 판타지아영화제 베스트아시아상/심사위원특별상 2010 마이니치영화콩쿠르 베스트감독상 2010 아시안필름어워드 베스트감독상 2015 부천국제판타스틱영화제 특별전
2009	제대로 전하다(ちゃんと伝える)	휴먼 드라마	
2010	차가운 열대어(冷たい熱帯魚)	서스펜스	2010 부산국제영화제 상영
2011	사랑의 죄(恋の罪)	에로틱 서스펜스	2015 부천국제판타스틱영화제 특별전
2011	두더지(ヒミズ)	사회파	2011 부산국제영화제 상영 2015 부천국제판타스틱영화제 특별전
2012	희망의 나라(希望の国)	사회파	2012 부산국제영화제 상영
2013	지옥이 뭐가 나빠 (地獄でなぜ悪い)	액션 드라마	2013 부산국제영화제 상영 2015 부천국제판타스틱영화제 특별전
2014	동경족(Tokyo Tribe)	힙합 액션 드라마	
2015	신주쿠 스완(新宿スワン)	액션 드라마	
2015	리얼 술래잡기(リアル鬼ごっこ)	판타지 호러	2015 부천국제판타스틱영화제 특별전
2015	소곤소곤 별(ひそひそ星)	휴먼 SF	2015 토론토국제영화제 NETPAC상
2015	러브 & 피스(ラブ&ピース)	SF 휴먼 드라마	2015 부천국제판타스틱영화제 특별전
2015	모두가 초능력자 (映画 みんな!エスパーだよ!)	에로틱 SF	2015 부산국제영화제 상영
2017	안티포르노(アンチポルノ)	에로틱 판타지	닛카쓰 로망포르노 45주년 기념판

| 2017 | 신주쿠 스완II (新宿スワン) | 액션
드라마 | |
| 2018 | 빌어먹을 놈과 아름다운 세계
(クソ野郎と美しき世界) | 옴니버스
영화 /
판타지
액션드라마 | |

이하에서는 위 소노 작품 가운데 특히 〈자살클럽〉과 그 속편에 해당하는 〈노리코의 식탁〉, 〈사랑의 죄〉, 〈사랑의 노출〉, 〈기묘한 서커스〉에 대한 분석을 중심으로 현대 일본인의 아이덴티티와 주체의 문제나 사랑과 도착적 욕망의 문제에 관해 생각해보고자 한다. 이때 주로 죽음충동, 욕망, 주이상스, 응시, 상상계·상징계·실재계, 환상과 환상 가로지르기 등의 라캉적 개념들을 매개로 영화적 표현의 내용과 의미를 천착할 것이다. 이는 포스트 고도성장기 일본 사회가 안고 있는 특수한 정신적 위기감에 대한 영화적 표현에 접근하고자 하는 시도이자, 동시에 상징계 구조의 래디컬한 변형을 겪고 있는 현대 일본 사회 일반의 병리적 증상에 대한 고찰이기도 하다.

3장

주체와 아이덴티티:
〈자살클럽〉과 〈노리코의 식탁〉

"하늘은 몇 번이고 푸르고 / 사람들은 왠지 매번 사랑에 빠지고 / 처음 보는 누런 개가 우리 안에 들어와 형편없는 놈이라며 웃네 / 죽음 때문에, 죽음 때문에, 죽음 때문에 / 밤에도 눈부신 거지."(〈자살클럽〉)

"당신은 당신의 관계자입니까?"(〈노리코의 식탁〉)

I. '카오스의 가족'과 아이덴티티 문제

소노 영화의 등장인물들은 많은 경우 상징계의 구석구석에 뚫린 보이지 않는 틈새들 또는 실재의 침투로 인해 생겨난 구멍들 앞에서 알 수 없는 불안과 고통에 알몸으로 노출되어 있다. 그들은 이해할 수 없고 받아들이기 어려운 폭력적 상황에 내동댕이쳐져 있다는 절망감에 혼란스러워하면서 자신이 있어야 할 곳에 없다는 막막한 느낌에 사로잡혀 있다. 그리하여 그들은 자기 안의 무언가를 해방시키는 한편 지금 여기와는 다른 어떤 곳을 찾지 않으면 안 된다고 생각한다. 그 무언가는 〈나는 소노 시온이다!〉에서 〈희망의 나라〉를 거쳐 〈빌어먹을 놈과 아름다운 세계〉에 이르기까지 등장인물들의 내면에 또아리 틀고 있는 트라우마와 증오와 분노, 선악의 피안에 위치한 듯한 폭력성, 숨겨진 악마적 본성, 억압된 성적 충동, 배반과 상실로 인한 복수의 열정, 그리고 무엇보다 어딘가에 있으리라고 가정된 사랑에 대한 채울 수 없는 욕망의 불능성 따위를 가리킨다. 따라서 이들은 실은 손에 넣을 수 없는 대상 혹은 자신이 빼앗겼다고 막연하게 (그런 만큼 더 강렬하게) 느끼는 어떤 것 (대상a)을 찾아 미친 듯이 질주를 거듭한다.

하지만 이들이 도달하고자 하는 곳은 현실 속의 상징계에는 존재하지 않는다. 이들이 속해 있는 상징계는 이미 갈기갈기 파열되어 무수한 파편들로 형해화된 폐허와 다르지 않다. 화면 가득히 넘치는 피, 신체 절단, 퇴폐적인 '에로구로',[1] 자극적인 폭력 등 소노의 감출 수 없는 과잉 표현 충동이 나름대로 필연성을 주장하는 근거가 여기에 있다. 그리하여 소노 영화의 등장인물들은 종종 상징계로부터의 탈출을 시도한다. 가령 〈사랑의 죄〉의 이즈미는 자신을 물건처럼 다루는 남편으로부터 도망치고, 〈해저드〉의 주인공 신은 권태로운 일본으로부터 도망치며, 〈게이코입니다만〉의 마지막 장면은 게이코의 질주로 끝나는가 하면 〈기구클럽, 그후〉에는 환상 비행이 등장한다. 무엇보다 〈리얼 술래잡기〉는 질주의 영화라 칭해도 좋을 만큼 주인공 미쓰코의 도주 장면이 두드러진다.

카오스의 가족

폐허는 영화 속에서 무엇보다 밑바닥까지 붕괴된 '카오스의 가족'으로 형상화되어 나타난다. 여기서 카오스의 가족이란 가족으로서의 기능을 완전히 상실하여 구성원들 간의 긴장과 갈등과 분노가 극에 달해 있고 대화와 커뮤니케이션이 전적으로 단절되어 서

---

1 '에로 구로 난센스'를 줄인 말. 유럽 사조의 영향으로 1920년대 일본에서 생겨난 문학과 예술계의 사조를 가리키는 말로 에로티시즘, 그로테스크, 난센스 요소가 뒤섞여 있는 것이 특징이다. 더 자세한 사항은 6장 각주 1 참조.

로 이해하지 못하고 서로 다가서려는 노력도 전혀 하지 않는 가족, 그래서 구성원 각자가 절망적인 고독을 느끼는 그런 가족을 가리킨다. 가령 〈차가운 열대어〉에 나오는 가족의 식사 장면에서 등장인물들은 전혀 말을 나누지 않는다. 현대 일본 사회의 황폐한 가족 공간을 반영하는 소노 영화 속의 이와 같은 가족 이미지는 일면 과장된 측면이 있기는 하지만, 그것이 오즈 야스지로가 묘사한 가족의 해체와 질적으로 다르다는 점은 분명해 보인다.[2] 내부에 메울 수 없는 시커먼 구멍을 가진 카오스의 가족은 각자의 개성과 가능성을 억압하는 하나의 밀폐된 '우리' 혹은 모든 의미의 알맹이가 소진되고 남은 텅 빈 껍데기와 같다. 〈차가운 열대어〉의 첫 장면에서 조리 대신 언제나 인스턴트식품만으로 식탁을 준비하는 다에코가 인스턴트식품의 알맹이를 꺼내 전자레인지에 넣고 남은 빈껍데기처럼 말이다.

텅 빈 껍데기 같은 카오스의 가족은 종종 부성적 권력의 악용과 배덕의 도착적 섹슈얼리티가 난무하는 타락의 소굴로 묘사되곤 한다. 가령 〈사랑의 노출〉의 요코와 고이케는 아버지의 성폭력으로 인해 남성 혐오증과 세상에 대한 증오심으로 고통 받게 된다. 한술 더 떠서 〈기묘한 서커스〉에서는 아버지가 어린 딸과 아내를 동시

---

[2] 오즈가 묘사하는 가족의 해체는 도시화나 핵가족화에 따른 전통적인 가족관의 해체와 관계가 있다. 한편 모리타 요시미쓰(森田芳光)의 〈가족게임(家族ゲーム)〉(1983), 수오 마사유키(周防正行)의 〈변태가족(變態家族)〉(1983), 이시이 소고(石井聰互)의 〈역분사가족(逆噴射家族)〉(1984), 미이케 다카시(三池崇史)의 〈방문자Q(ビジターQ)〉(2001), 고레에다 히로카즈(是枝裕和)의 〈아무도 모른다(誰も知らない)〉(2004)와 〈만비키 가족(万引き家族)〉(2018), 요시다 다이하치(吉田大八)의 〈얼간이라도 슬픔의 사랑을 보여라(腑抜けども悲しみの愛を見せろ)〉(2007), 요시다 고오키(吉田光希)의 〈가족X(家族X)〉(2010) 등도 소노 감독과는 상이한 방식으로 희망이 거의 보이지 않는 치명적인 가족의 붕괴를 그린다.

에 성적 대상으로 삼으면서 모녀간의 애증에 찬 경쟁 관계를 즐긴다. 한편 〈차가운 열대어〉의 아버지 샤모토는 딸을 폭행한 후 딸이 보는 앞에서 새엄마 다에코를 강간한다. 이처럼 사람의 마음을 통째로 잃어버린 카오스의 가족은, 당연한 말이겠지만, "행복한 가족이란 존재하지 않는다"는 아픈 진실을 과도하게 노출시킨다. 그리하여 〈사랑의 노출〉의 요코는 말이 통하는 새엄마 가오리에게 "당신과는 친구로 있고 싶어. 가족은 이제 질렸어"라고 말한다.

이쯤 되면 '가족의 종말'을 말한다 해도 전혀 어색하지 않을 것이다. 그리고 가족의 종말은 곧 돌이킬 수 없는 아이덴티티의 위기를 의미한다. 가족은 무엇보다 한 개인의 아이덴티티를 결정짓는 출발점이자 토대이며, 가족의 상징적 질서는 곧 상징계의 기반을 이루기 때문이다. 가족의 문제와 직결되든 아니든 초기의 〈나는 소노 시온이다!〉에서 최근의 〈안티포르노〉에 이르기까지 "소노의 모든 작품은 아이덴티티의 문제라는 단 하나의 큰 테마에 육박한다." (ダリオー・トマージ他編, 2012: 11, 28) 소노 영화의 근저에는 데뷔작 이래 줄곧 아이덴티티의 문제가 깔려 있었다. 〈게이코입니다만〉의 젊은 여주인공 게이코는 종이에 '나'라는 글자를 썼다가 지워버리고, 〈자전거 한숨〉에서 청년 시로(소노가 연기)는 '나'라고 쓴 깃발을 단 자전거를 타고 동네를 빙빙 돌아다닌다. 또한 〈꿈속으로〉의 주인공 스즈키는 거울 앞에서 "난 언제부터 내가 아니게 된 걸까?"라고 말하며, 〈두더지〉의 유이치는 "난 누구지? 내가 누구인지 가르쳐줘"라고 절망적으로 외친다. 〈사랑의 죄〉에서 매춘부가 된 이즈미는 그 사실을 모른 채 손님으로 찾아온 남편과 섹스할 때 "내가 누군지 알아요?"라고 격하게 묻고 있으며, 〈리얼 술래잡기〉의 미쓰코 또한 "난 누구야?"라고 자문한다. 수없이 되풀이되는 이런 장면들은 소노 영화가 '취약한 아이덴티티'라는 문제의 주변을 선회하고 있음을 잘 보여준다.

복수의 아이덴티티

이와 같은 취약한 아이덴티티에서 비롯된 자기 찾기가 새로운 아이덴티티, 다른 이름, 다른 패션, 다른 삶, 새로운 주체성의 모색을 수반하리라는 것은 쉬이 예상할 수 있다. 하지만 그것은 종종 분열적인 방식으로 이루어진다. 예컨대 〈기묘한 서커스〉의 어린 소녀 미쓰코와 어머니 사유리는 서로를 동일시한다. 이와 동시에 사유리가 여류 작가 다에코로 등장하는가 하면, 미쓰코는 너무도 고통스러운 과거를 떨쳐버리고 복수하려는 필사적인 시도 속에서 성별이 불분명한 중성인 유지가 되어 다에코 앞에 나타난다. 〈사랑의 노출〉에서도 틴에이저인 세 명의 주인공들(유, 요코, 고이케)은 모두 이중적 아이덴티티를 함축하고 있다. 유와 사소리, 고이케와 사소리, 요코와 마리아가 그것이다. 유의 부친 데스의 아이덴티티 또한 이중적이다. 가톨릭 신부로서 신자들의 고해성사를 집전했던 그가 제로교회에서는 고해하는 신자의 입장이 된다. 한편 유는 변태 신부를 가장하여 변태 삼위일체(변태 성부, 변태 성자, 변태 성령)의 이름으로 변태들의 참회를 듣고 그들을 용서한다. 나아가 〈차가운 열대어〉의 온화하고 화낼 줄도 모르던 샤모토가 후반부에서는 악마 같은 냉혹한 무라타의 아이덴티티로 옷을 바꿔 입고 "내가 무라타를 대신하겠다. 넌 내 여자다!"라고 선언하면서 무라타의 여자인 아이코를 품에 안는다.

이뿐만 아니라 〈사랑의 죄〉의 미쓰코는 문학을 전공한 대학교수로서의 낮의 얼굴과 거리의 매춘부로서의 밤의 얼굴을 번갈아가며 살고 있고, 이즈미는 철저히 순종적이고 참한 아내에서 누드모델,

AV 여배우, 타락한 매춘부로 변신을 거듭한다. 이 밖에 〈게이코입니다만〉의 여주인공은 가발을 쓰고 매번 다른 차림새로 이른바 '코스플레'를 연출하면서 공상적인 TV 뉴스 시리즈의 카메라 앞에 나타난다. 거기서 그녀는 사랑스러운 요부가 되는가 하면 실존철학적인 아우라를 띠기도 하고 바비 인형 같은 모습이 되기도 한다. 〈해저드〉에서 신은 거울을 보면서 자신이 소심한 사람이라고 말하지만, 조금 후 그는 실은 자기의 쌍둥이 동생 편이 소심한 거라고 덧붙인다. 〈꿈속으로〉의 주인공은 자신이 아닌 다른 누군가가 되었다고 말하면서 영화 속의 여러 상이한 꿈 장면에서 다양한 인물로 등장한다.

상이한 복수(複數)의 아이덴티티는 영화 속에서 때때로 허구 게임이나 연극의 형태를 띠고 나타나기도 한다. 가령 〈해저드〉의 신은 중국인 마피아가 경영하는 레스토랑에서 총격전에 말려드는데, 이후 그는 이 총격전이 자기만 몰랐던 허구 게임이었음을 알게 된다. 또한 〈기묘한 서커스〉의 다에코는 가짜로 휠체어에 탄 신체장애자 행세를 하고, 〈꿈속으로〉의 무쓰고로는 부친에게 성병을 앓았다고 말하고는 나중에 그것이 연극 대사에 불과한 것이라고 부정한다. 〈차가운 열대어〉에서 무라타는 샤모토가 희생자(투자자)의 가족(야쿠자 아들들)과 만나기 전에 마치 감독이 배우에게 하듯이 그를 연습시킨다. 〈제대로 전하다〉에서 주인공 시로는 부친의 시신을 호숫가로 운반하여 생전에 부친이 하지 못했던 낚시질을 연출시킨다. 〈에쿠스테〉의 유코는 드라마 대사를 따와 여자 친구들과 대화를 나눈다. 그리고 〈사랑의 노출〉에서 유는 사소리로 변장한다. 나아가 〈리얼 술래잡기〉의 주인공 미쓰코는 영화 속의 액자영화인 3D 게임 속에서 게이코나 이즈미라는 인물과 동일한 캐릭터로 전치되어 나온다.

이처럼 허구 게임이 도처에 배치된 소노 영화는 등장인물의 아이덴티티를 다양한 가능성 앞에 열어놓으면서 우리에게 이런 물음을 던지고 싶어 하는 것일지도 모르겠다. "아이덴티티는 정말 가능한 것일까?" 라캉은 이에 대해 회의적이다. 아이덴티티의 확립은 불가능하다는 것이다. 자아의 정체성이란 타자에 의해 결정되는 상상계적 오인의 산물이고 주체의 욕망은 곧 타자의 욕망이기 때문이다. 그래서 소노 영화의 주인공들은 상징계의 경계를 아슬아슬하게 넘어서지만, 그들을 기다리고 있는 것은 벼랑 끝의 추락일 뿐이고 그 결과 자기 찾기는 자기 소멸로 전환되는 듯이 보인다. 이 점을 무엇보다 잘 보여주는 것이 〈사랑의 노출〉의 제로교회라는 컬트 집단이다. 옴진리교를 모델로 했음직한 이 제로교회는 무사(無私)의 가치에 입각한 마코토(誠)의 윤리, 집단을 위한 개인의 희생이라는 논리, 개인에 대한 집단의 우위성, 즉 자신보다 뛰어나고 자신을 멤버로 받아줄 집단에의 소속감 등이 무엇보다 중시되는 일본 사회의 강박관념을 표상한다. 제로교회의 새 신자들이 받아야만 하는 훈련은 개인의 아이덴티티를 지워버리는 '제로화'와 다르지 않기 때문이다. 제로교회라는 이름은 실은 소노가 절감한 텅 빈 현대 일본 사회의 메타포인 것이다.

여기서 소노는 개인의 아이덴티티를 '제로화'시키는 일본 사회에 대한 저항의 코드를 그의 작품 속에 숨겨 놓고 있다. '아버지의 이름'의 전복이라는 코드가 그것이다. 아버지의 이름이란 상징계에서 대타자로서의 아버지의 상징적 권위를 나타내는 라캉적 개념이다. 그런데 지젝에 따르면 아버지의 이름은 아버지의 상징적 권위에 밀착해 있다기보다는 상징계의 구조적 비일관성을 은폐하는 하나의 속임수, 즉 가상(semblance)을 가리킨다. 다시 말해 상징계에는 오직 우연적이고 허약하고 비일관적인 배치만이 존재할 뿐이다(지젝, 2005: 269). 소노 영화에는 권력을 남용하는 지배자로서의 아버지와 남편의 캐릭터가 많이 등장한다. 가령 〈사랑의 노출〉에서 유의 아버지는 가톨릭 신부가 되어 아들에게 범하지도 않은 죄를 참회하도록 강요하고 〈사랑의 죄〉에서 이즈미의 남편은 아내를 마치 노예처럼 취급한다. 〈제대로 전하다〉에서의 아버지는 아들의 회상 속에서 너무 엄격하고 완고한 인물로 묘사된다. 한편 〈차가운 열대어〉의 샤모토는 아내를 냉혹하게 살해한 후 "혼자서 살아갈 수 있겠니? 인생이란 아픈 거야"라는 말을 남기고 딸 앞에서 목을 그어 자살한다. 그러자 아버지가 자신을 죽일 거라고만 여겼던 딸은 "이제야 죽었구나, 빌어먹을 아빠"라며 히죽거린다. 또한 〈사랑의 노출〉에서 고이케는 자신을 성폭행한 아버지의 남근을 거세하는가 하면, 〈두더지〉의 유이치는 자신을 학대하는 아버지를 죽이고 만다. 이처럼 소노 영화는 일본 사회를 지배하는 아버지의 이름(상징계)이 은폐해온 허구성을 여실히 폭로한다.

〈자살클럽〉과 〈노리코의 식탁〉

그렇다면 〈자살클럽〉과 〈노리코의 식탁〉은 '카오스의 가족'과 아이덴티티의 문제를 어떻게 묘사하고 있을까? 과격한 오프닝 장면으로 인해 소노 영화 중 서구에 가장 많이 알려진 〈자살클럽〉의 줄거리는 다음과 같다.

> 혼잡한 도쿄 신주쿠역에서 서로 손을 잡은 54명의 여학생이 구령과 함께 플랫폼에 들어오는 전차를 향해 몸을 던진다. 곧이어 한 병원에서 두 명의 간호사가 창밖으로 몸을 던진다. 경찰은 이 두 장소에서 사람 피부를 이어 만든 긴 띠가 들어 있

는 가방을 발견한다. 사건을 담당한 구로다 형사는 고독한 해커 고모리로부터 걸려온 익명의 제보 덕분에 자살자 수를 표시한 자살 사이트의 존재를 알게 된다. 수사가 미궁에 빠져든 사이에 한 학교 옥상에서 11명의 학생이 집단으로 투신자살한다. 고모리의 죽음을 비롯하여 구로다 형사와 그 가족들의 자살 및 오사카성에서 200명이 집단 자살하는 사건이 계속해서 이어진다. 이런 연쇄 사건의 수수께끼를 푼 인물은 미쓰코이다. 그녀는 이 모든 악의 근원이 어떤 기묘한 아이들 집단에 있음을 알게 된다. 그들은 12세 소녀들로 구성된 인기 걸그룹 '데저트'와 연관성이 있었다. 영화는 미쓰코가 '데저트'의 콘서트장을 찾아 아이들 집단과 대면하고 이어 '데저트'가 해산 공연을 하는 장면으로 막을 내린다.

이런 미스터리 서사로 구성된 〈자살클럽〉의 속편이라 할 만한 〈노리코의 식탁〉은 도요카와(豊川, 소노 감독의 고향이다!)라는 지방도시에서 양친 및 여동생 유카와 함께 살고 있는 17세 소녀 노리코에 관한 이야기이다. 줄거리는 이렇다.

노리코는 자신의 현재 삶에 만족하지 못하여 도쿄로 나가 공부하고 싶어 하지만, 지방신문사의 편집장인 아버지는 이에 완강히 반대한다. 노리코는 그녀의 유일한 위안인 인터넷에서 틴에이저 그룹의 리더이자 '우에노역54'라는 닉네임을 가진 구미코를 알게 된다. 이윽고 구미코를 만나겠다고 결심한 노리코는 어느 날 밤 정전이 된 틈을 타 가출하여 도쿄로 간다. 거기서 노리코는 미쓰코라는 가명으로 구미코가 이끄는 기이한 조직에 입회한다. 그것은 '가족을 렌털'해주는 회사였다. 그로부터 반년 후 우에노역에서 54명의 여학생이 집단 자살하는 사건이 발생하고, 노리코와 구미코는 현장에서 그 장면을 목격한다. 한편 이 사건에 가출한 언니가 관련되어 있을지도 모른다고 생각한 동생 유카도 집을 뛰쳐나와 도쿄로 가서 요코라는 이름으로 렌털가족회사의 일원이 된다. 이렇게 두 딸이 모두 가출하자 어머니는 스스로 목숨을 끊고, 아버지 데쓰조는 두 딸을 찾아 나설 결심을 한다. 그리하여 도쿄로 간 데쓰조는 구미코와 접촉하는 데 성공하고, 친구의 도움을 빌려 자신의 두 딸을 렌털한다. 이 부녀들의 기묘한 재회는 회사 에이전트들의 개입으로 일단 중단된다. 하지만 데쓰조가 그들을 참살한 후 영화는 새롭게 차려진 저녁 식탁에서 노리코, 유카, 데쓰조, 구미코가 각자의 역할을 재연출하는 장면을 보여준다. 다음 날 아침, 유카로 돌아갈 수도 없고 요코로 계속 있고 싶지도 않다고 생각한 여동생은 어디론가 떠나버린다. 한편 노리코는 자신의 유년 시설과 여동생과 미쓰코에게 이별을 고하면서 "나는 노리코!"라고 말한다.

이 두 작품은 카오스의 가족을 탁월하게 묘사하고 있다. 〈자살클럽〉과 〈노리코의 식탁〉에 등장하는 식탁에서의 가족 풍경은 커뮤니케이션의 지독한 부재를 보여주며, 특히 그 부재의 근본적인 원인이 아버지의 '오인'에 기인한다는 점을 부각시키고 있다. 가령 〈자살클럽〉의 구로다 형사는 그의 아내와 사춘기의 두 자녀 사이에 문제가 있으리라고는 상상도 하지 못한다. 오히려 그는 자신을 누구보다 자상하고 로맨틱한 아버지이자 남편이라고 여기는 듯하다. 어느 날 집에 들어온 아버지는 아내와 포옹한다. 영웅으로서의 남편이 가족에게 돌아오고 그 집 안에서는 아버지가 모든 것을 지배한다. 이윽고 아버지가 가족회의를 위해 전원 집합하라고 외치자 즉시 두 자녀와 아내가 뛰쳐나온다. 그런데 아버지가 말을 시작하려고 할 때 자녀들은 TV를 켜고 걸그룹 '데저트'의 댄스음악에 집중한다. 이 '데저트'라는 명칭부터가 우리에게 무언가 메시지를 발신하고 있는 듯이 보인다. 아버지는 가족에게 말하기를 멈추고 그들과 함께 화면을 바라본다. 하지만 그에게 '데저트'는 전혀 이해할 수 없는 세계이다. 그는 실은 자녀와의 관계를 만드는 데 실패한 아버지였던 것이다.

〈노리코의 식탁〉의 데쓰조는 구로다 형사보다 더 권위적인 아버지상을 구현하고 있으며 그런 만큼 더 큰 착각에 빠져 있다. 그는 선인장 공원에서 4인 가족이 함께 찍은 사진에 크게 만족스러워하며 사진 속 두 딸의 부루퉁한 표정이 무엇을 의미하는지를 전혀 눈치채지 못한다. 어머니는 그 가족사진을 그림으로 그렸는데, 그림 속에서 딸들의 웃는 얼굴은 어딘가 부자연스럽고 작위적이다. 실은 두 딸은 양친과는 전혀 다른 세계에 살고 있었다. 노리코와 유카 자매에게 가족은 하나의 사막(데저트) 같은 것이었다. 데쓰조의 착각을 암시하는 또 다른 장면에도 주의를 기울일 필요가 있다. 노리코와의 저녁 식사 장면이 그것이다. 아버지는 도쿄로 가서 공부하고 싶다는 딸의 희망을 일언지하에 끊어버린다. 이때 카메라는 귤 껍질을 까는 데쓰조의 손목을 클로즈업시킨다. 그때 데쓰조가 껍질을 원래 모습대로 둥글게 말아 재떨이 안에 놓자마자 그 껍질이 다시 벌어지는 장면이 부각된다. 이는 가족의 질서를 완벽하게 책임져야 한다는 그의 믿음이 환상에 불과한 것임을, 그래서 딸의 결심을 바꾸어 자기 뜻대로 하려는 그의 시도가 실패로 끝날 것임을 암시한다.

이와 같은 카오스의 가족에서의 '오인의 구조'는 연극적인 허구 게임을 낳을 수밖에 없다. 가령 〈자살클럽〉에서는 신주쿠역에서의 최초의 집단 자살 이후 다른 여학생 집단이 같은 역에 모여 유사한 상황을 재연하며, 〈노리코의 식탁〉에 등장하는 렌털가족회사는 더욱 인상적인 방식으로 허구 게임을 보여준다. 즉 렌털가족은 현실 속 카오스의 가족이 만들어내는 데에 실패한 행복한 가족의 풍경을 연출하며, 렌털가족을 연기하는 노리코와 유카는 스스로 행복하다고 믿는 착각에 빠져든다. 이런 착각의 출발점은 그들이 카오스의 가족으로부터 도망쳐 들어간 인터넷 세계에 있다. 노리코는 '폐허 닷컴(haikyo.com)'이라는 사이트에서 렌털가족회사의 경영자인 구미코를 알게 된다. 〈자살클럽〉에 나오는 자살 사이트가 그러하듯이 '폐허 닷컴'은 사막 같은 현실 속에 존재하는 유일한 피난처로서 오아시스 같은 환상을 제공해준다. 이 사이트 명칭은 폐허로 표상되는 파괴적인 죽음충동과 폐허 속에서 다시 시작하려는 생명충동이 환상적으로 겹쳐질 수 있다는 점을 암시한다.

카오스의 가족을 둘러싸고 〈자살클럽〉과 〈노리코의 식탁〉이 시사하는 오인의 구조와 환상 구조는 아이덴티티 문제와 밀접하게 연동한다. 예컨대 〈자살클럽〉의 구로다와 미쓰코, 〈노리코의 식탁〉의 데쓰오는 정체불명의 아이들과 자살클럽 회장으로부터 반복적으로 "당신은 자신과 관계하고 있습니까?"라는 기묘한 질문을 받는다. 이는 세간에 유행하는 자살 사이트의 문구와 동일한 질문이다. "자기 자신과 관계하고 있지 않다"고 비난받은 구로다, 미쓰코, 데쓰오는 각기 다른 반응을 보인다. 구로다는 자살해버렸지만, 미쓰코는 확실하게 "나는 나 자신과 관계하고 있다"고 외치면서 삶을 선택한다. 한편 데쓰오는 자신의 오인을 인정하면서도 잃어버린 두 딸의 아이덴티티를 원래 자리로 되돌려놓을 수 있으리라는 환상을 끝까지 포기하지 못한다. 그렇다면 소노 감독이 말하고 싶어

하는 아이덴티티는 삶, 죽음, 환상 중 어디에 속해 있을까? 이런 아이덴티티 문제와 관련하여 소노 감독이 영화 속에 감추어놓은 코드는 훨씬 더 풍부하고 미묘하다. 이하에서는 죽음충동(타나토스), 주이상스, 라캉적 주체 개념 등을 매개로 하여 〈자살클럽〉과 〈노리코의 식탁〉에 대한 정신분석적 해석을 심화시킴으로써 미로처럼 깔린 아이덴티티 문제의 복선들에 대해 생각해보기로 하자.

II. 증상으로서의 자살: 죽음충동과 승화

소노 영화는 시각적 메타포, 서스펜스, 긴장과 클라이맥스의 설정 등 정확하게 계산된 영화적 문법과 심리의 세부 묘사, 예기치 않은 사건의 도입, 자기현시와 과잉 표현 취미, 풍자 등의 꼼꼼하게 설정된 모티브로 이루어진 서사로써 보는 자의 허를 찌른다. 거기서는 현저하게 대조를 이루는 스토리와 장면 묘사가 계속 이어지며, 조소가 폭력에, 횡포가 쾌감에, 행복 추구가 죽음충동에 동화된다. 삶은 행복을 추구하지만, 소노 영화에서 그런 생명충동은 종종 죽음충동에 삼켜진다. 그러나 이 말이 항상 옳은 것은 아니다. 가령 〈자살클럽〉에서 자살 사건의 배후는 어른이 아닌 아이들 집단이다. 그들은 5인조 틴에이저 걸그룹 '데저트'와 결부되어 있고 '데저트'는 미디어를 통해 자살 바이러스를 산포한다. 여기서 감독의 시선은 자살 바이러스에 감염된 죽음의 '어쩔 수 없음'과 주체의 '선택' 사이에 벌어진 '틈새'로 향해 있다. 마지막 장면 중 '데저트'가 해산하면서 던진 "당신 마음대로 살라"는 메시지와 엔딩송의 "(자살) 명령을 선택한다"는 가사가 시사하듯 우리는 삶의 우연성과 죽음의 선택성 혹은 삶의 반복성(똑같은 일상의 반복)과 죽음의 일회성(죽음은 두 번 선택할 수 없다!) 사이의 갈라진 틈새에 끼여 있다. 하지만 〈자살클럽〉과 〈노리코의 식탁〉이 시사하는 삶과 죽음의 문제는 양자택일의 문제로 단순화시킬 수 없다. 우리는 삶 또는 죽음을 선택함과 동시에 선택하지 않기 때문이다.

세 가지 자살

〈자살클럽〉의 경우 신주쿠역 플랫폼에서 몸을 던진 54명의 여학생을 비롯하여 모든 자살자는 어떤 예고나 심각한 징후 없이 그저 하나의 일상인 것처럼 태연한 얼굴로 너무나 자연스럽게 죽어간다. 심지어 〈노리코의 식탁〉에서 렌털가족회사의 직원 겟카이다메는 손님에게 잔혹하게 살해당하면서도 자신에게 주어진 죽는 역할을 유희하면서 행복한 표정으로 죽어간다. 이 점에서 그녀는 살해당했다기보다는 자살했다고 말하는 편이 더 적절해 보인다. 한편 〈노리코의 식탁〉에서 어머니 다에코의 자살은 전혀 다르다. 더할 나위 없이 남편에게 순종적이고 자식들에게 온화한 전통적인 일본 여성상을 체현하는 인물인 그녀는 그림 그리기를 좋아한다. 그녀가 선인장 공원을 배경으로 그린 그림은 참으로 평범한 가족의 행복을 꿈꾸는 듯이 보인다. 하지만 그림 밖 현실에서 두 딸의 마음은 선인장의 가시에 찔려 피투성이가 되어 있다. 이런 두 딸이 가출한 뒤 트라우마적 우울증에 시달리던 다에코는 그림 속에서 두 딸의 모습이 사라져버리는 환영을 본 후 죄책감으로 자살하고 만다. 〈자살클럽〉과 〈노리코의 식탁〉이 보여주는 이 자살의 사례들은 세 가지 유형, 즉 태연한 자살, 즐기는 자살, 트라우마적 자살로 요약될 수 있다. 이중 트라우마적 자살은 우리가 일반적으로 말하는 자살의 유형이라 할 수 있다. 하지만 태연한 자살과 즐기는 자살은 트라우마적 자살과는 전혀 다른 유형에 속한다.

　이런 영화 속 자살에 대해 정신분석 담론이 어떤 통찰력을 제시해줄 수 있을까? 가령 〈자살클럽〉에서 자살클럽을 사칭하는 컬트 록밴드의 리더 제네시스가 다음과 같이 노래할 때 거기에는 주이상스의 그림자가 진하게 드리워져 있다.

　　당신들은 무리하게 살아왔지 / '데저트'의 노래에도 나오잖아. '이 세상 인생은 지그재그 퍼즐'이라고 / 당신의 모습은 정해져 있지 / 당신에게 맞는 곳은 어디? / 그건 어디에도 없어 / 그럼 만들어야지 / 내 모습이 가짜라구? / 지평선 저 너머에도 딱 맞는 곳이 없다면 / 죽을 수밖에 없겠지.

　어쩐지 이 세상이 내게 맞지 않는다고 느끼는 사람들은 어디에도 없는 '영원히 잃어버린 대상'을 꿈꾸게 된다. 그리하여 '지평선 저 너머'에서도 그것을 찾지 못할 때 그들은 태연한 자살을 통해 무기물로 돌아가는 수밖에 없다. 프로이트나 라캉이 강조한 죽음충동은 실제 자살과는 직접적으로 관계가 없는 개념이지만, 태연한 자살이나 즐기는 자살은 "생명체로 하여금 무기물 상태로 돌아가게 하는 힘"인 죽음충동과 무관해 보이지 않는다. 프로이트 정신분석 이론에서 가장 논쟁적인 개념 중 하나인 죽음충동은 유기체의 긴장을 완전히 해소하고 쾌락원칙 너머의 비유기체적 상태로 돌아가고자 하는 충동을 가리킨다. 그것은 생명충동과 대립되는 것으로 모든 공격성의 근원으로 작용한다. 라캉은 이와 같은 프로이트의 죽음충동 개념을 발전시켜 정신분석의 중요한 토대로 삼았다. 프로이트는 죽음충동을 활동의 정지 상태 혹은 불활성의 상태로 돌아가려는 유기체의 경향이라고 말한다. 하지만 라캉은 인간이 평형상태로 돌아가기 위해 소멸을 원하는 것은 아니라고 말한다. 라캉에게 죽음충동은 주체 안에서 기표의 층위로 작동하며, '두 번째 죽음'이라고 부르는 것을 추구한다. 여기서 두 번째 죽음이란 자신이 누구인지에 대한 완전한 인식을 수반하는 죽음, 그리고 자신이 죽음을 향한 존재라는 운명을 받아들이는 그런 죽음을 가리킨다.³ 이때 라캉은 죽음충동의 대상을 『세미나 7』에서 제시한 '물(das Ding)' 개념과 동일시한다.

〈자살클럽〉이 보여주는 태연한 자살과 즐기는 자살은 단순히 '죽고 싶다'는 자살 충동을 의미하지 않는다. 그것은 특히 상징계 너머의 영역으로 들어가고자 하는 여성적 주이상스와 관계가 있다. 상징계가 내게 맞지 않는다고 느끼는 사람들은 상징계의 곳곳에 숨어 있는 공백(결여)을 보게 된다. 그곳은 바로 죽음의 자리이다. 그들에게 상징계 안에서 어쩔 수 없이 겪게 되는 똑같은 일상의 반복은 죽음으로 간주된다. 그래서 주이상스는 상징계를 넘어서고자 하지만 그것은 불가능하다. 이런 불가능성 또한 죽음과 통한다. 그리하여 라캉은 "죽음충동은 필연적이며 … 그것은 내가 물의 자리로서, 또는 통과할 수 없는 것으로서 각기 묘사했던 자리를 지시한다"(Lacan, 1992: 213)고 규정한다. 언어 바깥에 존재하면서 끊임없이 상징계에 침투하는 어떤 근원적 대상, 욕망의 대상이지만 구체적인 대상이라기보다는 그 욕망의 대상이 주체에게 다가오는 순간 그 자체를 나타내는 것, 쾌락원칙 너머에 위치하는 대상으로 실재와 연관된 어떤 것을 라캉은 물이라고 지칭한 것이다. 주이상스란 이런 물의 쾌락을 가리키는 다른 이름이며, 그런 주이상스의

---

3   이에 비해 '첫 번째 죽음'은 일반적인 죽음, 즉 육체의 소멸을 가리키는 것으로 이해할 수도 있다.

자리인 죽음충동은 주체 안에 있는 지속적인 욕망에 붙여진 이름이라 할 수 있다. 죽음충동은 "쾌락원칙을 넘어서서 물 또는 어떤 과잉 주이상스를 지향한다."(Evans, 1996: 94)

이처럼 태연한 자살 혹은 즐기는 자살과 공모하는 주이상스는 공격성을 수반한다. 즉 라캉에게 주이상스(물을 향한 쾌락)와 공격성(죄책감)은 동일시된다. 양자는 쾌락과 고통이라는 대립적인 속성을 지니면서도 서로를 동반한다. 그래서 주이상스가 강화되면 공격성도 강화된다. 그 역도 마찬가지다. 대립적인 것의 동일성, 그것이 주이상스와 공격성의 관계이다. 이런 주이상스와 공격성(죄책감)은 물(실재)을 둘러싸고 맴돈다. 주체의 충동은 물에 다가서는 순간 공격성(죄책감)을 느껴 멀어지며, 그렇게 멀어지면 주이상스를 느껴 다시 다가서는 과정이 반복된다(이병창, 2007: 264-265).

이상에서 죽음충동 및 주이상스 개념과 결부시켜 언급한 세 가지 유형의 자살은 다시 지젝이 『깨지기 쉬운 절대성』에서 라캉의 상상계·상징계·실재계 도식을 응용하여 인상 깊게 분류한 자살의 세 가지 유형(Žižek, 2000: 26-30), 즉 상상계 속의 자살, 상징계 속의 자살, 실재계 속의 자살에 따라 재배치가 가능하다. 지젝이 말하는 첫 번째 유형인 '상상계 속의 자살'은 정치적 좌절이나 사랑의 배반 혹은 자신의 가혹한 운명에 대한 비애나 견디기 힘든 사회 현실에 대한 저항적 표현으로서의 자살, 또는 메시지를 남기려는 행위로서의 자살을 가리킨다. 그것은 자살행위가 후세에 또는 다른 사람들에게 미칠 영향을 자기도취적으로 상상한다는 의미에서 상상계적이다. 〈노리코의 식탁〉에서 어머니의 트라우마적 자살은 이 유형에 해당한다. 두 딸에 대한 죄책감으로 고통 받던 어머니는 자살을 통해 아버지에게 딸들을 찾아가 사죄하라는 강력한 메시지를 남겼다.

두 번째 유형인 '상징계 속의 자살'은 상징적 죽음과 관계가 있다. 이때의 상징적 죽음이란 실제적 죽음 대신 단지 상징적으로 죽는다는 것만을 뜻하지 않는다. 그것은 상징적 실체 속에 안착시키는 모든 연결고리를 주체로부터 끊어버린다는 의미에서의 상징적 자살을 가리킨다. 다시 말해 이는 죽음충동을 규정하는 자살이다. 이때 주체는 상징적인 아이덴티티를 박탈당하고 거의 무에 가까운 '세계의 밤' 속으로 던져진다. 여기서 라캉에게 죽음충동은 창조적 승화와 상관관계를 가진 것으로 이해된다. 프로이트가 말하는 승화란 충동의 대상을 의식의 영역으로 끌어낸 뒤에 그것을 공동체가 허용하는 다른 대상으로 대체하는 것, 곧 금지된 대상으로부터 허용된 대상으로의 대체가 적절히 일어나는 경우를 가리킨다. 이와 달리 라캉에게 승화는 위반의 한 형식을 가리킨다. 그것은 대상a를 물의 위상으로 승격시키는 것을 의미한다. 충동이 다른 것으로 대리만족하는 것을 승화로 본 프로이트와 달리, 라캉이 말하는 물을 통한 승화란 단지 충동을 공백(부재)으로 경험하면서 발생하는 쾌락의 만족을 뜻한다. 공백에 가까이 다가서는 것, 그것이 승화라는 말이다.[4] 죽음충동은 '물의 텅 빈 성스러운 장소로서의 근원적 공허'를 창조한다. 이 근원적 공허는 물의 위엄으로까지 고양된 대상으로 채워지는 어떤 근원적인 틀을 가리킨다. 〈자살클럽〉 속의 끔찍하리만치 '태연한 자살'이 이런 유형에 근접한다. 그것이 말할 수 없을 만큼 끔찍한 느낌을 주는 것은 공백으로서의 물에 가까이 다가서는 위반이기 때문이다.

이에 비해 세 번째 유형인 '실재계 속의 자살'은 대상과 주체의

---

4 라캉은 문명의 세 가지 승화 형식으로 히스테리적 승화(예술), 강박증적 승화(종교), 정신병적 승화(과학)를 든다.

완전하고 직접적인 동일시가 이루어지는 자살을 뜻한다. 이는 주체가 직접 대상 속으로 빠져 들어가 대상 자체가 되는 것을 의미한다. 이때 대상은 여전히 이전 그대로이지만 근원적 공허는 사라진다. 이 말은 곧 주체와 대상 간의 거리가 완전히 사라져버린 모노노아와레적 무화(無化)를 가리킨다. 〈노리코의 식탁〉 속의 즐기는 자살이 어느 정도 이에 상응한다. 왜냐하면 거기에는 죽음 역할을 하는 주체만 존재할 뿐이고 실제 주체는 부재하기 때문이다. 주이상스를 향유하고 즐기는 주체가 부재하므로 다만 죽음을 유희할 따름이다. 아마도 이것이야말로 가장 위험한 자살의 형식일 것이다. 이렇게 즐기는 자살을 실재계와 연관시킬 때 자살의 윤리가 부각된다. 윤리의 절대성에 주목하는 라캉이 볼 때 정신분석의 윤리가 요청되는 가장 중요한 장소가 바로 실재의 영역이다. 실재는 무조건적인 욕망의 장소이며, 무조건적인 욕망은 무조건적인 정언명령의 자리이기 때문이다. 라캉이 말하는 "너의 욕망에 충실하라!"든가 "너의 욕망을 포기하지 말라!"는 것은 그런 무조건적인 정언명령에 속한다. 타자의 욕망이 아닌 자신의 욕망에 충실하라는 것, 이것이야말로 라캉 정신분석의 윤리가 도달한 하나의 정점이다.

정신분석의 윤리와 '증상으로서의 자살'

정신분석의 윤리는 무엇보다 먼저 증상의 윤리로부터 출발한다. 증상은 수수께끼, 환상, 증환(症患)의 측면을 내포한다. 이중 수수께끼로서의 증상은 해석을 통해 해소될 수 있고, 환상으로서의 증상은 환상 가로지르기를 통해 벗어날 수 있다. 그런데 해석이나 환상 가로지르기를 거친 후에도 여전히 사라지지 않는 증상이 있다. 라캉은 그것을 생톰(sinthome), 즉 증환이라고 불렀다. 증환이란 주이상스가 주체 속에 들어가버린 상태를 가리킨다. 지젝은 이런 증환을 "너 안에 있는 너 이상의 것"(지젝, 2013: 133)이라고 표현한다. 그것은 주체가 자신의 주이상스를 견딜 수 있게 하는 하나의 방편이다. 즉 주체는 무의 심연으로 빠져 들어가지 않도록 주이상스를 증상으로 바꾸는 것이다. 만일 주이상스를 주체 속에 받아들여 그것을 즐기지 않는다면 우리는 주이상스의 심연으로 빠져들고 말 것이다. 현대 일본 사회에 편만한 자폐증이나 자살은 주이상스를 주체 속에 받아들이지 못한 데에서 비롯된 결과이다. 자살을 하나의 사회적 증상이라고 말할 때, 이는 증환 또는 증환에 도달하지 못한 증상처럼 보이지만 실은 그 안의 주이상스를 즐길 수 있는 주체가 부재하는 그런 증상을 의미한다.

'증상의 윤리'는 욕망의 문제와 밀접한 관계가 있다. 그 욕망은 사회적 법을 넘어서는 것이고 궁극적으로 "죽음을 욕망하는 것"(Lacan, 1992: 83)이다. 이와 관련하여 라캉은 크레온의 명령을 위반하고 오빠 폴리네이케스의 시신을 매장하는 행위를 통해 자신의 욕망을 끝까지 포기하지 않고 그럼으로써 결국 죽음을 맞이한 안티고네의 행위를 윤리적이라고 묘사한다.[5] 안티고네는 크레온의

---

5   소포클레스의 『안티고네』의 서사는 다음과 같다. 오이디푸스왕은 자신에게 내려진 저주, 즉 아버지를 죽이고 어머니를 아내로 취한다는 신탁을 깨닫고 스스로 눈을 찔러 장님이 된다. 그가 왕국을 떠나버리자 그의 두 아들 에테오클레스와 폴리네이케스는 왕권을 놓고 대립한다. 에테오클레스는 삼촌 크레온의 지원을 받았고, 폴리네이케스는 타국의 군대를 끌어들였다. 이렇게 시작된 전쟁 끝에 그들은 서로의 칼에 찔려 죽고 만다. 이후 왕권을 어부지리로 차지한 크레온은 에테오클레스의 장례를 성대히 치르는 반면, 폴리네이케스를 반역자로 규정하여 매장조차 금지한다. 오이디푸스의 딸 안티고네는 사랑하는 오빠 폴리네이케스의 시체를 매장해줄 것을 요구하며 크레온과 대립하다가 결국 석굴에 갇혀 죽는다. 안티고네의 약혼자였던 크레온의 아들 하이몬은 이 사실을 알고 자결한다. 크레온의 아내 에우리디케 또한 아들의 죽음에 비

법(사회적 선)을 위반함으로써 죽음을 맞이한다. 라캉이 '두 번째 죽음'이라고 명명한 것이 바로 이것이다. 라캉은 극의 처음부터 "나는 죽었고 죽음을 욕망한다"고 선언하는 안티고네가 바로 죽음충동, 즉 "순수하고 순전한 죽음의 욕망"을 체현한다고 말한다. 이런 죽음충동을 실현하는 것은 곧 상징계의 의미화 연쇄에서 사라지는 것을 뜻한다. 안티고네적 주체에게 죽음에 대한 욕망이 실현되는 두 죽음 사이의 공간은 '자유의 공간'이다. 이에 관해 라캉은 정신분석의 윤리의 기준이 주체가 자신의 욕망에 따라 행동했는가의 여부에 있다고 누누이 주장하면서, 정신분석의 관점에서 유일한 죄는 바로 자신의 욕망을 양보하는 것이라고 선언한다(Lacan, 1992: 261, 281-282).

이러한 정신분석의 윤리가 곧바로 자살의 윤리와 직결되는 것은 아니지만, 양자가 죽음충동을 매개로 결부되어 있음은 부정하기 어렵다. 죽음충동은 상징적 질서의 중단을 뜻한다. 죽음충동의 실현을 통해 주체에게 전복적 행위를 실천하는 길이 열리기도 하는 것이다. 그렇다면 현대 일본 사회에 만연하는 자살도 일종의 전복적 행위라는 실천적 측면을 내포하는 것일까? 인간 심리의 중핵적 일부로서 죽음충동이 존재한다는 문제는 단순히 이론적 문제가 아니라 실제적이고 실천적인 문제이다(Kernberg, 2011: 174). 윤리가 항상 실천성과 결부되어 있다는 맥락에서 볼 때 자살의 윤리는 개인을 넘어선 문화의 문제가 된다. 11가지 자살 수단을 기재하여 일본에서 200만 부 이상 팔린 『완전자살매뉴얼』(鶴見濟, 1993)의 저자인 쓰루미 와타루는 자살이라는 행위를 도덕적인 잣대로만 재단해서는 안 된다고 역설한다. 이때 그는 일본에는 자살에 반대하는 종교

관하여 자결한다.

나 법률이 없으며, 자살이 줄곧 일본 문화의 일부였다는 사실을 상기시킨다.6 자살이라는 행위는 예로부터 일본인의 정서와 통하는 구석이 있었다는 것이다.

예컨대 중세 일본의 사무라이에게는 할복에 관한 규정이 있었다. 할복은 충성, 명예, 경의, 희생이라는 이름하에 행해진 의례적 자살이다. 그러니까 자살은 도피가 아니라 참으로 책임을 지기 위해서 행해지기도 했다는 말이다. 라캉은 할복에 대해 "그들은 왜 그런 행위를 할까요? 이는 그러한 행위가 다른 이들을 거북하게 할 것이라 생각하기 때문이고, 그것이 구조적으로 무엇인가에 경의를 표하기 위해 행해지는 행위이기 때문입니다"(라캉, 2008: 84)라고 지적한다. 이 인용문에 나오는 '무엇'이란 바로 실재를 가리킨다. 즉 할복은 목숨을 걸고 말로 설명할 수 없는 어떤 숭고한 것이 존재한다는 선언을 행위화한 것이다. 라캉에게 할복이란 인간의 자기 보존적 습관을 뛰어넘는 행위를 의미한다. 그것은 대타자(주군, 상징계)에게 이해받지 못한 주체가 선택하는 마지막 행동이다. 다시 말해 그것은 어떤 언어로도 표현할 수 없거나, 공동체의 상징적 질서가 더 이상 주체들을 배려할 수 없을 때 출현하는 행위 유형이다. 재현될 수 없기 때문에 할복하는 것이다. 하지만 라캉이 물(실재)과의 대면을 염두에 두고 할복을 승화의 한 형태라고 생각했는지는 분명치 않다.

---

6 일본 후생노동성의 통계에 의하면 2016년의 자살자 수는 21,897명으로 2003년 (34,427명) 이래로 계속 감소하는 추세를 보이고 있다. 하지만 20대에서 40대에 이르는 청장년층의 자살률이 변함없이 높다는 것은 사회적 위기의 심각성을 보여준다(일본판 위키 「日本の自殺」 항목 참조). 하지만 실은 한국 사회가 일본보다 더 심각하다. 2018년 현재 한국의 자살률은 OECD 국가 중 1위를 마크하고 있다.

III. 렌털 아이덴티티: 상상계·상징계·실재계의 아이덴티티

한국 사회와 마찬가지로 일본 사회에서도 핸드폰과 인터넷 문화의 확대로 인해 실제로 말을 주고받으면서 타인과 직접 소통하는 것이 급속히 사라지고 있다. 집안에 틀어박힌 개인들은 미디어와 정보 도구를 통해 그들끼리만 소통한다. 이는 격리된 공간으로서의 절대 고독의 세계를 만들어내고, 그곳에서 취약한 개인은 대체 자아를 만들어낸다. 〈노리코의 식탁〉에 나오는 렌털가족회사는 이런 대체 자아를 판매하는 기업이다. 렌털가족회사의 직원들은 다양한 아이덴티티로 변신하면서 행복한 가족을 연출한다. 주어진 역할을 수행하는 동안 연기자는 행복한 가족의 일원이 된 것에 스스로 만족해하며 가상의 아이덴티티가 파괴되는 일은 없을 것처럼 여긴다. 가령 노리코와 유카는 생부의 친구에게 렌털되어 그의 딸 미쓰코와 요코를 연기하면서, 생부를 전혀 모르는 타인처럼 대하는 행동을 통해 렌털 아이덴티티에서 빠져나오기를 거부한다. 또한 '우에노역54'라는 닉네임을 가진 렌털가족회사의 창설자 구미코는 자기를 찾아온 친부모에게 "당신 대신 내가 엄마 역할을 할까요?"라고 말하면서 그들을 렌털가족회사의 직원으로 삼아버린다. 이런 대체 자아와 렌털 아이덴티티는 지독한 소외의 다른 얼굴이다. 〈노리코의 식탁〉의 세 여주인공은 각각 그런 소외로부터 벗어나 어딘가에 있을 것이라고 여겨지는 참된 아이덴티티를 찾아 헤매는 영원한 방황 속에 내던져져 있다.

라캉이 제시한 정신 작용의 세 가지 질서 가운데 상상계와 상징계 개념이 이 점을 이해하는 데에 도움이 될 것이다. 상상계는 한마디로 '영원한 자기 동일시'의 출발점이라 할 수 있다. 통상 '거울 단계'라고 불리는 상상계는 자아가 탄생하고 인식되는 과정을 보여준다. 유아는 거울 속에 비친 이미지와 자신을 동일시하면서 자신의 미숙함을 극복하려 하지만, 그 과정에서 형성되기 시작하는 자아는 자기 자신과 이미지 사이의 불일치로 인해 소외되고 찢겨져 있다. 그래서 성인이 된 후에도 타자와 자기를 동일시함으로써 소외로부터 벗어나고자 끊임없이 노력하게 된다. 달리 말하자면 거울단계에서 형성되기 시작하는 자아의 '오인의 구조', 즉 거울 속에 비친 이미지와 자신의 잘못된 동일시가 성인이 된 이후에도 계속 이어지는 것이다. 이때 그는 타자의 타자성을 있는 그대로 인정하기보다는 그것을 자신과 동일시함으로써 화해시키고자 하는 강박적이고 헛된 노력을 멈추지 못한다. 이런 의미에서 상상계를 영원한 자기 동일시의 출발점이라고 한 것이다. 라캉은 현대사회를 정점에 도달한 상상계로 본다.

한편 우리는 태어나기 전부터 상징계에 등록되어 있다. 우리의 뜻과 상관없이 이루어진 출생은 '이미' 우리의 모든 아이덴티티(이름, 가족, 젠더, 사회경제적 집단, 국가, 인종 등)를 결정짓는다. 라캉은 상징계가 의미화 연쇄(signifying chain) 또는 기표(언어)의 법에 의해 통합되어 있고 우리는 그런 상징계 속에 갇혀 있다고 지적한다. 그는 주체를 어떤 실체적인 사유 주체(코기토)로 보지 않으며, 그런 만큼 코기토에 의한 주체의 자유를 주장하지도 않는다. 오히려 라캉은 주체가 상징계에서 기표에 의해 근본적으로 분열되어 있음을, 주체가 상징계에 진입하면서 불가피하게 자신의 '존재' 자체를 상실하고 소외될 수밖에 없음을 보여주려 한다. 다시 말해 라캉은 인간이 상징계라는 이데올로기적 사회구조 속에 들어갈 때 불가피하게 자신의 존재를 상실하며, 이때 무의식이 발생한다고 말한다. 이는 주체가 대타자(상징계)의 영역에 진입하면서 불가피하게 기표(언어)에 종속된다는 것을 의미한다. 이때 "기표가 대타자의 영역에 출현할 때 주체가 탄생한다"는 의미에서 주체는 "기표의 효과"(Lacan, 1977: 199, 207)라고 말할 수 있다. 인간은 언어를 습득하면서 주체로 태어나지만 이와 동시에 기표가 주체를 대신하게 되면서 주체는 소멸하고 만다. 존재를 상실하는 것이다. 라캉은 이런 주체의 소멸과 존재의 상실을 전술한 상상계(거울단계)에서의 그것과 마찬가지로 '소외'라고 부른다. 결국 모든 소외는 이중적 소외, 즉 거울단계에서의 상상계적 소외와 상징계적 소외를 포함한다.

렌털 아이덴티티

노리코, 유카, 구미코의 렌털 아이덴티티는 영원한 자기 동일시 및 상상계와 상징계에서의 이중적 소외가 낳은 대체 아이덴티티일 뿐이다. 구미코의 경우를 중심으로 이 대체 아이덴티티에 대해 좀 더 생각해보자. '우에노역54'라는 구미코의 닉네임은 그녀의 모친이 갓 태어난 자신을 버린 역의 코인로커 번호에서 유래한 것이다. 이는 모친에 의해 도쿄역 코인로커에 버려진 아이들의 이야기를 묘사한 무라카미 류(村上龍)의 소설 『코인로커 베이비스(コインロッカ・ベイビーズ)』(1980)에서 힌트를 얻은 설정이다. 한편 54라는 숫자는 〈자살클럽〉의 신주쿠역에서 집단 자살한 여학생들 숫자와 일치한다. 이러한 일치는 구미코와 자살한 여학생들 사이에 모종의 심리적 유대가 존재함을 암시하려는 소노 감독의 치밀한 계산에서 비롯된 설정임에 틀림없어 보인다. 그것은 아마도 끊어져버린 가족과의 유대, 버려진 아이의 트라우마와 상실감을 대체하는 심리적 유대일 것이다. 아니면 자살한 여학생들 또한 실은 구미코와 마찬가지로 코인로커에서 태어난 것이라는 설정일 수도 있다.

구미코가 "내 엄마는 코인로커"라고 말할 때 코인로커는 명백히 버림받은 아이들의 어머니로서의 '자궁'을 가리키는 메타포임이 드러난다. 감독은 이 점을 환기시키기 위해 자궁 속 태아의 장면을 영화에 넣었다. 하지만 그것은 차가운 '금속성 자궁'이다. 이는 다시 차가운 '돌로 된 자궁', 즉 아마노이와토(天岩戶) 동굴을 연상시킨다. 우에노역 54번 코인로커는 현대의 아마노이와토인 셈이다. 영화는 코인로커와 아마노이와토의 상동성을 드러내기 위해 아마테라스(天照大神)라는 이름을 직접 언급한다. 이 장면에서 왜 아마테라스가 등장할까? 아마테라스는 일본 천황가의 조상신(황조신)이자 일본을 수호하는 우두머리 씨신(氏神)으로 간주되어온 태양의 여신이다. 소노 감독은 일본을 대표하는 상징인 아마테라스를 영화 속에 끌어들이고 그 상징을 다시금 코인로커에서 태어난 구미코의 이미지와 중첩시킴으로써 죽음과 재생의 신화와 관련하여 이중의 상반된 의미를 제시하고 싶어 하는 것 같다. 첫째, 버림받은 구미코는 현대 일본 사회에서 가족의 죽음을 시사한다. 이때 금속성 자궁으로서의 코인로커는 죽음을 선고받은 현대 일본 사회의 가족에 대한 메타포이기도 하다. 둘째, 스사노오의 폭력에 의해 아마노이와토 동굴에 숨어버린(죽음 상징) 아마테라스가 입문 의식(신들의 굿판)을 거쳐 이전과는 다른 아이덴티티를 획득한 후 다시 세상으로 나왔듯이(재생 상징) 구미코 또한 자살한 여학생들의 분신으로 다시 태어난 태양의 여신임을 암시한다. 하지만 이 두 번째 의미는 일종의 블랙 유머에 속한다. 구미코는 하늘 위에 밝게 빛나는 순백색의 태양이라기보다는 오히려 지상의 네온사인 같은 인공 태양일 뿐이다. 혹은 〈자살클럽〉에 나오는 제네시스의 다음 노래 가사처럼 '밤에도 눈부신' 지하의 '검은 태양'이라고 불러도 그만일 것이다.

하늘은 몇 번이고 푸르고 / 사람들은 왠지 매번 사랑에 빠지고 / 처음 보는 누런 개가 내 안에 들어와 형편없는 놈이라며 웃네 / 죽음 때문에, 죽음 때문에, 죽음 때문에 / 밤에도 눈부신 거지(〈Because Death〉).

아마테라스의 쌍생아인 이 '검은 태양'은 매일 밤 8시가 되면 우에노역을 찾아 54번 코인로커를 열고 안의 내용물을 확인한다. 그 안에는 그녀가 아버지한테 받은 선물이나 입원한 병원에서 입었던 옷 등과 같은 가짜 추억의 메멘토들이 보관되어 있다. 하지만 실은 그녀에게 그런 추억은 존재하지 않는다. 그것들은 다 길가에서 주워 모은 잡동사니에 불과하다. 가출한 노리코가 우에노역 54번 코인로커 앞에서 처음 구미코를 만나는 장면을 상기해보라. "너 추억 있어?"라는 구미코의 물음에 노리코는 소매에서 뜯어낸 '붉은' 실밥을 보이면서 "배꼽의 탯줄"이라고 대답한다. 그러자 구미코는 이 실밥을 코인로커 안에 같이 넣어둔다.

이 실밥은 매우 각별한 의미를 가지는 용의주도한 서사 장치이다. 〈노리코의 식탁〉 오프닝 장면에서 도쿄에 도착한 노리코는 코트 소매에서 붉은색 실밥을 뜯어낸다. "실밥을 뜯어냈어. 가출한 거야." 그런데 다음 날 아침 외출하기 전 노리코의 소매에는 다시 실밥이 늘어져 있다. 하지만 이번에는 붉은색이 아니라 회색이다. 회색 실밥은 가출 전의 가족과는 상이한 새로운 렌털가족의 출현을 암시한다. 그러나 노리코가 렌털가족회사의 일원이 되어 렌털 아이덴티티를 획득하는 시점에서 붉은색 실밥이 다시 나타난다. 이는 가족과의 연대가 아직 완전히 단절되지 않고 있음을 시사한다. 어쨌든 실밥은 탯줄의 메타포이다. 이와 같은 실밥의 복선은 영화의 마지막 장면까지 이어진다.

장롱에 숨어 있다 나온 생부 데쓰오는 어렵게 찾아낸 두 딸에게 렌털 아이덴티티에서 벗어나 본래의 자기로 돌아오라고 간청한다. 이에 대해 노리코는 스스로를 미쓰코라고 하면서 렌털 아이덴티티를 고집한다. 이때 〈장미가 피었다〉라는 배경음악이 깔리면서 노리코는 도쿄에 도착한 첫날 밤 소매에서 붉은 실밥을 뜯어내던 순간을 떠올린다. "새빨간 장미가 / 쓸쓸한 정원에 딱 한 송이 핀 / 작은 장미가." 이 노래 가사에 나오는 장미는 붉은색 실밥의 주인이었던 이전 노리코의 표상이다. 하지만 노리코는 자신이 연기하는 렌털 아이덴티티야말로 진짜 자기 자신이라고 믿고 싶어 한다. 이전에 노리코는 자신에 대해 살아 있지만 죽은 거나 다름없다고 느끼고 있었다. 그런 과거의 노리코로부터 자유로워지기 위해 배꼽의 메타포로서의 붉은색 실밥을 뜯어내버린 저 해방감의 기억은 실재와의 만남, 즉 공백으로서의 물(das Ding)과의 대면을 예감케 한다.

"당신은 당신의 관계자인가?"

존재를 상실한 주체의 소외된 삶은 죽음과 다를 바 없다. 상징계(대타자)의 영역에서 기표에 의해 대치된 주체의 삶은 주체의 죽음을 의미한다. 그러나 라캉 정신분석은 주체가 이런 소외에서 벗어날 수 있는 가능성을 보여준다. 자신의 것이 아닌 메멘토를 통해 추억을 날조함으로써 구축된 것이 구미코의 아이덴티티이다. 이에 비해 노리코의 아이덴티티는 구미코의 코인로커 안에 봉인된 탯줄(붉은 실밥)이 암시하듯이 구미코와 함께 '검은 태양'으로서의 미쓰코로 다시 태어난다. 그리고 유카의 아이덴티티는 렌털가족회사에 입사하면서 "난 이제부터 요코가 될 거야. 나 자신의 관계자가 될 거야"라고 말하는 순간 새롭게 구성된다. 이들의 아이덴티티는 과연 소외에서 벗어날 수 있는 가능성을 보여준 것일까? 바꿔 말하자면 이들의 렌털 아이덴티티는 기표에 의해 대치된 주체가 상징계에서 벗어날 수 있는 가능성을 보여준 것일까? 여기서 우리는 라캉이 말하는 '분리' 개념에 주목할 필요가 있다. 분리에 대해 지젝은 다음과 같이 말한다.

> 오늘날 라캉적 주체는 통상 의미화 연쇄에서의 결여와 동일시되는 빗금 친 분열된 주체로 이해되고 있다. 그러나 라캉 이론의 가장 급진적인 차원은 이 점에 있는 것이 아니다. 그보다는 대타자, 즉 상징적 질서 자체 또한 근본적인 불가능성에 의해 빗금 쳐져 있고, 불가능한 트라우마적 핵 주위에 구조화되어 있다는 점을 인식한 데에 있다. 대타자 속의 이런 결여가 없다면 대타자는 닫힌 구조가 될 것이며, 그럴 때 주체에게 열려져 있는 유일한 가능성은 대타자 속에서의 철저한 소외밖에 없을 것이다. 따라서 라캉이 '분리'라고 부르는 일종의 '탈소외'를 주체로 하여금 가능케 하는 것은 다름 아닌 이 대타자 속의 결여이다. 이는 주체가 지금 언어라는 장애물에 의해 대상으로부터 영원히 분리되어 있다는 것을 뜻하지 않는다. 오히려 이는 대상이 대타자 자체로부터 분리되어 있다는 것, 대타자가 최종적인 대답을 갖고 있지 못하다는 것, 다시 말해 대타자 자체가 봉쇄되어 있으며 욕망하고 있다는 것, 즉 대타자의 욕망 또한 존재한다는 것을 의미한다. 말하자면 대타자 속의 이와 같은 결여가 주체에게 숨 쉴 공간을 부여해주고 기표 안에서의 전적인 소외를 피할 수 있게 해주는 것이다. 이는 주체의 결여를 메움으로써가 아니라, 주체로 하여금 자신의 결여를

대타자의 결여와 동일시하게 함으로써 이루어진다(Žižek, 1989: 137).

언어의 세계(상징계)에 진입하면서 생겨나는 주체의 욕망은 소외와 분리를 통해 이루어진다. 이때 소외가 대타자의 기표 연쇄 속에서 주체의 존재 상실을 가리키는 것이라면, 분리는 이 기표 연쇄에서 벗어나는 것, 즉 주체가 대타자 속의 결여(언어적 한계)를 끌어안음으로써 자신의 존재성과 마주하게 되는 과정을 의미한다. 이처럼 주체는 대타자의 의미화 연쇄에서 균열, 즉 상징계 속의 결여를 발견할 때 거기서 벗어날 수 있다. 구미코, 노리코, 유카의 렌털 아이덴티티는 바로 이와 같은 결여에서 비롯된 것이다. 이 등장인물들은 상징계 속의 결여에서 태어난 렌털 아이덴티티를 통해 가까스로 숨 쉴 공간을 확보할 수 있었다는 말이다. 그래서 노리코는 "나는 숨쉬기 위해 태어난 거야. 태어났기 때문에 숨 쉬는 것이 아니란 말이야!"라고 항변한다. 하지만 이런 렌털 아이덴티티는 대타자의 결여와 자신의 결여를 동일시한 결과로 생겨난 것으로서 결코 주체의 결여를 메워줄 수 없다. 결여가 결여를 채울 수는 없기 때문이다. 그리하여 렌털 아이덴티티의 갱생을 위해 분리-상징적 죽음-재통합의 구조를 가지는 입문 의식이 요청되기에 이른다.

가령 〈자살클럽〉에서 소녀 걸그룹 '데저트'의 콘서트장에 도착한 미쓰코(노리코의 렌털 아이덴티티)는 아이들로부터 수수께끼 같은 질문을 받는다. "당신은 당신의 관계자입니까?" "당신은 당신과의 관계를 회복하러 온 겁니까?" 이에 미쓰코는 "나는 나의 관계자야!"라고 외친다. 그러자 장면은 갑자기 작은 동굴 같은 장소로 우리를 데려간다. 〈자살클럽〉의 미스터리는 이 길고 좁은 붉은 방 안에서 이제 그 해독의 실마리가 보이기 시작한다. 바닥에는 수많은 병아리가 있다. 오른쪽에는 얼굴을 벽 쪽으로 향한 채 무릎을 꿇은 소녀 입문자들이 있다(미쓰코도 이들 중의 한 사람임이 곧 밝혀진다). 왼쪽에는 두건을 쓰고 손에 대패를 든 남자 한 명이 있다. 이때 노란색 레인코트를 입은 아이들이 방 안에 들어선다. 노란 색채와 삐약거리는 소리는 아이들과 병아리의 공명을 통한 순수와 재생의 신화적 관념을 상기시킨다. 이윽고 남자가 대패로 나비 문신이 새겨진 미쓰코의 등짝 피부를 밀어낸다. 이 장면에서 입문자들은 상징적 죽음을 통해 자기 자신과 새로운 관계를 가지게 되는 이니시에이션을 경험한다.

위 장면에서 "당신은 당신의 관계자입니까?"라고 묻는 아이들은 대타자(어른들)를 시험하는 심판관이다. 주체는 대타자에게 "당신이 정말 원하는 것은 무엇인가?"라고 묻는다. 이 질문은 대타자의 욕망 속에서 자신이 어떤 존재인가를 묻는 것이고, 그것은 곧 상징적 아이덴티티 혹은 '대타자 속의 결여'에서 비롯된 렌털 아이덴티티를 넘어선 다른 어떤 곳에서 자신을 찾고자 하는 물음이다. 다시 말해 주체는 대타자가 자신에게 정말 원하는 것은 상징적 질서 내에서의 아이덴티티(상징계 내에서 나 자신을 '잘못' 나타내는 기표)를 넘어선 또 다른 아이덴티티, 즉 내 안에서 나를 넘어서 존재하는 잉여적 대상임을 깨닫고자 한다. 따라서 "내 안의 또 다른 나, 이질적인 나의 발견은 주체로 하여금 상징적 동일시를 넘어서게 해준다."(양석원, 2001: 279) 이런 의미에서 〈자살클럽〉과 〈노리코의 식탁〉에서 반복적으로 등장하는 "당신은 당신의 관계자입니까?"라는 물음은 대타자의 욕망 속에서 자신이 어떤 존재인가를 묻는 물음과 공명한다고 할 수 있다.

환상 가로지르기

노리코의 부친 데쓰조는 행방불명된 두 딸을 찾아 도쿄로 가서 렌털가족회사의 대표자와 만나게 된다. 이 회사는 소노 작품에 등장하는 많은 컬트 집단 중 하나이다.7 어느 카페 안에서 한 수수께끼의 인물이 가출한 두 딸이 자살클럽의 멤버라고 확신하는 데쓰조를 향해 그런 조직은 존재하지 않는다고 말하면서 반복적으로 "당신은 당신 자신과 관계하고 있습니까?"라고 묻는다. 억양의 변화 없이 마치 남 이야기하듯 날카롭고 냉정한 남자의 목소리가 피아노 음악을 배경으로 하여 긴장감을 더해준다. 그것은 어딘가 근원적인 소외감을 느끼게 한다. 남자는 회사 창설자인 구미코의 이야기를 들려준다. 그것은 현대판 신화이다. 구미코는 현대의 아메노이와토인 우에노역 54번 코인로커에서 태어났다. 전술했듯이 그녀는 아마테라스의 블랙 메타포이기도 하다. 여기에 짤막한 장면이 삽입된다. 즉 코인로커 문이 열리고 화면 전체에 화지(和紙)로 된 돛단배를 연상시키는 태아의 모습이 드러나는데, 이는 새로운 시대의 시작을 암시한다. 예수가 사흘 만에 부활했다고 말해지듯이 구미코 또한 코인로커에 버려진 지 사흘 뒤에 경찰에게 발견된다. 이윽고 장면은 다시 카페 안으로 돌아간다. 갑자기 카페 안의 손님들이 모두 동작을 멈춘 채 데쓰조를 응시할 때, 남자는 데쓰조를

7　종교(컬트)와 회사의 친연성은 많이 말해져왔다. 가령 일본의 대기업 중 하나인 파나소닉(舊 마쓰시타)은 1932년 마쓰시타 고노스케가 창립했는데, 마쓰시타는 "돈을 받지도 않는데 항상 웃는 얼굴로 열심히 봉사하는" 천리교 신자들에게서 성공의 열쇠의 힌트를 얻었다. 이 밖에 '회사 종교'나 '회사 신사'의 사례는 현대 일본 사회에서 종교와 회사가 상상 이상으로 밀접하게 결부되어 있음을 잘 보여준다(Clarke, 2000: 35-73; 박규태, 2012a 참조).

향해 이렇게 말한다.

> 자신의 역할에 눈뜰 때가 왔습니다. 당신은 누구입니까? … 당신은 대단히 두려워하는군요. 기자를 연기하는 것도, 부친을 연기하는 것도 아닙니다. 현실 사회는 너무도 가혹하여 아버지, 어머니, 자녀, 아내, 남편을 연기하기에는 사람들이 너무 지쳐 있습니다. 또한 그것은 표리부동해서 모든 것이 거짓이며 안도 밖도 없습니다. 그러니까 전면적으로 허구를 뚫고 나아갈 수밖에 없습니다. 그럴 때 비로소 자신과 만날 수 있지요. 사막을 느끼는 겁니다. 고독을 느끼는 겁니다. 실감하는 겁니다. 확고한 사막에서 살아가기, 그것이 당신의 역할입니다.

이후 영화는 두 딸을 찾아 사막을 가로지르는 데쓰조의 꿈속으로 이동한다. 여기서 수수께끼의 남자는 소노 감독의 분신을 나타낸다. 그가 말하는 '허구'는 안도 밖도 없는 실재계와 관련되어 있다. 또한 신기루 같은 사막의 현실을 살고 느끼는 '사막 가로지르기'는 곧 '환상 가로지르기'를 암시한다. 그러니까 "허구를 뚫고 나아가야 자신과 만날 수 있다"는 것은 환상을 가로지를 때 자신과 만날 수 있다는 말과 크게 다르지 않다. 라캉은 정신분석의 실천 목표가 실재의 침투를 방어하는 '환상 가로지르기'에 있다고 말한다. 환상 가로지르기란 타자의 욕망에 의해 지배받는 환상, 실재의 공백을 가로막는 환상을 거부함으로써 환상에 대해 거리를 만들어 내고 그 결과 주체가 공백, 즉 무와 대면하는 것을 의미한다.

지젝에 따르면 환상은 "주체의 아이덴티티를 규정하는 상징적 구성과 관련하여 탈중심화된 환원 불가능한 방식으로 주체의 중핵을 이루는 어떤 것"(Žižek, 1992: 162)을 가리킨다. 이는 내가 나의 환상과 조우할 때 나의 상징적 정체성과 의미가 위협받는다는 것을 뜻한다. 하지만 다른 한편으로 환상이란 주체와 주이상스 모두에게 의미와 가치를 자리 잡게 하려는 시도이기도 하다(Pluth, 2007: 85). 환상의 기능은 대타자의 결여를 감추는 데에 있으며, 이를 통해 주체는 비로소 세계를 의미 있고 일관성 있는 것으로 경험할 수 있다는 말이다. 다시 말해 환상이란 죽음충동, 삶의 분열, 트라우마 등을 봉합하고 방어하기 위해 만들어내는 상상적 시나리오이다. 그것은 한편으로 주체로 하여금 주이상스를 경험하게 하고 다른 한편으로 무의식적 욕망의 주체를 지탱하는 기능을 함과 아울러 대타자의 결여를 메움으로써 상징적 질서를 의미 있는 것으로 경험하게 한다. 상징적 동일시는 궁극적으로 환상을 낳고 이 환상에 의존하며, 의미화 연쇄는 늘 불완전하다. 그렇기 때문에 대타자는 결여로서 모습을 드러내고, 주체의 무의식적 환상은 이런 결여를 메우는 대상이 된다. 무의식적 욕망의 주체가 자기를 발견하기 위해서는 이런 환상을 횡단해야 한다(Levine, 2008: 44).

환상 가로지르기 후에 주체는 욕망의 원인인 대상a가 결여를 메우고 있었다는 사실을 깨닫고 이번에는 자신의 결여와 대면하게 된다. 이렇게 자신의 결여를 경험함으로써 주체는 자신의 상징적 정체성을 지탱하고 있던 허구의 구도에서 비로소 벗어나게 된다. 다시 말해 환상을 가로지름으로써 주체는 마침내 대상a로부터 분리되어 자신의 결여를 경험하게 되고 나아가 자신의 '비존재의 공백'을 받아들이게 된다. 즉 주체는 이와 같은 환상 가로지르기를 통해 주체의 결여를 경험하고(Žižek, 1991: 156) 그럼으로써 상징적 아이덴티티를 폐기할 때 비로소 이데올로기에서 벗어나는 것이다. 지젝은 이런 행위야말로 상징적 질서를 전복하는 급진적이고 참으로 진정한 행위라고 주장한다(Žižek, 1999: 266). 〈자살클럽〉과 〈노리코의 식탁〉에서 이런 '사막 가로지르기=환상 가로지르기'에 무관심하거나 실패한 자는 범죄자로 비난받는다. 가령 〈자살클럽〉에서 한 어린아이가 구로다 형사에게 전화로 이렇게 말한다.

> 당신과 당신의 관계는 무엇입니까? 지금 당신이 죽는다면 당신과의 관계는 어떻게 달라질 겁니까? 당신과 나의 관계는? 지금 당신이 죽어도 당신과 당신 아내와의 관계, 당신과 당신 자식과의 관계는 없어지지 않습니다. 하지만 당신이 죽는다면 당신과 당신 자신의 관계가 사라지는 걸까요? 당신은 당신의 관계자입니까? 왜 당신은 다른 사람의 고통을 자신의 것처럼 느끼지 못했습니까? 왜 당신은 다른 사람의 고통을 자신의 것처럼 나누지 못했습니까? 당신은 범죄자입니다. 당신은 당신의 일밖에 생각하지 않는 형편없는 사람입니다.

이는 〈자살클럽〉이 주어진 기존의 상징적 아이덴티티를 자명하게 여기는 어른들의 세계와 현실 사회에 대한 (아직 아이덴티티가 분명치 않은) 아이들의 복수 이야기임을 시사한다. 더 나아가 앞서 언급한 〈자살클럽〉의 후반부 장면에서 '데저트' 콘서트장을 찾아간 미쓰코에게 어린아이들은 "지금 당신이 죽는대도 당신과 연결된 세상은 남아 있죠. 그럼 왜 당신은 살고 있나요?", "당신은 당신과 관계가 가능합니까? 나와 당신의 관계 혹은 피해자와 가해자의 관계처럼 당신과 당신은 당신과 당신의 남자 친구처럼 관계가 가능합니까? 당신은 당신의 관계자입니까? 당신은 당신을 추구하고 있습니까?"라고 추궁한다.

홀로코스트와 같은 대량 학살이 일어난다 해도 세상은, 우주는 마치 아무 일도 일어나지 않았다는 듯이 무심하고 태연해 보인다.

모든 것을 집어삼키는 블랙홀은 나의 죽음이 아니라 나의 출생 이전에도 있었고 나의 죽음 이후에도 남아 있을 바로 이 세상(상징계)이다. 그 세상과 내가 맺는 관계는 블랙홀 같은 세상의 자리에서 보면 무 그 자체이다. 앞 장에서 언급한 '태연한 죽음'과 '즐기는 죽음'에는 바로 이런 '무'에 대한 감각이 깔려 있다. 그런 세상에서 살아야 할 이유는 무엇일까? 이 수수께끼에 대한 답의 실마리는 바로 '나와 나 자신과의 관계'에 있다는 것이다. 그것은 '세카이계'[8]적인 '오직 나와 너만의 관계'도 아니고 히키코모리(은둔형 외톨이)적인 닫힌 관계도 아니다. 오히려 그것은 나와 모든 세상, 우주 전체에 대해 활짝 열려진 관계에 더 가깝다. 그런 관계는 무엇보다 '나의 텅 빈 결여'를 전제로 한다.

지젝이 제시하는 정신분석의 윤리적 행위는 이런 주체의 결핍을 통해 상징적 아이덴티티로부터 철저히 일탈하고 궁극적으로 상징적 질서를 와해시키는 행위 안에 있다. 이때 이렇게 비워진 주체는 새로운 아이덴티티를 부여받게 될 것이다(양석원, 2001: 293). 라캉에게 상징적 질서는 주체의 결여를 매개로 한 주체화된 구조를 가지고 있다. 그것은 완결되고 닫힌 구조가 아니라 균열을 지닌 열린 구조이다. 라캉적 주체는 바로 이런 균열의 지점에 위치한다. 주체는 이데올로기적 구조 안에서 자신을 실현하는 것이 아니라, 구조의 틈새에서 이데올로기의 바깥을 향한 상징적 죽음을 감수하는 행위를 통해 자신의 욕망을 추구한다. "당신은 당신을 추구하고 있습니까?"라는 물음은 이런 욕망의 추구를 가리킨다.

하지만 그것은 불가능한 욕망일지도 모른다. 주체는 그 자체를

---

[8] '너와 나의 순애'만이 절대적인 가치를 가지는 것으로 묘사되는 서브컬처 작품군. 세카이계의 특징에 관해서는 본서 7장 참조.

인식할 수 없는 잉여가 있는 한에서만 주체로서 존재하며, 그 자신의 근본적인 불가능성을 통해서만 존재할 수 있기 때문이다(Žižek, 2000: 28). 즉 주체는 영원히 완전한 존재론적 아이덴티티를 획득할 수 없는 것이다. 이는 주체의 역설이다. 라캉에게 빗금 친 주체(텅 빈 주체)와 그 주체 안의 결여를 구현하는 잔여이자 욕망의 원인인 대상a는 상관적이다. 즉 주체화에 저항하는 어떤 잔여분, 주체가 인식할 수 없는 어떤 잉여나 틈새가 존재해야만 주체가 존재할 수 있다는 말이다. 구미코의 우에노역 54번 코인로커는 그녀에게 이런 틈새로서의 의미를 함축하고 있었다.

이제 우리는 〈노리코의 식탁〉의 마지막 장면에 가까이 와 있다. 데쓰오는 "내가 잘못했어. 이 집에서 다시 태어나자. 여기서 우리는 일단 죽은 거야"라고 말하고, 세 시간의 렌털 연장이 끝나자 딸들은 행복했다고 말한다. 미쓰코인지 노리코인지 모를 여자의 웃음 뒤에는 그녀가 가출하던 날 밤처럼 "모두가 잠들기 전에 이 집이 정전이 되면 좋겠어"라는 미련이 남아 있다. 그러나 집 구석구석은 이 '검은 태양'에게는 너무 환했다. 한편 언니 노리코가 가출할 때 입었던 외투를 입고 잠자리를 빠져나온 유카는 잠든 데쓰오에게 "아빠 고마워요!"라고 말하고 밖으로 나온다. 차가운 새벽 공기를 맞으며 이번엔 그녀가 노리코 대신 소매 실밥을 뜯어내어 길바닥에 버린다. 시내로 통하는 내리막길로 걸어가면서 유카는 지금까지와는 다른 곳으로 가고 싶다고 독백한다. 잠에서 깬 노리코는 "엄청난 기분을 작은 잔에 담으면 넘쳐흐르지. 그걸 눈물이라고 해"라고 말한다. 그러면서 유카에게 그리고 자신의 지나간 청춘의 시간들과 렌털 아이덴티티(미쓰코)와 '폐허 닷컴'에 안녕을 고하며 "나는 노리코!"라고 독백한다. 그러자 영화의 막이 내린다. 이로써 렌털 아이덴티티도 영원히 장막 뒤로 사라져버린 것일까?

IV. 무엇이 사막이고 무엇이 낙타인가

영화는 막을 내렸지만 영화가 제기하는 아이덴티티 문제에는 막 자체가 없다. 자살클럽 사이트의 화면에 뜬 "당신은 당신과 관계하고 있습니까?"라는 물음은 죽음충동, 주이상스, 상상계·상징계·실재계, 소외, 분리, 환상 가로지르기 등의 정신분석적 개념들을 매개로 영화 속의 자살과 아이덴티티 유형들을 해석해낸 이후에도 여전히 그 잔여분을 남기고 있다. 그 잔여분을 "무엇이 사막이고 무엇이 낙타인가?"라는 물음으로 치환해보면 어떨까? 소노는 이 영화를 통해 모두가 '내 안의 분노'[9]로 고통 받고 있는 이 시대에 사막과 고독을 직관하면서 사막을 가로질러 건너가기, 그것이 우리의 참된 역할임을 시사한다. 그렇다면 어떻게? 『어린 왕자』의 여우는 "사막이 아름다운 건 어딘가에 우물이 숨어 있기 때문이야"라고 말하지만, 정작 사막을 견디게 해주는 것은 오아시스가 아니다. 오아시스라는 환상을 가로질러 갈 수 있게 해주는 것은 바로 낙타이다. 〈자살클럽〉의 걸그룹 '데저트(사막)'는 '당연한 보답'을 뜻하는 동시에 '포기'를 뜻하기도 한다. 라캉은 약자와 강자가 따로 있는 것이 아니라 실은 우리 모두가 근원적으로 취약한 '오인의 구조'를 가지고 있다고 보았지만, 사막은 모든 약함을 버리고 모든 강함을 취한다. 그렇다면 사막을 건너는 낙타는 강자에 속한 것일까? 여기서 '검은 태양' 구미코가 렌털가족회사 직원 교육에서 행한 강연 내용과 데쓰조에게 한 말에 주목해보자.

---

[9] 모순이 그러하듯이 분노 또한 창조의 원동력이기도 하다. 소노는 한 인터뷰에서 도발적으로 이렇게 말한다. "나는 항상 세계에 대해, 일본에 대해, 거기로부터 우주 전체에 대해 분노하고 있다."(http://www.excessif.com/cinema/actu-cinema/dossiers/guilty-of-romance-interview-sono-sion-6495543-760.html 참조)

어느 날 괴롭히는 자(A)와 괴롭힘 당하는 자(B)가 역할을 바꾸었다고 하자. A는 처음으로 괴롭힘 당하는 아픔을 알고 오열한다. 그는 이후 결코 남을 괴롭히지 않게 될 것이다. 그러나 누군가는 B의 역할을 하지 않을 수 없다. 사람들은 누구나 잔이 아니라 샴페인의 역할, 꽃병이 아니라 꽃의 역할을 하고 싶어 한다. 하지만 세상은 잔과 꽃병을 필요로 한다. 누군가가 그런 역할을 해야만 한다. 이는 주인과 노예의 관계 혹은 자본주의의 논리일지도 모른다. 모두가 행복해지기 위해 각자의 역할을 맡는 것이다. 연인, 부부, 부모와 자식이 역할을 바꾸어보라. 사자도 필요하고 토끼도 필요하다. 물론 사자와 토끼는 역할을 교환할 수 없다. 그러나 인간에게는 그게 가능하다. 누군가는 잡아먹고 누군가는 잡아먹혀야 한다. 그것이 서클의 '원환[輪]'이다. 거기에는 물론 모순이 존재한다. 참된 서클은 완전할 수 없다.

데쓰조, 당신에게 두꺼운 윤곽선을 줄게. 그래서 당신은 사자가 되면 돼. 내가 토끼가 되어드릴게. 나한텐 두꺼운 윤곽선은 필요하지 않아. 내 과거는 코인로커 안에서 썩고, 나는 더 높은 단계로 올라갈 거니까. 난 사람들이 받아들이고 싶어 하지 않는 토끼의 역할을 할게. 행복해지고 싶어 하는 사람들이 원하는 두꺼운 윤곽선에는 질렸어.

라캉은 하이데거가 비유로 언급했던 꽃병을 예로 들면서 '물(das Ding)'과 그것이 표상하는 사물의 이름(기표) 사이에 존재하는 '구멍'을 설명한다. 상식적으로 말하자면 꽃병은 재료에 의해 만들어진다. '무'에서 만들어지는 것은 없다. 그러나 분석적 측면에서 볼 때 꽃병은 실재계 중심의 무를 표상한다. 꽃병의 빈 공간은 물의 표상 안에 나타나는 빈 공간인데 그것은 무이다. 토기장이는 손으로 이 빈 공간의 둘레에 꽃병을 만들고 그 구멍으로부터 그리고 그 구멍 저편에 창조자처럼 꽃병을 만든다. 인간도 물을 중심으로 실존하는데, 이 물의 실존을 알려주는 것은 바로 기표이다. 그러나 기표는 물의 본질을 알려주지 못한다. 빈 공간으로부터 기표만이 계속해서 발생될 뿐이다. 그래서 '물'의 본질은 알지 못한 채 '물'의 파생물인 기표의 실존만이 허용되는 인간은 "기표 때문에 괴로워한다."(Lacan, 1992: 120-121)

또한 라캉은 '존재'와 '의미'를 대비시키면서, 인간이 존재를 선택하면 주체는 사라지고 무의식인 비의미에 속하게 되며, 의미를 선택할 경우 비의미를 빼앗긴 채로 살아남게 된다고 말한다. 물론 우리가 주체가 되고자 한다면 어쩔 수 없이 의미(대타자)를 선택할 수밖에 없다. 이는 우리가 언어(기표)에 의지하는 한 피할 수 없는 강요된 선택이다. 라캉은 이런 강요된 선택을 헤겔의 '주인과 노예의 변증법'에서 빌려 왔다. 헤겔에 의하면 주인과 노예는 명백히 상호 인정의 관계에 갇혀 있다. 주인이 주체가 되기 위해서는 노예로부터 주인임을 인정받아야 한다. 노예 또한 주인에 의해 그렇게 인식되었기 때문에 자신이 노예임을 아는 것이다. 그러므로 주인은 노예로부터 자신의 아이덴티티를 인정받을 때에만 자신의 인생을 자유롭게 영위할 수 있다. 그러나 이 변증법의 역설은 긍정적인 것이 항상 부정적인 것으로 뒤바뀐다는 데에 있다. 주인은 자신의 아이덴티티에 대한 인정을 노예에게 의존하기 때문에 결코 자유로울 수 없는 반면, 노예는 자기 확인을 위한 다른 근원(노동)을 가지고 있으므로 주인에게 의존하지 않는다. 만약 이처럼 노예의 아이덴티티가 그의 노동을 통해 확증되는 것이라면 자유로운 사람은 주인이 아니라 노예라는 것이다(Homer, 2005: 23-24).[10] 이런 헤겔과 라캉의 통찰에 비추어 구미코의 생각(실은 소노 감독의 생각)을 읽어보자면 아래 〈표 2〉와 같은 도식으로 정리될 수 있다.

〈표 2〉 무엇이 사막이고 무엇이 낙타인가

아이덴티티 역할 게임	사막	주인	꽃	샴페인	가해자	강자	사자	의미	행복	어른	에로스	상징계	두꺼운 윤곽선
	낙타	노예	꽃병	잔	피해자	약자	토끼	존재	자유	아이	타나토스	실재계	희미한 윤곽선

사막은 두꺼운 윤곽선을 지닌 주인들(가해자, 강자, 사자, 어른)이 세상(꽃, 샴페인, 의미, 행복, 에로스, 상징계)을 지배하는 상상적 공간이다. 이에 비해 낙타는 희미한 윤곽선을 지닌 (그래서 경계를 설정할 수 없는) 노예들(피해자, 약자, 토끼, 아이)이 응시하는 물(꽃병, 잔, 존재, 자유, 타나토스, 실재계)을 표상한다. 사막과 낙타는 주인과 노예가 그렇듯이 한쪽이 없어지면 스스로도 존재 이유를 상실해버리게 되는 그런 관계에 있다. 따라서 사막과 낙타의 관계는 양자택일이 아닌 역할의 문제일 뿐이다. 그것은 일종의 아이덴티티 역할 게임이다. 이것이 "당신은 당신의 관계자입니까?"라는 물음에 대해 소

10 코제브는 이 변증법을 기본적으로 욕망과 인식의 투쟁으로 읽었다. 주인과 노예는 인정을 위한 상호 투쟁 속에 갇혀 있다는 것이다. 어느 한쪽도 타자의 인정이 없이는 존재할 수 없다. 그러면서도 양자는 서로에게 최악의 적이다. 이는 목숨을 건 투쟁인 동시에 만약 한쪽이 죽는다면 다른 편 또한 죽을 수밖에 없는 싸움이다. 그런데 라캉은 이런 변증법적 과정이 상상계 내에서 일어난다고 보았다. 라캉은 거울단계에 대한 설명에 공격성이라는 요소를 첨가함으로써 자기와 타자 사이의 관계를 근본적인 대립 관계로 상정한다(Lacan, 1988: 72).

노 영화가 제시하는 하나의 답변이다. 그리하여 "당신은 당신의 관계자입니까?"라고 묻는 주체(낙타)는 사막(세상)을 다음과 같이 정의 내린다.

> 자살클럽 따위는 존재하지 않아요. 그것은 당신들의 무관심과 호기심이 낳은 겁니다. 그것은 자살 서클, 즉 원환[輪]입니다. 예전에 코인로커에서 태어난 아마테라스를 상상해보세요. 현대의 아마노이와토는 우에노역 54번 코인로커에서 시작된 겁니다. 이 세상이야말로 자살클럽입니다.

이처럼 소노 시온은 연기하는 주체의 문제에 직면하여 인간과 세계의 허구를 정면으로 돌파할 것을 주창하면서 등장인물의 입을 통해 "하나의 원환인 이 세상이야말로 자살클럽"이라고 말한다. 여기서 우리는 낙타를 타고 사막을 가로지르며 죽음과 무화(無化)를 욕망하는 주이상스적 주체의 모습을 상상하게 된다. 이런 의미에서 자살클럽으로서의 현대 일본 사회라는 발상은 라캉주의자 맥고완의 표현을 빌리자면, 어쩌면 '금지의 사회에서 주이상스의 사회로'(McGowan, 2004: 3-17)라는 포스트 고도성장기 일본 사회의 변용을 시사하고 있는지도 모른다.

3장 주체와 아이덴티티: 〈자살클럽〉과 〈노리코의 식탁〉 **189**

4장

사랑과 여성적 주이상스: 〈사랑의 죄〉

"이곳에서 사람들은 모두 성 주변만 빙빙 돌고 있다.
성에 들어가고 싶지만 아직 누구도 성을 본 적이 없다."(〈사랑의 죄〉)

"언어 따위는 배우지 말았어야 했다 / 언어가 없는 세계 / 의미가 의미이지
않은 세계에 살고 있다면 / 얼마나 좋았을까"(다무라 류이치, 「귀도」 중)

"증오는 모든 감정 중에서 가장 많은 사랑을 품고 있다."(소노 시온)

I. '여성혐오'의 섹슈얼리티: 성(城)은 무엇인가

사드의 소설집 『사랑의 범죄(Les Crimes de L'Amour)』에서 제목을 따온 소노 감독의 〈사랑의 죄〉는 남성 연대적(homosocial)이고 여성혐오적인 일본 사회에 대한 저항적 섹슈얼리티의 이야기라 할 수 있다. 영어 제목이 남자들의 로망 환상에 대한 감독의 죄의식을 암시나 하듯 'Guilty of Romance'로 되어 있는 이 작품에는 남자의 환상을 완벽하게 만족시켜주는 이상적인 여성상, 즉 철저하게 순종적이면서 섹시한 아내 기쿠치 이즈미라는 캐릭터가 등장한다. 이즈미는 영화 속에서 베스트셀러 『밤의 동물원』과 『사랑은 세상을 비춘다』로 유명한 대중 소설가 기쿠치 유키오의 아내이다. 날마다 정확히 아침 7시에 작업실(실은 러브호텔)로 출근해 저녁 9시에 들어오는 남편은 이즈미를 완벽하게 지배하고 있다. 남편의 귀가 시간에 맞추어 현관 앞에 슬리퍼를 가지런히 놓고 기다리다가, 9시 정각에 남편이 현관문을 열고 나타나자 가방을 받아들고 조신하게

인사하는 이즈미. 거실에서 차를 마시는 남편 옆에 무릎 꿇고 앉아 시중드는 이즈미. 남편의 덧신과 구두를 신기 편하게 돌려놓는 이즈미. 프랑스제 비누 '사봉 드 마르셀(Savon de Marselle)'만 쓰는 남편의 호통 앞에 여종처럼 순종적인 이즈미. 아내에게 벗은 몸을 과시하는 남편이 "오랜만이지? 내 페니스를 만져도 좋아"라고 말하자 기뻐하며 이에 응하는 이즈미.

하지만 그녀의 내면은 알 수 없는 공허한 권태감 혹은 자기혐오감으로 텅 비어 있다. 그녀는 어느 날 일기장에 "30세를 넘기기 전에 무언가가 하고 싶어"라고 적는다. 남편에 대한 마조히즘적인 사랑(영화가 진행되면서 이 사랑이 실은 거짓 환상임이 드러난다)만으로는 어찌할 수 없는, 채워지지 않는 어떤 욕망이 그녀를 옥죄고 있다. 현관문 앞에서 스스로 옷을 벗고 알몸이 되어 남편을 탐하는 등 능동적인 성적 환상으로 나타나기도 하는 이즈미의 욕망은 마침내 그녀를 오자와 미쓰코라는 여성과의 만남으로 이끌어간다. 이런 이즈미와 미쓰코라는 두 여성을 중심으로 전개되는 〈사랑의 죄〉의 줄거리는 다음과 같다.

'신비함을 간직한 장소'인 시부야 마루야마초(円山町) 35번지 러브호텔가에서 두부와 수족이 잘려나간 채 이등분되어 마네킹과 접합된 여성 사체가 발견된다. 하반신과 얼굴은 마네킹이고 상반신은 세라복 차림인 이 사체 옆의 벽에는 '성(城)'이라는 글자가 붉은 핏물로 적혀 있었다. 한편 슈퍼에서 아르바이트를 하게 된 이즈미는 거기서 알게 된 사진 스튜디오의 여사장 에리의 권유에 따라 모델 일을 하기로 한다. 그러나 그 스튜디오는 실은 포르노를 찍는 곳이었다. 결국 이즈미는 카메라 앞에서 포르노 배우 마티니와 정사를 나눈다. 그러던 어느 날 이즈미는 마루야마초 거리에서 매력적인 청년 가오루와 마주치는데, 그는 마술로 이즈미의 관심을 끌고 러브호텔에서 굴욕적인 성행위를 강요한다. 이윽고 호텔에서 나온 두 사람은 한 명문 대학의 국문과 조교수인 미쓰코와 만나게 된다. 낮에는 대학교수로 살다가 밤이 되면 싸구려 창녀로 변신하는 미쓰코는 이즈미를 창녀의 길로 끌어들여 '언어는 곧 몸'이라는 시적 논리와 함께 사랑 없는 섹스를 할 때는 남자에게 반드시 돈을 받아야 한다는 논리를 가르친다. 창녀로서 첫 손님을 받은 후 이즈미는 일기장에 "내 일기는 끝. 나는 해방되었다"라고 적는다. 이후 이즈미는 가오루가 운영하는 콜걸 회사인 '마녀클럽'에 들어가 손님을 받는데, 약속된 러브호텔 방에 들어서보니 그는 다름 아닌 남편이었다. 이때 이즈미는 "내가 누군지 알아?"라고 분노하면서 남편에게 화대를 요구하는가 하면, 미쓰코와 남편의 섹스 장면을 옆에서 지켜보기까지 한다. 영화의 종반부에 접어들면서 이윽고 토막 살인 사체가 미쓰코임이 드러난다. 그녀는 10년 전에 작고한 아버지를 사랑했었다. 같은 대학 같은 학과의 교수였던 아버지는 그림 그리기를 좋아하여 미쓰코의 누드화를 그리기도 했다. 하지만 미쓰코의 불가능한 금지된 사랑 앞에서 아버지는 딸에게 카프카의 『성』이라는 소설책을 주면서 "사람들은 성 주변을 맴돌 뿐, 성 입구를 찾지 못한다. 결코 성에 들어가지 못한다. 지금 네게 성은 나야"라고 말한다. 이런 딸을 증오하는 미쓰코의 어머니가 이즈미와 가오루에게 미쓰코를 살해하도록 사주한 것이다. 미쓰코의 죽음 이후 이즈미는 요코라는 이름의 거리 창부로 살아간다.

대학교수와 거리의 창녀를 한 몸에 구현하고 있는 미쓰코는 실제로 1997년 3월 19일 도쿄 시부야 마루야마초의 낡은 목조 아파트에서 한 창녀가 목이 졸려 숨진 채 발견된 이른바 '도쿄전력 여사원 사건'을 극화한 캐릭터이다. 그런데 피해자가 게이오대학 경제학과 출신에다 '도쿄전력'에 근무하며 1,000만 엔 상당의 연봉을 받는 39세 커리어우먼이었다는 사실이 밝혀지면서 이 사건은 일대 스캔들이 되어 오랫동안 많은 지식인의 관심[1]을 끄는 등 일본 사회 전체를 떠들썩하게 만들었다. 시체가 발견된 마루야마초의 초라한 아파트는 일본 여사원들의 성지가 되었고 그곳에는 꽃을 바치는 행렬이 몇 년이나 이어졌다. 이뿐만 아니라 당시 많은 여자가 이 이야기는 바로 내 이야기라는 느낌을 받았다고 토로할 만큼 이 사건은 특히 여성들의 특별한 관심을 끌어모았다. 피해자의 아버지는 도쿄대학 출신으로 '도쿄전력'의 엘리트 사원이었는데, 그녀가 대학 2학년 때 50대 나이로 급사했다고 한다. 존경하던 아버지를 잃은 딸은 대학 졸업 후 아버지가 다니던 회사에 입사하게 되었다. 그녀의 어머니 또한 일본여대 출신이었다. 스기나미구에 단독주택을 가진 부유한 중산층 가정에서 자란 피해자가 무엇 때문에 5,000엔에서 2만 엔 사이의 값싼 가격[2]으로 손님을 받고 그것을 꼼꼼하게 수첩에 기록했던 것일까?

---

1 르포라이터 사노 신이치(佐野眞一)는 『도쿄전력 여사원 살인 사건』(2003)과 『도쿄전력 여사원 신드롬』(2003)을 펴냈으며, 작가 기리노 나쓰오(桐野夏生)는 이 사건을 모델로 『그로테스크』(2003)라는 장편소설을 출간했다. 또한 에세이스트 나카무라 우사기(中村うさぎ)는 『나라고 하는 병』(2006)에서 이 사건에 관해 한 장을 할애한 바 있다.
2 당시 시부야의 매춘 시가는 평균 3만 엔을 호가했고, 원조 교제의 경우 팁을 더해 하룻밤 5만 엔까지 했다고 한다.

남성 연대 사회와 여성혐오

이 물음은 페미니스트 사회학자 우에노 치즈코(上野千鶴子)가 『여성혐오: 일본의 미소지니』[3]에서 두 장에 걸쳐 이 도쿄전력 여사원 사건에 대해 상세히 기술하면서 제시한 세 가지 이유와 겹쳐진다(우에노 치즈코, 2012). 첫째, 치즈코는 피해자가 매춘의 대가로 헐값을 받았을 때 그녀가 매긴 것은 실은 상대방 남자의 가격이었다는 르포라이터 사노 신이치의 말을 인용하면서 그런 해석에 공감을 표한다. 즉 피해자에게 5,000엔을 지불한 남자는 그 자신의 성욕에 5,000엔이라는 헐값을 매긴 것으로, 거기에는 성욕의 충족을 여성에게 의존할 수밖에 없는 남자들의 텅 빈 환상에 대한 비웃음이 함축되어 있다.

둘째, 작가 사카구치 안고는 『타락론』에서 "사람은 그것[타락]이 올바르기만 하다면, 갈 수 있는 끝까지 타락해보는 것이 필요하다. 사람뿐만 아니라 일본도 타락할 필요가 있다. 있는 힘껏 타락해봄으로써 진정한 자신을 발견할 수 있게 되고 비로소 구원의 손길을 내미는 것이 가능하기 때문이다"(坂口安吾, 1985: 98)라고 적는다. 치즈코는 이와 관련하여 "도쿄전력 여사원의 가면을 벗어 던지고 거리의 창녀가 된 그녀의 모습은 사카구치 안고가 말한 타락을 연상케 하여 나를 감동시킨다. … 그녀의 타락은 너무나도 한결같아 인간의 타락을 초월한 순수함과 신성함을 느끼게 해주며 무어라 말로 표현할 수 없는 가슴 떨림을 경험하게 해준다"는 르포라이터의 아전인수적인 해석에 대해 날 선 비판의 칼날을 들이댄다. 즉 이처

---

[3] 『女ぎらい: ニッポンのミソジニー』(紀伊國屋書店, 2010). 한국어판 제목은 『여성혐오를 혐오한다』(은행나무, 2012).

럼 피해자를 타락의 카리스마로 추앙하는 정신세계 속에는 섹슈얼리티를 통해 구도와 구원을 바라는 20세기적 낭만주의의 상투성과, 보잘것없는 대가를 받으며 남성의 욕망을 채워주는 여성에게서 막달라 마리아나 성모마리아 혹은 상처투성이의 관음보살을 보고 싶어 하는 남자들의 동경이 깔려 있다는 것이다. 이는 전술한 '로망의 환상'과 상통하는 대목이다.

셋째, 여기서 더 나아가 치즈코는 정신과 의사 사이토 마나부(齋藤學)의 프로이트적 해석을 참조하면서 '아버지의 딸'이라는 관점에서 도쿄전력 여사원 사건을 분석한다. 아버지를 사랑하고 아버지의 기대를 받으며 훌륭하게 자란 맏딸은 '아버지의 딸'이 된다. 그런데 대학생 때 아버지를 잃은 딸은 아버지와 자신을 동일시하면서 자기가 가족을 책임져야 한다고 생각하며 아버지 대신 가장이 되려고 한다. 그리하여 회사에서는 "죽은 아버지의 이름을 더럽히지 않도록 열심히 일하겠다"고 다짐한다. 이러한 자부심은 곧 무력한 보호자인 어머니에 대한 경멸로 바뀌고, 어머니는 오만한 맏딸 대신 작은딸에게 애착을 가지며 맏딸을 배제하려고 한다. 이런 상황에서 그녀에게 자기 신체에 대한 증오와 복수심의 감정, 즉 자기 처벌의 욕망이 생겨났다. 이는 동시에 어머니에 대한 처벌을 의미하기도 한다. 따라서 그녀의 매춘 행위는 어머니와 여동생에 대한 공격이자 자기 신체에 대한 공격이기도 하다. 그녀는 죽은 아버지와 연결되어 있었고 그래서 사실은 '남성 연대'에 속해 있어야 했지만 자신의 신체가 그것을 방해했던 것이다. 그로 인해 자신이 불완전한 아버지밖에 될 수 없다는 사실을 알고 그녀는 아버지와의 동일시를 방해하는 여성 신체를 벌하려 했다. 다른 한편 아버지의 지배를 받으면서 아버지를 혐오하는 딸은 아버지에 속해 있던 자신의 신체를 더럽힘으로써 아버지를 배신하고 아버지에게 복수하려 한다. 이것들은 모두 딸의 자해 행위를 수반한다는 것이다.

여기서 특히 남성 연대(homosocial)라는 표현에 유념할 만하다. 치즈코는 가부장제의 기본 원리와 관련하여 남성 연대와 '미소지니(misogyny)'에 주목한다. 이때 '미소니지'는 남성들의 여성혐오를 의미하는 말인데, 여성 측에서 보자면 '자기혐오'를 가리키는 셈이다. 남성 연대는 이런 여성혐오에 의해 성립되고 유지된다. 왜냐하면 남성 연대적인 남자가 자신의 성적 주체성을 확인하기 위해 이용하는 장치가 바로 '여성에 대한 성적 객체화'이기 때문이다. 다시 말해 남자들은 여성의 성적 객체화(타자화=배제화)를 서로 승인함으로써 연대를 형성한다. 따라서 남성들은 여성을 남성과 동등한 성적 주체로 인정하지 않고 오히려 여성을 멸시하고자 한다. 여성혐오의 핵심은 바로 이와 같은 여성의 객체화(타자화=배제화=여성멸시)에 있다는 것이다(우에노 치즈코, 2012: 36-37).

이렇게 볼 때 섹슈얼리티와 관련하여 여성혐오는 곧 여자를 성적 도구로만 보는 여성 멸시를 뜻하며, 핑크 영화나 로망 포르노를 비롯하여 특히 AV는 명백히 이와 같은 여성 멸시 위에 구축된 남자들의 환상이 만들어낸 것이 된다. 여기서 우리는 남자들의 성적 환상이 모든 개인차를 넘어서서 남성 연대적인 집단 환상에 토대를 두고 있다는 사실을 확인할 수 있다. 우에노 치즈코가 진단하는 일본 사회는 한마디로 여성혐오가 지배하는 남성 연대 사회이다. 도쿄전력 여사원 사건의 피해자는 물론이고 영화 속 미쓰코와 이즈미의 창녀 연출은 어쩌면 이와 같은 남성 연대적 일본 사회에 대한 절망적인 저항의 몸짓일지도 모른다. 하지만 그 저항의 몸짓은 오직 자기 자신의 파괴를 통해서만 가능한 하나의 '불가능한 꿈'이었다.

성이란 무엇인가

〈사랑의 죄〉는 그런 '불가능한 꿈'의 메타포로 '성(城)'을 묘사하고 있다. 가령 시부야 마루야마초 러브호텔가에서 처음 이즈미를 만난 가오루는 거리의 젊은이들을 가리키며 "봐, 모두 성을 찾고 있어. 그 성은 찾고 싶지만 누구도 본 적이 없지. 그래서 빙빙 돌고 또 도는 거지. 아직 성으로 통하는 입구를 본 적이 없어. 우리만의 성으로 가자!"고 유혹한다. 같은 장소에서 처음 이즈미를 만난 미쓰코 또한 "난 거리의 창녀예요. 이곳에서 사람들은 모두 성 주변만 빙빙 돌고 있어요. 성에 들어가고 싶지만 아직 누구도 성을 본 적이 없지요"라고 말한다. 이에 이즈미가 "당신이 말한 성은 카프카의 『성』인가요? 저는 소설가의 아내라서 책을 많이 읽어요. 제 남편은 너무나 순수하고 정결한 사람이라 옆에 같이 있기가 힘들지만요"라고 응수하자, 미쓰코 또한 "내 아버지도 너무나 순수한 사람이었지요"라고 대답한다.

시각적으로는 보이지만 도저히 접근할 수 없는 카프카의 『성』은 본질적으로 순수하고 고상한 도덕적 초자아뿐만 아니라 추레한 성적 욕망으로 구성되어 있다.[4] 그러나 주인공 K는 이 사실을 인정하지 않는다. 이런 오인이 K의 성 진입을 방해하는 것이다. 그가 성에 입장하려면 리비도적 욕망을 인정하고 성의 외설적 측면과 관계를 맺어야만 할 것이다. 이즈미는 남편이 너무나 순수하고 고상

---

[4] 프란츠 카프카의 소설 『성(Das Schloss)』(1926)의 주인공 K는 어느 날 밤 눈으로 뒤덮인 벽촌에 도착한다. 그는 마을 근처의 성에 측량 기사로 파견되었는데, 사람들은 그의 말을 믿지 않는다. 이튿날 아침 성을 향해 올라가는 그는 사람들에게 길을 물어도 냉대를 받을 뿐이고 온갖 노력을 다해보지만 결국 성에 접근하는 데 실패하고 만다.

한 사람이라고 믿었고 그렇기 때문에 알 수 없는 중압감으로 숨이 막힐 지경이었으나, 이윽고 그런 남편의 외설적 측면을 알고 나서 분노와 함께 해방감을 느낀다. 그렇다면 이즈미에게 성(城)이란 무엇일까? 이 물음에 대한 답변을 라캉적 '기표의 주체'라는 관점에서 모색해보기로 하자.

"주체는 기표(언어)의 효과"라는 라캉의 기표 이론은 『에크리』의 핵심적 주제이다. 소쉬르는 언어의 최소 단위를 기표(시니피앙)와 기의(시니피에)로 구성된 기호라고 보았다. 이때 기표란 청각적 이미지를 가리키고 기의는 개념을 의미한다. 소쉬르는 기표에 대한 기의의 우월성을 전제로 하면서 기호가 의미를 낳는다고 보았다. 라캉은 이런 소쉬르의 기표와 기의 개념을 받아들여 전복적인 재구성을 시도했다. 이때 그는 기의에 대한 기표의 우월성과 자율성을 주장하면서 주체가 탄생하는 문법을 은유와 환유로 설명했다.

먼저 은유의 문법은 아이가 상상계에서 상징계로 진입할 때 하나의 '대체' 기능으로 작동한다. 거기서는 하나의 기표가 다른 기표를 대체(은유)하게 된다. 어머니의 기표 대신 아버지의 기표가 들어서는 것이다. 주체의 탄생은 이 지점부터 시작된다. 이때 기표가 주체를 대리함으로써 무의식이 발생한다. 그래서 라캉은 주체를 의식 주체(코기토)가 아니라 무의식의 주체라고 말한다. 이에 비해 환유의 문법은 상징계 안에서의 '연결' 기능으로 작동한다. 상징계에서 기표는 항상 하나의 기표와 다른 기표와의 연결, 즉 연쇄 사슬의 형태로만 존재한다. 이 연쇄 사슬이 의미를 발생시킴으로써 의미의 담지자로서의 주체가 탄생하는 것이다.

그러니까 우리가 흔히 말하는 '나'라는 주체는 상징계의 주인이 아니라 상징계를 이루는 하나의 항목에 불과하다. 상징계의 진짜 주인은 주체가 아니라 기표라는 말이다. 기표가 주체의 실질적인 원인이다. 주체는 그때그때 기표의 순환에 의해 주어진 역할을 함으로써 존재할 수 있다. 라캉은 『에크리』에서 포(Edgar Allan Poe)의 유명한 단편 「도둑맞은 편지」에 대한 개성적인 해석을 통해 이 점을 규명했다.[5] 요컨대 우리가 통상 사유의 출발점에 놓는 주체(코기토)는 실은 기표의 효과에 불과한 것이다.

이와 같은 라캉적 주체의 관점에서 보자면 K의 성 진입 실패는 기표와 기의의 영원한 어긋남에서 비롯된 것이라 할 수 있다. 기표와 기의는 서로 분리되어 있는데, 이때 "기표는 기의 밑으로 끊임없이 미끄러져 들어간다." 이 말은 고정된 의미(기의)가 존재하지

[5] "대신을 동행한 왕이 갑자기 왕비의 방에 들어온다. 왕비는 당황했지만 태연한 척하며 읽던 편지를 아무렇지도 않게 탁자 위에 올려둔다. 왕은 아무것도 모르지만 대신은 왕비의 태도를 보고 그 편지가 중요하고 비밀스럽다는 것을 직감한다. 대신은 주머니에서 비슷한 편지를 꺼내 슬쩍 편지를 바꿔친다. 왕비는 이를 뻔히 보면서도 왕이 눈치챌까봐 두려워 아무런 제지도 못한다(1장). 경감이 사설탐정 뒤팽에게 편지를 찾아달라고 은밀하게 부탁한다. 대신의 집 거실의 벽난로에 구겨진 채로 아무렇게나 놓인 편지를 본 뒤팽은 그것이 문제의 편지임을 직감하고 편지를 바꿔치기 한다(2장)." 라캉은 편지의 내용이 전혀 알려지지 않은 채 그것을 둘러싸고 세 인물(왕비, 대신, 뒤팽)의 시선과 역할이 달라지면서 서사가 진행된다는 점을 토대로 상징계의 논리를 설명한다. 즉 1장과 2장은 사실상 동일한 사건이 인물만 바뀌면서 되풀이되는 구조이다. 이런 반복은 상징계(문자=편지)의 전형적 기능이다. 여기서 편지는 기표의 동의어로 간주된다. 소설의 진정한 주인공은 뒤팽이나 왕비(주체)가 아니라 편지(기표)라는 것이다. 편지는 특정인에게 속하지 않고 돌고 돈다. 모든 사건과 갈등의 중심에는 편지가 있다. 그것이 순환할 때마다 편지를 둘러싼 상이한 의미들이 발생하며 주체의 위치가 새롭게 규정된다. 이와 마찬가지로 상징계는 순수 형식이자 질료인 기표(문자=편지)에 의해 구성된다. 위에서 편지의 내용(의미)은 끝까지 알려지지 않으며 다만 편지의 순환이 플롯의 중심이 된다. 편지의 의미는 그것이 누구 손에 들어가느냐에 따라 달라지며, 편지에 대한 주체들의 시선도 고정된 것이 아니라 편지의 이동에 따라 달라진다. 이것이 순수차이로서의 기표의 모습이다. 확실하고 고정된 의미(기의)를 가진 기표는 어디에도 없다. 이 편지는 의미의 세계이기도 한 상징계가 순수 형식인 기표의 미끄러짐과 순환에 의해 구성됨을 잘 보여준다(김석, 2007: 120-122).

않음을 뜻한다. 우리는 살아가면서 필사적으로 어떤 의미를 찾아내어 그것을 고정시키려 한다. 우리가 상식적으로 알고 있는 주체는 의미를 추구하는 주체, 즉 의미의 주체이다. 우리는 의미 없이는 나의 삶도, 인간 사이의 소통도, 세계도 아무것도 아닌 것이 될 것만 같은 불안에 시달린다. 하지만 라캉에게 그런 불안은 어떤 고정된 의미가 있을 것이라고 믿는 주체의 환상에서 비롯된 강박신경증일 뿐이다.

우리가 강박적으로 찾아다니는 어떤 고정된 '의미', 그것이 바로 성이다. K는 마지막까지도 '의미의 주체'라는 환상을 성찰하지 못했다. 그는 불변적인 의미(기의)로서 존재하는 그 무엇이 있다고 철석같이 믿었지만, 의미의 성 안에 들어가는 것은 끝내 거부당했다. 이로써 K는 영원히 소외될 수밖에 없다. 라캉에 따르면 기의는 기표의 이면에 부재로서만 부착되어 있다. 그러나 이런 사실을 모르는 K는 기의가 독자적으로 존재한다고 믿는다. 성은 어떤 실체가 아니라 기표를 통해 환기되는 환상일 뿐이라는 사실을 몰랐던 것이다. 달리 말하자면 카프카는 주인공 K가 추구하는 성이 주체의 환상의 산물일 뿐이라는 점을 보여주는 셈이다.

이와 같은 성의 환상적 본질은 그것이 대상a 및 주이상스와 긴밀하게 연결되어 있음을 말해준다. 우리는 주체가 대상을 인식하고 욕망하면서 그 대상을 지배한다고 여긴다. 이것이 통상적인 상식이다. 하지만 주체는 기표에 의해 나타나면서 동시에 기표 밑으로 사라진다. 이러한 "주체의 소멸이 대상에 대한 욕망의 진정한 원인이다. 주체는 이러한 소멸을 통해서만 존재를 드러내는 욕망의 주체이다."(김석, 2007: 126) 이리하여 라캉은 대상이야말로 주체의 원인이며 주체를 지배한다고 생각했다. 이때의 대상을 라캉은 상식적인 대상과 구별하여 대상a라고 불렀다. "최초의 분리로부터 출현한 어떤 특권적인 대상"(라캉, 2008: 131)이라고 규정되는 대상a는 한마디로 실재의 조각이다. 실재와의 거리가 좁혀질 때 주체는 자신을 보호하기 위해 스스로를 분리시켜야 하는데, 그 분리는 불완전해서 무언가가 떨어져 나온다. 그것이 대상a라는 것이다. 예컨대 최초의 상실(어머니의 상실)은 완전히 제거되는 것이 아니라 균열의 가장자리에 대상a라는 유령을 출현시키는데, 그것이 욕망을 불러일으켜 주체를 흔들고 주체로 하여금 환상에 젖게 만든다. 그리하여 대상a는 왜곡된 응시로서의 환상적 욕망에 의해서만 인지될 수 있는 대상이 된다. 그것은 객관적인 시선의 경우에는 존재하지 않는 대상이다. 즉 대상a는 객관적으로는 '무'이지만, 그것이 욕망에 의해 왜곡될 때는 '어떤 것'의 형태를 띠게 된다. 주체가 이런 대상a에 가까이 다가가면 갈수록 그것은 사막의 신기루처럼 점점 더 멀어진다. 따라서 주체는 결코 대상a에 도달할 수 없으며, 언제나 욕망의 원인인 대상a를 놓쳐버리는 숙명에 처해 있다.

이 점에서 카프카의 성은 대상a와 닮은꼴이다. 그런데 대상a는 주이상스의 대상이기도 하다. 그러니까 주체는 성이라는 환상을 가로지르기만 하면 설령 찰나의 순간뿐이라 할지라도 자신의 순수한 욕망과 충동인 주이상스를 만날 수 있다. 이때 성이라는 환상이 주이상스에 대한 방어기제로 기능한다. 만일 환상이라는 스크린이 없다면 주체는 의미의 영역을 교란시키고 전복시키는 주이상스의 영역으로 쉽사리 빨려 들어가 비의미의 세계로 흡수되고 말 것이다. 주이상스는 주체의 근원적인 결여를 메꾸려는 마지막 시도로서의 절대적 욕망이지만, 그것은 언제나 불가능한 욕망에 머물러 있다. 참기 어려운 고통과 압도감과 혐오감을 수반하면서도 기이한 매혹의 원천인 과도한 쾌락을 가리키는 주이상스는 그것으로부터 자유롭고 싶지만 결코 자유로울 수 없는 그런 욕망이다. 그러니까 성에 들어간다는 것은 주이상스라는 불가능한 욕망을 욕망한다는 것을 뜻한다. 그런데도 성에 들어가야 한다고 생각하는 까닭은 왜일까? 이는 위반자로서의 초자아가 주이상스를 명령하기 때문이다. 그것은 불가능하고 절대적인 욕망에 대한 몰상식하고 맹목적인 명령이다. 그래서 지젝은 초자아를 주이상스로서의 타자이자 외설스러운 밤의 법이라고 지칭한 것이다. 〈사랑의 죄〉에서의 '죄'란 바로 이런 주이상스를 내장한 금지된 성 안에 들어가려는 위반을 뜻한다.

II. 여성적 주이상스의 이야기

영화 평론가 요시다 모르모트(吉田モルモット)는 〈사랑의 죄〉를 한마디로 "여성 영화의 부활" 혹은 "최강의 여성 영화"(松江哲明他, 2012: 182-183)라고 높이 평가한다. 하지만 그렇게 말할 수 있는 구체적인 근거에 대해서는 별 언급이 없다. 나는 그 근거로 〈사랑의 죄〉가 궁극적으로 여성적 주이상스의 이야기라는 점을 들고 싶다. 이 여성적 주이상스가 무엇인지를 이해하려면 먼저 남자와 여자에 대한 라캉의 범주 규정을 출발점으로 삼아 팔루스적 주이상스 혹은 성(性)적 주이상스의 문을 지나야만 한다.

초기 라캉은 프로이트와 마찬가지로 생물학적 개념이 개입된 팔루스(상상적 남근)를 중심으로 남자(남성성)와 여자(여성성)를 정의했다. 하지만 후기의 『세미나 20: 앙코르』(Lacan, 1998)에서는 남성성과 여성성이 생물학적으로 주어지는 것이 아니라 상징계적 기표로서의 팔루스를 매개로 하여 남성 주체와 여성 주체가 획득하는 주이상스의 유형에 따라 결정되는 것이라고 주장했다. 거기서 팔루스는 '남성의 상징'이나 '권력'과 같은 기의를 가진 기표라기보다는 오히려 '기의 없는 기표'이자 결여를 상징하는 '텅 빈 기표'를 가리킨다. 그것은 주체가 상징계에 진입하는 순간 상실해버린 어떤 것을 나타내는 기표이다. 따라서 주체는 모두 상징계 속에 존재하는 주체인데, 그것들은 성별에 관계없이 모두 상징적으로 '거세된 주체'라 할 수 있다.

남자와 여자

이런 상징적 거세에 대한 주체의 대응 방식은 경우에 따라 다르게 나타난다. 라캉이 말하는 남자와 여자는 생물학적 성이나 사회 문화적으로 구성된 젠더와는 다르다. 그것은 결여의 기표인 팔루스와 어떤 관계를 맺는지에 따른 구조의 차이를 가리킨다. 따라서 생물학적 남자가 라캉적 의미의 여자가 될 수도 있고 그 역도 성립한다. 즉 남자와 여자의 차이는 주체가 상징적 거세에 직면할 때 신, 언어, 법과 같은 완벽한 대타자와 상징적 질서에 대한 환상, 곧 전체성에 대한 환상을 가지느냐 아니냐의 문제와 관련되어 있는 것이다. 이때 순수한 욕망 또는 충동으로서의 주이상스는 대타자라는 상징체계를 교란시킨다.

   라캉적 남자는 완벽한 주이상스가 가능하다는 환상을 가지고 있는 사람이다. 그는 프로이트가 『토템과 터부』에서 말한 모든 쾌락을 독점하는 원초적 아버지처럼 되려는 사람, 즉 상징적 거세를 받아들이려 하지 않는 사람 혹은 상징계의 법칙에 지배되지 않는다고 믿는 사람을 가리킨다. 이에 반해 라캉적 여자는 완벽한 주이상스가 가능하다는 환상을 가지고 있지 않은 사람, 즉 '다른 주이상스(타자적 주이상스)'를 향유할 수 있는 사람을 뜻한다. 이로써 라캉적 여자는 상징 질서에서 완전히 자유롭지는 않지만, 체계의 불완전성이나 결핍을 경험하고 전체성의 환상에서 벗어날 수 있는 주체이다. 다시 말해 환상을 가로지를 수 있는 주체로서의 가능성을 내포한 주체인 것이다.

이에 비해 라캉적 남자는 타자의 욕망으로 나타나는 결여 혹은 공백을 상상적으로 메움으로써 가령 철학, 정치, 이데올로기, 법, 종교, 학문과 같은 완벽한 체계와 시스템을 만들어내려는 환상 구조의 지배를 받는다. 그런 체계나 시스템이 안정된 질서로서 기능하기 위해서는 전체화가 필연적으로 요청된다. 그러나 이때의 전체성은 항상 어떤 한계나 조건을 전제로 한다. 남자는 체계나 시스템이 결코 완벽할 수 없는 것인데도 이를 은폐한 채 마치 그것이 전체적이고 보편적이며 유일한 것인 양 잘못 믿거나 혹은 위장하려 든다. 그래야만 질서가 잘 유지될 수 있기 때문이다. 하지만 여자는 남자들이 은폐해온 체계의 결핍을 드러냄으로써 환상을 걷어내고 가로지른다(김미연, 2003: 179-182). 이처럼 여자는 남자들이 '전부(all)'라고 믿는 것이 실은 '전부가 아님(not-all)'을 보여줌으로써 남자의 환상을 드러낸다.

프로이트가 여성성을 '어두운 대륙'이라 하여 부정적으로 묘사했다면, 라캉은 '쓰이지 않는 방식의 존재' 혹은 '탈존(ex-istence)의 존재'로 여성성을 이해했다. 이는 매우 적극적인 방식의 이해이다. 라캉은 여자를 항상 상징계에 저항하는 존재로 보았기 때문이다. 여기서 "여자는 존재하지 않는다"는 악명 높은 라캉의 정식이 나왔다. 이때의 존재(existence)란 상징화의 산물, 즉 상징적 질서에 통합되는 것을 의미한다. 그러니까 여성성의 특징을 '탈존'이라고 말할 때 그것은 상징적 질서로부터의 이탈을 뜻한다. 또한 '여자'라는 말에는 빗금이 쳐져 있다. 이는 지배적 기표에 항상 종속되어 있는 남자와 달리 여자에 대한 기표는 없으며, 따라서 여자의 본질도 없다는 것을 뜻한다. 엄밀한 의미에서 완전하게 상징화되는 것만이 존재한다고 말할 수 있기 때문이다. 그런데 실상 인간은 정도의 차이는 있을지언정 모두 완벽한 주이상스가 가능하다는 환상을 가지고 있다. 이런 의미에서 모든 인간은 남자이다. 따라서 "여자는 존재하지 않는다"는 말이다(홍준기, 2000: 140-141).

그러면서도 여성적 주체는 상징계 내의 공백(틈새)을 더 벌리거나 채우려는 히스테리적 요소를 갖고 있다. 히스테리라 불리는 신경증은 객관적 질서가 붕괴되는 지점에서 발생한다. 히스테리증자는 자신이 무엇을 욕망하는지 알지 못한 채 만족을 거부하고 오로지 대타자의 욕망만을 욕망한다. 결국 히스테리증자는 불만족스러운 상태를 유지하려 한다. 실제로 욕망이 충족되면 환상이 깨지기 때문이다. 그리하여 라캉은 히스테리적 욕망이 공백을 은폐하고 억압하는 구조 대신 공백을 드러내고 탐닉하는 구조를 가진다고 말한다. 그런 공백을 둘러싸고 불안을 야기하는 "히스테리적 존재로서의 여자야말로 진정한 주체"(김경순, 2009: 142)이다. 인간은 기표에 종속된 존재인데, 거기서 벗어나려는 것이 라캉적 여자의 특징이기 때문이다. 남편의 위선에 정면으로 대항하는 이즈미와, 언어에 의존하는 '고상한' 국문과 대학교수의 자리보다 몸을 파는 '싸구려' 창녀의 밑바닥 자리에서 남성 연대적 세계에 대한 반역을 꿈꾸는 미쓰코의 히스테리에서 이런 라캉적 여자의 한 단면을 읽을 수 있다고 말한다면 지나친 비약일까?

한편 라캉은 상징계의 지배하에 있는 남자의 주이상스를 팔루스적 주이상스 또는 성(性)적 주이상스라고 부른다. 순수한 욕망과 충동은 쾌락원칙 너머에 있는 주이상스이다. 이런 주이상스가 상징계에 침입할 때 거세와 의미화가 발생하고 매혹의 대상인 성적 주이상스가 나타난다. "의미는 성적 주이상스에서 시작된다."(라캉, 1994: 280) 다시 말해 상징계에 퍼져 있는 생명충동(에로스)은 성적인 것으로 탈바꿈한 주이상스와 다르지 않은 것이다. 그렇다면 매혹의 대상은 왜 성적인가? 라캉에 의하면 가장 정치적인 것, 가장 신비한 것의 본질은 섹슈얼리티에 있다. 인간은 근원적으로 성적 주이상스를 추구하며 그 주이상스의 본질은 영원한 오르가즘에 있기 때문이다. 이와 같은 성적 주이상스는 궁극적으로 죽음을 희구하는 열반원칙에 입각해 있다(권택영, 2001: 214). 오르가즘을 불어로 '작은 죽음'이라 하는 것도 이런 이유에서일 것이다.

여성적 주이상스

그러나 라캉은 성적 주이상스에 여자를 배치하지 않았다. 성적 주이상스는 의미의 영역인 상징계에 속해 있는 데 비해, 여자는 상징계적 그물망 속으로 편입되지 않는 존재이기 때문이다. 이런 맥락에서 라캉은 "여자는 존재하지 않고 아무것도 의미하지 않는다. 그녀에게만 있는 주이상스가 있다. 하지만 그녀는 그 주이상스에 관해 아무것도 모른다. 다만 그것을 경험할 뿐이다"(라캉, 1994: 284)라고 말한 것이다. 이때 '그녀에게만 있는 주이상스'를 라캉은 '여성적 주이상스'라고 부른다. 라캉은 경험만 할 수 있을 뿐 결코 알 수 없고 기표화할 수도 없는 이 여성적 주이상스에 대해 타자의 한쪽 얼굴, 즉 신의 얼굴이라고 표현하기도 한다. 이런 의미에서 여성적 주이상스는 타자의 주이상스라고 바꿔 말할 수 있다. 레비나스(E. Lévinas)의 '타자의 얼굴'을 연상시키는 이 타자의 주이상스는 신비롭기 짝이 없는 여성적 주이상스이다. 라캉은 이런 여성적 주이상스의 대표적인 사례로 베르니니(Giovanni L. Bernini, 1598-1680)의 잘 알려진 조각 〈성 테레사의 희열〉을 들고 있다.

물론 〈사랑의 죄〉는 〈성 테레사의 희열〉과 같은 신비로운 후광을 보여주지는 않는다. 하지만 이 영화는 여자에게 고유한 여성적 주이상스가 있고, 그런 여자가 남자보다 훨씬 더 많은 주이상스를 획득할 수 있다는 점을 일깨워주는 데에는 부족함이 없다. 그럼에도 우리는 영화 속의 여성적 주이상스가 분명 억압되어 있다는 점을 곳곳에서 느끼게 된다. 미쓰코와 이즈미의 광기 어린 에로티시즘이 그런 억압에 대한 반작용이라면, 미쓰코의 죽음은 그런 억압이 초래한 직접적인 결과라 할 수 있다. 어쨌든 여성적 주이상스는 광기와 에로티시즘을 수반한다. 광기는 실재가 상징계의 현실 속으로 넘쳐 흘러들어올 때 시작된다. 그런데 라캉에 따르면 상징계적 합리성이야말로 광기를 작동하게 하는 가장 탁월한 동인이다. 끊임없이 광기의 터널을 파고 있는 것은 합리성이며, 그런 의미에서 합리성과 광기 모두가 이성(로고스)에 봉사한다고 말할 수 있다(라캉, 1994: 91). 이처럼 상징계적 합리성이 실재를 불러내기도 한다는 사실은 역설이지 않을 수 없다.

프랑수아 모리아크(François Mauriac)의 말대로 현대는 관음증의 시대이며, 영화는 관음증적 에로티시즘을 확산시키는 가장 핵심적인 매체이다. 확실히 에로티시즘은 단지 그것 자체를 목적으로 하는 광기 어린 욕망이다. 비단 서브컬처뿐만 아니라 가장 숭고한 예술이나 종교 세계의 밑바닥에도 에로티시즘이 가로놓여 있으며, 가장 비참한 범죄나 폭력 세계의 밑바닥에도 역시 에로티시즘이 깔려 있다(시부사와 타츠히코, 1999: 22). 소노 시온은 특히 광기 어린 에로티시즘을 시적, 철학적인 문제와 결부시켜 표현하는 데에 탁월한 재능을 보여주는 감독이라 아니할 수 없다.

언어와 사랑

라캉적 여자의 범주와 여성적 주이상스라는 개념은 〈사랑의 죄〉에서 소노 감독이 던지는 '언어의 화두'와 퍼즐처럼 절묘하게 들어 맞는다. 기표와 기의의 영원한 어긋남은 곧 '언어와 의미의 영원한 어긋남'과 짝을 이루며, 라캉적 대상a로서의 성(城)은 '언어가 없는 세계' 혹은 '의미가 의미이지 않은 세계'의 조각들과 아귀가 잘 맞는다. 여기서 라캉이 "여자는 존재하지 않는다"고 말할 때 '여자'라는 말에 빗금이 쳐져 있다는 점을 다시 한번 상기해볼 필요가 있다. 그 빗금은 여성적 주이상스의 영역이 언어의 금지와 밀접한 관계가 있으며, 여자는 남자와 달리 언어의 세계인 상징계에 완전히 종속되어 있지 않다는 사실을 가리키는 기호이다. 영화 속 대학 강의실에서 미쓰코가 일본 현대시를 강의하는 압도적인 장면은 이 점을 잘 보여준다. 이즈미가 참관하는 가운데 미쓰코는 낭떠러지 끝에 서 있는 듯한 단호하고도 절박한 어조로 다음과 같이 일본 현대시에 큰 영향을 끼친 다무라 류이치(田村隆一, 1923-1998)의 시 「귀도(歸途)」를 낭송한다.

> 언어 따위는 배우지 말았어야 했다 / 언어가 없는 세계 / 의미가 의미이지 않은 세계에 살고 있다면 / 얼마나 좋았을까 / 당신이 아름다운 언어에 보복당한다 해도 / 그놈은 나랑은 관계가 없어 / 네가 조용한 의미에 피를 흘린다 한들 / 그놈도 나랑은 관계가 없다 / 당신의 부드러운 눈 속에 있는 눈물 / 네 침묵의 혀에서 떨어져 내리는 고통 / 우리 세계에 만일 언어가 없었다면 / 난 그저 세계를 응시하며 떠나갈 것이다 / 당신의 눈물에 과일 씨앗만큼의 의미가 있을지 / 너의 한 방울 피에

이 세계의 석양과 / 떨리는 노을의 울림이 있을지 / 언어 따위는 배우지 말았어야 했다 / 일본어와 손톱만큼의 외국어를 익힌 덕에 / 난 당신의 눈물 속에 멈추어 선다 / 난 너의 피 속으로 혼자서 되돌아간다.

"언어가 없는 세계, 의미가 의미이지 않은 세계"란 어떤 세계일까? 어쩌면 그런 세계야말로 가장 충만한 세계일지도 모른다. "인간이 원래 충족된 존재였더라면 언어 따위는 필요 없었을 것"(아사다 아키라, 1995: 124)이기 때문이다. 소노는 아마도 오시마 나기사(大島渚)의 영화〈신주쿠도둑일기(新宿泥棒日記)〉(1969)를 보았을 것이다. 거기서는 다무라 시인이 직접 이 시를 낭송하는 장면이 나온다. 이즈미는 미쓰코가 이 시를 낭송한 것을 듣고 자신을 가두는 상징계적 성에서 벗어나 "일본어와 손톱만큼의 외국어"조차 알지 못하는 세계, 곧 '언어가 없는 세계', 그래서 '의미가 의미이지 않은 세계'인 환상 대상a로서의 실재계적 성을 바라보게 되었다. "언어 따위는 배우지 말았어야 했다"는 말은 언어 이전의 상상계적 동일성의 세계로 돌아가자는 것을 뜻하지 않는다. 그보다 이것은 "난 그저 세계를 응시하며 떠나갈 것"이라는 구절에서 엿볼 수 있듯이 대상a로서의 실재계적 응시를 소환한다. 이 시를 낭송하는 미쓰코에게 대상a로서의 응시는 욕망이 이성 간의 성애에서 비롯되는 것이 아님을 입증해준다. 오히려 그녀에게 욕망은 대상a에 의해 좌우되는 어떤 것이다. 그녀가 정말로 찾고 싶어 한 것은 왜곡된 응시로서의 욕망이 아니라 주이상스 안에 봉인되어 있는 사랑이다.

사실 라캉은 "사랑에 관해 이야기하는 것 자체가 주이상스"(라캉, 1994: 297)라고 생각했다. 이때의 주이상스는 결코 성관계에 입각한 성적 주이상스가 아니다. 지젝은 "성관계는 없다"(라캉, 1994: 280)는 라캉의 역설적 명제를 우리가 사랑하는 이유와 연관시켜 이해한다. 지젝에게 사랑은 환상이며 그 역할은 남성과 여성 간의 관계에 내재하는 모순, 즉 이성 간의 조화롭지 못한 관계를 덮어 가리는 데에 있다. 이런 의미에서 사랑은 이데올로기와 유사하다(Salecl and Zizek ed., 1996: 2). 이처럼 사랑이 환상으로서의 이데올로기라는 견해는 설득력이 있지만, 라캉이 "성관계는 없다"고 말할 때 이데올로기로서의 사랑을 염두에 둔 것은 아니었다. 그것은 사랑하는 사람들이 진정으로 서로 만나지 못하고 엇갈린다는 것을 시사한다.

사랑은 엇갈림이다. 우리가 알고 있는 사랑이란 눈앞의 실제 대상이 아닌 자기 자신을 사랑하는 것이기 때문이다. 그래서 사랑은 본질적으로 기만적이다. 자신의 대상a를 탐닉하는 것이 사랑인데, 대상a를 그 자체로 탐닉하면 고통이 된다. 그렇기 때문에 사람들은 대상a를 사회적 필터를 통해 탐닉한다. 그것이 사랑이다. 그리하여 라캉은 "사랑이 거울에 비친 신기루인 한에서 사랑의 본질은 속임수"이고 "나는 너를 사랑한다. 그러나 불가해하게도 내가 네 안에서 사랑하는 것은 너 이상의 것, 대상a이기 때문에 나는 너를 잘라낸다"고 말한다. 바로 이런 이유로 "사랑은 무엇보다 사랑의 대상이 포기되는 저편에만 자리 잡을 수 있다."(라캉, 2008: 404, 415) 영원히 상실된 것으로서의 어머니의 욕망이 잘려나가 한 조각으로 분리된 대상인 대상a를 둘러싸고 주체가 벌이는 반복적인 변주의 여정이 바로 사랑이라는 것이다.

모든 형태의 욕망에는 항상 대상a가 어긋남과 불가능성으로서 따라다닌다. 그렇기 때문에 우리는 끊임없이 다시 무언가를 추구하게 된다. 욕망은 끝이 없는 것이다. 그렇게 끝을 모르는 욕망 속에서 사람들은 어떤 의미를 찾아내고 싶어 한다. 대상a는 실제로는 존재하지 않는 대상이기 때문에 우리에게 의미가 있는 것이다.

사랑도 이와 마찬가지이다. 사랑은 어긋남이고 엇갈림이기 때문에 우리에게 의미 있는 것으로 다가서는 것이다. 하지만 사랑의 어긋남은 늘 고통으로 경험될 수밖에 없다. 그런 어긋남으로부터 벗어나기 위해서는 존재론적인 용기가 필요하다. 그리하여 라캉은 "존재 그 자체는 만남 속에서 존재에 가닿는 사랑이다"(Lacan, 1998: 133)라고 말한다. 즉 사랑은 만남 속에서 존재에 가닿는 것이고, 그리하여 사랑은 곧 존재 자체라는 것이다. 사랑에 대한 이와 같은 정의에서 더 나아가 라캉은 주이상스를 이끄는 내적 동력, 즉 '영혼' 속에서 새로운 주체성을 찾고자 한다.

> 영혼은 이 세상의 참을 수 없는 것, 영혼을 이 세상에서 이방적인 것이자 환각적인 것으로 간주하는 그 참을 수 없는 것을 존재, 즉 말하는 주체로 하여금 감내하게 하는 그것으로부터 말해질 수 있을 뿐이다. 이 세계 속에서 영혼은 이 세계와 맞서면서 그것을 오직 자신의 인내와 용기로써 돌본다(Lacan, 1998: 78).

이때 "말하는 주체로 하여금 이 세상의 참을 수 없는 것을 감내하게 해주는 그것"이야말로 바로 사랑이다. 그런 사랑은 하나의 증상으로 나타날 수밖에 없다. 사랑하면 아프다. 아프지 않은 사랑은 없다. 그것은 영혼의 아픔이다. 후기 라캉에게 영혼은 사랑 이외의 다른 의미를 가지지 않는다. 영혼이야말로 여성적 주이상스의 내적 동인이라는 것이다. 〈사랑의 죄〉의 미쓰코가 필사적으로 다가서려 한 대상a로서의 성(城)은 바로 여성적 주이상스 안에 봉인되어 있는 영혼으로서의 사랑이었다. 요컨대 〈사랑의 죄〉는 영혼으로서의 사랑이 그 안에 갇혀 있는 여성적 주이상스의 이야기이다.

그것은 궁극적으로 '주이상스의 스피리추얼리티'를 떠올리게 한다.

III. 주이상스의 스피리추얼리티

〈사랑의 죄〉는 결국 10년 전에 죽은 미쓰코의 아버지와 영화 종반부에서 자결하는 어머니가 그러하듯이 아버지를 사랑했던 미쓰코 또한 죽음에 의해서만 오이디푸스 삼각형에서 벗어날 수 있었음을 암시한다. 하지만 저 처참한, 그러면서도 신적 섬광처럼 너무도 강렬한 여성적 주이상스에 가까이 다가서고자 했던 창부의 섹슈얼리티가 죽음충동을 포옹하는 주이상스의 제단 앞에 자기 몸뚱아리를 희생 제물로 바치는 동안 미쓰코는 과연 성의 입구를 찾아냈을까? 영화는 주이상스의 스피리추얼리티를 상기시킴으로써 그럴 가능성에 대해 문을 열어놓는다.

  주이상스의 스피리추얼리티는 현대 일본 사회의 스피리추얼리티 담론에 귀속되어 마땅하다. 여기서 '스피리추얼리티(영성)'란 단지 영혼의 사랑하고만 접속될 수 있는 것은 아니다. 그것은 "내가 나의 인생을 살아가는 것이 아니라, 내 삶과 이어진 어떤 불가시적인 힘이나 초자연적인 존재에 의해 내가 살아진다(이카사레루)는 실감"(樫尾直樹, 2010: 3; 樫尾直樹, 2008: 211) 또는 "개개인의 삶에서 생명의 원동력으로 느껴진다든지 살아갈 힘의 원천으로 여겨지는 경험과 능력"(島薗進, 2007: v)을 의미한다. 이즈미와 미쓰코는 베스트셀러 작가의 아내 혹은 국문과 대학교수라는 아름다운 언어의 자리를 떠나 싸구려 창부의 비참한 몸뚱아리를 '살아갈 힘의 원천'으로 삼았다. 이들은 여성적 주이상스의 '불가시적인 힘에 의해 살아지는(이카사레루)' 캐릭터였다. 주이상스의 스피리추얼리티를 말할 수 있는 까닭이 여기에 있다.

그렇다면 남자들의 로망 환상이 가장 혐오스럽고 가증스러운 섹슈얼리티의 옷을 입고 나타나는 가장무도회에 비유될 만한 AV의 세계에서도 스피리추얼리티의 조각을 건져낼 수 있을까? 만일 그럴 수 있다면 미쓰코와 이즈미의 여성적 주이상스가 무엇을 의미하는지, 주이상스의 스피리추얼리티란 것이 과연 얼마만큼 가능한지가 좀 더 분명하게 드러날 것이다. 이하에서는 이른바 일본 풍속(風俗) 산업 영역에서 한 시대를 풍미한 AV 여배우 구로키 가오루(黑木香)와 AV 감독 요요기 다다시(代々木忠)의 사례를 중심으로 이런 물음에 대해 생각해보자.

구로키 가오루의 자기 찾기

일본 사회에서 AV는 도덕적 비난의 차원과는 별도로 오늘날 문화의 일부분으로 받아들여지고 있다. AV 아이돌의 위상을 높이는 데 크게 일조한 구로키 가오루는 1985년 아사히 방송의 예능 프로그램 인터뷰에서 자신은 카메라 앞에서 섹스를 연기하는 것이 아니라 섹슈얼리티를 표현하는 퍼포먼스를 하는 거라고 당당하게 말한 적이 있다.[6] 그녀는 AV 스타가 된 후 처음에는 심야방송에 나오더니 차차 낮 시간대의 토크쇼에도 나오고 공익광고에까지 등장하였는데, 종종 페미니스트적 관점에서 솔직하고 공손한 태도로 섹슈얼리티에 대해 언급함으로써 많은 여성의 호감을 샀고 심지어 존경까지 받게 되었다. 그녀의 전속 감독 무라니시 도오루(村西とおる)는 다큐멘터리 스타일의 AV를 정착시킨 장본인으로서 일본 AV의

[6] 「AV女優」(http://ja.wikipedia.org/wiki/AV%E5%A5%B3%E5%84%AA 참조).

상징적인 인물이라 할 수 있는데, 그가 구로키를 주연으로 제작한 〈SM이 좋아〉(1986)는 구로키의 일인칭 화법이 지나칠 만큼 과도하다는 점에서 대단히 충격적이었다. 무슨 이유에서인지 모르겠지만 그녀는 이 작품에서 '와타쿠시(私)'라는 표현을 수없이 반복하면서 진지하게 자신에 관한 말을 끝없이 늘어놓았다. 어딘지 불안해 보이는 그녀의 비대한 자의식7과 AV와의 만남은 사람들에게 기괴한 느낌을 줄 수밖에 없었다. 그런데도 이런 구로키를 계기로 많은 젊은 여성들이 밀물처럼 AV 업계에 몰려들기 시작한 것은 왜일까? 남자들에게는 그저 성적 환상을 충족시켜줄 뿐인 AV가 구로키에게는 기묘한 자기 표출 혹은 자기 회복의 장이 되었던 것이다. 다시 말해 그녀는 AV라는 미디어 안에서 자기 찾기와 자기실현을 추구한 일본 최초의 여성이라 할 수 있다.

이런 의미에서 서브컬처 비평가 오쓰카 에이지는 구로키의 등장을 계기로 AV의 사회화가 진행되었다고 보고 있다. 즉 구로키 자신이 일종의 문화인으로 비쳐지게 됨으로써 AV 여배우라는 직업이 일본 사회에서 직종 중 하나로, 즉 '시고토'의 일종으로 승인받게 되었다는 말이다. 당시 많은 이는 〈SM이 좋아〉에 대해 외설을 넘어선 골계라고 평했다. 구로키의 과도한 일인칭 어법을 골계적인 것, 개그적인 것으로 본 것이다. 이는 초기 옴진리교의 그로테스크성을 개그적인 것으로 긍정한 것과 너무도 흡사하다. 과연 구로키의 행동은 그로테스크했다. 그녀는 성적인 치태를 보여주면서

---

7   그녀는 고교 졸업 후 정신적으로 불안정한 상태가 되어 5년간 가족에 의해 자택 연금 상태에 있었다. 그러다가 23세 때 대학 시험을 치루어 요코하마국립대학에 진학했고, 대학 재학 중 거리에서 픽업되어 AV에 출연하게 되었다. 그 후 자살 소동을 벌이기도 했는데, 그녀의 불안해 보이는 자의식은 아마도 이런 정신적인 취약성과 관련이 있어 보인다.

계속 '와타쿠시'에 관해 말했고, 그 진지함과 지나치게 예의 바른 어투가 기묘함을 배가시켰다. 여기서 중요한 것은 구로키에게 이 것이 매우 진지한 자기실현의 이야기였다는 점이다. 남자들이 AV 에 빠지는 것은 섹슈얼리티 환상으로 도주하기 위한 것임에 반해, 구로키는 자기 표출의 수단으로서 AV를 받아들인 것이다(大塚英志, 2004: 135-138).

요요기 다다시와 오르가즘의 스피리추얼리티

한편 구로키 가오루를 발굴한 무라니시 감독과 마찬가지로 일찍부터 다큐멘터리풍의 AV를 많이 만든 요요기 다다시는 구로키식의 자기실현에서 더 나아가 오르가즘 체험의 스피리추얼리티를 주창한 감독으로서 주목할 만하다. 1990년부터 시작된〈채널링 성교(チャネリング FUCK)〉시리즈가 그것이다. 여기서 '채널링'이라는 말은 당시 유행하던 정신세계(뉴에이지)의 키워드 중 하나로 우주에 존재하는 지고한 파동(메시지)의 수용 또는 영매를 통한 영적 존재와의 만남을 가리킨다. 요요기는 이것을 섹스할 때 방출된다고 여겨지는 파동과의 동조 현상에 적용시켰다. 그러니까 채널링 성교란 직접적인 육체적 접촉이 없이도 파동을 통해 오르가즘에 도달하는 일종의 트랜스 상태를 의미한다.

이와 같은 채널링 성교와 관련하여 흥미롭게도 요요기는 매뉴얼 사회 혹은 가타의 문화로 말해지는 일본 사회시스템에서 벗어날 것을 주장했다. 예컨대 그는 여자는 이래야 하고 남자는 저래야 한다는 식의 고정관념이 지배하는 세상을 '제도의 세계'라고 부르면서 그것을 본능에 입각한 '혼네의 세계'와 대비시킨다. "학교, 회사, 국가는 제도의 세계에 속해 있는데, 섹스는 혼네의 세계에 속한 것이기 때문에 '이래야만 한다'는 제도적인 갑옷투구를 얼마만큼 벗는가, 자신의 가치관과 고정관념을 얼마만큼 버릴 수 있는가가 중요하다"(代々木忠, 1992: 53)는 것이다.

이때 요요기는 다음과 같은 언급에서 엿볼 수 있듯이, 무사(無私)의 가치와 오르가즘의 스피리추얼리티를 접목시킨다. "에너지를 영혼의 차원까지 끌어올려야 한다. 그러면 육체를 넘어서니까 남자도 여자도 없다. 채널링 성교를 배운 사람에게 페니스는 필요하지 않다. 서로 껴안는 것만으로 지복의 세계를 느낄 수 있다. 눈물을 흘릴 정도의 오르가즘 상태가 몇 시간이고 지속된다. 이런 채널링 섹스를 체험하고 싶다면 우선 프라이드, 사고, 제도의 가치관을 전부 버려야 한다."(『SPA!』) 그에 따르면 오르가즘은 제도의 세계에 얽매인 자아(에고)로부터 참된 자기 자신을 해방시켜주는 스피리추얼한 것이다. 또한 '나'라는 자아의 죽음 곧 무사의 상태야말로 혼네(본심)와 사랑의 세계에 들어가기 위한 조건이다. 자타 융합의 일본적 감수성을 대변하는 모노노아와레의 미학과 섹슈얼리티의 결혼을 연상케 하는 이런 요요기의 주장은 과도한 자의식의 무게에 짓눌려 있던 많은 일본인에게 치유의 메시지를 전해주었다. 혼네의 세계에 들어가는 것은 곧 치유와 통한다는 것이다. 이런 입장은 섹스 산업은 치유의 산업이며 억압적인 제도의 세계가 존재하는 한 필요하다는, 일견 기묘해 보이는 논리로 나타나기도 한다.

요요기의 채널링 성교와 오르가즘론의 배경에는 주이상스 사회로 진입하기 시작한 현대 일본 사회에 대한 비판적 태도가 깔려 있다. 거기서는 대안으로서 성적 오르가즘이라는 치유 기제가 말해진다. 아울러 요요기는 남자와 여자라는 이원론적 젠더 및 섹슈얼리티 체제의 해체를 긍정하는 입장에서 여성적인 엑스터시를 오르가즘의 기준으로 제시했다.[8] 그런데 이와 같은 요요기의 여성주의적 관점의 이면에는 '모성의 부재'라는 그림자가 드리워져 있다는 점도 간과해서는 안 될 것이다. 세 살 때 모친을 잃은 요요기는 AV 업계의 여성들에게서 어머니의 모습을 찾고자 했을 것이다(田中雅一, 2007: 122-124). 이때 요요기가 추구하는 것은 어머니로서의 '여성이라는 실체'보다는 AV적인 유사 모자 관계에서 채널링 성교의 스피리추얼리티[9]에 입각한 무사(無私)의 관계였다. 여기서 우리는 모성적이면서도 동시에 남성 연대적인 일본 사회의 모순을 엿보게 된다. 하지만 요요기 자신은 스스로 '도덕적인 포르노 작가'(Carter, 1979: 19)가 되고 싶어 한 것 같다.

구로키 가오루가 나르시시즘적인 자기애(자의식과잉)와 자기실현의 표현으로서 AV 배우를 선택했다면, 〈사랑의 죄〉에서 미쓰코와 이즈미는 남성 연대적 사회에 대한 분노와 저항의 수단으로 창녀의 길을 선택한 캐릭터로 묘사되고 있다. AV 감독 요요기가 무사의 가치 및 모노노아와레의 문화코드와 오르가즘의 스피리추얼리티를 접목시킨 데 비해, 소노 감독은 〈사랑의 죄〉에서 여성적 주이상스의 스피리추얼리티를 '수치'라는 문화코드와 중첩시켜 미쓰코

---

[8] 요요기의 오르가즘론은 남녀 모두에 해당한다. 그러나 남자는 제도의 세계에 깊이 몸담고 있기 때문에 여자보다 오르가즘에 도달하기 어렵다. 남자의 사정은 쾌락일지는 몰라도 오르가즘은 아니다. 오르가즘은 남자에게도 실신 상태(트랜스)를 수반하는 깊은 경험이다. 요요기 작품에서는 남자 배우도 수동적인 '여자의 엑스터시'와 비슷하게 실신한다. 어떤 경우는 사정도 안했는데 실신하기도 한다.

[9] 요요기의 작품에서 남녀 출연자는 최면술과 눈가리개 등을 통해 통상적인 아이덴티티에서 벗어나 제도의 세계에 갇히기 전의 존재인 아이가 될 것을 요청 받는다. 이때 출연자(남/녀)는 아이가 되고 감독과 스태프 및 출연자(여/남) 자신이 어머니가 됨으로써 섹스의 기본단위인 남녀 이원론의 해체를 시도한다. 이리하여 출연자는 자타가 융합한 모자 관계를 원풍경으로 하는 지고의 스피리추얼 사랑을 체험함으로써 오르가즘에 도달한다는 것이다.

와 이즈미의 복수(復讐)를 그려낸다. 일본 문화에서 복수와 수치는 동전의 양면 같은 것이기 때문이다. 그렇다면 사랑과 증오 중 어떤 것이 이들의 공통분모일까?

IV. 사랑과 증오의 섹슈얼리티

롱 버전10 〈사랑의 죄〉의 마지막 장면에서 일상으로 복귀한 여형사 가즈코는 전형적인 남성 중심적 섹슈얼리티 로망에 빠진 몽상가인 불륜의 애인에게서 온 전화를 받지 않는다. 그때 그녀는 창문을 통해 쓰레기차가 떠나는 걸 보고는 급히 양손에 쓰레기 봉지를 들고 쫓아나간다. 쓰레기차를 계속 쫓아가지만 그것은 마치 카프카의 성처럼 결코 잡히지 않는다. 그러다가 마침내 폐허 같은 막다른 골목길에 이르렀을 때 애인한테서 다시 전화가 온다. 지금 어디냐고 묻는 애인에게 가즈코는 모른다고 대답한다. 그리고 막이 내린다.

여기서 쓰레기차는 대상a로서의 성(城)에 대한 상관물이다. 우리는 그 성(쓰레기차)이 어디에 있는지 끝내 알지 못한다. 다만 그 안에는 세상의 쓰레기들 외에는 아무것도 없다는 사실을 짐작할 수 있을 뿐이다. 쓰레기로 가득 찬 세상에서 사랑이란 존재(being)를 '가장'하는 대상a와의 사랑에 지나지 않는다. 이렇게 볼 때 실제로는 존재하지 않는 대상a로서의 성에 들어간다는 것은 결코 도달할 수 없는 대상a와의 가짜 사랑을 의미할 뿐이다. 거기서 우리는 자

---

10 칸영화제에서 특별 상영된 롱 버전(143분)은 본서에서 다룬 일반 버전(112분)과 달리 여형사 요시다 가즈코라는 캐릭터를 이즈미나 미쓰코와 비슷한 비중으로 중요하게 조명한다.

기 자신과 세상에 대해 분노하고 또 증오하지 않을 수 없게 된다. 하지만 그리스어 파르마콘(pharmakon)이 독과 약(치유)을 동시에 뜻하듯이 사랑도 종종 독이 될 때가 있는가 하면 증오 또한 종종 치료약이 될 때가 있다. 사랑만으로 살 수 없는 잔인한 계절이 오면 분노에 지친 우리의 삶을 지탱시켜주는 것은 증오이기 때문이다. 그것은 '사랑의 힘'과 일란성 쌍생아라 할 수 있는 '증오의 힘'[11]이다. 이리하여 소노 감독은 2011년 〈사랑의 죄〉가 특별 상영된 칸영화제의 인터뷰에서 자신을 '증오하는 사람'이라고 정의하면서 다음과 같이 밝힌 바 있다.

> 증오는 모든 감정 중에서 가장 많은 사랑을 품고 있다. 증오는 사랑의 원천이며 사랑의 시작이다. 역설적으로 말하자면 악마 숭배자들은 신을 믿고, 증오하는 사람들은 더 많은 사랑을 의식하고 있다. 나는 증오하는 사람이다. … 내 속에 있는 증오가 너무 강하기 때문에 〈사랑의 죄〉에서는 나 자신으로부터 사랑 쪽으로 다가갔다. 증오하는 것에 지치고 말았기 때문이다(ダリオー・トマージ他編, 2012: 22-23).

〈사랑의 죄〉의 섹슈얼리티가 실은 '사랑의 힘'의 다른 이름인 '증오의 힘'과 단단히 묶여져 있음은 분명하다. 여주인공 미쓰코와 이즈미에게 사랑과 증오는 공모의 관계 그 이상도 이하도 아니다. 이런 공모 관계는 "증오를 알지 못하는 것은 사랑에 관해서도 알지

---

[11] '자우림'의 보컬 김윤아는 "고맙고 고마운 내 아버지 / 당신을 죽도록 이토록 증오한 덕에 / 난 아직 살아 있고 / 증오는 나의 힘 / 배신하지 않을 나의 아군"(《증오는 나의 힘》)이라고 권력에 대한 증오의 힘을 노래한다.

못하는 것이다. 즉 증오 없이는 사랑도 없다. 증오를 모른다면 그것은 덜 사랑하는 것이다"(Lacan, 1998: 89)라는 라캉의 지적에서 가장 적나라하게 포착될 수 있다

그런데 사랑과 증오는 여성에게 결코 관념적인 것이 될 수 없다. 그것은 이름이 붙여지고 언어화될 때조차 철저하게 몸적인 것으로 형상화된다. 도쿄전력 여사원 사건을 형상화한 기리노 나쓰오의 소설 『그로테스크』에 따르면 "여자가 몸을 파는 이유는 하나. 이 세상에 대한 증오 때문"(우에노 치즈코, 2012: 238에서 재인용)이다. 그것은 몸적인 사랑 혹은 몸적인 섹슈얼리티와 공모 관계에 있는 여성적 증오인데, 이는 남자의 그것과 같을 수 없다. 남자의 증오가 흔히 '병적인 증오'에 사로잡혀 공격적인 환상이나 폭력에 의존하는 경향이 많다면, 여자의 증오는 저항의 한 형태로서의 '이성적 증오'에 더 가까워 보인다.[12]

물론 이성적 증오와 병적인 증오의 경계가 고정적이지 않다는 점은 상상하기에 어렵지 않을 것이다. "우리가 증오를 극복할 수 있을까?"(미야자키 하야오)라고 묻기를 그만둘 수 없는 까닭이 여기에 있다. 카프카적 '성'이나 '언어가 없는 세계' 또는 '의미가 의미이지 않은 세계' 등의 시적 메타포를 제시하는 〈사랑의 죄〉는 분명 여성적 증오가 갈수록 강렬한 혐오를 품게 만드는 세상을 향한 건강한 반응으로서의 '이성적 증오'로 수렴될 수 있는 가능성을 보여준다.[13] 그렇기 때문에 "소노는 결코 치유되지 않는다. 그는 아직도

---

[12] 스위스의 사회학자 장 지글러(Jean Ziegler)는 『빼앗긴 대지의 꿈』에서 증오의 기원에 관해 언급하는 가운데 '이성적 증오'와 '병적인 증오'를 구분하면서 이성적 증오를 강요된 전체주의적 지배에 대한 저항 행위와 결부시켜 이해한다.
[13] 소노에게 영향을 미친 일본 감독들, 가령 오시마 나기사를 비롯하여 이시이 다카시(石井隆)와 데라야마 슈지(寺山修司) 등도 이런 관점에서 영화를 만들었다.

증오하고 있다. 아직도 스스로 물음을 던지면서 괴로워하고 있다. … 특히 그의 작품 속 여주인공들의 불행, 광기, 복수심에 공감하지 않을 여성은 없을 것이다."(ダリオー・トマージ他編, 2012: 24-25) 그러므로 우리는 더 이상 증오하기를 두려워해서는 안 된다. 오시마 나기사의 영화 〈일본춘가고(日本春歌考)〉(1967)에 나오는 고교 교사는 '신주쿠 로렌스'라는 술집에서 학생들에게 다음과 같은 내용의 책을 읽어준다. "사랑만이 유일한 저항의 규범이다. 적들은 사랑을 억압한다. … 주저 없이 증오하라. … 더 이상 증오하기를 두려워해서는 안 된다." 이것이야말로 우리가 증오를 극복할 수 있는 유일한 길로서의 '증오의 스피리추얼리티'일지도 모르겠다.

미쓰코는 그녀가 광기 어린 증오의 스피리추얼리티로써 낭송한 시 「귀도」의 한 구절처럼 "아름다운 언어에 보복당하"면서도 죽음의 폐허에 이르기까지 사랑의 욕망이라는 어두운 동굴을 파내려 간 캐릭터이다. 그녀는 사카구치 안고의 '타락의 윤리학'(坂口安吾, 1985) 혹은 라캉이 『세미나 7』에서 보여준 '죽음에 대한 욕망의 윤리학'에 사로잡혀 있었던 걸까? 그것은 "죽음을 욕망하지 않는다면, 삶을 고정시키는 환영적 욕망의 기둥들을 무너뜨리지 못한다면 새로운 삶은 시작될 수 없음을 주장하는 윤리, 몰락하지 않는다면 그리하여 삶의 끝자락에 도달하지 않는다면 새로움이란 시작조차 될 수 없을 것이라고 말하는 윤리학"(백상현, 2017: 10)을 가리킨다. 이 윤리학은 무의식의 환상에 사로잡혀 평생을 동일한 욕망의 구도를 반복하며 같은 장소를 맴돌기만 하는 우리의 자아를 폐허로 이끌지 않는 한 새로운 삶의 가능성이란 존재할 수 없다는 것을 주장한다.

한편 이런 미쓰코와의 만남을 통해 여성적 주이상스에 눈뜨게 된 이즈미는 '인형의 집'을 뛰쳐나와 증오의 스피리추얼리티로써 몸으로 남편에게 복수하여 사랑의 주체로 다시 태어나고자 꿈꾸는 캐릭터라 할 수 있다. 이와 같은 미쓰코와 이즈미가 그려내는 〈사랑의 죄〉는 사랑과 증오의 섹슈얼리티를 통해 성(城) 안에 있을 것이라고 상상된 '불가능한 욕망으로서의 여성적 주이상스'를 추구하는 '여자'의 저항 이야기라 할 수 있다. 〈사랑의 죄〉는 여성적 주이상스 혹은 증오의 스피리추얼리티를 무기 삼아 모성 사회라는 알리바이로 교묘하게 무장한 남성 연대적 일본 사회에 반기를 드는 '여성을 위한 여성의 영화'이다. 그것은 금지 사회에서 주이상스 사회로의 전환을 보여주는 하나의 징후임에 틀림없다.

5장

사랑의 응시: 〈사랑의 노출〉

"나는 내가 생각하지 않는 곳에서 존재하고, 내가 존재하지 않는 곳에서 생각한다."(라캉)

"나는 거울과도 같은 불행한 존재 / 비출 순 있지만 볼 수는 없다네 /
나의 눈은 마치 거울처럼 텅 비어 있고 마치 거울처럼 /
너의 부재에 홀려 아무것도 보지 못하네."(아라공)

"1984년도 1Q84년도 근본적으로는 같은 구성 요소를 가지고 있어.
자네가 그 세계를 믿지 않는다면, 또한 그곳에 사랑이 없다면,
모든 건 가짜에 지나지 않아."(『1Q84』)

I. 소노 영화와 상징계 속의 종교

소노 영화 속에 등장하는 여러 유형의 종교 단체는 컬트와 거의 동의어로 간주되고 있다. 거기서 소노의 관심은 일본 사회의 컬트적 측면 또는 가족을 비롯한 다양한 집단의 폐쇄적인 그물망 속에 갇힌 개인들의 아이덴티티 문제에 초점이 맞추어져 있다. 가령 앞 장에서 살펴본 〈자살클럽〉 및 〈노리코의 식탁〉의 렌털가족회사와 제로교회, 〈차가운 열대어〉에서 열대어 상점을 찾는 소녀들의 세계 혹은, 〈모두가 초능력자〉에서 텔레파시, 독심력, 염력, 예지력, 순간 이동, 투시 등의 초능력을 가진 자들의 모임인 '에스퍼연구소' 등은 모두 개인적 아이덴티티의 위기감을 견인하는 일종의 컬트라 할 수 있다. 일본에는 직장과 학교 및 기타 사회집단에의 소속에 대한 강박관념이 만연해 있는데, 그것은 장의 윤리, 세켄, 기리와 같은 문화코드, 특히 복장이나 말투 혹은 정형적인 의례를 중시하는 가타의 문화 풍토 속에서 더욱 강력한 구속력을 발휘한다. 소

노 영화는 기본적으로 그런 일본 사회를 풍자와 비판의 대상으로 삼으면서 제3의 대안을 시사하고 있다.

소노 영화 속에서 개인을 컬트에 빠지게 하는 것은 무엇보다 아이덴티티의 변화와 탈출에 대한 원망이다. 가령 〈자살클럽〉의 주인공인 하이틴 학생들, 〈노리코의 식탁〉의 노리코와 유카 등은 모두 트라우마로 가득 찬 잔혹한 현실 혹은 자신에게 어울리지 않는다고 느끼는 세계로부터 출구를 찾고 있다. 그러나 그들은 결국 탈출구라고 믿었던 컬트의 세계 또한 그들이 도망치고자 했던 현실과 크게 다르지 않다는 사실을 깨닫게 된다.

이 점에서 컬트라는 장치는 소노 영화에서 이중적인 측면을 갖는다. 하나는 상징 질서에 저항하는 장치로서의 컬트이다. 상징계의 권력에 의한 억압을 자각한 사람들은 자발적으로 컬트에 입문한다. 그러니까 이때의 컬트는 상처 받은 사람들, 트라우마를 가진 사람들의 욕망을 사로잡아 그들을 유인하는 장치로 기능하게 된다. 그러나 전술했듯이 컬트 안의 세계는 실은 상징계와 동일한 구조를 가지고 있다. 억압 장치로서의 측면이 그것이다. 그리하여 소노 영화 속에서 컬트는 종종 사람을 기만하여 사로잡는 기계, 사람을 말려들게 하는 톱니바퀴, 윤곽이 분명치 않은 채 애매한 자유를 구속하면서 결국은 사람을 그 안에 감금하고 질식시키는 그물 같은 것을 상징한다. 그것은 좋든 나쁘든 일본 사회가 의거해온 중요한 문화코드를 표현하고 있다. 즉 소노 영화에서 컬트는 집단을 위해 개인의 희생을 강조하는 무사(無私)의 마코토(誠)적 가치관과 개인을 속박하는 행동 윤리를 강요하는 억압적인 사회 권력의 상징이라 할 수 있다. 〈노리코의 식탁〉에서 노리코의 가출과 자살클럽 및 렌털가족회사 가입, 〈사랑의 노출〉에서 데쓰와 가오리의 도망 및 제로교회 가입과 유가 죄를 짓기 위해 몰래카메라 명인으로 변신하는 것, 〈차가운 열대어〉에서 사에코의 도망과 무라타와의 돌발적인 섹스 및 마조히스트로서의 자각 등은 이와 같은 컬트의 이중적 측면을 둘러싸고 벌어진 도피 행각이었다.

소노 감독은 일본 사회 자체를 하나의 거대한 컬트 집단으로 보고 있는 듯싶다. 그래서 그의 영화 속 캐릭터들은 스스로를 유폐시키거나 도주하고 질주하기를 거듭한다. 이를테면 〈해저드〉의 주인공 신은 일본을 탈출하여 미국으로 도피하고, 〈꿈속으로〉의 주인공 스즈키는 과거와 꿈속으로 퇴행하며, 〈사랑의 죄〉의 이즈미와 미쓰코는 성적 욕망의 세계로 도피한다. 이에 비해 〈기묘한 서커스〉의 미쓰코는 소설 속 혹은 첼로 케이스 속에 스스로를 유폐시키면서 작은 구멍을 통해 세상을 엿본다. 공통적으로 이들은 자신이 속한 난폭하고 억압적인 현실로부터 벗어나고자 혼신의 힘을 다해 몸부림친다. 하지만 현실이란 이들의 성공적인 탈출을 용인할 만큼 그렇게 간단치 않다. 그럼에도 소노 작품의 주인공들은 자신을 해방시키고 싶다는 강렬한 욕망에 사로잡혀 있고, 그런 추구는 견고한 현실의 벽 앞에서 종종 폭력적 도착이나 타락이라는 형태로 나타날 수밖에 없다.

〈사랑의 노출〉과 구원론적 모티브

이에 반해 소노 영화 전반에 걸쳐 반복적으로 등장하는 질주 장면은 해방의 움직임으로서 자기 자신과 그 고뇌를 초월하려는 영화적 구원론의 가능성을 시사한다. 소노 영화에서 그런 구원론적 모티브는 종종 퇴폐적이고 도착적인 폭력이나 섹슈얼리티의 기호들과 결부되어 표현된다. 이때 소노는 '현대의 트릭스터'로서의 모습을 드러내면서, 아무런 죄의식이나 도덕의식 없이 자각적으로 악을 행하는 인물들을 등장시킨다. 〈차가운 열대어〉의 무라타나 〈기묘한 서커스〉의 고죠는 그 전형적인 캐릭터라 할 수 있다. 그런데 흥미롭게도 마쓰에 데쓰아키(松江哲明)¹ 감독의 말대로 거기서 "소노가 묘사하는 '악'은 어딘가 생생한 활기가 돈다."(松江哲明他, 2012: 139) 소노의 데뷔작 〈나는 소노 시온이다!〉에서부터 이런 경향이 두드러지게 나타난다. 거기서 청년 소노는 또 하나의 자기 자신으로 변장하여 모든 광란 속에 몸을 던진다. 그럼으로써 모든 범주화 혹은 카탈로그화를 피하여 카오스를 만들어내고자 하는 것이다. 하지만 그의 카오스는 우주 창생신화에 보편적으로 등장하는 창조의 원질로서의 카오스처럼 우리에게 무언가 근원적인 반성과 변화를 촉구하는 듯이 보인다. 이와 같은 카오스의 장치가 소노 영화의 구원론적 모티브를 구현하는 데에 중요한 역할을 하고 있다. 그렇다면 다음과 같은 서사로 전개되는 〈사랑의 노출〉의 경우는 어떨까?

남자 주인공인 고교생 유는 모친이 임종 시 마리아상을 건네주면서 "마리아 같은 여성을 찾거라"고 말한 것을 마음속 깊이 새긴다. 부친 데쓰는 아내의 사망 후 신부가 되지만, 가오리라는 여성의 열정적인 구애에 못 이겨 그녀와 동거를 시작한다. 가오리는 결혼을 요구하지만 데쓰가 이에 응하지 않자 그녀는 그의 곁을 떠난다. 그후 강박적으로 변한 신부 데쓰는 아들 유

---

1 도쿄 출신의 재일 동포 3세 감독. 자신의 정체성을 찾아가는 과정을 그린 〈안녕 김치〉(1999)와 AV계에 종사하는 재일 한국인을 다룬 〈다큐, 거짓말하는〉(2006)을 연출했다. 또한 은둔형 외톨이(히키코모리)와 폐쇄적 오타쿠인 두 동정 청년의 딱지 떼기 과정을 담은 〈동정〉(2007)으로 다큐멘터리로서는 이례적인 흥행 성공을 거두기도 했다.

에게 죄를 고백하라고 날마다 강요한다. 벌레 하나 죽이지 못하는 성격의 유는 부친을 위해 정말로 죄를 짓고자 마음먹고 몰래카메라의 달인이 되어 여자들의 치마 속을 닥치는 대로 찍어댄다. 그러던 어느 날 사소리(70년대 일본 영화 〈여죄수 사소리〉 시리즈의 여주인공)로 여장한 유는 불량배들에게서 한 여고생을 구해냈고, 그녀와 마리아를 동일시하여 사랑에 빠지게 된다. 요코라는 이름의 그 소녀는 어릴 때 친부로부터 성희롱을 당한 이래 남자들을 증오하게 되었고, 자신을 구해준 사소리에게 동성애적인 애정을 느낀다. 그녀는 실은 가오리의 수양딸이다. 가오리와 데쓰가 다시금 동거하게 되자 요코와 유는 이복 오누이 관계가 되어 한 지붕 아래 같이 살게 된다. 하지만 요코는 유가 사소리임을 알지 못한다. 한편 제로교회의 고위급 임원인 고이케는 계획적으로 데쓰, 가오리, 요코를 제로교회 신자로 만드는 데 성공한다. 이에 절망한 유는 온갖 방법을 동원하여 제로교회로부터 요코를 빼내기 위해 애쓰지만 결국 실패하고 정신병원에 수용된다. 거기서 유는 사소리로서의 아이덴티티만을 보여준다. 그런 유의 사랑의 진실을 깨닫게 된 요코가 정신병원을 찾아오고 이에 유는 본래의 자기 자신을 되찾는다.

복잡하고 다양한 서사가 뒤섞여 있는 이 대작(러닝타임 4시간)은 특히 종교(컬트) 문제를 중요한 배경으로 한다. 가령 유의 모친은 독실한 가톨릭 신자로서 임종 직전 어린 아들에게 성모마리아에 대한 환상을 고착시켜주며, 이후 가톨릭 신부가 된 유의 부친은 성속의 경계를 넘나들면서 결국 가톨릭을 떠나 제로교회라는 컬트 집단에 들어간다. 이 제로교회는 통일교나 옴진리교를 연상케 한

다. 여기서 '제로'는 "일본 사회를 지배하는 집단적 논리의 밑그림이라 할 만한 광신의 명백한 메타포"(ダリオ・トマージ他編, 2012: 207)일 수도 있다. 이런 밑그림 위에나 소노는 작품 곳곳에 죄와 사랑(「고린도전서」 13장의 아가페)이라는 근원적인 모티브를 비롯하여 다양한 종교적 상징을 삽입시켰다. 가령 가오리, 데쓰, 유, 요코가 거대한 흰색 십자가에 눌려 있는 장면은 마치 종교 시스템에 의한 모든 억압을 표현하는 듯이 보이기도 한다. 또한 요코가 십자가 자세로 탄환을 피하는 상상의 장면에서는 종교적 구원의 모티브가 참을 수 없는 가벼움의 감각으로 처리되고 있다.

하지만 이것이 전부가 아니다. 이 작품의 주인공인 3인의 틴에이저 유, 요코, 고이케는 모두 부성적 폭력의 피해자라는 공통점을 가지고 있다. 가령 요코는 친부에 의한 성희롱의 트라우마로 인해 남자들에 대한 증오심과 동성애적 성향을 지니게 된다. 이와 마찬가지로 근친상간의 악몽으로 인해 심각한 정신적 트라우마를 입은 고이케는 〈감각의 제국〉의 충격적인 장면에서처럼 자신을 성폭행한 아버지의 페니스를 잘라버리고 제로교회의 고위 간부가 되어 종교라는 이름으로 세상에 대한 복수를 감행한다. 또한 유는 신부로서의 정결 서약을 파기한 부친의 강박신경증으로 인해 끊임없이 죄를 고해성사하도록 강요받으면서 없는 죄를 일부러 만들기 위해 몰래카메라나 변태적 포르노 등의 도착적인 세계로 빠져든다.

〈사랑의 노출〉 속의 종교(컬트)를 말하고자 할 때, 우리는 무엇보다 먼저 가톨릭교회, 제로교회, 성모마리아, 십자가, 원죄, 고해성사 등의 종교적 차원이 근친상간, 거세, 몰래카메라, 변태, 포르노 등 도착적인 섹슈얼리티의 차원과 동일한 크기의 강박관념으로 묘사되고 있다는 점에 주목하지 않으면 안 된다. 이런 두드러진 특징은 〈사랑의 노출〉에 대한 정신분석적 해석의 필요성을 말해준다.

II. 응시: "나는 나 자신을 바라보는 나를 바라본다"는 착각

〈사랑의 노출〉의 남자 주인공 유는 어릴 때 모친이 임종 시 성모마리아상을 건네주면서 "이 마리아 같은 여성을 찾거라"는 말을 마음에 깊이 새긴다. 이리하여 마리아는 어머니의 죽음이 그에게 남긴 근원적인 트라우마를 통해 유의 마음속에 집을 짓고 살게 된다. 〈사랑의 노출〉에 대한 라캉적 이해는 유, 요코, 고이케에게 공통된 트라우마 경험을 출발점으로 삼아야 할 것이다. 정신분석에서 말하는 트라우마는 외부에서 비롯된 상처, 애도되지 않고 봉합되지 않은 상처, 상징계의 언어로 설명할 수 없는 상처, 그래서 이해할 수 없는 상처 일반을 가리킨다. 그것은 충격적인 사건이나 외적 자극 또는 그런 사건이나 자극을 이해하고 극복하는 주체의 무능력으로부터 온 것이다. 주체는 망각이라는 방어기제를 통해 이해할 수 없는 현실적 경험 혹은 상상적 경험에서의 불쾌한 기억들을 억압하지만, 그것들은 훗날 다양한 방식으로 다시금 의식 표면에 귀환한다. 어린 시절의 트라우마(근본적 상실)가 보상받기 위해 다시 돌아오는 것이다.

비단 트라우마적 사건이나 사고가 아니더라도 우리는 모두 어린 시절의 트라우마를 가지고 산다. 탄생 때 모체로부터의 분리, 그리고 오이디푸스기에서의 어머니와의 분리(거세)는 아이에게 지울 수 없는 트라우마로 각인된다. 거기에는 의미화(signification) 과정에서 어떤 방해나 강박적 고착으로 인해 생겨나는 강력한 정신적 장애와 고통이 수반된다. 아무리 트라우마의 기억을 합리적으로 생각하고 표현하려 해도 고통이 귀환하고 반복되는 것이다. 그것은 상징화되지 않는 어떤 것으로서 주체의 한가운데에 영속적인 혼란을 초래한다. 이처럼 트라우마는 상징계가 감당할 수 없음을 의미하는 용어이다. 만일 이런 트라우마가 봉합되지 않으면 그곳이 대상a가 출현하는 지점이 된다. 즉 상징계가 동화할 수 없는 트라우마 경험이 실재를 불러오는 사건으로 기능하는 것이다. 이런 의미에서 트라우마는 실재라고 바꿔 말할 수 있다. 우리가 아무리 우리의 고통을 언어로 표현하여 상징화하고자 노력한다 해도 항상 거기서 빠져나가는 것이 있다. 즉 언어로 변형될 수 없는 어떤 잔여 혹은 잉여가 남는다. 라캉은 이런 잉여를 실재라고 부르면서 그런 실재와의 직접적인 만남은 불가능하다는 점을 강조한다.

〈사랑의 노출〉에서 어머니와의 분리가 초래한 근본적인 트라우마는 유의 불능(impotence)을 낳았고 그 불능은 상상적인 마리아 이미지가 현실 속의 요코와 겹쳐지면서 새로운 증상으로 전개된다. 즉 그는 오직 마리아와 동일시된 요코에게만 성적 욕망을 느끼게 된 것이다. 마리아(요코)에 대해서만 발기한다는 이런 발상에서 마리아와 동일시된 어머니에 대한 오이디푸스콤플렉스를 엿보기란 그리 어렵지 않을 것이다. 이와 같은 근친상간의 모티브는 〈사랑의 노출〉에서 요코와 고이케의 트라우마에서도 나타난다. 하지만 유의 마리아 환상에 대한 해석에서 오이디푸스콤플렉스는 부차적 의미만 차지할 뿐이다. 유의 마리아 이미지와 관련하여 내가 주목하는 핵심적인 의미는 다른 데에 있다. 처음에 그것은 어머니의 이미지 속에 숨어 있다. 유의 어머니는 죽음으로써 존재의 결여가 되어 유 안에 마리아 환상으로 자리 잡게 된다. 그 마리아 환상은 순수하고 관념적이라기보다는 몸적이고 성적인 이미지를 가진 요코라는 소녀 속으로 전이되며, 이후의 서사는 모두 유와 요코의 관계를 중심으로 전개된다. 이 점에서 〈사랑의 노출〉은 잃어버린 어머니(마리아=요코)를 찾기 위한 소년의 아마에에 관한 이야기라 할 수 있다. 그러나 소년의 아마에는 실패할 수밖에 없다. 유의 어머니는 현실 속에 더 이상 존재하지 않는 대상a이며, 남성 혐오주의자인 요코는 유를 도착적인 변태로만 볼 뿐이기 때문이다. "당신은 결코 내가 당신을 보는(see) 곳에서 나를 바라보지(look at) 않는다"(Lacan, 1977: 103)는 라캉의 표현을 빌리자면, 요코는 결코 유가 요코(마리아=어머니)를 보는 곳에서 유를 바라보지 않는다. 이리하여 유의 마리아는 하나의 불가능한 대상(타자), 즉 대상a로서의 '응시(gaze)'임이 드러난다. 이런 응시나 대상a와 같은 라캉적 개념으로 〈사랑의 노출〉을 본격적으로 해석하기에 앞서 먼저 영화와 응시의 관계에 대한 여러 관점을 살펴보기로 하자.

영화와 응시

우다르(Jean-Pierre Oudart), 메츠(Christian Metz), 보드리(Jean-Louis Baudry), 멀비(Laura Mulvey) 등으로 대표되는 초기 라캉주의 영화 이론은 라캉의 거울단계론 및 알튀세르(Louis P. Althusser)와 푸코 등의 이론과 영화 비평을 접목시켰다. 이 초기 이론의 주된 특징으로 ① 상상계-상징계에 집중, ② 영화를 이데올로기적인 무기로 간주하면서 주체를 이데올로기적 과정의 정점으로 파악, ③ 영화를 보는 관객을 주체로 설정하면서 그 주체가 어떻게 영화의 상징적 질서에 편입되는지에 대한 관심, ④ 관객성에 초점을 맞추는 수용 이론 등을 들 수 있다. 이에 비해 토드 맥고완(Todd McGowan)이나 실라 컨클(Sheila Kunkle) 등이 주도한 후기 라캉주의 영화 이론은 지젝, 살레클(Renata Salecl), 주판치치(Alenka Zupančič) 등 슬로베니아 라캉학회 비평가들이 전개한 후기 라캉의 실재계 이론을 영화에 접목시켰다. 거기서는 주로 ① 상징계-실재계에 집중, ② 영화 텍스트에 포함된 주체에 관심을 기울이면서 주체를 이데올로기가 실패하는 지점으로 간주, ③ 영화가 보여주는 환상의 과잉과 외상적 실재와의 대면을 통해 주체의 결핍과 의미의 실패를 강조, ④ 영화 텍스트 내부에 초점을 맞추는 해석 이론에 입각하여 영화가 주체의 결핍과 나아가 대타자의 결핍을 보여준다는 점에 특히 주목했다(정지영, 2012).

"오늘날의 라캉주의 정신분석적 영화 이론의 초점은 거울단계와 주체의 위치에 관한 초기의 관심으로부터 실재계, 환상 그리고 응시에 대한 후기 라캉 연구에 대한 수용으로 이동되었다"(호머, 2006: 242)는 호머의 지적처럼 라캉주의 영화 담론의 맥락에서 볼 때 트라우마 및 실재와 관련하여 무엇보다 주목할 것은 응시(gaze) 개념이다. 1970년대의 초기 라캉주의 영화 이론에서 응시는 한마디로 '관객의 잘못된 시선', 즉 상상계적 시선(eye)을 가리키는 말이었다. 하지만 1980-1990년대 이래 후기 라캉주의 영화 이론은 응시에 대해 이전과는 전혀 다른 관점에서 접근하고 있다. 이때의 응시는 상상계적 시선이 아니라 영화가 관객을 사로잡는 힘의 원천을 가리킨다. 그 힘은 무엇보다 부재하는 타자 혹은 대상a와 상응하는 카메라의 응시에서 비롯된다. 라캉은 "응시와 시선의 분열에 의해 시각적 충동이 생겨난다"(라캉, 1994: 202)고 말한다. 그때 응시는 이미 나를 보고 있지만, 나는 그 사실을 알지 못한다. 그 대신 나는 나 자신을 보고 있는 나를 보는 것 같은 착각에 빠지게 된다. 그것은 데카르트적 사유 주체의 완벽한 착각이다. 매혹하는 힘으로서의 실재계적 응시에는 주체의 욕망이 연루되어 있으므로 주체의 객관적인 시선으로 환원될 수 없는 것이다. 나는 정확하게 볼 수 없으며 다만 타자의 시점에서부터 타자가 나를 응시할 따름이다.

맥고완은 이와 같은 응시와 영화의 관계를 다음 네 가지로 제시하고 있다(McGowan, 2007: 18). ① 환상으로의 전환을 통해 응시를 알기 어렵게 만드는 영화. ② 환상을 통해 응시의 현존을 가능케 하는 영화. ③ 근본적인 부재로서의 응시를 보여주는 영화. ④ 응시와의 트라우마적 조우를 연출하는 영화. 이 네 가지 관계는 영화가 응시를 통해 실재와의 만남을 용이하게 해준다는 점을 시사한다. 이중 첫 번째 관계가 응시를 은폐하는 영화의 기능을 가리킨다면, 나머지는 응시를 드러내는 영화의 역할과 관계가 있다. 요컨대 영화의 스크린은 응시를 숨기면서 동시에 드러낸다(김경순, 2009: 138-139, 166). 응시를 은폐하는 영화는 해석을 거부하는 난해성 때문에 접근하기가 어렵다. 우리가 할 수 있는 일은 영화 속에 드러난 응시를 찾아내는 데에 있다.

이와 관련하여 지젝과 콥젝(Joan Copjec) 등은 영화의 일차적 기능이 상징계 내부의 실패와 틈새를 드러내는 데에 있다고 주장한다. 이들은 상징적 감옥을 받아들이도록 우리를 유인하는 대신 오히려 우리에게 그 감옥 안의 실재적 틈새를 보여주는 영화에 관심을 기울인다. 영화는 무엇보다 응시의 드러남을 위한 장소로서 응시를 배치하는 능력으로 인해 실재와의 만남을 용이하게 한다는 것이다. 초기 이론이 강조한 상상계적 특징 대신 영화의 실재계적 차원에 초점을 맞춤으로써 새로운 라캉주의 이론은 영화가 이데올로기를 지지하기보다는 오히려 이데올로기에 도전한다고 주장하는 경향을 보인다(McGowan, 2007: 171).

사회 속에서 영화의 역할은 무엇인가? 초기 이론가들에 의하면 우리는 상상적인 쾌락을 얻기 위해 영화를 본다는 것이었다. 이런 상상적 쾌락은 부당하고 불공평한 사회질서 내에서 발생하는 불만족을 완화시켜준다. 따라서 이런 이유로 영화를 보려는 욕망은 이데올로기에서 비롯되는 것이므로 잘못된 욕망이라고 말해졌다. 그러나 새로운 이론에 따르자면 우리는 이데올로기적 구조에 구속받지 않는 주이상스를 추구하여 영화를 본다. 이것이 바로 이데올로기에 대한 도전이 뜻하는 바이며, 그런 도전을 가능케 해주는 것이 바로 응시의 경험이다. 영화의 매력은 이데올로기에의 도전을 통해 우리 안에 생채기와 균열을 내는 파괴적인 응시의 경험으로부터 비롯된다는 말이다.

응시의 경험은 때로 우리를 자유롭게 할 수도 있다. 트라우마적 실재와의 만남이 우리에게 해방감을 주는 것이다. 그런 만남의 순간에 주체는 대타자 및 그 대타자가 지탱하는 상징적 세계의 근거 없음과 터무니없음을 경험하게 된다. 응시의 경험을 통한 실재와의 만남이 우리의 주인인 기표의 의미 없음을 드러내 보여주기 때문이다. 이때 상징적 질서가 실패하는 지점에서 우리는 자유로운 주체로 서게 된다. 우리는 이데올로기적 기표의 실패 안에서 내 존재의 근거를 보는 것이다. 이데올로기 구조에 대항하는 우리의 능력은 이데올로기에 의해 은폐된 틈새가 스스로를 드러내는 지점을 인식하는 능력에 달려 있다.

요컨대 후기 라캉주의 영화 이론은 응시를 주체로서의 관객과 무관한 것으로 보았다. 다시 말해 응시는 주체와 관련된 것이 아니라 대상적인 어떤 것(objective gaze)을 뜻한다. 라캉에 따르면 시각(eye)에 앞서 존재하는 응시는 "나는 한곳만을 바라보지만 나는 모든 방향에서 보여진다"는 통찰과 밀접한 관계가 있다. 그것은 "신비로운 우연의 형태로 갑작스럽게 조우하는 경험"이자 "결여로서 우리에게 제시되는 것"이다. 또는 사물과의 관계가 시각을 통해 구성되고 재현의 여러 형상으로 배치될 때 무언가가 빠져나가고 사라지고 단계별로 전달되며 혹은 숨겨져 드러나지 않는 것이 있게 마련인데 그것이 곧 응시라는 것이다.

시각 영역에서는 응시가 외부에 존재하고 나는 보여진다. 즉 나는 보여지는 그림이다. 이는 주체가 시각의 영역에 편입될 때 나타나는 기능이다. 시각 영역에서 근본적으로 나를 결정하는 것은 외부에 존재하는 응시이다(Lacan, 1977: 106).

라캉은 응시를 우리의 눈(eye)을 교묘히 피해가는 어떤 것, 우리를 규정하면서도 그런 사실을 드러내지 않은 채 우리를 보여지는 존재로 만들어버리는 것으로 이해하면서 '보는 존재'가 아닌 '보여지는 존재'로서의 인간에 초점을 맞춘다. 주체는 "보여지는 그림"이다. 그러니까 라캉이 말하는 응시는 우리가 통상 사용하는 (능동적인 과정으로서의) 응시 개념과는 반대인 셈이다. 거기서 하나의 대상으로서의 응시는 시각적으로 우리의 욕망을 불러일으키는 작용을 한다. 말하자면 "사물 쪽에 응시가 존재한다. 즉 사물들이 내게 시선을 던지고(look at) 나는 그것들을 바라본다(see)"는 것이다(Lacan, 1977: 72-75).

응시와 대상a

한편 라캉은 "시각적 영역에서의 대상a는 응시"(Lacan, 1977: 105)라고 말하기도 한다. "욕망의 중심에 놓여 있는 결여"와 관련된 이 대상a를 규정하기란 매우 어렵다. 그것은 일단 '욕망의 대상-원인', 즉 욕망을 불러일으키는 근본적인 원인으로서의 대상이라고 말해진다. 그러니까 대상a로서의 응시는 일종의 대상이다. 하지만 그것은 통상적 의미에서의 대상이 아니다. 그것은 주체가 스스로를 욕망하는 주체로서 구성하기 위해 자신과 분리시킨 어떤 잃어버린 대상이다. 주체는 특정 욕망의 대상을 손에 넣을 수는 있겠지만, 어띤 실체적 위상이 결여된 대상a를 결코 획득할 수 없다.

대상a라는 특수한 대상은 실증적인 실체가 아니라 시각 영역에서의 하나의 공백 혹은 구멍을 가리킨다. "시각 영역에서 대상a는 우리가 그것을 미학 차원으로 번역해서 말하자면 정확히 이미지 뒤쪽의 텅 비어 있는 어떤 결여로서의 공백(blank) 혹은 어둠(black)이다."(라캉, 1994: 59) 라캉은 이런 공백(구멍, 결핍)을 보지 못하는 사람은 사물을 왜곡되게 해석하는 사람이라고 말한다. 그 공백은 어떤 대상에 대한 주체의 봄 안에 내재하는 틈새인데, 우리의 시각(eye) 안에 존재하는 이 틈새는 우리가 보는 것들 안에서 우리의 욕망이 스스로를 드러내는 지점이다. 욕망이 이 시각 영역을 비틀고 왜곡할 때, 우리는 그런 왜곡을 대상a로서의 응시를 통해 느낄 수 있다. 만일 어떤 특정한 시각 영역이 주체의 욕망을 불러일으킨다면, 거기에는 반드시 '의미가 부재하는 지점'으로서 응시가 현존한다. 그것은 가시적인 것의 반대 측면인 불가시적인 것에 대한 접근을 제공한다.

이 점을 설명하기 위해 라캉은 『세미나 11』에서 응시의 사례로 한스 홀바인의 〈대사들〉이라는 그림을 제시한다(라캉, 2008: 135-139). 이 그림은 두 명의 세계 여행가들과 그들이 여행에서 모아들인 부를 묘사한다. 그런데 그림 하단부에는 무언지 알아 볼 수 없는 왜곡된 무정형적 형상이 있다. 그냥 보면 그게 무언지 알 수 없다. 하지만 밑으로부터 그리고 왼쪽으로부터 보면 그것이 해골임을 알 수 있다. 라캉은 이 해골이야말로 응시 곧 대상a의 자리라고 강조한다. 그곳은 이미지 안에 내재하는 하나의 텅 빈 지점이자, 보는 자가 그림과의 거리를 상실해버리고 그들이 보는 것 안에 연루되는 지점이다. 해골은 보는 자의 관점에 따라 다르게 보이기 때문이다. 이처럼 대상a로서의 응시는 보는 자의 관점이 가시적인 것의 영역을 왜곡시키는 방식 안에 존재한다. 지젝에 따르면 대상a는 정면으로 바라볼 때는 아무것도 아닌 공허 혹은 무의미한 얼룩(균열)처럼 보이다가 위치를 바꾸어서 비스듬히 바라보면 그 윤곽이 드러난다. 그것은 어떠한 실체적 일관성도 가지고 있지 않으며, 그 자체로는 혼돈 외에 아무것도 아닌 어떤 것이다. 그것은 주체의 욕망과 두려움에 의해 왜곡된 입장에서 볼 때만 확정적인 형태를 가지게 되는 것, '실체가 아닌 것의 그림자'이다(지젝, 2007: 106-107).

대상a(응시)의 자리인 해골은 하나의 왜상(歪像, anamorphosis)[2]이다. 비단 〈대사들〉뿐만 아니라 모든 그림은 광의의 왜상이라 할 수 있다. 그림을 그린다는 것 자체가 왜상을 내포한다. 왜냐하면 왜상은 실재의 특성을 차단하고 왜곡시켜서 실재를 우리가 견딜 수 있는 수준 혹은 우리가 알아볼 수 있는 수준의 이미지(그림)로 전환시켜주는 기능을 가지고 있기 때문이다. 좀 이상하게 들릴지 모르지만 거기서 보는 자는 그림 안에 들어가 있으면서 동시에 그 그림 안에서 배제되어 있다. 그것은 그림 속에서 하나의 얼룩 혹은 방해물로서 존재하는 응시의 효과이다. 보는 자는 그런 얼룩의 형식으로 그림 속에 있는 것이다. 다시 말해 응시는 주체가 모든 특권을 빼앗기고 온전히 대상이 되고 마는 그런 지점이라 할 수 있다.

응시와 시각 영역은 단순하게 공존할 수 없다. 한쪽의 출현은 다

---

[2] 일상적인 시각에서 볼 때는 그림에 나타난 대상의 모습이 뒤틀려 보이지만 특별한 각도에서 보거나 곡면 거울에 비추어보면 왜곡이 사라지고 그림 속의 모습이 정상적으로 보이도록 그리는 원근법. 르네상스 시대에 출현한 원근법은 기하학적 질서의 강박적 추구를 통해 공간의 환영(공백)을 한 치의 오차도 없는 일관성 속에서 통제하려는 경향을 보인다. 동시에 그것은 공백의 억압과 은폐라는 효과를 낳는다. 이것은 이후 바로크 시대의 왜상 게임이라는 화법 형식을 유행시킨다. 거기서는 과도하게 억압된 공백이 왜상 게임의 형식을 빌려 실재로부터 회귀한다(백상현, 2017: 204).

른 쪽의 파괴를 의미한다. 〈대사들〉에 등장하는 해골은 이런 관계를 잘 보여준다. 우리는 이 그림에서 해골을 두 명의 대사들 발밑에 있는 얼룩으로 보든가 아니면 해골만 보고 다른 것은 보지 않든가 둘 중의 하나이다. 이때 응시를 포착한다는 것은 시각 영역과의 관계를 상실하고 대상 자체에 주체가 함몰되는 것을 뜻한다. 심지어 주체가 완전한 이미지를 볼 때조차 무언가가 불분명한 채로 남아 있다. "대상의 응시는 주체가 보는 것 안에 주체를 포함한다. 하지만 이 응시는 가시적 영역 안에 현존하지 않는다."(McGowan, 2007: 11, 166) 그럼에도 응시는 끊임없이 우리의 경험 안에 나타난다. 응시는 의식의 기초이자 가시성의 토대이기 때문이다. 바로 이로 인해 우리는 응시와 시각 영역에서의 왜곡을 당연하고 자명한 것으로 여기면서 마치 모든 것이 다 제자리에 있다고 가정되는 그런 현실을 살아가는 것이다. 물론 모든 것이 다 적절한 자리에 있는 것처럼 보이는 상징계(사회적 현실)에도 종종 틈새(구멍, 잔여분, 과잉)가 가시적인 것으로 나타난다. 이데올로기 구조의 영속성은 잠정적으로 전복적 측면을 내포하는 이런 틈새를 안 보이게 하는 능력에 달려 있다. 그 틈새들을 봉합하는 데에 성공할 때 우리의 일상이 구성되는 것이다.

〈리얼 술래잡기〉가 극적으로 보여주듯이 소노 영화는 모든 것이 제자리에 있다고 가정되는 그런 현실이 허구에 불과하다는 점을 폭로한다. 〈사랑의 노출〉은 유가 도착적 변태로 몰려 집과 학교에서 쫓겨나고 부친 데쓰와 그의 애인 가오리 및 그녀의 수양딸인 요코가 컬트 집단인 제로교회에 의해 포섭되면서 한 가정이 순식간에 흔적도 없이 와해되는 모습을 묘사하고 있다. 그 과정에서 대상a로서의 마리아가 요코라는 몸적 대상으로 가시화되어 나타나는 것이다. "습관 아래 있는 것, 우리가 육체라고 부르는 것은 아마도 대상a의 잔여분일 것이다. 이때 대상a는 욕망 안의 잔여분, 즉 욕망의 원인으로서 불만족과 불가능성을 통해 욕망을 유지시킨다"(Lacan, 1998: 6)는 라캉의 말대로 대상a가 타자의 몸 위에 환상적으로 투영되고 주체(유)는 거기에 매혹된다. 요코와의 만남은 상실된 어머니[3]를 대체하는 마리아를 향한 유의 불가능한 욕망을 유지시킨 원천이다. 유의 욕망은 끊임없이 요코에게 마리아 환상을 투영하지만, 그것은 실패할 수밖에 없는 환상이다. 그러나 사랑은 무엇보다 실패 안에서 그리고 실패를 통해 나타난다. 환상과 욕망의 실패에서 비로소 가능해지는 불가능한 사랑, 이것이 바로 〈사랑의 노출〉이 보여주는 응시와의 우연한 조우이다. 이하의 논의는 이 점을 둘러싸고 전개될 것이다.

III. 환상과 욕망: "나는 실패할 수밖에 없는 불가능한 것을 욕망한다."

마리아 환상과 도착적 욕망의 교차

유의 마리아 환상은 실체가 없는 대상a에 대한 환상이므로 실패할 수밖에 없다. 요코에 대한 유의 도착적 욕망은 그런 실패를 보여주는 예증이다. 유는 신부가 된 부친이 애인 가오리의 변심으로 인해

---

[3] 어머니는 금지된 대상으로 영원히 현실로부터 추방되어 실재계의 일부가 된다. 즉 상징계의 개입으로 말미암아 사랑의 대상으로서의 어머니가 영원히 상실되고 상징계로부터 추방되어 실재를 구성한다. 이때 상실된 대상을 라캉은 칸트의 용어를 끌어와 '물(das Ding)'이라고 부른다. 대상a는 이런 물이 현실로부터 떨어져나갈 때 실재계의 이면에 남긴 파편 또는 나머지(잉여, 과잉)를 지칭하는 말이다.

강박적으로 변하여 날마다 자신에게 죄를 고해성사하라고 강요하자, 부친을 향한 사랑의 요구로서 능동적인 '죄 만들기'에 몰두한다. 그리하여 도착적인 성석 주이상스를 신성시하는 컬트 집단에 가입한 유는 그 집단의 교주로부터 "죄와 마리아 모두 여자 가랑이 사이에 있다", "따라서 여자 가랑이 사이를 찍는 '판치라(팬티 몰래카메라)'는 신성한 행위다", "마음으로부터 발기하라"는 등의 도착적인 교의를 전수받는다. 이후 제로교회에 입신한 요코를 빼내기 위해 제로교회 산하의 AV 회사인 '붓가케'[4]에 입사한 유는 '판치라계의 왕'으로서 변태들의 숭앙을 받게 된다. 나아가 유는 변태들을 위한 퍼포먼스를 주관하면서 지금은 제로교회의 신자가 된 전직 신부였던 부친을 모방하여 변태계의 신부로 행세한다.

이와 같은 도착적 변태의 장면들은 하나의 '영화적 왜상' 혹은 '영화적 과잉'이라 할 수 있다. 바르트는 영화적 과잉을 '무딘 의미(obtuse meaning)'라고 지칭하면서 의미를 거부하는 의미, 기의 없는 기표를 언급한다(Barthes, 1973: 49). 이런 바르트를 따라 우리는 과잉을 의미 구조 안에 존재하는 난센스 또는 주이상스를 구현하는 의미 없음의 지점으로 이해할 수도 있을 것이다. 그 지점에서 유가 변태 삼위일체(변태 성부, 변태 성자, 변태 성령)의 이름으로 온갖 변태의 죄(테러와 살인죄를 제외한 죄)를 용서하는 장면은 "난 변태지만 가짜는 아니야"라는 유의 항변과 함께 하나의 불편한 진실을 전해준다. "엄밀히 말해서 도착은 환상의 전도된 효과이다. 자신의 분열과 대면하는 가운데 주체는 자신을 하나의 대상으로 규정한다"(Lacan, 1977: 185)는 정신분석적 진실이 그것이다.

종종 도착적 효과를 초래하는 환상은 우리에게 어떻게 욕망할

---

4 이 회사명 '붓가케'는 일본 AV의 한 장르인 '안면 사정'을 뜻하는 일본어이다.

것인지를 가르쳐준다. 환상이란 내가 수박을 원하지만 현실에서 구할 수 없을 때 수박 먹는 환상을 꿈꾸는 것을 의미하는 것이 아니다. 오히려 문제는 어떻게 내가 다른 무엇보다 수박을 욕망하는지 아는 데에 있다. 그러니까 중요한 것은 환상에서 상연되는 욕망이 주체의 것이 아니라 타자의 욕망이라는 점에 있다. 이런 욕망의 길은 무한하다. 가령 시각적 영역에서 주체는 대타자 안에서 불가시적인 것을 보고자 욕망한다. 그 결과 주체는 무언가를 끊임없이 추구하지만 결코 찾아내지 못한다. 그럼에도 욕망의 경험 안에서 응시는 동기를 부여하는 부재로서 계속 남아 있다.

이처럼 타자의 욕망을 욕망하는 주체는 환상 안에서 하나의 대상이 된다. 이와 같은 주체의 대상화는 응시의 본질과 떼려야 뗄 수 없는 관계에 있다. 우리는 타자가 지각하는 나 자신의 목소리에 접근할 수 없듯이 타자를 바라보는 나 자신의 시선, 즉 응시에 결코 접근할 수 없다. 따라서 "나는 나 자신을 바라보는 나를 바라본다"는 의식은 착각이고 환상일 뿐이다. 그것은 안팎이 뒤바뀐 응시의 구조에 기초하고 있다. 즉 "시각적 관계에서 주체가 끊임없이 머뭇거리면서 사로잡혀 있는 환상은 응시라는 대상에 의존하고 있다."(Lacan, 1977: 82-83) 지젝이 "환상은 '객관적으로 주관적'이라는 이상한 범주에 속한다"(지젝, 2007: 82)고 지적한 것은 바로 응시에 의존하는 환상의 이런 성격 때문이다.

환상과 이데올로기

그런데 라캉에게 환상이란 하나의 위장(semblance)된 외관(appearance)이다. 전술한 제욱시스와 파라시오스의 사례(Lacan, 1977: 103)에서 파라시오스의 그림이 말해주는 환상은 우리가 마주하고 있는 것이 단지 감추어진 진실을 덮고 있는 베일일 뿐이라고 생각하는 바로 그 관념에 있다. 환상은 근본적으로 안쪽의 실재를 은폐하고 있는 가면이 아니라 가면 뒤에 뭔가 숨겨져 있다고 여기는 착각을 가리킨다. 이런 착각은 이데올로기와 관련하여 양면성을 함축하고 있다. 그것은 한편으로 이데올로기를 보완하는가 하면 다른 한편으로 이데올로기에 대한 도전으로 작동하기도 한다.

첫째, 우리가 기표(언어와 이데올로기)의 차원에 머물러 있는 한 우리는 결코 영원한 결여에서 벗어날 수 없다. 그 결과 이데올로기의 주체는 불만족스러운 주체가 된다. 하지만 이때 환상이 개입함으로써 주체로 하여금 기표를 넘어서는 영역에 접근하도록 도와준다. 환상은 주체로 하여금 법적으로 거부된 불가능한 대상을 가짐으로써 만족을 얻을 수 있다고 믿게 한다. 즉 환상은 불가능한 대상인 대상a와의 관계를 주체에게 제공한다. 이때 환상은 주체에게 실제로 욕망의 대상을 부여하는 것이 아니다. 그 대신에 환상은 주체가 그 불가능한 대상과의 관계를 취할 수 있는 무대(미장센)를 제공한다. "환상은 욕망의 미장센"이라는 정식이 뜻하는 바가 이것이다. 그런 욕망의 무대 위에서 환상 시나리오가 전개되는 것이다. 그럼으로써 환상은 불만족스러운 욕망의 주체를 상상적인 주이상스에 만족하는 이데올로기적 주체로 전환시킨다. 그리하여 환상은 "실재가 일상적 경험 안으로 침투해 들어오는 것을 막아주는 방어기제"(Homer, 2005: 89)가 된다. 라캉은 환상의 이런 이데올로기적 방어 기능을 '환상 가로지르기'라고 불렀다. 이데올로기적 주체로의 전환은 이런 환상 가로지르기를 통해 이루어진다. 이는 곧 환상이 이데올로기의 직접적이고 필요한 보완으로서 기능한다는 것을 의미한다.

이데올로기는 환상을 통해 그 구성적 불완전성을 보상받고자 한다. 어떤 이데올로기도 주체에게 모든 대답을 제공할 수는 없다. 환상은 이런 빈 틈새를 채워준다. 가령 기독교의 정통 이데올로기는 신을 전지전능하고 절대적으로 선한 존재로 간주하고 원죄설, 삼위일체설, 믿음에 의한 영생의 보장 등을 내세운다. 하지만 그런 신학적 설명에는 틈새가 많으므로 그걸 메워줄 환상을 필요로 한다. 예수에 의한 원죄의 대속을 표상하는 십자가 상징은 그런 환상의 전형 중 하나이다. 십자가 자체는 의미가 없는 기표이지만, 환상으로서의 십자가는 악마를 물리치고 속죄하는 능력을 가진 가시적 상징으로 받아들여진다. 〈사랑의 노출〉에도 십자가 환상이 나온다. 앞에서도 언급했듯이 요코가 십자가 자세로 탄환을 피하는 장면이 그것이다. 종교는 이와 같은 다양한 종교 상징 안에 무수한 종류의 환상 바이러스를 배양해왔다.

둘째, 가장 강력한 전염성을 가진 이 바이러스들은 질병을 일으키기도 하고 질병을 치유하기도 한다. 통상 주체는 상징적 질서가 그에게 부과하는 불만족을 더 이상 견딜 수 없을 때 강력한 환상을 찾게 된다. 맥고완에 따르면 이때 환상은 현실 세계에는 존재하지 않는 어떤 위험(실재계 안의 타자)을 상상하게 함으로써 주체에게 주이상스를 제공한다. 그리하여 환상은 타자의 실재적 차원에 접근하게 해주며, 동시에 주체의 실재적 차원을 폭로해준다. 이런 환상의 능력으로 인해 주체는 윤리의 영역에 참여할 수 있게 되는 것이다(McGowan, 2007: 196-197).

이때 환상 시나리오는 상징적 질서 안에 보이지 않는 방식으로 내재되어 있는 잉여 주이상스[5]를 노출시키기도 한다. 그 결과

---

5 "우리는 언어 사용의 결과로서 잉여 주이상스(surplus jouissance)를 가지고 태어난 존재들이다. 이때의 '언어 사용'이란 우리가 언어를 사용한다는 뜻이 아니

"환상은 우리를 분쇄하고 어지럽혀 현실과 동화할 수 없게 한다."
(Žižek, 2002: 18) 환상에 빠질 때 우리는 일상적 경험의 토대이면서도 우리가 결코 직면할 수 없을 만큼 혼란스러운 잉여를 경험하게 된다. 환상은 우리에게 너무 많은 것들, 즉 지배적인 이데올로기의 작동 안에 내재하는 외설적이고 억압된 잉여를 보여준다. 그런 잉여를 본 자는 환상의 힘에 압도당할 수밖에 없다. 그렇지 않다면 오히려 환상을 깨뜨리려는 불가능한 꿈을 꾸게 될 것이다. 〈사랑의 노출〉에서 유, 요코, 데쓰, 가오리가 거대한 흰색 십자가에 눌려 있는 장면이 전자의 사례에 해당한다면, 고이케가 황야에 세워져 있는 거대한 십자가를 쓰러뜨리는 장면은 후자의 사례라 할 수 있다. 맥고완은 이와 같은 잉여 혹은 잉여 주이상스와 이데올로기의 관계가 영화 속에 나타나는 양상을 다음과 같이 두 가지로 요약한다.

> 만일 영화가 이데올로기적 틈새를 메우고 관객을 진정시키기 위해 잉여를 사용한다면, 그것은 이데올로기적 보완으로서 기능할 것이다. 그러나 만일 관객의 시선을 비틀기 위해 잉여를 사용한다면, 그것은 이데올로기에 대한 도전으로서 기능할 것이다(McGowan, 2007: 37-38).

영화의 환상적 차원에 내포된 잉여는 종종 이데올로기를 보완하는 방식으로 작용하지만, 그것은 또한 이데올로기가 공공연하게 인정할 수 없는 잉여를 노출시킴으로써 이데올로기의 작동을 손상시키는 능력을 가지고 있다. 소노 영화에 차고 넘치는 잉여는 이중

다. 반대로 언어가 우리를 사용하는 것이다. 언어가 우리를 고용하며, 그것이 언어가 향유하는 방식이다."(Lacan, 2007: 66)

후자, 즉 이데올로기에 대한 도전으로서 기능하는 경우가 대부분이다. 〈사랑의 노출〉에는 판치라, 변태 컬트, AV, 붓가케 회사 등과 같은 잉여가 많이 등장한다. 그런 도착적 잉여는 특히 상징적 질서가 강박적인 방식으로 고착되어 있는 일본 사회의 음화(陰畵)라 할 수 있다. 중요한 것은 소노 감독이 도착적 잉여를 대상a(응시)로서의 마리아나 제로교회와 같은 종교적 환상과 결부시킴으로써 관객의 시선을 비틀어버린다는 점에 있다. 이를테면 유의 도착적 욕망은 그의 마리아 환상과 별개의 것이 아니다. 유에게 판치라는 마리아(요코)와의 만남을 현실화하기 위한 유일한 수단이며, 또한 유는 오직 마리아(요코)에 대해서만 발기한다.

〈사랑의 노출〉은 잉여를 여러 가지 방식으로 표현하지만 그것을 결코 직접적으로 표현하지는 못한다. 철저한 직접적 노출은 불가능하다. 만일 영화가 잉여를 직접적으로 묘사하고자 한다면, 그 영화는 완전히 잉여를 놓쳐버리게 되기 때문이다. 너무 많은 것을 보여주기 때문에 오히려 아무것도 보여주지 못하는 포르노의 사례는 이런 딜레마를 잘 보여준다. 포르노는 "성적 환상, 장르, 문화, 에로틱한 가시성 등이 함께 작동하는 착란적 가시성(frenzy of the visible)의 표상 체계"(William, 1989: 267-270)이다. 다시 말해 포르노는 영화적 과잉, 특히 신체적 과잉의 표상 체계라 할 수 있다. 거기서 포르노는 대상a를 너무 직접적으로 보여주고자 하기 때문에 오히려 그 대상이 거의 보이지 않게 된다. 포르노의 직접성(대상에 대한 직접적인 접근)이 대상의 접근 불가능한 차원(대상 안에 있는 매혹의 원천)을 보이지 않게 숨겨버리기 때문이다. 이런 의미에서 포르노는 충분히 과잉적이지 않다. 왜냐하면 그것은 모든 것을 보여주고자 하는 헛된 시도이기 때문이다. 포르노는 환상(사회적 현실의 일상적 경험에서는 결코 볼 수 없지만 그럼에도 불구하고 그 현실 안에 숨겨져 있는 외설적인 주이상스)을 가시적인 것으로 만들고자 한다. 그때 포르노는 응시로서의 대상a를 우리가 볼 수 있는 하나의 실제적 대상이라고 가정한다. 하지만 이와 같은 대상a의 포칙은 실패할 수밖에 없다. 왜냐하면 우리가 명확히 정의하고 고정시켜 내보일 수 있는 대상a 의 실제적 대상은 존재하지 않기 때문이다. 사실상 포르노의 단조로움과 지루함은 대상a를 노출시키려는 시도의 실패에서 기인한다(McGowan, 2007: 28).

이와 마찬가지로 유의 마리아 환상과 도착적 욕망의 결합 또한 실패할 수밖에 없다. 왜냐하면 응시(시각 영역에서의 대상a)는 결코 가시적인 것의 영역으로 완전히 환원될 수 없기 때문이다. 이와 같은 결정적 한계와의 봉착은 소노 영화에서 종종 공격적인 폭력성의 과잉을 초래한다. 왜 그럴까? 지젝은 그 이유를 주이상스에서 찾는다. "환상은 욕망의 내재적인 고착에 하나의 근거를 제공한다. 환상은 대타자가 우리에게서 훔쳐갔다고 여겨지는 주이상스에 집중되는 장면을 구성한다."(Žižek, 1997: 32) 환상에는 필연적으로 우리 자신의 주이상스가 타자에게서 비롯된 것이라고 여기게 하는 편집증적인 망상의 차원이 존재한다. 전형적인 환상 시나리오에는 타자가 우리 대신 향유한다는 생각이 깔려 있다. 이때 우리는 타자가 우리 몫의 주이상스를 빼앗아갔다는 환상에 빠져듦으로써 종종 타자를 파괴하고 싶어 한다. 거기서 타자에 대한 공격성이 극적으로 노출되는 것이다. 그것은 라캉이 범죄의 특이한 미덕, 악을 위한 악, 사악한 지고신 등의 관념과 관련하여 언급한 '파괴의 주이상스' (Lacan, 1992: 197)에서 비롯된 공격성이다. 〈사랑의 노출〉에서 "더 부서져버려"라고 외치는 고이케는 바로 이와 같은 파괴의 주이상스의 화신이라 할 만한 캐릭터이다. 영화 후반부에 고이케가 일본도로 자결하면서 수차 "내게 그걸 줘!(Give it to me!)"라고 내뱉는 장면은 마치 "너희들이 빼앗아간 주이상스를 내게 돌려줘"라고 말하는 듯하다.

응시·환상·욕망의 삼각형

앞에서 언급한 응시(대상a), 환상, 욕망 담론은 〈사랑의 노출〉에 등장하는 세 명의 틴에이저 주인공(유, 요코, 고이케)이 전개하는 내러티브의 동선과 관련하여 삼각형의 복선을 보여준다. 그 삼각형의 중심에는 라캉적인 '분열된 주체($)'가 위치한다. 〈그림 2〉에서 응시와 환상의 관계(A)는 환상을 통해 응시가 드러나는 메커니즘을 가리킨다. 또한 응시와 욕망의 관계(B)는 욕망의 대상-원인으로서의 응시가 욕망의 중심에 있는 결여임을 나타내고, 환상과 욕망의 관계(C)는 욕망의 미장센으로서의 환상을 통해 주체가 욕망을 구조화(조직화)하는 방식을 지시한다. 그리고 주체와의 관계에서 유, 요코, 고이케에게 대상a(응시)는 각각 마리아, 예수, '제로' 상징에 해

〈그림 2〉 응시, 환상, 욕망의 삼각형

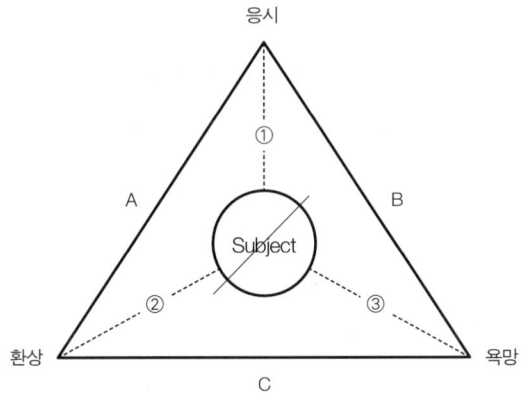

당된다(①). 가령 남성 혐오주의자인 요코가 "하지만 예수 같은 남자라면 용서할 수 있어"라고 말할 때 예수는 요코에게 대상a가 될 수 있다. 이에 비해 제로교회의 '제로' 상싱이 인격화된 캐릭터인 고이케는 대상a로서의 '제로'를 위해서라면 무슨 일이든 불사한다. 한편 이들과 관련된 중심적 환상은 각각 도착적 변태, 불가능한 사랑, 파괴의 주이상스로 상정될 수 있다(②). 요코는 「고린도전서」 13장에 나오는 아가페적 사랑에 대한 환상을 품고 있으며, 고이케는 영화 속에서 '원죄의 향기'를 풍기는 캐릭터로 설정되어 있는데, 세상에 대한 그녀의 증오는 파괴적 주이상스에의 환상으로 가득 차 있다.

그 환상들은 각각 팔루스, 사소리, 카나리아라는 기표를 통해 주체에게 욕망의 미장센으로 기능한다(③). 라캉에게 팔루스는 욕망의 특권적 기표로서 생물학적인 페니스와는 구별되는 개념이다. 유가 오직 마리아(요코)에 대해서만 발기한다는 영화적 설정은 페니스가 아닌 팔루스와 관계가 있다. 마리아는 실체가 없는 대상a이기 때문이다. 또한 소노는 〈사랑의 노출〉에서 유가 사소리로 여장하여 요코를 폭력배들로부터 구출하는 장면을 삽입하고 있다. 그러나 소노가 '기적'이라고 이름 붙인 유와 요코(마리아)의 이 첫 만남은 고이케의 치밀한 조작에 의한 것이었다. 이후 요코는 사소리가 유라는 사실을 모른 채 사소리로 가장한 유와의 동성애적 욕망에 눈뜨게 된다. 그리고 고이케의 어깨에는 항상 카나리아가 앉아 있다. 이 새는 증오 또한 사랑과 마찬가지로 우리로 하여금 상징계의 구멍(틈새, 잉여, 과잉, 공백, 결여)을 견디고 살아가게 해주는 원동력임을 암시하는 역설적인 자유의 기표라 할 수 있다. 〈사랑의 노출〉 끝부분에서 고이케가 "모두 다 더 부셔져버려"라고 외치며 자결하자 이 카나리아는 그녀의 품에서 나와 날아가버린다.

이와 같은 응시, 환상, 욕망의 삼각형에서 남는 문제는 응시와의 조우가 어떤 지점에서 성립되는지이다. 그것은 〈사랑의 노출〉이 응시와의 조우를 어떤 식으로 처리하고 있는가 하는 문제, 가령 유와 요코의 만남 그리고 유와 마리아와의 궁극적인 만남이 이루어지는 방식에 관한 물음이 될 것이다. 응시의 직접적인 경험은 주체와 대상의 거리를 붕괴시킨다. 그것은 우리를 응시의 지점, 즉 대상이 우리를 뒤돌아보는 지점으로 끌고 들어가기 때문이다. 단적으로 말해 응시와의 조우는 환상과 욕망의 분리를 통해 가능해진다. 일상 속에서 우리는 결코 이와 같은 환상과 욕망의 분리를 경험하지 못하지만, 영화는 그것을 가능케 한다. 응시를 길들이고 그 균열을 제거하기 위해 영화는 특별한 방식으로 환상과 욕망을 배치한다. 욕망의 기능과 환상의 기능을 분리시켜 응시의 환상적 왜곡 혹은 부재를 강조하고 그럼으로써 이데올로기 구조 안에 있는 구멍으로서의 응시를 드러내는 것이다.[6]

〈사랑의 노출〉은 욕망의 평범한 대상인 요코의 부재를 통해 마리아라는 대상a를 드러낸다. 그것(부재) 없이는 어떤 내러티브도

---

[6] 가령 〈베를린 천사의 시〉에서 빔 밴더스는 욕망의 세계와 환상의 세계를 구분하기 위해 천사와 관련된 장면은 흑백 화면으로, 그리고 인간과 관련된 장면은 컬러 화면으로 처리한다. 이런 대비를 통해 천사의 세계를 순수한 욕망의 세계로, 그리고 인간 세계를 환상의 세계로 설정하는 것이다. 천사들은 오직 기표의 차원에서만 존재할 수 있기 때문에 순수한 욕망의 위치를 점유하며, 따라서 타자를 실제로 접촉할 수 없고 주이상스도 경험할 수 없다. 그런데 불멸성을 포기하고 인간이 되고자 한 천사 다미엘의 결정은 욕망으로부터 환상으로의 전환을 시사한다. 이로써 그는 일상적인 인간 삶 안에 내재하는 주이상스에 접근할 수 있게 된다. 우리가 환상에 빠져 있을 때, 우리는 스스로를 실재계의 타자에게 노출시킨다. 이와 같은 자기 노출은 곧바로 응시의 구현과 연루된다. 욕망과 환상의 분리는 응시와의 직접적인 만남을 용이하게 하기 때문이다(McGowan, 2007: 199-201).

구조를 가지지 못하는 그런 부재가 관객의 욕망을 끌어당기는 것이다. 〈사랑의 노출〉은 부재의 조작을 통해 관객의 욕망을 지배한다. 그럼으로써 대상a인 마리아와 욕망의 평범한 대상인 요코 사이의 차이를 보여주기도 한다. 대상a는 주체의 욕망을 야기하지만, 욕망의 평범한 대상은 그렇지 못하다. 한마디로 대상a는 욕망의 실패를 구현한다고 말할 수 있다. 다시 말해 대상a는 주체가 그 주위를 머뭇거리듯 선회하는 부재의 방식을 통해서만 만족을 제공한다.

욕망은 성공(대상의 획득)에 의해서가 아니라 실패(스스로를 대상에 종속시키는 것)에 의해 스스로를 지속시킨다. 이와 마찬가지로 대상a로서의 응시는 실제로 존재하는 대상이 아니라, 주체의 보는 지점에 의해 야기되는 가시 영역에서의 왜곡 혹은 부재를 가리킨다. 영화는 이미지의 왜곡을 통해 이런 응시를 간접적으로 우리에게 보여주거나 혹은 응시와의 우연한 조우를 경험하게 한다. 이때 응시와의 만남이 지시하는 것은 성공이 아니라 실패에 있다는 사실을 간과해서는 안 될 것이다. 이와 관련하여 라캉은 욕망이 마조히즘적인 속성을 가진다고 말한다. 왜냐하면 욕망의 목적은 그 대상의 발견이 아니라 마조히즘의 특징인 욕망을 지속시키는 데에 있기 때문이다. 그 결과 환상이라는 무대(미장센)를 통한 욕망하기의 과정으로부터 주이상스가 드러나게 된다.

주이상스와 응시

뒤집어 말하자면 주이상스는 욕망하는 주체의 실패를 말해주는 일종의 징표라 할 수 있다. 성적 주이상스(팔루스적 주이상스)를 비롯한 모든 유형의 주이상스는 결코 그 자체로 욕망하는 주체의 최종적인 목표가 될 수 없다. 왜 그런가? 욕망은 대상이 욕망하는 주체를 컨트롤하도록 허용하기 때문이다. 욕망은 대상a라는 신비한 대상에 의해 발생하며, 동시에 이런 대상a로 하여금 대상의 신비를 유지하도록 만든다. 한마디로 대상a는 하나의 불가능한 대상이다. 그것이 존재하기 위해서는 알려져 있으면서 동시에 알려지지 않아야 한다. 주체는 대상a를 대타자의 비밀스러운 주이상스의 지점에 위치시킨다. 하지만 주체는 이 대상a에 의해 구현된 주이상스를 손에 넣을 수 없다. 왜냐하면 대상a는 그렇게 손에 닿지 않는 곳에 있음으로써만 존재할 수 있기 때문이다. 이와 관련하여 라캉은 "주체가 보려는 것은 무엇인가? 그가 보려는 것은 부재로서의 대상이다"(Lacan, 1977: 182)라고 말한다. 그러니까 우리의 욕망이 도달하려는 곳은 우리가 지배할 수 없는 지점, 곧 트라우마적인 주이상스의 지점이라는 말이다.

라캉의 욕망 개념에서 응시는 주체가 대상을 지배하는 도구가 아니라, 보는 것에 대한 지배를 거부하는 대타자 내부의 한 지점이다. 그것은 주체의 '봄' 안에 있는 텅 빈 지점이다. 그것은 주체가 보는 것을 통해 지배하려는 감각을 위협한다. 주체는 그 지점을 직접 볼 수 없다. 응시는 '결여된 어떤 것'이므로 시각적인 이미지로 파악될 수 있는 것이 아니다. 이런 응시(대상a)와 연관된 주이상스가 주체의 욕망의 원인으로 작용한다. 하지만 주이상스는 욕망으로 환원되지 않는다. 욕망은 부재의 경험으로 가득 차 있는 반면, 주이상스는 아무것도 결여되어 있지 않기 때문이다. 브라운슈타인은 욕망과 주이상스의 차이를 다음과 같이 명료하게 설명한다.

> 욕망은 어떤 상실해버린 부재하는 대상을 지시한다. 그것은 존재의 결여이며 잃어버린 대상과의 조우 안에서 성취를 열망하는 것이다. 욕망의 구체적인 표현은 환상이다. 한편 주이상

스는 아무것도 지시하지 않으며 어떤 목적을 위해서도 기능하지 않는다. 그것은 예측할 수 없는 경험이며 쾌락원칙을 넘어서는 것으로 어떤 신비한 조우와도 상이한 것이다(Braunstein, 2003: 106-107).

욕망은 그것이 지시하는 대상이 있지만, 아무것도 지시하지 않는 주이상스는 대상을 가질 수 없다는 말이다. 그렇다면 사랑의 주이상스는 욕망하는 주체의 실패와 그 욕망의 무대로서의 환상에 지쳐버린 주체에게 무엇을 의미하는 것일까? 〈사랑의 노출〉이 우리에게 궁극적으로 던지는 물음은 바로 이것이다.

IV. 사랑: "당신은 결코 내가 당신을 바라보는 곳에서 나를 바라보지 않는다."

제로교회에 입신한 요코를 빼내기 위해 유가 요코를 외딴 바닷가로 납치했을 때 우리는 의외의 장면에 직면하게 된다. 소노 자신이 이 작품의 클라이맥스라고 말한 장면, 즉 요코가 다음과 같은 사도 바울의 「고린도전서」 13장 전문을 음송하는 장면이 그것이다.

> 내가 사람의 여러 언어를 말하고 천사의 말까지 한다 해도 사랑이 없으면 나는 울리는 징과 요란한 꽹가리와 다를 것이 없습니다. 내가 예언의 은사를 받고 모든 신비와 모든 지식을 이해한다 해도, 또한 내가 산을 옮길 만한 완전한 믿음을 가지고 있다 해도, 사랑이 없으면 나는 아무것도 아닙니다(nothing). … 예언도 끊어지고 사람의 말도 끝이 있으며 지식도 없어지

겠지만, 사랑은 결코 실패하지 않습니다. 우리의 지식과 예언은 불완전한(in part) 것이기 때문입니다. 하지만 완전한 것이 오면 불완전한 것은 사라질 것입니다. 내가 어릴 때는 어린아이로서 말하고 이해하고 생각했지만, 어른이 되어서는 어린아이 같은 것들을 버렸습니다. 왜냐하면 우리가 지금은 희미하게 거울 속을 보고 있지만, 때가 되면 얼굴과 얼굴을 맞대고 볼 것이기 때문입니다. 지금은 내가 불완전하게 알지만, 때가 되면 내가 또한 보여지고 알려진 것처럼(as I also am known) 그렇게 알게 될 것입니다. 그러므로 믿음과 희망과 사랑 이 세 가지는 계속 머물 것이지만, 그중에 가장 위대한 것은 사랑입니다.[7]

이 장면은 옴진리교를 연상시키는 제로교회의 마인드컨트롤[8] 조작으로 인해 마치 무표정한 인형처럼 멍해져 있던 요코에 의해 너무도 갑자기 돌출한 반전인 만큼 내러티브의 연속성을 단절시키면서 보는 이를 당황케 만든다. 그럼에도 그것은 미쓰시마 히카리(滿島ひかり, 요코역)의 격한 얼굴 표정과 고통에 찬 아름다운 목소리에서 발산되는 에너지로 생동감에 차 있으며, 사랑의 언어가 가지는 힘에 의해 무언가 신비스러운 흥분을 자아내기까지 한다. 카메라 앵글이 푸른 하늘과 바다를 배경으로 요코의 강렬한 눈빛과 얼굴

---

7 『공동번역 성서』(대한성서공회)와 *Holy Bible*(The New King James Version)을 참조한 필자의 번역.
8 옴진리교는 교조 아사하라 쇼코(麻原彰晃, 1955-2018)의 지시에 의해 1995년 3월 20일 도쿄 지하철 사린가스 살포 사건을 일으켜 일본 사회에 엄청난 파장을 일으킨 신종교 교단이다. 옴진리교 사건은 극단적인 방식으로 일본 문화와 사회시스템의 맹점과 문제점을 노출시켰다. '자발적 혹은 자각적인 마인드컨트롤의 위험성'도 그중 하나이다. 옴진리교에 관해서는 박규태(2000a; 2000b; 2012b; 2015) 참조.

을 클로즈업할 때 그녀의 모습은 마치 절규하는 현대의 성모마리아처럼 보이기까지 한다. 배경음악으로 흐르는 베토벤 심포니 7번 세2악장의 죽음충동을 소환할 듯한 주이상스적 선율은 이런 느낌을 더욱 고조시킨다. 대상a로서의 마리아가 범상한 욕망의 대상으로서의 요코와 겹쳐지는 이 장면은 대상a를 "평범한 대상을 숭고하게 만드는 불가해한 어떤 것"(지젝, 2007: 103)으로서 이해한 지젝을 떠올리게 한다. 그런데 이 장면에 「고린도전서」 13장이 등장해야 할 필연적인 이유가 있었을까? "사람의 여러 언어를 말하"는 상징계의 한계성이나 "내가 또한 보여지고 알려진 것처럼" "때가 되면 얼굴과 얼굴을 맞대고 볼" 실재계적 응시와의 조우 가능성을 암시하는 이 구절에 소노 감독이 집착한 이유는 무엇일까? 그 실마리를 찾기 위해 다시 라캉과 지젝에게 기대어보자.

지젝과 라캉의 사랑 담론

라캉은 "법이 없다면 죄도 몰랐을 것이다."(「로마서」 7:7) 혹은 "법이 더 많은 죄를 짓게 한다"(「갈라디아서」 3:19)는 사도 바울의 변증법을 "위반 없이는 주이상스에 접할 수 없다. 이것이야말로 법의 기능이다. 즉 주이상스를 향한 위반은 오직 그것이 반대 원리인 법에 의해 뒷받침될 때에만 일어날 수 있다"(Lacan, 1992: 177)고 해석한다. 이와 관련하여 지젝은 「고린도전서」 13장에 대한 분석을 통해 법과 위반에 대한 바울의 변증법을 보완한다. 즉 「고린도전서」 13장의 핵심은 '전부(all, 완결된 일련의 지식이나 예언들)'와 관련된 '사랑의 역설적인 장소'에 있다. 바울은 우리가 '모든(all)' 지식을 소유한다 해도 거기에 사랑이 존재해야만 한다고 주장한다. 이와 더불어 바울은 사랑이란 오직 불완전한 지식을 소유한 불완전한 존재를 위해서만 존재한다고 주장한다. 이 지점에서 지젝은 "만일 우리가 완전한 지식을 가지게 된다면 거기에도 여전히 사랑이 존재할까?"라고 묻는다. 바울은 지식과는 달리 사랑은 결코 끝나지 않을 것이라고 말한다. 하지만 설령 그렇다 해도 '믿음과 희망과 사랑이 머무는 곳'은 오직 우리가 아직 불완전한 존재로 있는 '지금 여기'이다. 이런 딜레마에서 벗어나기 위해 지젝은 라캉을 끌어들인다.

지식의 영역은 그것이 완전하고 예외가 없는 '전부(all)'일 때조차 어느 면에서는 '비-전체(non-all)', 즉 불완전함으로 남아 있다. 예컨대 사랑은 완전한 지식의 영역조차 불완전하게 만드는 '무'라는 말이다. 다시 말해 "모든 지식을 이해한다 해도 사랑이 없으면 나는 아무것도 아닙니다(nothing)"라는 말의 요점은 단순히 "사랑이 있으면 나는 의미 있는 어떤 것(something)이 된다"는 것을 뜻하지 않는다. 그러니까 사랑 안에서도 "나는 또한 아무것도 아닌 무"이지만, 그것은 사랑 자체를 겸허하게 자각하는 '무'이며, 바로 그런 사랑의 결여에 대한 자각을 통해 더 풍요로워지는 '무'이다. 이것이 사랑의 역설이다. 오직 불완전하고 결여되고 상처 받기 쉬운 취약한 존재만이 사랑할 수 있다. 우리는 '전부'를 모르기 때문에 사랑하는 것이다. 설령 우리가 모든 것을 안다 해도 사랑은 여전히 완전한 지식보다 더 고귀한 것으로 남게 마련이다. 불완전성이 어느 면에서는 완전성보다 더 고귀하다는 말이다. 이것이 사랑의 궁극적인 신비이다. 따라서 라캉이 『세미나 20: 앙코르』(Lacan, 1998)에서 제시한 사랑의 담론은 바울적 의미(법과 위반의 변증법)에 대립되는 것으로 읽어야 한다. 요컨대 법과 위반의 변증법이 '전부(보편적 법)'와 그것이 구성하는 예외 사이의 긴장을 포함하는 남성적(팔루스적)인 것이라면, 사랑은 '비-전체'의 역설을 포함하는 여성적인 것이라는 말이다(Žižek, 2000: 145-147).

앞 장에서 다룬 〈사랑의 죄〉가 여성적 주이상스의 '위반'을 꿈꾸는 죄에 초점이 맞추어져 있다면, 사랑 쪽에 무게가 실려 있는 〈사랑의 노출〉이야말로 라캉의 사랑 담론에 잘 어울리는 작품이라 아니할 수 없다. 라캉이 『세미나 20: 앙코르』에서 펼친 사랑 담론은 다양한 영역에 걸쳐 있지만, 지젝과의 비교 관점에서 볼 때 주목할 만한 주장은 다음과 같이 요약될 수 있다. ① 사랑은 사랑을 요구한다. 사랑은 결코 이런 요구를 멈추지 않는다. ② 사랑은 상호적이지만 하나의 불능(impotent)이다. 왜냐하면 사랑은 그것이 하나가 되려는 욕망일 뿐이라는 사실을 알지 못하기 때문이다. ③ 사랑은 본질적으로 나르시시즘적이다. ④ 사랑에 관해 이야기하는 것 자체가 주이상스이다. ⑤ 여성에게만 있는 고유한 주이상스가 있다. 하지만 여성은 그것에 관해 아무것도 모른다. 다만 그것을 경험할 뿐이다. 이 '여성적 주이상스'는 우리를 실존의 길 위에 올려놓는 어떤 것으로, 그것은 타자의 한쪽 얼굴, 즉 신의 얼굴이다. 여성적 주이상스는 팔루스(상상적 남근)를 넘어서는 주이상스, 신비한 주이상스이다(Lacan, 1998: 4-6, 74-83).

여기서 라캉은 사랑과 주이상스를 대비시켜 논하면서, 더 나아가 지식과 진리도 대비적인 개념으로 이해한다(Lacan, 1998: 90-103). 하지만 지젝은 「고린도전서」 13장에 주목하면서 무엇보다 지식과 사랑의 대비에 주목하고 있다. 라캉과 지젝의 관점은 살짝 어긋나지만, 양자의 관심은 두 가지 측면에서 서로 교차한다. 가령 지젝이 사랑의 본질을 여성적인 것으로 이해한 것은 여성적 주이상스에 대해 특권을 부여하는 라캉의 입장과 상통한다. 한편 지젝이 바울의 사랑 담론을 사랑의 불완전성에 입각하여 사랑의 역설과 신비로 읽어냈다면, 라캉은 사랑의 불능성과 불가능성에 입각하여 그것을 주이상스의 관점에서 재해석하고 있다. 양자 모두 사랑을 완전한 어떤 것으로 보는 입장과는 거리가 멀다. 하지만 우리는 〈사랑의 노출〉과 관련하여 이와 같은 사랑의 불완전성, 불능성, 불가능성에 대한 담론에 사랑과 폭력, 사랑과 증오, 사랑과 죄의 공모 관계를 추가하지 않으면 안 된다.

폭력·증오·죄와 사랑의 공모

첫째, 사랑과 폭력의 공모 관계부터 생각해보자. 지젝에 따르면 "사랑은 자신이 가지고 있지 않은 어떤 것을 주는 것"이라는 라캉의 정의는 "그것을 원하지 않는 사람에게"라는 말로 보충되어야 한다. 누군가에게 사랑을 고백하는 것은 하나의 폭력일 수도 있다는 말이다. 왜냐하면 그 고백이 상대방으로 하여금 욕망을 불러일으키게 하기 때문이다. 지젝은 사랑의 고백뿐만 아니라 "네 이웃을 너 자신처럼 사랑하라"는 명령 안에도 사랑과 폭력의 공모 관계가 은폐되어 있다고 지적한다. 기독교 윤리의 요체라 할 수 있는 이 명령은 거울 이미지로서의 이웃, 나와 닮은꼴이면서 공감할 수 있는 자인 내 이웃 속에 극단적인 타자성의 불가해한 심연이 항상 숨어 있다는 사실을 은폐한다. 레비나스는 이웃이란 개념을 우리에게 윤리적 책임을 요구하는 심연의 지점으로 파악했지만, 그때 그가 은폐한 것은 이웃의 괴물성이다. 이에 대해 법(율법, 윤리 규범)은 우리로 하여금 이웃을 잊지 않게 하고 이웃과의 친밀함을 유지하게 만드는 것이 아니라, 반대로 이웃과의 적절한 거리를 유지하게 만드는 데에 그 궁극적인 기능이 있다. 법이 이웃의 괴물성에 대한 일종의 방호벽으로 기능한다는 것이다(지젝, 2007: 68-71). 그런데 사랑에 빠진다는 것은 상상계의 '이상적 자아'가 대상에게 투영되고 동시에 그 대상이 상징계의 '자아이상'의 위치에 놓일 때 비로소 가능해진다. 이처럼 사랑은 이중적인 동일시의 복합성 위에 세워지는 것인데, 그 배후에는 대상a에 의해 촉발된 욕망이 작용한다(임진수, 2011: 26). 그러나 다음과 같은 라캉의 지적대로 사랑의 고백이든 사랑의 정언명령이든 사랑의 동일시든 간에 모든 사랑의 요구는 욕망의 한가운데 나 있는 구멍, 즉 결여로 인해 실패할 수밖에 없다.

요구(demand)는 욕구(need) 충족의 대상을 사랑하는 사람의 현전이나 부재로 바꾼다. 그리하여 욕구 충족은 다만 사랑의 형태로 나타나는 요구의 차원으로 변화된다. 욕망(desire)은 요구가 미처 환원시키지 못한 잔여물로 자신의 모습을 드러낸다. 욕망은 순수한 결핍이 가지는 힘인 것이다. 한편 사랑의 요구는 특정한 욕구의 만족을 거부한다. 그러므로 욕망은 만족을 위한 욕구도 아니고 사랑에의 요구도 아닌, 요구에서 욕구를 뺀 차이로부터 발생하는 것이며, 동시에 욕구와 요구가 분열되는 현상 그 자체를 가리키기도 한다. 성적 관계는 성적 욕구 충족을 목표로 하는 주체에게 사랑을 요구하게 되고, 욕구를 넘어 요구 속에서 상대방의 사랑의 증거를 구하려 함으로써 애매모호함을 발생시킨다. 서로에게 인정받고 싶어 하는 사랑의 요구는 서로의 요구를 채워주기는커녕 오히려 주체를 욕망의 회로 속으로 밀어 넣는다. 그런 욕망의 한가운데에는 끝없는 결여 상태가 존재한다(Lacan, 1996: 579-580).

〈사랑의 노출〉의 후반부에서 요코가 목을 조르자 유는 피눈물을 흘리며 "사랑한다"고 고백한다. 그 옆에는 유가 항상 몸에 지니고 다니던 마리아상이 떨어져 있었는데, 고이케가 그것을 짓밟고 벽에 던져 깨뜨린다. 이는 마리아에 대한 유의 환상이 깨져버리고 요코에 대한 유의 사랑이 실패할 운명에 처해 있음을 암시한다. 이처럼 환상의 베일이 걷히자 유는 정신병을 앓게 되어 정신병원에 수감된다. 그러면서도 유는 자신을 사소리라고 믿음으로써, 즉 자신을 사소리와 동일시함으로써 무의식적으로 요코의 동성애적 욕망에 마지막 희망을 건다. 유의 사랑의 요구는 실패에도 불구하고 결코 끝날 줄 모른다. 사랑의 욕망 한가운데에 존재하는 '끝없는 결여 상태'가 그 욕망을 지속시키기 때문이다.

둘째, 사랑과 증오의 공모 관계는 "증오를 알지 못하는 것은 사랑에 관해서도 알지 못하는 것이다. 즉 증오 없이는 사랑도 없다. 증오를 모른다면 그것은 덜 사랑하는 것이다"(Lacan, 1998: 89)라는 라캉의 지적에서 가장 적나라하게 표현된다. 〈사랑의 노출〉의 경우, 친부로부터 받은 성폭력의 트라우마로 인해 남자를 증오하게 된 요코는 자신에 대한 유의 사랑이 도착적 변태이자 거짓이라고 여겨 혐오감을 품는다. 이에 비해 세상을 증오하는 고이케의 유에 대한 사랑에는 정작 증오의 자리가 없다. 거기에는 다만 자신과 유가 닮은꼴(원죄의 향기)이라는 착각이 있을 뿐이다. 공권력에 의해 제로교회가 해산된 후 친척 집에서 지내게 된 요코는 어느 날 유가 제작한 판치라 비디오를 보다가 "판치라의 포인트는 수많은 여자 중에 유일한 여자를 찾아내기에 있다"는 유의 해설을 마음에 새기게 되고, "정말 울고 싶을 때는 눈물에서 피가 나와"라고 말하는 친척 동생의 말에 피눈물을 흘리던 유의 모습을 떠올린다.

그 순간 요코는 오열하면서 "난 뭐든지 알고 있다고 생각했어. 하지만 아무것도 모르고 있었어. 내가 아무것도 모르는 인간이라는 것도 몰랐어"라고 신음처럼 내뱉는다. 증오가 사랑으로 바뀌는, 아니 증오의 이면에 감추어져 있던 사랑이 노출되는 순간이다. 이것이 〈사랑의 노출〉의 가장 핵심적인 장면이다. 내가 알지 못한다는 사실을 알지 못하는 것, 곧 '모르는 무지(unknown unknowns)'야말로 정확히 프로이트가 말한 무의식, 즉 '알려지지 않은 지식'이다. 라캉은 이런 지식의 핵심을 환상이라고 불렀다. 환상에서 깨어난 요코는 비로소 유의 도착적 욕망이 무엇을 의미하는지를 알게 된다. 그것은 '욕망하는 주체'란 실패할 수밖에 없는 운명을 타고났을지도 모른다는 자각, 그리고 모든 운명적인 것의 실패 끝에서 실타래처럼 풀려 나오는 사랑의 끈이 실은 증오의 끈과 함께 뫼비우스의 띠를 구성한다는 자각과 다르지 않아 보인다.

셋째, 〈사랑의 노출〉은 무엇보다 사랑과 죄의 공모 관계를 탁월한 방식으로 묘사하는 데에 성공한 영화라 할 수 있다. 유는 모친과의 트라우마적인 분리 후 '아버지의 이름'에 의지하여 상징적 질서에 안착하고자 했지만, 신부가 된 아버지는 애인 가오리의 가출 이후 아들에게 강박적으로 고해성사를 강요한다. "아무리 노력해도 넌 나쁜 아이야. 그러니 죄를 인정해라." 이렇게 집요하게 몰아붙이는 아버지를 만족시키기 위해 유는 "더 많은 죄를 짓자"고 결심한다. 그리하여 유는 판치라의 달인이 되어 주변 사람들에게 "나는 죄가 좋다"고 입버릇처럼 말하게 된다. '원죄의 향기'를 풍겨 '원죄의 어린양'이라 불리는 제로교회의 제2인자 고이케는 이런 유에게 자신을 투영시키면서 그의 일거수일투족을 관찰하고 감시한 끝에 '기적(유와 요코의 첫 만남)'을 조작하고 데쓰(유의 부친)와 가오리(부친의 애인), 요코와 유를 제로교회의 신자로 포섭한다.

유와 고이케에게서 엿볼 수 있는 사랑과 죄의 이런 공모 관계와 관련하여 사랑과 주이상스를 윤리적 경험의 중심에 배치하는 라캉은 어떤 입장을 제시하고 있을까? 기본적으로 그는 정신분석이 모든 죄의식으로부터 인간을 해방시킬 수 있다고는 생각지 않았다.

그럼에도 라캉은 죄의식의 정신분석적 중요성에 주목한다. 욕망 자체의 요구와 관련하여 우리는 죄가 있을 수 있다는 것이다. 그것은 새로운 형태의 죄라 할 수 있다(Kesel, 2009: 52). 예컨대 라캉은 정신분석의 근본적 윤리를 이렇게 정식화한다. "우리의 유일한 유죄는 우리의 욕망에 근거를 부여하는 것이다."(Lacan, 1992: 321) 여기서 "우리의 욕망에 근거를 부여한다"는 것은 대상a의 불가능한 차원을 받아들일 수 없다는 점과 관계가 있다. 이는 우리가 욕망의 대상을 보게 하는 환상 안에 갇혀 있다는 것을 뜻한다. 이런 윤리를 따르는 주체는 불가능성 안에서 대상a를 포착함으로써 그것을 불가능한 대상으로 남게 만든다. 그러니까 욕망의 대상을 보게 하는 사랑의 환상 안에 우리 자신을 던지는 것이 곧 유죄라는 말이다.

동굴의 사랑

이로써 우리는 〈사랑의 노출〉에서의 '노출(exposure)'이 사랑의 불완전성, 불능성, 불가능성에 대한 폭로라는 사실을 짐작할 수 있게 된다. 하지만 아직 그 노출이 다 드러난 것은 아니다. 모든 것이 다 노출이 되면 오히려 정말 보고 싶은 것이 보이지 않게 되기 때문에 진정한 노출을 욕망하는 소노 감독은 또 하나의 구멍을 파놓았다. '동굴의 사랑' 혹은 '사랑의 동굴'이 그것이다. 이 동굴이라는 은유는 제로교회의 위계적 계층구조 안에 숨겨져 있다. 제로교회의 신자 집단은 케이브(동굴), 액터, 프롬프터라는 세 그룹으로 구성되어 있다. 이중 최고위 간부인 프롬프터는 무대에서 배우가 대사를 까먹었을 때 옆에서 알려주는 후견 역할에서 온 용어이며, 중간계급인 액터는 무대 위 배우처럼 주어진 시나리오에 따라 충실하게 자기 역할을 연출하는 신자 집단을 가리킨다. 액터가 마인드컨트롤의 지배를 받는 숙련된 신자라면, 프롬프터는 그런 수동적인 액터를 능동적으로 조정하는 위치에 서 있다. 이에 비해 아직 마인드 컨트롤의 지배를 받지 않는 최하위 신자 집단인 케이브는 플라톤(Platon)의 비유처럼 동굴에서 빛에 반사된 벽의 그림자만 보는 자를 뜻한다. 제로교회의 '제로'는 어쩌면 이 케이브를 가리키는 은유일지도 모르겠다. 그러니까 제로교회는 '제로', 즉 '아무것도 아닌(nothing)' 동굴(케이브)에서 배우(액터)로 만들어져 후견인(프롬프터)으로 계급 상승하는 것을 종교적 구원의 과정으로 제시하고 있는 셈이다. 어쨌든 여기서 동굴은 라캉이 든 '꽃병의 비유'(Lacan, 1992: 120-121)에서 꽃병의 빈 공간, 즉 '무'를 연상시킨다. 소노 감독은 그런 동굴이 곧 사랑의 자리라고 보았던 것 같다. 거기서 사랑이란 주체가 대상 안에 있는 부재의 대상, 즉 대상a를 상대로 행하는 것을 가리킨다(강응섭, 2005: 99).

영화 속에서 유는 "사랑은 동굴이다!"라고 선포한다. '아무것도 아닌 것'이 곧 사랑이라는 말이다. 그렇다면 케이브, 액터, 프롬프터는 다시 각각 사랑-무관심-증오의 삼각형으로 재배치될 수 있을 것이다. 이중 유, 요코, 고이케의 자리는 어디가 될까? 케이브인 유와 요코는 사랑에, 그리고 프롬프터인 고이케는 증오의 지점에 위치할 것인가? 이들이 제로교회의 위계질서 안에 있는 한 그럴 것이다. 하지만 제로교회가 해체되었을 때 이들의 위치는 새롭게 바뀌었을 수도 있다. 그렇다 해도 사랑만큼이나 증오 또한 인간적이지만 무관심이야말로 비인간적이라는 사실은 바뀌지 않을 것이다. 이런 의미에서 실패할 수밖에 없는 사랑의 주이상스와 종종 성공하는 듯이 보이는 증오의 주이상스는 선택의 문제가 아니라 애증의 변증법으로 묶여진 운명이라고 말할 수 있겠다. 그런 운명을 받아들일 때 비로소 우리에게 사랑이 불가시적인 하나의 응시로 노출되는 것이 아닐까? 〈사랑의 노출〉의 해피엔딩 결말이 말해주는 것은 단지 이데올로기의 보완만이 아니다. 그것은 틈새와 불완전함과 실패의 가능성에 대한 새로운 사랑의 발견이기도 하다. 사랑은 무수한 실패로 다시 빚어지는 동굴의 사랑인 것이다.

〈사랑의 노출〉의 끝부분 장면에서 요코는 유가 수감되어 있는 정신병원으로 면회를 가지만 유는 요코를 몰라본다. "이번엔 내 차례야, 내가 유를 구해줄게. 너는 유야. 너의 모든 것을 사랑해, 유." 이렇게 외치는 요코와의 재회를 통해 마침내 유는 자신의 이름을 되찾는다. 이때 영화 첫 부분의 마리아상 장면이 회상되고 「고린도전서」 13장을 독송하던 장면에서의 베토벤 심포니 7번 제2악장이 다시 흐르면서, 고이케가 쓰러뜨린 황야의 십자가가 다시 일어서는 환상이 유의 발기를 암시하는 장면과 함께 오버랩된다. 그 십자가 옆에는 마리아(요코)가 손을 내밀고 있다. 이리하여 영화는 요코와 유가 서로의 손을 잡는 장면으로 막을 내린다. 이런 통속적인 순애적 결말은 관객들의 눈물샘을 자극하여 모종의 카타르시스를 느끼게 할 것이다. 그러나 앞서 살펴보았듯이 〈사랑의 노출〉은 응시, 환상, 욕망의 삼각형 구도 안에서 사랑이라는 테마를 구조적으로 표현함으로써 상상계와 상징계의 틈새를 노출시켜 실재가 드러나게 하는 전략을 구사하고 있다.

"당신은 결코 내가 당신을 바라보는 곳에서 나를 바라보지 않는다."(Lacan, 1977: 103) 이것은 시각과 응시의 불일치 혹은 시각에 대한 응시의 승리를 의미한다. 그런데 만일 이 말을 사랑에 대해 쓴다면 어떨까? 그것은 사랑의 욕망과 사랑 자체의 불일치를 뜻할 수는 있지만, 사랑의 욕망에 대한 사랑 자체의 승리는 장담할 수 없을 것 같다. 사랑이란 늘 하나의 아픈 증상이므로. 하지만 아프지 않으면 인간이 아니다. 우리가 여전히 인간으로 남고 싶다면 사랑 자체의 승리란 언제나 실패를 통해서만 가능하다는 점을 받아들여야 하지 않을까?

6장
도착의 미학과 가면의 욕망: 〈기묘한 서커스〉

"이름 없는 내가 날 사랑하러 온다."(〈기묘한 서커스〉)

I. 미를 향한 욕망과 주이상스

이종영은 "자신의 욕망을 양보하지 말라"는 라캉의 욕망론을 세 가지 차원으로 정리한다. 선(법)에 종속된 욕망, 선(법)을 위반하는 욕망, 미(美)를 향한 욕망이 그것이다. 여기서는 미라는 범주가 흥미롭게도 선(법)의 반대편이자 주이상스와 같은 편으로 설정되어 있다. 선에 종속된 욕망이 쾌락원칙의 지배를 받는 욕망 혹은 주이상스에 대한 방어로서의 욕망이라면, 미를 향한 욕망은 금지된 주이상스와 은밀하고 긴밀하게 연결된 욕망을 가리킨다(이종영, 2012: 63-70).

라캉도 처음에는 욕망을 주로 '주이상스에 대한 방어'의 측면에서 이해했다. 거기서 욕망은 거세(금기)에 종속되어 주이상스에 대립하는 것으로 간주되었다. 욕망의 목표가 너무 많은 흥분을 초래할 경우 쾌락원칙은 그 목표를 피해가도록 규제한다. 다시 말해 쾌락원칙에는 그것이 감당할 수 있는 흥분량의 한계가 있다. 그것은 거세에 수반되는 금지가 부과한 한계라 할 수 있다. 그러니까 인간은 특정 한계 내부에서만 욕망할 수 있고, 그 한계를 넘어서는 것은 욕망할 수 없다. 만일 이런 한계를 넘어서게 되면 쾌락을 느낄 수 없게 될 것이다. 따라서 인간은 쾌락을 위해 한계 내부에 머물고자 한다.

이리하여 주이상스에 대한 방어로서의 욕망은 오직 거세된 것 혹은 금지된 것(주이상스) 주위를 맴돌 뿐이며 주이상스 자체를 욕망하지는 못한다. 그것에 가까이 가면 불쾌해지기 때문이다. 거세에 따라 금지된 주이상스가 있는가 하면, 금지된 주이상스의 언저리에서 주어지는 주이상스도 있다. 욕망은 주이상스를 향해 나아가려 하고 또 일정한 주이상스를 누린다. 하지만 그 주이상스는 완전하지 못하다. 그것은 제한된 주이상스일 뿐이다. 그리하여 욕망과 법(선)은 서로를 필요로 한다. 욕망은 법을 만들어내고 법 또한 욕망을 만들어내는 것이다.

쾌락원칙은 금지된 것(주이상스)에 접근하려는 욕망을 차단하지만, 욕망은 여전히 금지된 것을 향해 있다. 그것이 욕망의 본질이다. 그런 욕망을 따라 누구든지 어떤 형태로든 도덕법칙을 거부하고 제동 없는 주이상스의 길로 나아가는 자는 장애들을 만나게 되어 있다. 우리의 일상적 경험들은 그런 장애들의 생생함을 수많은 형태로 증언한다. 실제로 제동 없는 주이상스의 길로 나아가려는 사람들도 현실 속에 존재한다. 하지만 그들은 종종 파멸이나 죽음에 이르는 비싼 대가를 지불해야만 한다. 이 때문에 금지를 구현하는 아버지의 법은 주이상스에 제동을 건다. 그런데 이와 동시에 라캉은 법 자체가 또한 주이상스를 유인한다는 점을 강조한다. 주이상스를 금지하기 위해 법이 성립하지만, 동시에 법은 그 자신을 위반하는 주이상스를 촉발한다는 것이다. 이와 같은 금지와 위반의 주제는 조르주 바타유(Georges Bataille)의 에로티시즘 담론의 중심 테마이기도 하다. 그에 따르면 "금기는 범해지기 위해 거기에 있다."(바타이유, 1989: 69) 이와 마찬가지로 라캉 또한 주이상스에 이르기 위해 위반이 필수적이라고 생각했다. 선(법)을 위반하는 욕망의 한가운데에는 금지와 위반의 변증법이 깔려 있다.

그렇다면 미를 향한 욕망은 어떤가? 라캉은 『세미나 7』에서 "우리를 눈멀게 하는 효과(blindness effect)" 또는 "선 너머의 원리(beyond-the-good principle)"로서의 미와 욕망의 관계가 기이하고 애매하다는 점을 지적한다. 한편으로 "미의 출현은 욕망을 위협하고 정지시킨다." 그러나 다른 한편으로 "욕망과 관련된 기이한 기능 속에서 미는 선의 기능과는 반대로 우리를 속이지 않는다. 유혹하는 미끼(lure)의 구조와 연결되어 있는 한에서 미는 우리를 일깨우고 어쩌면 우리를 욕망과 부합하도록 하는 역할을 한다."(Lacan, 1992: 237-239, 281) 미는 욕망을 무장해제시키면서 동시에 욕망을 불러일으킨다. 미는 우리를 속이지는 않지만 우리를 눈멀게 한다. 이처럼 착종된 미와 욕망의 관계 안에서 미를 향한 눈먼 욕망은 흔히 광기를 드러낸다. 물론 모든 욕망은 어느 정도 광기를 수반한다. 그러나 선을 위반하는 욕망은 광기의 일부만 겉으로 삐져나오고 선에 종속된 욕망에는 광기가 숨어 있는 데 비해, 선 너머의 원리인 미를 향한 욕망은 미학적인 것으로 포장된 도착적 광기를 수반함으로써 때때로 우리를 치명적인 벼랑 끝으로 내몰기도 한다. 현대 일본 영화 중 이런 도착적 미학을 잘 보여주는 전형적인 사례로 오시마 나기사 감독의 〈감각의 제국〉(1976, 원제는 〈사랑의 코리다〉)을 들 수 있겠다.

II. 〈감각의 제국〉과 도착의 미학

〈감각의 제국〉은 1936년 5월 아베 사다(阿部定)라는 게이샤가 내연남을 질식사시킨 후 그의 성기를 잘라내어 가지고 다녔던 엽기적인 실제 사건을 모티브로 제작된 영화이다. 고미숙은 "홈 패인 공간을 따라 흐르는 욕망 그 자체"야말로 이 영화의 진짜 주인공이라고 지적한다. 들뢰즈와 과타리에 따르면 욕망은 코드화된 질서와 체제에 균열을 일으켜 탈주를 가능하게 하는 힘이다. 그런데 〈감각의 제국〉의 경우는 기존의 관계망으로부터 탈주하는 데에는 성공했지만 외부와의 어떤 소통이나 생성적 접속을 만들어내는 데에는 실패한 작품이라는 것이다. 그 결과 영화 속 미시적 욕망의 경로와 당대 파시즘의 경로가 정확하게 중첩되었다고 보는 것이 고미숙 (2000: 287)의 입장이다. 하지만 여기서는 실패한 미시적 욕망의 흐름 속에서 포착되는 도착의 미학에 더 주목하고자 한다. 영화의 줄거리는 다음과 같다.

> 나가노의 요리점 '요시다야'에서 일하는 여종업원 사다는 그곳에서 주인인 이시다 기치조를 만나게 되고 첫눈에 반한 둘은 밀회를 나눈다. 그러다가 기치조의 아내에게 발각된 사다는 요리점에서 쫓겨나게 되고 기치조와 사다는 요정 '마사키'에 틀어박혀 격렬한 사랑을 나눈다. 막다른 골목 앞에서 기치조를 영원히 자신의 남자로 만들고 싶다는 욕망에 사로잡힌 사다는 정사 중에 기치조의 목을 졸라 살해하고 그의 성기를 절단해 가지고 다니다 경찰에 붙잡히게 된다.

사다가 절단한 기치조의 성기는 일종의 페티시(fetish, 물신)라 할 수 있다. 성도착자는 이른바 정상적이라고 여겨지는 성행위, 즉 삽입과 사정 등의 성기 중심적 성행위에 만족하지 못하거나 기이한 방법으로 성적 만족에 도달하는 사람들로 알려져 있다. 페티시즘(fetishism, 물신숭배)이 그 전형이다. 그러나 진정한 의미에서의 성도착자는 여성의 속옷과 같은 페티시에 관심을 갖는 수준을 넘어, 오직 페티시 자체에만 몰두하고 그것 이외의 성행위에는 전혀 무관심한 사람들을 가리킨다. 프로이트는 성도착의 심리 구조가 '부인'의 개념을 중심으로 구조화되어 있다고 보았다. 라캉은 이것이 '거세에 대한 부인'이라고 생각했다. 오이디푸스 단계에서 아이는 자신에게 신과 같은 존재였던 어머니가 어느 날 불완전한 존재라는 사실을 알게 된다. 이때 신경증자(이른바 정상인)는 언어적 질서의 추상화 과정을 통해 결국 아버지의 법(상징계)에 굴복함으로써 어머니의 불완전함을 받아들인다. 이에 비해 정신병자는 어머니와 자신의 관계가 불가침적인 것이라고 고집하면서 어머니의 불완전성을 설명하는 언어적 질서와 법을 받아들이지 않는다. 따라서 그는 정상적인 언어 기능과 욕망의 세계로부터 일탈할 수밖에 없다.

그러나 신경증과 정신병의 심리 구조 사이에 위치하는 성도착자는 어머니의 불완전성을 받아들이지만 곧 그것을 외면하는 전략을 취한다. 즉 그는 어머니가 거세된 존재이며 따라서 더 강력한 법과 질서에 종속된 존재라는 것을 받아들이는 동시에, 어머니의 부재를 외면하면서 결국 부인하는 것처럼 보일 수 있는 장치를 스스로 개발해낸다. 다시 말해 성도착자는 어머니의 팔루스를 대신할 사물을 설정하고 그것에 집중하면서 어머니의 거세(불완전성) 자체를 외면하고 부인한다. 가령 여성의 스타킹에 몰두하는 성도착자는 스타킹을 어머니의 거세된 팔루스의 대체물로 활용한다. 즉 스타킹에 몰두하면서 어머니가 거세되었다는 사실을 외면하는 것이다. 그럼으로써 그는 완벽한 성적 주이상스를 향유하고자 한다. 이처럼 도착증은 단지 변태적 성행위라는 지엽적 범주에 머물지 않고 세계의 완결성에 대한 환상과 연결되어 있다(백상현, 2014: 164-167). 이와 마찬가지로 사다가 연인의 성기를 잘라내어 가지고 다닌 행위는 단지 엽기적 변태라는 말로 다 설명될 수 없다. 그 배경에는 페티시 주변을 떠도는 완전한 주이상스의 향유 혹은 사랑의 완결성에 대한 환상과 연결된 도착적 미학이 깔려 있다.

영화 속에서 성애 중에 사다가 기치조의 목을 졸라 살해하는 장면은 바타유가 말하는 '심정의 에로티시즘'을 상기시킨다. 바타유는 에로티시즘을 육체, 심정, 신성을 키워드로 삼아 세 가지 유형으로 구분한다. 그것들은 모두 '연속성'의 관념을 내포한다. 가령 '육체의 에로티시즘'은 "상대방의 존재에 대한 침범, 죽음과도 같은 침범, 살인과도 같은 침범"을 수반한다. 그것은 우리에게 외설감을 가져다주는 성행위를 통해 남녀의 육체로 하여금 죽음이라는 연속성을 향해 스스로를 열게 만든다. 이에 비해 '신성한 에로티시즘'은 신적 존재에 대한 사랑과 종교적 의례를 통해 우리로 하여금 죽음을 넘어선 '존재의 연속성'으로 들어가게 해준다. '심정의 에로티시즘' 또한 사랑하는 상대에게 인정받고 싶어 하는 일종의 '연속성의 의식'에 토대를 두고 있지만, 만일 사랑하는 상대를 자기 것으로 만들 수 없을 때는 상대를 죽이고 싶어 한다든지 때로 스스로 죽음을 원하게 된다. 바타유가 에로티시즘을 "죽음까지 파고드는 삶"(바타이유, 1989: 9)이라고 정의 내린 것은 바로 이런 맥락에서였다.

사다의 기치조 살해를 바타유가 말하는 이 에로티시즘의 명제로 이해할 수 있는 여지는 충분히 있어 보인다. 하지만 이어지는 거세 장면은 그것만으로 다 설명될 수 없다. 어쩌면 주이상스가 그 단서를 제공해줄지도 모르겠다. 라캉이 말하는 여성적 주이상스는 "죽음까지 파고드는 삶"으로서의 에로티시즘보다 훨씬 더 죽음 가까이에 있다. 앞에서 나는 "페티시 주변을 떠도는 완전한 주이상스"라는 표현을 쓴 바 있는데, 거기서의 주이상스는 여성적 주이상스를 염두에 둔 것이었다. 여성성에 대한 라캉의 견해에는 독특한 무언가가 있다. 가령 여성은 상징계(팔루스)의 기능에 의해 완전히 좌우되지 않으므로 환상 가로지르기, 즉 환상과의 일정한 거리 두기가 남성보다 훨씬 수월하다는 것이다. 남성은 자신을 환상과 동일시하면서 아버지의 법을 하나의 당위성으로 받아들이지만, 여성에게 아버지의 법은 당위가 아닌 존재로 받아들여진다. 그래서 라캉은 여성성을 '환상을 가로지르는 성'으로 정의 내리면서 그것을 여성적 주이상스 혹은 타자적 주이상스라 부른다. 이에 반해 상징계의 기능에 완전히 종속되어 있는 남성의 쾌락은 제한되어 있는 성적(팔루스적) 주이상스 혹은 상징적 주이상스라고 한다. 이 가운데 여성적 주이상스는 "경험할 수는 있지만 그것에 관하여 아무것도 말할 수 없다. 그것은 말로 표현할 수 없는 엑스터시이다."(김경순, 2009: 111) 만일 그것을 기표화하거나 페티시로 환원시키려 한다면 그것은 즉시 하나의 환상으로 되돌아가고 말 것이다.

〈감각의 제국〉에서 사다는 기치조의 남근을 페티시로 삼음으로써 여성적 주이상스를 하나의 환상으로 돌려놓았다. 거세에 의한 페티시의 성립이 사다로 하여금 여성적 주이상스의 환상에 빠지게 한 것이다. 기치조의 성기를 거세하여 몸에 지닌 사다가 야외극장의 벤치에 벌거벗고 앉아 있는 장면은 이런 여성적 주이상스의 환상이 어떤 속성을 지니고 있는지를 암시한다. 이때 사다는 숨바꼭질하는 소녀의 환영을 본다. "준비되었어요?"라고 말하는 소녀에게 한 노인이 "아직"이라고 말하고는 사라져버린다. 이 숨바꼭질은 상징계의 산물인 '의미의 숨바꼭질'이다. 그리고 상징계는 다름 아닌 팔루스의 거세에 토대를 두고 있다. 그런 의미가 숨바꼭질을 하며 모습을 나타내자마자 사라진다는 것은 여성적 주이상스의 환상 너머에서 만나게 될 부의미를 시사한다. 이 무의미야말로 도착적 미학의 도달점이라 할 수 있다.

III. 〈기묘한 서커스〉와 도착의 미학

도착적 미학의 도달점인 무의미는 소노 감독의 〈기묘한 서커스(Strange Circus)〉에서 더 구체적인 형태로 드러난다. 소노 감독이 좋아하는 작가 중에 에도가와 란포(江戶川亂步)가 있다. 하지만 소노 영화의 목표는 에로구로[1]의 재현에 초점을 맞춘 란포와는 달리 근친상간, 소아성애, 아이덴티티 상실, 정신분열, 성의 붕괴, 자기 훼손 등의 악취미적이고 비정상적이며 과격한 이코노그래피(Iconography)를 사용하여 인간 속의 암흑을 표현함으로써 도착적인 고통의 미학을 구체화하는 데에 있다(ダリオー・トマージ他編, 2012: 178). 소노 작품 중에서도 가장 냉혹한 카오스의 가족극이라 할 수 있는 〈기묘한 서커스〉는 인간의 구제 불가능한 근본악과 희망 없는 세계를 묘사함으로써 고통의 미학을 극대화하고 있다. 자작곡 〈이름 없는 강아지〉와 〈Strange Circus〉 등 처음으로 소노 감독이 직접 음악을 담당한

---

[1] 1920년대 일본에서 에로틱(erotic)과 그로테스크(grotesque)라는 두 단어가 합쳐져 만들어진 신조어. 특히 예술과 문학 분야에서 에로틱하고 그로테스크한 것, 상식 바깥의 것, 기발하거나 도착적이고 악취미적이고 퇴폐적인 분위기의 작품을 가리키는 말. 가령 란포의 소설이 대표적이다. 제국주의적 대외 전쟁의 확장으로 인해 이런 에로구로의 풍조는 일단 가라앉았지만, 전후에 다시 연극, 문학, 만화, 영화 속에서 모습을 드러내게 된다.

이 작품의 줄거리는 다음과 같다.

① 피터 그리너웨이를 연상시키는 바로크풍의 기묘한 서커스 무대에서 드래그 퀸(drag queen)2 복장의 뚱뚱한 중년 남성이 관객들을 향해 무대로 올라와 단두대를 시험해보라고 권한다. 이에 12세 소녀 미쓰코가 앞으로 나온다. 그녀는 자신이 원래 사형대 위에서 태어난 것 같은 존재라고 말한다. ② 무서운 단두대의 꿈에서 깨어난 미쓰코는 부모의 침실에서 들려오는 신음 소리를 듣고 성행위를 엿보게 된다. 다음 날 미쓰코가 다니는 초등학교의 교장이기도 한 아버지 고죠가 교장실로 미쓰코를 불러들여 성추행한다. 며칠 후 고죠는 딸을 첼로 케이스 안에 집어넣는다. 그 케이스에는 구멍이 뚫려 있었고, 그녀는 어머니 사유리와 아버지의 성행위를 안에서 지켜보도록 강요당한다. 이윽고 고죠는 이 사실을 사유리에게 밝힌다. 어느 날 귀가한 사유리는 남편이 딸을 성폭행하는 현장을 목격하게 된다. 이를 알아챈 고죠는 이번에는 사유리를 첼로 케이스 안에 들어가게 하여 딸과의 성행위를 엿보도록 강요한다. 이처럼 고죠가 아내와 딸을 번갈아가며 희롱하는 동안 어머니와 딸 사이에는 날카로운 긴장감이 형성된다. 딸을 경쟁자로 여겨 질투하는 어머니는 아버지가 없을 때마다 딸을 폭행한다. ③ 어느 날 사유리는 자신의 귀걸이를 훔쳤다며 미쓰코에게 심한 폭력을 가하는데, 그러던 중 사유리가 계단에서 떨어져 죽는다. 이에 충격을 받은 미쓰코는 마치 자신이 사유리인 양 행동하면서 아버지와의 관계에서도 죽은 엄마의 대리인 역

---

2 유희의 목적으로 여장한 남자를 가리키는 말. 주로 게이인 경우가 많다.

할을 한다. 그러다가 더 이상 충격을 견딜 수 없게 된 미쓰코는 투신자살을 시도한 결과 하반신 마비가 된다. 고죠는 수많은 여자들과 방탕한 생활을 즐기면서 불구가 된 미쓰코를 학대한다. ④ 이어서 영화는 대중적인 에로구로 소설로 유명한 여류 작가 다에코가 휠체어를 탄 채 자신의 시중을 드는 출판사 편집인들에 둘러싸여 새로운 소설을 집필하는 장면으로 바뀐다. 그 소설은 미쓰코와 사유리 및 고죠에 관한 이야기이다. 많은 비밀을 가지고 있는 다에코는 실은 사지가 멀쩡하다. 더럽고 어질러진 비밀의 방에는 첼로 케이스가 있는데 그 안에 무엇이 있는지는 아직 알 수 없다. 편집장은 다에코에게 새로운 조수 유지를 소개한다. 다에코는 자신의 팬임을 밝힌 중성적 분위기의 유지에게 흥미를 느낀다. 편집장은 유지를 이용하여 다에코의 비밀을 밝혀내려 한다. 다에코의 시중을 들며 신뢰를 얻게 된 유지는 어느 날 다에코를 속여 집에서 나오게 한 다음 몰래 비밀의 방에 잠입한다. 그는 다에코에게 전화를 걸어 폐가로 변한 다에코의 옛집으로 오라고 협박했고, 옛집에 도착한 다에코를 계단이 있는 곳(예전에 사유리가 굴러 떨어졌던 곳)으로 끌고 간다. 거기서 유지는 상의를 벗어 젖가슴을 도려낸 흉터를 보여주면서 자신이 미쓰코임을 밝힌다. ⑤ 그런 후 히스테리에 빠진 유지가 토루소처럼 사지가 잘리고 몸통만 남아 있는 고죠의 몸을 마구 차다가 전기톱으로 고죠와 다에코의 몸을 절단하려 한다. ⑥ 여기서 장면은 처음의 서커스 무대로 되돌아간다. 단두대 위에는 사유리가 누워 있고, 드래그 퀸이 가면을 벗자 고죠의 얼굴이 나타난다. 박수를 치는 관객석에는 어린 미쓰코와 유지의 모습도 보인다. 마침내 단두대의 칼날이 떨어지는 것으로 영화의 막이 내린다.

영화는 하나의 서사가 아니라 다섯 개의 서사가 중첩되어 있다. 미쓰코 꿈속의 서커스 서사(①, ⑥), 고조·사유리·미쓰코 가족의 도착적 서사(②), 사유리와 동일인으로 설정된 소설가 다에코의 서사(④), 다에코 소설 속의 서사(③), 그리고 다에코의 꿈 서사(⑤)가 그것이다. 꿈속의 서커스 장면에서 시작하여 현실과 꿈, 중심 서사와 액자소설의 서사가 뒤섞인 채 이야기가 진행되고 마지막에는 다시 처음 장면의 서커스 무대로 끝나는 순환 구조 기법이 차용되고 있는 것이다. 거기서는 여배우 미야자키 마스미(宮崎萬純)가 일인삼역을 맡아 사유리, 다에코, 사유리 행세를 하는 미쓰코를 연기한다. 영화의 실제 주인공은 고조라기보다는 여성 캐릭터인 사유리(다에코)와 미쓰코이다. 첫 화면의 "그 머리를 쟁반에 담아 소녀에게 주고 소녀는 이를 엄마에게 바친다. 머리를 자른 자는 피투성이의 장검을 손에 쥔 채 무표정하게 서 있다. 그녀는 실로 여자이다. 불꽃처럼 격렬하고 잔혹한 여자의 기질을 그대로 따르고 있다"[3]는 문장은 〈사랑의 죄〉와 마찬가지로 여성을 주이상스의 소유자로 묘사하면서 그런 여성에 대한 남성들의 공포를 상기시킨다.

영화의 전말은 다에코의 꿈과 그녀의 소설 속 허구가 현실과 구분이 어려울 정도로 어지럽게 교차하는 후반부에 가서야 드러난다. 다에코의 비밀의 방에 있던 첼로 케이스 안에는 불구가 된 고조가 유폐되어 있었다. 유지가 다에코를 휠체어에 태워 고조가 묶

---

[3] 조리스 카를 위스망스(Joris-Karl Huysmans)의 대표작인 원조 컬트 소설 『거꾸로(A Rebours)』(1884)에 나오는 구절.

여 있는 방으로 데리고 가자, 지금까지 자신을 미쓰코라고 믿고 있던 다에코가 "여긴 내가 강간당했던 방이야"라고 비명을 지른다. 그러사 유시는 소설 원고의 한 부분을 읽는다. "나는 본래 사형대 위에서 태어났다. 혹은 사형대 앞에 있는 엄마의 배에서 태어나 엄마 대신 사형대에 매달렸다." 그러고는 고죠의 토르소[4]를 사정없이 폭행한다. 그리고 "난 엄마가 아냐, 엄마는 내가 아냐"라고 외치면서 가슴을 열어보이자, 유방을 잘라낸 끔찍한 상흔이 드러난다. 유지는 바로 미쓰코였다. 미쓰코가 유지로 남장하여 다에코(사유리) 앞에 나타난 것이다. 유지는 "엄마, 내 얼굴 잊었어요?"라고 절규하며 자신이 굴러 떨어졌던 계단으로 다에코를 데려간다.

그런 다음 유지는 사유리를 옛날 미쓰코의 방으로 데리고 간다. 그 방에는 자신을 미쓰코라고 믿으면서 사유리가 "내가 나빠. 귀걸이를 없애버린 내가 잘못했어. 그래서 엄마를 죽게 만든 거야. 엄마를 죽인 내가 나빠"라고 쓴 반성문들이 아직도 어지럽게 여기저기 남아 있다. 사유리는 질투심에 딸을 폭행하고 죽이려 했고 이를 견디다 못한 딸이 가출하자, 그 죄의식에서 벗어나고자 딸이 자신을 죽인 것처럼 믿었던 것이다. 그래서 미쓰코 이름표를 달고 초등학교에 등교하기까지 했다. 그후 그녀는 자신의 추한 부분을 보지 않기 위해 줄곧 자신을 속인 채 미쓰코로서 살아왔다. 그러나 고죠가 다른 여자들과 놀아나자 사유리는 자신의 방에 틀어박혀 글만 썼다. 그러던 어느 날 사유리는 고죠를 집 바깥 계단에서 밀어 떨어뜨렸다. 그리하여 불구가 된 고죠를 첼로 케이스에 넣어 사육하면서 다에코라는 필명으로 소설을 발표했던 것이다. "당신은 귀걸이

---

[4] 페티시의 극단적 형태라 할 수 있는 이 토르소는 린치(Jennifer Lynch) 감독의 영화 〈남자가 여자를 사랑할 때(Boxing Helena)〉(1993)를 떠올리게 한다.

하나 때문에 날 죽이려 했어. 그 죄의식에서 벗어나기 위해 미쓰코 역할을 해왔지. 이제 다 끝났어. 이제 그만 사유리가 되세요"라고 말하는 유지의 손을 잡으며 사유리(다에코)는 "미쓰코, 미안해"라고 말한다. 그러자 유지는 "난 이제 해방될 거예요"라고 말한다.

도착의 미학과 응시

이와 같은 서사의 〈기묘한 서커스〉가 보여주는 것은 한마디로 도착의 세계이다. 단두대가 등장하고 관객 중에서 단두대에 올라가 목을 잘리고 싶은 자를 불러내는 첫 장면부터 마지막 단두대의 장면에 이르기까지 영화는 배덕(背德)의 성도착으로 가득 차 있다. 영화는 내내 그로테스크한 바로크풍의 분위기가 가미된 도착의 미학을 연출하는 데에 상당 부분 성공적이다. 소노 감독은 도착증이야말로 미가 선을 초과하는 대표적인 증상이라는 사실을 잘 알고 있었던 모양이다.

영화의 첫 장면에서 미쓰코가 단두대로 불려나가고 "나는 본래 사형대 위에서 태어난 아이다"라는 멘트가 뜬다. 그러자 미쓰코는 꿈에서 깨어난다. 이 장면은 단두대로 표상되는 거세 혹은 아버지의 법과 도착적 욕망의 관계를 암시한다. 도착증은 아버지의 법을 욕망의 대상으로 삼는다. 일탈하기는 하지만 결국 법에 굴복하거나 아니면 가끔 즐기기 위해 법을 인정하는 신경증적 주체와는 달리 도착증적 주체는 자신을 지배하는 대타자를 법의 주체로 즉각 승격시켜버린다. 그의 목표는 법을 전복하는 것이 아니라 법을 세우는 데에 있다. 가령 도착적인 마조히스트는 지배자 사디스트를 절대복종을 명하는 법 집행자로 승격시킨다(권택영, 2001: 150).

위 단두대의 장면은 '사형대에서 태어난 아이', 즉 죽음충동(주이상스)에 사로잡힌 미쓰코가 어머니와의 동일시를 통해 도착적 욕망의 대상으로 삼은 아버지 고죠가 법의 집행자, 곧 대타자임을 암시하고 있다. 노착증에서 욕망의 대상이 된 법은 응시의 주체로 기능한다. 12세 때 미쓰코는 부모의 섹스 장면을 훔쳐보게 되는데, 이 때에도 "집안 곳곳에 사형대가 숨겨져 있었다"는 미쓰코의 내레이션이 흐른다. 아마도 이 원초적인 트라우마 체험이 그녀 안에 잠재되어 있던 죽음충동을 깨어나게 했을 것이다. 아버지 고죠의 강요로 부모의 섹스 장면을 첼로 케이스 안에 감금된 채 목격해야 했던 미쓰코는 그때 마치 "자신이 안겨 있는 듯한 느낌을 받았다"고 술회한다. 거기에는 미쓰코와 어머니의 동일시가 작동하고 있다. 또한 첼로 케이스의 구멍은 응시가 출현하는 장소를 나타낸다. 이후 응시의 주체인 대타자로서의 고죠는 첼로 케이스에 갇혀 있던 미쓰코에게 "모든 걸 엿본 너는 나쁜 아이야"라고 책한다. 그리고 이번에는 사유리를 첼로 케이스 안에 가두고 구멍을 통해 부녀 상간 장면을 엿보게 한다. 이로써 아버지 고죠와 함께 응시의 주체가 된 미쓰코는 "나는 엄마이고 엄마는 나. 나는 아빠에게 안기면서 엄마가 되었다. 나도 점점 아빠와의 섹스가 즐거운 것이라고 생각하게 되었다. 왜냐하면 나는 엄마이니까"라고 말한다. 이때 사유리는 팔루스적 어머니가 된다. 미쓰코는 어머니에게 부재하는 팔루스와 자신을 동일시함으로써 어머니의 욕망의 대상이 되고자 했던 것이다. 물론 〈안티포르노〉의 주인공 미쓰코가 아버지에게 자신의 처녀성을 빼앗아달라고 청하는 장면과 마찬가지로 이런 부녀간의 섹스 모티브가 오이디푸스콤플렉스의 표현임은 말할 나위가 없다.

한편 영화 중반부터 등장하는 소설가 다에코는 전술했듯이 미쓰코 행세를 하는 사유리이다. 그녀의 소설 속 서사에서는 사유리가 계단 아래로 굴러 떨어졌고 이에 충격을 받은 미쓰코가 자살을 시도하다 하반신 불구가 된 것으로 나온다. 하지만 이런 설정은 딸에 대한 엄마의 죄의식과 남편에 대한 아내의 분노가 만들어낸 허구이다. 불구가 된 자는 바로 고조였다. 그리고 소설가 다에코는 성인이 된 미쓰코를 연기하는 사유리 자신이었다. 다에코의 소설은 주인공 미쓰코의 일인칭시점에서 묘사된 다음과 같은 내용을 담고 있다.

집안 곳곳에 사형대가 숨겨져 있었다. 태어나 철이 든 이래 곳곳에 덫이 있었고, 퍼즐을 풀지 못하면 즉시 사형에 처해졌다. 아빠와의 섹스로 인해 사형이 시작되었다. 12세였다. 아빠는 나와 어머니를 교대로 안았다. 아빠는 엄마와 섹스할 때 나로 하여금 그 장면을 엿보게 했다. 그걸 볼 때 나는 마치 내가 아빠한테 안겨 있는 듯한 느낌이었다. 아빠가 날 안을 때 엄마가 그것을 지켜보았다. 엄마와 나의 차이는 단 하나, 엄마는 아빠에게 안길 때 즐거워 보였다. 그 환희의 표정이 언제부터인가 내게 옮겨 붙었다. 덫이었다. 나는 엄마이고 엄마는 나라고 생각했다. 나는 아빠에게 안겨 있으면서 엄마가 되었다. 그러면서 아빠와의 섹스를 좋아하게 되었다. 왜냐하면 나는 엄마이니까. 엄마가 죽었다. 내가 초등학교 6학년 때이다. 나는 엄마의 관 앞에서 울었다. 관 속의 엄마는 마치 초등학교 6학년인 나 같았다. 아주 평화로워 보였다. 순수한 아이처럼. 내가 엄마를 죽였다. 엄마는 나를 여자로서 질투했다.

이로 보건대 결국 미쓰코가 투신자살을 기도하다 하반신 마비가 되었다는 서사는 영화 속 액자소설의 연장선상에서 전개된 내용임을 알 수 있다. 그렇다면 앞서 언급한 다섯 개의 서사는 모두 영화 속 현실이 아닐지도 모른다. 역으로 모든 현실은 꿈이거나 아니면 소설 속의 허구적 이야기라는 것인가? 영화 후반부에서 전기톱을 쥔 유지가 미친 듯이 웃으면서 쇠사슬에 묶여 있는 사유리와 고쿄에게 "어느 게 꿈일까요?"라고 묻는 섬뜩한 장면이나 다음과 같은 다에코와 유지의 대화가 시사하듯 어떤 경우든 꿈과 현실의 경계선은 응시처럼 불투명하고 애매하다.

다에코: "만일 이곳이 현실이 아니고 내가 쓴 소설 속이 현실이라면?"
유지: "이쪽이 꿈?"
다에코: "이 소설은 미쓰코가 나에 대해 쓴 것일지도 몰라."

앞에서도 언급했듯이 첼로 케이스의 구멍이 응시가 출현하는 장소라면, 우리를 매우 불편하게 만드는 이 도착적인 액자소설에서 집안 곳곳에 숨겨진 사형대는 '공포의 응시'를 나타내는 기표라 할 수 있다. 영화는 이번에는 다에코의 비밀의 방에 있는 첼로 케이스의 구멍을 통해 공포의 응시를 보여주고 있다. 다에코의 소설을 펴내는 출판사 편집장은 신입 직원 유지에게 "휠체어는 거짓이야. 다에코는 변태이고 정신병 치료중인데 비밀이 많아. 그녀의 정체를 밝혀내라"고 사주한다. 이어지는 장면에서는 광기에 찬 다에코가 비밀의 방에서 짐승처럼 국수를 먹으며 첼로 케이스 위에 걸터앉아 미친 듯이 원고를 쓰고 있다. 이윽고 다에코는 케이스에 뚫린 작은 구멍 안으로 국수를 쑤셔 넣으며 "완성!"이라고 외친다. 영화 후반부에서는 이 첼로 케이스 안에 고쿄가 감금되어 있다는 사실이 밝혀진다. 하지만 아직 그 사실을 알지 못하는 관객들에게는 다에코의 광기가 어디서 온 것인지가 궁금할 따름이다. 그것은 바로 공포의 응시에서 비롯된 광기였다.

　대타자의 응시 또는 공포의 응시를 암시하는 첼로 케이스의 구멍 외에도 영화는 여러 장면에서 응시의 미장센을 설정하고 있다. 가령 사유리가 미쓰코에게 "넌 나와 똑같이 생겼어"라고 말하는 대목에서 두 모녀의 눈이 불꽃이 튀듯 클로즈업되어 교차하는 장면, 다에코 작업실의 날개 벌린 박쥐 모양의 의자에 그려진 눈, 비밀의 방으로 통하는 문의 부조에 새겨진 강렬한 눈, 혹은 미쓰코가 다니는 초등학교의 교장인 고죠가 비디오 화면을 통해 아침 조례를 행하는 장면에서 마치 빅브라더를 방불케 하는 분위기의 거대한 눈 이미지 연출, 그리고 첫 번째 서커스 장면에 나오는 커다란 외눈박이 가면을 쓴 두 명의 서커스 단원의 사례에서 눈은 응시의 존재를 지시하는 대체물이라 할 수 있다. 이중 특히 외눈박이 가면은 응시와 가면의 상관성을 시사한다.

가면의 욕망

가면이란 무엇인가? 어떤 이는 정체성을 감추기 위해 가면을 쓴다. 하지만 또 어떤 이는 정체성을 찾기 위해 또는 반대로 그것으로부터 벗어나기 위해 가면을 쓴다. 어쨌든 주술 종교적인 의례 가면, 축제 가면, 연극 가면에서 다양한 의사(擬似) 가면[5]에 이르기까지 가면은 인류 문화사에 부단히 각인되어온 중요한 문화 현상 중 하나임을 부정할 수 없다. 그런데 이런 문화 현상으로서의 가면만이 가면의 전부는 아니다. 사회적 인간은 일상 속에서 누구나 타인의

---

[5]　가령 문신, 보디페인팅, 화장, 패션, 피어싱, 성형 등도 '의사 가면'으로서 광의의 가면 범주에 포함된다.

눈을 의식하며 살지 않을 수 없다. 우리 모두는 상징계에 진입하면서 가면을 쓰게 마련이고, 그것은 때로 천의 얼굴을 가진다. 이런 상징세적 가면을 칼 융은 '페르소나(persona)'라고 불렀다. 페르소나는 원래 고대 그리스의 가면을 지칭하는 말인데, 융은 그것을 자신의 집단무의식 이론 혹은 그림자 이론과 관련하여 '외적 인격'을 의미하는 개념으로 재해석했다. 그 '외적 인격'은 여러 사회적 역할(가령 부모와 자식, 교사와 학생, 남자와 여자, 각종 사회계층과 직책 등)을 방어하는 가상의 사회적 자아, 즉 우리가 일반적으로 '나(Ich)'라고 생각하는 것을 가리킨다. 그것 없이는 사회 속에서 살아갈 수 없다는 점에서 페르소나는 공적인 얼굴을 함축한다. 하지만 융은 페르소나란 어디까지나 문자 그대로 가짜 얼굴[假面]이며 가면을 벗은 얼굴이야말로 참된 '내적 인격'으로서의 참된 '자기(Selbst)'라고 주장했다(융, 2004: 54-74).

그런데 우리는 정말로 가면을 벗을 수 있을까? 가면을 벗어 던지고 '자기'를 발견하는 것, 즉 '개성화'야말로 삶의 궁극적인 의미라고 말하는 융의 비전은 어쩌면 우리가 강력한 상징계적 가면의 올가미[6]에 사로잡힌 채 몸을 가지고 살아 있는 동안에는 이룰 수 없는 환상일지도 모른다. 그럼에도 인간은 한편으로 가면을 쓰고자 하는 욕망과 다른 한편으로 가면을 벗으려는 욕망 모두를 포기하고 싶어 하지 않는 것 같다. 이 대목에서 우리는 문화적 가면 혹은

---

6 스탠리 큐브릭(Stanley Kubrick) 감독의 〈아이즈 와이드 셧(Eyes wide shut)〉은 상징계적 가면의 올가미를 잘 보여주는 영화이다. 그것은 '아내밖에 모르는 남편'이나 '남편밖에 모르는 아내'라는 것이 시민사회가 오랜 세월 제도적으로 요구해온 '역할 가면'이라는 사실을 폭로한다. 영화 타이틀 Eyes wide shut은 Eyes wide open의 패러디로 '눈 크게 뜨고' 보아야 할 사실을 '눈 질끈 감고' 외면하며 살아가는 수많은 남녀의 성적 욕망의 진실을 시사한다(이영임, 2005: 330).

상징계적 가면의 공통된 기원이라 할 수 있는 보다 근원적인 '실재의 가면'에 주목하지 않을 수 없다. 실재의 가면은 "본래의 모습과는 다른 존재로 살아갈 수밖에 없다는 인간 조건에서 가면이 비롯된 것" 혹은 "가면 안에는 언어로 표현되지 않는 것을 향한 영원한 동경이 담겨 있다"(안소현, 2005: 33)는 통찰력과 관계가 있다. 일면 비극적이기도 한 이런 통찰력은 명확하게 욕망(주이상스)의 문제를 구성한다. 가면에는 어쩔 수 없이 분열된 자아를 살 수밖에 없는 우울한 인간 조건을 적극적으로 수용하면서도 지금과는 다른 존재가 되고 싶다는 욕망 혹은 언어 너머의 주이상스를 획득하려는 불가능한 욕망이 내재되어 있다고 여겨지기 때문이다.

하지만 "주이상스를 향유하여 다르게 살고 싶다"는 능동적인 욕망과 "다른 존재로 살 수밖에 없다"는 수동적인 인간 조건은 여전히 날 선 긴장 관계에 있다. 그 결과 가면은 양면성을 함축하게 된다. 은폐와 표출이라는 양면성이 그것이다. 가면은 얼굴을 감추면서 동시에 얼굴을 재현하며, 혹은 무언가를 가리고 무언가를 드러낸다. 다시 말해 레비스트로스가 『가면들의 길』에서 "가면은 그것이 말하는 것으로 이루어져 있을 뿐만 아니라 그것이 배제하는 것으로도 이루어져 있다"(김형기, 2005: 113에서 재인용)고 지적했듯이 가면은 항상 그것이 의미하는 것과 감추는 것을 동시에 지시한다.

가면의 위반

그리하여 가면을 쓴 자는 라캉이 말하는 탈존자(Ex-sistenz), 즉 "논리를 벗어나는 장소"(비트머, 1990: 74)가 된다. 그는 자신의 얼굴을 감추고 가면으로써 제2의 얼굴, 즉 가면이 의미하는 바를 드러낸다. 하지만 그 의미는 논리를 벗어나 있으므로 가면을 쓴 자와 그를 바라보는 자 모두에게 감추어져 있다. 거기서 가면을 사이에 두고 보이지 않는 시선으로서의 응시가 작동하게 된다. 이와 같은 가면의 응시와 관련하여 백상현은 다음과 같이 말한다.

> 유행을 따르는 사람들은 다른 사람들이 욕망하는 것을 욕망하고 있다. 그것은 대다수의 사람들이 쓰는 가면과 비슷한 가면을 쓴다는 것을 의미한다. 인간은 누구나 진정한 응시, 즉 공포의 응시에 노출되지 않기 위해 모두가 이해할 만한 상식적인 차원에서 응시를 해석한다. 그렇게 해석된 응시를 만족시키기 위해 유행에 따르고 가면을 쓰는 것이다. 그럴 때 우리는 불안에 빠지지 않게 된다. 하지만 동시에 우리는 가면을 벗고 싶어 하기도 한다. 사람들은 흔히 지금 쓰고 있거나 쓰도록 강요당하는 가면을 벗어버리면 진정한 자아를 찾을 수 있다고 생각하기 때문이다. 그러나 페르소나로서의 가면을 말하는 융학파의 주장과는 달리 가면을 벗는다고 해서 진정한 자아를 만날 수 있는 것은 아니다. 가면의 안쪽에는 텅 빈 공백만이 존재할 뿐이기 때문이다. 따라서 라캉은 우리가 현재 쓰고 있는 가면을 대체할 다른 가면을 찾아 헤매는 대신 우리 자신의 공허 그 자체와 대결해야 한다고 주장한다(백상현, 2014: 252-253. 필자의 요약).

유행에 따른다는 것은 곧 타자의 가면을 쓰는 것이다. 이는 전술한 상징계적 가면에 대한 하나의 대표적인 사례라 할 수 있다. 거기서 더 나아가 공포의 응시를 피하기 위해 가면을 쓴다는 해석은 독창적이다. 하지만 무엇보다 중요한 것은 "가면의 안쪽에는 텅 빈 공백만이 존재할 뿐"이므로 헛되이 다른 가면을 찾아다니지 말고 우리 자신의 공백과 대면하라는 지적이다. 위 인용문은 가면의 공백과 우리 자신의 공백을 구별하고 있다. 그런데 정말 양자의 구별이 가능할지는 의문이다. 상징계적 가면은 누구라도 피할 수 없는 것이기 때문이다. 가면을 쓴 자도 가면을 벗은 자도 실은 모두 가면을 쓰고 있는 것이 아닐까? 그렇다면 가면의 공백과 우리 자신의 공백은 그렇게 다른 것이 아닐 수도 있다. 그것들은 저 밑바닥에서 서로 얽혀 있다. 핵심은 가면과 나의 구별이 아니라 어떻게 공백과 마주하느냐에 있다.

그러니까 라캉이 우리 자신의 공백과의 대면을 말하면서 제시한 '위반'의 길은 곧 가면의 공백과의 대면을 위한 것이기도 하다. 라캉은 승화와 성도착을 '위반의 두 가지 유형'이라고 부른다. 승화도 성도착도 모두 상징계의 억압적 질서에서 빠져나가는 위반이라는 말이다. 이런 승화와 성도착의 구조에서 도출된 것이 바로 라캉이 『세미나 7』에서 말하는 '정신분석의 윤리'이다. 그렇다면 이제 다시 물어야 할 것은 가면과 위반의 관계이다. 축제 가면은 이 점을 잘 말해주는 전형적인 사례라 할 수 있다.

축제의 참여자들은 "중심 담론에 도전하고 저항하는 탈담론 또는 저항 담론의 가능성을 모색"한다. 특히 가면 축제는 욕망을 억압당한 사람들에게 "규칙의 위반을 넘어서서 그것을 파괴하는 것을 의미하며, 인간으로 하여금 탈문화의 세계, 즉 규범이 없는 공포의 공간을 생성시키는 세계와 대면시킨다."(드뷔뇨, 1988: 75-77) 다시 말해 축제 가면은 무엇보다 "아버지로 대표되는 가부장적 질서에 대한 저항이자 전복"으로 사람들로 하여금 "모든 상징계적 장치를 넘어 탈주할 수 있는 가능성을 모색"(이호경, 2005: 80)하게 해준다.

가면은 위반의 가면이고, 그 안쪽에는 텅 빈 공백이 존재한다. 그것은 라캉이 『세미나 7』에서 말한 물의 공백을 가리킨다. 라캉 정신분석에서는 인간이 욕망을 추구하는 방식으로서 세 가지 심리구조를 구분한다. 신경증(히스테리, 강박증), 도착증(페티시즘), 정신병(분열증, 편집증)이 그것이다. 이것들은 물의 자리에 반응하는 주체의 세 가지 심리 건축술이라 할 수 있는데, 그중 "성도착은 페티시로 물을 피해가려 한다."(백상현, 2017: 53) 여기서 페티시란 무엇인가? 충동을 억압하지는 않지만 상당히 통제된 방식으로 만족시키는 경우 혹은 충동의 강한 흐름을 유지할 수 있는 특정 상황이나 사물에게 주체의 쾌락이 루틴화된 경우의 증상을 도착증이라 한다. 이때 자신을 주체가 아닌 대상의 위치에 놓는 도착증은 대상에 대한 집착을 통해 공백을 메울 수 있다고 믿는다. 그 대표적 사례가 페티시즘이다. 페티시즘은 어떤 사물이나 상황을 자신과 동일시하는 증상을 가리킨다. 이때 페티시즘의 대상들, 즉 충동을 특수하게 조직하는 상황이나 사물을 페티시라 한다. 그것은 팔루스의 대체물로서 의미를 지니게 된다.

페티시는 주체가 상징계적 법과 규범으로 통제된 존재, 즉 거세된 존재라는 사실을 일시적으로 망각시킴으로써 도착증자를 주이상스의 영역인 배덕의 세계로 밀어 넣는다. 주이상스의 본질은 도착성이다. 〈기묘한 서커스〉의 주인공 사유리(다에코), 미쓰코(유지), 고죠가 보여주는 배덕의 세계는 이런 페티시로서의 가면을 매개로 구성된 것이었다. 〈감각의 제국〉에서는 남근이 페티시 역할을 했지만, 〈기묘한 서커스〉의 페티시는 가면 그 자체이다. 사유리는 미쓰코와 다에코의 가면을, 미쓰코는 유지의 가면을, 그리고 고죠는 서커스 집행자의 가면을 썼다. 그들은 가면을 쓴 채 위반으로서의 성도착에 빠져들었다. 이처럼 가면이라는 페티시를 통해 그들은 서로 내장까지 얽혀 있다. 작품 속에서 다에코의 가면을 쓴 사유리가 소노 감독이 만든 노래를 부르는 장면이 나온다. 그 노래의 가사는 이렇다. "이름 없는 강아지가 나를 데리고 간다 / 이름 없는 강아지가 날 먹으러 온다 / 이름 없는 내가 날 사랑하러 온다." 여기서 '이름 없는 나'는 곧 '가면을 쓴 나'를 뜻한다. 나를 사랑하러 오는 자는 곧 나의 가면이라는 말이다. 이는 가면을 쓴 나 자신이 페티시즘의 나르시시즘적 대상이 되고 있음을 시사한다. 그 가면의 메타포라 할 수 있는 강아지는 대타자에 대한 가면의 복종을 암시하는 미장센이다.

마지막 서커스 장면에서는 첫 장면과 달리 가면을 벗은 고죠가 사형 집행인이 되고 사유리가 사형수로 나온다. 마침내 단두대의 칼이 떨어지고 관객들은 "사유리 씨, 힘내요"라고 웃으면서 박수친다. 그들 중에는 편집장도 있고 유지와 초등학생 미쓰코의 얼굴도 보인다. 영화의 처음과 마지막뿐만 아니라 미쓰코의 심리를 드러내기 위해 수시로 삽입된 서커스 장면은 이 세상의 모든 것이 공허한 게임이라는 것을 보여주는 듯싶다. 영화 속 초등학교 교실의 다음 장면이 시사하듯이, 게임이자 허구인 서커스 무대에서만 사랑은 영원한 의미(불멸)를 가질 수 있다.

교사: "사랑한다는 말의 의미는 무얼까?"
미쓰코(사유리): "불멸!" (모두 박수친다)

어쩌면 현실 자체가 꿈속의 기묘한 서커스 같은 것이고 그래서 무의미한 것일지도 모른다. 특히 현실이 도착적인 것으로 드러날수록 더 그렇다. 그런 무의미 속에서만 비로소 사랑의 의미가 드러난다는 역설, 아마도 소노 감독이 말하고 싶어 했던 궁극적인 메시지가 이 점이었을 것이다.

3부

**라캉으로 읽는 일본
애니메이션: 주체·성장·욕망**

일본 애니메이션에 관한 국내의 연구는 많이 있지만, 라캉의 관점에서 분석한 사례는 극소수에 지나지 않는다. 그것도 대부분 개별 작품에 대한 분석에 머물러 있다. 하지만 본서에서는 과감하게 현대 일본 애니메이션의 전체적 구도를 염두에 두면서 주요 감독과 작품들에 대해 라캉적 해석을 시도해보려 한다. 누가 내게 일본 애니메이션을 대표하는 감독 한 명만 들어보라고 하면 나는 쉽게 대답하지 못할 것 같다. 그러나 4인방이 누구냐고 물으면 나는 주저 없이 "미야자키 하야오, 오시이 마모루, 곤 사토시, 신카이 마코토!"라고 말할 것이다. 그만큼 이 네 명의 감독이 내 안에 각인시킨 인상은 깊고 강렬하다. 내게는 이들의 합이 곧 일본 애니메이션의 세계 그 자체로 여겨질 정도이다. 사실 이들은 모두 자신만의 개성이 너무 뚜렷해서 일본인 애니메이션 감독이라는 것 빼고는 작품 세계에서 어떤 공통분모를 찾아내기가 쉽지 않다. 그럼에도 이하에서는 라캉적 주체를 이들의 공통분모로 삼고자 한다. 어떻게 그것이 가능할까?

앞의 서문에서 나는 일본은 "상징계로 들어가면서 동시에 들어가지 않는다"는 가라타니 고진의 말에 주목한 바 있다. 이 말은 라캉적 주체와 일본 문화론의 관점에서 애니메이션을 고찰하고자 할 때 매우 유용한 출발점이 될 수 있다. 즉 '성장하지 않는 주체'는 상징계로 들어가지 않으며, '성장하는 주체'는 상징계로 들어간다. 이에 비해 '성장을 꿈꾸는 주체'는 상징계로 들어가면서 동시에 들어가지 않는다. 일본문화코드에 대해서도 동일한 분류가 가능하다. 가령 장의 윤리나 세켄 혹은 화의 원리 등이 주체를 상징계에 들어가도록 견인한다면, 모성 원리나 아마에 등은 주체로 하여금 상징계를 빠져나와 상상계로 회귀하게 만드는 요인으로 작용한다. 이에 비해 양날의 칼을 내포하는 수치의 문화나 마코토 또는 모노노아와레와 같은 문화코드는 종종 상징계의 경계 자체를 불투명한 것으로 만들어버린다.

이하의 3부에서는 이 점을 염두에 두면서 성장, 욕망, 죽음이라는 세 가지 키워드와 주체 개념을 각각 씨실과 날실로 삼아 전술한 4인방 감독에 더하여 가와모토 기하치로 감독의 작품 및 〈신세기 에반게리온〉, 〈도쿄 구울〉, 〈데스노트〉, 〈불새〉 등에 대한 라캉적 해석을 시도해보고자 한다.

7장

성장하지 않는 주체:
세카이계와 신카이 마코토

"난 어른이 되고 싶지 않아요."(『철완 아톰』)

"신이란 말이다, 관계를 의미한단다."(〈너의 이름은〉)

I. '아톰의 명제'와 세카이계: 성장하지 않는 아이

'아톰의 명제'

서브컬처 비평가 오쓰카 에이지는 일본의 전후 만화사를 성장소설(Bildungsroman)이 성립하지 않는 역사로 간주하면서, 그 상징적인 에피소드로 만화의 신으로 불리는 데즈카 오사무(手塚治虫)의 연재만화 『아톰대사(アトム大使)』를 들고 있다. 이 작품 속의 덴마 박사는 자동차 사고로 아들 도비오를 잃은 후 죽은 아들과 똑같이 생긴 로봇을 만든다. 그런데 로봇 도비오는 인간과 동일한 혼을 가지고 있지만 성장하지는 않는다. 이를 싫어한 박사는 로봇을 서커스단에 팔아버리고 만다. 이렇게 해서 서커스 단원이 된 로봇은 아톰이라는 새로운 이름으로 불리게 된다. 아톰은 자신을 창조하고 처음에는 온갖 사랑을 베풀던 아버지 덴마 박사에게서 성장을 강요받았고 아버지의 손에 의해 직접 잔인하게 버림받았다. 그렇지만 아

톰은 자신을 버린 아버지와 동족 로봇들을 차별하고 학대한 인간에게 아무런 적의를 품고 있지 않은 듯이 보인다. 이 점에 대해 김준양은 다음과 같이 해석힌다. "데즈카기 이비지의 문제에 비판적인 시선을 던지지 않은 것은 아마도 그것이 천황의 문제와 닿아 있었기 때문일 것이다. 전후 일본 국민을 반영하는 메타포인 아톰이 만일 자신을 버린 아버지에게 복수를 하려 했다면, 그 아버지란 결국 천황이지 않을 수 없었다. 그러므로 복수극은 허용될 수 없었던 것이다."(김준양, 2006: 297)

이에 비해 오쓰카는 아톰의 에피소드가 미국과 일본의 전후 관계를 정확히 반영하는 모티브라는 점에 더 주목한다. 가령 성장하지 않는 아톰에게 화가 나서 지구를 위협하는 외계인과의 화평을 선택하지 않는 덴마 박사는 맥아더가 '12세의 아이'라고 비유한 일본의 거울상을 혐오하는 전후 민주주의의 음화로서 전후 일본인의 기조에 깔린 감정을 상징한다. 즉 덴마 박사는 미일강화조약 당시의 일본인들에게 내포된 모순이 낳은 캐릭터라는 것이다. 반면에 『아톰대사』라는 제목 그대로 아톰이 평화 대사로 등장하는 설정은 미일강화조약의 체결 과정 및 평화주의에 입각한 '일본국 헌법'의 형성을 둘러싼 당대의 시대 상황을 반영하고 있다.[1] 그후 『아톰대

---

[1] 『아톰대사』는 만화 잡지 『소년』 1951년 4월호부터 다음해 3월호까지 연재되었다. 거기서 아톰이 대립하는 두 나라 사이의 '평화 대사'로 설정되어 있는 것은 당대의 시대적 상황을 반영한 것이다. 이 작품이 구상되고 연재된 기간은 미일강화조약의 교섭·조인·발효 기간과 무관하지 않다. 처음에 야당은 소련과 중국 등 교전국 전체와 강화조약을 맺을 것을 주장했지만, 요시다 시게루 내각은 미국과의 단독강화를 선택했다. 그 결과가 샌프란시스코강화조약(1951년 9월 8일)이다. 이는 일본이 미국과 동맹 관계에 들어간 것을 결정한 순간이다. 또한 아톰대사가 평화의 사절로 등장하는 것은 '일본국 헌법'의 평화주의를 배경으로 한다. 헌법 전문이 표방하는 항구적인 평화주의는 물론 점령 정책의 측면을 내포한다. 하지만 이후 미국은 일본의 재군비를 원했다. 미

사』는 『철완 아톰(鐵腕アトム)』으로 제목이 바뀌는데 그 시리즈에서 아톰은 "난 어른이 되고 싶지 않아요"라고 외친다.

이 말은 패전 후의 일본인들이 '전후의 아이'였다는 점을 상징적으로 보여준다. 실제로 맥아더가 일본인을 성년식 이전의 연령인 12세 아이에 비유한 것은 너무도 유명한 이야기이다. 오쓰카는 이처럼 "성장이 정지된 아이 혹은 성숙이 금지된 캐릭터가 어떻게 성장할 수 있을까?"라는 물음을 던지면서 그것을 '아톰의 명제'라고 부른다. 이와 관련하여 『아톰대사』는 흥미로운 결론을 보여준다. 즉 평화의 사절로서 외계인을 방문한 아톰은 성의 표시로 자신의 얼굴을 바쳤고, 이런 아톰의 진정성이 받아들여져 화평이 성립되었다. 그리하여 지구를 떠나기로 결정한 외계인은 아톰에게 그의 얼굴을 돌려준다. 이처럼 평화 대사로서의 역할을 완수했다는 점에서 아톰은 '성장'했다고 볼 수도 있겠다(大塚英志, 2003: 258-259). 하지만 역시 아톰에게 어른이 된다는 것은 미래의 희망 사항일 뿐이다. 우주인이 아톰에게 준 상자에는 편지와 함께 또 하나의 어른 얼굴이 들어 있었다. 편지에는 "아톰 군, 그대의 얼굴을 참고하여 어른의 얼굴을 만들었소. 그대도 언제까지나 소년으로만 있어서는 안 되오. 다음에 만날 때는 어른이 되어 만납시다"라고 적혀 있었다.

오쓰카는 이와 같은 아톰의 명제, 즉 성장하지 않는 주인공의 모티브가 전후 만화와 애니메이션 전반에 걸쳐 계승되었다고 주장한다. 대표적으로 오시이 마모루의 〈뷰티풀 드리머(ビューティフル・ドリ

국이 부여한 헌법이 미국에 의해 공동화된 것이다. 그러나 데즈카는 아톰을 통해 헌법의 평화주의를 더욱 철저히 함으로써 미국으로부터의 자립을 추구했다. 이 점에서 『아톰대사』는 전후 민주주의의 산물이라 할 수 있다(大塚英志, 2003: 255-257, 261-262; 2004: 401).

―マー)〉²에서 엿볼 수 있듯이 1980년대는 만화와 애니메이션 영역에서 다시금 아톰의 명제가 문제시된 시기이다(大塚英志, 2004: 403). 이후 아톰의 명제는 일본 애니메이션 속에서 특히 '영원의 소년'이나 '구원의 소녀'라는 모티브로 미화 혹은 승화되어 수없이 많이 나타났다. 잠시 그 전형적인 사례를 짚고 넘어가기로 하자.

영원의 소년

1970년대 일본 사회에서 '모성 사회 일본의 병리'를 읽어낸 융 심리학자 가와이 하야오는 융학파의 '영원의 소년(Puer Aeternus)'³이라는 원형적 개념에 입각하여 일본인의 아이덴티티에 관해 이렇게 말한다. 영원의 소년은 어느 날 갑자기 영웅이 되어 급격한 상승을 시도하다가 어느 날 갑자기 낙하하여 태모적 대지에 삼켜져 죽은 후 재생한다. 일본 사회는 모성 원리에 기초한 영원의 소년형 사회라는 것이다(河合隼雄, 1976: 21). 흥미롭게도 일본 애니메이션에는 이런 '아마에'적인 영원의 소년형 캐릭터가 많이 나온다. 가령 오토모 가쓰히로(大友克洋)의 〈아키라(Akira)〉(1988)에 나오는 주인공 소년 데쓰오는 원래 지독한 사회 부적응자인데, 어느 날 돌연히 엄청

---

2 다카하시 루미코(高橋留美子)의 『우르세이 야쓰라(うる星やつら)』의 애니메이션판.
3 심리적으로 언제나 소년기에 머물면서 강한 어머니 콤플렉스를 가진 원형상을 가리키는 말. 창조성과 영감의 근원이 될 수도 있지만, 다른 한편으로 무책임하고 미성숙한 측면으로 나타나기도 한다. 가령 『어린 왕자』의 주인공이나 피터팬은 이런 '영원의 소년' 원형의 전형적인 사례라 할 수 있다. 또한 융에 따르면 나치 독일은 노현자 원형의 지혜 없이 영원의 소년 원형만 활성화된 결과이다. 지혜가 빠진 독일인의 심리는 권위에 지나치게 의존하는 어린 소년의 집단적 심리와 같다는 것이다(워커, 2012: 106-107).

난 파워를 가지게 된다. 하지만 그런 파워 상승은 지속성이 없다. 그래서 어느 날 갑자기 자기 파괴적인 행동 양식을 보이면서 태모적 자궁으로의 회귀(하강)를 추구한다. 이와 같은 급격한 상승과 하강의 사이클이 수반되는 경우를 '수직형 영원의 소년'이라 칭할 수 있겠다. 안노 히데아키의 〈신세기 에반게리온〉에서 주인공 신지가 탑승하는 생체 로봇 에바도 모성적 자궁을 상징한다는 점에서 〈아키라〉와 마찬가지로 어머니로의 회귀라는 아마에적 특징을 보여준다.

이에 비해 전술한 아톰이나 미야자키 하야오의 〈원령공주〉에 등장하는 아시타카의 경우는 '수평형 영원의 소년'에 해당하는 캐릭터라 할 수 있다. 아톰은 패전과 피폭의 트라우마를 극복하여 새로운 아이덴티티를 찾아내야 할 1960년대 고도성장기의 일본인에게 매우 낙관적인 자기 확신의 아이콘으로 기능했다. 그러나 이와 같은 아톰의 이미지에는 풍경의 반전이 숨어 있다. 사고사한 아들 대신에 덴마 박사가 만든 아톰은 자신의 창조자인 아버지 덴마에 의해 버림받는다. 그런데 데즈카는 결코 아톰을 현대의 오이디푸스로 묘사하려 하지 않았다. 오히려 아톰은 아버지에 의해 버림받은 트라우마로부터 너무나 자유로워 보인다. 그는 모든 주어진 상황과 세켄에 너무도 순응적이다. '장의 윤리'에 승복하는 영원의 소년 아톰은 자신을 차별한 인간들과의 수평적 연대를 꿈꾼다. 한편 〈원령공주〉의 마지막 장면에서 아시타카는 산에게 "너는 숲에서, 나는 제철소에서 각기 살면서 함께 공존하자"고 말한다. 그럼으로써 아시타카는 애매한 '화의 원리'에 토대를 둔 수평적 중개자의 역할에 머무른다.

데쓰오와 신지가 아마에적 캐릭터라면, 아톰과 아시타카는 장의 윤리와 화의 원리에 충실한 캐릭터이다. 이에 비해 곤 사토시 감독의 〈파프리카〉에 나오는 '영원히 꿈꾸는 소년' 도키다는 '마코토'라는 문화코드와 관계가 있어 보인다. '아이인 채로 어른이 되어버린 천재' 혹은 '오타쿠의 왕'으로 불리는 도키다는 "모럴이나 책임 따위의 어른들 이야기는 잘 모르겠어"라고 말하면서 사람들의 의식과 꿈속에 침입할 수 있는 기계 '디씨 미니'를 개발한다. 그에게 과학자로서의 윤리는 이차적인 문제일 뿐이다. 그는 오로지 자신에게 주어진 역할에만 몰두하는 마코토의 캐릭터라 할 수 있다.

구원의 소녀

일본 애니메이션에 다수의 소녀 캐릭터들이 주인공으로 등장하는 것은 어제 오늘의 일이 아니다. 흥미로운 것은 그런 소녀 캐릭터들에게 종종 종교적, 철학적, 이데올로기적 사명이 부여되고 있다는 점이다. 이런 의미에서 그들을 '구원의 소녀'라고 칭할 만하다. 구원의 소녀라는 모티브는 특히 미야자키 감독의 작품에서 두드러지게 나타난다. 거기서 하이츠와 클라크(〈알프스 소녀 하이디〉), 라나와 몬스리(〈미래소년 코난〉), 나우시카와 쿠샤나(〈바람계곡의 나우시카〉), 산과 에보시(〈원령공주〉) 등은 각각 '테크노포비아=에콜로지파'와 '테크노필리아=테크놀로지파'로 대비되어 이해되는 경우가 많다. 하지만 레이와 아스카(〈신세기 에반게리온〉)나 구사나기(〈공각기동대〉) 등을 비롯한 소녀 캐릭터들은 대체로 테크놀로지를 매개로 하여 자연 및 인간과의 공존을 모색하고 있다(小谷眞理, 1997a: 118-119). 이른바 '스피리추얼 페미니즘'4을 옹호하는 입장에서 이런 소녀 캐

---

4   1970년대부터 미국 서해안 지역을 중심으로 태두하였으며, 여성의 영적 능력이 자연을 소생시키고 지구와 인류를 구원할 것이라는 비전에 입각한 '여신

릭터들을 21세기형 '사이보그 여신(사이보그이자 여신)'으로 보는 관점도 있다(佐佰順子, 1999: 145).

일본 애니메이션의 구원의 소녀 캐릭터들은 종종 무녀 혹은 마녀적 존재로 표상되기도 한다. 하늘을 나는 전언자 키키(〈마녀 배달부 키키〉), 태양에너지에 인류의 미래를 탁선하는 라나(〈미래소년 코난〉), 바람을 탈 수 있고 나무나 벌레들과 교감하는 나우시카, 세계를 움직일 만한 고대적 주문을 알고 있는 시타(〈천공의 성 라퓨타〉), 숲의 정령 토토로의 세계에 들어가 식물을 성장시키기 위해 춤추는 사쓰키와 메이(〈이웃집 토토로〉), 동물들과 커뮤니케이션을 나눌 수 있는 산, 그 밖에 인간의 지식으로 자연을 치유하고 거기다 이상적인 사회를 구축하고자 하는 몬스리, 쿠샤나, 에보시 등은 모두 무녀 또는 마녀적 존재에 가깝다. 그들은 마치 생명과 치유와 미래적 전망 등에 관련된 일종의 직능자(職能者)로서 원초적 여성 원리의 부활을 표상하는 듯이 보인다. 이와 같은 구원의 소녀 캐릭터들은 공통적으로 상상계로의 회귀를 희구하는 일본 남성들의 아마에를 충족시켜주는 측면이 있다.

세카이계와 '아톰의 명제'

한편 1990년대부터 등장한 이른바 '세카이계(セカイ系)'라 불리는 일군의 애니메이션에서도 아톰의 명제를 찾아볼 수 있다. 세카이계라는 말은 2002년 10월 하순경 인터넷 웹사이트에 처음으로 등장했는데, 아즈마 히로키가 그것을 다음과 같이 비평에 이용하면서 하나의 사회적 개념으로 정착하게 되었다.

숭배 운동'을 지칭하는 말.

근래 블로그를 중심으로 라이트노벨적 작품에 나타난 상상력을 형용하는 것으로 종종 '세카이계'라는 말이 쓰이고 있다. 이는 한마디로 주인공과 대상 사이의 연애 감정을 중심으로 하는 인간관계, 즉 너와 나를 사회나 국가 같은 중간 항의 묘사 없이 '세계의 위기'나 '이 세상의 종말'과 같은 거대 담론과 직결시키는 상상력을 의미한다. 이 말은 2003년경부터 유행하기 시작했는데, 지금 세카이계의 상상력은 오타쿠들의 시장 전체로 확산되어 있다(東浩紀, 2007: 96-97).

2000년대 초에 등장하여 일세를 풍미한 세카이계라는 개념은 후대의 애니메이션 작품에 상당한 영향을 끼쳤다. 하지만 '세카이계'의 정의는 명확치 않으며, 사회학, 문학, 서브컬처론 등에서 제각기 상이한 맥락에서 다르게 말해지곤 한다. 그럼에도 어느 정도의 공통분모는 있다. 예컨대 우노 쓰네히로는 『제로 연대의 상상력』(宇野常寬, 2011: 31)에서 세카이계적 상상력을 "1980년대 이전의 감성을 비판하는 것으로서 1990년대 후반에 성립된 감성"이라고 규정한다. 그러면서 그것이 명백히 포스트 에반게리온의 연장선상에 있다고 지적한다. 이런 의미에서 세카이계는 통상 그 원조라 말해지는 "〈신세기 에반게리온〉의 영향을 받아 1990년대 후반부터 만들어졌으며, 거대 로봇과 미소녀 전사 및 탐정 등 오타쿠 문화와 친화성이 높은 요소와 코드를 도입하면서 젊은이(특히 남성)의 자의식을 묘사하는 작품군" 혹은 "너와 나의 이자 관계가 중심이 되는 작품군"이나 "남녀 주인공을 중심으로 하는 작은 관계성(나와 너)의 문제가 구체적인 중간 항 없이 '세계의 위기' 혹은 '이 세상의 종말'과 같은 추상적인 큰 문제와 직결되는 작품군"(キネマ旬報映畫總合研究所, 2011: 107-108) 등으로 정의될 수 있겠다. 그것이 세카이계라고

명명된 것은 작중 등장인물의 독백에 '세카이(世界)'라는 단어가 빈출하기 때문이라고 한다.

세카이계의 특징

이와 같은 세카이계 애니메이션의 특징은 크게 캐릭터와 표현의 반투명성, 구원론적 순애, 아톰의 명제라는 세 가지 관점에서 정리할 수 있다. 첫째, 가라타니는 『일본 근대문학의 기원』에서 전근대 이야기의 언어는 불투명하고 근대문학 혹은 자연주의의 현실 묘사는 언어를 투명하게 함으로써 생겨났다고 말한다. 이때의 투명성이란 "주체와 언어가 서로 외부에 있지 않은"(가라타니 고진, 2011: 79-80) 언문일치의 새로운 결합 형태를 가리키는 말이다. 이에 비해 아즈마 히로키는 만화와 애니메이션적 리얼리즘에는 불투명하고 비현실적인 표현과 동시에 현실을 투명하게 표현하려는 의도가 함께 내포되어 있음을 지적한다. 패전 후 일본이 키워온 만화 캐릭터들은 기호적이면서 동시에 독특한 신체성을 내포하며, 애니메이션적 리얼리즘의 언어도 이것과 동일한 양의성을 계승해왔다. 그렇기 때문에 지극히 일상적인 풍경을 묘사하더라도 거기에는 항상 무언가 허구적인 것이 깃들어 있고, 역으로 환상적인 세계를 묘사하더라도 어딘가 리얼한 느낌을 주게 된다.

그 결과 만화나 애니메이션의 언어는 어느 쪽도 아니면서 양의성을 동시에 표현하는 것이 가능해진다. 가령 신체적이면서 동시에 기호적(추상적)일 수 있고, 인간이면서 인간이 아닌 애매한 존재도 표현할 수 있다. 이런 특징을 '반(半)투명'이라고 부를 수 있겠다. 세카이계의 상상력은 바로 이런 반투명의 언어에 의해 뒷받침되고 있다. 예컨대 세카이계 작품에서는 통상 10대의 평범한 주인공을 둘러싼 평온한 학원 생활의 묘사로 이야기가 시작되지만, 동시에 그 일상성을 유지하면서 주인공이 전투기 조종사가 되거나 동급생이 우주인으로 나타나거나 혹은 점차 학원 생활 자체가 하나의 가상 세계가 되는 등 비현실적인 세계가 펼쳐지곤 한다. 일상과 비일상이 직결되면서 이야기가 전개되는 것이다(東浩紀, 2007: 95-98).

둘째, 세카이계의 기본 구도는 연애(순애)의 귀결이 세계의 구원과 연결되어 있다는 발상을 깔고 있다. 순애에 구원론적 의미가 부여되고 있는 것이다. 가령 〈최종 병기 그녀〉에서는 여전사 소녀의 양 어깨에 세계의 존망이 달려 있다. 거기서 남자 주인공은 전투에 참여하지 않으며 다만 여주인공과 순애를 할 뿐이다. 연애의 발생과 그 실현 과정은 생략되어 있으며, 전투에서의 패배와 파멸이 연애 이야기에 모노노아와레적 비장감을 더한다. 두 남녀에게 정의나 우정과 같은 종래의 공통된 가치관은 더 이상 공유되지 않고 있다. 일반적으로 세카이계 작품의 서사는 세계의 존망이라는 큰 이야기와 주인공들의 순애라는 작은 이야기가 직결되어 있고 그 중간의 사회 영역은 전혀 묘사되지 않는다. 거기서는 상상계의 자기충족적인 이자 관계가 중심이 되는 반면, 상징계의 삼자 관계는 누락되어 있다. 제3항으로서의 타자가 배제된 채 주로 주체 내부로의 몰입이 부각되고 있는 것이다. 다시 말해 남녀 주인공은 현실 세계가 아니라 내적 세계에서 접속할 뿐이다. 따라서 관계의 위기를 초래하는 상징계적 타자와의 교섭이 배제된 채 오직 자의식의 과잉이 넘쳐난다(西田谷洋, 2014: 117).

셋째, 세카이계는 『소년 점프(少年ジャンプ)』 노선의 황금률인 노력, 성장, 우정, 승리 등과는 전혀 다른 모티브를 보여준다. 즉 세카이계의 주인공들은 대개 어른으로 성장하지 않으며 우정도 맺

지 않고 전쟁에서의 승리에 집착하지도 않는다. 요컨대 이는 '어른이 되지 않는다'는 아톰의 명제로 요약할 수 있겠다(小森健太朗, 2013: 94-95).

스기타 슌스케는 이와 같은 특징을 일본 사회와 연관시키면서 "세카이계의 이야기는 일본의 패전 후 역사가 안고 있는 근본적인 모순, 가령 전쟁과 평화, 기억과 망각, 전능감과 무력감 등을 함께 비틀어 묘사하면서 그것을 시대 속에서 갱신하고 되묻는 것이었다"(杉田俊介, 2016, 203-204)고 지적한다. 세카이계의 향유자들은 일본 사회가 안고 있는 근본적인 모순에 공감하기 때문에 '너와 나의 세계'가 세계의 위기와 바로 직결되어도 위화감을 느끼지 않는다는 것이다.

세카이계의 전사

세카이계 애니메이션의 원조는 본서 9장에서 다루고 있는 〈신세기 에반게리온〉이다. 그 밖에 세카이계 작품의 전형으로 전술한 다카하시 신(高橋しん) 원작의 〈최종 병기 그녀〉, 아키야마 미즈히토(秋山瑞人) 원작의 〈이리야의 하늘, UFO의 여름(イリヤの空, UFOの夏)〉(2005), 신카이 마코토의 〈별의 목소리〉(2002) 등을 꼽을 수 있겠다. 하지만 세카이계적 캐릭터들이 흔히 보여주는 '아마에'적 의존에 주목할 경우, 그 이전 시대까지 거슬러 올라가 세카이계의 전사(前史)를 찾아볼 수 있다. 그 대표적인 사례로 린타로(りんたろう) 감독을 들 수 있다. 〈정글대제(ジャングル大帝)〉(1966), 〈은하철도 999(銀河鐵道999)〉(1979), 〈우리는 고양이다(吾輩は猫である)〉(1982), 〈환마대전(幻魔大戰)〉(1983), 〈가무이의 검(カムイの劍)〉(1985), 〈불새 봉황 편(火の鳥 鳳凰編)〉(1986), 〈미궁이야기(迷宮物語)〉(1987), 〈X전차로 가자(X電車でいこう)〉(1987), 〈제도이야기(帝都物語)〉(1991), 〈다운로드 나무아미타불은 사랑의 시(ダウンロード 南無阿弥陀仏は愛の詩)〉(1992), 〈X〉(1996), 〈메트로폴리스(メトロポリス)〉(2001) 등과 같은 그의 대표작에는 주인공들이 주로 모성적 존재와 기계들로부터 무조건적인 도움을 받는 등 '상황주의(御都合主義)'[5]적 주제와 그것을 뒷받침하는 심리적 의존 표현들이 많이 등장한다(橫田正夫, 2006: 184; Yokota, 2001: 49-52). 그것들은 일본인의 심리적 특징인 '아마에'라는 문화코드를 반영하고 있다. 이 가운데 대표적으로 〈은하철도 999〉와 〈최종 병기 그녀〉에 대해 좀 더 살펴보고 넘어가기로 하자.

〈은하철도 999〉

우리에게도 잘 알려져 있는 마쓰모토 레이지(松本零士) 원작 만화의 애니메이션 〈은하철도 999〉는 주인공 소년 데쓰로의 엄마가 기계백작의 사냥감으로 살해당하여 '시간성(時間城)'의 수집품이 되는 장면부터 시작된다. 엄마의 죽음을 목격한 데쓰로는 이후 기계몸이 되어 기계백작에게 복수하기 위해 은하철도 999를 타고 공짜로 값비싼 기계몸을 얻을 수 있는 안드로메다 별로 가고 싶어 한다. 이를 위해 은하철도 티켓을 훔치다 기계경찰의 추격을 받던 데쓰로를 죽은 엄마와 너무나 똑같이 생긴 메테르라는 젊은 여자가 구해준다. 이후 그녀는 데쓰로의 곁을 떠나지 않고 지켜주는 수호자의 역할을 담당한다. 이리하여 데쓰로는 메테르와 함께 일단 한

---

5 언동이나 주장에 일관성이 없고 그때그때의 상황이나 분위기에 따라 행동하는 것을 가리키는 말. 스토리 전개가 안이하고 상황에 억지로 끼워 맞추는 우연적 요소가 많으며, 재미를 위해 종종 인과관계나 합리적 설명에 맞지 않는 전개가 이루어진다.

번 타면 다시 지구로의 귀환이 불가능하다는 은하철도 999에 탑승하여 모험으로 가득 찬 우주여행을 시작한다. 열차는 종점인 안드로메다 행성에 이르기까지 타이탄 행성, 명왕성, 헤비멜더 행성 등의 중간 기착지에서 각 행성의 자전주기에 따라 하루 동안 정차한다. 만일 출발 시간에 늦으면 손님을 그냥 두고 출발하는 것이 은하철도 999의 규칙이다. 이는 정해진 룰과 질서를 중시하는 일본의 매뉴얼 문화와 '기리'의 문화코드를 연상케 하는 대목이다.

태양계에서 가장 아름답고 가장 위험한 타이탄 행성에는 "마음 속에 생각한 것을 무엇이든 자유롭게 할 수 있도록 허용하는" 이른바 '낙원법'이란 것이 있다. 이는 타이탄 행성이 다름 아닌 주이상스의 별임을 암시한다. 이에 비해 명왕성은 타나토스의 별이라 할 만하다. 거기에는 기계몸으로 바꾸면서 쓸모없어진 원래의 육체(시신)들을 묻는 얼음 묘지가 있기 때문이다. 그 얼음 묘지의 관리인 새도우는 얼굴 형태가 없다. 데쓰로는 자신을 억지로 붙잡아두려 하는 새도우를 뿌리치고 열차에 올라탔다. 죽음충동을 넘어선 것일까? 그후 데쓰로는 온갖 공간 궤도가 한 점에 모이는 우주의 대분기점인 헤비멜더 행성에 도달한다. 그곳은 우주여행자들이 한 번은 반드시 통과하는 곳인데, 바로 이 별에 시간성이 있음을 알게 된 데쓰로는 기계백작을 찾아가 죽이고 어머니의 원수를 갚는다. 명왕성과 헤비멜더 행성에서의 경험을 통해 데쓰로는 기계몸을 입고 영원히 산다는 것이 반드시 행복한 것만은 아니라는 점, 유한한 생명이기에 오히려 사람들이 더 열심히(잇쇼켄메이) 노력하게 되며 거기서 타자에 대한 배려(오모이야리)가 나온다는 진실을 깨닫게 된다. 그리하여 데쓰로는 영원에 대한 욕망 때문에 기계몸이 되려 했던 자신을 반성하면서, 모든 기계인간이 우주에서 사라져야만 한다고 생각하여 안드로메다 행성을 파괴해야겠다고 결심한다.

마침내 데쓰로는 은하철도 999의 종점인 기계화 모성(機械化母星) 안드로메다 행성에 도착한다. 이 행성의 모든 기계 부품은 용기가 뛰어난 인간들로 만들어져 있다. 즉 이 별은 마음을 가진 기계들로 이루어져 있는 것이다. 그래서 어떤 외부 공격에도 무너지지 않는다. 우주의 기계제국을 지배하는 이 별의 여왕 프로메슘은 메테르의 어머니이다. 이런 연유로 안드로메다 행성은 메테르 행성으로 불리기도 한다. 여왕은 용감한 데쓰로를 행성 중심부의 나사 부품으로 개조하여 영원히 행성을 수호하고자 처음부터 계획적으로 메테르를 지구에 파견하여 데쓰로를 데리고 오게 한 것이다. 하지만 메테르는 어머니의 뜻에 반하여 데쓰로 편에 선다. 이때 메테르의 목걸이 메달에서 기계제국에 반대하다가 여왕에 의해 제거당한 아버지의 목소리가 들려온다. "메테르는 데쓰로를 사랑하고 있다. 이 메달을 행성 중심부에 던져라. 그러면 이 별이 파괴될 것이다." 이 목소리는 일종의 대상a라 할 수 있다. 데쓰로가 그것을 행성 중심부에 던지자 행성이 파괴되기 시작한다.

데쓰로는 메테르를 데리고 무사히 탈출하여 지구에 귀환했는데, 그 과정에서 뒤를 쫓아온 여왕에게 죽게 될 위기에 처한 데쓰로를 이번에는 은하철도 999의 레스토랑 여점원 클레아가 도와준다. 그녀는 온 몸이 유리로 된 기계몸이라서 거울처럼 모든 것을 비추고 모든 것을 통과시킨다. 그런 클레아의 희생으로 인해 데쓰로가 살 수 있었다. 이는 어쩌면 데쓰로가 거울단계의 상상계적 자아로부터 벗어나 상징계적 주체로 다시 태어난다는 것으로 해석될 수도 있겠다. 하지만 다른 한편 클레아는 메테르와 마찬가지로 대타자로서의 상상계적 어머니를 표상하는 존재이기도 하다.

한편 메테르는 실은 죽은 데쓰로의 어머니의 몸과 얼굴을 빌린 기계인간인데, 결국 그녀는 데쓰로를 사랑하게 된다. 마지막 장면에서 원래의 몸을 되찾고자 명왕성으로 떠나는 메테르는 데쓰로와 마지막 이별을 하면서 "나는 당신의 추억 속에만 사는 여인. 당신의 소년 시절 마음속에만 사는 청춘의 환영"이라고 말한다. 이윽고 영화는 "안녕, 소년의 날들이여"라는 멘트로 막을 내린다. 이는 과연 데쓰로의 성장을 암시하는 대목일까? 반드시 그렇지만은 않아 보인다. 데쓰로와 메테르의 사랑 이야기는 오이디푸스 이야기의 한 변형이자 아마에 이야기의 전형적인 범례일 뿐만 아니라 아톰의 명제를 표상하는 '영원의 소년'이 내면화된 사랑 이야기라 할 수 있기 때문이다.

아마에적 의존 심리의 묘사는 린타로 감독의 다른 작품에서도 찾아볼 수 있다. 가령 〈환마대전〉에서는 초능력을 지니게 된 고교생 아즈마가 우주에서 온 침략자 환마와의 싸움에 패했다고 느꼈을 때 무의식의 세계로 도망간다. 매우 인상적인 이 장면에서 알몸으로 달리던 아즈마가 서서히 시간을 거슬러 작은 아이가 되어 의존 대상인 누나의 가슴 안에 품어져 보호받는다. 또한 〈X〉에서는 원래 친우였던 가무이와 후마가 적이 되어 싸운다. 이때 가무이의 어머니는 선과 악의 전쟁이 시작되고 있는 도쿄에 가라고 말하면서 자신의 복부에 손을 집어넣어 칼을 뽑아낸다. 그러자 어머니의 몸은 가무이가 보는 앞에서 갈기갈기 찢겨져 흩어진다. 한편 후마도 누나의 복부로부터 큰 칼을 뽑아낸다. 여기서 칼은 애정의 기표이자 동시에 공격성과 죽음충동의 기표이기도 하다. 어쨌든 이 소년 주인공들은 모두 어머니나 누나에게 생사를 의존한다는 점에서 아마에적 캐릭터라 할 수 있다.

〈최종 병기 그녀〉

그러나 아마에적 의존 심리의 표현은 다만 세카이계의 밑그림일 뿐이다. 앞서 언급한 세카이계의 특징을 좀 더 보완하자면, 이야기가 거창하고 무거운 데 비해 설명이 불친절하고 말해지지 않는 부분이 많다는 점을 추가할 수 있겠다. 대표적으로 〈신세기 에반게리온〉의 경우 인류보완계획, 세컨드 임팩트, 사도의 정체 등은 거의 설명되지 않은 채 곳곳에 등장하고 있다. 세카이계 작품은 세상에서 무슨 일이 일어나고 있는지, 무언가 큰 전쟁이 일어난 거 같은데 그 상대는 누구인지, 해당 사회는 어떤 구조와 시스템을 가지고 있는지, 주변의 어른들은 무엇을 하고 있는지 등의 세계 설정이 작중에 전혀 나타나지 않은 채 주인공과 히로인의 세계만이 전면에 부각되어 묘사되고 있다. 이때의 '세계(세카이)'에 대해 가사이 기요시는 다음과 같이 규정한다.

> 일상 공간을 공유하는 두 명 중 소녀 쪽이 머나먼 전투 공간으로 가버린다. 세카이계에서 너와 나의 연애 공간은 세계 그 자체이다. 이 세계는 현실적인 일상 공간도 아니고 망상적인 전투 공간도 아니다. 전자에 속한 무력한 소년과 후자에 속한 미소녀 전사가 접촉하면서 너와 나의 순애 관계가 생기는 제3의 영역이 바로 '세카이'이다(笠井潔, 2008: 51).

"망상적인 세계 최종 전쟁을 싸우는 소녀와 '끝나지 않을 일상'에 침투한 세계 종말 전쟁의 비전은 현실과 대립적인 공상이나 망상이 아니다. 소녀 전사와 무력한 소년의 순애를 묘사하는 작품군은 '일상이 곧 아마겟돈(최종 전쟁)'인 세계에 대한 리얼한 반영이다"(泉政文, 2010: 108)라는 관점도 위 인용문이 보여주는 일상과 망상의 경계가 해체된 세계를 전제로 하고 있다. 이런 의미의 '세계'와 '세카이'를 가장 잘 보여주는 사례가 바로 〈최종 병기 그녀(最終兵器彼女)〉이다. 2000년에서 2001년에 걸쳐 『빅코믹 스피릿』에 연재된 인기 만화가 원작으로 TV시리즈 애니메이션(총13화) 외에 실사영화와 OVA도 만들어진 이 작품은 "2000년대의 상상력을 이해하는 데에 빼놓을 수 없는 대표적 작품" 혹은 "2000년대 벽두를 장식한 기념비적 작품이자 그 이후의 시대를 예견한 명작"(小森健太朗, 2013: 95, 99)으로 높이 평가받기도 한다.

홋카이도고교 3학년인 히로인 치세는 일견 연약한 소녀처럼 보이지만, 알 수 없는 이유로 자위대의 최종 병기로 개조된다. 그녀가 무기력한 남자 친구인 슈지를 지키기 위해 목숨 걸고 싸우는 적은 〈신세기 에반게리온〉의 사도보다 더 불투명하고 알 수 없는 존재이다. 이는 전쟁의 원인과 책임에 대한 일본인의 모호한 인식을 보여주는 한편, 모성적인 캐릭터 치세에 대한 슈지의 아마에를 통해 모성 사회 일본의 병리를 시사하는 세카이계적 설정이라 할 수 있다. 나아가 치세가 최종 병기임을 알게 된 슈지의 절망과 둘만 남은 세상에서 보내는 마지막 밤의 멜랑콜리는 "어쩔 수 없었지요", "아무도 잘못은 없습니다"라는 체념이 수반된 모노노아와레의 내음을 물씬 풍긴다.

II. 신카이 마코토와 세카이계의 전개

무라카미 하루키(村上春樹)나 미야자와 겐지(宮澤賢治) 등에게서 소재의 영향을 많이 받았다고 하는 고양이 오타쿠 신카이 마코토(新

海誠)는 흔히 '일본의 램브란트' 혹은 '빛의 작가'로 불릴 만큼 아름답고 절절하면서 한없이 부드럽고 또 잔혹하기까지 한 배경 미술의 모노노아와레적 시정성과 함께 특히 강렬하고 세밀하기 그지없는 빛의 상징을 통한 심리 묘사에 탁월한 재능을 보여준다. 그는 실제 풍경을 사진 찍어서 리터칭을 통한 리얼리즘을 추구한다든지, 독백으로 캐릭터의 감정을 표현하는 기법을 선호한다. 그러면서 신카이 감독은 세계의 종말, 세계관의 붕괴, 죽음, 상실, 농밀한 내면 의식, 이루어지지 않는 인연과 그 애절함, 소년기에 대한 막연한 동경 등을 즐겨 다루어왔다.

이와 같은 신카이 감독의 작품 세계가 가지는 특징은 크게 아톰의 명제, 세카이계, 모노노아와레적 거리의 미학이라는 세 가지 관점에서 접근할 수 있다. 첫째, 그의 작품들은 종종 '성숙의 정지'라는 '아톰의 명제'를 계승하고 있다는 점에 주목할 만하다. 가령 〈별을 쫓는 아이(星を追う子ども)〉에서 모리사키가 부활시키려는 아내는 죽었을 때 모습 그대로이며, 아스나가 동경하는 슌은 죽고 더 이상 성장하지 않는다. 〈초속 5센티미터(秒速5センチメートル)〉의 다카키는 초등학교 때의 관계에 얽매여서 이제는 만날 수 없는 아카리에게 연연한다. 이런 성숙의 정지라는 특징의 이면에는 운명적인 사랑의 상대와 맺어지지 않은 채 사회 부적응에 빠지는 등 트라우마를 수반하는 상실과 고독의 낌새가 짙게 깔려 있다. 예컨대 〈초속 5센티미터〉에서 서로에 대한 남녀 주인공들의 그리움은 거의 트라우마 수준으로 묘사된다. 아카리를 그리워하는 다카키는 다른 이성과 깊은 관계를 맺지 못하고 회사까지 그만둔다. 또한 〈별을 쫓는 아이〉에서 모리사키는 조직 아크엔젤을 배신하고, 부활한 아내는 금방 소멸하며 추억의 물건 오르골도 깨지고 만다.

둘째, 신카이 작품에는 세카이계적 특징이 현저하게 드러난다.

거기서는 〈신세기 에반게리온〉이 그렇듯이 주인공의 정신세계와 감정이 세계와 직결되어, 절대선과 절대악의 구분이 애매한 상태로 자신의 존재 의의를 묻는 자의식과잉의 의문부호들이 넘쳐난다. 또한 무엇보다 인간관계가 세계의 운명을 결정한다는 설정하에 내면의 심리 변화에 주목하고 있다. 하지만 구체적인 사회적 배경이나 매개 항은 결여되어 있다. 그 대신 세계가 아니라 그 세계를 살아가는 사람의 감정이 더 중시된다. 다시 말해 두 남녀 주인공의 감정과 '너와 나'의 관계가 세계의 존속보다 더 중요시되는 경향을 보인다.

셋째, 이때 '너와 나'의 사이에서 진행되는 순애는 원거리 연애인 경우가 대부분이다. 신카이 작품에서는 모노노아와레적 애절함을 부각시키기 위해 시간과 공간의 단절이나 거리의 차이에 대한 묘사가 많이 등장한다. 이때의 모노노아와레란 흔히 가장 일본적인 정신 양식이라고 말해지는 미학적 개념을 가리킨다. 그것은 허무감, 체념, 슬픔, 불안, 외로움, 자기 연민, 소외감, 망상 등이 '아름다움'이라는 심미적 감정의 옷을 입고 개인의 차원을 넘어서서 공동체를 특징짓는 문화적 공통 감정으로 나타난다(박규태, 2009b: 166). 거기서 주변 세계는 심리 묘사를 위한 도구로 이용되는 경우가 많다. 나아가 캐릭터 간의 시간, 공간, 속도의 차이를 통해 모노노아와레적 애절함이 극대화되고 있다. 그 결과 작품 속에 나오는 여러 미디어는 철저히 비물질화되거나 혹은 외적인 경계가 지워진 채 순수하게 수평적이고 횡단적인 접속 가능성을 가진 어떤 것으로 변화한다.

가령 〈초속 5센티미터〉에서 철도나 편지는 전달과 교통의 매체인 동시에 관계의 원거리화를 나타내면서 벚꽃이 떨어지는 속도와 대비를 이룬다. 또한 〈언어의 정원(言の葉の庭)〉에서는 하늘과 땅

사이의 원거리를 잇는 비[雨]가 두 사람의 밀회를 좌우하는 매체로 기능한다. 고교생 다카오는 정원에서 와카를 읊는 교사 유카리와 비가 오는 날에만 만난다. 자신의 꿈에 대한 이야기도 해주고 도시락을 만들어 유카리의 미각 장애를 고쳐주려 애쓴다. 하지만 장마가 끝나면서 더 이상의 만남도 없게 된다. 다음 학기에 다카오는 유카리가 학교에서 퇴출당한 것을 알게 된다. 둘은 정원에서 재회한다. 다카오는 유카리에게 호의를 표현하지만 그녀는 시코쿠로 돌아간다. 겨울이 되었을 때 다카오는 '더 멀리 걷게 되면' 유카리를 만나러 가겠다고 생각한다. 이들은 서로를 한없이 그리워하지만 그것은 생각뿐이다. 이 연인들 사이에는 메울 수 없는 간극이 가로놓여져 있다. 이런 특징을 '모노노아와레적 거리의 미학'이라고 부르기로 하자.

〈별의 목소리〉와 모노노아와레적 거리의 미학

"난 중학교 때까지 세계란 휴대전화의 전파가 도달하는 곳까지를 의미한다고 막연히 생각했다." 이것은 〈별의 목소리(ほしのこえ)〉의 앞부분에 나오는 여주인공 미카코의 내레이션이다. 여기서 잘 엿볼 수 있듯이 〈별의 목소리〉는 휴대전화가 있는 친밀한 세계로부터 둘이 점점 멀어지는 이야기, 지구에 남은 소년 노보루와 우주비행사 소녀 미카코의 시공을 초월한 순애 이야기이다. 흔히 세카이계 작품의 효시 또는 대표작으로 말해지는 이 작품은 2046년 일본의 여름을 무대로 하여 시작된다. 중학교 3학년인 미카코와 노보루는 아직은 우정 이상, 연인 미만의 관계로 막연하게 같은 고교에 진학할 것을 생각하고 있다. 그러나 미카코는 어느 날 갑자기 거대 로봇을 조종하는 파일럿으로 유엔 우주군의 외계 탐사 팀에 선발

되어 먼 우주의 다른 별들을 찾아 지구를 떠난다. 미카코의 문자메시지는 그녀가 지구로부터 멀어짐에 따라 점점 늦게 도착한다.

2047년 화성에서 미카코는 "거기 누구 없어요?", "나 외로워", "난 어디에 있지?"라고 말하면서 칠판지우개의 냄새가 그립고 비를 맞고 싶고 노보루와 함께 편의점에서 아이스크림을 사 먹고 싶다면서 지구에서의 그리운 기억들을 떠올린다. 세이쇼나곤의 『침초자』의 구절을 상기시키는 이 장면은 세카이계 작품이 보여줄 만한 모노노아와레적 감성의 최대치에 근접하고 있다. 시리우스 성계로부터 지구로 핸드폰 메시지가 도착하기까지 편도로 8년 7개월이나 걸린다. 그런 만큼 한없이 미카코의 음성 메시지를 기다리는 노보루의 그리움도 더욱 깊어진다. 거리가 멀어지면 멀어질수록 모노노아와레적 거리의 미학은 더욱 심화될 수밖에 없다. "난 지금도 노보루가 너무너무 좋아"라는 미카코의 마지막 전언은 잡음으로 인해 노보루에게 전달되지 않음으로써 오히려 그리움의 거리를 무한히 증폭시킨다. 클라이맥스에서 겹쳐지는 미카코와 노보루의 다음과 같은 상상적 모놀로그에서 짐작할 수 있듯이, 이렇게 한없이 확장되는 거리의 미학은 둘 사이의 그리움이 하나의 '불가능한 주이상스' 그 자체임을 알게 해준다.

미카코: "저기 말야, 노보루군. 우린 멀리 멀리, 정말 멀리 떨어져 있지만."
노보루: "하지만 생각이 시간과 거리를 넘어서는 일도 있을지 몰라."
미카코: "노보루군은 그렇게 생각한 적 없어?"
노보루: "만일 한 순간이라도 그런 것이 있다면, 난 무엇을 생각할 것인가? 미카코는 무엇을 생각할 것인가?"

이 대목은 주이상스를 추구하는 절대적 순애 관계의 불가능성을 암시한다. 어쩌면 신카이가 묘사하고 싶어 한 것은 순애라기보다는 절내적 순애가 불가능하다는 점에 있었을지도 모른다(泉政文, 2010: 108). 그것은 '너와 나'의 문제가 폐쇄적 세계에 갇혀 있다는 인상을 줄 수밖에 없다. 그러나 신카이 마코토가 정말로 말하고 싶어 하는 것은 한쪽에서 닫히면 다른 쪽에서 열리는 반투막의 미학이 아니었을까? 그는 이런 미학을 성장의 문제로 제시하고 있다. 물론 세월이 흘러 24세가 된 노보루의 "난 15세야"라는 멘트가 상징적으로 잘 보여주듯이 〈별의 목소리〉는 그 한가운데에 '성장하지 않는 아이'의 이야기가 자리 잡고 있다. 하지만 결국 노보루는 "더욱더 마음을 굳게 먹고 강하고 냉정해질 것. 절대 열리지 않을 것임을 알고 있는 문을 언제까지나 두드리지 말 것. 혼자서라도 어른이 될 것"을 결심하기에 이른다. 이 점만 보자면 〈별의 목소리〉는 여타의 세카이계 작품과는 달리 성장 이야기가 포함되어 있다고 말할 만하다. 그러나 이런 성장의 모티브(열림)는 양의성의 한 단면이라고 보는 편이 더 타당할 것이다. 왜냐하면 그것은 어디까지나 순애의 불가능성에서 비롯된 일종의 모노노아와레적 체념(닫힘)과 결부되어 있기 때문이다.

〈초속 5센티미터〉와 모노노아와레적 거리의 미학

이에 비해 이즈미 마사후미는 〈초속 5센티미터〉에 대해 세계를 폐쇄적인 이자 관계의 풍경으로부터 생활 세계로 확장시키고 그 안에 사는 사람들의 인생과 성장을 묘사한 것으로 봄으로써 결과적으로 '세카이'를 일상 속으로 끌어들여 해석하는 입장에 서 있다. "우리는 세계에 의해 살아지며 또 살아가고 있다"(泉政文, 2010: 129)

는 것이다. 이 말은 '이카사레루'의 문화코드를 떠올리게 한다. 어쨌든 3부로 이루어진 이 작품의 줄거리는 다음과 같다.

같은 중학교에 진학하고 싶었지만 초등학교 졸업과 동시에 도치기현으로 이사 간 여자 주인공 아카리와 편지를 주고받던 남자 주인공 다카키는 중학교 1학년 때 가고시마의 다네가시마(種子島)로 전학을 간다. 그래서 너무 멀어져 더 이상 만나지 못할 것이라고 생각한 다카키는 아카리를 만나러 가기 위해 열차를 탄다. 하지만 열차는 폭설로 인해 예정 시간보다 4시간 이상이나 연착한다. 그럼에도 재회한 다카키와 아카리는 추운 열차 정거장에서 하룻밤을 같이 보내고 첫 키스를 나눈 뒤 헤어진다(1부 벚꽃 이야기). 다네가시마의 고교생 가나에는 다카키에게 고백하기로 마음먹지만, 다카키가 자신에게 마음이 없다는 것을 깨닫고 고백을 포기한다. 그때 로켓이 발사된다(2부 우주 비행사). 사회인이 된 다카키는 3년 동안 사귄 여자 친구와 헤어지고 직장도 그만둔다. 그후 아카리가 도치기현으로 이사 가기 전에 벚꽃을 함께 보자고 약속했던 장소인 철로 변을 사이에 두고 우연히 지나치면서 서로를 알아본다. 하지만 전철이 지나간 후에는 아무도 보이지 않는다(3부 초속 5센티미터).

이상의 세 가지 에피소드는 '동일성의 환상'과 '거리의 미학'을 매개로 서로 연결되어 있다. 다카키와 아카리는 폭설 속에서 다시 만났을 때 첫 키스를 통해 순간이나마 하나가 된다. 사실 초등학교 때 항상 함께했던 둘 사이에는 동일성의 환상이 존재한다. 그러나 다카키는 키스하면서도 이별을 예감한다. 이것에 선행하는 몇몇 장면이 그런 예감을 암시한다. 가령 둘 사이의 물리적 거리가 확장되며 편지는 배송 사고로 끊어지고 열차도 폭설로 인해 지연된다. 이는 동일성의 환상에 생겨난 균열을 시사하는데, 그 상징계의 틈새에서 솟아나온 깃이 '모노노아와레직 거리의 미학'이다.

여기서의 거리는 "천 번이나 문자를 주고받아도 마음은 1센티미터밖에 가까워지지 않았다"는 등장인물의 내레이션에서 짐작할 수 있듯이 시공의 거리뿐만 아니라 심리적 거리까지 포함한다. 시간적·공간적·미디어적 거리가 곧 사람과 사람 사이 혹은 남녀 사이의 마음의 거리로 환원될 수 있는 것이다. 이럴 때 기차역 한 정거장조차 때로는 믿을 수 없을 만큼 먼 거리가 될 수 있다. 현실 세계와 인생의 흐름은 너무도 빨리 지나가는 반면, 심리적 기억의 템포, 즉 외로움, 고독, 추억, 그리움이 스며드는 시간의 흐름은 한없이 느리다. '너와 나의 세계'에 대한 추상과 기억의 시간은 모노노아와레의 표상 그 자체인 초속 5센티미터로 떨어지는 벚꽃처럼 고요하게 흘러간다. 이런 시간관념을 확장시키면 순간의 영원화 혹은 지금 여기의 신대(神代)화를 뜻하는 나카이마가 된다.

이와 같은 심리적 거리가 다카키와 아카리의 순애를 가로막고 방해하는 것처럼 보이지만, 실은 그 거리야말로 너와 나의 상상계적 이자 관계를 가능케 해주는 중요한 장치로 기능한다. 〈초속 5센티미터〉에서의 부친의 전근에 따른 이사, 〈별의 목소리〉의 먼 우주, 〈구름 저편 약속의 장소〉에서의 꿈도 그런 장치에 해당한다. 이때 동일성이라는 환상의 틈새에서 생겨난 거리는 하나의 '결여'를 뜻하는데, 그것이 바로 욕망(연애)의 지속을 가능하게 만들어주는 것이다. 하지만 거리를 안고 살아가도록 운명 지어진 우리는 결코 욕망을 붙잡아둘 수 없다. 우리는 절대 욕망의 대상을 소유할 수 없다. 인간의 모든 욕망은 채울 수 없는 결여를 내포하고 있으며, 궁극적으로 타자의 욕망이기 때문이다.

III. 꿈꾸는 주체: 〈구름 저편, 약속의 장소〉

신화를 "살아 있음의 경험"이라고 정의하는 융학파 신화학자 조셉 캠벨(Joseph Campbell)은 "신화는 공적인 꿈이고, 꿈은 사적인 신화"(캠벨, 2002: 15, 89)라고 말한다. 그에게 꿈은 신화를 매개로 하여 살아 있음의 경험과 이어져 있는 것이다. 그런데 〈구름 저편, 약속의 장소(雲のむこう, 約束の場所)〉는 "이 세계가 꾸고 있는 꿈은 어떤 것일까?"를 묻는다. 여기서 '세계가 꾸고 있는 꿈'은 평행우주로 설정되어 나온다. "아직 전쟁이 일어나기 전 에조라고 불렸던 거대한 섬이 타국의 영토였던 그때의 이야기이다. 구름 저편에는 그녀와의 약속의 장소가 있었다"는 말로 시작되는 〈구름 저편, 약속의 장소〉는 다음과 같은 서사로 전개된다.

제2차 세계대전 이후 일본은 미국의 점령 통치 외에 러시아를 중심으로 한 유니온에게 홋카이도를 점령당해 남북 분단국이 되어 있다. 유니온은 홋카이도에 거대한 탑을 세운다. 이것이 1999년부터 미국과 러시아 사이에 군사적 긴장을 야기하게 된다. 아오모리에 사는 중학교 3학년 히로키와 다쿠야는 저 수수께끼의 탑을 가까이서 보기 위해 비행기 '베라시라'를 제작하기 시작한다. 두 소년에게 탑은 '이곳이 아닌 어딘가 다른 곳'으로서의 동경의 대상이다. 그리고 동급생 사유리는 히로키와 다쿠야에게 또 다른 동경의 대상이다. 사유리는 언제나 무언가 잃어버릴 것 같은 예감에 사로잡혀 있다. 두 소년은 이런 사유리를 언젠가 반드시 탑으로 데려다주겠다고 약속한다. 그러나 어느 날 갑자기 사유리는 끝없는 잠에 빠져들어 도쿄의 병원에 입원했고 또 어느 날 갑자기 사라진다. 베라시라는 아직 미완성인 채, 히로키와 다쿠야는 각각 다른 인생을 살게 된다. 다쿠야는 탑 연구자가 되었고, 히로키는 탑으로부터 도망치기 위해 도쿄의 고등학교에 진학했다. 탑은 날씨가 좋으면 도쿄에서도 보인다. 그런 날이면 히로키는 하루 종일 우울하다. 하지만 히로키와 사유리는 꿈 안에서 서로 연결되어 있다. 현실에서 도피한 히로키는 종종 사유리 꿈을 꾼다. 그는 사유리를 찾아다니고 사유리 또한 꿈속에서 그를 찾아 헤맨다. 결국 히로키는 혼수상태의 사유리가 입원해 있는 병원을 찾아간다. 그때 히로키는 꿈속에서 사유리를 만나 그녀를 베라시라에 태워 탑까지 데려갈 것을 약속한다. 결말부에 이르러 히로키가 베라시라에 탑재한 미사일을 탑에 명중시키자 사유리가 꿈에서 깨어난다. 그러나 잠에서 깨어난 사유리는 히로키를 좋아하는 감정을 상실함으로써 둘의 순애는 끝내 이루어지지 못한다.

여기서 미국과 유니온의 대립 관계 및 남북 분단 상황의 설정은 가해자인 일본인이 피해자로 묘사되는 '피해의 신화'[6]를 떠올리게

---

[6] 가령 태평양전쟁 당시의 일본을 직접 배경으로 하여 어린 남매가 부모와 헤어져 피난지에서 어른들의 냉대와 무관심 속에서 비참하게 죽어가는 모습을 극히 냉정한 시선으로 담아낸 다카하타 이사오(高畑勳) 감독의 애니메이션 〈반딧불의 묘〉에서는 전쟁을 일으킨 장본인이 일본인인데도 오히려 피해자처럼 그려져 있다. 또한 데즈카 오사무의 『철완 아톰』은 로봇이라는 아이콘을 통해 일본인을 미국 백인에게 착취당하는 흑인 노예의 이미지와 중첩시키는 효과를 낳았다. 특히 일본 국민을 한층 보편적 수준의 희생자로 그려낸 것은 미야자키 감독의 〈바람계곡의 나우시카〉였다. 이 작품은 일본인을 로마제국의 압정하에서 메시아를 기다렸던 유대인 혹은 독일 나치에 의해 학살된 유대인과 중첩시켜 묘사하고 있다. 일본 만화와 애니메이션 및 영화는 이런 '피해의 신화'를 확대 재생산하는 데 오랫동안 기여해왔다(김준양, 2006: 370-372).

한다. 또한 순애의 불발이라는 결말은 세카이계 시나리오로부터의 일탈을 시사한다. 하지만 이하에서는 상상계적 이자 관계를 보증해주는 장치인 꿈에 주목해보기로 하자.

꿈과 탑

여자 주인공 사유리는 중학교 3학년 여름에 원인 불명의 병으로 그 후 3년간 계속 수면 상태에 빠져 매일 같은 꿈을 꾼다. 그녀는 꿈 속에서 파괴된 거리를 홀로 방황하면서 하늘에 베라시라 같은 비행기가 구름 저편으로 날아가는 것을 본다. "여러 개의 삐죽삐죽한 탑들. 그 하나하나가 다른 세상, 다른 우주를 보고 있는 듯한 꿈. 난 그곳을 빠져나올 수 없고 언제나 혼자이고 쓸쓸해. 내 마음도 이대로 사라져버리겠거니 하는 생각이 들 때 하늘에 하얀 비행기가 보이는 거야." 그러던 어느 날 이번에는 다른 세계에까지 뻗어 있는 것 같은 탑이 파괴되고 물에 빠지려는 사유리의 손을 히로키가 잡아주는 꿈을 꾼다.

히로키도 반복적으로 사유리에 관한 꿈을 꾼다. "사유리는 아무도 없는 곳에서 혼자 아무것도 기억하지 못한 채 있어. 그래도 그녀는 우리와 함께했던 약속만큼은 기억하고 있었어. 난 꿈속에서 또 한 번 약속했어. 이번엔 꼭 탑에 데려가주겠다고. 눈을 뜨면 일순 자신이 어디에 있는지 모르게 돼. 내가 혹시 잘못해서 다른 장소에 온 게 아닐까 하고. 가끔 그런 생각이 들어. 지금은 사유리의 꿈이 현실보다 더 현실같이 느껴져." 이처럼 사유리의 꿈(상상계)이 히로키의 현실(상징계)을 압도하는 가운데 둘은 오직 꿈속에서만 연결되어 있다. 히로키는 어떤 대가를 치루더라도 사유리를 꿈으로부터 해방시키고 싶어 한다. 그리고 사유리가 원하는 단 한 가지는 꿈에서 깨어나 히로키에게 사랑을 고백하는 일이다.

그러나 만일 사유리가 잠에서 깨어나면, 그래서 더 이상 꿈을 꾸지 않게 된다면 세계는 멸망할 운명에 처해 있다. 그래서 탑 연구자가 된 다쿠야는 "사유리를 구할 것인가 아니면 세계를 구할 것인가?"라는 양자택일에 직면하여 고뇌에 빠진다. 사유리는 이유도 모른 채 세계의 운명을 결정짓는 히로인이 되어 있다. 탑 설계자가 사유리의 조부라는 사실만 알려져 있을 뿐, 다른 설명은 일절 없다. 다만 그녀의 꿈이 탑의 활동을 제어하고 억제하는 열쇠라는 점만은 분명하다. 탑에 전달되는 우주의 꿈, 즉 평행우주(라캉의 용어로 바꿔 말하자면 실재계)의 정보가 주위의 공간을 침식하는 대신 지금은 사유리의 꿈속을 흐르고 있는 것이다. 세계의 운명과 직결된 어린 남녀 주인공들의 사랑 이야기, 이는 "당시에는 바로 곁에서 세계나 역사가 움직인다 해도, 나는 열차에서 느끼는 밤의 냄새와 친구에 대한 신뢰와 공기를 감싸고 있는 사유리의 기척만이 세계의 모든 것이라고 느끼고 있었다"는 히로키의 말이 잘 대변하듯이 세카이계의 전형적인 패턴이다.

탑과 '약속의 장소'

사유리의 꿈 및 세계의 운명과 밀접하게 결부되어 있는 탑이 이 작품에서 또 하나의 중요한 키워드임은 말할 나위도 없다. 두 남자 주인공 히로키와 다쿠야가 동경한 것은 "빛나는 세상의 중심에 서 있는 듯이 보이는" 동급생 사유리와의 로망과 해협 건너 국경 저편에 존재하는 탑이다. "난 언제나 그 탑을 올려다보았다. 내게 아주 중요한 그 무엇이 그곳에서 기다리고 있다는 느낌이었다"고 히로키는 말한다. 현실 속의 탑은 사회적으로 국가와 전쟁과 남북 분단을 상징하지만, 분단 세대에게 탑은 첫사랑 같은 순수한 열망과 약속의 상징으로서 동경의 대상이 되어 있다. 그것은 우리 손에 닿지 않는 어떤 것, 혹은 알 수 없는 무의식이나 실재의 표상이기도 하다. 만일 사유리가 잠에서 깨어나면 탑이 무너지고 지구가 평행우주로 흡수되어 멸망할 것이다. 그러니까 이 탑은 주변 공간을 현실 세계와는 다른 평행우주의 공간으로 환치시키는 무서운 힘을 지니고 있다. 그것은 실은 최종 병기로서의 파괴 장치인 것이다.

사유리의 수면증은 이와 같은 탑을 매개로 하여 평행우주의 정보가 입력되는 것에 뇌가 견딜 수 없기 때문에 생기는 것이다. 그녀의 수면이 옅어지면 탑의 평행우주 환치 능력이 확대되고 수면이 깊어지면 그 능력이 축소된다. 이런 탑을 파괴함으로써 사유리를 구하려는 히로키의 시도는 한편으로 손상된 것의 회복, 즉 영토나 국가주권의 회복 혹은 질병의 회복을 의미할 수도 있다(西田谷洋, 2014). 이런 식으로 해석을 더 적극적으로 확대한다면, 탑은 여러 선택이 축적된 공간인 세계를 현실 속에서 선택되지 않은 것들로 환치한 것, 이 세계를 사라지게 함으로써 또 다른 선택지가 있을 수 있다는 사실을 암시하는 어떤 것, 혹은 대상이면서 대상으로 포착되지 않는, 이를테면 라캉이 대상a라고 부른 어떤 것이라고 바꿔 말해도 좋을 것이다.

한편 사유리의 수면과 각성을 '아톰의 명제'와 연관시켜 해석하는 것도 가능하다. 즉 사유리의 수면 상태는 성장의 정지를 의미한다. 이렇게 볼 때 그녀가 꾸는 꿈 및 그 꿈과 연결되어 있는 히로키의 꿈은 성장하지 않는 아이의 꿈이 된다. 그것은 전술한 '영원의 소년'과 '구원의 소녀'가 꾸는 꿈이다. 하지만 둘의 꿈이 지향하는 방향성은 정반대이다. 사유리의 꿈이 세계를 다른 평행우주로 변환시키는 탑의 능력을 억제하기 위한 것이라면, 히로키의 꿈은 탑의 파괴를 추구한다. 실제로 히로키는 사유리를 현실로 돌아오도록 하기 위해 탑을 파괴하는 데에 성공한다. 그 결과 사유리가 잠에서 깨어나자 탑 주위로 급속도로 확대되는 이상 변환이 에조를 집어삼키고, 사유리와 히로키 사이에는 어긋난 감정의 거리가 생겨난다. 사유리는 "말하고 싶은 게 있었는데 그 기분이 사라져버렸어"라고 말한다. 그러나 히로키는 "괜찮아, 잘 돌아왔어"라고 대답한다. 이처럼 탑이 폭파되어 친숙한 세계가 멸망하고 남녀 주인공만 남겨지는 마지막 장면에 "약속의 장소가 없어진 지금, 그래도 우리는 살아갈 것"이라는 메시지가 뜬다.

여기서 '약속의 장소'란 실체로서의 탑과 같은 어떤 공간뿐만 아니라 동시에 기억의 공간을 의미하기도 한다. 히로키는 사유리를 탑에 데려다주겠다는 약속은 지켰지만, 그 결과 약속의 장소는 상실되고 말았다. 그럼에도 삶이 계속될 것이라는 말은 새로운 삶에 대한 희망이나 새로운 약속에 대한 기대를 가리키는 것이 아니다. 그것은 불가능한 실재계(평행우주)에서 훔쳐보는 상징계(약속의 장소)에 대한 또 하나의 예감일 수밖에 없다. 처음에 히로키와 사유리는 "나만이 세계의 외톨이로 남아 있는 듯한 기분"에 빠져 있었고, 특히 사유리는 "무언가를 잃어버릴 것 같은 예감. 세상은 이렇게 아름다운데, 나 혼자만 세상에서 멀어질 것만 같은 예감"에 사로잡혀 있었다. 그러나 더 이상 잃어버릴 것이 없어진 세계에 남겨진 히로키와 사유리에게 예감이란 이제 기억의 다른 이름일 뿐이다. 영원히 상실해버린 아름다운 것들에 대한 모노노아와레적 기억과 고독하기 그지없는 예감이 한 점에 수렴되는 그곳에서 우리가 만나게 되는 것은 바로 절대 시간으로서의 '나카이마'라는 문화 코드이다. 꿈꾸는 주체인 히로키와 사유리는 결국 '영원의 지금' 속에서 성장하지 않는 주체로 계속 남아 있을 것이다.

IV. '무스비'의 주체: 〈너의 이름은〉

이에 비해 〈너의 이름은(君の名は)〉은 기억할 수 없는 이름을 기억해내려는 주체들의 이야기라 할 수 있다. "초기의 세카이계로 회귀했다"(양원석, 2017: 237)고 평가받는 이 최신작은 〈초속 5센티미터〉 및 〈언어의 정원〉과 더불어 신카이 마코토가 직접 소설도 쓰고 애니메이션도 제작한 작품이다. 이 작품은 2016년 8월 일본에서 개봉된 이래 2017년 2월 말까지 245억 엔의 흥행 성적을 거두면서 일본 영화 역대 2위의 기록을 올려 하나의 사회현상으로 이목을 모았다. 2017년 1월 한국에 공개되었고 특히 부천국제애니메이션영화제에서 장편 부문 우수상을 수상하기도 했다. 일본에서 개봉되기 두 달 전에 동명 소설이 가도카와 문고(角川文庫)에서 출간되어 영화 공개 시점까지 50만부 판매를 돌파하고 문고 부문 1위의 판매 기록을 세운 이 작품은 2018년 현재 일본 애니메이션 역대 흥행 제1위를 마크하고 있다. 소설판과 애니메이션판은 스토리는 큰 차이가 없지만 화자가 조금 다르다. 소설판은 다키와 미쓰하의 일인칭시점만으로 서술되어 있는 데 비해, 애니메이션판은 삼인칭시점이다. 이 밖에 가노 아라타(加納新太)가 쓴 가도카와 스니카 문고(角川スニーカー文庫)판 라이트노벨[7] 『너의 이름은』도 있다. 여기에는 신카이의 소설판 『너의 이름은』에 나오지 않는 세 개의 에피소드[8]가 추가되어 있다. 이 두 종류의 소설 모두 한국어판이 나와 있다. 이하의 분

---

[7] 라이트노벨이란 1980년대 말부터 1990년대 초에 '가도카와 스니카 문고' 및 '후지미 판타지아 문고' 등에서 출간하기 시작한 남자 중고생 대상의 읽기 쉽게 쓰인 오락소설 장르를 가리킨다.

[8] 2화(미쓰하의 친구 데시가와라 가쓰히코), 3화(미쓰하의 동생 요쓰하), 4화(미쓰하의 아버지 미야미즈 도시키).

석은 애니메이션 작품을 중심으로 두 종의 소설판도 참고하였다. 처음에 혜성이 낙하하는 장면으로 시작되는 〈너의 이름은〉의 줄거리는 다음과 같다.

가상적인 마을 이토모리에 사는 여고생 미쓰하는 미야미즈(宮水)신사 가문에서 태어난 무녀이다. 그녀와 도쿄에 사는 고교생 다키는 꿈에서 몸이 서로 바뀌는 기이한 체험을 하게 된다. 둘은 서로가 남긴 메모와 일기를 통해 상대방의 인생을 알아나가지만, 언제부터인가 더 이상 몸이 바뀌지 않게 된다. 그러자 다키는 자신이 꿈에서 가본 이토모리 호수 마을을 찾아 떠난다. 그의 손목에는 언제나처럼 부적 실매듭이 둘러져 있다. 하지만 언제 누구한테 그것을 받았는지는 기억나지 않는다. 우연히 들른 라면집 주인이 이토모리 마을 출신이었는데, 그는 3년 전 그 마을이 혜성 '티아마트'의 운석 재해로 전체 주민 1,500여 명 중 500여 명이 죽고 나머지도 점차 마을을 떠나 지금은 폐허가 되었다고 전해준다. 운석은 축제 중이던 미야미즈신사 부근에 떨어졌고, 거대하게 패인 그 자리에 호수의 물이 흘러들어 조롱박 형태의 새로운 이토모리 호수가 형성되었다는 것이다. 이 말을 들은 다키는 휴대전화에 입력해놓았던 미쓰하의 일기를 불러오지만, 그 글씨들은 다키가 보는 앞에서 모두 지워져버린다. 도서관에서 찾아낸 관련 책자에서 다키는 미야미즈 히토하(82세), 미쓰하(17세), 요쓰하(9세)가 모두 사망자 명단에 들어 있는 것을 알게 된다. 이후 우여곡절 끝에 다키가 미쓰하의 구치가미사케(口嚙み酒)를 마심으로써 순간적이나마 황혼 녘 때 극적인 재회를 한다. 그 직후 다키는 과거의 시간으로 돌아가 미쓰하의 몸으로 바뀌어 재앙을 피하기

위해 모든 노력을 경주한다. 5년 후 다키와 미쓰하는 모두 상대방의 이름도 잊어버렸지만 우연히 도쿄에서 만나 서로의 이름을 묻는다.

〈구름 저편, 약속의 장소〉의 경우와 마찬가지로 〈너의 이름은〉에서도 꿈이 상상계적 이자 관계를 매개하는 주된 장치로 등장하고 있다. 신카이는 한 인터뷰에서 『고금집』의 "계속 생각해서 꿈에 나타난 것일까. 꿈이란 것을 알았다면 깨지 않았을 텐데"라는 와카에서 이 작품의 영감을 얻었다고 밝힌 바 있다. 나아가 헤이안시대에 남녀가 바뀌는 내용의 『뒤바뀐 이야기(とりかへばや物語)』로부터도 영향을 받았다. 그래서 〈너의 이름은〉의 원래 제목은 '꿈인 줄 알았다면: 남녀가 뒤바뀐 이야기'였다고 한다(양원석, 2017: 241-242).

몸 바꾸기와 '무스비'의 주체

〈너의 이름은〉에서 꿈은 항상 몸 바꾸기라는 모티브와 결부되어 나온다. 몸 바꾸기의 모티브는 들뢰즈가 말하는 '탈주'와 '생성'의 관점에서 해석할 수도 있다. 예컨대 여주인공 미쓰하는 다키와의 몸 바꾸기를 통해 탈주에 성공할 수 있었다고 보는 것이다(전윤경, 2017). 하지만 탈주의 발상에 앞서 먼저 고려할 것이 있다. 즉 몸이 바뀐다는 발상 자체는 몸에서 혼이 빠져나온다는 일본적 관념을 전제로 한다는 것이다. 가령 새로 즉위한 천황이 최초로 행하는 추수감사제인 대상제(大嘗祭)에 앞서 행해지는 진혼제(鎭魂祭)는 혼이 몸을 빠져나가지 못하도록 안정시키는 의식이다. 또한 『일본서기』의 오나무치(大國主神) 신화에서는 스쿠나히코나(少彦名)가 바다 저편에서 빛을 발하며 다가와 자신을 모시면 나라를 세울 수 있다고 하면서 스스로를 인간에게 행복을 가져다주는 '오나무치의 행혼(幸魂)·기혼(奇魂)'⁹이라고 밝힌다(『日本書紀』上, 131). 이는 혼과 몸이 분리될 수 있다는 관념이 투영된 신화라 할 수 있다. 〈너의 이름은〉에서 주인공의 혼이 자기 몸을 빠져나와 상대방의 몸으로 들어간다는 설정의 바탕에는 이와 같은 일본의 전통적 관념이 깔려 있다.

몸의 뒤바뀜에 대해 소설판의 다키는 흥미롭게도 "인격이 서로 뒤바뀐다는 일 자체는 말도 안 되는 경험이었지만, '나라는 존재로부터 잠시 동안 멀어질 수 있다'는 식으로 받아들이면 일종의 '자유'를 획득하게 되는 셈이 아닐까?"(카노 아라타, 2017: 55)라고 반문한다. 하지만 이때의 자유는 우리나라 무속의 경우처럼 한(恨)을 '풀어내는' 자유가 아니라 인도 요가의 경우처럼 '묶어내는' 자유에 속한다. 〈너의 이름은〉에서는 묶는 것을 뜻하는 일본어 '무스비(結び)'가 매우 중요한 역할을 담당한다. 미야미즈신사의 여궁사인 미야미즈 히토하는 손녀딸 미쓰하와 요쓰하에게 다음과 같이 무스비의 의미를 가르쳐준다.

> 땅의 수호신을 말이다. 옛말로 '무스비'라고 부른단다. 여기에는 몇 가지 깊은 뜻이 있지. 실을 잇는 것도 무스비, 사람을 잇는 것도 무스비, 시간이 흐르는 것도 무스비. 전부 같은 말을 쓴단다. 이 말은 신을 부르는 말이자 신의 힘이란다. 우리가 만드는 실매듭도 신의 솜씨와 시간의 흐름을 나타내지. 한데

9 일본 신도(神道)의 신(가미)은 상이한 속성을 지닌 네 가지 측면으로 나타난다. 거칠게 날뛰는 측면(荒魂, 아라미타마), 온화한 측면(和魂, 니기미타마), 행운을 관장하는 측면(幸魂, 사키미타마), 지혜와 재능을 관장하는 측면(奇魂, 구시미타마)이 그것이다.

모아서 모양을 만든 후에 꼬아서 휘감고, 때로는 되돌리고, 끊기고, 또 이어진다. 그것이 실매듭이고 시간이고 무스비란다. 물이든 쌀이든 술이든, 무언가를 몸에 넣는 행위 또한 무스비라고 한단다. 사람 몸에 들어간 것은 영혼과 이어지는 법이지. 그러니 오늘 올리는 제사는 말이다. 미야미즈 가문의 핏줄이 몇 백 년이고 지켜온, 신과 인간을 단단히 이어주는 아주 소중한 전통이란다(신카이 마코토, 2017: 98-100).

신이란 말이다, 관계를 의미한단다. 언어는 사람과 사람을 엮지. 언어 자체는 신이 아니지만 언어에 의해 엮이는 마음 자체는 신이 되는 거야. 주먹밥은 신이 아니지만 쌀을 만든 땅과 물, 그리고 쌀을 기르고 수확한 사람과 쌀로 밥을 지어 주먹밥으로 만든 사람, 나아가 그 주먹밥을 받아서 먹는 사람을 모두 이어주지. 주먹밥으로 이어지는 그런 관계가 신이라는 뜻이지. 꿈이란 말이다, 평소와 다르게 어디인지 모르는 장소에서 상식을 벗어난 연을 맺는 일이란다. 그것도 '무스비'라고 부를 수 있는 게지(카노 아라타, 2017: 139).

단적으로 말해 무스비는 신(神)이다. 『고사기』는 무스비를 원초적 신으로 묘사하고 있다(『古事記』, 19). 이처럼 신으로서의 무스비는 〈너의 이름은〉에서 모든 관계성이자 시간이고 언어이며 실매듭이면서 동시에 먹는 행위를 가리키는 말이기도 하다. 그것은 실과 실, 사람과 사물, 사람과 사람, 몸과 영혼을 연결시켜주는 신의 힘이자 이자 관계의 매개체인 꿈 그 자체이기도 하다. 모든 관계성을 신적인 무스비로 여기는 관념은 지극히 일본적이다. 그것은 관계를 중시하는 간인주의나 장의 윤리, 역의 원리, 세켄, 화의 원리와 같은 일본문화코드를 연상케 한다.

무엇보다 주목할 것은 신을 언어와 연관시키는 발상이다. 사실 고대 일본인은 언어와 사물 사이를 구분하지 않고 양자를 동일한 것으로 생각하여 말 속에 영혼이 깃들어 있다고 믿었다. 이를 '언령(言靈) 신앙'이라 한다. 통상 신은 인간과 사회와 세계의 구성에 관여하는 근원적인 존재로 여겨진다. 그렇다면 신으로서의 무스비를 언어와 동일시하는 위의 관념은 지극히 라캉적이라 할 수 있다. 라캉은 언어야말로 그가 상징계라고 이름 붙인 인간과 사회와 세계의 구성을 결정짓는 근원적 요소라고 생각했기 때문이다. 이렇게 볼 때 〈너의 이름은〉은 시공간이 연결되어 있는 무스비의 세계와 그 속에 살고 있는 무스비를 찾아가는 주체에 관한 이야기라 할 수 있다.

미쓰하는 마을 사람 대부분이 같은 신을 모시는 이토모리 마을의 오래된 미야미즈신사 집안의 손녀딸이다. 할머니가 신사를 지키는 궁사를 맡고 있기 때문에 미쓰하와 요쓰하는 마쓰리 때마다 무녀로서 신악무(神樂舞)를 추는 등 주역을 맡는다. 〈너의 이름은〉의 중심 무대인 미야미즈신사는 대대로 여자가 이어받기 때문에 미쓰하는 언젠가 할머니의 뒤를 이어 신주가 되리라는 기대를 받고 있었다. 미야미즈 가문 여성들에게는 1200년마다 찾아오는 재앙을 피하기 위해 미래의 인간과 꿈을 통해 교신하는 능력이 있었다. 꿈속에서 다키와 몸이 뒤바뀌는 미쓰하도 그런 능력의 소유자이다.

그런데 이 미야미즈신사는 실이나 사람을 연결시켜주는 신의 힘을 '무스비'로서 섬기고 있다. 그 무스비(신)가 깃든 신체(神體)의 장소는 이승과 저승, 현재와 과거, 현재와 미래를 연결하는 곳으로 여겨진다. 혜성 티아마트가 떨어진 곳도 바로 그곳이었다. 무스비로 간주된 제신의 정식 이름은 미야미즈 가문의 조상신인 시토리노카미다케하즈치(倭文神建葉槌命)이다. 신도 신화에서 아마테라스를 아마노이와토에서 나오게 하기 위한 의례를 거행했을 때 공물 중 하나인 직물을 짠 신으로 등장하는 이 신은 별칭이 아메노하즈치노오노카미(天羽槌雄神)이다.

이 신은 『고사기』에는 등장하지 않으며, 『고어습유』에서 인간에게 베 짜는 방법을 가르친 베틀의 신으로 나온다(『古語拾遺』, 8). 또한 『일본서기』에 따르면 천신 계열의 무신(武神)인 후쓰누시와 다케미카즈치가 토착신들을 평정하려 했을 때 별의 악신 아메노카가세오(天香香背男)만 토벌하지 못해 곤란해했다. 이때 그들 대신 나아가 별의 신을 굴복시킨 자가 바로 베틀의 신 시토리노카미다케하즈치였다(『日本書紀』上, 140). 이토모리 마을에는 이 신이 끈을 무수히 엮어서 용을 휘감아 퇴치했다는 전설이 전해진다.

미쓰하의 아버지 도시키는 지금은 이토모리 마을의 이장이지만, 원래 교토에 있는 한 대학 연구소 소속의 민속학자였다. 그는 이토모리 마을의 민속신앙 조사를 위해 미야미즈신사를 방문했다가 미쓰하의 어머니 후타바를 만나 결혼에까지 이르게 된 것이다.[10] 도시키가 처음 후타바를 만났을 때 그녀는 "저희 신사에서는 제사의 일환으로 실매듭 끈을 꼬고 있습니다. 이토모리 마을은 실매듭 끈을 생산하는 지역입니다"라고 말했다. 한편 미쓰하의 여동생 요쓰하가 할머니와 함께 베틀 앞에서 실을 감고 있는 장면에서 할머니

---

[10] 둘은 할머니의 반대를 무릅쓰고 결혼했는데, 그때 할머니는 도시키가 데릴사위가 되어 신직을 계승할 것을 조건으로 내걸었다. 그러나 후타바는 차녀 요쓰하를 출산한 후 2년 뒤에 희귀병으로 사망하고 만다. 아내의 죽음 앞에서 큰 충격과 분노를 느낀 도시키는 신직을 포기하고 미야미즈 가문을 나와 마을의 근대화를 위해 정계에 입문하여 이토모리 마을의 이장이 된다.

는 실의 목소리를 들어보라고 한다. 요쓰하가 실타래는 말을 못한다고 하자 할머니는 실매듭 끈에 이토모리 마을 천 년의 역사가 새겨져 있다고 말한다. 실매듭 끈은 예로부터 전해 내려오는 선동 공예로 가는 실을 여러 가닥 겹쳐 꼬아서 문양을 넣은 끈을 가리키는데, 대대로 미야미즈신사의 제사 때 사용되어왔다. 그런데 200년 전 신사 근처에서 큰 불이 나서 신사도 고문서도 모두 타서 없어지는 바람에 그 실매듭 문양이 무엇을 의미하는지, 신악무는 또 어떤 의미를 담고 있는지 알 수 없게 되었다. 이런 상황에서 할머니는 요쓰하에게 "남은 건 형식뿐이야. 하지만 의미가 지워졌다고 형식까지 없어지게 두어서는 안 돼. 형식에 새겨진 의미는 언젠가 반드시 되살아나는 법이니까"(신카이 마코토, 2017: 40-42)라고 말한다. 과연 일본 문화는 형식을 중시하는 가타의 문화이다.

실은 이토모리 마을에는 1200년 전에도 운석이 떨어졌다. 사람들은 그것을 기억하여 전하기 위해 혜성을 용과 실매듭으로 표현하고, 또한 갈라지는 혜성의 모습을 신악무 춤동작에 넣어 전수해왔다. 그런데 시간이 흐르면서 200년 전 대화재를 기점으로 하여 그 의미를 알지 못한 채 형식만 남게 된 것이다(신카이 마코토, 2017: 166-167). 이와 같은 경위를 알게 된 도시키는 미야미즈신사가 원래 아메노카가세오를 제신으로 모시던 별의 신사라고 추정하면서 이렇게 말한다.

> 옛말로 뱀을 카가시라고도 합니다. 카가세오라는 명칭은 카가시에서 생겨났고 아메노카가세오는 하늘의 뱀, 즉 혜성을 뱀으로 비유한 명칭이라는 설이 있습니다. 뱀은 용과 같은 부류입니다. 그러니까 아메노카가세오는 별의 신이자 용이기도 한 것이지요. 어쩌면 실매듭은 원래 뱀을 상징하는 물건이었는지

도 모릅니다. 그러면 미야미즈신사에서 왜 천이 아니라 끈을 꼬는지에 대한 설명이 됩니다. … 운석이 언제 떨어졌는지는 분명치 않지만, 별의 신을 숭배하던 마을에 별이 떨어진 것입니다. 많은 사람이 죽었지요. 죽음과 파멸은 재앙입니다. 별을 믿던 사람들이 별로 인해 재앙을 맞았고 어떤 의미에서는 '신에게 배신당했다'고도 할 수 있지요. 그 재앙을 불식시키기 위해서 신앙의 대상을 바꾸었는지도 모릅니다. 아메노카가세오 신앙을 버리고 그의 천적인 시토리노카미다케하즈치 신앙을 도입한 것이었지요. 뱀을 의미하는 실매듭은 뱀을 묶는 도구로 재해석되었습니다(카노 아라타, 2017: 187-188).

'구치가미사케'와 '무스비'의 주체

이와 같은 도시키의 민속학적 추론은 1200년 후 현대의 이토모리 마을에 떨어진 운석의 모체 혜성 이름인 '티아마트'와 복선을 이루면서 설득력을 더한다. 티아마트는 바빌론 신화에 나오는 용사신(龍蛇神)이기 때문이다. 이렇게 보면 무스비의 정체는 곧 뱀인 셈이다. 그런데 미야미즈신사에서는 제사 때 실매듭 끈과 신악무 외에도 예로부터 신에게 '구치가미사케'라는 독특한 신주(神酒)를 바쳐왔다. 미쓰하는 매년 열리는 미야미즈신사 마쓰리에서 무녀 차림으로 신에게 바치는 신악무를 춘 다음 구치가미사케를 만든다. 그것은 무녀가 쌀을 입에 넣고 씹어 뱉어 발효시켜 만드는 술을 가리킨다. 실제로 에도시대의 『진대(塵袋)』라는 책에 그 명칭과 제조 방법이 기술되어 나온다(志水義夫他編, 2017: 16). 하지만 감수성 예민한 사춘기의 소녀 미쓰하가 마을 사람들 앞에서 구치가미사케 만드는 것을 보여주는 것이 죽기보다도 싫었다. 그녀는 내심 자신이 살아온 시골 마을도 싫었고 언젠가는 그곳을 떠나 대도시로 가고 싶어 했다.

그럼에도 영화 속에서 구치가미사케는 '미쓰하의 절반'으로 묘사될 정도로 중요한 역할을 한다. 시공간을 넘어 미쓰하와 다키를 연결시켜주는 것이 바로 구치가미사케이기 때문이다. 미쓰하가 만든 구치가미사케를 마신 다키는 출생 때부터 현재까지 미쓰하가 살아온 모든 기억을 마치 자신의 것인 양 생생하게 볼 수 있었다. 한편 요쓰하는 자신이 만든 구치가미사케를 마시고 혼이 뒤바뀌는 체험을 한다. 소설판은 신악무를 추는 동안 혼이 빠져나간 요쓰하의 의식 상태를 다음과 같이 세밀하게 묘사하고 있다.

> 온천물로 가득 찬 굵은 튜브 안에서 흘러 내려가는 느낌이 들었다. 불쾌하거나 무섭지는 않았지만 의지할 데가 없는 기분이다. 갑자기 시야가 튜브 안에서 멀어지며 위로, 또다시 위로 솟아오른다. 주변 풍경이 넓어지며 동시에 멀어졌다. … 멀리 시선 아래 펼쳐져 있는 것은 궁극적으로 복잡하고 가장 세밀한 능직물이다. 섬유가 서로 꼬여 실이 되고 실은 짜여 단순한 모양을 지닌 약간 굵은 실로 바뀌고 그 실은 다시 꼬여 끈이 되며 복잡한 모양을 지니게 된다. 그 끈은 면적을 지닌 물체로 엮이고 비로소 천이 된다. 요쓰하는 그 천이 무한한 면적 위로 펼쳐지는 모습을 보고 있었다. 그 천의 모양은 말로는 설명할 수 없었다. 왜냐하면 모양이 쉴 새 없이 흔들리면서 빛나고 이어졌다가 갈라지기도 하고 바뀌고 늘어나며 계속 변화하기 때문이다. 모양은 결코 하나로 고정되는 일이 없었다. 그 모양은 이 우주에 있어서의 시간과 역사 및 이런저런 사실들과 그 안

에 사는 한 사람 한 사람의 감정 모두를 완전히 기술하고 있었다. 그리고 이 우주적인 태피스트리를 구성하는 무에 가까울 정도로 작고 무력하고 가늘며 힘없는 실들이 방금 전에 지나온 따스한 튜브라는 사실을 깨달았을 때 시점이 다시 그곳으로 돌아갔다(카노 아라타, 2017: 147-148).

마치 기표의 연쇄 사슬을 연상시키는 듯한 위 인용문은 "작고 무력하고 가늘며 힘없는 실들"의 무한한 집합으로 이루어진 '무스비적 주체'에 대한 묘사처럼 보인다. 그것은 어쩌면 "하나로 고정되는 일이 없"고 실체가 없는 무로서의 라캉적 주체에 대한 다른 표현일 수도 있다. 만일 그렇다면 무스비적 주체를 불러내는 구치가미사케의 기능은 라캉적 주체를 발생시키는 근본 요소인 기표의 기능에 비견될 만하다. 기표가 "주체를 초월해 있는 언어의 물질적 실재"(김석, 2007: 116)라면, 구치가미사케는 시공 속의 주체를 초월하게 해주는 영매적 실재가 아닐까? 미야미즈신사의 신체가 모셔진 곳에서 구치가미사케를 마신 다키는 이토모리 호숫가 산 정상에 올라가 미쓰하를 찾는다. 서로는 분명 상대방이 있는 것을 느끼지만, 비록 같은 장소에 있어도 현실 속에서는 3년이라는 시차로 인해 다만 목소리만이 들릴 뿐이다. 이윽고 황혼이 물들자 둘은 서로의 모습을 보게 된다. 이는 황혼, 즉 "저녁. 낮도 밤도 아닌 시간. 사람의 윤곽이 흐려져서 그가 누구인지 알 수 없게 되는 시간"인 '다소가레도키(黃昏時)'의 신비를 불러내는 구치가미사케의 힘이었다. 여기서 '다소가레도키'는 이토모리고교의 고전 시간에 미쓰하가 배운 『만엽집』 시가(권10, 2240번) "그가 누구냐(誰そ彼)고 묻지 마세요. 9월 서리에 젖으며 당신을 기다리는 나입니다"(『萬葉集』三, 131)에 등장하는 '다소가레(誰そ彼)'에서 비롯된 말이다.

그때 다키는 팔목에 걸었던 실매듭 끈을 풀어 미쓰하에게 돌려준다. 이 실매듭 끈에는 사연이 있다. 미쓰하는 이토모리 마을에 혜성의 운석이 떨어지기 전날 도쿄에 갔다가 전철 안에서 중학생인 다키를 만나 이름을 불렀다. 그러나 당시 다키에게 미쓰하는 3년 후 미래의 인연이었으므로 당연히 누군지 알 수 없었고 그래서 미쓰하에게 "너의 이름은?"이라고 물을 수밖에 없었다. 이에 미쓰하는 뒷머리에 묶었던 실매듭 끈을 풀어 다키에게 건네주면서 "내 이름은 미쓰하!"라고 말한다. 다키의 손목에 맨 부적은 바로 미쓰하의 머리에 묶었던 이 실매듭 끈이었다. 저 황혼 녘에 미쓰하는 다키로부터 그 끈을 되돌려 받아 자기 머리에 감는다. 그리고 잠에서 깨어나도 서로를 잊지 않도록 둘은 서로의 오른손에 글씨를 남긴다. 그 순간 어둠이 깔리면서 다키는 3년 후의 몸으로 되돌아간다. 그 직전에 다키는 "네가 세상 어디에 있든 내가 꼭 다시 만나러 갈 거야"라고 미쓰하에게 약속했다. 하지만 손에 쓴 글씨는 곧바로 지워져버린다.

이름이란 무엇인가

이 약속은 작품의 마지막 장면에서 환상적인 현실로 재현된다. 5년 뒤 둘은 어느 날 우연히 유리창을 사이에 두고 손이 닿을 정도의 거리로 나란히 달리는 전철 안에서 서로의 존재를 강렬하게 느낀다. 둘은 이름도 모르지만 서로를 알아본다. 하지만 둘이 어긋나게 탄 전철은 점점 멀어진다. 둘은 전철을 내려 서로를 찾는다. 그가 돌아본다. 그녀도 돌아본다. 그녀의 긴 머리가 저녁놀과 같은 색의 끈으로 묶여 있다. 둘은 동시에 한목소리를 낸다. "너의 이름은?"

이름이란 무엇인가? 칼 융의 용어를 빌리자면 이름은 페르소나,

즉 가면이다. 아무개라 불리는 우리는 출생일, 출신지, 성별, 거주지, 직업, 출신 학교, 학번, 주민등록번호, 군번, 각종 ID나 아바타, 집단 내 위상 등으로 분류된다. 그것들은 모두 일종의 이름이다. 수많은 이름, 수많은 가면을 쓰고 살아가는 것이다. 그 가운데 어떤 것이 진짜 나일까? 영화 〈로미오와 줄리엣〉에서 줄리엣은 "이름이란 무엇인가요? 우리가 장미를 다른 이름으로 부른다 해도 향기는 그대로 장미 향인 것을. 로미오, 그대의 이름을 버리세요"라고 말한다. 중요한 것은 이름이 아니라 내용이라는 점을 상기시키고자 할 때 흔히 이 명대사가 인용되곤 한다. 하지만 라캉에게 이는 "기표의 의미는 고정되어 있지 않다"는 것을 보여주는 하나의 예증이 아닐까? 장미라는 기표의 의미는 기의와의 분리선 아래로 끊임없이 미끄러져 들어가기 때문이다. 그런 이름들의 체계를 라캉은 상징계라고 '이름 붙였다'. 이름은 끝없이 다른 이름을 낳는다. 우리는 이름을 고정된 것으로 여기며 살지만, 실은 그것은 흘러 다니는 어떤 것이다. 어디론가 흘러가다가 누가 나의 이름을 불러주면 잠시 그 이름으로 살아갈 뿐이다.

시인 김춘수(金春洙)는 "내가 그의 이름을 불러주기 전에는 그는 다만 하나의 몸짓에 지나지 않았다. 내가 그의 이름을 불러주었을 때 그는 나에게로 와서 꽃이 되었다"고 노래한다. 여기서 '내'가 대타자 혹은 상징계를 가리킨다면, '꽃'은 이름 불린 상징계적 주체, 곧 거세되고 사회화된 주체를 뜻한다. 알튀세르는 이런 이름 부르기를 '이데올로기적 호명'이라고 '불렀다'. 호명은 끝없이 이어진다. 우리는 모두 상징계의 이데올로기적 장 안에서 이런저런 이름을 부여받음으로써 하나의 주체가 된다. 그런데 지젝은 이데올로기야말로 오인의 메커니즘이라고 생각했다. 그는 "주체는 오인을 통해서만 구성된다"는 라캉의 명제를 이데올로기와 결부시켜 이해한 것이다. 여기서 '오인'이란 고정되지 않은 것을 마치 고정된 것처럼 여기는 착각을 뜻한다.

그렇다면 〈너의 이름은〉에서 이름이 차지하는 위상은 어떤 것일까? 이와 관련하여 양원석은 언어(기표)가 아닌 "몸과 감각으로 기억하는 내재적인 커뮤니케이션"(양원석, 2017: 252)에 주목한다. 그것은 남녀 주인공이 서로의 이름을 끝내 기억하지 못하더라도 몸이 바뀌면서 기억한 몸적 타자성은 결코 지워질 수 없는 소통의 기억임을 상기시켜준다. 몸이 바뀐다는 것은 곧 이름이 바뀐다는 것을 의미하지만 그 역은 성립하지 않는다. 오시이 마모루의 〈천사의 알(天使のたまご)〉, 안노 히데아키의 〈신세기 에반게리온〉, 곤 사토시의 〈파프리카〉 등에서 반복적으로 등장하는 "너는 누구?"라는 물음과 〈너의 이름은〉에서의 그것은 바로 이런 몸적 타자성을 둘러싸고 결정적인 차이를 노정한다. 전자가 불확실한 상상계적 자아 정체성의 물음이라면 후자는 실재계적 주체의 불가능성과 접목되어 있다. 그 불가능한 주체는 이유도 모른 채 꿈속에서 몸이 서로 바뀜으로써 융해된 자타의 윤곽 너머에 존재한다고 가정된 주체이다.

이름(기표) 바깥에는 아무것도 없다. 그러니까 "그의 이름이 기억나지 않아"라는 미쓰하의 모노노아와레적 체념이나 "눈을 떠도 잊지 않도록 이름을 적어두자"는 다키의 공허한 절망은 '망각의 존재이지만 잊지 않기 위해 저항하는 인간'을 표현하고자 했다는 감독 자신의 알기 쉬운 진술을 넘어서서, 실은 "무엇을 구하는지도 모르면서 난 무언가를 계속 바라고 있다. 아주 조금만 더, 정말 조금만 더"(신카이 마코토, 2017: 279), 곧 '무언가 더(something more)'로서의 타자적 주이상스를 향하는 텅 빈 주체의 감정이 아닐까 싶다.

V. 세카이계를 넘어서: 일상계

세카이계에서 일상계로

세카이계 작품은 2000년대 후반을 경계로 점차 후퇴한다. 이 시기는 '일상계(日常系)' 또는 '공기계(空氣系)'라 불리는 작품군의 출현 시기와 거의 일치한다. 여기서 일상계(공기계)란 2000년대 이후 일본의 오타쿠계 애니메이션에 나오는 등장인물, 특히 미소녀 캐릭터들의 실없고 정신없는 대화나 소소하고 하찮은 일상생활을 묘사한 작품군을 가리킨다. 2000년대의 '모에' 문화[11]와 밀접한 연관성을 가지는 이런 일상계 작품의 원형은 다카하시 루미코(高橋留美子)의 만화『우르세이 야쓰라(うる星やつら)』라고 말해지며, 대표적으로 아즈마 기요히코(東淸彦) 원작의 〈아즈망가 대왕(あずまんが大王)〉(2002), 요시미즈 가가미(美水かがみ) 원작의 〈럭키☆스타(らき☆すた)〉(2007), 야마다 나오코(山田尙子) 감독의 〈세이온!(けいおん!)〉(2011) 등을 들 수 있다.

일상계는 세카이계와 마찬가지로 '아톰의 명제'를 어느 정도 공유한다. 일상계 작품에서도 주인공의 성장이 명확하게 드러나지 않기 때문이다. 하지만 실은 세카이계 작품에 대한 반동으로 생긴 것이 바로 일상계이다. 드라마틱한 순애나 지구의 운명을 좌우하

---

11 '모에(モエ)'란 '무언가에 열광하는 것'을 뜻하는 일본어 '모에루(萌える)'에서 비롯된 말이며, 흔히 '귀여워', '멋있어', '감동적이야'와 같은 기분을 나타내는 감탄사로 쓰인다. 가령 큰 눈동자에 작은 입과 코를 가진 귀여운 소녀 캐릭터나 동물의 귀와 꼬리를 가진 깜찍한 소녀 캐릭터, 혹은 〈신세기 에반게리온〉의 레이처럼 푸른빛 머리에 무표정하고 말이 없는 소녀 캐릭터 등을 모에 캐릭터라 할 수 있다. 2000년대에는 만화와 애니메이션 등에 이런 모에 캐릭터들이 수없이 많이 등장한다.

는 전투 등과 같은 극적인 이야기와 과잉 표현 또는 과밀한 내용의 세카이계에 피로를 느낀 팬들이 일상계로 이동한 것이다(キネマ旬報映畫總合研究所, 2011: 116). 고베 대지진(1995년)과 동일본 대지진(2011년) 등의 자연재해나 정치적 변동에 의한 사회적 불안과 고용 불안 등이 증대하는 현대 일본 사회를 배경으로 심각한 이야기가 점차 사라지고 일상계 작품들이 등장하게 된 것으로 보인다. 이는 섹스와 연애에 소극적인 초식계 남자의 등장 또는 데이터베이스 소비 양태의 등장과도 겹친다. 이중에서 데이터베이스 소비는 에피소드 중심, 애니메이션 성지순례의 형성, 시간성의 배제, 소녀 문화적 감성 등과 함께 일상계 작품의 주요 특징을 구성하는 한 요소라 할 수 있다.

한편 소비 양태의 측면에서 보더라도 세카이계에서 일상계로의 변화는 이야기(모노가타리) 소비에서 데이터베이스 소비로의 전이와 축을 같이한다. 오쓰카에 따르면 이야기 소비란 개개의 스토리가 아니라 그 배경에 있는 큰 이야기, 즉 세계관의 소비를 뜻한다. 만화나 완구는 그 자체가 소비되는 것이 아니라, 해당 상품을 부품으로 가지는 큰 이야기나 질서가 상품의 배후에 존재함으로써 비로소 가치를 갖기 시작하여 소비되는 것이다. 소비자는 이런 소비 활동을 반복함으로써 자신이 큰 이야기의 전체상에 접근한다고 믿게 된다. 이때의 큰 이야기란 각 드라마나 물건이 아니라 그 배후에 감추어져 있는 시스템 자체를 가리킨다. 그러나 이런 시스템, 즉 큰 이야기 자체를 팔 수는 없으므로 그 한 단면인 일회분의 드라마나 하나의 단편으로서의 물건을 보여주어 소비하게 만들 수밖에 없다. 이런 소비 양태를 이야기 소비라 칭한 것이다(大塚英志, 2001).

하지만 아즈마 히로키는 이런 이야기 소비 혹은 세계관 소비 대신 모든 작품이 구성 요소 단위로 분해되어 개개의 구성 요소 자체

가 소비 대상이 되는 '데이터베이스 소비'를 제시하면서, 근래의 소비 경향이 이야기 소비로부터 데이터베이스 소비로 이행 중이라고 주장한다. 즉 세계관 자체를 소비했던 시대로부터 이제는 세계관과 무관하게 작품이라는 큰 데이터베이스의 단편을 소비하는 시대로 바뀌었다는 것이다. 그런 데이터베이스 소비형 콘텐츠의 전형이 바로 일상계 작품이다(キネマ旬報映畵總合硏究所, 2011: 92-93).

일상계의 특징

일상계 작품은 큰 이야기나 세계관이 아니라 짧은 에피소드의 연속에 의해 묘사된다는 특징을 보여준다. 거기에는 일관된 이야기의 흐름이 없어도 그만이고 어려운 설정이나 복선도 필요 없으므로 1화를 보지 않고 2화나 3화부터 보아도 별 지장이 없다. 시청자는 고민이나 갈등 같은 감정적 소비 없이 다만 눈앞에 보이는 캐릭터를 즐기기만 하면 된다. 가령 〈럭키☆스타〉 1화는 초콜릿 콜로네, 슈크림, 커스터드, 딸기 케이크, 막대 아이스크림, 콘 아이스크림, 카레라이스, 달걀 프라이, 규동(牛丼), 오야코동(親子丼), 낫토, 닭꼬치, 야키니쿠(燒肉), 소혓바닥 같은 것을 어떻게 해야 잘 먹을 수 있는지에 관해 세 명의 여고생이 밑도 끝도 없이 수다 떠는 장면으로 꽉 차 있다. 또한 어떤 등장인물은 무언가 난처한 상황에 처하면 "어려운 일본어는 모르겠어요"(24화)라고 얼렁뚱땅 넘겨버린다. 이런 식으로 특정한 플롯이 없고 무거운 주제를 피해가는 일상계 작품은 시청자에게 매우 알기 쉽고 편리한 소비 형태라 할 수 있다.

일상계 작품은 현실 세계나 현대 일본을 무대로 삼고 있는 경우가 많다. 이를테면 〈럭키☆스타〉의 무대는 사이타마현이고 〈게이온!〉의 무대는 교토시이다. 이처럼 애니메이션 작품에 현실 속의 풍경이 삽입되면서 열성 팬들이 그곳을 순례하는 '성지순례'가 붐을 이루게 되었다.12 특히 〈럭키☆스타〉는 애니메이션 성지순례를 촉발시킨 대표적인 일상계 작품이다. 비평가 후쿠시마 료타는 이런 성지순례에 관해 "애니메이션의 세계와 팬의 세계가 병렬적으로 진행한다. 즉 성지순례(현실 세계를 허구 세계에 맞추어 수정하는 것)와 애니메이션의 유사 자연화(허구 세계를 현실 세계에 맞추어 수정하는 것)가 완전히 표리일체로서 상호보완적으로 기능한다"(福嶋亮大, 2009)고 지적한다. 마치 상징계에 침투하는 실재처럼 애니메이션이라는 '허구 세계의 장소'에 '현실 세계의 장소'가 중첩되어 나타나는 것이다.

일상계 작품의 특징은 이 밖에도 더 들 수 있다. 가령 등장인물들이 세카이계처럼 어떤 거창한 목표를 향해 매진하거나 무언가를 달성하는 일은 거의 없으며, 기본적으로 연애나 순애와는 거리가 멀고, 나아가 주요 등장인물들의 가족이 묘사되는 경우도 있기는 하지만 대체로 가족 드라마가 메인은 아니다. 이런 특징을 한마디로 '시간성의 배제'라고 요약할 수 있겠다. 거기에는 연애, 목표에의 매진이나 달성, 졸업이나 진학, 혹은 결혼과 가족의 형성처럼 시간성을 상기시키는 요소가 배제되어 있다. 이런 의미에서 "세카이계에 사회는 존재하지 않는다"고 말할 수 있다면, "일상계(공기계)에는 시간이 존재하지 않는다"(小森健太朗, 2013: 112)고 말해지기도 한다.

끝으로 '귀엽다'는 뜻인 '가와이이(かわいい)'라는 말로 대변되는 소녀 문화적 감성이 일상계 작품의 전반적인 분위기를 지배한다는

---

12 일본의 애니메이션 성지순례 붐에 관해서는 대표적으로 이지성(2010) 및 이마이 노부하루(今井信治, 2012) 참조.

특징도 간과할 수 없다. 거기에는 대체로 미성년자(주로 중고생 때로는 초등학생) 여자아이들 4, 5명이 중심적인 캐릭터로 등장하며, 과도한 불행이나 비참한 사태는 다루어지지 않고 그저 줄곧 어린 여자아이들의 감칠맛 나는 부드러운 일상 이야기만 등장한다. 대표적으로 사쿠라가오카 여자고등학교의 경음악부 단원인 유이(기타), 미오(베이스, 보컬), 쓰무기(키보드), 리쓰(드럼)를 둘러싼 아기자기한 에피소드를 그린 〈게이온!〉을 들 수 있다. "희망, 욕망, 번뇌는 리본 달아서 포장 / 잇쇼켄메이 상상하지만, 현실은 절체절명(絶體絶命) / 아직은 발전 중이라서 불쑥 일을 망치기도 해요"라는 주제가는 귀엽고 가벼운 상상계적 이미지로써 '성장'의 장인 상징계의 절박한 무게를 대체하려는 일상계의 전략이 느껴진다.

'성장하지 않는 주체'의 정신분석적 의미와 모노노아와레

심각한 이야기가 점차 사라지고 이와 같은 일상계 작품들이 등장하게 된 사회적 배경으로 1995년 고베 대지진과 옴진리교 사건에 따른 사회적 불안, 우경화 현상을 비롯한 정치적 변동, '잃어버린 20년'으로 말해지는 버블 경제 이후의 불확실성 등을 상상하기란 그리 어렵지 않을 것이다. 그렇다면 오늘날 〈너의 이름은〉과 같은 세카이계적 작품의 성공을 어떻게 이해하면 좋을까? 우경화 현상이 일상화되고 잃어버린 20년의 출구가 보이기 시작해서일까? 하지만 2011년 동일본 대지진과 원전 사고로 인한 트라우마는 아직도 여전히 일본 사회에 어두운 그림자를 드리우고 있다. 그렇다고 해서 1990년대 세카이계의 유행으로부터 2000년대 일상계로의 전환 이후 〈너의 이름은〉의 등장을 세카이계로의 복귀라고 단정 짓기도 어렵다. 아무래도 〈너의 이름은〉의 참된 의의는 '성장하지 않는 주체'의 관점에서 찾아보아야 할 것 같다.

우리는 어린 시절에 구성된 특정한 욕망의 흔적을 생애에 걸쳐 반복한다. 이런 정신분석의 관점에서는 모두가 다 어린아이다. 사람들은 이 사실을 인정하지 않거나 은폐하기 위해 어른인 척 행세할 뿐이다. 그러니까 어른이란 존재하지 않으며 따라서 인간은 성장하지 않는다. 이것이 '성장하지 않는 주체'의 정신분석적 의미이다. 그렇다면 앞에서 세카이계 작품군을 다루면서 중요한 개념으로 등장한 모노노아와레의 경우는 어떨까?

가령 〈너의 이름은〉의 종반부에서 미쓰하와 다키의 만남은 이름의 기억과 동시적인 사건으로 묘사되고 있다. 하지만 실상 그것은 시간적 거리를 초월한 환영적 만남에 지나지 않는다. 다키가 이름을 기억하는 것은 가능할지 몰라도, 실제로 둘의 만남은 불가능한 사건으로만 존재할 뿐이다. 미쓰하와 다키는 일본 신도(神道)적 정서에 입각한 무스비와 '모노노아와레적 거리의 미학'을 통해 서로 연결되어 있었다. 무스비는 구치가미사케로 표상되는 신을 매개로 하여 이름이 지워진 몸과 몸 사이의 공간적 거리를 시간적 거리로 환원시키면서 강렬한 미학적 감정을 소환한다. 그것은 아득한 안타까움과 자기 연민에 가득 찬 슬픔 혹은 외로움의 다른 이름인 사랑의 감정으로 모노노아와레적 공동성(共同性)을 만들어낸다. 〈너의 이름은〉이 일본 사회에 커다란 공명을 불러일으킨 숨은 이유가 바로 여기에 있다. 무스비의 주체는 곧 모노노아와레적 주체와 다르지 않다.

일본 문화의 미학적 승화는 모노노아와레를 빼놓고 말할 수 없다. 거기서 모노노아와레의 공동성(共同性)은 공백으로서의 공동성(空洞性)이기도 하다. 가령 "나는 나의 미학 밑바닥에 내려갈수록 그 근저에 천황제의 암반이 가로놓여져 있음을 알게 되었다"(三島由紀

夫, 2006: 257)고 고백하는 미시마 유키오가 도달한 천황제 미학은 그 한가운데에 공백을 내포하는 모노노아와레의 공동성을 전제로 한 것이었다. 그가 '문화 개념으로서의 천황'을 예찬할 때 그 천황은 일본 문화의 속성들을 모두 구유한 존재로서, 미적 가치인 '미야비'를 표상한다. 여기서 미시마가 말하는 미야비는 모토오리 노리나가가 정식화한 모노노아와레의 미의식과 미학적 원리를 공유한다. 노리나가는 "대저 인간이란 미야비의 마음을 알아야 한다. 미야비의 마음을 모르는 자는 모노노아와레를 모르며 마음이 없는 자이다"(『本居宣長全集』1, 29)라고 하여 모노노아와레 공동체로 승화된 일본 문화를 꿈꾼 국학자였다.

라캉은 예술의 승화 기능을 강조한 『세미나 7』에서 "모든 예술은 공백(emptiness)을 둘러싸는 특정한 구성 양식에 의해 특징지어진다"(Lacan, 1992: 130)고 말한다. 예술은 공백을 둘러싸는 방식으로 '물'을 억압하는 동시에 그러한 억압의 실패를 작품으로 승화시키는 문화영역인데, 그것은 히스테리 구조를 가진다. 충동의 억압과 억압의 실패라는 이중 절차 속에서 공백을 출현시키는 증상이 바로 히스테리이기 때문이다. 예술은 기존의 질서에서 발생되는 균열을 공백의 형식으로 출현시키고 그것을 둘러싸는 정교한 테두리를 형성하면서 초월적 아름다움의 담지자인 절대타자, 즉 대타자를 소환하려는 형식을 취한다. 일본의 경우 그 대타자는 다름 아닌 천황이다. 이처럼 절대타자를 소환하여 쾌락을 재생산하려는 전략인 히스테리는 원초적이며 결코 망각될 수 없는, 그럼에도 결코 도달할 수 없는 대타자에 집착한다. 대타자로서의 물을 현재로 소환하고 그것과의 원초적 쾌락을 반복하려는 현상이 곧 히스테리인 것이다. 이때 대타자의 궁극적 모델은 바로 유아기 때의 부모이다(백상현, 2017: 54-55, 187). 이렇게 볼 때 모노노아와레(미야비)를 표상하는 천황제에 대한 일본인들의 집착은 유아기 때의 부모에 대한 집착과 겹쳐지게 된다. 일본 애니메이션에 나타난 '성장하지 않는 주체'의 모티브는 어쩌면 이와 같은 히스테리 증상의 일본판을 보여주는 것일지도 모르겠다.

하지만 그렇다고 해서 '성장하지 않는 주체'의 히스테리가 근대 천황제의 제국주의적 폭력성까지 미화시킨 미시마의 경우처럼 부정적인 방향성만 가지는 것은 아니다. '성장하지 않는 주체'는 다른 한편으로 주체란 텅 빈 구멍에 불과한 것이며, 따라서 실체로서의 주체나 통일적인 주체 개념이란 존재하지 않는다고 본 라캉의 관점과 상통하는 측면이 있다. 라캉에 따르면 주체란 진리의 순간에 매혹당하는 것을 가리킨다. 우리 의식 중에서 가장 주체에 가까운 것은 어떤 주체성의 환영에도 자신을 개방하지 않는 완고한 고독의 순간, 어떤 고정관념에도 자신을 내어주지 않으려는 노력, 세계를 의미의 공백으로 유지하려는 투쟁이다. 주체는 의식적 상태라기보다는 현재의 지식, 즉 고정관념을 흔들고 균열을 생산하는 사건에 매혹당하는 절차, 그리하여 그러한 절차에 참여하는 자아의 자기 망각과 같은 과정 자체라는 말이다. 주체가 자신의 주체성을 확인하는 것은 이런 절차를 사후적으로 회고함으로써 이루어진다. 그럴 때 그는 이미 더 이상 주체가 아니게 된다(백상현, 2015: 226).

이와 마찬가지로 '성장하지 않는 주체' 또한 통상적인 의미에서의 주체라고 말할 수 없다. 그는 다만 유아기 때의 부모에 대한 오이디푸스적 욕망의 기억에 집착하면서 그 한가운데에 텅 빈 공백을 만들어내는 영원의 소년 혹은 구원의 소녀에 머물러 있기를 원하기 때문이다. 거기서 우리는 역설적으로 "공백의 허무 한가운데 주체의 좌표가 존재한다"(백상현, 2016: 24)는 전혀 새로운 주체의 출현을 기다려봄 직하다. 그런 주체는 '성장하는 주체'와 완전히 대립되는 주체성일까? '성장하지 않는 주체'와 '성장하는 주체'는 일본 문화 속에서 어떤 위상 관계에 있을까? 다음 장에서는 이런 물음을 염두에 두면서 미야자키 하야오를 중심으로 일본 애니메이션에 나타난 '성장하는 주체'의 모티브에 대해 살펴볼 것이다.

8장
성장하는 주체: 미야자키 하야오와 "살아라!"의 정언명령

"여기서 일하게 해주세요!"(〈센과 치히로의 행방불명〉)

"바람이 분다. 살아야겠다."(〈바람이 분다〉)

〈시간을 달리는 소녀(時をかける少女)〉(2006)로 우리에게도 많이 알려져 있는 호소다 마모루(細田守) 감독의 애니메이션 〈늑대 아이 아메와 유키(おおかみこどもの雨と雪)〉(2012)는 늑대인간이라는 친숙한 모티브를 매우 일본적인 터치로 섬세하게 구성한 감동적인 작품이다. 여기서 '일본적'이라 한 것은 그것이 '모성 사회 일본'에 어울릴 만한 주제를 다루고 있기 때문이다. 이 작품의 테마는 "아직 보지 못한 널 만나기를 / 배를 쓰다듬으며 늘 빌었단다 / 어떻게 생겼을까 / 목소리는 어떨까?"라는 엔딩송의 가사에서 엿볼 수 있듯이 일반적으로 어머니와 자녀 양육의 문제 혹은 부모와 자식 관계라고 말해진다. 19세의 여대생이 늑대인간을 만나고 그 사이에서 태어난 늑대인간 남매가 성장하여 자립하기까지의 13년간을 묘사하는 이 작품의 줄거리는 다음과 같다.

여대생 하나는 도쿄 외곽의 한 국립대학 강의실에서 한 남자에게 사랑에 빠진다. 그는 자신이 일본 늑대의 후예인 늑대인간임을 고백하고 하나는 이를 받아들여 두 아이를 낳는다. 큰 딸 유키와 아들 아메는 인간이면서도 늑대로 변신할 수 있는 어린 늑대인간이었다. 그러나 아메의 출산 직후 남자는 죽고 만다. 하나는 아이들의 육아를 위해 인가에서 멀리 떨어진 촌구석으로 이사하여 말로 다 할 수 없는 어려움을 혼자 힘으로 이겨낸다. 그러는 가운데 점차 마을 사람들과 친해지면서 많은 도움을 받고 두 남매를 초등학교에 입학시킬 수 있었다. 그러나 상급생으로 올라가면서 남매간 의견 대립이 격화되었다. 그들은 크게 다툰 후, 누나 유키는 인간의 길을 선택하고 동생 아메는 늑대의 길을 선택하여 어머니를 떠나 산속으로 들어간다. 결국 남매는 끝까지 화해하지 못했지만, 어머니 하나는 아이들의 성장을 자랑스럽게 여긴다. 중학교에 입학한 유키는 엄마의 권고로 기숙사에 들어가고, 아메는 늑대로서 산을 지배하게 된다. 하나는 혼자서 집을 지키며 산다.

이 작품은 불효자식이었던 감독의 사별한 모친에 대한 속죄의 마음이 담겨진 것이라고 한다. 어머니로부터 독립하여 산속으로 들어간 아메는 호소다 자신을 모델로 삼은 캐릭터이다. 종래의 변신과 연애 이야기의 틀을 넘어선 것으로 높이 평가받은 이 작품은 다른 한편 무종교적 종교성이 지배적인 일본에서 종교적 신앙의 대체물이 되기 십상인 '모성'을 지나치게 이상화했다고 비판받기도 한다. 하지만 여기서 특히 주목할 것은 "빨리 어른이 되고 싶어!"라는 유키의 대사이다. 이 작품을 '성장하는 주체의 이야기'라는 관점에서 볼 때 그 주체를 어린 늑대인간으로 설정한 것은 의미심장해 보인다. 늑대는 일본어로 '오카미(オオカミ)'라 하는데, 이는 대신(大神)의 일본어 발음과 같다. 라캉의 개념을 빌리자면 늑대 아

이의 성장은 곧 대타자 신으로의 성장이라고 바꿔 말할 수도 있지 않을까?

I. 미야자키 하야오 작품 세계의 특징과 성장하는 주체

대타자가 되기를 꿈꾸며 대타자(상징계) 안에서 성장하는 주체의 이야기는 미야자키 하야오의 작품 속에서 가장 현저한 형태로 나타난다. 2018년 현재 일본 애니메이션의 역대 흥행 톱 10 중 미야자키가 감독(및 각본)을 맡은 작품이 여섯 개나 들어가 있을 정도로 그의 위치는 확고하다. 〈센과 치히로의 행방불명(千と千尋の神隱し)〉(2위), 〈하울의 움직이는 성(ハウルの動く城)〉(3위), 〈벼랑 위의 포뇨(崖の上のポニョ)〉(4위), 〈원령공주(もののけ姫)〉(7위), 〈마루 밑 아리에티(借りぐらしのアリエッティ)〉(8위/각본), 〈바람이 분다(風立ちぬ)〉(9위)가 그것이다.

김준양은 『이미지의 제국』에서 미야자키의 작품 세계를 세 시기로 구분하면서 〈이웃집 토토로(となりのトトロ)〉(1988)와 〈원령공주〉(1997)를 중요한 분기점으로 잡고 있다(김준양, 2006: 352). 제1단계는 디스토피아적 미래의 지구를 배경으로 괴력을 가진 주인공 소년 코난과 궁극적인 태양에너지의 비밀을 알고 있는 과학자 라오 박사의 손녀딸 라나가 독재자의 세계 정복 야욕을 막기 위해 벌이는 모험 이야기인 〈미래소년 코난(未來少年コナン)〉(1978)에서 신비로운 돌(비행석)을 지닌 라퓨타 왕국의 후예 시타 공주가 소년 파즈와 함께 라퓨타 성을 정복하여 세계를 지배하려는 세력과 싸우는 이야기인 〈천공의 성 라퓨타(天空の城ラピュタ)〉(1986)까지의 시기이다. 이때 미야자키는 생태학적 상상력에 기초하여 피폭 이후

의 일본열도라는 세계를 어떻게 극복하며 살아갈지 고뇌하는 포스트 묵시론적 장르에 사회주의적 관점을 가미했다. 거기서 그는 주로 유럽적인 풍경과 인물 묘사를 선호했다. 물론 미야자키 자신은 스스로를 '전형적인 일본인'이라고 밝힌 바 있다. 그러면서도 그는 1988년에 다음과 같이 절실하게 고백한 적이 있다.

> 나의 값싼 민족주의는 열등콤플렉스로 대체되어 일본인 혐오증에 걸린 일본인이 되어갔다. 중국과 조선, 동남아시아의 여러 나라에 대한 죄의식에 떨며 자신의 존재 자체도 부정하지 않을 수 없는 심정적 좌익이 되었으나, 헌신할 만한 인민을 찾는 일도 나는 할 수 없었다. 그러나 아무리 음울한 마음으로 고뇌하듯 메이지신궁의 인기척 없는 뒷길을 산책해도 문득 거울을 보면 밝고 쾌활한 자신의 눈을 발견하고 질려버린다. 무언가를 긍정하고 싶어서 가만히 못 있는 내가 있는 것이다. 모순되고 분열된 채, 뿌리를 갖지 않으면 안 된다고 말하면서도 일본과 일본인과 그 역사를 싫어하고 서유럽과 동유럽 및 러시아의 문물을 동경했다. 그래서 애니메이션계에 종사해도 외국을 무대로 하는 작품을 즐겼다. 일본을 무대로 하려고 생각하면서도 민화, 전설, 신화 전부를 좋아하게 될 수는 없었던 것이다 (宮崎駿, 1997b: 149, 266).

그후 이와 같은 분열적인 일본 부정의 태도는 〈이웃집 토토로〉에서 〈붉은 돼지(紅の豚)〉(1992)에 이르기까지 과거를 시간적 배경으로 삼아 감독 자신의 인생에 대한 내적 갈등을 짙게 보여주는 사소설적 성장 영화 장르의 시기인 제2단계에 접어들면서 일대 전환을 보여준다. 그 분기점을 이룬 것이 바로 미야자키가 전쟁, 테크놀

로지, 미래 세계 등과 같은 거대 담론을 모두 뒤로 한 채 방향을 크게 전환하여 과거를 시간적 배경으로 삼아 한 개인의 삶에 대해 미시적으로 성찰하기 시작한 작품인 〈이웃집 토토로〉였다. 가족이라는 사적 영역과 일본의 전통적인 시골 풍경을 밑그림으로 하는 이 작품에 대해 미야자키는 "지금까지 국적 불명의 작품만 제작해서 이번에는 일본에 진 빚을 갚고 싶었다"고 피력한다.

그런데 1년 뒤 〈마녀 배달부 키키(魔女の宅急便)〉(1989)에서는 가족과 일본이라는 풍경을 떠나 다시 유럽적 배경으로 회귀한다. 이와 동시에 미야자키는 〈붉은 돼지〉에 이르러 다시금 예의 분열적인 좌익적 죄책감에 사로잡혀 보편적 인간의 페르소나를 벗겨내고자 시도한다. 주인공 포르코 코소는 원래 이탈리아 공군의 일급 파일럿이었다. 그는 전쟁 중에 혁혁한 공을 세웠지만 친구들이 모두 전사하고 홀로 살아남은 후 자신의 삶에 회의를 품게 된다. 그래서 스스로 마법을 걸어 돼지로 변신하여 이탈리아의 무인도에 혼자 살면서 '하늘의 해적'들을 소탕하며 살고 있다. 그러던 중 비행기 설계자 피콜로의 손녀딸인 피오를 만나게 되고, 그녀가 포르코에게 키스를 하자 마법이 풀려 원래의 인간 모습으로 돌아온다. 여기서 스스로 돼지가 된다는 설정은 일면 죄책감에 자기 눈을 스스로 찔러 장님이 되었다는 오이디푸스 신화의 주인공을 연상케 한다. 또한 마법에 의한 돼지로의 변신과 인간으로의 복귀라는 설정은 향후 〈센과 치히로의 행방불명〉에서 돼지가 되었다가 다시 인간으로 돌아오는 치히로 부모의 설정에서 반복된다.

미야자키는 〈붉은 돼지〉 이후 〈원령공주〉가 나오기 이전까지의 5년 사이에 〈바람계곡의 나우시카(風の谷のナウシカ)〉(1984)의 만화 연재를 완료한다(1994년). 그때 미야자키는 좌익적 심정으로부터 확실하게 빠져나와 이른바 '전향'을 했다고 고백하면서 이렇게 말

했다. "쓸모없는 놈은 어느 계급으로 태어나도 쓸모없고, 좋은 놈은 어떤 계급으로 태어나도 좋은 놈이다. 세상에는 옳은가 옳지 않은 가가 아니라 좋은 놈과 좋지 않은 놈, 친구가 되고 싶은 자와 그렇지 않은 자가 있을 뿐이다. 이제 계급적으로 사물을 보는 것은 그만두었다. 노동자이므로 옳다는 것은 거짓말이다. 대중은 얼마든지 바보 같은 짓을 한다. 여론조사 따위는 신용할 수 없다."(宮崎駿, 1997b: 519, 530) 이 말만 두고 보면 미야자키는 마치 운명 결정론자나 엘리트주의자처럼 보이기도 한다. 어쨌거나 '살아라'는 캐치프레이즈로 표상된 〈원령공주〉를 기점으로 하여 은퇴작 〈바람이 분다〉(2013)에 이르기까지 미야자키는 이전보다 더 명확한 형태로 분열된 생의 복원을 추구하는 데에 집중하게 된다. 이중 〈원령공주〉와 〈바람이 분다〉에 대한 상세한 해석은 후술하기로 하고 먼저 '성장하는 주체'의 문제와 관련하여 미야자키의 작품 세계의 주요 특징에 대해 생각해보기로 하자.

미야자키는 자신의 작품이 아이들을 위한 것이라고 하는데, 이 점이야말로 큰 속박임과 동시에 면죄부이기도 하다. 아이들을 주요 타겟으로 삼는 영화는 교육적 또는 계몽적 측면을 고려하지 않을 수 없기 때문이다. 이런 의미에서 미야자키의 작품은 모든 관객에 대해 교사의 역할을 한다. 그래서 그의 영화는 흔히 인간에게 참으로 중요한 것, 모두가 잊어버렸지만 결코 잊어서는 안 될 무엇인가를 가르쳐주며, 건조해진 현대인의 마음에 치유를 가져다준다고 평가받는다(高橋實, 1997: 225). 하지만 미야자키의 다음과 같은 진술에서 엿볼 수 있듯이 이런 교육적 혹은 치유적 성격이 곧 악에 대한 선의 승리를 지향하는 것을 뜻하지는 않는다.

제가 늘 말했듯이 오늘날 아이들의 문제는 좋은 아이냐 나쁜 아이냐 아니라, 살아 있는 자로서 힘이 있느냐 없느냐 하는 문제라고 생각합니다. … 실로 좋은 소년이 군국 소년이 되는 거니까요. 그러니까 인간 행위의 선악 이선에 살아 있는 자의 차원에서 접근해야 합니다. … 자신을 상처 입히지 않은 채 어떻게든 살아갈 수 있는 생명력 같은 것이 없다는 점에 오늘날 아이들의 문제가 있다고 생각합니다(宮崎駿, 1997a: 45-46).

"자신을 상처 입히지 않은 채 어떻게든 살아갈 수 있는 생명력"이 없는 아이란 앞의 7장과는 상이한 의미에서 '성장하지 않는 아이'를 가리킨다. 미야자키는 성장하지 않는 아이의 문제점을 깊이 인식하고 있었다. 그래서 그의 작품 속에 '성장하는 아이'의 이미지가 빈번하게 등장하는 것이다. 이런 지향성은 그가 어린 시절 경험했던 기억과 긴밀하게 연결되어 있다. 그의 부친은 일가가 경영하는 '미야자키 항공흥학(宮崎航空興學)'의 공장장이었는데, 이 공장은 악명 높은 제로센(零戰)[1] 제작에 관여하기도 했던 '나카지마 비행기(中島飛行機)' 군수회사의 하청으로 군용기 부품을 조립 생산했다. 그 덕분에 미야자키의 부친은 군대 소집도 면제받을 수 있었다. 그런데 1945년 어느 날 미야자키가 네 살 때 미군의 공습을 피해 집안 식구들이 당시로서는 아주 드물었던 가솔린 트럭을 타고 피난 가던 중 아기를 안은 한 여인이 제발 태워달라며 뒤쫓아왔지만 어른들은 이를 무시했다. 이 기억이 평생 강렬한 죄책감으로 남아 있었던 미야자키는 '차를 세우라고 어른들에게 말할 수 있는 아이'를

---

[1] 1940년부터 1945년까지 사용된 일본 해군 항공대의 경량급 주력 전투기로 미쓰비시사가 개발했다. 정식 명칭은 '0식 함상전투기(零式艦上戰鬪機, Mitsubishi A6M Zero)'이다.

보여주는 그런 애니메이션을 만들고 싶었다고 술회한다.

미야자키의 작품 속의 캐릭터에 부모의 부재가 현저하게 나타나는 것도 이런 심정과 관계가 있을 것이다. 가령 〈미래소년 코난〉의 남녀 주인공 코난과 라나는 할아버지에 의해 양육되었고, 〈천공의 성 라퓨타〉의 소년 파즈는 고아이며 여주인공 시타 또한 어린 시절 부모를 여의고 할머니 품에서 자랐다. 또한 〈바람계곡의 나우시카〉에서 여주인공 나우시카의 모친은 회상 장면에서 단 한번만 등장할 뿐이며, 〈이웃집 토토로〉의 사쓰키와 메이 자매는 모친과 떨어져 생활한다. 〈마녀 배달부 키키〉의 여주인공 키키도 양친 슬하를 벗어나 도시로 떠나고, 〈원령공주〉의 여주인공 산은 아예 부모로부터 버림받은 아이로 설정되어 있다. 이뿐만 아니라 〈센과 치히로의 행방불명〉에서 치히로의 부모는 돼지로 변하며, 〈하울의 움직이는 성〉에서 여주인공 소피의 모친은 두 번째 남편과의 결혼을 위해 딸을 배반하는 무정한 인물로 묘사된다.

이때 특히 미야자키의 작품 세계의 중심이 주로 소녀이며 그 소녀 주인공의 경우 모친이 없거나 있더라도 존재감이 희박하다는 점에 주목할 필요가 있다. 이와 같은 모성과의 거리는 미야자키 감독 자신의 성장 환경과 무관하지 않은 듯싶다. 어린 시절에 그의 모친은 줄곧 병상에 누워 있었다고 한다. 이런 경험이 미야자키의 작품 속에서 모성의 부재로 나타나는 것일지도 모른다. 그렇다면 역으로 미야자키의 작품에서 모성의 부재는 실은 모성 추구의 한 형식일 수도 있다. 미야자키는 소녀라는 우회로를 통해 모성을 추구했던 것이 아닐까? 그러니까 미야자키의 작품의 소녀 취향은 일종의 대리 모성 추구라는 해석이 가능하리라는 말이다. 이렇게 미야자키의 작품의 소녀 캐릭터와 모성 추구를 결부시켜볼 때, 우리는 그 소녀들이 보여주는 구원의 여성상(대표적으로 나우시카)

이나 대지모신으로서의 자연에 대한 강력한 친화성(대표적으로 산)을 보다 잘 이해할 수 있게 된다. 여기서 한 걸음 더 나아가 우리는 그 배후에서 모성성과 여성 원리가 지배적인 일본 문화의 에토스를 엿볼 수도 있다. 실제로 미야자키의 작품에서 모성의 대체물로 등장하는 소녀 캐릭터들은 특히 일본 남성들의 아마에 심리를 충족시켜주는 측면이 있다. 이런 맥락에서 미야자키의 작품은 지극히 일본적인 문화 현상이라고 말할 수 있겠다. 이 점은 미야자키의 작품들이 역대 흥행에서 압도적인 자리를 차지하는 까닭과 무관해 보이지 않는다.

한편 라캉 정신분석의 관점에서 보자면 부모나 모성의 부재란 곧 성장의 핵심적 계기인 상상계에서 상징계로의 진입을 결정짓는 오이디푸스콤플렉스 자체의 부재를 의미한다. 그럼에도 〈천공의 성 라퓨타〉의 시타 이래 〈벼랑 위의 포뇨〉의 포뇨에 이르기까지 미야자키의 작품의 소녀 캐릭터들은 정신적·육체적으로 성장하고 진화하는 소녀상으로 바뀌어왔다는 점도 부정할 수 없는 사실이다. 그렇게 진화하는 소녀들은 〈루팡 3세 칼리오스트로의 성(ルパン三世 カリオストロの城)〉(1979)의 여주인공 클라리스나 〈바람계곡의 나우시카〉의 나우시카 같은 이상적인 소녀상[2]과는 다르다. 예컨대 〈이웃집 토토로〉의 사쓰키와 메이는 숲의 정령 토토로와의 만남을 계기로 엄마와 떨어져 자라온 아이의 외로움을 극복해나가며, 〈마녀 배달부 키키〉의 키키는 도시 여성의 강인한 자립성과 생명력을 보여주고, 〈원령공주〉의 산은 아시타카와의 사랑을 통해 공격적

2 로리콘(로리타 콤플렉스) 성향을 지닌 많은 일본 남성은 풍만한 가슴과 성숙한 육체에 순수하고 순진한 백치미의 영혼을 가진 캐릭터인 클라리스 및 정신과 육체의 미묘한 언밸런스를 보여주는 '구원의 소녀' 나우시카에게서 이상적인 소녀상을 보면서 신비로운 에로티시즘을 느꼈음 직하다.

인 증오심을 극복할 만한 가능성에 대해 마음의 한쪽 문을 열어놓는다. 또한 〈센과 치히로의 행방불명〉의 치히로는 기이한 온천여관에서의 노동을 통해 스스로의 힘으로 자기 정체성을 회복하는가 하면, 〈하울의 움직이는 성〉의 소피는 마법에 의해 할머니로 변신되었음에도 불구하고 오히려 하울에 대한 사랑으로 소녀기의 권태와 무기력을 극복해나간다. 더욱이 〈벼랑 위의 포뇨〉의 물고기 소녀 포뇨는 새로운 세계에 대한 호기심으로 가출을 감행한 후 온갖 역경을 헤치고 결국 인간이 되어 좋아하는 남자 친구 소스케와의 사랑을 쟁취한다. 이처럼 미야자키의 작품 속의 소녀 이미지는 나우시카에서 정점을 보였던 이상적 소녀상으로부터 점차 성장하는 소녀상으로 변화해왔다(박규태, 2005: 11-17).

미야자키는 오이디푸스콤플렉스의 극복이라는 기제 없이 '성장하는 주체'를 묘사하는 데에 어느 정도 성공했다고 보인다. 그렇다면 이런 성공을 가능케 한 미야자키 특유의 전략이 과연 무엇인지가 궁금해진다. 이하에서는 여성주의, 경계적 존재로서의 소녀와 이물, 여성 캐릭터에 대한 낯설게 하기, 아브젝시옹, 선악의 피안, 동적 운동성, 성장의 은유로서의 비상(飛翔), 입문적 탈출 등과 같은 개념을 매개 삼아 이런 물음에 대한 실마리를 찾아보고자 한다.

미야자키 하야오의 전략

미야자키의 첫 번째 전략으로 "여자가 활발해야 좋은 마을"(〈원령공주〉)이라는 대사에서 단적으로 엿볼 수 있는 여성주의를 꼽지 않을 수 없다. 정신의학자 히라시마 나쓰코에 따르면 미야자키의 소녀 캐릭터들은 감독 자신의 내적 여성성이 작품 속에 나타난 것이다(平島奈津子, 1997: 165). 그러니까 소녀 캐릭터는 미야자키의 아니마가 무의식적으로 표현된 것이라는 말이다. 사실 거의 모든 작품 속에서 미야자키가 자신을 여성, 특히 소녀와 동일시하는 경향을 찾아볼 수 있다. 이런 경향 안에는 어른 남성 또는 근대적 아버지로부터의 도주 모티브가 숨어 있다(김준양, 2006: 385). 라캉의 개념을 빌리자면 이는 '아버지의 이름' 또는 상징계의 억압으로부터의 도주 모티브라고 바꿔 말할 수 있겠다.

  도주는 상징계의 틈새를 찾아다닌다. 그리고 소녀야말로 다름 아닌 틈새의 존재, 경계의 존재이다. 소녀라는 틈새는 매우 미세하고 애매하고 불투명하면서 어딘가 모르게 신비롭기까지 하다. 소녀 문화가 일본인의 마음을 사로잡는 이유는 어쩌면 소녀가 내포하는 이와 같은 틈새의 공간 때문일지도 모른다. 그 틈새는 상징계의 지배력이 유난히 강력한 일본 사회에서 언제나 무언의 사회적 압력과 빈틈없는 네트워크로 촘촘하게 짜인 매뉴얼 문화에 순응하면서 살아가는 일본인들에게 숨 쉴만한 자유의 공간으로 다가설 만하다. 이 점에 착안한 미야자키는 소녀라는 틈새에 여성적이고 모성애적인 부드러운 공감과 더불어 종종 철학적, 종교적, 이데올로기적인 사명을 부여함으로써 성장하는 주체를 표현한 것이 아닐까? 다음과 같은 미야자키의 발언에서 알 수 있듯이 그 틈새는 선이냐 악이냐의 양자택일을 허용하지 않는다.

> 이건 모두 아니고, 이건 모두 좋다, 이런 건 없습니다. 세상에는 나쁜 것 속에 좋은 것이 있기도 하고 좋은 것 속에 나쁜 것이 있기도 합니다. … 그러니까 간단히 선악으로 나눌 수는 없다고 생각합니다. 그렇다고 해서 선악이 없다고 말하는 것은 아닙니다. 오히려 나는 고전적인 선악 관념으로 사물을 생각하는 인간입니다. … 현대 세계의 문제는 어느 쪽이 더 비인간

적이냐 하는 것일 뿐, 어느 쪽이 선하다거나 악하다고 말해보았자 아무런 해결책도 나오지 않습니다(宮崎駿, 1997a: 45-46).

여기서 미야자키는 선악에 관한 기존의 이분법적인 고정관념으로는 현대사회의 근본적인 문제 해결이 어렵다는 인식을 표명하고 있다. 그가 관습적인 여성 캐릭터에 대한 '낯설게 하기'를 집요하게 시도하는 것도 동일한 맥락에서이다. 낯설게 하기, 이것이 미야자키의 두 번째 전략이다. 가령 〈원령공주〉의 등장인물 에보시는 문둥병자와 소외당한 자를 돌보는 따스한 여성 지도자이지만 동시에 강력한 군사 지도자로서 시시가미를 죽이기도 한다. 그녀는 파괴와 재건을 동시에 상징하는 존재이다. 이와 마찬가지로 늑대 모로는 현명하고 용감한 어머니이지만 잔인한 도살자이기도 하다. 산 또한 아시타카를 돌보아주는 부드러운 측면을 보여주면서 동시에 적의에 찬 피투성이 얼굴로 무자비한 폭력을 휘두르는 공격적인 동물적 전사로 묘사되기도 한다. 이 여성 주인공들은 모두 상투적인 여성성과 여성 캐릭터의 역할뿐만 아니라 문화에 대한 개념까지 낯설게 만든다(네피어, 2005: 294-298).

아브젝시옹과 주체

이와 같은 낯설게 하기의 전략과 관련하여 크리스테바(Julia Kristeva)가 말하는 '아브젝시옹(abjection)' 개념에 주목할 필요가 있다. 일본 애니메이션에는 죽음과 재생의 테마가 심리적인 윤색과 함께 자주 등장하는데, 심리적 차원에서 재생이란 새로운 주체 형성의 문제와 연결되어 있는 경우가 많다. 이때 아브젝시옹 개념은 특히 아이덴티티 문제에 흥미로운 시사점을 던져준다. 지극히 다의적 개념인 아브젝시옹이란 대체로 "분리되어 내던져지고 배제되거나 기각되어야만 할 위험하고 두려운 어떤 것(아브젝트)"을 기각하는 행위 또는 그 기각 대상이 가지는 위험성이나 두려운 속성을 가리키는 말이다. 정신분석적 차원에서 아브젝트는 모성적인 것과의 분리가 이루어진다는 의미에서 라캉이 말하는 상상계에 대응된다. 그러니까 이 아브젝트를 기각(아브젝시옹)함으로써 비로소 오이디푸스기에 들어갈 수 있는 것이다. 한편 사회 문화적인 차원에서 보자면 아브젝시옹은 추방된 자, 아웃사이더, 여성, 아이, 이방인, 타자, 경계적 존재 등에 해당된다. 나아가 종교적 차원에서의 아브젝시옹은 모든 종교가 억압해온 것이면서도 실제로는 종교의 한 부분을 구성하는 것으로서 종교 자체를 존립시키는 원동력이기도 한 어떤 것을 가리킨다. 가령 정화 의례의 본질은 이 아브젝시옹을 수반하는 의식에 있다(크리스테바, 2001).

대표적으로 오토모 가쓰히로의 〈아키라〉, 안노 히데아키의 〈신세기 에반게리온〉, 〈원령공주〉 등에서 이런 아브젝시옹의 흔적을 확인할 수 있다. 가령 〈아키라〉의 마지막 장면에서 홀로 남겨진 주인공 소년 데쓰오는 자신의 새로운 아이덴티티를 인정하면서 마침내 "나는… 데쓰오!"라고 독백한다. 이때 그는 그로테스크한 변이 과정을 통해 거대한 아기로 변신한다. 이 무시무시한 장면은 아기(남아)가 엄마의 육체를 두려워하면서도 동시에 에로틱한 것으로 여기는 아브젝시옹의 사례라 할 수 있다. 그것은 엄마와 아기 사이의 아이덴티티의 경계선상에 존재하는 상태를 보여준다. 그러나 아기가 주체성을 획득하기 위해서는 엄마를 기각하지 않으면 안 된다. 하지만 데쓰오는 오히려 모성적인 것과의 재결합을 추구함으로써 엄마의 기각에 실패하고 만다. 이런 결말은 상상계로의 퇴행 또는 아마에적 심리의 반영으로 해석될 만하다.

한편 평론가 고타니 마리는 〈신세기 에반게리온〉의 에바와 사도들의 전쟁을 가부장제 가족의 상징인 네르프와, 기각된 타자로서의 여성을 나타내는 상징인 사도들과의 전쟁으로 해석한다(小谷眞理, 1997b: 32-40). 이 정체불명의 네르프와 사도라는 존재는 크리스테바가 "반드시 의미 작용을 수반하며, 나를 내리누르는 무의미의 무게. 비존재와 환각의 변방에 있으면서 내가 그것을 인정하자마자 나를 분쇄해버리는 현실의 무게"(크리스테바, 2001: 22)라고 시적으로 언급한 아브젝시옹의 속성과 잘 어울리는 면이 있다.

이에 비해 〈원령공주〉의 경우 아브젝시옹의 흔적은 산의 여성성에서 찾아볼 수 있다. 수잔 네피어(Susan Napier)는 낯선 여성적 주체가 일본의 뿌리 깊은 남성 중심적 주체를 흔들어버리는 전복적 차원에 주목한다. 그녀에 따르면 여성과 '향수적인 기묘함'을 결부시켜보려는 근대적 경향은 실제로는 "근대화 이전의 문화적 혐오감을 일으키는 측면들과 미분화된 모성을 가진 신체적인 것"으로서의 아브젝시옹이 지배 집단으로부터 거부당하고 버림받는 과정의 한 형식일 뿐이다. 그러니까 타자(여성, 초자연적인 것, 전근대적인 것)를 배제함으로써 일본인 남성은 근대적 주체로 발전할 수 있었는데, 이때 버림받은 타자들의 복수가 〈원령공주〉에서 산의 야생적이고 공격적인 신체를 통해 표출되고 있다는 것이다(네피어, 2005: 303). 이처럼 근대화에 대한 저항이라는 관점에서 산의 여성성을 이해하는 입장은 상당 부분 설득력이 있다. 왜냐하면 아브젝시옹은 주체도 아니고 대상도 아닌 어떤 것이며, 따라서 그것은 '대상에 대한 주체'를 전제로 성립된 근대적 주체를 무화시키는 '반(反)주체'적인 것으로 기능할 수 있기 때문이다.

평론가 나가세 다다시는 수잔 네피어와는 상반된 각도에서 경계의 세계에 속한 아브젝시옹과 미야자키의 작품 세계를 결부시킨다. 그에 따르면 미야자키의 작품은 항상 누르고 또 눌러도 분출되는 인간 안팎의 역겹고 무시무시한 것을 로고스의 차원에서 억압하고자 하는 두 가지 차원, 즉 애니메이션이라는 사상과 좌익적 이데올로기라는 주박 사이의 긴장 관계에 의해 성립되었다. 이때 나가세는 〈신세기 에반게리온〉에서의 아브젝시옹을 더 높이 평가하고 미야자키의 작품 속의 아브젝시옹을 그 반대편에 위치시킴으로써 미야자키 감독에 대한 노골적인 비판을 시도하고 있다. 즉 미야자키의 표현이 사회와 역사를 소재로 하는 거시적인 것이라면, 안노의 경우는 어디까지나 미시적인 개인에 집중되어 있다. 후자는 14세 소년 신지에게 던져진 잔혹한 현실과 자궁과도 같은 거대 로봇 에반게리온 안으로 들어오라고 유혹하는 역겹고 무시무시한 것(아브젝시옹)을 묘사하고 있다. 그 아브젝시옹은 '아버지의 이름'으로 표상되는 부성적인 상징계의 지배하에서 억압되고 배제된 여성적인 것 또는 상상계의 모성적인 것과 다르지 않다. 그러니까 지극히 미시적 차원을 출발점으로 삼으면서도 보편적이고 동시대적인 형태로 아브젝시옹을 영상화하는 데 성공한 〈신세기 에반게리온〉과는 달리, 미야자키는 좌익적인 이야기 구도에 갇힌 나머지 아브젝시옹의 풍경을 묘사하는 데에 실패했다는 것이 나가세의 결론이다(永瀬唯, 1997: 152-157).

경계적 존재로서의 이물

미야자키의 작품은 소녀 외에도 다양한 이물(異物)을 통해 경계의 세계를 표현함으로써 간접적으로 아브젝시옹의 풍경을 연출하고 있다. 이것이 세 번째 전략이다. 그 이물들은 대개의 경우 주인공 소녀의 마음과 연결되어 있다. 물론 〈알프스 소녀 하이디(アルプス

の少女ハイジ》〉, 〈미래소년 코난〉, 〈루팡 3세 칼리오스트로의 성〉과 같은 초기 작품에는 이물이 별로 나오지 않는다. 그러다가 다음과 같은 줄거리로 전개되는 〈바람계곡의 나우시카〉에서 이물이 등장한다.

거대한 산업 문명이 붕괴한 지 천 년 뒤, 지상의 모든 것이 죽고 오염되었으며 부해라 불리는 유독한 숲이 확장되면서 남은 인류의 생존을 위협한다. 그러나 소왕국 '바람계곡'은 바닷바람의 도움으로 그럭저럭 생존을 유지한다. 이 왕국의 공주 나우시카는 부해에 사는 거대한 벌레 왕충(王蟲)과 의사소통할 수 있다. 어느 날 바람계곡에 한 대의 수송선이 추락한 사건을 계기로 대국 토르메키아의 크샤나가 군대를 이끌고 바람계곡을 습격한다. 그 추락한 수송선에는 천 년 전 '불의 7일' 동안 세계를 불살라버렸다는 괴물 거신병(巨神兵)의 화석이 실려 있었다. 크샤나는 이 거신병을 되살리려 하고 나우시카는 그것을 막으려 하지만, 힘없는 주민들은 결국 토르메키아 군대에게 협력하게 된다. 한편 토르메키아군은 페지테와 전쟁 중에 있었는데, 페지테군은 바람계곡의 토르메키아군을 제거하기 위해 새끼 왕충을 미끼로 하여 엄청난 왕충의 무리를 바람계곡으로 유인한다. 그때 나우시카는 자기 몸을 던져 왕충떼의 돌진을 정지시킨다. 나우시카의 이와 같은 자기희생으로 바람계곡은 멸망의 위기를 벗어나고, 왕충은 죽은 나우시카를 다시 살려낸다.

여기서 나우시카는 이물 왕충의 마음을 알고, 왕충도 나우시카에게 마음을 열어 죽은 나우시카를 부활시킨다. 이 밖에 〈천공의 성 라퓨타〉의 로봇도 이물의 일종이라 할 수 있다. 정부 조사 기관원 무스카에게 포획된 시타가 비행석에게 비밀의 언어를 소곤거리자 지하에 누워 있던 로봇이 눈을 뜨고 주변을 파괴 광신으로 산산조각 내면서 시타에게 다가온다. 처음에는 무서워 도망간 시타도 곧 로봇이 자신의 비밀스런 언어에 응답한다는 것을 직감한다. 또한 〈이웃집 토토로〉의 경우는 인간에게 무관심했던 이물 토토로가 사쓰키 및 메이와 마음의 교류를 나눈다. 나아가 고양이 버스 또한 현실과 현실 너머의 이계를 연결하는 경계적 존재에 해당한다. 한편 〈마녀 배달부 키키〉의 이물인 검은 고양이 지지와 마녀 키키 사이에는 완전한 일치가 아닌 단절이 존재한다. 이에 비해 〈붉은 돼지〉의 돼지라는 이물에는 미야자키의 자화상이 투영되어 있다(横田正夫, 2006: 160).

가장 전형적인 이물이 등장하는 작품으로 무엇보다 경계로서의 터널 및 오물신과 가오나시를 비롯한 온갖 요괴가 나오는 〈센과 치히로의 행방불명〉을 꼽지 않을 수 없다. 이 밖에 〈하울의 움직이는 성〉에서는 이계에서 온 마법사 하울이 사는 성이나 허수아비 등이 이물로서 기능하며, 〈벼랑 위의 포뇨〉에서는 어린 소녀 주인공인 물고기 포뇨 자체가 이물의 성격을 보여준다. 이처럼 미야자키의 작품 속에는 다양한 형태와 맥락에서 이물이 등장한다. 미야자키는 이와 같은 이물의 존재를 설정하여 거기에 전략적으로 입문적인 경계의 역할을 부여함으로써 진화하는 소녀 및 성장하는 주체를 묘사하고자 했던 것이다.

동적 운동성과 비상의 모티브

경계적 존재로서의 이물과 연동하는 네 번째 전략으로 동적 운동성의 강조를 들 수 있다. 미야자키의 작품은 '나카이마'의 정적인 무시간성을 철저하게 배제하면서 그 대신 애니메이션 고유의 운동성을 채용하고 있다. 미야자키 애니메이션의 주인공들은 일순간 갈등하기는 하지만 즉시 결연하게 행동한다. 갈등은 애니메이션 특유의 운동성을 떨어뜨린다. 하지만 미야자키는 소녀 전사의 캐릭터를 등장시킴으로써 그런 갈등 묘사를 자연스럽게 배제한다.

그렇다면 이렇게 열려진 동적 운동성은 미야자키의 작품 속에서 어떤 방식으로 성장하는 주체를 표현하고 있을까? 이와 관련하여 '잇쇼켄메이'와 '마코토'라는 두 가지 일본문화코드에 주목할 필요가 있다. 미야자키의 작품 속의 소녀 주인공들은 대개 어떤 역경 속에서도 한결같이 최선을 다하는 잇쇼켄메이의 캐릭터로 묘사되며, 그들에게는 통상 마코토의 윤리가 따라다닌다. 나우시카(〈바람계곡의 나우시카〉), 시타(〈천공의 성 라퓨타〉), 사쓰키와 메이(〈이웃집 토토로〉), 키키(〈마녀 배달부 키키〉), 산과 에보시(〈원령공주〉), 치히로(〈센과 치히로의 행방불명〉), 소피(〈하울의 움직이는 성〉), 포뇨(〈벼랑 위의 포뇨〉) 등은 감수성과 행동력이 뛰어나고 남성이나 아버지의 시선으로부터 독립적이며 자율적이다. 〈원령공주〉에서 "흐림 없는 눈으로"를 강조하는 아시타카, 〈센과 치히로의 행방불명〉의 온천 여관에서 아무런 불평 없이 자기 일에만 전념하는 치히로, 〈하울의 움직이는 성〉에서 "난 청소부야. 청소하는 게 나의 일이야"라고 말하는 소피 등은 잇쇼켄메이와 마코토의 정신을 잘 보여준다.

끝으로 앞서 살펴본 모든 전략이 하나로 수렴되는 '비상'의 모티브에 주목할 만하다. 하늘로 오르거나 날아다니는 비상은 한마디로 성장의 메타포라 할 수 있다. 〈붉은 돼지〉에서 미야자키는 돼지로의 변신을 통해 일본이라는 국가, 가족, 성장이라는 세 가지 테마로부터 모두 달아나려 한다. 국가를 위해 군으로 돌아오라는 설득에 포르코는 "파시스트가 되느니 차라리 돼지 쪽이 낫다"고 말하면서 신체의 탈인간화를 고집한다. 하지만 돼지로의 변신은 카프카적 변신이 아니다. 포르코는 실은 돼지가 되다 만 인물로 머리를 제외한 나머지 신체는 여전히 인간의 모습을 하고 있다. 그런 포르코가 "날지 않는 돼지는 그저 돼지일 뿐이다"라고 선언하는 장면은 압권이다. 여기서 혹자는 난다는 것을 현실도피적인 표현으로 해석하기도 한다. 그럼에도 비행이라는 은유 속에 성장 이야기가 내포되어 있음은 분명하다. 아마도 그 속에는 애니메이션을 만들고자 하는 미야자키 자신의 꿈과 열정이 투사되어 있을 것이다.

〈붉은 돼지〉의 포르코와 피오를 비롯하여 시타, 나우시카, 사쓰키와 메이, 키키, 치히로, 소피에 이르기까지 남녀 주인공들은 모두 하늘을 날아다닌다. 물론 비상은 한편으로 기억하고 싶지 않은 과거의 상처나 전통의 굴레로부터 탈출하고 싶은 원망의 측면을 담고 있다. 미야자키의 작품들이 공통적으로 대붕괴 후의 세계 혹은 가족의 부재나 상실이라는 정신적 위기의 상황 설정에서 시작되는 것도 이런 원망과 관계가 있다. 그러나 이는 현실도피적인 것이라기보다는 정신적 성장을 위한 입문적 탈출로서의 의미가 더 크다고 생각된다. 사실 미야자키의 작품의 주인공들이 하나같이 아직 성인식을 거치지 않은 소년과 소녀로 설정되어 나오는 것은 이런 입문적 탈출의 모티브와 밀접한 관계가 있다.

'성장하는 주체'를 향한 이상과 같은 다양한 전략은 미야자키의 작품 세계의 주요한 총론적 특징을 구성한다. 하지만 그것은 단순히 입문적인 전략에만 머무르지 않는다. 거기에는 입문 의례 이전 혹은 그 이후의 세계를 보여주는 정신분석적 코드들이 곳곳에 숨어 있다. 다음에는 각론으로서 상상계·상징계·실재계적 주체와 성장의 문제를 중심으로 미야자키의 작품 중 특히 〈원령공주〉, 〈이웃집 토토로〉, 〈벼랑 위의 포뇨〉, 〈하울의 움직이는 성〉, 〈센과 치히로의 행방불명〉에 대한 라캉적 해석을 시도해보고자 한다.

II. 상상계·상징계·실재계적 주체의 성장

상상계적 주체의 성장: 〈원령공주〉와 〈이웃집 토토로〉

라캉은 인간의 본질인 공격성과 폭력성으로 표출되는 증오와 분노의 정신분석적 근원을 상상계에서 찾는다. 〈원령공주〉는 바로 "증오와 분노를 어떻게 극복할 수 있을 것인가?"를 고민한 영화이다. 미야자키는 몸의 모공과 구멍으로부터 알 수 없는 시커먼 어떤 것이 분출해 나오는 자신의 경험을 언급하면서 스스로가 증오와 분노를 통제할 수 없는 인간임을 고백한다. 거기서 원령이 된 멧돼지 재앙신이라는 캐릭터를 만들어냈다는 것이다(宮崎駿, 1997b: 36). 중세의 틀이 붕괴하여 근세로 이행해가는 혼돈의 과도기인 무로마치 시대와 21세기를 향해 가는 격동기의 1990년대를 의도적으로 중첩시킨 〈원령공주〉의 줄거리는 다음과 같다.

> 사무라이들이 총포를 만들기 위한 철의 확보에 혈안이 되어 있고 제철에 필요한 연료 조달을 위해 태고의 원시림들이 점점 사라져가기 시작할 무렵, 동북 지방의 원주민 에미시족 마을에 어느 날 무시무시한 형상의 거대한 멧돼지 재앙신이 돌진해온다. 그 재앙신은 에미시 왕족의 후예인 소년 아시타카에 의해 죽어가면서 "너희들 더러운 인간들아, 나의 고통과 증오를 알아야 해!"라고 외친다. 아시타카는 이때 재앙신이 내린

저주를 풀기 위해 사슴신 '시시가미'의 숲을 찾아 길을 떠난다. 먼 여행 끝에 그는 제철소 '다타라바'의 여자 성주 에보시를 만난다. 이 에보시와 들개 소녀 산(원령공주) 및 동물신들과의 전쟁에서 중재자 역할을 하던 중 죽음의 위기에 처한 아시타카를 시시가미가 치유시킨다. 그러나 에보시가 쏜 총에 시시가미의 목이 떨어지고, 머리 없는 시시가미의 몸이 디다라봇치의 시꺼먼 액체로 변하여 폭발하면서 숲과 모든 생물이 죽고 만다. 하지만 아시타카가 그 목을 되찾아 시시가미에게 돌려주자 숲이 다시 살아나고 아시타카는 저주에서 벗어난다.

여기서 시시가미의 숲을 무의식의 세계로, 그리고 그 숲에 이르는 길목의 고다마 숲을 무의식으로 통하는 터널로 본다면(김동욱, 2016), 시시가미는 초자아이자 동시에 이드(디다라봇치)이고 멧돼지 재앙신은 리비도의 부정적인 표출이라는 해석도 가능할 것이다. 물론 시시가미는 현인신 천황의 은유이고 고다마는 제국의 신민의 이미지(김윤아, 2005: 30)라는 식의 역사적 해석도 가능하다. 〈원령공주〉의 중요한 배경인 다타라바의 다양한 구성원이 중세 일본의 대표적인 천민 집단을 재현하고 있으며, 주인공 아시타카가 변방의 원주민인 에미시족의 후손이라는 점은 이런 해석을 뒷받침해준다. 이들은 신성한 천황과 대극을 이루는 존재이다. 이렇게 볼 때 〈원령공주〉는 권력과 권위의 정점에 있는 천황제에 대한 비판을 내포한다(최종길, 2011). 나아가 이 두 측면의 해석을 종합하여 천민과 천황 모두 일본사에서는 무의식의 영역에 속한 것이라고 말할 수 있겠다. 나아가 〈원령공주〉의 정신분석적 측면은 마지막 장면의 다음과 같은 대화에서도 잘 엿볼 수 있다.

산: "아시타카, 널 사랑해. 하지만 인간들은 용서할 수 없어."
아시타카: "그럼 넌 숲에서 살고 난 제철소 마을에서 살기로 하자. 우린 함께 살아가는 거야. 종종 널 보러 산으로 갈게."
에보시: "모든 걸 다시 시작하자. 이 마을을 더 살기 좋은 곳으로 만드는 거야."
지코: "졌다, 졌어. 바보들한텐 못 당한다니까."

각자 숲과 제철소 마을에서 '함께' 살자는 아시타카의 제안은 일면 〈원령공주〉를 통해 발신하고자 하는 미야자키의 최종적인 메시지처럼 들린다. 그것은 '화'라는 일본적인 문화코드를 잘 보여준다. 그러나 역설적이게도 이 메시지야말로 현실에서 가장 실천하기 어려운 미덕 중 하나이며 때로는 "그 자체로 제국주의적인 속성을 내포한 것"(김준양, 2006: 405-407)이기도 하다. 그것은 참으로 애매한 '화'이다. 왜냐하면 〈원령공주〉의 핵심적인 메시지는 오히려 끝까지 인간들을 용서할 수 없다는, 다시 말해 증오와 분노를 거두어들일 수 없다는 산의 결연한 태도에 담겨져 있다고 여겨지기 때문이다. 그래서 혹자는 이와 같은 결말을 미야자키의 '절망의 표현' 또는 사상성과 초월성을 상실한 '현대 그 자체의 표현'(山本ひろ子, 1997: 235)으로 보기도 한다. 확실히 〈바람계곡의 나우시카〉로부터 13년이 지난 뒤에 나온 〈원령공주〉에는 메시아적 사랑과 희생의 신화가 누락되어 있는 반면, 숲의 동물들이 인간을 향해 품는 증오와 분노를 보여준 다카하타 이사오(高畑勳) 감독의 〈폼포코 너구리 대작전(平成狸合戰ぽんぽこ)〉(1994)의 세계와 더 가까워 보인다. 미야자키는 공개적으로 다카하타를 비판하면서 자신이 대중을 계몽할 뜻이 없다고 밝혔음에도 불구하고, 실은 두 작품의 메시지는 동일 선상에서 읽힐 수 있는 것이다.

〈원령공주〉의 원제는 〈모노노케히메〉이다. 여기서 '모노노케(物の怪)'란 산 사람에게 재앙을 초래하는 사령 혹은 생령을 가리키는 말이고 '히메'란 고귀한 여성에게 붙이는 존칭어이다. 이런 모노노케히메라는 이름이 부여된 여주인공 산은 "인간이 어찌할 수 없는 자연의 '증오의 힘'을 상징하는 캐릭터"(永澤哲, 1997: 238)이다. 미야자키는 재앙신을 만들어내는 그런 증오의 힘이 오늘날에도 여전히 팔레스타인과 아프리카 등 세계 곳곳에서 맹위를 떨치고 있다고 말한다. 증오를 위한 증오가 계속되는 이 세계에서 재앙신은 내 바깥뿐만 아니라 분명 내 안에도 존재하는 어떤 것이다. 그런데 미야자키는 결코 그런 증오의 치유를 위해, 또는 재앙신이 되어버린 사람들을 위해 〈원령공주〉를 만든 것이 아니라는 점을 천명한다. 재앙신으로 표상되는 증오의 힘은 인간이라는 존재의 본질과 관련되어 있기 때문이다(宮崎駿, 1997a: 40-42). 이 점에서 미야자키는 폭력성이나 공격성을 상상계의 '오인의 구조'에서 비롯된 인간 정신의 본질적인 요소로 본 라캉과 맥을 같이한다.

라캉은 우리가 흔히 말하는 사랑의 본질을 '성적 주이상스' 혹은 '팔루스적 주이상스'라는 말로 표현한다. 이때 팔루스란 기의를 갖지 않는 특권적 기표이다. 다시 말해 팔루스적 주이상스로서의 사랑은 결코 의미의 문제로 접근할 수 없는 영역이다. 우리가 증오를 사랑의 대척점에 놓는 한, 증오 또한 의미와는 무관하게 작동하는 힘이라고 말해야 할 것이다. 그런데 흥미롭게도 라캉은 팔루스적 주이상스에 대해 특히 "남성 중심적 시선에 따라 상대를 대립적 관계로 보면서 완벽한 충족을 믿는 '바보의 주이상스'"(라캉, 1994: 294 역주)라고 지칭한다. 이는 앞 장에서 다룬 〈너의 이름은〉에서 무녀 요쓰하가 "남자의 세계는 '바보'라는 두 글자로 충분히 표현이 가능하다. 남자의 세계에는 '바보 같을수록 훌륭하다'라는 단순한 법칙이 존재한다. 남자들은 바보스러운 짓을 하고 자기들끼리 기뻐한다. 그리고 무리에게서 더 인정을 받고 싶은 마음에 점점 더 바보 같은 짓을 벌인다"(카노 아라타, 2017: 109)라고 말하는 장면을 연상시킨다. 위에서 인용한 〈원령공주〉의 마지막 장면의 대화에서 '바보'를 언급하는 승려 지코의 말은 아시타카로 대변되는 애매한 '화'의 사랑에 내포된 허구성을 겨냥한 것이 아닐까? 여전히 증오의 숲에 남아 있는 들개 소녀 산이 '성장하지 않는 아이'를 대표한다면, '화'의 사랑을 외치는 소년 아시타카의 성장은 '바보의 성장'을 뜻하는 것일지도 모르겠다. 그렇다면 미야자키의 작품 중에서 한국인에게 가장 많이 사랑받는 〈이웃집 토토로〉의 경우는 어떨까? 그 줄거리는 이렇다.

4월의 어느 일요일, 사쓰키와 메이 자매가 아빠와 함께 시골집으로 이사 온다. 엄마는 장기 입원 중이다. 메이는 어느 날 숲속에서 대지의 정령 토토로와 만난다. 토토로는 한밤중에 자매를 찾아와 커다란 나무를 키워주는가 하면 자매를 안고 하늘을 날아 세상 구경을 시켜준다. 그후 메이는 엄마를 보고 싶다며 나가 행방불명이 되고, 동생을 찾아 나선 사쓰키 앞에 토토로가 나타나 고양이 버스를 빌려준다. 이렇게 해서 동생을 찾은 사쓰키는 함께 고양이 버스를 타고 그리운 엄마와 만난다.

늘 미야자키 비판을 서슴지 않는 오시이 마모루 감독은 일본인의 얼굴에 대한 콤플렉스 덩어리인 미야자키가 사쓰키와 메이의 아버지 구사카베에게 모던한 이미지를 부여했다고 지적한다. 미야자키는 구사카베에게서 옛 전쟁의 자취를 없애기 위해 직업을 과학 기술자나 군인이 아닌 고고학자로 묘사했지만, 고고학이야말로 제국주의 권력의 식민지 지배를 정당화하는 데 가장 크게 기여한 근대 지식 체계의 하나이다(김준양, 2006: 386-387). 이와 같은 구사카베가 상징계적 '아버지의 이름'을 표상하는 존재라면, 모친이 부재하는 두 딸 사쓰키와 메이 및 이들의 대리모 역할을 하는 토토로는 상상계에 속한 캐릭터라 할 수 있다.

사쓰키와 메이에 관해서는 다양한 측면에서의 정신분석적 해석이 가능하다. 가령 일본어 사쓰키(皐月)는 음력 5월을 뜻하고 메이는 영어로 5월을 가리킨다. 이런 의미에서 둘은 서로 다른 성장 시기에 있는 동일 인물로 한 사람의 무의식을 표상한다고 볼 수 있다. 예컨대 오이디푸스콤플렉스기에 해당하는 나이의 메이가 상징계의 질서 안으로 들어가기를 저항하며 계속 상상계에 머물러 있고 싶어 하는 '이드'의 측면이라면, 사춘기의 사쓰키는 이미 상징계의 질서 안으로 들어가긴 했으나 아버지를 닮지 않기 위해 저항하는 상상계적 '자아'의 측면을 보여준다. 사쓰키와 메이는 이사한 빈집에서 '스스와타리'라는 검댕이 요괴들을 발견한다. 정신의학자 히라시마 나쓰코는 이것을 자매의 마음속 어두운 곳에 사는 마성, 즉 불안과 공포감의 상징으로 해석한다. 또한 메이가 떨어진 나무 구멍은 메이의 무의식으로 통하는 문이며, 그녀의 무의식 속에 토토로가 살고 있다는 이해도 가능할 것이다. 이에 비해 사쓰키가 불안하거나 외로울 때만 나타나는 토토로는 그녀가 평소 억압하고 있는 무의식의 마성(魔性)을 상징한다고 볼 수 있다(平島奈津子, 1997: 165-168).

이처럼 무의식의 관점에서 〈이웃집 토토로〉를 볼 때 비로소 우산을 쓴 채 기묘한 의식을 행하는 토토로의 춤 장면에 내포된 심층적 의미를 읽어낼 수 있다. 토토로가 한 번 뛸 때마다 땅에서 싹

이 트고 쑥쑥 자라나 어느새 무성한 나무가 된다. 신기하고 재미있고 흐뭇한 웃음을 자아내는 이 장면에서 토토로가 쓴 우산은 팔루스(상상적 남근)를 상징한다. 이와 관련하여 사쓰키가 버스 정류장에서 토토로를 처음 만나는 유명한 장면을 상기해보라. 그녀는 비를 맞고 있는 토토로를 위해 아빠의 우산을 빌려준다. 이는 엄마에게 아빠의 팔루스를 빌려주는 것과 다르지 않다. 토토로는 부재하는 어머니의 대리 표상이기 때문이다. 그러니까 사쓰키가 빌려준 우산을 쓴 채 대지 위에서 춤추는 토토로의 의식은 "모성적인 것에 의한 상상계적 탄생(출산)과 성장을 상징"(강효정, 2005: 50-53)한다. 토토로가 사는 나무 둥지나 고양이 버스는 일종의 모성적인 자궁을 뜻하며, 그 안으로 들어가는 사쓰키와 메이의 행동은 상상계로의 회귀를 암시한다.

실재계적 주체의 성장: 〈벼랑 위의 포뇨〉와 〈하울의 움직이는 성〉

라캉이 말하는 실재계는 이미지-언어의 세계인 상상계나 언어 이후의 세계인 상징계에 비해 매우 이해하기 어려운 개념이다. 그것이 기본적으로 몸적 자연의 세계를 전제로 하는 개념임은 분명하지만, 언어 너머 혹은 언어 외부의 초월적인 세계와 어떤 관계에 있는지를 규정하기란 결코 쉽지 않다. 더군다나 라캉은 실재와 주체의 관계에 대해 명확한 언급을 한 적이 별로 없다. 다만 실재란 주체성과 상징계의 심부에 있으면서 끝내 상징화되지 못한 채 일종의 트라우마적 중핵으로 남아 있는 어떤 미지의 것, 우리 사회 현실의 기반이 되면서 동시에 그 현실을 무너뜨리는 어떤 것으로서 죽음충동, 주이상스, 물자체, 무의 영역이라고 개념화할 수는 있다. 어쨌거나 실재는 언어에 기초하는 주체 외부의 영역을 가리키는 말이므로 사실상 실재계적 주체를 운운하는 것 자체가 성립되기 어렵다. 그럼에도 여기서는 애니메이션 작품에 적용하기 위한 가설적 도구 개념으로서 실재계적 주체를 상정하고자 한다. 이는 실재계가 상상계 및 상징계와 전혀 별개의 차원이 아니라 세 가지 차원이 뫼비우스의 띠처럼 상호 연결되어 있다는 점을 전제로 하고 있다. 이때 실재계적 주체란 상상계적 주체(자아)와 상징계적 주체에 완전히 포섭될 수 없는 주체의 측면을 지칭하는 표현이다.

실재계적 주체에서는 언제나 정신적인 것보다 몸적인 것이 우위성을 가진다. 이런 의미에서 공통적으로 소녀 주인공의 몸적 상실과 회복이 중요한 서사 틀로 제시되는 〈벼랑 위의 포뇨〉와 〈하울의 움직이는 성〉에 주목해보기로 하자. 먼저 다섯 살짜리 소녀의 내적 성장을 묘사한 〈벼랑 위의 포뇨〉는 다음과 같은 줄거리로 전개된다.

호기심 많은 마법소녀 물고기 포뇨는 익숙한 바다 생활에 권태를 느낀 나머지 마침내 늘 동경하던 육지로 아빠 몰래 가출을 감행한다. 해파리를 타고 육지로 올라온 포뇨는 그물에 휩쓸려 유리병 속에 갇히는 처지가 되고 만다. 하지만 때마침 해변가에 놀러 나온 다섯 살짜리 인간 소년 소스케의 도움으로 구출된다. 둘은 서로 좋아하게 되지만, 포뇨의 행복한 육지 생활은 잠시뿐이었다. 인간의 모습을 포기하고 바다의 주인이 된 아빠 후지모토에 의해 포뇨는 다시 바다로 돌아가게 된다. 그러나 이번에는 여동생들의 도움으로 다시금 탈출을 시도한 포뇨는 인간 소녀의 모습으로 변해 온갖 역경을 헤치고 소스케와 재회하는 데 성공한다.

주인공 포뇨는 사람의 얼굴을 한 물고기이다. 사람들은 인면어가 쓰나미를 초래한다고 두려워하는데, 영화에서도 실제로 포뇨로 인해 쓰나미가 발생한다. 이는 포뇨가 트라우마와 죽음을 수반하는 실재계적 주체임을 암시한다. 이 실재계적 주체는 항상 상상계 및 상징계와 상호 연동되어 있다. 상상계의 유아는 어머니와 더 이상 하나가 아니라는 점을 인식하게 되면서 상징계로 진입한다. 포뇨에게 바다는 어머니인데, 그런 바다를 탈출하여 인간의 세계인 육지로 올라간다는 것은 어머니와 분리되어 새로운 세계, 곧 상징계로 들어가는 것을 의미한다. 다시 말해 포뇨는 상상계에서 상징계로 진입하는 오이디푸스 과정을 겪고 있는데, 이는 주체가 어머니의 욕망에 종속된 상상적 동일시에서 벗어나 아버지가 부과하는 상징계의 질서로 편입되는 과정을 가리킨다. 이때 포뇨라는 이름은 상징계의 캐릭터인 소스케를 통해 획득된 것이다.

상징계에 편입된 포뇨는 소스케가 욕망하는 대상이 되기 위해 인간이 되고 싶어 한다. 상징계에서의 모든 욕망은 타자의 욕망이기 때문이다. 하지만 물고기가 인간이 된다는 것은 "바다의 결계(結界)가 흔들릴 줄이야. 생태계의 균형이 깨질거야"라는 후지모토의 말처럼 상징계의 질서를 깨뜨릴 수 있는 위험을 수반한다. 여기서 인간이 되려는 포뇨를 가로막는 후지모토는 '아버지의 이름'으로 작용하는 기표라 할 수 있다(안지성 외, 2010: 53). 상징계에서 주체는 아버지의 이름을 수용하여 그것과 자신을 동일시함으로써 기표의 주체로 탄생하게 된다. 그러나 포뇨의 경우는 아버지에 의해 다시금 어머니의 세계인 바다, 즉 상상계로 되돌아갔다가 또 다시 탈출하여 육지의 인간 세계를 찾아간다. 이는 포뇨가 상상계와 상징계를 넘나드는 주체로서, 그 경계를 넘을 때마다 물고기의 몸과 인간의 몸이 교차되는 실재계적 주체임을 말해준다. 그렇다면 〈하울의 움직이는 성〉의 경우는 어떨까?

돌아가신 아버지 대신 모자 가게를 운영하는 18세의 소녀 소 피는 무기력에 빠져 있다. 그녀가 사는 나라는 온통 전쟁 준비 로 혼란스럽기만 하다. 그러던 어느 날 골목길에서 군인들에 게 희롱당하던 소피를 마법사 하울이 구해주고 둘은 함께 하 늘을 난다. 이 사건 이후 하울에게 마음을 빼앗긴 소피는 하 울을 짝사랑하는 '황무지의 마녀'의 질투로 인해 마법에 걸려 90세의 노파로 변하고 만다. 이리하여 집을 나온 소피는 황야 를 헤매다 땅에 거꾸로 박혀 있던 허수아비를 바로 잡아주고, 이에 보은하려는 허수아비의 인도로 하울의 움직이는 성에 들 어가게 된다. 거기서 청소부가 된 소피는 결국 시간 여행을 통 해 불의 악마 캘시퍼와 하울의 비밀을 알게 된다. 그 과정에서 소피는 하울과 캘시퍼뿐만 아니라 마법에 걸린 허수아비 카 비, 왕궁의 대마녀 설리먼과 그녀의 첩자인 강아지 힌, 심지어 자신을 노파로 만든 황무지의 마녀까지도 무한한 공감과 성실 성과 보살핌과 배려로 끌어안아 모두 제자리로 돌아가게 하고 전쟁도 종식시키며, 나아가 본래의 소녀 모습으로 돌아와 하 울과의 사랑을 완성시키는 해피엔딩의 주체로 성장한다.

이런 줄거리로 진행되는 〈하울의 움직이는 성〉은 융 분석심리학 의 관점에서 해석될 여지가 많다(이상란, 2014). 예컨대 하울은 소피 의 아니무스이고 소피는 하울의 아니마라는 해석이 가능하다. 이 때 아니마와 아니무스는 자아(ego)를 '자기(Self)'에게로 인도하는 매개자의 역할을 한다(이부영, 2003: 293). 등장인물들 사이의 온갖 갈등이 해소되는 해피엔딩의 스토리는 '대극의 합일'이라는 모티브의 반복을 보여준다. 가령 괴물로 변한 하울은 마음을 얻어 살아나고, 허수아비 카비는 저주가 풀려 이웃 나라의 왕자로 되돌아오며, 하울의 성을 움직이는 동력인 불의 악마 캘시퍼는 소피의 조력자가 된다. 황무지의 마녀는 다정한 할머니가 되고, 대마녀 설리먼은 평화를 약속하며 그녀의 첩자 강아지 힌은 소피의 친구가 된다. 이리하여 소피와 하울을 중심으로 하울의 성은 조화로운 공동체를 이룬다. 거기에서는 여성성과 남성성, 물과 불, 늙음과 젊음, 인간과 동물이 서로 협동하는 대극의 합일이 이루어짐으로써 자기실현의 가능성을 보여주고 있다.

    융은 이와 같은 아니마, 아니무스, 자기를 비롯하여 페르소나와 그림자 등 무의식의 모든 요소가 양면성을 지니고 있다고 보았다(폰 프란츠, 2013: 242). 가령 노파 마법사 설리먼은 하울의 스승으로서 지배 권력의 실세이다. 하울을 감시하며 전쟁에 조력할 것을 요구하는 그녀는 고상하고 중후하고 질서 정연한 이미지를 보여주지만, 그 이면에는 가공할 만한 폭력성이 내포되어 있다. 하울은 그런 폭력적 권력 체계로부터 벗어나 거친 황야를 방랑하는 존재가 된다. 그가 추구한 것은 권력이 아니라 자유였기 때문이다. 하지만 우리는 증오하는 적의 모습을 닮아가기 마련이다. 하울도 점점 괴물이 되어간다. 또한 소피에게 저주를 걸어 할머니로 만든 황무지의 마녀는 소피의 어두운 그림자라 할 수 있다. 그러나 융은 그림자 속에도 생명력과 창조력이 함께 있다고 주장한다. 그림자를 억압하거나 제거하려고만 하지 말고 그림자의 양면성을 포괄해낼 수 있어야 진정한 힘이 형성된다는 것이다. 소피는 결국 극진한 보살핌과 배려와 공감의 마음으로 자신의 그림자인 황무지의 마녀를 궁극적인 조력자로 만드는가 하면, 하울의 성에 들어감으로써 자신의 트라우마를 직시하고 그럼으로써 페르소나로부터 해방되어 대극의 합일과 자기실현을 이룰 수 있었던 것이다.

한편 페르소나의 관점에서 〈하울의 움직이는 성〉을 해석하는 것도 가능하다. 영화 속에서 소피의 몸이 노파와 소녀 사이를 왔다 갔다 하는 것은 젠킨스, 펜도라곤 등 여러 개의 이름을 가지고 있는 마법사 하울의 몸이 괴조와 인간 사이를 번갈아 선회하는 것과 짝을 이룬다. 이때 노파와 소녀, 젠킨스와 펜도라곤, 괴조와 인간은 각각 소피와 하울의 페르소나라 할 수 있다. 융은 페르소나를 "개별적 의식과 사회 사이의 하나의 복잡한 관계 체계이며 일종의 가면"으로서 "한편으로는 다른 사람에게 어떤 특별한 인상을 주기 위해 궁리한 것이며, 다른 한편으로는 개인의 참된 본성을 가리기 위해 궁리된 것"이라고 정의 내린다. 즉 자신이 진정으로 원하는 것이 아니라 사회의 요구와 시선에 맞춘 일종의 가면이 페르소나이다. 자기실현의 목적은 "한편으로는 페르소나, 다른 한편으로는 무의식적 상(像)들의 암시적 강제력의 그릇된 굴레에서 자기를 해방시키는 것"(융, 2004: 77, 100)에 있다. 그런데 자아를 집단정신의 한 단면인 페르소나와 지나치게 동일시하면 정신적으로 위험한 상태에 이를 수 있다. 나치스의 집단범죄나 과거 군국주의 시대 일본인의 광적인 집단주의는 이와 같은 위험성을 잘 보여주는 대표적인 사례이다. 사회집단으로부터 강요된 페르소나는 자기실현과 모순된다. 융은 집단적 페르소나를 강조하는 어떤 대중조작이나 파시즘도 인류의 역사 속에서 결국은 성공할 수 없다고 말한다. 이와 같은 페르소나는 라캉이 말하는 상징계의 내용과 중첩되는 부분이 있다. 인간은 누구나 상징계 속에 진입하면서 여러 가지 페르소나를 가지고 살지 않을 수 없기 때문이다.

그런데 〈하울의 움직이는 성〉의 해피엔딩은 다소 애매한 타협과 절충이고 손쉬운 해결이라서 보는 이들을 허탈한 기분에 빠지게 한다. 어쩌면 미야자키 판타지 자체가 허수아비 같은 것일지도 모른다. 허수아비는 성장하지 않는다. 참새에게는 허수아비가 마치 온전한 주체처럼 보일지 몰라도 허수아비는 기껏해야 거울단계의 이미지처럼 전도된 주체에 지나지 않는다. 작품 속에서 황야에 거꾸로 박혀 있던 허수아비는 실은 노파로 변한 소피의 기표이다. 소피가 집을 나와 황야에서 처음 만난 허수아비를 바로 세워주었다는 것은 허수아비처럼 살아온, 그러니까 허수아비처럼 성장하지 않는 자기 자신에 대한 소피의 주체적 자각을 암시한다. 소피의 성장 이야기는 바로 이 시점부터 시작된다고 보아야 할 것이다.

그 성장 이야기에서 가장 주목할 대목은 소피의 몸이 〈이상한 나라의 앨리스〉처럼 수시로 변한다는 점이다. 영화 초반부에서 소피는 노파로 변한다. 그후 하울의 성에 들어간 다음에는 잠잘 때만 원래의 소녀 모습으로 돌아온다. 그러다가 괴수의 모습을 한 상처 입은 하울을 보살필 때나 하울과의 사랑이 점점 깊어지는 장면에서 소피는 수시로 소녀의 몸을 되찾는다. 이처럼 소녀와 노파의 몸적 교환은 페르소나의 관점에서 해석이 가능하다. 하지만 그것은 단순한 몸적 교환이 아니다. 소녀와 노파 사이에는 수십 년의 시간적 거리가 놓여 있다. 그러니까 소피는 소녀의 몸과 노파의 몸을 매개로 하여 시간을 넘나든 것이다. 이런 설정은 페르소나의 문제를 넘어서서 실재계적 주체의 문제를 제기한다. 그녀가 들어간 움직이는 성의 문은 상징계의 여러 장소뿐만 아니라 이계의 시간과도 통하는 문이기 때문이다.

소피는 가루시파의 심장을 손에 넣어 화염에 휩싸인 황무지의 마녀를 구하기 위해 무심코 가루시파에게 물을 끼얹는다. 그러자 불이 꺼지면서 소피는 하울의 죽음을 예견하여 절망에 빠지고 마침내 하울의 성이 무너진다. 소피는 성의 잔해 속에서 남은 문을 열고 어둠의 터널을 지나 하울의 어린 시절로 시간 여행을 한다. 그때 소피는 우주에서 날아온 푸른 불빛의 유성이 소년 하울의 몸 속으로 들어가고 그것이 다시 가루시파의 불로 토해내지는 장면을 목격한다. 성을 움직이는 가루시파의 불은 곧 소년 하울의 심장이 며 하울과 가루시파가 하나임을 알게 된 것이다. 이때 소피는 하울 과 가루시파에게 미래에 다시 찾아갈 것이니 자신을 기다려달라고 외친다. 이리하여 소피가 다시 문 바깥으로 나오자 문이 사라지고 그녀 앞에 괴조가 된 하울이 기다리고 있다. 소피는 하울에게 가루 시파를 가진 황무지의 마녀에게 데려다 달라고 부탁한다. 마침내 소피는 가루시파를 건네받아 '하울이 마음을 되찾을 수 있도록' 죽 은 듯이 쓰러져 있는 하울의 가슴에 넣어준다. 이리하여 하울이 되 살아나고 움직이는 성도 이전보다 더 아름다운 성으로 거듭난다. 그 과정에서 허수아비가 소피를 끝까지 지켜준다. 이와 같은 소피 의 시간 여행은 곧 언어 너머의 실재계로의 여행을 뜻하는 것이 아 니었을까?

상징계적 주체의 성장: 〈센과 치히로의 행방불명〉

상징계는 무의식의 주체가 구성되면서 동시에 소외되는 장소이다. 그곳에 머물기 위해서는 이름이 필요하다. 우리는 모두 상징계 안 에서 이름을 부여받아 주체가 된다. 이런 상징계적 주체는 한마디 로 분열된 주체로서 환상의 주체이자 욕망의 주체이기도 하다. 이 름을 잃거나 되찾는 이야기 혹은 새 이름을 부여함으로써 지배 권 력을 행사하는 이야기가 핵심을 이루는 〈센과 치히로의 행방불명〉 은 역대 일본 영화 흥행 2위(2018년 1월 기준)를 기록할 만큼 지금까 지도 인기가 많다.[3] 그 줄거리는 이렇다.

시골로 이사 가게 된 소녀 치히로는 무기력한 표정으로 가족과 함께 이상한 터널을 통과한다. 터널 너머의 세계에서 치히로의 부모는 주인 없는 식당에서 멋대로 음식을 먹다 돼지로 변한다. 치히로는 소년 하쿠의 도움으로 온천여관의 주인 유바바와 계약을 맺고 '센'이라는 새 이름을 부여받아 그곳에서 일하게 된다. 센은 매우 성실하고 열심히 일한다. 오물신을 치료하여 정결한 강의 신으로 돌아가게 했고, 끝없는 탐욕으로 거대하게 팽창한 가오나시가 제자리를 찾게 해주었으며, 하쿠의 본래 이름을 회복하도록 도왔다. 또한 유바바의 시험을 통과함으로써 돼지로 변한 부모를 인간으로 되돌아오게 했다. 이리하여 본명을 찾은 치히로는 부모와 함께 무사히 인간 세계로 귀환한다.

여기서 터널은 무의식으로 통하는 경계의 영역이다. 이 터널 앞의 석상은 양쪽의 얼굴을 하고 있다. 하나는 치히로의 가족이 온 방향, 즉 의식의 세계이고 다른 하나는 터널 저편에 있는 무의식 세계를 향하고 있다.

온천여관의 의미

그 무의식의 세계는 흥미롭게도 온천여관으로 설정되어 있다. 명확히 일본 역사와 전통의 근간이 되는 문화적 아이콘 중의 하나인 온천여관은 정화와 재생이라는 종교적 의식과 관계가 깊다. 그곳

---

3   1위는 신카이 마코토의 애니메이션 〈너의 이름은〉이다. www.eiga-ranking.com 참조.

은 계약과 엄격한 규칙이 존재하는 장소인 동시에 거대한 아기와 세 개의 굴러다니는 머리통의 기괴한 이미지뿐만 아니라 오물신과 가오나시 등의 요괴들과 신들이 등장하는 장소이기도 하다. 나아가 온천여관은 가장 근본적인 형태로 오염이 들어찬 근현대 일본 사회의 표상이기도 하다. 심지어 "유곽으로서의 목욕탕"(네피어, 2005: 415, 420, 426)이라는 해석까지 가능하다. 그곳을 찾는 손님은 모두 남자(남신)뿐이며, 실제로 메이지시대 초기까지만 해도 공중목욕탕에서 공공연히 매춘이 이루어졌다는 사실을 염두에 둔다면 이는 근거 없는 해석이 아니다. 하지만 일본에서 온천은 원래 환자의 치유 곧 정화와 재생을 위한 공간이었다. 라캉은 적어도 무의식의 영역에서 모든 인간은 근본적으로 오류의 존재로 소외되고 분열된 환자라고 생각했다. 이런 의미에서 온천여관은 소외되고 분열된 주체의 상징계적 공간을 표상한다고 말할 수 있겠다.

수많은 손님으로 북적이는 온천여관, 사금을 뿌려대는 가오나시와 그를 왕처럼 모시는 온천여관의 종업원들, 보물로 가득 찬 유바바의 방 등은 버블 경제 시기의 현대 일본을 연상케 한다. 온천여관에 닿기도 전에 치히로의 부모가 돼지로 변하는 장면은 1980년대 버블 경제 시기 일본인들의 탐욕스런 욕망을 투영한 것이라는 해석이 일반적이다. 이런 해석을 뒷받침하듯이 터널 너머에 전개된 황량한 테마파크의 풍경에 대해 치히로의 부친은 "이런 테마파크가 1990년대 무렵 여기저기 많이 세워졌다가 버블 경제가 무너지자 모두 망해버렸어"라고 말한다. 그 밖에도 부친의 고급 승용차나 전학하는 치히로가 받은 비싼 꽃다발 등도 버블 경제를 표상하는 지표라 할 수 있다.

한편 온천여관의 주인장 유바바는 제니바의 쌍둥이 동생이다. 이들의 관계를 둘러싸고 유바바=자아, 제니바= 초자아, 유바바의 아들 부우=이드로 보는 해석도 있다(김동욱, 2016). 하지만 그보다는 대타자의 관점에서 유바바와 제니바를 해석하는 편이 더 설득력이 있어 보인다. 이 마녀 자매의 이름은 공중목욕탕을 뜻하는 '센토(錢湯)'에서 따온 것이다. 제니바(錢婆)와 유바바(湯婆婆)의 한자명 첫 글자를 합친 것이 바로 '센토'이기 때문이다. 이는 이 자매가 온천여관이라는 상징계의 대타자로서 그곳을 지배하는 법의 두 이름임을 시사한다. 하나는 지배하는 법이고 다른 하나는 윤리를 대변하는 법이라 할 수 있지만, 양자 모두 폭력을 공유한다.

이름의 상실

"어찌 되든 일단 먹고 보자"는 치히로 부모의 참을 수 없는 욕망은 주이상스에 가깝다(염동철, 2014: 117-118). 이로 인해 돼지가 되었다는 것은 곧 부모의 부재를 지시한다. 그것은 치히로의 주체 형성에 필요한 오이디푸스적 삼자 관계의 원천적인 부재를 지시함과 아울러, 잃어버린 어떤 것으로서의 대상a와 환상적 관계를 구성하는 욕망의 주체가 향후 등장할 것임을 암시한다. 욕망의 주체는 결여에서 비롯되며, 영화 속에서 그 결여를 상징하는 것은 '이름의 상실'이다. 온천여관의 주인 유바바는 근로계약을 맺으면서 치히로라는 이름을 빼앗고 대신 '센'이라는 새로운 이름을 강요한다. 하지만 여기에는 미묘한 복선이 깔려 있다. 치히로(千尋)라는 이름 안에 이미 센(千, 치)이 들어 있기 때문이다. 이때의 '센'은 '많음'을 뜻하는 동시에 고대 일본의 풍습에서 변소에 빠진 아이에게 붙여진 이름이기도 하다. 한편 '히로(尋)'란 양손을 좌우로 벌렸을 때의 거리를 가리키는 동시에 '찾다'라는 뜻도 내포하고 있다. 따라서 우리는 치히로라는 이름에서 대상화될 수 없을 만큼 무한한 '천길만길(무수히 많은 히로)' 같은 어떤 것의 '발견'을 유추할 수 있다. 그것은 욕망을 지속하게 함으로써 우리를 살아가게 하는 근원적 결여인 대상a의 발견과 다르지 않다. 요컨대 센과 치히로는 상징계에서의 현진과 부재(결여)의 동시성을 의미한다.

〈센과 치히로의 행방불명〉의 등장인물 중 이름의 상실과 관련된 캐릭터는 비단 이런 센과 치히로뿐만이 아니다. 하쿠와 제니바도 이름의 상실과 관계가 깊다. 하쿠는 원래 어린 치히로가 강물에 빠졌을 때 그녀를 구해준 강의 신이다. 그는 유바바에게 이름을 뺏기면 인간 세계로 돌아가는 길을 망각하게 되기 때문에 절대 자신의 이름을 잊어서는 안 된다고 치히로에게 알려준다. 그의 말대로 치히로는 겉으로만 센으로 행세하고 끝까지 자신의 본명을 기억하고 지키려 애쓴다. 많은 이가 지나치기 십상이지만, 치히로는 유바바가 내민 계약서에 자신의 본명을 틀리게 기입했다. 오기노 치히로(荻野千尋)의 첫 글자(荻) 중에서 화(火)로 적어야 할 것을 견(犬)으로 적은 것이다. 이것은 치히로의 단순한 실수라기보다는 치밀하게 계산된 하쿠의 충고에 따른 것이라고 보아야 한다. 이와 관련하여 혹자는 하쿠에 대해 "치히로의 자아와 이드를 통제하는 초자아"(김동욱, 2016) 또는 "용과 인간의 모습을 순환하면서 치히로를 바라보는 실체적 대상으로서의 타자이자 비실체적 대상으로서의 대타자"(염동철, 2014: 125)로 해석하기도 한다. 그러나 실은 하쿠 자신도 이름을 상실해버리고 유바바의 지배를 받는 캐릭터이다.

치히로는 제니바의 공격을 받아 빈사 상태에 빠진 하쿠에게 경단을 먹여 안에 있던 마법의 벌레와 제니바의 도장을 토해내게 한 후, 하쿠를 구하기 위해 가오나시와 함께 늪의 바다(무의식의 심층)에 사는 제니바를 찾아가 도장을 돌려준다. 이때 바다를 건너가는 전철 안 풍경이 인상적이다. 얼마 안 되는 승객들은 치히로와 가오나시를 제외하고 모두 반투명의 그림자 형상을 하고 있다. 그들은 완전히 이름을 빼앗겨버린 소외된 주체를 묘사한 듯싶다. 이윽고 제니바 앞에 선 치히로는 자신이 센이 아니라 치히로라고 분명하게 말한다. 그러자 제니바가 "좋은 이름이야. 소중히 하거라"라고 충고한다. 그리하여 하쿠가 치히로 덕분에 제니바에게 용서받고 자신의 본명인 '고하쿠(니기하야미고하쿠누시)'를 되찾을 수 있었던 것이다.

그런데 〈센과 치히로의 행방불명〉은 단지 빼앗겼던 이름을 되찾는 이야기만으로 끝나지 않는다. 라캉적 주체의 관점에서 보자면 이름의 상실이 항상 부정적인 함의만 가지는 것은 아니다. 이름을 가진다는 것은 거세된 상징계적 주체가 된다는 것을 의미하며, 이름을 되찾아 인간 세계로 돌아간다는 것은 곧 상징계로의 귀환을 뜻한다. 이에 반해 이름의 상실은 역설적이게도 상징계의 지배 혹은 소외된 주체에서 벗어날 수 있는 하나의 잠재적 가능성을 내포한다. 작중에서 이름을 상실한 캐릭터들은 신들의 온천여관이라는 실재계에 위치한다. 그것은 성장의 정지를 암시한다. 만일 주인공 치히로가 다시 인간 세계로 귀환하는 서사를 성장 이야기로 볼 수 있다면, 그것은 바로 이런 맥락에서일 것이다. 하지만 그것이 과연 상징계로부터의 자유를 의미하는지는 아직 의문이다.

III. 욕망과 환상의 주체

일본의 재생: 오물신과 가오나시

앞에서 온천여관에 내포된 재생의 모티브를 언급했는데, 미야자키는 특히 오물신과 가오나시라는 요괴를 통해 일본의 재생을 말하고 싶어 하는 듯하다. 〈원령공주〉에서 에보시와 지코는 시시가미를 살해하려 한다. 그런 신의 살해가 가리키는 궁극적인 의미는 재생에 있다. 종반부에서 시시가미의 죽음과 함께 사멸했던 자연이 다시 살아나는 장면은 이 점을 잘 말해준다. 그러니까 미야자키는 〈원령공주〉에서 '생명을 불어넣는 것'을 뜻하는 애니메이션이라는 말 그대로 재생의 모티브를 강력하게 보여주고 있는 셈이다. 어쩌면 그는 신의 살해 이야기를 통해 일본의 재생을 꿈꾸었던 것일지도 모른다. 이와 마찬가지로 〈센과 치히로의 행방불명〉의 좀 더 큰 테마는 일본이라는 나라의 재생이라고 말할 수 있다.

온천여관을 찾는 손님은 인간이 아니라 신들이다. 우리는 여기서 신들도 목욕을 해야만 한다는 것, 신들도 더럽혀질 수 있다는 것, 즉 신은 결코 완전한 존재가 아니라고 여기는 일본적 신 관념을 엿볼 수 있다. 오물신은 이런 신 관념을 극적인 방식으로 표출하고 있다. 미야자키는 이 오물신과 관련하여 "일본의 강의 신들은 저 오물신처럼 슬프고 애절하게 살아간다. 이 일본이라는 섬나라에서 고통 받는 것은 인간만이 아니다"라고 말한 적이 있는데, 여기서 우리는 오물신 이야기가 단순히 판타지의 세계에만 존재하는 신들의 이야기가 아니라 바로 현대를 살아가는 일본인의 이야기이기도 하다는 점을 이해하게 된다. 오물신은 일본의 위기를 암시하는 캐릭터인 것이다.

그러나 오물신이 항상 부정적인 의미로만 해석될 수 있는 것은 아니다. 카니발 분위기의 온천여관은 그로테스크가 아름다움과 경쟁하고 정체성이 동요해버리거나 완전히 변해버리며 부패와 정화가 때로는 동전의 양면을 형성하는 그런 세계이다(네피어, 2005: 409). 부정과 청정, 추악함과 숭고함을 동시에 함축하는 온천여관을 배경으로 주체의 문제를 제기하고 있는 이 작품에서 치히로가 더러움 그 자체인 오물신을 씻기고 그 몸에 박힌 큰 가시를 빼내자 거기서 미끄럼틀, 폐자전거, 매트리스, 스프링 등 근대 문명의 폐품들이 쏟아져 나온다. 그러자 오물신은 고명하고 아름다운 강의 신 본래의 모습을 되찾는다. 그것은 흥미롭게도 하회탈을 꼭 빼닮은 형상이다. 이에 비해 민속학자 미나가타 구마구스(南方熊楠)는 「변소의 신(厠神)」이라는 글에서 "오물신은 푸른 옷을 입고 하얀 지팡이를 가지고 있다"(南方熊楠, 2015: 306)고 적고 있다. 이는 〈바람계곡의 나우시카〉에 나오는 "푸른 옷을 입고 황금색 들판에 나타나 잃어버린 대지와의 유대를 회복시키며 사람들을 푸른 청정의 땅으로 인도하는 구원자" 나우시카의 이미지와 닮았다. 여기서 황금색 들판이란 바로 오물(똥) 더미의 이미지와 겹친다. 또한 미야자키가 부해(腐海)의 숲이 정화 작용을 한다고 설정한 이유도 부해가 가지는 오물의 이미지와 겹친다. 거기에는 오물이란 새롭고 청정한 세계를 낳는 재생의 원천이라는 관념이 깔려 있다.

오물신이 찾아간 온천여관의 분위기는 안드레이 타르코프스키(Andrei Tarkovsky) 감독의 〈노스탤지아(Nostalghia)〉(1983)를 연상시킨다. 사실 〈센과 치히로의 행방불명〉은 〈노스탤지아〉를 모방한 구석이 없지 않다. 가령 〈노스탤지아〉도 주인공이 자동차를 놓아두고 초원을 건너가는 장면부터 영화가 시작된다. 그리고 〈노스탤지아〉의 주된 무대 또한 물이 넘치는 대중 온천이다. 물은 일반적으로 카오스, 무정형, 태내, 양수, 모성, 대지, 죽음뿐만 아니라 정화와 재생의 의미를 내포하는 상징이다. 그런 물의 신으로서의 오물신이 재생의 욕망과 연결되어 있다는 점은 매우 자연스러워 보인다. 하지만 이와 함께 오물신의 장면이 본질적으로 구토와 배설의 과잉 혹은 잉여를 보여주는 영상이라는 점도 부인할 수 없다.

과잉이란 무엇일까? 그것은 재생의 욕망과 어떤 관계가 있을까? 과잉은 〈센과 치히로의 행방불명〉에서 넘쳐나는 물과 오물의 이미지와 더불어 또 하나의 인상적인 신, 즉 가오나시의 장면에서도 누드러지게 나타난다. 가오나시는 일본어로 '얼굴 없음(顔無し)'을 뜻하는 이름이다. 영화에서 이 캐릭터는 가면 같은 하얀 얼굴에 검은 신체를 하고 있다. 갈수록 흉폭해지는 이 신은 "외로워, 외로워. 갖고 싶다, 갖고 싶다. 먹고 싶어, 먹고 싶어"라는 말만 되풀이하면서 탐욕스럽고 게걸스럽게 모든 것을 먹어치우는 블랙홀 같은 존재로 묘사된다. 가오나시는 그리스신화에 나오는 에코처럼 자기 목소리를 갖고 있지 않으며, 다른 생명체를 먹어야만 그 생명체의 목소리를 빌려 말할 수 있을 뿐이다. 그리하여 끊임없이 모든 것을 먹어치우는 가오나시의 몸은 갈수록 거대하게 팽창한다.

이런 그로테스크한 신체성은 온갖 부정성과 이물질의 뒤섞임, 하반신의 쾌락, 기이한 배치와 패러디, 일탈과 과잉의 모순을 보여준다. 어쩌면 그것은 제국주의적 근대 일본의 팽창주의를 상징하는 과잉일지도 모른다. 실제로 이 영화에서 묘사된 일본은 1930-1940년대의 일본, 즉 패전 전의 제국주의 일본이다. 즉 가오나시의 신체성은 자본주의적 근대 일본의 과잉 소비문화, 감정과 이성의 과잉, 기계적 신체의 과잉을 표상한다. 그러한 과잉은 가오나시의 음식 섭취만이 아니라 정반대의 행위인 구토와 배설로도 표현된다. 가오나시는 오물신이 수많은 쓰레기를 토해내듯이 종업원들을 토해냄으로써 원래 크기로 돌아온다. 이와 같은 과잉의 표현인 구토와 배설은 온천여관이라는 상징계의 세계에 위기가 닥쳤음을 잠재적으로 시사한다(네피어, 2005: 422).

과잉을 뒤집어보면 거기에는 텅 빈 결핍과 부재의 얼굴 없는 기표들이 가득 차 있다. 텅 빈 기표로서의 가오나시, 그것은 일본의 현주소를 말해주는 매우 역설적인 캐릭터이다. 왜냐하면 그것은 재생의 욕망과 결부된 결여의 기표이기 때문이다. 확실히 재생을 위해서는 결여와 비움이 필요하다. 〈원령공주〉의 캐치프레이즈였던 "살아라, 그대는 아름다우니!"라는 말을 "먹어라, 그대는 아름다우니!"라고 바꾸어보면 어떨까? 먹어서 썩히고 배설을 해야 살 수 있으니까 말이다. 어쩌면 일본의 신(神)이란 오물과 부패로부터 재생에 이르도록 인도하는 모든 것을 지칭하는 말이었는지도 모른다. 어쨌거나 미야자키는 오물신과 가오나시라는 캐릭터를 통해 끊임없이 일본의 재생을 촉구하는 메시지를 발신하고 싶어 했던 것 같다(박규태, 2005: 65-72).

욕망의 주체와 가오나시

여기서 가오나시와 상상계의 관계에 대해 좀 더 생각해보자. 가오나시는 사금으로 치히로에게 호의를 표명하는데, 치히로가 이를 거부하자 그녀를 먹음으로써 소유하고 싶어 하는 공격성을 표출한다. 하지만 그럼에도 치히로가 반응을 보이지 않자 가오나시는 마치 엄마를 쫓아다니는 아기처럼 치히로를 따라다니면서 구토하고 똥을 싼다. 이런 가오나시는 한 가지 일에 과도하게 집착하는 오타쿠처럼 보인다. 혹은 나우시카를 어머니로 인식하여 자신의 존재를 인정받고자 하는 만화 『나우시카』의 거신병을 상기시키기도 한다. 이와 같은 가오나시의 편집증적 증상은 이자 관계를 축으로 하는 상상계에 속한 것(염동철, 2014: 125)이라 할 수 있다. 다른 한편 이는 구순기의 아이 혹은 구순기 단계에서 성장이 멈추어버린 어른을 표상하기도 한다. 치히로가 준 경단을 먹은 후 모든 것을 토해내고 얌전해진 가오나시가 치히로와 함께 제니바에게 갔다가 계속 그곳에 머무르게 된다는 설정은 이런 해석을 뒷받침해준다. 이때 제니바는 치히로의 초자아로서 가오나시라는 구순기의 유아를 맡은 대리모로 기능한다(강효정, 2005: 77).

이처럼 구순기의 아기처럼 치히로에 집착하는 가오나시를 치히로의 그림자 혹은 도플갱어로 볼 수 있는 여지도 존재한다. 혹자는 치히로를 "욕망하지 않는 존재"로 간주하면서 그런 치히로 앞에서 끊임없이 토해내는 가오나시를 "채움에서 비움으로 이동하는 존재"(이혜선, 2006: 231-232)로 이해한다. 이는 무언가를 먹는다는 것과 토한다는 것을 욕망의 채움과 비움으로 대비시키는 데에는 설득력 있는 설명이지만, 치히로는 결코 욕망하지 않는 존재가 아니다. 가오나시의 욕망이 곧 치히로의 욕망이기 때문이다. 가오나시는 욕망하는 자가 있어야만 목소리를 낼 수 있으며, 그 목소리는 욕망하는 타자의 것과 동일하다. 그는 결여 앞에서 허기를 느낄 때에만 존재한다. 그러니까 가오나시는 욕망이라는 빈자리를 표상하는 기표, 또는 욕망과 욕망하는 주체 자체를 나타내는 기표라는 말이다. 주체는 가오나시처럼 결여를 채우려는 욕망 속에서만 발견된다. 치히로가 자신의 이름을 유바바에게 빼앗겼음에도 불구하고 온천여관의 질서에 순응하여 일에 집착하는 것은 가오나시의 욕망과 크게 다르지 않다. 그것은 소외된 주체의 모습을 보여준다.

시고토와 주체의 소외

본서 2장에서 자세히 설명했듯이 일을 일본어로 '시고토'라 한다. 치히로는 온천여관의 세계에 들어가 이름을 빼앗겨 센이 된 후, 자신에게 주어진 시고토와 책무를 다하면서 성심성의껏 오물신과 가오나시의 문제를 해결하고, 나아가 하쿠의 생명을 구하기 위해 위험을 무릅씀으로써 자기희생적인 진정한 사랑을 실천한다. 그 과정에서 센이 새로운 치히로로 성장하는 정체성 구현의 이야기가 〈센과 치히로의 행방불명〉의 핵심 서사라고 볼 수도 있겠다(박기수, 2004: 303). 이렇게 새로운 치히로로 성장하는 정체성 구현의 입문적 이야기라고 보는 관점이 이 작품에 대한 가장 상식적인 이해일 것이다. 물론 자신이 맡은 바 책무를 다한다는 '기리'와 '세켄'이나 타자에 대한 이해와 배려를 뜻하는 '오모이야리' 또는 하쿠에 대한 센의 보은(온가에시) 등과 같은 문화코드에 초점을 맞추어볼 때 이 작품의 핵심 서사를 입문적 이야기로 볼 수 있는 여지가 없는 것은 아니다. 그러나 일본문화코드의 중핵이라 할 수 있는 '시고토'와 '잇쇼켄메이' 및 '마코토'에 주목한다면 표면 밑의 다른 심층이 보이기 시작한다.

일본 문화에서 기리나 세켄의 원리는 받은 만큼 돌려주면 끝나는 유한한 책무로 간주되는 데 비해 시고토는 주군에 대한 충성이나 부모에 대한 의무처럼 무한한 책무로 여겨진다. 그것은 잇쇼켄메이와 마코토의 윤리를 요구한다. 가령 작품 속에서 거대한 가마솥 등 온천여관의 동력원을 관장하는 총책임자인 가마 할아범은 밥 먹을 때조차 쉬지 않고 6개의 팔을 움직여 열심히(잇쇼켄메이) 일만 한다. 치히로를 비롯한 온천여관 직원들도 그와 마찬가지로 시고토의 무한한 의무를 강요받으면서 혹사당한다. 하쿠는 치히로에게 "이 세계에선 일하지 않으면 유바바가 동물로 만들어버린다"는 온천여관의 무시무시한 규율을 알려주면서 "가마 할아범한테 거기서 일하고 싶다고 부탁해! 거절한다고 해서 포기하면 안 돼!"라고 말한다. 그러자 치히로는 이 충고에 따라 가마 할아범에게 가서 "여기서 일하게 해주세요! 여기서 일하고 싶습니다! 일하게 해주세요!"라고 애원한다. 이 장면은 상징계와 대타자의 억압, 즉 무언의 사회적 압력이 유난히 강한 일본 사회와 시고토를 무한한 의무로 간주하는 일본 문화를 여실히 반영하고 있다. 주인공 치히로에게는 오직 시고토만이 살아남아 있을 수 있는 유일한 방도였다. 그래서 치히로는 이름을 잃어버렸는데도 '잇쇼켄메이' 시고토에 매달릴 수밖에 없었다. 이것이야말로 치히로가 보여준 '마코토'의 실상이다.

하지만 온천여관에 오기 전의 치히로는 겁쟁이에 무기력한 아이였는데, 온갖 시련을 다 겪은 후 돼지가 된 부모를 인간으로 되돌아오게 한 치히로가 터널을 지나 본래의 세계로 돌아오는 마지막 장면에서도 겁쟁이에 무기력한 모습을 보여준다. 따라서 일반적으로 〈마녀 배달부 키키〉와 더불어 가장 전형적인 성장담이라고 말해지는 이 작품은 실은 성장 이야기가 아닐지도 모른다. 그렇다면 〈센과 치히로의 행방불명〉의 핵심 서사는 무엇일까? 그것은 온천여관으로 표상되는 실재계가 실은 상징계(인간 세계)의 이면일 뿐이고 따라서 거기서도 소외되고 분열된 상태로 살아가지 않을 수 없는 주체의 '불가능한 성장'에 관한 이야기라 할 수 있다.

왜 '불가능한 성장'인가? 그 이유는 소외의 본질과 깊이 연루되어 있다. 라캉은 자아, 주체, 기표(언어), 쾌락원칙, 욕망, 주이상스, 물(da Ding) 등 다양한 맥락에서 소외를 말한다. 가령 소외란 거울단계에서의 자아 형성에 수반되는 오인 구조에서 비롯된 것, 주체가 기표에 의해 대리되는 것을 뜻한다. 나의 정체성을 지배하는 언어가 실은 나의 것이 아니라 타자의 언어라는 점, 또는 나의 욕망이라고 생각되는 것이 실은 타자의 욕망이라는 점도 소외를 초래한다. 그런 타자의 욕망을 끊임없이 반복하는 주체, 상징계의 사회적 권력에 의해 거세된 주체는 곧 소외의 주체이다. 나아가 소외란 쾌락 혹은 주이상스가 억압된 상태, 주체가 물로부터 격리된 상태

등을 가리키는 말이기도 하다. 그러나 성장의 불가능성을 결정적인 것으로 만드는 소외는 다음 백상현의 지적처럼 무엇보다 지식과 관계가 있다.

> 라캉은 인간이 스스로 발명해낸 지식에 의해 자신의 존재를 남김없이 분절당하여 소진되는 것을 소외라고 불렀다. 그것이 첫 번째 죽음이다. 나아가 우리는 실재의 끝자락인 대상a의 매혹에 사로잡혀 지배받는다. 이것이 두 번째 죽음이다. 그리하여 우리는 지식과 그 구멍 사이를 배회하는 반복 운동 속에 있다. 하나의 지식을 취하는 것은 또 다른 소외의 지평으로 나아가는 것이다(백상현, 2017b: 9-10).

성장은 지식의 성장을 수반하게 마련이다. 언어의 습득은 물론이고 '나'라는 아이덴티티의 확립에서 반복되는 욕망에 이르기까지 우리는 모든 유형의 지식을 취하면서 성장한다. 그런데 그런 지식의 전유, 곧 나는 나라는 의식과 내가 무언가를 안다고 생각하는 것 자체가 바로 소외라는 것이다. 따라서 우리가 지식을 포기하지 않는 한 소외에서 벗어날 수 없다. 그런데 우리가 살아 있는 한 지식을 버린다는 것은 불가능하다. 이리하여 피할 수 없는 소외 안에서 살아 있지만 죽은 자나 마찬가지인 주체는 환상의 대상(대상a)의 지배를 받으면서 두 개의 죽음, 즉 소외된 주체와 환상의 주체 사이를 무한 반복하게 된다.

환상의 주체

그러므로 〈센과 치히로의 행방불명〉은 결코 불완전한 주체가 상징적 죽음으로서의 시련을 극복한 후 완성된 주체로 거듭난다는 입문적 서사가 중심이 될 수 없다. 〈센과 치히로의 행방불명〉을 비롯한 미야자키의 작품이 중심 서사는 종종 환상의 주체를 둘러싸고 전개된다. 여기서 환상의 주체란 환상에 머물러 있는 주체를 가리킨다. 그 결과 미야자키의 작품은 종종 환상 가로지르기에 실패하고 그에 따라 주이상스로부터의 방어가 어려워질 수 있다. 가령 〈바람계곡의 나우시카〉는 "처음부터 나우시카를 메시아적 존재로 상정한 까닭에 더 이상 성장을 필요로 하지 않았고, 이로 인해 그녀의 희생을 납득 가능하게 만들어줄 성장의 과정이 누락"됨으로써 환상 가로지르기의 주체 자체가 부재하는 결과를 낳았다. 또한 〈천공의 성 라퓨타〉의 경우는 그 묵시록적 주제에도 불구하고 "파국을 초래하는 원인에 대한 진지한 고민이나 갈등보다는 가볍고 명랑한 판타지적 모험 활극의 성격이 더 강하고 지배적"이라서 환상 가로지르기의 주체가 끼어들기 어려운 서사 구조가 되어버렸다. 무엇보다 환상 가로지르기에 실패한 결정적인 사례는 〈원령공주〉에서 찾아볼 수 있다. 산, 에보시, 아시타카의 공존이라는 애매한 결론은 "타자성의 긍정과 생명의 추구라는 이 작품의 주제가 '함께 사는 거야'라는 한마디로 수렴되기에는 좀 더 구체적이고 실천적인 고민이 수반되어야만 한다"(박기수, 2018: 20, 61, 184)는 지적처럼 각 주체들의 환상 가로지르기를 원천적으로 무효화시키는 효과를 초래한다.

이처럼 미야자키의 작품 속의 캐릭터들이 환상 가로지르기에 실패하는 주된 원인 중 하나는 작품 자체에 만연하는 과잉 환상 때문이다. 이로 인해 서사 구조에 균열이 생길 수 있는 것이다. 특히 판타지 장르의 애니메이션은 이미지의 세계인 상상계에 깊이 뿌리를 내리고 있다. 그런데 실제로 환상의 기제가 작동하는 것은 실재계와 상징계 사이에서이다. 그 환상에는 겉과 속이 있다. 예컨대 환상은 종종 이데올로기를 거부하는 듯한 제스처를 취한다. 그것은 환상의 표면이다. 하지만 한편으로 환상 자체가 이데올로기적인 역할을 수행하기도 한다. 이것은 환상의 이면이다. 좀 기이한 어법을 쓰자면 환상(작품)은 환상(이데올로기)으로 교묘하게 위장된 허상인 셈이다. 이와 같은 균열은 다양한 방식으로 서사적 왜곡을 초래한다.

예를 들어보자. 〈원령공주〉의 제철소 다타라바에는 두 종류의 전혀 이질적인 여성 섹슈얼리티가 등장한다. 하나는 가혹한 노동으로 민낯의 손발이 억세진 여성 노동자들이고, 다른 하나는 세련된 도회풍의 미인 사업가 에보시이다. 양자 사이에는 넘기 어려운 큰 강이 흐르고 있다. 그럼에도 불구하고 우리는 그런 모순을 쉽게 알아채지 못한다. 왜냐하면 숲의 신들과의 신화적 전쟁이나 산과 아시타카와 에보시 사이의 미묘한 로망과 에보시의 휴머니즘이라는 환상이 우리 시야를 가로막고 있기 때문이다. 또한 〈붉은 돼지〉 같은 작품은 스스로 돼지가 되기를 원한 주인공 포르코의 환상과 전체주의적 파시즘에 대한 비판이라는 이데올로기가 서로 뒤엉켜 있기 때문에 그 해독이 쉽지 않다.

미야자키의 작품은 때때로 이런 환상적 요소가 너무 강렬한 나머지 관객들로 하여금 숨겨진 밑그림의 이데올로기를 제대로 보지 못하도록 방해한다. 그것은 모노노아와레적 감성 차원에서 이루어지는 일종의 전체주의라 할 수 있다. 우리는 특히 일본을 강하게 의식하면서 만들어진 〈원령공주〉나 〈센과 치히로의 행방불명〉 등을 비롯하여 미야자키의 작품 전반에서 은밀한 '제국주의적 욕망'을 읽어낼 수 있다. 이런 관점에서 일본은 애니메이션의 제국이며 미야자키의 작품은 제국의 애니메이션이라는 비판도 가능해 보인다. 거기에는 '억압으로서의 판타지'나 '상상력의 파시즘'이 끼어들 여지가 많아 보인다. 사실 판타지만큼 환상 가로지르기를 통해 작가와 관객에게 자유를 환기시켜주는 장르는 다시없을 것이다. 이와 동시에 판타지만큼 환상 가로지르기를 방해하는 장르도 찾아보기 힘들다. 미야자키의 작품들은 이 두 가지, 즉 환상 가로지르기의 가능성과 불가능성 모두를 보여준다.

IV. "살아라!"는 정언명령

일본 영화와 애니메이션에는 등장인물의 입을 통해 유독 "살아라!"는 명제가 자주 발해진다. 그것은 칸트의 정언명령(kategorischer Imperativ) 같은 분위기를 띠고 있다. 라캉은 칸트야말로 프로이트에 의한 무의식의 발견으로 나아가는 출발점이라고 본다. 칸트는 '쾌락원칙 너머'의 차원을 윤곽 지은 최초의 인물이었다는 것이다. 일반적으로 라캉 하면 데카르트적 코기토 혹은 칸트적인 초월적 코기토에 반대하여 주체의 탈중심성을 주장한 인물로 알려져 있다. 하지만 이는 잘못된 이해이다. 프로이트적 무의식의 탈중심화된 주체는 다름 아닌 데카르트적 코기토에서 비롯된 것이며, 그것이 칸트의 초월적 주체에 이르러 한층 더 심화되었다는 주장이 라캉의 핵심 테제 중 하나이다. 라캉에 따르면 '나'는 처음 기원부터 '나 자신의 바깥'에 있으며, 내 존재의 정신적 실체 혹은 내가 나의 정신적 자양분을 이끌어내는 뿌리도 '나 자신의 바깥'에 있다. 그리하여 라캉은 "나는 내가 생각하지 않는 곳에서 존재하고, 내가 존재하지 않는 곳에서 생각한다"(라캉, 1994: 80)고 말한다. 이는 "나는 생각한다. 그러므로 나는 존재한다"거나 혹은 "나는 내가 생각하는 곳에 존재한다"는 데카르트적 코기토에 대한 반(反)정언으로, 주체의 탈중심성을 표명하는 선언문이라 할 수 있다.

그런데 이 탈중심화된 주체는 칸트적인 초월적 주체와 연계되어 있다. 양자에게 공통된 핵심적인 특징으로 그것들 모두가 텅 비어 있으며 그 어떤 실체적 내용도 박탈당했다는 점을 들 수 있다. 가령 칸트는 『순수이성비판』에서 "나 자신에 대한 순수한 사유 속에서 나는 존재 그 자체이다(ich bin das Wesen selbst)"라고 했는데, 이는 일체의 한정적이고 객관적인 존재가 순수한 사유 속에서 증발해버려 텅 빈 공백만 남는다는 것을 뜻한다. 라캉에게 이 공백은 욕망의 주체를 의미한다. 그리하여 라캉에게 윤리는 궁극적으로 욕망의 윤리가 되며, 거기서 칸트적 도덕법칙, 즉 정언명령은 욕망의 명령이 된다. "도덕법칙은 좀 더 면밀하게 들여다보면 가장 순수한 상태에서의 욕망일 뿐이다."(Lacan, 1977: 275) 이런 의미에서 "라캉 정신분석은 일종의 순수 욕망 비판"(지젝, 2004: 7-12)이며, 칸트가 말하는 정언명령은 초자아와 다르지 않다고 말할 수 있다.

많은 일본 영화와 애니메이션 속의 등장인물들은 다름 아닌 자기 자신의 초자아가 발하는 정언명령에 복종하는 장면을 연출한다. 그것이 "살아라!"라는 정언명령이다. 이 정언명령에서의 '정언'이란 그 자체 이외의 다른 목적과 연관되거나 그것에 의존하지 않는 것을 의미한다. "너 자신의 인격과 다른 모든 사람의 인격 가운데 있는 인간성을 언제나 동시에 목적으로 사용하고 결코 수단으로만 사용하지 않도록 행하라"(Kant, 2011: 84-85)는 정언명령 제2원칙은 이 점을 잘 보여준다. 따라서 "살아라!"는 반복적인 멘트를 하나의 정언명령으로 본다는 것은 삶에의 의지 혹은 욕망을 수단이 아닌 목적 그 자체로 간주한다는 것을 가리킨다.

내가 일본에 유학 간 지 얼마 지나지 않았을 때 밤을 새며 보았

던 구로사와 아키라(黑澤明) 감독의 작품이 생각난다. 위암으로 죽음에 이르기까지 "살아라!"는 정언명령에 따라 흔들림 없이 묵묵히 자기 일을 하는 시청 직원 와타나베에 대한 이야기인 〈살다(生きる)〉(1952)라는 흑백영화가 그것이다. 아직 일본어도 알아듣지 못하던 당시에 눈두덩이 부어오르도록 밤새 펑펑 울었던 것은 이 영화가 아마도 "살아라!"는 내 안의 정언명령과 깊은 공명을 이루었기 때문일지도 모른다. 나가이 아키라(永井明) 감독의 최근 영화 〈세상에서 고양이가 사라진다면(世界から猫が消えたなら)〉(2016)의 여러 등장인물도 "살아갈 거야!"를 연발한다. 인간의 외양을 하고 있지만 인간을 먹어야만 살 수 있는 구울 종족의 이야기를 다룬 화제작 〈도쿄 구울(東京喰種)〉 또한 2017년에 개봉한 실사영화에서 다음과 같이 "구울이라 할지라도 살아야 한다"는 메시지를 전한다.

도우카: "우리 같은 구울도 살고 싶다고 생각하는 게 뭐가 나빠? 살려고 태어나서 양육된 거야. 사람밖에는 먹을 게 없어. 이런 몸으로 어떻게 살아야 올바른 거야?"
구몬 구사관: "너 같은 괴물이 살고 싶다고 생각하는 것 자체가 죄야."
히나미: "나, 살아도 되는 걸까? 내가 사람을 해쳤어."
가네키: "네 엄마는 네게 틀림없이 '살아라'라고 말했을 거야."

애니메이션의 경우는 실사영화보다도 "살아라!"는 정언명령의 표출이 더욱 두드러진다. 가령 안노 히데아키는 〈신세기 에반게리온〉 극장판(〈앤드 오브 에반게리온〉) 마지막 장면 및 TV시리즈 제20화에서 유이의 입을 통해 "걱정 없어. 모든 생명에는 복원하고자 하는 힘이 있어. 삶의 의지를 가지고 살아가려고만 생각한다면 어디든 천국이 될 수 있어. 살아 있기만 하면 행복해질 기회는 어디에라도 있어"라는 메시지를 던지고 있다. 또한 세카이계를 대표하는 〈최종 병기 그녀〉의 마지막 장면에서는 알 수 없는 이유로 대지진과 해일이 지구를 멸망시키고 슈지와 화석화된 치세만 남는다. 거기서는 너와 나만의 약속이 가장 의미 있는 것으로 제시된다. 모래로 변한 여주인공 치세는 마침내 슈지 안에 존재하게 된다. 이처럼 하나가 된 둘은 "살자!"라고 말한다. "살아라!"는 정언명령은 이 밖에도 전래 설화를 소재로 한 서정적 작품에서부터 전쟁물이나 SF 장르에 이르기까지 마치 주문처럼 반복적으로 나타난다.

예컨대 다카하타 이사오 감독의 수채화 같은 애니메이션 〈가구야공주 이야기(かぐや姫の物語)〉(2013)는 유명한 고전『대나무 이야기(竹取物語)』를 재구성한 것인데, 주인공 가구야공주는 "저는 살아가기 위해 이 세상에 태어났어요. 새나 짐승이 그렇듯이"라고 말한다. 그녀는 "살아 있다는 느낌만 있다면" 어떤 고생이라도 감내할 수 있다고 생각한다. 여기서 '살아 있다는 느낌(手ごたえ)'이란 손으로 만져서 느낄 수 있는 것을 가리킨다는 점에 주목할 만하다. 이런 어법은 추상적인 것보다는 손으로 만질 수 있고 눈에 보이는 구체적인 것을 더 추구하는 일본인의 사유 방식과 관계가 있다. 특히 가구야공주가 달로 돌아가는 마지막 장면은 독특한 생명 예찬의 정수를 보여준다. 공주가 날개옷을 입으면 지상의 모든 기억이 사라진다. 날개옷을 입히려는 선녀가 지상에 미련을 보이는 공주에게 "이제 그만 가세요. 청정한 달에는 마음 아픈 일도 없고 지상의 더러움(게가레)도 없어요"라고 하자, 공주는 "더러운 건 없어! 기쁨도 슬픔도 이 땅에 존재하는 것들은 모두 생기가 넘쳐! 새, 벌레, 짐승, 풀, 나무, 꽃, 사람의 정(情) 모든 것이"라고 외친다. 본래 더러운 것은 없다. 눈을 씻고 보아도 없다. 오직 자기만 깨끗하고 다

른 건 다 더럽다고 여기는 그 마음만이 더러운 것이다. 인간의 삶이 아무리 많은 상처와 슬픔으로 얼룩져 있다 하더라도 지금, 여기의 모든 것이야말로 미래의 희망이므로 괴롭고 아픈 기억들까지 모두 기억하겠다고 노래하는 테마곡 〈생명의 기억〉과, "태어나서 자라고 죽는다 해도 삶의 물레방아는 돌고 또 돌아 차례차례 생명이 되살아난다"는 엔딩송의 가사는 "살아라!"라는 정언명령이 주체의 조건을 무화시키면서 상징계와 실재계를 넘나드는 초월적인 것임을 시사한다.

데즈카 오사무 원작의 애니메이션 〈불새〉(TV시리즈 여명 편 4화)에서도 초월적인 정언명령이 나온다. 사방이 거대한 절벽으로 막힌 분지에서 살던 구즈리 가족의 아들 다케루가 암벽을 타고 탈출을 시도하다 죽음의 위기에 처했을 때 불새가 나타나 "살아라!"고 명한다. 여기서 불새는 명백히 대타자의 속성을 띠고 있다. 이에 비해 SF장르의 경우 "살아라!"는 정언명령은 초월적이라기보다는 오히려 내재적인 것으로서 상상계와 상징계를 넘나든다. 가령 오시이 마모루의 〈스카이 크롤러(スカイ クロラ)〉(2008)에는 상상계에 머무른 채 어른이 되지 않는 소년 소녀들인 '킬드레(kill-dolls, kildren)'가 등장한다. 어린 시절이 소거된 채 성장하지 않는 아이 킬드레는 유전자 조작으로 태어난 복제 인간이다. 전사하지 않는 한 죽지 않는 존재인 킬드레는 대리 전쟁을 위한 부품 혹은 도구에 불과하다. 전투가 일종의 쇼가 되어버린 미래 세계에서 킬드레는 "서로 죽이는 걸 보지 않으면 살아 있다는 실감을 할 수 없는" 존재임에도 불구하고 "살아라. 무언가가 바뀔 때까지"라고 말한다. 성장하지 않는 상상계적 주체가 상징계의 변화를 원하고 있는 것이다. 그러나 1980년대 애니메이션 붐에 확고한 계기를 제공한 마쓰모토 레이지 감독의 SF애니메이션 TV시리즈 〈우주전함 야마토(宇宙戰艦ヤマ

ト)〉(1974)에서는 "야마토의 생명을 살리는 것이 너의 사명"이라는 함장 오키타 주조의 말에서 느낄 수 있듯이 삶의 정언명령이 내셔널리즘적 서사로 나타나기도 한다.

한편 전쟁의 역사를 다룬 작품들은 종종 '피해의 신화'에 대한 조건반사적 성격을 수반한다. 가령 나카자와 게이지(中澤啓治) 원작의 애니메이션 〈맨발의 겐(はだしのゲン)〉(1987)에 나오는 원폭 투하를 둘러싼 지옥 같은 장면은 기노시타 렌조(木下蓮三)의 〈피카돈(ピカドン)〉(1978)이나 다카하타 이사오의 〈반딧불의 묘(火垂るの墓)〉와 마찬가지로 '피해의 신화'를 보여준다. 하지만 이와 동시에 "최고 살인자는 천황"(가쓰코)이라는 멘트나 "난 비국민이야. 아빠는 그걸 자랑스러워한단다. 이렇게 서로 죽고 죽이는 전쟁이 옳을 리 없잖니. 비국민이라 해도 좋고 비겁하다고 해도 좋아. 다른 사람의 생명과 자신의 생명을 지키는 것이 참된 용기니까. 그걸 위해 싸우는 것이야말로 진짜 싸움이란다"라고 말하는 겐의 아빠 및 재일교포 박씨의 비참한 생활의 묘사에서 엿볼 수 있듯이 〈맨발의 겐〉은 가해자 의식도 표현하고 있다. 결코 아이가 감당할 수 없는 참담한 현실 속에서도 "난 안 질 거야. 보란 듯이 힘차게 살고 또 살아갈 거야"(겐)라는 메시지의 발신처는 바로 피해자 의식과 가해자 의식이 교차하는 지점이다.

〈원령공주〉의 '살아라!'는 주문

하지만 "살아라!"는 정언명령을 일본 사회에 하나의 백주술적 주문처럼 각인시킨 작품은 역시 미야자키의 〈원령공주〉라 할 수 있다. 이미 〈미래소년 코난〉 등에서도 "살아라, 꿋꿋하게 살아라"와 같은 멘트가 등장하지만, 〈원령공주〉의 그것은 "모두 다 죽어버렸으면!"

(신지)이라는 〈신세기 에반게리온〉(1995)의 흑주술적 주문에 대한 반작용이라는 측면을 내포한다는 점에서 더 주목할 만하다. 사슴신 시시가미는 다 죽어가는 아시타카에게 명백히 대타자의 자리에서 "살아라!"라고 명한다. 조엽수림적인 '생명의 장(場)'을 상징하는 이 시시가미는 대타자 신이 그러하듯이 본질적으로 선하지도 악하지도 않다. 이와 마찬가지로 절대적 생명의 인간적 표현인 '욕망' 역시 그 자체로는 선하지도 악하지도 않다. 그렇기 때문에 우리는 욕망이 어떤 배치하에서 움직이게 되는지를 물어야 한다. 이때 시시가미가 보여주는 진실은 생과 사를 넘어선 '생명 그 자체'에 있다. 그래서 시시가미를 접한 아시타카는 "생도 사도 생명의 두 측면"이라고 말한 것이다. 요컨대 시시가미의 '살아라!'는 정언명령은 인간이 욕망하는 바로 그것이다. 생명은 욕망이고 죽음도 욕망인 것이다. 우리는 때로 살기 위해 우리의 죽음을 욕망한다. 그렇다면 증오도 욕망일까? 미야자키는 이렇게 말한다.

> 과연 증오를 극복할 수 있을 것인지가 내 작품 최대의 테마였다. 결론부터 말하자면 증오는 극복할 수 없다. 이 세상은 재앙(다타리) 그 자체, 증오 그 자체이기 때문이다. 그렇다면 살 가치가 없다는 말인가? 아니면 그렇기 때문에 살 만한 가치가 있는 걸까? 내 안에 끈적거리는 증오와 분노 같은 것이 있을 때, 그것을 어떻게 제어할 것인가? 나는 그런 것을 다 제어할 수 없는 인간이다. 나는 나의 모든 모공과 구멍에서 알 수 없는 검은 것이 분출하는 체험을 여러 번 했다. 인간이란 모두 그런 것을 가지고 있는 것이 아닐까 생각해서 재앙신 같은 캐릭터를 만든 것이다. 폭력은 인간 속에 있고, 생명에는 흉폭함과 잔인성이 붙어 있다. 그러니까 이 점을 전제로 해서 생각해

야만 한다(宮崎駿, 1997a: 36-37. 필자의 요약).

"극복할 수 없다"는 점에서 증오는 욕망과 닮았다. 미야자키는 산다는 것이란 증오, 분노, 재앙, 폭력 같은 것들과 함께 살아간다는 것, 내 안팎 곳곳에 끈적끈적 들러붙어 있는 검은 심연들을 들여다보면서 그것들을 견디고 때로 그것들과 맞서 싸우는 것임을 너무도 잘 알고 있었다. 그런 그가 시시가미의 입을 빌려 "살아라!"라고 말할 때 그것이 의미하는 바는 결코 단순한 생명 예찬이 될 수 없다. 그것은 "청정과 오탁이야말로 생명"이라고 말하는 만화판 『바람계곡의 나우시카』나 전술한 〈가구야공주 이야기〉의 경우와 마찬가지로 부정적인 것까지 모두 삶의 조건으로 긍정하는 초월적인 정언명령에 가깝다. 여기서 〈원령공주〉의 마지막 장면을 다시 한번 상기해보자.

> 아시타카: "시시가미는 안 죽어. 생명 그 자체니까. 생명과 자연이 있는 한 나보고 살라고 그랬어."
> (아시타카는 저주가 풀린 오른손을 본다. 떠나는 산을 배웅하는 아시타카)
> 산: "아시타카를 좋아해. 하지만 인간은 용서할 수 없어."
> 아시타카: "그래도 괜찮아. 산은 숲에, 나는 타타라 마을에 있을 거야. 우리 함께 살아가자. 만나러 갈게. 야쿠루를 타고서."
> (고개를 끄덕이는 산)

박기수는 이 대목을 자연과 인간의 화해 및 조화를 통한 공생, 어떤 상황에서도 살아가겠다는 인간의 강한 의지, 그런 의지의 전제를 이루는 독립적인 자기 정체성의 확보와 주체의 확립에 관한 패러디로 읽어내면서 미야자키의 낙관적 휴머니즘을 지적하고 있다(박기수, 2004: 216). 수긍할 만한 해석이다. 하지만 그의 낙관적 휴머니즘을 낳은 원체험을 간과해서는 안 될 것이다. 앞서 한 차례 언급했듯이 미야자키는 1945년 7월 가족과 함께 차를 타고 피난을 가던 중 딸을 안은 한 여인이 태워달라고 애원한 것을 매몰차게 거절했던 부모에 대한 기억을 자기 작품 세계의 원체험으로 들고 있다. 이로 인해 자기 작품의 주인공들은 모두 "태워주는 사람들"로 만들고 싶었다는 것이다. 그러면서 "살아 있다는 사실 자체가 실은 저주받은 것 아닌지 모르겠다. 정의 편에 서지 않았던 부모에 의해 키워졌다는 사실을 견디기 어려웠던 시기가 있었다. 그래서 나는 부모를 떠나 살았다"고 고백한다(宮崎駿, 1997a: 146-147).

'저주받은 삶'이라는 수사학까지 동반할 만큼 깊은 죄의식을 띤 이와 같은 고백의 몸통에서 날개가 돋아난다는 사실은 매우 역설적이다. '비행'이라는 모티브가 그것이다. 〈루팡 3세 칼리오스트로의 성〉에서 〈바람계곡의 나우시카〉, 〈천공의 성 라퓨타〉, 〈이웃집 토토로〉, 〈마녀 배달부 키키〉, 〈붉은 돼지〉, 〈센과 치히로의 행방불명〉, 〈하울의 움직이는 성〉, 〈바람이 분다〉에 이르기까지 미야자키의 작품 속에는 대개 다양한 형태의 비행체가 등장하거나 혹은 주인공들이 모두 날아다닌다. 거기서 "살아라!"는 정언명령은 종종 "날아라!"는 말과 동의어가 된다. 일반적으로 미야자키의 작품은 어린아이, 소녀, 여성, 천민 집단과 같은 마이너리티를 긍정하는 경향이 짙은데, 그런 긍정 가운데 가장 큰 표현은 바로 "살아라!" 또는 "날아라!"는 한마디로 집약된다. 미야자키의 긍정은 존재가 아니라 운동을 향해 있다(澤野雅樹, 1997: 94-95; 高山宏, 1997: 59). 더 나아가 미야자키의 작품 속에서 난다는 것은 하늘이 된다는 것, 하늘을 날아다님으로써 인간의 어리석음으로부터 도망치려 하는 것을 뜻하기도 한다. 이런 의미에서 "미야자키만큼 위험한 비행을 묘사한 영화 작가는 다시없다"(加藤幹郎, 1997: 200)고 해도 틀린 말은 아닐 것이다.

〈바람이 분다〉

미야자키가 마지막 은퇴작으로 내놓은 〈바람이 분다(風立ちぬ)〉(2013)는 자신의 인생을 회고하면서 위험한 비행을 묘사한 작품이다. 역대 일본 애니메이션 글로벌 흥행 9위(2018년 2월 기준)를 기록했고 주인공 지로의 성우를 안노 히데아키가 담당하여 눈길을 끌었던 이 작품은 그러나 일본과 한국 등에서 많은 논란을 일으키기도 했다. 그것은 실제 제로센 설계자 호리코시 지로(堀越二郎, 1903-1982)와 자전적 사소설 『바람이 분다』를 쓴 일본 근대의 대표적 작가 중 한 명인 호리 다쓰오(堀辰雄, 1904-1953) 등 두 실존 인물의 개인사를 모티브로 삼고 있다. 이중 후자의 소설은 폐결핵에 걸린 약혼녀를 산속 요양소에서 정성껏 돌보는 한 남성의 순애보적 이야기인데, 미야자키는 거기서 남자 주인공인 비행기 설계사 지로와 폐결핵에 걸린 여성 나오코의 로맨스를 가져왔다. 즉 두 명의 역사적 인물을 뒤섞어 한 명의 허구적 주인공 지로를 만들어낸 것이다. 이와 더불어 〈바람이 분다〉에는 전쟁기에 군수공장인 '미야자키 항공흥학'을 운영했던 집안 출신인 감독 자신의 비행기에 대한 생애의 걸친 열정을 쏟아 넣은 자전적 요소도 들어가 있다. "바람이 분다. 살아야겠다"라는 시인 폴 발레리(Paul Valéry)의 대표작 「해변의 묘지」의 한 구절[4]로 시작하는 이 작품의 줄거리는 다음과 같다.

---

4 "Le vent se lève, il faut tenter de vivre(바람이 분다, 살아보도록 하자)." 이 구절을

비행기를 동경하던 소년 지로는 꿈에 나타난 카프로니 백작에게 영감을 받아 자신도 비행기 설계사가 되겠다고 결심하여 이후 대학에서 비행기 설계 공부를 한다. 그는 대학 졸업 후 비행기 개발 회사에 취직하여 해군 전투기 개발팀으로 발탁된다. 그러던 어느 날 지로는 이전에 관동대지진 때 곤경에 빠져 도와준 적이 있었던 나오코라는 여성과 재회한다. 이윽고 둘은 깊은 연인 관계로 발전하는데, 나오코가 폐결핵에 걸린 사실을 알고서도 지로는 그녀와 결혼한다. 하지만 병세가 위독해진 나오코는 일에 전념해야 하는 지로에게 방해가 되지 않도록 그의 곁을 떠나고 결국 죽음에 이른다. 마침내 지로는 비행기 제작에 성공한다. 세월이 지나 일본은 전쟁으로 초토화되고 다시금 꿈에 나타난 카프로니 백작은 지로가 만든 비행기를 칭찬한다. 또한 그 꿈에서 재회한 나오코는 지로에게 "살아라!"고 말한다.

여기서 지로가 만든 비행기가 악명 높은 제로센을 가리킴은 말할 나위가 없다. 단적으로 말해 〈바람이 분다〉는 제로센 제작에 관한 이야기이다. 로맨스는 거기에 가미된 하나의 에피소드에 불과하다. 제로센과 그 설계자 호리코시 지로의 이야기를 아름다운 꿈을 만들어가는 한 청년의 낭만적 과정으로 묘사한 이 작품은 일본과 한국에서 군국주의를 미화했다는 논란을 불러일으켰다. 물론 미야자키는 일본인을 단지 전쟁의 피해자로만 그리고 싶어 하지는

소설가 호리 다쓰오는 "바람이 분다, 살아야만 하는 걸까(風立ちぬ、いざ生きめやも)"라는 반어적 의미로 번역했다. 이는 명백한 오역인데, 미야자키는 작품 속에서 호리의 번역을 삶에의 의지라는 의미로 차용했다.

않았다. 그는 "누구는 공습으로 집을 잃고 누구는 집을 잃지 않고 화를 면했다는 식으로 일본 국민 내부에서도 갈등이 있었다고 하지만, 일본 전체가 중국과 조선과 필리핀과 동남아시아 각국에서 저지른 여러 학살을 감안하면 역시 일본인 전체는 가해자일 수밖에 없다"(宮崎駿, 1995: 59)고 생각했다.

이런 생각을 가진 미야자키는 〈바람이 분다〉에서 나치 독일에 의해 쫓기는 반정부 인사의 입을 빌려, 일본은 망각하기 좋은 '마의 산'5 같은 곳이라서 중국과의 전쟁도, 만주국 건설도, 국제연맹 탈퇴도, 세계를 적으로 돌린 것도 모두 잊어버린 채 결국 독일과 함께 파멸할 것이라고 말하며 전쟁의 원죄를 인정한다. 그리하여 미야자키는 이 작품을 통해 제로센의 우수성을 선전하여 일본 젊은이들에게 어필하려는 것이 아니라 그저 자신의 꿈에 충실한 인물을 그리고 싶었을 뿐이라고 밝힌다.

하지만 "자신의 꿈에 충실한 인물을 그리고 싶었을 뿐"이라는 말은 피해자의 입장에서 보면 전범국의 전쟁 책임을 흐리는 취지의 변명으로 들리기 십상이다. 두말할 것도 없이 제로센은 전쟁과 침략의 도구였고, 그 제작 과정도 강제징용자들을 동원하여 무임금으로 혹독한 노동을 시키는 등 비인도적인 전쟁범죄로 점철되어 있다. 따라서 이 작품은 태생적인 한계를 내포하고 있다. 이런 한계를 의식했는지, 미야자키는 2013년 7월 26일 한국 개봉이 확정되었을 때 한국 기자단과 만나 다시금 일본의 반성과 사죄를 촉구하면서 제작 의도에 대해 "호리코시 지로가 의도한 것은 아니겠지만 그

---

5 토마스 만의 소설 제목으로 알프스산맥에 위치한 고급 요양원을 상징한다. 전 유럽의 유복한 환자들이 모여드는 그곳은 시간의 흐름을 잊어버린 채 오직 병과 죽음이 지배하는 공간으로 묘사되고 있다.

가 만든 비행기는 태평양전쟁에 사용되었다. 그렇다면 그가 단지 열심히 살았다고 해서 죄가 면제받을 수 있을까 하는 생각이 들었다"고 말했다. 그럼에도 이 인터뷰 지전인 7월 14일 교도통신과의 인터뷰에서는 "애니메이션은 아이들을 위한 것이라고 생각해왔다. 무기를 만든 인물의 영화를 제작해도 되는지 갈등도 있었다. 그래도 살다 보면 전혀 무해한 인간으로 살기란 불가능한 일이다. 그렇기 때문에 무기를 만들었다고 해서 범죄자라는 낙인을 찍는 것도 어딘지 이상하다"라는 소감을 피력한 바 있다.

미야자키 안에 이와 같은 모순된 인식이 공존하고 있음은 부인하기 어려운 사실이다. 그런 만큼 주인공 지로가 연인 나오코를 처음 만나는 계기인 관동대지진 당시 일본인들이 자행한 조선인 학살과 관련하여 이 작품이 어떤 낌새도 보여주지 않는다 해도 이상할 것이 없다. 게다가 영화 〈군함도〉로 우리에게 널리 알려진 규슈 나가사키현의 군함도 석탄 채굴을 전담했던 미쓰비시(三菱)사가 작품 속에서 지로의 꿈의 무대인 비행기 제작 회사로 설정되어 나온다. 실제로 제로센의 정식 명칭은 '미쓰비시 A6 M1'이었다. 또한 제2차 세계대전 전범국인 이탈리아의 전투기 제작자 카프로니 백작6이 지로의 꿈에 나타나 영감을 주는 우상으로 등장하는 설정에 대해서도 미야자키는 별다른 문제의식을 느끼지 않는 듯하다. 〈바람이 분다〉의 이와 같은 태생적 한계와 모순은 "호리코시 지로는 전쟁에 협력한 책임에서 자유로울 수 없다"는 미야자키의 발언이 과연 관객들에게 얼마만큼 전달될 수 있는지에 대해 의문을 품게

6 유럽 최고의 비행기 설계자로 꼽히는 조반니 카프로니(Giovanni B. Caproni, 1886-1957) 백작. 제로센은 그가 설립한 '카프로니 공방'에서 제작된 '카프로니-비졸라 F.5' 전투기와 매우 닮았다. 스튜디오 '지브리'는 이 카프로니라는 이름을 따서 명명되었다고 한다.

만든다.

미야자키에 대한 수많은 비판은 이 작품의 제목대로 하나의 혹독한 '바람'일지도 모른다. 그는 어느 인터뷰에서 "바람은 산뜻한 바람만을 의미하지 않는다. 시대의 거친 바람, 방사선을 포함한 독이 든 바람도 의미한다"고 말한다. 작품 속에서 바람은 주인공 지로와 나오코의 인간적 고뇌와 불행뿐만 아니라 당대의 전쟁이라는 난국 상황을 표상한다. 하지만 바람은 살아 있다는 증거이기도 하다. 그는 이어서 "바람이 일어나는 것은 생명이 빛나는 증거이기도 하다. '세계는 있다. 세계는 살아 있다. 나도 너도 살아 있다. 아무리 힘들어도 살지 않으면 안 된다'라고 나는 이해한다. 바람은 곧 세계이고 생명이고 시대이다"(미야자키 하야오, 2013a)라고 말한다.

여기서 잠시 지로가 나오코와 재회하는 장면을 떠올려보자. 나오코가 푸른 들판에서 캔버스 위에 그림을 그리고 있다. 이때 바람이 불어와 파라솔이 날아가고 지로가 그것을 잡아 나오코에게 가져다준다. 둘이 비 내리는 들판을 산책하다 바람을 가르고 떠오른 무지개를 본다. 그동안 무지개를 까맣게 잊고 살았다는 지로에게 나오코는 "살아 있다는 건 멋진 거예요"라고 말한다. 둘 사이의 로맨스는 관동대지진과 바람을 매개로 하여 시작된 것이다. 그리하여 주제가는 "누가 바람을 보았을까? 나도 그대로 보지 못했네. 하지만 바람은 나뭇잎을 흔들며 조용히 지나간다네"라고 노래한다. 지옥 같은 전쟁의 소용돌이 속에서도 이와 같은 파스텔풍의 서정적인 로맨스와 함께 미야자키는 카프로니 백작의 입을 빌려 "살아라!"는 정언명령을 전한다. 이때 카프로니는 항상 바람의 존재를 물으면서 지로를 자신의 꿈으로 초대하기 전에 늘 "바람이 아직 불고 있나?"라는 질문을 던진다. 지로가 "불고 있다"고 답하면 그때마다 그는 "그러면 살아야 한다"라며 자신의 꿈으로 지로를 초대한다.

이처럼 사랑의 매개자이자 살아 있음의 표지이기도 한 바람은 더 나아가 작품 속에서 지로가 꿈꾼 비행기를 매개로 하여 하늘에 대한 상상력으로 펼쳐진다. "하늘을 동경하여 하늘을 뛰어 다니네. 그 아이의 생명은 비행기 구름. 그 아이는 죽기 전에도 하늘을 보고 있었네"라는 주제가 가사는 이런 일본적 하늘의 상상력을 잘 보여준다. 그것은 "하늘을 우러러 한 점 부끄럼 없기를, 바람에 이는 잎새에도 나는 괴로워했다"는 윤동주 시인의 「서시」를 떠올리게 한다. 하지만 〈바람이 분다〉에서의 바람과 하늘의 상상력은 「서시」에서의 그것과 동일하지 않다. 「서시」에 묘사된 바람과 하늘은 초월적 주체가 숙명처럼 안고 있는 근원적인 앙천(仰天)의 존재론적 부끄러움을 수반한다. 이에 비해 〈바람이 분다〉의 경우는 하늘에 대한 낭만적 꿈이 비행기 제작이라는 실용주의적 목적과 결부되어 있다.

이때의 실용주의적 목적은 '모노즈쿠리(物作り)', 생명주의 세계관, 이노치(命) 담론, '이카사레루', 잇쇼켄메이, 마코토, 시고토, 모노노아와레 등과 같은 일본문화코드로 점철되어 있다. 이 가운데 시고토란 "남자에게는 사랑보다 일이 먼저야"라고 나오코의 부친이 지로에게 말할 때의 '일'을 가리킨다. 시고토는 일본 문화에서 무한한 의무로 치부된다. 이와 동시에 〈바람이 분다〉에서의 꿈은 모노노아와레적 꿈이기도 하다. 그것은 지로의 꿈에서 시작하여 다시 지로의 꿈으로 끝난다. 꿈속에서 주인공 지로가 카프로니 백작과 만나는 다음 도입부 및 종반부의 인상적인 하이라이트 장면은 모노노아와레의 색조로 가득 차 있다.

카프로니 백작: "비행기는 전쟁의 도구도 아니고 장사 수단도 아니야. 비행기는 아름다운 꿈이고 설계자는 그 꿈을 형태화하는 사람이야. 하늘을 날고 싶다는 인간의 꿈은 저주받은 꿈

이기도 하지. 비행기는 살육과 파괴의 도구가 되는 숙명을 가
지고 태어났으니까."
지로: "그럼에도 전 아름다운 비행기를 만들고 싶어요."
카프로니 백작: "그건 참 아름다운 꿈이야."
(지로가 설계한 무수한 제로센들이 하늘을 가득 채우고 있다.)
카프로니 백작: "아름답군. 수고 많았어."
지로: "결국 한 대도 돌아오지 못했어요."
카프로니 백작: "가기만 할 뿐 돌아오지 않도다. 비행기는 아
름답지만 저주받은 꿈이야. 하늘은 모든 걸 삼켜버리니까."
(제로센의 잔해 사이를 걸어가는 지로 앞에 나오코의 혼령이 나타
난다.)
나오코: "당신은 살아가세요. 살아야만 해요."

'살아라!'는 정언명령과 모노노아와레

위 장면만 본다면 〈바람이 분다〉라는 텍스트의 실질적 주인공은
지로도 제로센도 아닌 '아름다움'과 '살아라!'는 정언명령이라는
느낌마저 든다. 기실 '아름다움'과 '살아라!'는 정언명령 사이에는
극복할 수 없는 심연이 존재한다. 그럼에도 미야자키는 이 둘을 과
감하게 뒤섞고 있다(정경운, 2016: 226). 그것은 '살아라!'는 정언명령
이 일본의 경우 대개 모노노아와레로 표상되는 미학적 정서로 포
장되어 있음을 말해준다. 〈하울의 움직이는 성〉에서 "아름답지 못
하면 살아도 사는 게 아니야!"라는 하울의 말은 이런 미학적 정서
의 정점을 보여준다. 그러나 미야자키 자신의 말대로 "아름다운 것
에 대한 동경은 인생의 덫이기도 하다." 가와바타 야스나리의 "아
름다운 일본의 나"(川端康成, 1969)라든가 아베 신조가 말하는 "아름

다운 나라"(安倍晋三, 2006) 담론은 모노노아와레의 덫을 노출시킨 전형적인 사례라 할 수 있다. 그럼에도 미야자키는 〈바람이 분다〉를 아름다운 영화로 만들고 싶었다는 심정을 숨김없이 토로한다. 만일 '살아라!'는 기표가 정언명령이 아니라면, 이런 그의 희망은 어느 정도 달성된 듯이 보인다. 하지만 그것이 정언명령인 한 〈바람이 분다〉는 결코 아름다운 영화일 수 없다. 왜냐하면 이 작품을 아름답게 보이게 하는 순애의 로맨스, 시고토에 대한 마코토, 모노노아와레 등의 장치는 역시 제로센의 탄생을 미화하는 장식적 요소에 불과한 것이기 때문이다. 거기에는 다음과 같이 칸트가 말하는 정언명령으로서의 도덕법칙이 은폐되기 십상이다.

> 그에 대해서 자주 그리고 계속해서 숙고하면 할수록, 점점 더 새롭고 점점 더 큰 경탄과 외경으로 마음을 채우는 두 가지 것이 있다. 그것은 내 위의 별이 빛나는 하늘과 내 안의 도덕법칙이다(칸트, 2002: 327).

하늘과 도덕법칙이야말로 살아 있음의 준거라는 말이다. 이와 같은 칸트의 정언명령은 누가 내게 제시한 것이 아니라 나의 실천이성, 즉 내 안의 도덕법칙인 양심의 명령이다. 그러니까 내가 내게 명령하는 것이지, 신이나 외적 존재가 내게 명령하는 것이 아니다. 결국 정언명령은 인간 내면의 원리이며 그것에 대한 복종은 바로 이성의 자기 동의를 뜻한다. 인간 안의 이성이 명령하고 이성이 거기에 복종하는 것이다(양명수, 2008: 24-28, 30-31). 하지만 칸트는 이런 정언명령 자체가 현실적으로 불가능한 것에 대한 요구라는 사실을 모르지 않았을 것이다. 그러면서도 정언명령이 행해질 수 있거나 없는 그 무엇과는 관련이 없다는 사실을 고집함으로써 역설적으로 윤리의 본질적 차원을 발견한 것이다.

그러나 도덕적인 명제 자체가 물신화된 상태에서 정언명령의 형태로 강제될 경우 그러한 명제는 오히려 병리적 정념인 주이상스를 소환해낼 수 있다. 그 누구도 칸트의 정언명령을 고수할 수 없는 이유가 여기에 있다. 칸트의 정언명령을 문자 그대로 지킬 경우 욕망은 죽음충동의 영역에 도달할 수밖에 없다. 그리하여 정언명령을 지키려는 주체의 욕망은 자신의 삶을 파괴하고 세상의 상식적 틀을 무너뜨리는 맹목성을 드러내면서 현실원칙으로서의 칸트적 윤리학이 우리를 반복적으로 쾌락원칙 너머 죽음충동의 자리로 데려갈 것이다. 이런 이유로 라캉은 칸트 윤리학의 순진성을 폭로한다. 칸트는 언어적 보편 명제로서의 도덕법이 모든 정념적인 것, 즉 병리적인 욕망을 정지시킬 힘을 가진다고 생각했다. 그러나 라캉은 오히려 도덕법의 언어적 속성이 병리적 주이상스를 증폭시킨다고 보았다(백상현, 2017: 73, 263).

"살아라!"는 정언명령이 모노노아와레의 덫에 걸리는 그곳에서도 병리적 주이상스가 증폭될 수 있다. 미야자키도 이런 위험성을 감지한 듯싶다. 그래서 그는 요시노 겐자부로(吉野源三郎)의 인생론 명저 『그대들, 어떻게 살 것인가』를 회고하는 가운데 "인간이 정말 자아를 컨트롤할 수 있을까? 이성 같은 것으로 정리할 수 있을까? 나는 전혀 자신이 없다. 인간은 구제할 길이 없다. 그래서 이 별을 다 먹어치운다. 그러니까 『그대들, 어떻게 살 것인가』는 곤혹스럽게 살아가라는 의미이다"(미야자키 하야오, 2013b: 395. 필자의 윤문)라고 자조적인 어조로 말한다. 너덜너덜해지면서도 인간이기를 포기하지 않고 사는 것, 단지 곤혹스럽게 살아가는 것, 딱 거기까지만 할 수 있다는 것이다. 제국주의적인 시대의 왜곡 속에서 고뇌가 해결되지 않은 채 꿈이 변형되고 병리적 주이상스가 만연하게 되었지만, 그런 채로 살지 않으면 안 된다는 말이다. 그리하여 미야자키는 "인간이 현명하고 축복받은 존재는 결코 아니다. 그래도 우리는 살아가지 않으면 안 된다는 영화를 만들고 싶었다"(미야자키 하야오, 2013b: 92)고 고백한다.

'성장하는 주체'의 정신분석적 의미

"살아라!"는 원래 '성장하는 주체'에게 주어지는 보편적인 정언명령이다. 그런데 미야자키의 작품을 비롯하여 일본 영화와 애니메이션에 넘쳐나는 이 정언명령의 과잉은 일면 "살아가는 의미를 찾지 못하고 있기 때문에 '살아라'는 세 글자가 주제로 떠오르는 것"(기리도시 리사쿠, 2002: 378-379)일지도 모른다. 그렇다면 의미보다 무의미의 방향을 따라 진행하는 라캉 정신분석의 관점에서 볼 때 "살아라!"라는 메시지의 반복은 분명 주목할 만하다. 하지만 〈바람이 분다〉는 그것이 모노노아와레의 함정에 빠진 나머지 더 이상 정언명령일 수 없음을 보여주었다. 그 결과 "살아라!"는 정언명령은 하나의 강박증으로 반복될 뿐이다. 칸트의 정언명령은 보편적 명제에 대한 집착을 통해 병리적인 모든 정념을 일소하려는 전략인데, 그 보편적 명제에 대한 집착이 오히려 강박증적 현상을 출현시키는 것이다.

반복강박에 고착된 주체는 '성장하지 않는 주체'의 다른 이름이 될 수도 있다. 아이러니하게도 '성장하는 주체'는 곧 죽어가는 주체이다. 프로이트는 인간에게는 죽음의 상태로 되돌아가려는 설명할 수 없는 거대한 충동이 존재한다고 보았다. 반복강박은 이런 죽음에 대한 경향성의 표현이다. 즉 반복강박은 인간의 심리에 내재된 거대한 죽음충동의 힘이라는 것이다. 인간은 이런 반복강박에 고통받으면서 영원한 흔들림에 사로잡혀 있다. 산 것도 아니고 죽은 것도 아닌 정신적 고통이 그를 사로잡고 있다. 이런 의미에서 "살아라!"의 정언명령은 곧 죽음충동의 이면이라 할 수 있다. 그것은 삶의 공허와 환멸로부터 주체를 보호하는 쾌락원칙의 반대편에 위치한다. 다시 말해 죽음충동은 안정된 삶을 보장하는 쾌락원칙의 매개 없이 "곧장 공백 자체로 들어가려는 충동"(백상현, 2014: 59)을 가리킨다. 그럼으로써 죽음충동은 주체를 삶의 본모습인 불완전성, 파편성, 균열의 상태로 밀어 넣는다. 반복적으로 우리를 사로잡는 죽음충동의 토대에는 "실재와의 만남이 이루어질 때 발생하는 주체의 분열"(라캉, 1994: 190)이 깔려 있다.

하지만 이것이 전부가 아니다. 희망은 판도라의 상자의 맨 밑바닥에 깔려 있는 것으로서 아직 남아 있다. 죽음충동은 "파괴의 의지인 동시에 폐허 속에서 다시 시작하려는 의지"이자 "창조적 승화"(백상현, 2017: 295-296)의 단서이기도 하기 때문이다. 죽음충동은 언어를 통해 상징화된 세계가 항상성의 구도 안에 갇혀 고착되려 할 때 두 번째 붕괴(첫 번째 붕괴는 상징계로의 진입 때 이루어진다)를 초래하면서 또 다른 상징계의 도래를 가능하게 할 수 있다. 그렇다면 "살아라!"는 정언명령은 '성장하는 주체'로 하여금 공백 자체와 대면함으로써 참된 주체로 다시 태어날 수 있게 해줄 가능성을 함축한다고 말해야 할 것이다. "주체는 능동적으로 말한다기보다는 수동적으로 말해지는 것"이라고 본 라캉에게 기대어 보자면, 이때의 "살아라!"는 정언명령은 실은 "살아지는 것"의 다른 이름이 아닌가 싶다.

9장
성장을 꿈꾸는 반(半)주체: 안노 히데아키의 〈신세기 에반게리온〉

"내가 있든 없든 마찬가지야. 아무것도 변하지 않아. 그러니까 모두 죽어버려!"
"현실은 알지 못하는 곳에. 꿈은 현실 속에."(〈신세기 에반게리온〉)

I. 에반게리온 신드롬

현대 일본 사회에 이상한 신드롬을 일으킨 애니메이션이 있다. 안노 히데아키(庵野秀明, 1960-현재) 감독이 1995년에서 1996년에 걸쳐 방영한 총 26화의 TV시리즈 〈신세기 에반게리온(Neon Genesis Evangelion)〉 및 1997년 7월에 개봉한 극장판 〈앤드 오브 에반게리온(The End of Evangelion)〉이 그것이다.[1] 일본의 전후 애니메이션 역사에서

---

1   이 밖의 극장판은 다음과 같다. 〈신세기 에반게리온 극장판 사도신생(Evangelion: Death and Rebirth)〉(1997년 3월), 〈신세기 에반게리온 극장판 데스(트루)/에어/진심을 그대에게(Revival of Evangelion)〉(1998년 3월), 실사판 〈신세기 에반게리온〉(2003년 5월), 〈에반게리온 신극장판: 서(序)〉(2007년 9월), 〈에반게리온 신극장판: 파(破)〉(2009년 6월), 〈에반게리온 신극장판: Q〉(2012년 11월). 이는 에반게리온 신드롬의 파장이 얼마나 지속적인 것이었는지를 말해준다. 본서에서는 이상의 극장판들보다 더 〈신세기 에반게리온〉의 정수를 잘 보여준다고 여겨지는 TV시리즈 및 1997년 7월판에 초점을 맞추어 논의를 전개한다.

제2차 애니메이션 붐을 촉발시킨 이 〈신세기 에반게리온〉[2]은 오타쿠 감독이 만든 그야말로 오타쿠적인 애니메이션임에도 불구하고 이후 이른바 '〈에바〉 신드롬'이라 칭해진 광범위한 사회적 반향을 일으키면서 지금까지도 인구에 회자되고 있다. 무엇보다 〈에바〉는 종말론적 기획과 우주적인 스케일을 과시하면서도, 특히 TV시리즈 25화 및 26화가 전형적으로 보여주듯이 지독한 난해성과 자의식과잉으로 종종 보는 이들을 숨 막히게 한다. 그럼에도 이런 작품이 많은 일본인의 마음을 사로잡은 요인은 무엇일까?

혹자는 〈에바〉 방영 직전에 일어난 고베 대지진에서 비롯된 심리적 위기의식을 그 원인 중 하나로 꼽는가 하면, 혹자는 1980년대 이래 가파르게 확산되어온 오타쿠 문화의 연장선상에서 〈에바〉를 평가하기도 한다. 예컨대 대인 관계에 지극히 서투르며 늘 이어폰을 끼고 다니는 주인공 신지는 자기만의 세계에 만족하는 오타쿠의 심리적 측면을 잘 대변하는 캐릭터라는 것이다. 그런가 하면 '〈에바〉 붐'의 주된 요인을 버블 경제가 붕괴된 후 사회적, 경제적으로 '잃어버린 10년'으로 불리는 1990년대 일본 사회의 '로스제네(잃어버린 시대의 오타쿠 세대)'와 결부시켜 이해하거나 또는 옴진리교 사건(1995년)과 마찬가지로 1970년대를 기점으로 시작된 '허구의 시대'의 정점을 보여준 것이 〈에바〉라고 주장하기도 한다. 안노 또한 1996년 7월의 인터뷰에서 〈에바〉로 인한 대규모의 게토(오타쿠 팬 집단) 형성을 옴진리교에 비유하면서 현실도피처를 향한 출구 없는 질주라는 부정적인 사회현상으로 해석하기도 했다(五十嵐太郎, 1997: 203).

[2] 이하 〈에반게리온〉 작품에 대해서는 TV시리즈와 극장판의 출처를 밝히면서 양자 모두 〈에바〉로 약칭(한편 생체로봇 에반게리온은 에바로 약칭).

어떤 경우건 〈에바〉가 동시대 일본인들의 심리적 위기감, 가령 극단적인 소외감이나 단절감 혹은 거부감을 대변한다는 진단에 동의하는 듯싶다. 하지만 여기서 더 나아가 〈에바〉 캐릭터들의 "정신분열적 의사소통 양식"(김준양, 2006: 448)이나 주체의 부재 표상이 〈에바〉 붐 혹은 〈에바〉 신드롬을 일으킨 중요한 요인이라고 보면서, 라캉적 개념과 일본 문화론적 관점에 입각하여 "성장하지 않으면서도 성장을 꿈꾸는 반(≠)주체의 종교 이야기"로서 〈에바〉에 대한 재해석을 시도해볼 필요가 있다. TV시리즈를 중심으로 〈에바〉의 줄거리를 다소 상세하게 요약하자면 다음과 같다.

오래전 지구에 도착한 아담(첫 번째 사도)의 알이 북극에 떨어지고 아담의 후예인 사도(Angel)들이 지구 곳곳으로 흩어진다. 이후 우주에서 날아온 릴리스(두 번째 사도)의 알이 일본 땅에 떨어지면서 그 충격으로 사도들이 잠들게 되고 그 대신 지구에는 인류 생명의 근원이자 어머니로 말해지는 릴리스의 후예인 인간들이 번성한다. 세월이 흘러 비밀 조직인 젤레(Seele, 영혼을 뜻하는 말)가 아담의 유해와 함께 롱기누스의 창 및 사도 침공에 관한 내용이 담긴 '사해문서'를 발견한다. 젤레는 이 '사해문서'를 통해 사도가 아담의 유해와 접촉하면 인류가 멸망한다는 사실을 알게 되고, 유해를 숨기기 위한 실험을 하다 실패한다. 그 결과 인류의 절반이 죽게 되는 엄청난 재난(세컨드 임팩트)을 겪게 된다. 그후 젤레는 제3신도쿄라는 도시를 세우고 그 맨 아래 비밀 장소에 릴리스와 아담의 유해를 숨긴다. 그런 다음 릴리스와 아담의 유해를 복사하여 '인류의 마지막 히든카드'라 칭해지는 생체 병기 에바를 만들어 전투에 대비한다. TV시리즈 후반부로 가면서 드러나는 이런 전사(前史)를 배경으로 제1화는 2015년 일본에 사도가 15년 만에 출현하여 UN 소속(실은 젤레 소속)의 비공개 특무기관인 네르프(Nerv, 신경을 뜻하는 말) 본부를 공격하는 장면부터 시작된다. 제3신도쿄의 지하에 위치하는 이 네르프 본부는 "세계 재건의 요충지, 인류의 요새"로 불린다. 에바를 운용하여 사도를 격퇴하는 초국가적 기관 네르프의 사령관은 겐도인데, 그는 젤레의 시나리오와는 다른 개인적인 의도를 가지고 '인류보완계획'에 임한다. 이때 인류보완계획이란 모든 인간을 LCL이라는 액체로 환원시켜 개별성이 사라진 하나의 생명체로 통합하려는 특급 비밀 프로젝트를 가리킨다. 어느 날 겐도는 사도를 막기 위해 아들 신지를 부른다. 사도 격퇴를 위한 작전부장 미사토 대위가 신지를 데려오자 겐도는 신지에게 즉시 에바 초호기에 탈 것을 명한다. 신지는 처음에 탑승을 거부한다. 그러자 겐도는 현재 중상을 입은 에바 영호기의 파일럿 레이에게 초호기를 타고 출격할 것을 명한다. 이를 보다 못한 신지가 에바에 타겠다고 나선다. 신지가 탑승한 엔트리 플러그 캡슐을 에바에 삽입하자 그 플러그 안에 LCL 액체가 가득 차면서 직접 혈액에 산소를 공급한다. 신지는 "기분 나빠"라고 말하지만, 놀랍게도 에바와의 싱크로율(신경생리학적 동조율)이 40%가 넘는다.

그후 에바 2호기의 파일럿으로 독일에서 온 아스카는 사도와의 전투 상황 속에서 에바와의 생체적, 정신적 결속에 실패하고 짝사랑하던 가지마저 죽자 폐인처럼 몰락한다. 레이는 결국 신지를 구하기 위해 자폭하고 동일한 외형의 다른 클론으로 대체된다. 신지는 가오루라는 소년과 각별한 우정 관계를 맺지만 그가 사도라는 사실을 알게 되면서 제 손으로 가오루를 죽인다. 후반부에서 모든 사도를 처치하고 난 후 젤레는 써드 임팩트를 통해 젠도보다 먼저 인류보완계획을 실현하기 위해 네르프를 침공한다. 여기서 써드 임팩트란 일종의 우주적인 정화 의식으로, 사도 중 누군가가 제1사도인 아담과 접촉하면 인류는 대폭발과 함께 전멸하게 된다. 이것이 〈에바〉 이야기가 배경으로 하고 있는 세계 설정이다. 유일하게 사도를 저지할 수 있는 것은 인간이 만든 에바 뿐이다. 그중 초호기만은 릴리스의 복사판이며 나머지는 모두 아담의 복사판이다. 이때 에바는 사도의 AT필드를 중화시키면서 자신도 AT필드를 전개하여 사도와 싸울 수 있다. 인류보완계획이 실행되는 과정에서 아스카는 재기에 성공하지만 젤레의 맹공에 의해 빈사 상태에 빠지고, 그녀의 죽음을 목격한 신지와 에바 초호기는 자아를 잃고 폭주하기 시작한다. 이와 함께 릴리스의 영혼을 가지고 태어난 복제 인간 레이는 젠도의 요구를 거부하고 그가 가진 아담의 유해를 탈취하여 육체만 남은 릴리스와 결합한다. 이때 타인으로부터 도망치고 싶다는 신지의 도피적 절규를 받아들인 릴리스에 의해 인류는 멸망 위기에 처한다. 그러나 결국 신지는 극단적인 정신적 착란상태에서 레이 및 가오루와 대화를 나누고 타인으로부터의 공포에 다시금 직접 대면하겠다는 결심을 한다. 그 결과 써드 임팩트가 저지되면서 인류는 위기로부터 벗어나게 된다.

'칠드런'이라 불리는 에바의 파일럿들, 즉 레이(영호기), 신지(초호기), 아스카(2호기)는 모두 14세의 소년 소녀로 설정되어 있다. 이때 '칠드런'이라는 수사학은 오타쿠 현상과 일본 애니메이션에 공통적으로 걸쳐 있는 심리적 현실에 기인하는 것으로, 근대 일본에서의 아동의 발견과 성장 이데올로기에 깊이 관련되어 있다. 가령 레이는 신지의 어머니 유이의 혼과 사도 릴리스의 혼을 불어넣어 만든 복제 인간이므로 처음부터 성장하지 않는 캐릭터로 설정되어 나온다. 아스카는 이런 레이를 자신의 영혼을 갖지 못한 인형이라고 생각한다. 아스카는 인형에 대한 트라우마가 있다. 그녀의 어머니는 에바와 싱크로율 테스트를 받다가 정신 오염(정신분열)을 일으켜 아스카 대신 인형을 딸로 여겼다. 이리하여 인형에게 어머니를 빼앗겼다고 생각하게 된 아스카는 그 트라우마로 인해 성장이 멈춘 캐릭터가 되어버렸다.

한편 다른 파일럿들과는 달리 에바 탑승을 거부하는 캐릭터는 오직 신지뿐이다. 그의 탑승 거부를 곧 성장에 대한 거부로 보는 해석도 충분히 가능하다(北村正裕, 2007: 126). 이 밖에 "그때 난 미사토 씨에게서 도망갈 수밖에 없었다. 그 밖에는 아무것도 할 수 없는, 아무 말도 할 수 없는 아이일 뿐이라는 걸 난 깨달았다"(21화)[3]는 가지의 고백 또한 연애 이야기가 아닌, 어른 속의 성장하지 않는 아이에 관한 이야기를 들려준다. 사실 〈에바〉의 소년 소녀 주인공들은 '칠드런'으로서의 어린이라기보다는 성숙을 욕망하기는 하되 그것을 상상적으로 실현하려 하기에 어린이로 머물러 있을 수밖에 없는 어른 자신의 초상일지도 모른다(김준양, 2006: 34, 39). 본 장의 제목인 '성장을 꿈꾸는 반주체'가 의미하는 것이 바로 이것이다.

이와 관련하여 〈기동전사 건담(機動戰士ガンダム)〉을 만든 도미노 요시유키(富野喜幸) 감독은 인터뷰에서 "〈에바〉의 소년은 성장을 거부하고 있지요. 그것이 병이라는 걸 제작자조차 알지 못해요"(『朝日新聞』)라고 비판하기도 했다. 또한 오쓰카 에이지에 따르면 〈에바〉

[3] 이하 ( ) 안은 TV시리즈 횟수.

는 일본 사회에서 성장 이야기가 성립하지 않음을 보여주는 전형적인 사례이다. 물론 〈에바〉는 '인격 개조 세미나'[4]적 결말(26화)에서 성장 이야기의 구조를 보여주기도 한다. 〈에바〉는 주인공의 '자기실현'이라는 주제를 둘러싸고 작품이 혼선과 파행을 거듭한다. 그 결과 자폐적이게 된 주인공 앞에 갑자기 세계가 열리고 가족과 지인들에게 둘러싸여 '축하해요'라고 축복받는 장면이 나온다. 이는 인격 개조 세미나의 프로세스와 동일한 구조이다. 하지만 이는 현대 일본에서 성장 이야기가 그런 식으로밖에는 달리 표현할 길이 없음을 보여주는 증거일 뿐이다. 안노 히데아키는 성장 이야기를 완성시키지 못했다. 또한 그는 주인공을 완전히 파괴시키지도 않은 채 제3의 애매한 결말을 보여주었다. 이것은 기껏해야 "성장이 정지된 아이 혹은 성숙이 금지된 캐릭터가 어떻게 성장할 수 있을까?"라는 '아톰의 명제'와의 정면 대결을 회피하는 테크닉이라 할 수 있다(大塚英志, 2004: 405-406). 요컨대 〈에바〉는 성장하지 않는, 그러면서도 성장을 꿈꾸는 반주체의 이야기라 할 수 있다. 다음에는 오이디푸스 이야기, 아마에 이야기, 일본적 자아의 이야기, 모노노아와레적 주체의 이야기, 종교 이야기 등의 관점에서 반주체의 이야기를 풀어나가보자.

---

[4] 통과의례 구조(분리-이행-통합)를 심리학적 훈련으로서 반복하는 세미나.

II. 오이디푸스 이야기 vs 아마에 이야기

오이디푸스 이야기로서의 〈에바〉

한국인이라면 누구라도 지난 2000년에 일본 정부가 새로 발행한 2,000엔짜리 지폐에 나오는 '겐지 이야기 두루마기 그림' 사진의 내막을 알게 되면 놀랄 것임에 틀림없다. 하지만 일본인치고 그 내막을 모르는 이는 별로 없을 것이다. 일본이 세계 최초의 장편소설이라 하여 자랑스럽게 내세우는『겐지 이야기(原氏物語)』의 주인공 겐지는 당대 천황 기리쓰보(桐壺)와 후궁(更衣) 사이에서 태어난 아들인데, 일찍이 어머니를 여읜 후 그 어머니를 꼭 빼어 닮은 양모 후지쓰보(藤壺)와 밀통하여 자식을 낳았고 이 사실을 철저히 은폐했다. 지폐의 사진은 그 자식이 성장하여 레제인(冷泉院) 천황이 되었을 때 겐지가 신하로서 그 앞에 예를 갖추는 장면을 묘사한 것이다. 말할 것도 없이 이 그림은 근친상간 혹은 오이디푸스콤플렉스의 모티브를 분명하게 드러내고 있다.

현대 일본에는 오이디푸스콤플렉스를 주제로 한 작품이 적지 않다. 〈에바〉가 대표적인 사례이다. 주인공 신지가 사도와 싸우기 위해 탑승한 에바 초호기 안에는 그의 어머니 유이의 영혼이 잠들어 있다. 신지의 아버지 겐도의 감추어진 욕망은 전 인류가 신체를 상실하고 하나로 융해하는 써드 임팩트를 일으켜 죽은 아내 유이와 다시금 하나가 되는 데에 있었다. 한편 에바 영호기 파일럿 레이는 유이를 모델로 만든 복제 인간이다. 아들 신지에게는 지극히 냉혹한 겐도이지만 유이의 영혼이 깃들어 있는 레이에게는 편애의 감정을 감추지 않는다. 네르프 기지의 지하에는 레이의 클론이 무수히 양육되고 있다. 이와 같은 〈에바〉의 설정은『겐지 이야기』와 매우 흡사하다. 즉 신지와 겐지, 겐도와 기리쓰보 천황, 유이와 기리쓰보 천황의 후궁(겐지의 친모), 레이와 후지쓰보 사이에는 유비 관계가 존재한다(助川幸逸郞, 2008: 30).

그중에서도 특히 신지, 겐도, 레이의 경우는 오이디푸스콤플렉스의 전형을 보여주는데, 이때 다중적으로 삼자 관계를 구성한다는 점에 유의할 필요가 있다. 즉 ① 신지-레이-겐도의 삼자 관계, ② 신지-에바 초호기-겐도의 삼자 관계, ③ 레이-에바 영호기-겐도의 삼자 관계가 그것이다. ①에서 레이는 신지의 어머니 유이를 대체하는 캐릭터이고, ②와 ③에서의 에바는 어머니를 표상한다. 어릴 때 자신이 아버지에게 버림받았다고 여기는 신지는 겐도를 증오하면서도 동시에 그를 두려워하고 또 그에게 인정받고 싶어 한다.

가령 사도를 퇴치한 신지는 겐도의 칭찬을 듣고 "난 알았어. 아버지에게 칭찬받고 싶어서 에바를 타는 건지도 몰라"(12화)라고 말하며 기뻐한다. 또한 신지는 "아, 오늘 레이가 청소할 때 걸레 짜고 있었지? 그때 뭔가 엄마 같다는 느낌이었어. 무언가 엄마가 빨래하는 것 같다는 느낌이었어"(15화)라는 말에서 엿볼 수 있듯이 어머니 유이의 클론인 레이에게 모성을 느낀다. 그리고 출격을 앞둔 신지가 "이번엔 죽을지도 몰라"라고 하자 레이는 "넌 죽지 않아. 내가 지켜줄 거니까"라고 말하며 모성적 보호 본능을 표출한다(6화). 다른 한편 신지와 레이는 각각 에바 초호기와 영호기를 어머니로 하면서 아버지 겐도와 적대적 관계를 이루는 오이디푸스콤플렉스를 시사한다. 레이의 경우 TV시리즈에서는 대체로 겐도에게 순종하는 모습을 보여주지만, 극장판 후반부의 다음 장면에서는 단호하게 겐도를 거부한다.

겐도: (아담이 이식된 손을 레이의 몸 안에 넣은 채) "일이 시작된 것 같다. 자, 레이. 나를 유이가 있는 곳으로 데려다다오." (일이 잘못 되었다는 사실을 느끼며) "설마!"

레이: "나는 당신의 인형이 아니에요."

겐도: (아담이 이식된 손이 잘려나가며) "어째서?"

레이: "나는 당신이 아닌걸요."

겐도: "레이, 부탁하마! 기다려다오 레이."

레이: "가지 않으면…. 이카리 신지 군이 부르고 있어요."

프로이트가 말하는 오이디푸스콤플렉스의 핵심은 이성 부모에 대한 아이의 애착과 동성 부모에 대한 적대에 있는데, 신지와 레이는 이런 도식에 상당 부분 대응된다. 그런데 라캉은 이자 관계에서 삼자 관계로의 이행 및 팔루스의 설정을 통해 프로이트적 오이디푸스콤플렉스를 재해석했다. 처음에 어머니는 아이에게 유일한 성적 대상으로서, 양자는 근친상간적 이자 관계를 구성한다. 이런 이자 관계에는 실은 어머니에게 결여된 제3의 요소가 감추어진 채 존재한다. 이때 어머니에게 결여된 것을 라캉은 '팔루스'라 불렀다. 최초의 결여를 나타내는 기표인 팔루스는 상상적인 남근을 지칭하는 말로 실체가 없는데, 아이는 팔루스와 자신을 동일시함으로써 어머니의 욕망의 대상이 되고자 한다. 이로써 팔루스적 존재가 된 어머니는 너무나 강력한 나머지 아이를 집어삼킬 수도 있다. 가령 에바의 폭주는 이런 팔루스적 어머니의 위험한 측면을 시사한다. 이런 위험에서 아이를 구해주는 자로서 아버지가 개입하게 되며, 아이는 이번에는 자아이상으로 삼은 팔루스적 아버지와 자신을 동일시하려 한다.

이렇게 볼 때 라캉이 말하는 오이디푸스콤플렉스의 핵심이 두 차례에 걸친 동일시, 즉 상상계적 동일시와 상징계적 동일시에 있음을 알 수 있다. 상상계적 동일시는 어머니에 대한 동일시 또는 거울단계에서의 이미지(거울상)에 대한 동일시를 통해 이상적 자아(ideal ego)가 형성되는 절차를 가리킨다. 이후 이상적 자아는 모든 대상 관계 또는 모든 주체 상호 간의 관계를 규정하게 된다. 이 단계는 공격성과 소외의 근원이자 동시에 욕망의 토대로 기능한다. 다시 말해 상상계적 동일시는 타자에게 자신을 욕망의 대상으로 제공하기 위한 동일시라 할 수 있다. 물론 반대로 타자를 자신의 욕망의 대상으로 보기도 한다. 가령 우리는 내가 보고 싶어 하는 이미지, 곧 자신의 욕망을 타인에게 투영한다. 한편 상징계적 동일시란 오이디푸스 과정의 말기 단계에서 나타나는 아버지에 대한 동일시를 뜻한다. 이때 자아이상(ego ideal)이 형성되는데, 이는 상징계에서 흔히 일어나는 특정 기표에 대한 동일시(가령 법관이나 의사가 되고 싶다는 등)의 토대로 작용한다. 예컨대 신지가 에바를 타게 된 동기는 궁극적으로 아버지 겐도의 인정을 받고자 하는 상징계적 동일시에서 비롯된 것이다. 이에 비해 극장판에서 레이와 시원적 합일에 이르는 신지의 모습은 상상계로 퇴행하여 팔루스적 어머니와의 동일시를 추구하는 것으로 해석할 수 있다.

아마에 이야기로서의 〈에바〉

이 밖에 에바 자체를 어머니의 자궁 혹은 모성성의 상징으로 볼 때, 에바에 탄다는 것은 곧 어머니와의 합일이 이루어졌던 상상계로의 퇴행을 의미하기도 한다. 상상계로의 퇴행은 〈에바〉의 여러 장면에서 반복적으로 등장한다. 신지와 마찬가지로 아스카, 미사토, 리쓰코 등의 주요 캐릭터들은 공통적으로 어머니의 부재 혹은 모성의 결핍으로 인한 트라우마를 안고 있다. 이는 오이디푸스 단계에서 상상계적 동일시를 이룰 대상이 없다는 것, 따라서 욕망의 대상이 없다는 것을 의미한다. 그 결과 주체는 나르시시즘 모델(어머니)을 기반으로 형성되는 이상적 자아 형성에 실패하게 되며, 또한 상징계적 동일시에도 실패하게 됨으로써 자아이상을 획득하지 못한다. 이로 인해 타자와의 관계 형성에 어려움을 호소하는 등장인물들은 종종 상상계적 동일시의 단계로 퇴행하곤 한다.

이는 〈에바〉가 오이디푸스 이야기이자 동시에 아마에 이야기이기도 하다는 점을 말해준다. 이때 아마에란 "어머니에 대한 의존 감정이 너무 강한 나머지 어머니와의 분리가 어려운 일본인 특유의 정신 구조"(土居健郎, 1971)를 뜻하는 문화코드를 가리킨다. 〈에바〉에 대해 삼자 관계의 리좀성을 중심으로 인상적인 분석을 시도한 박기수는 상상계적 동일시 단계로의 퇴행을 정체성의 확보를 위한 것으로 해석하고 있다. 정체성의 확보를 위해서는 어머니와의 분리가 반드시 필요하며, 주체는 어머니와의 분리를 통해 비로소 언어를 획득하고 사회적 자아로 성장할 수 있다고 보았기 때문이다(박기수, 2004: 188-189). 이런 관점도 설득력이 있지만, 일본 문화론의 관점에서 보자면 상상계적 동일시 단계로의 퇴행은 명백히 아마에 그 자체를 뜻한다. 흥미롭게도 〈에바〉의 주요 등장인물들은 하나같이 아마에의 캐릭터라는 특징을 보여준다.

가령 네르프의 사령관 겐도는 "유이는 내가 없어서는 안 되는 존재라는 것을 알게 해주었다"(15화)라면서, 죽은 아내 유이를 통해 자신의 결여가 채워질 수 있다고 믿었다. 그러나 이는 대타자로서의 어머니에 해당하는 에바와 싱크로율 실험 중 유이가 죽음으로써 이상적 자아를 만들어내지 못한 겐도가 상상계로 퇴행한 데에서 비롯된 오인일 뿐이다. 그후 겐도는 유이에 대한 기억을 자기 마음속에 간직한 채 유이와 하나가 될 수 있는 방법으로서의 '인류보완계획'에만 골몰한다. 인류보완계획이란 곧 인류의 종말을 뜻한다. 그러니까 겐도의 오인은 전체 인류의 희생을 대가로 지불해야만 하는 엄청난 나르시시즘이었다. 그는 겉으로는 냉철하고 유능하며 강철 같은 정신의 소유자로 묘사되고 있지만, 실은 유이와의 일체화를 갈망하면서 그녀의 클론인 레이를 통해 가까스로 견디고 있는 아마에의 캐릭터라 할 수 있다. 유이에 대한 그의 집착은 마마보이의 그것에 가깝다. 하지만 겐도는 이런 자신을 인식하지 못한 채, 오히려 자신의 명령을 거부하거나 위반하는 신지가 아마에(응석)를 부린다고 탓하면서 그를 범죄자로 규정해 추방시킨다(19화). 겐도가 신지를 아마에의 캐릭터로 본 것만큼은 틀리지 않았다. 신지야말로 가장 전형적인 아마에의 표본임이 극장판의 마지막 장면에서 재현된다.

극장판에서는 마지막에 아스카와 신지만 살아남는다. 하지만 둘은 세계를 재생시키는 주체로서의 아담과 이브가 아니다. 너와 나만 존재하는 세카이적 세계의 풍경 속에서 써드 임팩트의 주체인 신지가 아스카의 목을 조르다가 결국 손을 뗀다. 그러자 아스카는 "기분 나빠!"라고 내뱉는다. 난해하기 그지없는 저 최종 장면을 이해하기 위해 우리는 이에 앞서 미사토의 아파트 부엌을 무대로 신지가 아스카의 목을 조르는 장면을 들여다볼 필요가 있다. 신지의 무의식적인 기억들을 표상하는 극장판의 이 장면에서는 다음과 같이 "모두 죽어버려!"라는 신지의 과잉 자의식이 폭발적으로 터져나온다(괄호는 자막).

싫은 건 아무것도 없어. 흔들림 없는 세계라고 생각했는데. (타인도 자신과 같다고 혼자 믿어버리고 있었구나.) 배신한 거야. 내 마음을 배신한 거야. (처음부터 자신의 착각이야.) 모두 날 귀찮아 해. 그러니까 모두 죽어버려! 내가 있든 없든 마찬가지야. 아무것도 변하지 않아. 그러니까 모두 죽어버려! (그럼 사람의 마음은 무엇 때문에 있는 거지?) 오히려 없는 게 나아. 그러니까 나도 죽어버려야 해.

젤레와 겐도의 인류보완계획이 발동되어 혼의 융합이 진행되고 있을 때 초호기 안의 신지는 여러 환상을 본다. 이 환상은 단순한 환영이 아니라 융합하고 있는 혼의 마음의 형태라 할 만한 영상이다. 거기서 아스카에 대한 신지의 첫 번째 목 조르기 장면이 나온다. 이 장면에서 "모두 죽어버려!"라고 외치는 신지의 공격성은 타자를 향한 상상계적 풍경이자 동시에 인류보완계획에 의해 신지의 혼과 융합하기 시작한 아스카의 마음속 풍경이기도 하다. 그런데 늘 신지에게 날카로운 라이벌 의식과 공격적 태도를 보였던 아스카가 이런 상황에서는 왠지 아무런 저항도 하지 않는다. 이는 목 조르기 장면 직전에 아스카가 신지에게 던진 "애처롭구나(아와레)"라는 말과 동심원적 일치를 보여준다. 여기서 '아와레'란 모노노아와레에서의 아와레이다. 그것은 아스카에 대한 신지의 목 조르기가 모노노아와레적 융합의 표출과 관계가 있음을 암시한다. 이어서 삽입곡 〈달콤한 죽음이여, 오라〉가 흘러나오고 인류보완계획이 더욱 급속히 진행되어 신지와 레이의 마음의 대화가 시작되며, 지상에서는 각 개체가 생명의 형태를 유지할 수 없는 상황에 이른다.

결국 인류보완계획을 거부한 신지가 아스카와 함께 다시금 지상에 누워 있는 장면이 나온다. 그 배경에는 붕괴된 거대한 릴리스의 신체 잔해가 보이고, 붉은 수면에 일순간 중학교 제복 차림의 레이가 나타났다 사라진다. 그러자 몸을 일으킨 신지가 방심한 모습으로 옆에 누워 있는 아스카의 목을 조른다. 이것이 두 번째 목 조르기 장면이다. 이때 아스카의 왼쪽 눈과 오른쪽 팔에는 붕대가 둘러져 있다. 붕대는 원래 레이의 상징물이었다. 그래서 레이는 흔히 '붕대의 미소녀'라 불리기도 한다. TV시리즈 20화에는 동결된 초호기가 붕대에 싸여 있다. 이는 레이와 초호기 사이에 공통점이 있음을 시사한다. 실제로 26화에서 초호기는 릴리스의 신체적 복사물이며, 레이가 릴리스의 혼을 내포하고 있음이 밝혀진다. 하지만 마지막 장면에서는 레이가 아니라 아스카에게 붕대 상징이 부여되고 있다. 이는 "아스카가 새로운 인류의 어머니임을 암암리에 보여준다."(北村正裕, 2007: 113-114) 그러니까 아스카의 목을 조르는 행위를 통해 신지는 "아스카와의 사이에 아마에의 세계가 지속되기를 기대"(大塚英志, 2004: 410)한 것이다.

문제는 아스카의 "기분 나빠!"라는 말이 무엇을 의미하는가에 있다. 이 대사는 과연 "AT필드 곧 타인과의 경계이면서 동시에 '나'를 '나'로 구별해주는 인간의 자기 영역이 회복된 것 혹은 신지와 아스카가 고유한 개인들로 회복된 것을 의미"(이승제·안승범, 2017: 127)하는 것일까? AT필드의 해석에 관해서는 뒤에서 상술할 것이다. 여기서는 다만 AT필드의 문제는 아스카가 아니라 신지와 관련된 것이며, 위 아스카의 대사는 AT필드보다는 오히려 그녀가 "모노노아와레의 바다"(相良亨, 1978: 69, 72)에서 "새로운 인류의 어머니"로 태어났다는 점, 그리고 아스카가 기분 나쁘다고 말할 때의 대상이 바로 신지라는 점과 결부시켜 이해해야 한다는 점만 언급하고 넘어가기로 하자. 예컨대 "기분 나빠!"라는 대사는 자신의 목을 조르던 신지가 도중에 손을 뗀 것과 관계가 있다. 이 맥락에서 보자면 〈에바〉는 실은 신지가 도중에 손을 뗌으로써 '어른 아이'인 아스카가 살아남아 성장하는 이야기가 될 수도 있다. 하지만 위 대사는 역시 주인공 신지에 대한 아스카의 감정을 표현한 말이라고 보는 편이 더 자연스러워 보인다. 새로운 세계의 어머니로 상정된 아스카를 죽인다는 것은 곧 어머니에 대한 의존 감정인 아마에로부터의 탈피를 의미하는데, 그러지 못한 채 여전히 아마에에 머물러 있는 신지가 아스카에게는 못마땅했던 것이다. 요컨대 〈에바〉는 아마에의 이야기인 셈이다.

〈에바〉와 상상계적 동일시

그렇다면 이상에서 살펴본 오이디푸스 이야기로서의 〈에바〉와 아마에 이야기로서의 〈에바〉가 어떤 상관성을 가질 수 있는가 하는 의문이 들게 된다. 이때 양자를 매개해주는 것이 바로 상상계적 동일시이다. 오이디푸스 이야기로서의 〈에바〉는 상징계적 동일시까지 이르지 못한 채 상상계적 동일시로 되돌아감으로써 오이디푸스 콤플렉스의 극복이 아직 미완의 과제임을 보여주고 있으며, 아마에 이야기로서의 〈에바〉는 상상계로의 퇴행으로 인해 아마에의 극복이 어려워진다는 점을 시사하고 있다. 이런 의미에서 양자는 동심원적으로 퍼져나가는 파문으로 상호 겹쳐 있다고 말해도 좋을 것이다. 그 동심원의 파문이 무한하게 확장되는 어떤 지점에서 에바의 폭주가 시작된다.

가령 TV시리즈 19화에서 초호기가 폭주하는 장면을 생각해보자. 절체절명의 위기에서 에바의 싱크로율이 400%를 넘어서자 리쓰코는 "역시 눈을 떴군…. 그녀가"라고 말한다. 여기서 '그녀'라는 호칭은 에바 초호기가 유이와 릴리스의 혼이 깃들어 있는 모성적 존재임을 암시한다. 이윽고 초호기가 제14사도를 먹어치우는 돌발적인 사태가 벌어진다. 이때 에바의 한 팔은 사람 팔의 형상을 하고 있다. 그녀는 S2기관을 스스로 섭취하고 있다. S2기관이란 사도의 영구적인 에너지원을 가리키는 말로, 에바가 이것을 장착하면 내장 전원이 필요 없게 되어 5분이라는 기동 시간의 제한이 없어진다. 원래 젤레는 에바를 자신들의 뜻대로 컨트롤하기 위해 이 기관을 장착하지 못하도록 제어했는데, 이제 에바는 무적의 신적 힘을 가진 존재가 된 것이다. 그리하여 에바를 통제하기 위한 모든 장치가 무의미해졌고 누구도 에바를 멈출 수 없게 된다. 〈에바〉는 등장인물 가지의 입을 빌려 이를 "초호기의 각성과 해방"이라고 규정한다. 그런 각성과 해방의 결과 20화에서는 신지가 초호기 안으로 흡수되어 에바와 하나로 융해되어버린다. 이와 같은 사태는 라캉이 말하는 팔루스적 어머니의 위험성을 연상시킨다. 팔루스적 어머니는 아마에를 극복하지 못한 아이를 삼켜버린다.

폭주하는 초호기는 얼굴 전체를 붕대로 감고 있고 한쪽 눈만 드러나 있다. 그 눈은 대타자의 응시를 표상하는 듯싶다. 신지의 육체는 자아의 경계선을 잃은 채 불가시적인 양자 형태로 엔트리 플러그 안을 떠다니고 있는 상태로 추정된다. 플러그 내의 LCL 성분은 화학적 변화를 일으켜 원시 지구의 해수 상태와 매우 유사한 상태가 되어 있다. 신지를 구성하고 있던 모든 물질은 전부 플러그 내에 보존되어 있고 영혼도 보존되어 있다. 이렇게 육체의 형태를 잃어버린 신지는 마치 "무의식은 언어처럼 구조화되어 있다"는 라캉의 정식을 연상시키듯 무의식의 언어를 쏟아낸다.

아무도 없어. 나도 없어. 이건 뭐지? 잘 모르겠어. 내가 알고 있는 사람들, 나를 알고 있는 사람들이 파노라마처럼 펼쳐진다. 그렇구나, 모두 나의 세계구나. 이건 내 세계인데도 내가 알 수 없다니. 외부로부터의 이미지, 싫은 이미지. 그래, 적이야, 적! 사도라 불리는, 천사의 이름을 가진 우리의 적! 에바의 그리고 네르프의 목표! 미사토 씨와 아버지의 원수! 왜 나는 싸우는 거지? 이런 무서운 일까지 당하면서. 이유 따위는 필요 없는 건가? 생각조차 해서는 안 되는 건가? … 사람 내음이 나. 그래, 엄마의 냄새다(20화)!

이 대목에서 화면은 엄마 젖을 물고 있는 신지의 모습을 비춘다. 그 '엄마의 냄새'는 외부의 이미지들을 모두 적으로 규정하는 팔루스적 어머니의 이면이다. 하지만 정작 이런 팔루스적 어머니와 동화된 신지는 적과 싸우는 이유도 모르고 심지어 자신의 세계조차 알지 못하는 공백 혹은 무로서의 주체이다. 이로써 오이디푸스와 아마에의 이야기는 아이덴티티의 이야기라는 제3의 물음으로 접목된다.

III. 일본적 자아의 이야기

일본인만큼 자신의 아이덴티티 문제에 집착하는 국민이 또 있을까? 일본 사회에 특유한 이른바 '일본인론' 또는 '일본 문화론'은 이 점을 잘 보여준다. 〈에바〉는 등장인물들의 입을 빌려 명확한 형태로 대표적인 일본문화코드들을 풍부하게 제시하고 있다. 가령 일본인은 겉모습, 즉 '다테마에'부터 닮아가며, 일본인의 신조는 헤아림과 배려를 뜻하는 '오모이야리(思いやり)'에 있고, 어른은 '수치'를 당하고 싶지 않기 때문에 쉽게 화를 낸다(9화). 또한 위험한 상황에서 신지 대신 자원한 아스카는 "네게 일전에 진 빚을 갚지 않으면 기분 나쁘니까"(11화)라고 말하는데, 이 대사는 정확히 '기리'

라는 문화코드를 대변한다. 하지만 〈에바〉에서 가장 현저한 일본 문화코드는 세켄이다. 아스카는 "자신의 재능을 세켄에 보여주기 위해"(12화) 에바를 타며, 신지 또한 "사람들이 내게 다정히게 대해 주는 것은 내가 에바를 타기 때문이야. 그게 내가 여기 있어도 되는 이유야. 그게 날 버티고 있는 모든 것이야. … 모두가 시키는 대로 에바를 타고 모두가 하라는 대로 이기지 않으면 안 돼"(20화)라고 말한다. 신지는 세켄이 자신을 어떻게 보는지, 남이 자신을 인정해주는지 여부에 대해 지나치게 예민한 일본인들의 심리적 경향을 전형적으로 보여주는 캐릭터이다.

이와 같은 문화코드에는 아이덴티티 문제가 현저하게 드러난다. 〈에바〉의 핵심 테마인 아이덴티티 문제는 오이디푸스콤플렉스의 극복이 상징계로의 진입이 아닌 상상계로의 퇴행을 수반하는 '아마에'의 틀 안에서 시도되고 있다는 모순과 밀접한 관계가 있다. 그것은 흔히 프로이트파 심리학자 미나미 히로시가 강조한 '자아 불확실성'이라는 문화코드의 옷을 입고 나타난다. 이 점을 먼저 TV 시리즈 16화의 인상적인 장면에서 살펴보기로 하자.

새로운 유형의 제12사도가 나타나 신지가 탄 초호기와 제3신도 쿄시를 지면의 거대한 그림자 속으로 빨아들인다. 직경 680미터, 두께 3나노미터 정도의 그림자가 사도의 본체이며, 극히 얇은 공간의 내부는 '디라크의 바다'라 불리는 가상공간으로 다른 우주(평행우주)와 연결되어 있다. 그림자 위에는 거대한 구체가 떠 있는데, 그것은 본체와의 연결 흐름이 끊어지면 사라진다. 즉 그 구체는 본체의 그림자에 불과하다. 말하자며 그림자의 그림자인 셈이다. 이런 그림자 사도에 갇혀 주위가 온통 흰색뿐인 또 다른 우주 안에서 신지의 생명 유지 모드 시간이 얼마 남지 않은 상황이다. 신지는 이때 자신의 무정형적인 모습을 보면서 분열적인 사유의 흐름 속에서 혼란스러워한다.

> 나는 너야. 사람은 자기 속에 또 하나의 자신을 가지고 있지. 자신은 항상 두 사람으로 이루어져 있어. 실제로 보이는 자신과 그걸 지켜보고 있는 자신이지. 이카리 신지라는 인물도 여럿 존재해. 신지는 네 마음속에 있는 또 하나의 이카리 신지. 가쓰라기 미사토의 마음속에 있는 이카리 신지. 소류 아스카 속의 신지, 아야나미 레이 속의 신지. 이카리 겐도 속의 신지. 모두 각각 다른 이카리 신지지만 어느 것도 다 진짜 이카리 신지야. 넌 그 타인 속의 이카리 신지가 두려운 거지? 타인에게 미움받는 것이 두려운 거야. 상처를 입는 것이 두려운 거야. 나쁜 것은 누구지? 나쁜 것은 아버지야. 날 버린 아버지야. 나쁜 것은 나 자신이야. 아무것도 못하는 자신이야(16화).

아버지에게 칭찬받으면서 기뻐한 나, 그걸로 살아갈 수 있다고 믿은 나. 그건 나 자신을 속인 것임을 신지는 깨닫게 된다. 그러면서도 "모두 마찬가지야. 누구나 그렇게 살아가잖아? 그래도 괜찮다고 생각하지 않으면 살아갈 수 없는 거야. 내가 살아가기엔 이 세계는 고통스러운 일이 너무도 많아"(16화)라고 스스로를 타이른다.

AT필드란 무엇인가

여기서 느낄 수 있는 아이덴티티를 둘러싼 지독한 고뇌와 분열적 사유는 그림자 사도의 평행우주 안에 갇힘으로써 신지의 AT필드가 사라진 데에서 비롯된 것이다. 그렇다면 AT필드란 무엇인가? 〈에바〉의 키워드 중 하나인 AT필드는 '절대 공포의 영역(absolute terror field)'의 약자로 〈에바〉 전반부에서는 사도 및 에바가 전개하는 물리적 장벽 또는 일종의 무기로서의 절대 영역을 가리키는 말로 등장한다. 인류의 생존을 위협하는 사도라는 정체불명의 적은 강력한 AT필드를 통해 상대방의 모든 공격을 튕겨 나가게 한다. 에바도 AT필드로써 사도의 공격을 막아낸다. 이에 비해 〈에바〉 후반부에서 마지막 사도인 소년 가오루는 AT필드가 "누구나가 가지고 있는 마음의 벽"(24화)이라고 말한다. 그러니까 AT필드란 대외적으로는 무기이면서 동시에 내적으로는 '마음의 벽'이기도 하다.

따라서 AT필드에는 두 가지 공포가 관련되어 있다. 즉 외부의 적에 대한 공포와 인간관계에서의 공포가 그것이다. 그중 〈에바〉의 본질적인 주제는 명백히 후자라 할 수 있다. 그러니까 신지가 사도와의 전투에서 맛본 공포와 고뇌는 인간관계에 대한 공포의 메타포라 할 수 있다. 이와 관련하여 젤레가 사주한 전략자위대의 공격을 받았을 때 네르프 부사령관인 후유쓰키는 "최후의 적은 같은 인간이었구나"(25화)라고 말한다. 겐도도 같은 생각이다. 그러나 AT필드는 인간관계에 대한 공포와 관련된 '마음의 벽'이라는 부정적 측면만 가지는 것은 아니다. 가령 아스카의 어머니는 2호기의 AT필드를 발생시켜서 딸을 지켜준다. 그러니까 AT필드는 단지 심리적으로 타인을 상처 입힌다는 부정적인 측면뿐만 아니라, 자아를 보호해준다는 긍정적인 측면도 내포하고 있는 것이다.

어쨌든 각종 현대식 과학무기뿐만 아니라 롱기누스의 창까지 견뎌낼 수 있는 물리적 방어막이자, 한 인간이 자기와 타인을 구별하는 심리적 방어기제인 마음의 벽, 즉 인간이라면 누구나 가지고 있는 자신만의 심리적 공간, 자신의 마음을 타인에게 들키지 않도록 하는 인간의 최후의 심리적 성벽이 AT필드라는 것이다. 이 성벽을 파괴하여 인류가 하나가 되는 것이 인류보완계획이다. 이와 같은

AT필드의 파괴는 곧 신의 경지에 도달하는 것을 나타냄과 동시에 파괴를 통한 인간 자신의 완성을 의미하기도 한다. '사랑은 파괴하는 것'이라는 극장판 소제목은 이 점을 시사한다(유사첩 외, 2017: 161-162).

한편 아스카는 자신을 유지하기 위해 강고한 AT필드로써 타인뿐만 아니라 자기 자신의 내면까지 억압하여 결국 파멸과 전락을 맛보면서 "모두 미워. 나 자신이 가장 미워"라고 말할 정도였지만, 이와 동시에 AT필드에 의해 부활한다. "모두 죽어버려. 나도 죽어야 해"라고 말한 신지는 결국 "그래도 이건 내가 원한 것이 아니야"라고 하여 인류보완계획을 거부한 채 AT필드가 타인과 자신을 상처 입힐 수도 있는 세계를 선택한다. 이에 비해 아스카는 신지와는 다른 방식으로 인류보완계획을 거부했으나, 인류보완계획이 진행되는 가운데 신지에게 목졸림을 당할 때 AT필드를 포기하고 저항하지 않았다.

고슴도치의 딜레마

이처럼 다양한 장면에서 복합적인 의미로 드러나는 AT필드는 무엇보다 타인에 대한 인간의 본능적 방어기제라는 측면에서 프로이트나 라캉이 말하는 자아에 비견될 만하다. 자아의 문제는 〈에바〉에서 '고슴도치의 바늘'이라는 비유로 나타나기도 한다.

> 리쓰코: "고슴도치의 딜레마야. 상대에게 자신의 온기를 전하려 해도 몸을 대면 댈수록 온몸의 바늘로 서로에게 상처를 입히고 마는 거야. 인간에게도 그런 경우가 있어. 지금의 신지는 마음 어딘가에 상처 입을 것을 두려워해서 겁쟁이가 된 거지."

미사토: "그러다 알게 되겠지. 어른이 된다는 건 다가가든가 멀어지든가 하는 걸 반복하면서 서로가 그다지 상처 입지 않고 사는 거리를 찾아낸다는 거지."(3화)

여기서 '고슴도치의 딜레마'란 철학자 쇼펜하우어의 우화에서 따온 것인데, 프로이트도 내향성과 고립주의를 설명하기 위해 이 우화를 인용하면서 인간이 서로의 이기심을 견제하기 위해 상호 간 절도를 지킬 것을 권장한 바 있다. 물론 실제의 고슴도치들은 바늘이 없는 머리 부분을 맞대고 체온을 유지하거나 수면을 취하므로 '고슴도치의 딜레마'는 어디까지나 우화적인 비유에 지나지 않지만, 그것은 〈에바〉에서 매우 중요한 메시지를 전달하는 비유적 수단으로 제시되고 있다.

즉 이 세상에 존재하는 한 인간은 "타인은 결국 타인에 불과하다"는 '고슴도치의 딜레마'에 빠져 끊임없이 번뇌한다. 서로 다가서고 싶어 하지만 서로가 가진 날카로운 바늘 때문에 상처를 주는 고슴도치처럼 우리는 타인에게 자신의 마음을 열지 못하고 고민한다. 나아가 인간은 불완전함을 채우기 위해 누군가에게 사랑받고 싶어 하고 누군가를 사랑하고 싶어 하지만, '고슴도치의 딜레마'로 인해 근원적인 비극을 경험하지 않을 수 없다. 이런 '고슴도치의 딜레마'에 빠지는 이유는 타인이 존재하기 때문이다. 그리고 타인이라는 존재는 너와 나를 구별하는 마음의 벽인 AT필드에서 비롯된 것이다. 인류보완계획은 마음의 상처를 받지 않는 완전한 존재가 되기 위해 AT필드를 완전히 제거함으로써 너와 내가 존재하지 않는 세상을 만들려는 기획을 뜻한다.

하지만 미사토가 말하는 "서로가 상처 입지 않고 사는 거리"를 찾아내기란 정말 어려운 일이다. 왜냐하면 인간은 타자에게 인정받기를 간절히 원하는 존재인데, 정작 내 안에는 '나'가 없고 그래서 부재하는 '나'를 대신하여 타자라는 거울을 통해 자신을 보려 하기 때문이다. 어쨌거나 AT필드야말로 신지가 그토록 찾고 싶어 하는 인간의 자아인지도 모른다. 자신이 그 자신이라고 말할 수 있는 것은 다른 사람들과의 관계 속에서일 뿐이다. 이 지점에서 안노 감독이 말하고 싶어 하는 것은 바로 타자의 문제이다. 〈에바〉에서 인간은 불균형적인 인격과 육체를 가진 개별적 존재들로 서로에게 의지해 살아가야 하지만, 한편으로 서로를 배척할 수밖에 없는 역설적 존재로 그려진다(안승범, 2016: 105). 예컨대 "타자 없이는 나 자신을 볼 수 없으"(레이)며, "타자가 있으니까 내가 있는 것"(신지)이기 때문이다. 그리하여 "타자는 공포가 아니라 희망"이므로 나와 타자가 함께할 수밖에 없는 "현실 안에 있어라"는 것이 〈에바〉가 던지는 중요한 메시지 중 하나가 된다. 이런 맥락에서 〈에바〉는 다음 대화에서 엿볼 수 있듯이 타자에 대한 트라우마와 공포 혹은 무지를 극복하려는 이야기라 할 수 있다.

> 가지: "사람은 자신 외에 다른 사람을 잘 이해할 수 없어. 자기 자신도 잘 이해하지 못하는 걸. 100% 이해한다는 건 불가능한 일이야. 그렇기 때문에 다른 사람을 더 알려고 노력하는 거지. 그래서 인생이 재미있는 거지."
> 신지: "미사토 씨와의 관계도 그런 건가요?"
> 가지: "그녀[彼女, 가노죠]라는 말은 '저 멀리 있는 여자'란 뜻이지. 남자에게 여자는 강 건너편의 존재 같은 거야. 남자와 여자 사이에는 바다보다도 더 넓고 깊은 강이 놓여 있지."
> 신지: "전 어른을 잘 모르겠어요."(18화)

인형의 자아

그런데 라캉에 따르면 타자에 대한 무지와 오인은 자아의 가장 두드러진 특징이다. 〈에바〉의 여러 등장인물은 릴리스의 혼을 가진 존재로서 인류 운명의 결정권을 쥐고 있는 레이와 에바를 인형이라고 잘못 인식한다. 가령 겐도는 레이를 인형이라고 여기면서 철저히 자기 지배하에 두려 한다. 그는 재생된 태아 모습의 아담을 레이 체내에 집어넣어 아담과 릴리스의 융합을 실현하고자 했다. 이것이 그가 의도한 써드 임팩트의 핵심이었으나 결국 실패하고 말았다. 왜냐하면 실은 인류의 어머니인 릴리스 그 자체이자 신체적으로 신지 어머니인 유이의 복사물인 레이가 신지와의 연대를 통해 인간으로서의 자아를 발견했기 때문이다(北村正裕, 2007: 111).

또한 아스카는 에바 2호기에게 "넌 인형이니까 그저 내가 하라는 대로 움직이면 되는 거야"(22화)라고 말한다. 이 밖에 아스카와 레이가 아무 말도 없이 가만히 있는 장면이 무려 50초 이상이나 계속되는 다음의 엘리베이터 장면에서 마침내 아스카는 에바와 레이 모두를 인형이라고 매도한다.

> 레이: "마음을 열지 않으면 에바는 움직이지 않아."
> 아스카: "마음을 닫고 있다는 거야? 내가?"
> 레이: "그래, 에바에게는 마음이 있어."
> 아스카: "저 인형한테?"
> 레이: "알고 있을 텐데."
> 아스카: "흥, 네가 먼저 말을 걸다니…. 아아, 신지뿐만 아니라 기계인형 같은 너한테까지 동정을 받다니 나도 이제 죽을 때가 됐나 보군."

레이: "난 인형이 아니야."

아스카: "시끄러, 남이 하라는 대로 움직이는 주제에. 너, 겐도 사령관이 죽으라고 하면 죽을 거지?"

레이: "그래."

아스카: "역시 인형이잖아. 넌 인형 같아서 정말 이전부터 너무 싫었어. 모두, 모두 정말 싫어."(22화)

아스카에게는 인형에 대한 트라우마가 있다. 에바 제작을 담당한 과학자였던 아스카의 어머니는 실험 중 정신 오염으로 아스카를 도외시한 채 인형을 딸이라고 믿었다. 그 장면에는 "인간과 인형의 차이 따위는 종이 한 장 차이일지도 몰라. 인형은 인간이 자신의 모습을 본떠 만든 거니까. 만일 신이 있다면 우린 그 신의 인형에 지나지 않는지도 몰라"(22화)라는 내레이션이 흐른다. 이는 "비유컨대 신은 인간처럼 작동하고 인간은 머리와 팔다리가 있는 인형처럼 작동한다"(『本居宣長全集』 8, 320-321)는 모토오리 노리나가의 발상을 떠올리게 한다. 어쨌든 인형에 대한 아스카의 트라우마는 실은 어머니의 부재에 대한 트라우마였다. 어린 아스카가 인형을 안고 울고 있는 장면은 어머니의 부재로 인한 트라우마의 표현이다. 이어서 아스카는 인형을 던지며 "난 아이가 아냐. 빨리 어른이 될 거야. 인형 따위 내겐 필요 없어"(22화)라고 말한다. 또한 어머니가 아스카에게 자기와 같이 죽자고 말하는 장면에서 아스카는 "엄마, 부탁이니까 날 죽이지 말아줘요. 싫어. 난 엄마의 인형이 아니야. 스스로 생각하고 스스로의 힘으로 살아갈 거야. 아빠도 엄마도 필요 없어. 혼자서 살아갈 거야"(22화)라고 말한다.

이 말은 인형이기를 거부하는 것, 즉 인형의 자아를 탈피하는 것이 바로 성장의 의미라는 뜻이리라. 그렇다면 신지의 경우는 에바 탑승이 곧 인형의 자아를 거부하는 것이었을까? 네르프 본부가 사도에 의해 파괴되기 직전에 겐도가 신지에게 "네가 왜 여기 있지?"라고 묻자, 신지는 "나 에바 초호기의 파일럿 이카리 신지입니다"(19화)라고 대답한다. 이것은 신지가 처음으로 분명하게 자기 정체성을 선언하는 대목으로 단순한 페르소나의 자기 확인을 넘어서서 자아 발견의 단초를 보여준다. 그렇다면 이것은 과연 주체의 형성을 의미하는 것일까? 혹자는 에바 탑승은 곧 주체가 된다는 것을 의미한다고 해석한다. 그런데 정말 "에바에 타서 주체가 되라!"는 상징계 혹은 대타자의 명령에 따라 신지가 책임 있는 주체로 다시 태어났다고 말할 수 있을까?

IV. 모노노아와레의 집합적 주체

극장판 후반부에 보면 'LCL의 바다'에서 레이와 분리되어 헤어진 후 수면 위로 올라오는 신지가 "행복이 어디에 있는 건지 아직 모르겠어. 이곳에 태어나서 어땠는지는 지금부터 계속 생각해봐야겠어. 자신이 자신으로 있기 위해서. 하지만 엄마는, 엄마는 어떡할 거야? … 안녕, 어머니"라고 말한다. TV시리즈 26화의 마지막 장면에도 "어머니, 안녕!"이라는 자막이 뜬다. 어머니와의 분리를 시사하는 이 장면은 신지가 하나의 주체로 다시 태어날 수 있는 가능성을 보여주는 듯하다.

사실 〈에바〉가 주체의 문제와 관련된 이야기임을 암시하는 흔적들은 곳곳에서 찾아볼 수 있다. 우선 〈에바〉는 '눈[目]'의 이미지를 풍부하게 보여준다. 그러한 이미지들은 라캉의 '응시(gaze)' 개념을 시사한다. 세계를 보는 주체는 주체의 시선보다 더 앞선 어떤 시선을 가정해야만 완성된다. 즉 본다는 것은 초월적인 보는 자를 전제해야만 한다. 대타자의 응시가 그것이다. 응시는 은폐되어 있지만 주체의 시선보다 먼저 있으면서 세계를 보려는 주체의 욕망을 지배한다. 가령 〈에바〉에는 사도의 정체에 대해서는 거의 언급 없이 사도의 눈을 클로즈업시킨 장면이 여러 차례 등장한다(1화, 11화, 16화). 사도의 눈은 바로 대타자의 응시를 암시한다. 따라서 거기에는 주체가 소멸되어 있다. 사도는 제2사도 릴리스가 아닌 제1사도 아담의 아이들이며, 인간의 지성 대신 S2기관으로 상징되는 무한한 생명력을 가진 존재들이다. 나아가 네르프 요원들이 그 잔해를 분석해본 결과 사도는 입자와 파동 모두의 성질을 가지는 빛과 같은 것으로 구성되어 있으며, 그 신호의 배치와 좌표가 인간 유전자와 99.89%로 거의 동일하다는 점도 밝혀졌다. 하지만 사도의 작동 원리를 비롯하여 어디에서 무엇 때문에 지구로 왔는지, 그 본질과 목적 및 정체에 대해서는 여전히 미지의 상태이다. 이 점에서 대타자 사도는 라캉이 말하는 무의식의 주체, 물, 대상a, 주이상스, 실재계의 속성과 닮았다. 그런 만큼 사실상 사도와의 전쟁은 실체가 없는 무의미와의 투쟁 같은 것이 되기 십상이다. 그래서인가 신지는 "사도, 신의 사자. 천사의 이름을 가진 우리의 적. 왜 싸우는 걸까?"(11화)라고 자문할 수밖에 없다.

사도의 눈뿐만 아니라 에바의 눈에도 주목할 필요가 있다. TV시리즈 2화에서 제어 불능 상태로 폭주하던 에바가 결국 사도를 격퇴하면서 왼팔을 복원시키는 장면이 나오는데, 이때 신지의 눈이 에바의 눈을 바라본다. 그 밖에 극장판에서 아담과 레이가 합체하는 장면에서는 아담의 눈과 레이의 눈을 비롯한 수많은 눈이 화면을 가득 채우는가 하면, 세컨드 임팩트를 일으켰던 장본인인 젤레의 상징은 역삼각형 양변에 늘어선 일곱 개의 눈으로 표상된다. 게다가 젤레의 최고 위원들은 모습을 드러내지 않은 채 음성만 들릴 뿐이다(21화). 이는 대상a로서의 응시 혹은 목소리가 〈에바〉의 세계에 편재하고 있음을, 다시 말해 신지를 비롯한 등장인물들이 아담, 사도, 젤레, 에바, 레이 등에 의해 '보여지거나' 혹은 '들려지고' 있음을 암시한다. 거기서 주체는 '부재하는 주체'임이 드러난다.

'LCL의 바다'와 '모노노아와레의 바다'

만일 〈에바〉를 어떤 형태로든 주체의 이야기로 말하고자 한다면, 전술한 '부재하는 주체'의 이야기에다 '모노노아와레적 주체'의 이야기를 추가하는 것 외에는 달리 길이 없어 보인다. 이 점을 가장 잘 보여주는 것이 생명의 수액, 양수, 릴리스의 체액 등으로 말해지는 LCL 담론이다. 에바 파일럿들의 탑승 공간인 엔트리 플러그를 가득 채우고 있는 LCL 액은 파일럿들에게 산소를 공급해줄 뿐만 아니라, 정신 오염, 신체 충격, 그리고 에바에 동화되는 것을 막아주는 일종의 쿠션 역할을 한다. 하지만 이보다 더 중요한 측면은 영혼을 가진 생명이 AT필드가 소거되면 모두 LCL 상태로 환원된다는, 그리하여 비로소 인류가 하나가 될 수 있다는 설정에 있다. 그것이 바로 릴리스, 아담, 롱기누스의 창을 사용하여 써드 임팩트를 일으킴으로써 모든 차이를 무화시켜 하나의 마음으로 통일시키려는 프로젝트인 인류보완계획의 최종 단계이다. 극장판에서 다음과 같은 겐도의 대사는 LCL 상태로의 환원이 의미하는 바를 잘 드러낸다.

유이와 다시 만나려면 이것, 아담과 릴리스의 금지된 융합밖에 없다. 레이, AT필드, 곧 마음의 벽을 허물고 결여된 마음을 보완해야 한다. 불필요한 몸을 버리고 모든 영혼을 지금 하나로 융합해야 한다. 그리고 유이가 있는 곳으로 가자.

LCL 상태로의 환원이란 에바와 파일럿이라는 이자 관계의 싱크로(공감) 상태를 훨씬 넘어서서 삼자 관계의 무한한 확장 속에서 존재하는 모든 것의 완전한 융합이 이루어진 세계를 뜻한다. 이런 의미에서 그것을 모노노아와레의 궁극적인 완성이라고 부를 수 있겠다. 위 인용문에서 "유이가 있는 곳으로 가자"는 겐도의 말은 앞서 살펴본 아마에 이야기로서의 〈에바〉와 모노노아와레 이야기로서의 〈에바〉가 별개의 것이 아니라는 점을 시사한다. 이때 자아는 어머니를 표상하는 존재에 휩쓸리거나 혹은 모토오리 노리나가가 세계를 비유해서 말한 '모노노아와레의 바다'에 익사하여 우주적 일자(一者)로 흡수되어버리고 만다. 거기에 주체가 끼어들 자리가 과연 있을까? 이 물음과 관련하여 극장판 후반부에서 마치 지구를 감싸고 있는 땅의 여신 가이아 같은 거대 생명체로 변한 레이와 신지가 바다에서 합체하는 다음 장면에 주목해보자.

레이: "여긴 LCL의 바다. 생명의 원천인 바다 속. AT필드를 잃어버린, 자기의 형태를 잃어버린 세계. 어디까지가 자기이고 어디까지가 타인인지 알 수 없는 애매한 세계. 어디까지나 자신이면서 어디에도 자신이 없는 취약한 세계."
신지: "난 죽은 거야?"
레이: "아니, 모든 것이 하나로 되어 있을 뿐. 이것이 네가 바란 세계야."
신지: "하지만 이건 아냐."
레이: "지금 다시 타인의 존재를 원한다면 다시 마음의 벽이

모든 사람을 갈라놓을 거야. 다시금 타인의 공포가 시작되는 거야."

신지: "그래도 괜찮아."

여기서 'LCL의 바다'는 '모노노아와레의 바다'를 SF적으로 표현한 것이라 할 수 있다. 그것은 주체의 부재 혹은 근원적인 결핍을 표상한다. 이런 의미에서 부재하는 주체를 모노노아와레적 주체로 바꿔 말해도 좋을 듯싶다. 그런데 신지는 LCL 상태로의 환원, 즉 인류보완계획을 부정하면서 AT필드를 가진 자아의 세계로 복귀할 뜻을 표명한다. 하지만 이것이 곧 모노노아와레적 주체성의 극복을 가리키는 것이라고 단정 짓기는 어렵다.

꿈꾸는 모노노아와레적 주체

TV시리즈 26화와 극장판에 나오는 신지와 레이의 마음의 대화에 귀를 기울여 보라. 거기에는 실재와 현실, 사실과 허구, 꿈과 현실의 관계에 대한 안노 감독의 메시지가 잘 드러나 있다. 신지가 "현실이 무언지 잘 모르겠어"라고 하자, 레이는 "타인의 현실과 자신의 진실과의 심연을 정확히 파악할 수 없는 거구나. 꿈속에서밖에 행복을 찾을 수 없는 거구나. 그럴듯한 것을 만들어내어 현실에 복수한 거였구나. 허구로 도피하여 진실을 속인 거였구나"라고 말한다. 이에 신지가 "나 홀로의 꿈을 꾸면 안 되는 것인가?"라고 묻자 레이는 "그건 꿈이 아냐. 그저 현실을 보충한 것일 뿐이야"라고 답한다. 계속해서 신지가 "그럼 내 꿈은 어디에 있지?"라고 되묻자 "그건 현실의 연속선상에 있어"라는 레이의 답변이 되돌아온다. 다시 신지가 "나의 현실은 어디에 있지?"라고 묻자 레이는 "그건 꿈의 끝이야"라고 대답한다. 그후 인류보완계획이 마침내 최종 단계에 들어가고 LCL의 바다 속에서 신지와 레이의 융합이 이루어진다. 이 대목에서 〈에바〉는 꿈이란 무엇인가라는 문제를 제기한다. 이에 대해 안노는 현실에 이어져 있는 진실이 바로 꿈이라고 하면서 그것을 단순한 현실도피로서의 꿈과 구별하고 있다. 그리하여 레이로 하여금 후자, 즉 현실도피로서의 꿈은 거짓 꿈에 불과한 것이라고 말하게 한다.

이와 같은 레이의 대사는 타인과의 접촉을 피해 자기 성 안에 틀어박히려는 신지를 강하게 질타하는 메시지임과 동시에, 안노가 시청자들에게 보내는 메시지이기도 하다. 안노는 〈에바〉가 단순한 현실 세계의 대체물이 아니라는 점을 노골적으로 표현하고 있다. 〈에바〉는 현실 세계 안에서 고뇌하면서 사유하기를 멈추지 않는 감독의 진실이었다. 그것은 결코 현실에서 도피하기 위한 수단이 아니다. 거기서 감독이 추구하는 것은 도피가 아니라 타인들이 사는 세계 안에서 타인의 현실과 갈등하는 바로 그 자리에 형성되는 자기 자신의 진실에 있다.

이와 같은 안노의 메시지는 사회적 관점에서 볼 때 '오타쿠에 의한 오타쿠 비판'이라 할 수도 있겠다. 극장판 〈에바〉가 나온 것은 고베에서 아동 연쇄살인범 미야자키 쓰토무가 체포된 1997년 6월 28일 직후였으며, 그 연쇄살인범도 신지나 아스카 등과 마찬가지로 14세였다. 우연의 일치이겠지만 이로써 〈에바〉를 새삼스레 시대의 반영으로 보는 시점이 부상한 것도 사실이다. 나아가 〈에바〉는 오타쿠 애니메이션을 벗어나 미야자키 하야오 감독의 〈바람계곡의 나우시카〉 등으로 대표되는 '사회파 애니메이션'에 접근했다고 말해지기도 한다. 물론 양자는 중요한 차이가 있다. 가령 〈바람계곡의 나우시카〉가 묘사한 것은 핵전쟁 후 기계문명이 붕괴된 지구를 무대로 한 인류의 새로운 생존 가능성이었고, 〈원령공주〉가 문제 삼은 것은 인류와 자연의 공생 가능성에 있었다. 미야자키의 작품의 중심축은 자기 자신이 아니라 인류이다. 사회파라 불리는 이유가 여기에 있다. 거기서 자기 자신은 어디까지나 휴머니즘의 기치 하에 사회와 결부되어 다뤄진다.

이에 반해 〈에바〉의 경우는 자신의 성에 틀어박히는 것의 공허함과 허무로부터의 탈출을 절규한다. 그리하여 타인과의 교류 및 교감에 의해서만 자신이 형성된다는 주장을 전면에 내세우고 있다. 그런 자아 형성이 아무리 예리한 고통을 수반한다 해도 그렇기 때문에 더욱더 매력적이라는 메시지를 담고 있는 것이다. 그래서 일견 사회파처럼 보일 수도 있지만, 〈에바〉가 묘사하는 것은 자타 관계의 의미에 눈뜨는 '자기 자신'에 있다. 거기서 추구되는 것은 결코 사회와 결부되어 있지 않다. 그리고 인류보완계획이라는 명칭과는 달리 〈에바〉의 지향점은 결코 인류의 미래가 아니라 어디까지나 타인이라는 현실과의 상호 연관성 안에서 형성되는 '자기 자신이라는 진실' 혹은 '마음속의 진실'에 있다.

〈에바〉의 마지막 장면은 내일의 인류에 대한 지침은 거의 보여주지 않는다. 〈에바〉의 등장인물들은 결코 현대사회가 요구하는 사회적 역할을 수행하지 않으며, 따라서 성장을 동경하지도 않는다. 신지와 레이의 유대에서 볼 수 있듯이 그들은 매우 서투른 방식으로 혼돈 속에서 상호 교감하면서 넘쳐흐를 정도의 자의식을 지닌 소년 소녀로 변모한다. 그들은 상처를 입더라도 타인과 자신이 함께 존재하는 세계를 원한다. 그런데 레이는 신지를 보호하기 위해 제3신도쿄시 전체를 소멸시켰다. 세카이계의 특징을 잘 보여주는 이 장면에서 그녀는 결코 국가를 위해 죽은 것이 아니다. 신지도 레이와의 융합을 통해 거의 세계 멸망의 끝자락까지 갔다가,

그저 자신이 원한 세계와는 다르다는 이유로 겐도의 인류보완계획을 거부했을 뿐이다. 그에게 타자가 부재하는 세계는 타자의 공포만큼이나 두려운 어떤 것이었다. 신지가 정말 원한 세계는 타자의 거울을 통해 자기 자신을 볼 수 있는 거울상의 상상계적 세계, 즉 모노노아와레적 이야기의 중추를 구성하는 모노노아와레 공동체가 아니었을까? 에바는 모성적 공동체인 '감정화'된 현대 일본 사회의 표상이기 때문이다.

'감정화'된 일본 사회와 모노노아와레 공동체

오쓰카 에이지는 오늘날 일본 사회가 감정화되었다고 말한다. 여기서 '감정화'란 모든 사람의 자기 표출이 감정이라는 형태로 외화하는 것을 가리킨다. 일본인은 서로 이런 감정화를 욕구하며, 일본에서는 이성이나 합리성이 아니라 감정의 교환이 사회를 움직이는 유일한 엔진이 된다. 거기서 사람들은 감정 이외의 커뮤니케이션을 기피한다. 그러니까 오쓰카는 감정으로밖에 통하지 않는 관계성으로 이루어진 현대 일본의 사회시스템을 감정화라고 이름 붙인 것이다. 다시 말해 감정화란 "감정이 사람들의 가치판단의 최상위에 위치하여, 감정에 의한 공감이 사회시스템으로 기능하는 상태"(大塚英志, 2016: 8-9, 13)를 가리킨다. 오쓰카가 말하는 감정화한 일본 사회는 '모노노아와레 공동체'의 다른 이름이다. 그것이 〈에바〉 등장인물들에게서 전형적으로 엿볼 수 있는 절망적인 디스커뮤니케이션을 낳는다는 것은 역설이 아닐 수 없다. 애덤 스미스(Adam Smith)가 『도덕감정론(The Theory of Moral Sentiments)』(1759)에서 말한 '중립적인 관찰자'[5]가 없는 감정은 단순히 상호 간 공감하면서 하나의 거대한 감정에 융합되어버릴 뿐이다. 에바와 파일럿 사이의 이자 관계적 공감(싱크로)이나 'LCL의 바다'에는 '모노노아와레의 바다'가 그렇듯이 '중립적인 관찰자'가 부재한다.

그리하여 공감에 대해 비평하지 못하거나, 공감할 수 없는 감정과 행동을 보이는 타자를 어떻게 이해하는지 모른 채 공감이 직접 '큰 감정'과 결부되어버리면, 거기서 생겨나는 것은 사람들이 본래 설계하고자 했던 사회나 국가와는 이질적인 것이 되고 만다. 그것은 더 이상 사회나 국가가 아니라 감정 속에 융해되어버린 무언가일 뿐이다. 자타의 마음의 경계가 인류 차원에서 소멸되는 인류보완계획과 같은 〈에바〉의 세계는 허구가 아니라 현대 일본 사회에서 구체적인 형태로 나타나고 있다. 오쓰카는 그 형태 중 하나로 '감정 천황제'를 들고 있다(大塚英志, 2016: 13-16, 26) 이런 지적은 실은 그리 새로운 것은 아니다. 예로부터 모노노아와레 공동체의 보이지 않는 구심점으로 기능해온 것이 바로 천황제이기 때문이다.

모노노아와레 공동체에서의 꿈과 희망

감정 천황제나 모노노아와레 공동체에서는 개인 차원이 아닌 집단 차원의 주체가 문제시된다. 하지만 일본이라는 집단을 기본단위로 하는 모노노아와레적 또는 집합적 주체의 문제는 개인적 자아나 아이덴티티 문제와 떼려야 뗄 수 없는 관계에 있다. 양자는 동전의

5 타인의 행위와 감정에의 공감이 사회 구성의 근간에 있다. 하지만 그것은 나의 감정과 타인의 감정을 직접 공감시키는 것이 아니라, 자기 안에 '중립적인 관찰자'를 설정하고 그것이 자신과 타인의 감정과 행위의 적절성을 판단하는 기준을 형성하는 절차를 취한다. 그 결과로 규범, 즉 도덕이 형성된다(大塚英志, 2016: 14). 그런데 일본에서의 감정화는 이런 절차가 누락되어 있다. 즉 감정화는 감정이 도덕(광의의 규범과 공공성)을 형성하는 회로를 상실한 사태를 가리킨다.

양면 같은 것이다. 〈에바〉가 제시하는 꿈과 희망의 담론은 이 점을 인상적으로 잘 보여준다. 극장판 후반부는 실사영화 장면의 삽입을 통해 〈에바〉를 상영하는 극장 안 젊은이들을 보여주면서 스크린 속의 스크린, 거울 속의 거울, 꿈속의 꿈과 같은 이중 기법으로써 신지의 가장 심층적이고 분열적인 내면 풍경을 다음과 같이 농밀하게 묘사하고 있다(괄호는 자막).

꿈이란 무얼까? (기분 좋아?) 모르겠어. 현실을 잘 모르겠어. 타인의 현실도 나의 진실도 잘 모르겠어. 행복이 어디 있는 건지 모르겠어. (꿈속에서밖에 행복을 발견하지 못하는구나.) 그러니까 이건 현실이 아니야. 아무도 없는 세계야. 꿈. 그러니까 여기에는 내가 없어. (허구로 도망쳐서 현실을 무시하고 있었구나.) 나 혼자만의 꿈을 보면 안 되는 건가? (그건 꿈이 아냐. 그냥 현실도피일 뿐이야.) 그럼 나의 꿈은 어디? (그것은 현실의 연속.) 나의 현실은 어디? (그건 꿈의 끝.)

여기서 꿈은 "아무도 없는 세계", 즉 나와 너의 구별이 무의미한 모노노아와레적 세계, 아마에가 작동하는 모성적 태아의 세계를 가리킨다. 또한 "꿈은 현실의 연속이고 현실은 꿈의 끝"이라는 말도 꿈과 현실의 경계가 애매하다는 것을 의미한다. 이와 관련하여 신지에 의해 인류보완계획이 실패하고 혼이 분리되면서 레이의 눈으로부터 초호기가 튀어나오고 AT필드가 복원되는 극장판 장면의 다음 대화는 매우 강렬한 인상을 남긴다.

신지: "현실은 알지 못하는 곳에. 꿈은 현실 속에."
레이: "그리고 진실은 마음속에 있어. 사람의 마음이 자기 자

신의 형태를 만들어내니까. 그리고 새로운 이미지가 그 사람의 마음의 형태도 바꿔. 이미지가, 상상하는 힘이 자신의 미래와 시간의 흐름을 만들어가는 거야."

신지: "다만 사람은 자신의 의지로 행동하지 않는다면 아무것도 바꿀 수 없어."

레이: "그러니까 잃어버린 자신을 자신의 힘으로 되찾는 거야. 설령 자신의 언어를 잃더라도, 타인의 언어에 혼란스러워져도. 스스로의 힘으로 자기 자신을 상상할 수 있어. 누구라도 사람의 형태로 돌아갈 수 있어."

〈에바〉를 집대성한 위 대사 중 "꿈은 현실 속에"라는 신지의 말은 통상 현실에서 도피하는 것이 아니라 어디까지나 현실에 뿌리를 내리고 살아야 한다는 실용주의적 메시지로 해석되곤 한다. 하지만 그것은 절반의 해석에 지나지 않는다. 실은 그 앞의 "현실은 알지 못하는 곳에"라는 대사가 더 중요하다. 그것은 앞에서도 말했듯이 "나는 내가 생각하지 않는 곳에서 존재하고, 내가 존재하지 않는 곳에서 생각한다"(라캉, 1994: 80)는 라캉의 명제를 상기시킨다. "나는 내가 생각하는 곳에 존재한다"는 데카르트적 코기토에 대한 반(反)정언이라 할 수 있는 이 명제는 의식적으로 사고하는 곳에서 나는 항상 내가 아니며 의식적으로 사고할 수 없는 곳에서만 내가 나일 수 있다는 것을 뜻한다. 무의식의 지배를 받는 나는 내가 알지 못하는 곳에서 사유한다. 심지어 내가 의식하는 세상조차 언제나 내가 알지 못하는 곳에서 돌아가고 있다. 그러니까 우리의 현실은 언제나 우리가 알지 못하는 곳에 존재하는 셈이다. 이는 현실도피나 현실 긍정과는 별개의 차원에 속한 상상계적 담론이다. 레이가 말하는 '이미지와 상상의 힘'이나 '언어의 상실'은 바로 언어-이미지의 영역인 상상계를 가리키는 말이다. 이런 상상계야말로 모노노아와레 공동체를 지탱시켜주는 토대라 아니할 수 없다. 요컨대 "마음속에 있는 진실"로서의 개인적 자아와 상상계에 입각한 아마에적, 모노노아와레적, 집합적 주체성은 표리일체의 관계에 있는 것이다. 극장판에서의 다음과 같은 신지, 레이, 가오루의 대화는 자폐 상태에 빠진 '로스제네'의 거울상적 희망이 어떤 것인지를 극명하게 보여준다.

> 신지: "그곳에서는 싫은 일밖에 없었던 것 같은 기분이 들어. 그러니까 분명 도망쳐도 괜찮았던 거야. 그런데 도망쳤지만 좋은 일은 없었어. 왜냐하면 내가 없었으니까. 아무도 없는 것과 마찬가지니까."
> 가오루: "다시 AT필드가 너와 타인을 상처 입혀도 괜찮은 거야?"
> 신지: "상관없어. 그런데 내 마음속에 있는 너희들은 뭐지?"
> 레이: "희망이란 거야. 사람들이 서로 이해할 수 있을지도 모른다는 희망."
> 가오루: "좋아한다는 것과 함께 말이지."
> 신지: "그건 겉모습일 뿐이야. 자기 마음대로인 믿음일 뿐이야…. 그렇다 해도 한 번 더 만나고 싶다고 생각했어. 그때의 마음이 진짜라고 생각했으니까."

대인 관계의 틈새로만 도망 다녔던 신지는 "서로 이해할 수 있을지도 모른다"는 희망도, "좋아한다"고 말할 수 있는 사랑도 모두 표층적인 것이고 착각일 뿐이라는 사실을 깨달았다. 가오루의 말대로 "인간의 희망은 슬픔으로 짜여 있고 이는 피할 수 없는 인간의 운명"(24화)이며, "희망이란 인간의 마음 바깥에는 존재하지 않으므로 희망의 형태는 인간의 수만큼 존재한다"(24화)는 사실을 알아버린 것이다. 그러나 희망의 허구성을 알면서도, 따라서 성장이란 존재하지 않는다는 사실을 자각하면서도 신지는 한 번 더 타자가 있는 세계를 만나고 싶어 한다. 타자로 인해 고통 받았던 예전의 마음이야말로 진짜이고 AT필드의 파괴로 인해 타자의 공포가 사라져버린 지금의 마음은 가짜라고 생각했기 때문이다.

반(半)주체의 종교 이야기

오쓰카 에이지에 따르면 〈에바〉는 성장 이야기란 없다는 것을 철저히 묘사했다는 점에서 전후 오타쿠 표현의 종착점이다. 극장판에서 신지는 일견 세계 안에 나[私]라는 주체가 융해되는 유토피아, 즉 자타의 구별이 없어진 모노노아와레적 세계를 거부하는 듯이 보인다. 하지만 그렇다고 해서 신지가 단독자 나[私], 곧 주체로 살아갈 각오가 있는가 하면 그것도 아니다. 〈에바〉는 신지가 결코 주체가 될 수 없다는 것, 그래서 어린 소녀의 목을 계속 조를 수밖에 없다는 것을 잘 보여준다. 특히 극장판 〈에바〉는 성장 이야기의 성립 대신 패자의 미학을 보여준다. 주인공 신지는 현실 세계 안에서 과도하게 폐쇄적인 오타쿠가 되어 성장 이야기와 무관하게 살아가는 테크닉 또는 처세술을 가지고 있지 않다. 그는 처음에는 아버지에게 인정받고 싶은 마음에 에바를 탔지만, 결국은 에바에 탑승하여 책임 주체가 되라는 상징계의 억압에 대해 전력을 다하여 거부했다.

그럼에도 그는 기이할 만큼 '자신이 자신이기를' 갈망했다. 가령 TV시리즈의 인격 개조 세미나적인 결말에 이르는 과정에서 신지가 집요하게 "너는 누구?" 혹은 "나는 누구?"라고 묻는 장면은 이 점을 뒷받침한다. 물론 이런 아이덴티티에 대한 물음은 지극히 고전적이다. 하지만 〈에바〉는 그것을 현실적인 사회화와 일체 단절된 영역에서 성립시키려 한다. 거기에는 철학이나 문학이 전혀 부재한다. 다만 물음만이 돌출하고 있다. 이것이 〈에바〉가 던지는 아이덴티티 문제의 현저한 특징이다. 그러니까 '나이고자 하는 갈망'을 사회적 영역 혹은 종래의 철학이나 문학의 영역과는 전혀 다른 제3의 영역에서 성립시키려 한 것이다(大塚英志, 2004: 410-416). 이때의 제3의 영역을 주체도 아니고 주체가 아닌 것도 아닌 미완의 '반(￦)주체의 영역'이라고 바꿔 말할 수 있겠다. 〈에바〉는 자아와 주체, 꿈과 현실, 이미지와 언어, 개인과 집단, 상상계와 상징계의 경계를 표류하는 반주체의 이야기인 것이다. 그런 반주체의 미래에 대해 유일하게 신지를 이해했던 캐릭터인 마지막 사도 가오루는 다음과 같이 말하고 있다.

> 가오루: "생과 사는 같은 가치야, 내게는 말이야. 자신의 죽음. 그것이 유일한 나의 절대적 자유지."
> 신지: "네가 무얼 말하고 있는지 모르겠어."
> 가오루: "유언이야. 자, 나를 없애줘. 그렇지 않으면 너희들이 없어질 수도 있어. 멸망의 때를 피해 미래를 얻을 수 있는 생명체는 하나밖에 선택되지 않아. 그리고 너는 죽어야 할 존재가 아니야. 너희들에게는 미래가 필요해. 고마워. 너와 만날 수 있어서 기뻤어."(24화)

다른 장면에서 가오루는 신지에게 "난 널 만나기 위해 태어난 것일지도 몰라"(24화)라고 말한다. 신지의 분신 같은 존재인 가오루는 마치 인류의 죄를 대신하여 죽은 예수처럼 신지와 인류의 미래를 위해 자신을 희생한다. 흥미롭게도 그는 죽어야 할 존재와 미래를 대비시키고 있다. 후기 라캉이 죽음과 절대적 자유를 연결시켜주는 다리로서 주이상스라는 개념을 강조했듯이 가오루에게 미래의 반대는 과거나 현재가 아니라 바로 죽음과 절대적 자유였다.

이 지점에서 〈에바〉의 숨겨진 핵심 주제, 즉 종교적 모티브가 모습을 드러낸다. 〈에바〉에는 철학이나 문학이 부재하는 대신 종교가 은폐되어 있다. 사실 복음(evangel)에서 따온 '에반게리온'이라는 명명 자체가 〈에바〉의 구원론적 모티브를 암시한다. 안노 히데아키는 〈에바〉라는 애니메이션을 문자 그대로 '생명을 부여하는(animate)' 종교적 경지로까지 끌어올리고 싶어 한 것 같다. 〈에바〉에는 '신세기 에반게리온'이라는 제목 외에도 숨은 그림 찾기처럼 곳곳에 수많은 종교적 모티브가 포진하고 있다. 거기서는 유대-기독교적 신화, 그노시스주의, 카발라, 사해문서 등으로부터 따온 명칭들과 용어들이 매우 난해한 기호 체계를 구성하고 있다.

가령 슈퍼컴퓨터 마기(magi)는 신약성서에 나오는 동방박사에서 따온 이름이고, 롱기누스(longinus)는 예수를 찌른 고대 로마 병사의 이름에서 가져온 것이다. 롱기누스의 창은 예수를 찌른 창을 가리킨다. 예수의 옆구리를 창으로 찌른 일로 인해 롱기누스는 눈이 멀었는데, 그의 눈에 예수의 피를 바르자 다시 볼 수 있게 되었다는 설화도 있다. 그래서 롱기누스의 창에는 치유력이 있다고 전해진다. 〈에바〉는 이 창에 대해 유일하게 신(예수)의 영역을 침범하여 신을 죽일 수 있는 무기라는 의미와 더 나아가 구원의 메타포라는 매우 중요한 의미를 부여하고 있다. 이때 롱기누스의 창은 원래 두 종류가 있다. 그중 하나는 태초의 인간이자 악의 여신인 릴리스의 성장을 억제하기 위해 그녀에 몸에 꽂아놓은 거대한 창이다. 하지만 TV시리즈와 극장판에 등장하는 것은 또 하나의 창, 즉 아담과 짝을 이루는 롱기누스의 창이다. 이것은 AT필드를 뚫을 수 있으므로 써드 임팩트를 일으키기 위해 반드시 필요한 도구로 간주된다. 극장판에서 젤레는 생명체의 기원에 대한 비밀을 내포하는 롱기누스의 창을 복제하여 에바에게 건네주었는데, 이것이 퍼스트 임팩트의 여파로 릴리스로부터 빠져나가 행방불명 상태에 있는 것으로 묘사된다. 이에 비해 TV시리즈의 경우는 영호기가 우주에 떠 있던 사도를 없애기 위해 롱기누스의 창을 날렸는데, 그것이 사도를 처치한 후 달 표면에 꽂히게 된다. 이후 롱기누스의 창은 양산형 에바에 의해 복제되어 아스카가 탄 2호기를 파괴하는 데 쓰이거나(25화), 폭주하는 초호기에 의해 달 표면에 있던 원본이 회수되어 써드 임팩트를 일으키는 데에 사용된다(26화).

한편 젤레 위원회는 "신에 필적하는 힘을 손에 넣으려고 하는 남자가 있다. 우리 외에 다시 판도라의 상자를 열려고 하는 남자가 있다. 그 상자 안에 있는 희망이 나타나기 전에 상자를 닫으려 하는 남자가 있다"(24화)고 경고한다. 여기서 '판도라의 상자를 열고 닫는 남자'는 바로 인류보완계획을 "신에게로 가는 길"(21화)이라고 믿었던 겐도를 지칭한다. 2015년 젤레 위원회는 S2기관을 스스로 결합하여 절대적 존재를 손에 넣은 에바 초호기에 대해 위협을 느끼면서 "우리에게 구상화된 신은 필요 없어. 신을 만들어서는 안 되는 거야. 더군다나 겐도 같은 사람에게 신을 넘겨줄 수는 없지" (21화)라고 담합한다. 이때 에바는 명백히 신적 존재로 간주되고 있다. 하지만 그것은 "사람들은 신[아담]을 주운 후 기뻐하면서 그걸 손에 넣으려 했어. 그래서 벌을 받았지. 15년 전에. 모처럼 주운 신도 사라져버렸어. 하지만 이번엔 신을 자신들의 힘으로 부활시키려 했지. 그게 아담. 그리고 아담으로부터 신과 비슷한 인간을 만들었어. 그것이 에바"(23화)라는 리쓰코의 말처럼 인간의 혼이 담긴

신이다. 이와 마찬가지로 극장판 마지막 장면 직전에도 "사람들이 신을 흉내 내서 에바를 만들었다"는 자막이 뜬다.

이런 신적 에바의 설정은 일본의 민속 신도에 널리 퍼진 인신(人神) 신앙을 연상케 한다. 어쨌든 극장판은 레이가 아담과 합체하는 장면 직후 에바 초호기가 신적 존재가 되어 생명의 나무로 변하고 다시 구원의 방주로 변하는 모습을 보여주고 있다. 이와 같은 구원론적 모티브는 TV시리즈에서 가오루의 입을 빌려 AT필드를 "누구도 범할 수 없는 성스러운 영역으로서의 마음의 빛"(24화)으로 규정하는 데에서 정점을 찍는다. 〈에바〉에서는 AT필드가 비단 신적 존재인 에바나 사도뿐만 아니라 모든 인간에게도 구비되어 있다고 나온다. 그럼으로써 인간이 본래부터 구원받은, 혹은 구원받을 수 있는 존재임을 주장하고 있는 것이다. 거기에는 어떤 조건도 불필요하다. 자아가 불확실하든 주체가 부재하든 개인이든 집단이든 상관없다. 그것은 "악인이야말로 구제받는다"는 정토진종 창시자 신란(親鸞)의 이른바 '악인정기설(惡人正機說)'이 전하고 싶어 하는 메시지와 상통하는 구원관이 아닐까? 〈에바〉는 이런 역설적 구원론을 밑그림으로 깔고 있는 모노노아와레적 반(¥)주체의 종교 이야기라 할 수 있다.

종교와 정신분석

〈에바〉의 종교적 모티브는 〈에바〉에 대한 라캉적 해석과 결코 동떨어진 것이 아니다. 라캉 정신분석은 흔히 종교를 대체한 측면이 있다고 말해진다. 그렇다면 종교란 무엇인가? 인간의 문화는 종교와 함께 시작되었고 모든 사회는 역사적으로 다양한 종교 전통을 가지고 있었으며 지금도 그렇다. 이 점에서 종교와 관련된 인간의 경험은 보편적이라고 말할 수 있다. 하지만 종교에 대한 학술적 정의는 종교학자의 숫자만큼이나 많다. 이는 사람들이 종교를 무어라고 생각하는지를 둘러싸고 보편적인 공통점이나 합의점을 찾기가 쉽지 않다는 점을 잘 보여준다. 이 때문인가 심리학자 존 듀이는 보편적 경험으로서의 종교에 주목하면서 "종교경험은 특별한 종류의 경험이 아니다. 경험의 질로서 '종교적인 것'은 미학, 과학, 도덕, 정치, 우정과 같은 모든 일상적인 경험 속에 내재하는 어떤 것을 의미한다"(Dewey, 1934: 10)고 규정한다. 이때 그는 조직이나 교단으로서의 종교가 아닌 종교경험에 주목하면서 종교라는 명사 대신 '종교적'이라는 형용사에 입각한 종교 정의를 제시하고 있다. 그렇다면 이런 종교경험은 과연 어디에서 비롯된 것일까? 이 물음과 관련하여 종교학, 종교사회학, 문화인류학 등은 사회와 문화로부터 종교경험의 원천을 찾아내고자 한다. 라캉 정신분석도 마찬가지이다.

라캉은 종교에 대해 말하지 않는 듯하면서도 실은 곳곳에 종교적 대상이 연상되는 장치들을 제시하고 있다. 가령 무, 공백, 물, 대상a, 주이상스 등의 개념은 매우 풍부한 종교 담론의 아우라를 풍긴다. 특히 라캉의 용법에서 주이상스는 종교적이거나 신비적인 엑스터시 경험과 관계가 깊다(Homer, 2005: 89). 이뿐만 아니라 라캉이 제시하는 '네 가지 담론' 중 히스테리 담론은 종교 담론과 닮은 꼴이다. 즉 자신이 누구인지 궁금해하는 히스테리적 주체의 모습은 자신의 기원을 찾는 종교적 인간의 모습과 유사하다. 한편 꽃병의 예화에서 라캉이 말하는 구멍은 물로서의 꽃병 자체에서 생기는 것이 아니라, 그 꽃병에 '이름'을 붙임으로써 생겨나는 '물과 그 이름 사이의 구멍'을 가리킨다. 이때 라캉은 ① 이 꽃병의 구멍이 채워지는 것을 피하거나 ② 그 구멍을 채우거나 아니면 ③ 다시 그 구멍을 비운다는 세 가지 가능성을 제시한다. 이중 ①과 ②가 각각 승화를 요청하는 예술 담론 및 구멍을 메움으로써 구멍의 실존을 부인하는 학문 담론과 관계가 있다면, ③은 종교 담론에 속해 있다. 종교경험은 구멍의 빈 공간, 즉 공백에서 발생하는 것이기 때문이다(강응섭, 2006: 103, 195).

나아가 라캉 정신분석은 인간의 근저에 피할 수 없는 오인의 구조뿐만 아니라 근본적인 상실과 결여에서 비롯된 환상과 욕망의 구조가 있고 그래서 인간은 필연적으로 불완전할 수밖에 없지만, 그럼에도 그 불완전성으로 인해 비로소 의미의 담지자가 될 수 있는 존재임을 보여주는 등 종교 담론과 매우 유사한 메시지를 내장하고 있다. 실제로 라캉은 종교를 "인간 삶에 의미를 부여해주는 것에 대한 총칭"이라 하여 의외로 평이한 정의를 제시하기도 한다. 그에게 종교는 상상할 수 없을 만큼 강력한 어떤 것이었다(Lacan, 2013: 63-65). 종교를 하나의 의미 체계라고 말할 때 그것은 단순히 개인적 차원에 머무르지 않는다. 라캉에 따르면 상징계를 살아가는 우리는 "모두 병들어 있다. 언어를 말하는 존재는 병든 동물이다. … 우리는 실재를 완전히 잃어버렸고 거기로부터 분리되어 있다."(Lacan, 2013: 77) 이것이 바로 인간 사회에 종교가 존재하는 이유 중 하나일 것이다. 종교는 일차적으로 상징계에 속한 문화 체계이다. 그러면서도 그것은 상징계에서 벗어나는 모든 것, 그래서 논리적으로 이해될 수 없는 어떤 틈새나 공백 혹은 막다른 골목으로서의 실재계에 의미나 무의미를 배치하는 '상징계 속의 이질적인 타자'라 할 수 있다. 상상계에 초점을 맞춘 초기 라캉의 사유가 점차 상징계로 이동하여 후기 라캉에 이르러 실재계를 강조하게 되는데, 그 동기는 이와 같은 종교의 특징과 무관해 보이지 않는다.

물론 정신분석과 종교는 다르다. 가령 정신분석이 의미가 붕괴하는 실재계의 지점에 있다면, 종교는 그 실재를 봉합하는 의미의 지점에 위치한다. 라캉은 대타자의 결여를 가림으로써 주체의 등장을 영원히 지연시키는 데에 종교의 역할이 있다고 보았다. 하지만 양자의 결정적인 차이는 "자신의 위상의 근원이 어디에 있는지"에 대한 인식 혹은 망각에 있다. 라캉에 따르면 종교는 "이미 망각 속에 묻힌 어떤 차원에 의해 특징지어진다."(라캉, 2008: 400-401) 각종 종교 의례는 바로 이렇게 망각된 것을 환기하는 조작 장치이다. 라캉은 이때 조작을 가하는 실체에 대해 '어둠의 신' 혹은 '검은 신'이라고 이름 붙이면서 그것이 다름 아닌 대타자의 욕망임을 분명히 한다. 그렇다면 라캉은 왜 대타자에게 신의 이름을 부여하는가? 말이 발원하는 장소로서의 대타자라는 개념에는 말하는 존재인 인간의 결정적인 비밀이 내포되어 있기 때문이다. 라캉은 그 비밀의 단초를 '아버지의 이름'이 성립하는 오이디푸스 과정에서 찾고 있다(정혁현, 2014: 109).

10장

욕망의 주체: 인형의 꿈과 환상, 그리고 욕망과의 화해

"마음속 어딘가에 있는 또 하나의 나.
만일 그것이 멋대로 자기 혼자 걷기 시작한다면?"(〈퍼펙트 블루〉)

"밤이 꿈꾸는 낮이라면 낮도 꿈꾸는 어둠인데, 아무것도 모르는 햇님은
어둠을 묻고 그림자를 태워 결국 자신조차 태워버립니다."(〈파프리카〉)

"싸우면 안 돼. 서로 빼앗아서도 안 돼. 끊어버려야 돼.
슬픔의 연쇄를."(〈도쿄 구울〉)

모든 주체는 욕망의 주체이다. 욕망은 개인적 사건일 뿐만 아니라 항상 다른 주체들의 욕망과의 변증법적 관계를 통해 구성된다는 의미에서 사회적 산물이기도 하다. 하지만 그 욕망의 자리는 늘 우리의 예상을 빗나간다. 앞에서도 말했듯이 라캉은 "나는 내가 생각하지 않는 곳에서 존재하고, 내가 존재하지 않는 곳에서 생각한다"고 말한다. 내가 사고한다고 생각하지 않는 그곳이 바로 욕망의 자리라는 말이다. 욕망은 우리가 생각하지 않는 그곳에서 태어나고 자라난다. 인간의 마음은 근원적으로 이런 욕망에 의해 규정된다. 욕망은 우리에게 어떤 감정을 일으키는데, 그 감정은 마치 그것이 가장 근원적인 것인 양 우리를 사로잡는다. 이런 의미에서 "욕망은 인간존재의 핵심에 있으며, 나아가 욕망은 본질적으로 존재에 대한 욕망"(김경순, 2009: 39)이라고까지 말할 수 있다. 그래서 라캉은 욕망을 '존재에 대한 열정'이라고 정의 내리면서 그 존재의 속살을 드러내는 진리의 차원을 중시했다(김석, 2007: 164). 진리는 언제나 욕망과 관련되어 있다는 것이다. 그렇다면 종교적 혹은 철학적

텍스트이기도 한 일본 애니메이션이 보여주는 욕망의 진리는 무엇일까?

I. 인형의 욕망: 가와모토 기하치로

여기서 먼저 떠오르는 것은 "모든 욕망은 (대)타자의 욕망"이라는 라캉의 명제이다. 이 말은 욕망하는 주체는 엄밀한 의미에서 그 욕망의 주인이 아니라는 점을 함축하고 있다. 이런 의미에서 욕망은 인형의 욕망이기도 하다. 다음에는 일본을 대표하는 세계적인 인형 애니메이션 감독 가와모토 기하치로(川本喜八郞, 1925-2010)의 작품을 통해 인형의 욕망이 보여주는 진리에 관해 생각해보자. 가와모토의 작품 세계는 '인형의 고통과 깨달음'이라는 한 구절로 요약될 수 있다. 1968년 처녀작 〈꽃 꺾기(花折り)〉를 발표한 후 1976년 〈도성사(道成寺)〉(1976)를 비롯하여 마쓰오 바쇼(松尾芭蕉)의 하이쿠(俳句)를 애니메이션화한 〈겨울날(冬の日)〉(2003)에 이르기까지 그는 일본적인 양식을 살려 인간의 정념을 묘사함으로써 궁극적으로 인형의 욕망에 관한 새로운 담론의 장을 열어주었다.

가령 『금석물어집(今昔物語集)』 권27의 23화 "사냥꾼의 모친이 오니가 되어 자식을 잡아먹으려 하는 이야기"(마부치 가즈오 외 교주, 2016: 318-320)가 원작인 〈오니(鬼)〉(1972)에서 '오니(귀신, 일본 도깨비)'는 인간의 불합리한 욕망을 극대화한 상징이라 할 수 있다. 주인공인 어머니는 나이가 들어 오니로 변해 심지어 자식까지 잡아먹으려 한다. 아들 두 형제가 사슴 사냥을 위해 나가자 오니가 그 뒤를 쫓는다. 이는 일상성 속에 존재하는 '오니의 눈'을 암시한다(橫田正夫, 2006: 249). 즉 '응시'로서의 '오니의 눈'이 호시탐탐 두 아들을 노리지만, 그것은 결국 실패로 끝난다. 형제가 잘라낸 오니의 팔을 가지고 돌아와 등불에 비쳐 보니 그것이 어머니의 팔임을 알게 된다. 과연 어머니가 팔에서 피를 흘리고 있고, 이에 놀란 형제의 눈앞에서 어머니가 오니의 모습으로 변신하여 허공으로 사라진다. '시선'의 차원에서 보면 이는 그저 터무니없는 이야기에 불과하다. 하지만 '응시'의 차원으로 물러서서 힐끗 엿볼 때 우리는 문득 거기에 왜곡된 욕망이 개입되어 있음을 알게 된다. 실은 두 형제의 어머니만이 오니가 아니다. 우리가 욕망하는 주체인 한 우리 모두는 응시의 안쪽에서 오니 같은 괴물의 형상을 한 비틀어진 욕망을 숨기고 있는 것이다.

가와모토의 인형 예술을 완성시킨 작품으로 평가받는 〈도성사〉는 이런 괴물의 출현을 잘 보여준다. 일본을 대표하는 순례 코스 중 하나인 구마노(熊野) 참배[1]를 하러 가는 노승과 젊은 승려가 하룻밤 숙박을 청한다. 문을 열어준 것은 미망인인데 첫눈에 젊은 승려에게 반한다. 그녀는 젊은 승려의 방에 숨어들어 집요하게 유혹한다. 하지만 그는 이를 물리치고 구마노 참배를 마친 후 3일 뒤에 다시 들러 함께하겠다고 약속한다. 물론 이는 위기를 벗어나기 위한 임시방편이었다. 결국 이것이 거짓말임을 알게 된 여자가 그의 뒤를 쫓는다. 이미 강을 건너고 있는 그의 모습을 보고 강물에 뛰어든 그녀의 모습은 어느새 거대한 뱀으로 변신한다. 놀란 젊은 승려가 도성사로 도망쳐 사정을 고하고 도움을 청하자, 승려들이 그를 큰 범종 안에 숨겨준다. 하지만 뒤쫓아온 뱀이 종을 둘둘 말고 불을 뿜어 댄다. 그러자 그는 재만 남긴 채 불타 죽었고, 여자는 붉

---

[1] 구마노 순례에 관해서는 박규태(2018) 참조.

은 피눈물을 흘리며 강물 속으로 들어가 사라져버린다.² 여기서 여자의 욕망은 죽음을 초래하는 주이상스로 묘사되고 있다. 젊은 승려의 구도를 향한 '시선'은 숨을 곳이 없다. 그것은 주이상스에 사로잡힌 여자의 '응시'를 피할 수 없었다. 그런데 괴물은 뱀으로 변한 여자뿐만 아니라 실은 젊은 승려 안에도 잠복해 있다는 점을 간과해서는 안 될 것이다. 융 심리학의 관점에서 보자면 뱀으로 변한 여자의 정념(주이상스)은 젊은 승려의 아니마일 수도 있기 때문이다.

한편 구도에의 욕망이 반드시 시선에만 고정되어 있는 것은 아니다. 시선은 항상 나의 외부로 달아나지만, 응시는 결국 내게로 되돌아온다. 이런 진리를 형상화한 것이 바로 〈여행(旅)〉(1973)이다. 이 작품은 소동파(蘇東坡)의 「관조(觀潮)」³라는 시를 인용하는 장면부터 시작된다. 이 시를 통해 가와모토는 인생의 여행이란 고통 그 자체이며, 그 사실을 인식한다 해도 주변은 예전과 똑같은데 자신만 변한다는 깨달음의 경지를 시사하는 듯싶다. 난해한 선문답 같은 이 작품은 다음과 같이 전개된다.

번잡한 도쿄에 사는 한 여자가 여행을 동경하여 출발한다. 그

---

2 이 이야기는 의상대사와 선묘 설화의 일본판이라 할 수 있다. 당나라 유학길에서 만난 여인 선묘는 의상을 짝사랑했지만 그가 귀국할 때 함께 따라갈 수 없게 되자 바다에 몸을 던졌다. 마침내 그녀는 용이 되어 의상이 탄 배를 수호했으며, 귀국한 뒤 부석사(浮石寺)를 건립한 의상이 위기에 처했을 때에도 그를 도와준다. 현재 부석사 경내에는 이런 선묘를 모시는 사당인 선묘각(善妙閣)이 세워져 있다.
3 "여산의 실안개비 절강의 물결이여 / 직접 보지 못했을 땐 온갖 한이 남더니만 / 가보고 돌아오니 예전과 다를 바 없네 / 여산의 실안개비 절강의 물결이여[廬山煙雨浙江潮, 未到千般恨不消, 到得還來別無事, 廬山煙雨浙江潮]."

여정 중에 어떤 맹인 남자가 그녀에게 길 안내를 해달라고 부탁하는데, 어느새 역할이 전도되어 그 맹인이 여자를 인도하고 있다. 그들은 지히도를 건너 미로를 통과하여 탑에 이른다. 탑 끝에서 남자는 여자에게 전방을 가리킨다. 거기에는 혼돈스러운 오브제가 흩어져 있다. 순간 아름다운 신전이 나타난다. 남자가 탑에서 떨어지고 남겨진 여자는 미로로 돌아가 기묘한 상점을 통과하여 거리를 달린다. 멀리 전차와 병사가 보여 도망치고자 하는데 문득 정신을 차려보니 원래 장소로 돌아와 있다. 건물 안에 숨자 그 앞으로 여러 대의 전차가 지나간다. 전차가 사라진 자리에는 한 청년이 좌선을 하고 있다. 그러더니 갑자기 불이 타오르고, 여자는 모래밭에서 먼 바다를 바라보고 있다. 청년이 옆에 앉아 여자의 허리를 껴안는다. 둘은 어느새 알몸이다. 여자가 일어나 근처의 조개껍질을 주워 청년에게 보여주자 청년이 어딘가로 사라져버린다. 여자가 분수의 연못을 엿보자 자신의 모습이 노파로 변하여 놀란다. 다시 보니 여행 중인 청년 두 명이 서 있다. 그중 인도 청년이 여자를 보고 미소 짓는다. 이에 청년에게 다가서려 하지만, 그녀는 이미 발부터 돌로 변하고 있다. 두 청년이 떠나가고 그들은 도중에 승려로 변한다. 홀로 남은 여자는 얼굴을 손으로 덮고 있는데, 몸 전체가 완전히 돌로 변해 있다. 『반야심경(般若心經)』이 흐르고 만다라가 나타난다. 그 중앙에서 여자가 좌선을 하고 명상한다. 그 위로 비행기가 날고 여자는 어느새 번잡한 도시 한가운데에 있다. 다시금 소동파의 시가 뜨고 그 후반부인 '예전과 다를 바 없다'는 부분이 큰 글자로 클로즈업된다.

마치 꿈을 꾸는 듯한 이 인형 애니메이션의 초현실주의적 분위기는 신비스러운 카오스 그 자체이다. 혼돈의 양식 외에는 인형의 욕망을 달리 표현할 길이 없기 때문일까? 그럼에도 "예전과 다를 바 없다"는 구절은 "욕망은 환유"라는 라캉의 정식을 상기시켜준다. 욕망은 그 대상을 얻자마자 더 이상 욕망할 수 없는 것이 된다. 주체의 욕망이 또 다른 대상으로 향하게 되기 때문이다. 끝없는 욕망들의 나열 혹은 욕망과 욕망의 연결(환유)만이 있을 뿐이다. "예전과 다를 바 없다"는 것은 환유적 욕망의 반복이 바로 인생이라는 여행임을 말해준다. 여행을 떠나기 전이든 여행을 마치고 다시 원래의 자리로 돌아오든 욕망의 본질은 변하지 않고 인형의 본질도 이전과 그대로이다. 그렇다면 〈여행〉은 욕망이 타자(세상)의 욕망이라는 사실을 깨닫는 이야기라 할 수 있다. 그런 깨달음에 이르는 여정에서 여주인공은 눈먼 자, 욕정에 사로잡힌 유혹자, 추한 노파의 욕망을 여행해야만 했다. 그 여행의 막바지에서 그녀는 돌이 되었다. 결국 무지와 정념과 오류와 부끄러움투성이인 인생의 모든 미로는 돌이 되기 위한 수행자의 길이며, 바로 자기 자신을 향한 응시야말로 최종 도착지라는 깨달음이 아니었을까? 물론 그러한 깨달음 뒤에도 주인공은 살아 있는 한 언제까지라도 다시금 욕망의 자리에 서 있을 것이다.

아베 고보(安部公房)의 동명 소설을 원작으로 하는 〈시인의 생애 (詩人の生涯)〉(1974)는 이와 같은 깨달음을 다른 방식으로 묘사하고 있다. 주인공 청년은 해고된 공장 문 앞에서 매일 삐라를 배포한다. 눈이 내리고 거리가 꽁꽁 언다. 청년도 얼어버렸다. 이때 청년의 모친은 스스로가 실패의 실이 되어 외투를 짜서 노동자에게 팔려 하지만, 모두 가난해서 그걸 살 수가 없다. 외투는 결국 전당포로 들어간다. 어느 날 이 외투가 전당포 창고의 창문으로부터 던져져 얼어 죽은 청년의 어깨를 덮는다. 그러자 청년이 다시 살아난다. 그는

갑자기 자신이 시인이라는 사실에 눈뜨고 눈[雪]에 관한 시를 쓴다. 깨달음을 얻은 청년은 만면에 미소를 띠고, 이 미소가 모든 노동자에게 공유된다. 그리고 청년은 책 속으로 사라진다. 그 책은 아마도 창조의 시집일 것이다. 이 장면은 본서 12장에서 다루는 〈필로우 북〉의 몸-책을 연상케 한다. 하지만 몸-책이 주이상스의 글쓰기를 표상한다면, 책(기표) 속으로 사라지는 청년은 욕망하는 주체의 소거를 상징한다. 이는 욕망의 본질이 결여이고 공백임을 알아버린 자가 바로 주체의 굴레에서 벗어난 시인임을 암시한다. 여기서 가와모토는 얼어붙은 현실에 대한 근원적인 저항으로서 시인의 깨달음을 제시하고 있는 것이다.

끝으로 민속학자 오리구치 시노부(折口信夫)의 원작을 인형 애니메이션으로 개작한 〈사자의 서(死者の書)〉(2006)는 종교적 경지로 승화된 창조 과정을 그린다. 후지와라 남가(南家)[4]의 처녀가 불경 1,000부의 사경(寫經)을 발원한다. 무아의 경지에서 사경하는 중에 문득 낙조의 햇살이 빛나는 후타가미산(二上山) 봉우리 중앙에 나타난 신적 존재의 장엄한 그림자를 목도한다. 1,000부의 사경을 끝마친 그녀는 자신이 본 환상을 동경하여 후타가미산으로 향한다. 당마사(當麻寺) 경내에 들어서니 후타가미산이 눈앞에 보인다. 하지만 사노(寺奴)에게 발견된 그녀는 여자라는 이유로 절의 청정을 더럽혔다 하여 정화 의식을 행하고 대가를 지불할 것을 요청받는다. 이에 그녀는 연꽃 뿌리에서 실을 뽑아 신을 위한 의복을 만들기 시작한다. 그녀는 고생 끝에 완성한 의복에다 신의 이미지를 새겨 넣은

---

[4] 나라시대 후지와라 후히토의 장남 후지와라 다케치마로(藤原武智麻呂)로부터 시작된 후지와라씨 일파. 다케치마로 저택이 동생 저택의 남쪽에 위치한 데에서 붙여진 명칭.

다음 아무도 모르게 사라진다.

  신에 대한 환상을 옷에 새겨 넣는 창조 과정이 묘사된 이 〈사자의 서〉는 신과 이 세상의 매개자로서의 인형 이미지를 가장 이상적으로 표현한 작품이라고 말해진다. 그러나 여기서 더 나아가 가와모토에게 인형은 곧 신을 의미한다고 볼 수도 있다. 그러니까 인형 안에는 신이 체현되어 있다는 것이다(橫田正夫, 2006: 261). 이때의 신은 곧 대타자이고, 인형의 욕망은 대타자의 욕망이 된다. 무언가를 창조하려는 모든 욕망은 환상에 뿌리를 두고 있는데, 여자 주인공이 그런 욕망을 체현한 후 사라져버린다는 설정은 욕망의 무화(無化)를 암시한다. 욕망은 무화를 지향할 때에 비로소 의미 있는 것이 될 수 있다. 가와모토의 인형 애니메이션은 이와 같은 욕망의 무화야말로 모든 깨달음의 공통분모라는 메시지를 전해준다.

II. 꿈과 환상의 욕망: 곤 사토시

현실과 환상 가로지르기

라캉이 말하는 환상 가로지르기는 나의 욕망이라고 생각해온 것이 실은 타자가 자신의 욕망을 나의 욕망인 양 무의식 속에 새겨 넣은 것임을 깨닫는 데에서 시작된다. 그리하여 타자의 욕망과 주이상스에 의해 박탈당한 나의 욕망과 주이상스를 되찾으려는 공허한 몸짓이 환상 가로지르기의 핵심이다(김상환 외 편, 2003: 79-80). 오시이 마모루와 함께 포스트 미야자키 하야오의 일본 애니메이션에서 가장 중요한 작가 중 한 명으로 기억될 곤 사토시(今敏, 1963-2010)의 작품이 던지는 "나의 참된 현실은 무엇인가?"라는 물음은 근본적으로 이런 환상 가로지르기와 밀접한 관계가 있다. 변방의 홋카이도 삿포로에서 태어나고 자라난 곤 사토시는 스스로 "중고등학교 시절부터 집단생활이나 조직을 매우 혐오하게 되었다"(青木眞弥 編, 2007: 52)고 밝힌다. 실제로 그는 46세 때 췌장암으로 사망하기까지 일본 특유의 집단주의를 극력 거부하는 태도를 견지했던 것으로 보인다. 그의 작품 속에 넘쳐나는 환상과 환각의 이미지들은 이런 저항적 태도를 투영하고 있다. 현실을 명확한 의미를 지닌 일원적인 것이 아닌 다의적인 것으로 제시하는 그의 작품에서 현실 속의 자기 정체성은 항상 꿈이나 환상 혹은 허구와 뒤섞여 있다. 거기서는 현실과 꿈, 현실과 환상, 현실과 허구의 경계가 분명치 않으며 양자 모두 등가적이다.

미대를 졸업한 미술학도답게 데뷔 작품인 〈퍼펙트 블루(PERFECT BLUE)〉(1997)를 비롯하여 〈천년여우(千年女優)〉(2002), 〈동경대부(東京ゴッドファーザーズ)〉(2003), 〈망상대리인(妄想代理人)〉(2004), 〈파프리카(パプリカ)〉(2006) 등 곤 사토시의 작품은 '리얼한 미술'의 특징을 보여준다. 그 리얼한 미술은 꿈, 환상, 허구와 표리일체의 관계로 존재한다. 가령 〈동경대부〉에서는 종종 배경에 있는 건물이 사람의 얼굴 모양을 하고 있다. 여장 남자(오카마)인 하나가 우는 장면에서는 눈에서 눈물을 흘리는 것 같은 이미지가 건물 창과 외벽 장식에 나타난다. 하지만 〈동경대부〉라는 타이틀과는 달리 실제 도쿄 거리의 모습은 전혀 등장하지 않는다. 이는 현실과 허구의 바꿔치기 또는 겹치기의 효과를 낳는다. 이처럼 리얼한 미술로 포장된 현실과 허구는 그의 작품 속에서 완전히 동일한 무게를 가진 것으로 묘사된다.

그것은 "어쩌면 현실이 허구일지도 모른다"는 오래된 메타적 시점에서 비롯된 것이 아니다. 그렇다고 현실과 허구 중 어느 것이 진실인가라는 양자택일의 관점에 입각한 것도 아니다. 굳이 말하자면 곤 사토시는 현실을 허구로 뒤집어 읽거나 혹은 허구를 현실로 바꾸어 읽고 싶어 하는 것 같다(青木眞弥編, 2007: 92). 거기서는 착종된 리얼한 현실과 허구적인 환상이 우로보로스의 뱀처럼 순환적으로 존재한다. 그의 작품에 나오는 등장인물들은 현실과 허구 사이의 애매한 경계선상에서 자신의 욕망이라고 착각해온 타자의 욕망과 조우하는 가운데 심각한 정신적 위기에 직면한다. 타자의 욕망과의 대면은 항상 불안을 야기하기 때문이다. 그런 불안과 정신적 위기에 대처하기 위한 자기방어기제가 바로 환상이고 환각이다. 이하에서는 거울 이미지, 결여, 대상a, 물 등의 라캉 개념을 매개로 하여 곤 사토시 작품에 나타난 환상 가로지르기의 다양한 양상을 살펴보고자 한다.

〈퍼펙트 블루〉: 거울 이미지와 환상 가로지르기

〈퍼펙트 블루〉의 여주인공 미마는 순수한 이미지의 인기 아이돌 그룹 리더로 활동 중인 가수인데, 어느 날 자신의 의지와는 상관없이 성인물 여배우가 되면서 양면적 인격, 즉 현실의 미마와 '버추얼 미마' 사이의 대립으로 극심한 정신적 갈등을 겪는다. 가령 미마의 팬 사이트 '미마의 방'[5]에서 갑자기 버추얼 미마가 모니터 밖으로 튀어나와 현실의 미마와 대면한다. 버추얼 미마는 창밖으로 나가 가로등 위를 날아가 사라지거나, 미마가 원래 속해 있던 아이돌 그룹 한가운데에 갑자기 출현하여 열혈팬을 환호시킨다든지 혹

---

5 허구의 산물인 이 방은 진짜 미마의 방과 똑같이 배치되어 있다. 하지만 창밖의 풍경은 전혀 다르다.

은 무대에서 관객 속으로 뛰어내리기도 한다. 이런 버추얼 미마는 현실 속 미마의 욕망이 만들어낸 네거티브 이미지이다. 그것은 라캉이 말하는 거울 이미지 또는 융이 말하는 그림자에 상응한다. 작품 속에서 미마는 종종 지하철 유리창 너머로, 컴퓨터 모니터를 통해, 혹은 촬영장 대기실의 거울에 비친 아이돌 차림의 미마를 대면하는데, 이는 거울 이미지로서의 버추얼 미마라 할 수 있다. 한편 곤 사토시는 매니저 루미가 미마를 살해하려는 장면을 아이돌 모습의 미마가 성인물 여배우로서의 미마를 공격하는 장면으로 치환하여 보여준다. 이는 자아와 그림자 간의 갈등 관계를 은유적으로 표현한 것이라 할 수 있다.

"나는 조금도 변함이 없어. 언제까지라도 아이돌 미마와 함께 있어. 하지만 가짜가 방해하고 있어", "마음속 어딘가에 있는 또 하나의 나. 만일 그것이 멋대로 자기 혼자 걷기 시작한다면?", "더 이상 자신이 누군지 모르겠어"라고 토로하는 현실의 미마는 버추얼 미마를 '가짜'로 인식하면서 정체성의 혼란을 겪는다. 그녀는 거울 이미지 혹은 그림자로서의 버추얼 미마에게 "넌 누구?"라고 묻는다. 이와 관련하여 작품 속의 정신과 의사는 미마를 향해 "일초 전의 자신과 지금의 자신이 어떻게 동일한 인간임을 알 수 있는가?"라는 화두를 던진다. '나'라고 하는 주체성은 단지 기억의 연속성일 뿐이며, 우리는 오직 그런 기억에만 의존하여 일관된 자기동일성이라는 환상을 만들어내고 있음을 일깨우고 있는 것이다. 이 화두를 통해 곤 사토시는 우리에게 '백퍼센트 나'라는 것은 있을 수 없다는 메시지를 전하려 한 것 같다.

진짜 나와 가짜 나는 별개의 것이 아니라 언제나 함께 뒤섞여 존재하는 것이 아닐까? 이런 물음을 던지는 〈퍼펙트 블루〉는 버추얼 미마란 '가짜 나'라기보다는 미마 팬들의 욕망이 체화된 존재일지도 모른다는 문제를 제기한다. 사실 현실의 미마는 '미마의 방'으로 표상되는 '타자에 의한 응시'를 통해 자신의 욕망이 타자의 욕망이라는 점을 어렴풋하게나마 자각하기 시작한다. 그리하여 지금까지 그림자로서의 버추얼 미마에게 휘둘려온 미마는 마침내 매니저 루미에게 아이돌 차림의 미마가 더 미마답다고 토로한다. 거기에 루미의 왜곡된 욕망이 이중적 복선으로 깔린다. 루미 또한 아이돌 출신이지만 성공하지 못했다. 그래서 미마를 통해 자신의 굴절된 욕망을 대리 충족시키려 하는 캐릭터로 설정되어 있다. 루미는 아이돌 가수의 복장을 한 채 자신이야말로 진짜 미마이고 현재의 미마는 가짜라며 미마를 죽이려 한다. 하지만 미마는 자신이 미마라고 반박한다. 그렇다고 해서 미마가 "환상에서 벗어나 분열된 자아를 통합했다"(추혜진, 2014: 198)고 쉽게 단정 지을 수는 없다. 오히려 미마의 자기 정체성 선언은 자신의 거울 이미지(버추얼 미마)에 비추어본 환상 가로지르기의 효과라고 보아야 한다. 그녀는 여전히 환상 속에서 살아가야 할 것이다. 환상은 주체의 분열을 초래하지만, 동시에 실재의 침입으로부터 주체를 방어함으로써 상징계에서 계속 살아갈 수 있게 해주는 것이기 때문이다.

〈망상대리인〉: 결여와 환상 가로지르기

곤 사토시 원작의 TV시리즈 〈망상대리인〉(총 13화)은 실제 사건에서 착상한 에피소드들로 이루어져 있는데, 거기에는 공통적으로 '소년 배트'라 불리는 특이한 캐릭터가 출현한다. 가령 '마로미'라는 인기 절정의 귀여운 캐릭터를 디자인한 사키 쓰키코의 에피소드를 그린 1화에서는 이 디자이너가 밤늦게 귀가하던 중 정체 모를 소년에게 배트로 구타당하고 병원에 입원한다. 또한 2화에서는 유이치라는 자의식 과잉인 초등학교 6학년 남자아이가 집단 따돌림을 당하는 캐릭터로 등장하는데, 원래 그는 언제나 자신이 남보다 뛰어나고 인기가 있다는 환상을 품고 있었다. 그런데 언젠가부터 사람들은 그를 소년 배트라고 여겨 무시하고 차가운 시선을 보낸다. 그후부터 유이치에게는 친구 얼굴도 거리도 모두 일그러져 보인다. 하지만 그에게 소년 배트만은 명료하게 보인다. 한편 낮에는 회사원으로 밤에는 콜걸로 활동하던 여자의 실화를 소재로 만든 3화의 여주인공은 낮에는 대학의 연구 조교 하루미로, 밤에는 콜걸 마리아로 살아간다. 그녀는 자기 정체성의 위기를 느끼며 '나는 누구인가?'를 반문한다. 하루미는 마리아의 인격을 없애려 하지만, 마리아는 밤마다 나타나 하루미를 괴롭힌다. 견디다 못한 하루미는 소년 배트에게 도움을 청한다.

이와 같은 〈망상대리인〉의 주인공들은 공통적으로 자의식과잉에 무표정하고 말수가 적으며 내향적이다. 그들은 정신분열증 환자와 유사한 양상을 보여준다. 그들은 모두 대인 관계에서 두터운 마음의 벽을 쌓고 있거나 혹은 자신이 처한 현실의 무거운 짐으로부터 해방되고 싶다거나 도망치고 싶다는 심각한 강박증에 시달리고 있다. 그러나 무엇보다 가장 큰 공통점은 이들에게 소년 배트는 가해자인 동시에 해결사라는 점이다.

예컨대 1화의 주인공 사키는 원래 표정이 없고 말수도 적고 지극히 내향적인 성격으로, 그저 자신이 만들어낸 캐릭터인 마로미하고만 말을 주고받을 뿐이다. 사키의 마음을 대변하는 존재인 인형 마로미는 마치 살아 있는 생물처럼 묘사되고 있다. 자신을 비난하는 내용의 컴퓨터 전언판을 읽으면서 동요하는 사키에게 마로미는 위로의 말을 던진다. 사키는 새로운 인기 상품 캐릭터를 디자인해야만 하는데, 아무리 애써도 아이디어가 떠오르지 않아 정신적으로 막다른 골목에 처하게 된다. 사키가 소년 배트의 습격을 받기 직전의 다음과 같은 장면은 그녀의 기댈 곳 없는 심리 상태를 암시한다. 인형 마로미가 시선을 돌린 쪽으로 기묘한 느낌의 홈리스 노파가 나타난다. 이 노파는 곧바로 사라지고 사키는 갑자기 두려움을 느껴 도망치다 넘어진다. 이때 가방 속의 물건들이 흩어진다. 그녀는 차 밑에 떨어진 그림을 주우려다 옷이 찢어진다. 그 순간 소년 배트가 나타난다. 사키는 소년 배트에게 봉변을 당하고 입원하게 됨으로써 오히려 정신적으로 억압된 현실에서 잠시 벗어나 심리적 안정을 되찾게 된다. 이와 마찬가지로 다른 에피소드의 등장인물들도 소년 배트로 인해 마음의 안정을 되찾는다.

문제는 소년 배트이다. 아마도 소년 배트야말로 〈망상대리인〉의 진짜 주인공일 것이다. 위기의 순간마다 망상을 대리해주는 소년 배트가 나타나 문제를 해결해주기 때문이다. 그렇다면 소년 배트는 진정한 해결사일까? 아니다. 소년 배트는 현상의 갈등을 일시적으로 해소시켜주지만, 근원적 갈등을 해결하지 못한 채 결국 내적 인격의 붕괴를 원천적으로 봉합하지는 못한다. 이 점에서 소년 배트는 등장인물들의 어두운 그림자 혹은 또 하나의 페르소나(가면)라 할 수 있다(추혜진, 2014: 200). 다시 말해 소년 배트는 자기 안에 있는 그림자나 페르소나를 분리시켜 무시하고 자신의 일부가 아닌 것처럼 취급하는 현대인의 집단적 심리에서 비롯된 캐릭터이다. 이처럼 집단무의식에 의해 만들어진 그림자 혹은 가면으로서의 소년 배트는 주어라기보다는 하나의 술어에 더 가깝다. 그 술어의 내용은 바로 욕망의 원인인 근본적인 결여를 지시한다. 이에 비해 각 에피소드의 주어에 해당하는 등장인물들은 모두 독자적으로 자신의 욕망을 가지고 있고, 그 욕망이 참을 수 없을 만큼 강해져서 자기 존재를 유지할 수 없는 상태에까지 이른다. 이런 의미에서

〈망상대리인〉의 숨은 주제는 결여에서 비롯되는 욕망의 문제에 있다. 그 욕망은 타자를 궁지에 몰아넣는 가짜 욕망이자, 동시에 그렇게 구석에 몰린 인간이 환상을 통해 상황을 타개하고자 하는 욕망이다. 바로 이 두 유형의 욕망이 만나는 곳에서 소년 배트가 출현한다. 의아하게도 이 소년의 배트에 얻어맞은 자는 벼랑 끝의 상황에서 벗어난 듯한 밝은 표정을 보인다. 하지만 그것이 욕망으로부터의 해방을 뜻하는 것은 아니다. 반대로 그것은 환상으로 인해 욕망이 계속 유지될 것이라는 안도감을 암시한다.

소년 배트는 허구적 환상이라는 바로 그 이유로 인해 어느 곳에서나 출현한다. 주체할 수 없을 만큼 비대해진 현대 세계의 욕망을 밑그림으로 삼고 있는 이 작품은 거대해진 소년 배트가 도시의 거리를 철저히 파괴하는 장면을 재현한다. 그런가 하면 곧바로 도시가 복원된다. 이는 소년 배트와 같은 존재가 앞으로도 계속 재생산될 것임을 시사한다. 요컨대 〈망상대리인〉의 숨은 진짜 주인공인 소년 배트는 상징계의 틈새 사이로 표류하면서 욕망하는 주체의 한가운데에 뻥 뚫려 있는 결여의 기표라 할 수 있다. 각 에피소드의 주인공들은 그런 결여(소년 배트)와의 대면을 통해 환상을 횡단한다.

〈천년여우〉: 대상a와 환상 가로지르기

이에 비해 〈천년여우〉는 상상계적 기억의 욕망에 관한 이야기라 할 수 있다. 여기서 '천년'이란 관동대지진(1923) 때 태어난 왕년의 인기 여배우 후지와라 치요코가 첫 데뷔부터 은퇴할 때까지 찍었던 영화의 시대적 배경이 에도시대에서 만주를 무대로 하는 근대 제국주의 일본을 거쳐 현대까지의 천년을 아우른다는 것을 나타낸다. 이 천년의 기억은 수많은 허구와 환상으로 이루어져 있다.

영화 초반부에 등장하는 화가 청년 가기노키미(鍵の君, 열쇠를 뜻하는 이름)는 사상범으로 쫓기던 중 치요코의 도움으로 위기를 넘긴다. 둘은 '약속의 장소'에서 재회할 것을 맹세하고 헤어졌다. 이후 치요코는 평생 진짜 이름도 모른 채 이 남자를 그리워하며 산다. 그녀의 삶과 사랑과 욕망의 원동력이 된 가기노키미는 그러나 실체가 없는 대상a이다. 그에 관한 소문이나 신문 기사 혹은 편지 등이 나오기는 하지만, 그것들은 모두 치요코가 만들어낸 환상이다. 치요코는 평생 이런 허구적 환상을 운명적인 사랑이라 믿고 쫓아 다닌다. 이 첫사랑의 약속이야말로 그녀에게는 가장 소중한 것을 여는 '열쇠'이자 내일이라는 희망이었다. 하지만 이 열쇠를 잃어버리고 가슴이 뻥 뚫린 그녀는 결국 결혼을 하고 만다.

영화는 대타자로서의 늙은 망령을 등장시켜 치요코에게 "이제부터 너는 끝없는 사랑의 불꽃에 몸을 태울 운명이다! 나는 네가 밉다! 미워서 견딜 수 없어! 그리고 사랑스러워! 사랑스러워서 견딜 수 없어! 운명에서 도망칠 수 없어!"라고 말하게 한다. 여기서 늙은 망령과 치요코는 실은 동일인이다. 액자 유리에 비쳐진 치요코의 모습이 갑자기 늙은 망령으로 변하는 장면에서 노파의 왼쪽 뺨 위에 드러나는 반점은 이 점을 잘 말해준다. 치요코와 늙은 망령의 이와 같은 동일시는 치요코의 욕망이 곧 대타자의 욕망이었음을 의미한다.

치요코는 자기 자신에게 견딜 수 없을 만큼 강렬한 애증을 느낀다. 그것은 상상계의 나르시시즘에서 비롯된 애증이다. 영화는 우리를 역사의 기억 속으로 끌고 들어가 우리로 하여금 치요코의 애증에 동참하도록 만든다. 영화는 현재의 인물을 역사의 현장 속으로 들어가게 한다. 즉 치요코에 관한 다큐멘터리 영화를 만드는 제작자와 카메라맨이 그녀의 삶과 영화 속으로 들어가 존재하게 만든 것이다. 제작자와 카메라맨의 눈을 통해 스크린 밖에서 영화를 보던 우리는 문득 양쪽으로 마주보게 배치된 두 장의 거울 사이에 서 있는 것처럼 역사의 기억이라는 거울 사이에 서 있는 우리 자신을 발견하고 아득한 현기증을 느끼게 된다.

〈천년여우〉는 무한 순환하는 기억의 거울 이미지들 사이에서 우리에게 이런 현기증에서 벗어나게 해줄 두 개의 출구를 제시한다. 그 출구는 두 인물의 '고백'이라는 형식을 취한다(김준양, 2006: 464-465). 여기서 두 인물이란 가기노키미를 추적한다는 점에서 공통점을 가지는 치요코와 제국 정부의 형사를 가리킨다. 전자는 화가로서의 가기노키미를 운명적인 사랑으로 믿어 끝없이 사모하고, 후자는 반정부 운동가로서의 가기노키미를 체포하려 한다. 영화의 결말부에서 늙은 전직 형사는 과거에 권력의 개가 되어 저지른 자신의 죄를 속죄하기 위해 패전 후 초라한 모습으로 다시 나타나 가기노키미를 고문 끝에 죽이고 말았다고 참회하며 눈물 어린 고백을 한다.

치요코는 형사의 고문에 의해 죽은 첫사랑의 그림자(대상a)를 평생 찾아다녔던 것이다. 그럼에도 임종을 앞둔 치요코는 "가기노키미를 만나든 못 만나든 상관없었다. 난 그 사람을 뒤쫓는 나 자신이 좋았다"는 고백을 유언처럼 남긴다. 결국 대상a를 찾아다닌 그녀의 사랑은 자신을 지키기 위한 나르시시즘적 환상의 사랑이었던 셈이다. 그것은 실재가 상징계로 침투하는 것을 막는 방어기제로서의 환상 가로지르기를 보여주는 표지였다.

〈파프리카〉: 물과 환상 가로지르기

원래 고추나 향신료의 일종을 가리키는 〈파프리카〉라는 제목은 여기서는 심리 치료사인 주인공 지바 아쓰코의 분신으로 그녀와 반대되는 특성이 체현된 꿈 탐정 파프리카의 이름을 딴 것이다. 정신의료종합연구소는 책임자 지바 박사를 중심으로 사람들의 심리 치료를 위해 'DC미니'라는 기계를 개발한다. 이 기계를 이용하면 타인의 꿈속으로 들어갈 수 있다. 하지만 정부로부터 공식적인 사용 허가가 나기도 전에 기계를 도난당한다. 이는 타인의 꿈을 지배하려는 연구소 이사장과 개발에 참여한 동료 히무로가 저지른 일이다. 파프리카로 변신하여 사람들의 꿈속으로 들어가 정신 치료를 하는 특별한 능력의 소유자인 지바는 천재 도키타와 함께 도난당한 DC미니를 찾아 나선다. 하지만 노나카와 형사와 함께 히무로의 꿈속으로 들어간 지바와 도키타는 꿈의 폭주로 인해 악몽 같은 모험에 빠져든다. 인상적인 퍼레이드 장면을 비롯하여 영화의 모든 서사는 스토리의 전개보다 공간과 인물에 대한 초현실주의적인 왜곡이 더 두드러진다.

여기서 특히 주목할 것은 지바와 파프리카라는 캐릭터이다. 현실의 인격인 지바와 꿈속의 인격인 파프리카는 동일인이면서 서로 상반된 성격을 보여준다. 지바가 이성적인 판단력을 지닌 냉철한 성격의 인격이라면, 다른 사람의 꿈속에서 활동하는 그녀의 분신 파프리카는 활달하고 자유분방하다. 한 인간 안에 공존하는 이 두 개의 인격은 각각 의식과 무의식의 세계에 거하므로 함께 대면하는 일은 없다. 그러나 DC미니 도난 사건을 해결하는 과정에서 지바의 현실과 꿈이 뜻하지 않게 뒤섞이면서 지바와 파프리카가 한 공간에서 마주하게 된다. 그때 양자는 누가 진정한 인격의 주체인지, 자아 정체성에 대한 의문을 서로에게 던지며 각각 상대방이 자신의 분신이라고 주장한다.

지바: "왜 내 말을 안 듣는 거지? 파프리카는 내 분신이잖아."
파프리카: "지바가 내 분신이라는 발상은 못하나 봐?"

하지만 결국 양자는 대립과 경쟁 구도에서 벗어나 상호 공존하는 캐릭터로 진화하여 통합적인 자기 정체성을 찾아간다. 그 과정에서 세 가지 공간, 즉 의식의 세계인 현실 공간, 무의식의 세계인 꿈의 공간, 현실과 꿈이 혼재된 공간이 계속 교차하며 이야기가 전개되는 〈파프리카〉는 무의식, 꿈, 환상, 그림자가 가지는 힘의 양면성, 곧 어두운 파괴적 힘과 밝은 창조적 힘을 보여준다. 꿈 탐정 파프리카의 치유력이 창조적 힘을 상징함은 말할 나위도 없다. 그러나 영화에 등장하는 한 인형의 다음 대사에서 엿볼 수 있듯이 밝은 것이라고 해서 무조건 긍정적인 힘을 뜻하지는 않는다.

벌건 대낮의 햇님이 매일 어둠을 비춥니다. 밤이 꿈꾸는 낮이라면 낮은 꿈꾸는 어둠인데, 아무것도 모르는 햇님은 어둠을 묻고 그림자를 태워 결국 자신조차 태워버립니다.

쓰카모토 신야(塚本晋也)의 영화 〈악몽탐정(惡夢探偵)〉(2007)에도 꿈속으로 들어가는 이야기가 나온다. 주인공 가게누마 탐정은 사람의 생각과 마음을 읽을 줄 알고 타인의 꿈속을 방문할 수 있다. 기리시마 여형사가 "가게누마 씨, 내 꿈속에 들어와서 범인을 찾아 쓰러뜨려주세요"라고 하자 "당신은 몰라. 꿈속이 얼마나 위험한 것인지"라고 대답한다. 타인의 꿈속은 정말 위험하다. 〈파프리카〉의

고나카와 경감은 심지어 자기 자신에게 죽임을 당하는 꿈을 꾸기도 한다. 타자의 욕망이 곧 나의 욕망이기 때문일까? 어쨌든 밤의 어둠뿐만 아니라 낮의 햇님 안에도 파괴의 위험성이 도사리고 있다. 아니, '낮은 꿈꾸는 어둠'이므로 자기도 모르는 사이에 스스로를 파괴시킬 수 있어서 더 위험할 수도 있다. 오히려 '꿈꾸는 낮으로서의 밤'이 덜 위험하다. 이와 같은 곤 사토시의 통찰력은 환상 가로지르기의 위험성에 대한 경고로도 들린다. '꿈꾸는 어둠으로서의 낮'은 환상인데, 그 환상을 횡단한 곳에서 만나게 되는 '꿈꾸는 낮으로서의 밤'은 죽음충동의 자리인 물(das Ding)의 상관물이기 때문이다.

꿈과 환상의 욕망

라캉은 담론 속에서 항상 작용하고 있는 기표 아래로 기의가 미끄러져 내려가는 것이 꿈이라고 말한다. 꿈으로 나타나는 무의식은 기표의 활동을 가리키기 때문이다. 이때 기표가 기의에 미치는 두 가지 효과, 즉 꿈에서 주도적인 역할을 하는 두 기제로 압축(condensation)과 전치(displacement)를 들 수 있다. 압축은 기표들의 포개짐(superimposition)이다. 거기서는 기표를 대체하는 은유가 지배적이다. 이에 비해 전치는 의미 작용의 방향 전환과 관계가 있다. 이때의 방향 전환은 기표를 연결하는 환유 속에서 가능해진다. 환유는 무의식이 검열을 피하기 위한 적절한 수단이기도 하다(라캉, 1994: 72). 이와 같은 은유와 환유가 꿈의 의미, 즉 기의를 생성하는 것이다. 거기서 은유는 기표의 대체를 통해 대상과의 일치와 합일을 지시한다. 그러나 환유는 기표의 연결을 통해 그 옆의 것을 지

시하므로 채워지지 않는 갈증이 계속 남는다.[6]

라캉이 꿈과 환상으로 이어지는 중요한 회로 중 하나로서의 응시에 주목한 것은 이중 한유와 밀접한 관계가 있다. 사물과의 관계가 시각을 통해 이루어지고 재현의 여러 형태로 배열될 때 무엇인가가 빠져나가고 사라지고 단계별로 전달되며 숨겨져 드러나지 않는 것, 그것이 바로 응시이기 때문이다. 응시는 우리의 눈(eye)을 교묘히 피해가는 어떤 것이다. 깨어 있는 상태에서는 응시가 소멸된다. 다시 말해 응시가 볼 뿐만 아니라 '보여준다'는 사실도 사라져 버린다. 반면 꿈의 영역에서 이미지들이 보여주는 것은 바로 응시가 '보여준다'는 점이다. 가령 장자의 나비 꿈을 생각해보자. 꿈속에서 장자는 나비였다. 이 말은 그가 현실 속에서 나비를 응시로 바라본다는 것을 의미한다. 응시에는 주체가 넘어지는 곳을 나타내는 대상a가 포함되어 있다. 이때 주체의 넘어짐이 항상 인식되지는 않는다. 이런 사실에 의해 시각적 영역이 규정되고 거기에 적합한 만족이 생겨난다. 주체의 넘어짐이 인식되지 못하는 것은 그것이 바로 제로 상태이기 때문이다. 응시가 대상a로서 거세 현상 속에 표현된 이런 중심적인 결여(제로 상태)를 상징하는 한, 그리고 그것이 본질상 변하기 쉬운 기능을 지닌 대상a인 한 주체는 표상을 넘어선 곳에 무엇이 존재하는지 전혀 모르는 상태로 남아 있게 된

---

6 여러 잠재적 사고가 혼합되고 축약되어 외견상 단순한 형태로 나타나는 것이 압축이라면, 감추어진 무의식적 사유의 중요한 요소가 의식적으로 보았을 때 부차적이거나 이차적인 또 다른 요소와 결합되어 드러나는 것을 전치라 한다 (김석, 2010: 47-55). 양자 모두 의식의 검열과 통제를 피하기 위해 꿈 내용을 왜곡시키는 메커니즘이라는 점에서는 공통적이다. 프로이트는 압축과 전치가 함께 작용한다는 점에 주목했지만, 라캉은 양자를 은유(대체) 기능과 환유(연결) 기능으로 분리시켜 오이디푸스 과정 및 상징계에서의 기표 연쇄를 설명했다.

다(라캉, 1994: 195-200).

이런 이유로 현실과 환상, 낮의 꿈과 밤의 꿈의 경계를 허무는 천재적 감독 곤 사토시는 현실과 꿈, 현실과 허구를 구분하지 않은 채 현실과 환상을 함께 사용하는 실험을 추구했던 것 같다. 꿈과 환상과 허구는 뫼비우스의 띠[7]나 클라인의 병[8]처럼 현실과 연결되어 있다. 그렇다고 해서 현실이 곧 꿈이고 환상이며 허구라고 말하는 것은 너무 상투적이다. 때로 현실보다 더 생생한 것이 꿈과 환상의 허구적 욕망이 보여주는 본질이기 때문이다. 〈퍼펙트 블루〉의 버추얼 마미, 〈망상대리인〉의 소년 배트, 〈천년여우〉의 가기노 키미, 〈파프리카〉의 파프리카는 모두 이런 꿈과 환상의 허구적 욕망을 표현한 캐릭터들이다. 곤 사토시의 다른 작품들과는 달리 마음을 따뜻하게 해주는 감동적인 사회파 작품 〈동경대부〉의 '갓난아기'도 사람들의 허구적 욕망을 구현한 캐릭터라 할 수 있다. 중년의 알코올중독자 김 씨, 여자가 되고 싶어 하는 남자(오카마) 하나, 가출 소녀 미유키 등 사회로부터 버림받은 홈리스 삼인조가 쓰레기더미 속에 버려진 갓난아기를 신이 주신 크리스마스 선물 혹은 천사라고 여기면서 보살피는 가운데 스스로 치유받는 이 이야기에서 갓난아기는 '순수한 아이(pure child)'를 뜻하는 기요코(淸子)라고 명명된다. 이 세상에 정말 더러운 것이란 없듯이 정말 순수하고 깨끗한 것도 없다. 그러니까 이 갓난아기를 "하나, 미유키, 사치코의 욕망이 만들어낸 환상"(橫田正夫, 2006: 212)이라 해도 전혀 이상

[7] 좁고 긴 직사각형 종이를 180도로 한 번 꼬아서 끝을 붙인 면과 동일한 위상기하학적 성질을 가지는 곡면. 독일 수학자 A. F. 뫼비우스가 처음 제시했다.
[8] 뫼비우스의 띠(2차원적 구조)를 4차원적 공간 조형으로 전환한 것. 1882년 독일 수학자 펠릭스 클라인이 발견했다. 이것을 반으로 가르면 두 개의 뫼비우스의 띠가 된다.

할 것이 없다. 욕망은 항상 환상과 짝을 지어 움직이는 것이기 때문이다.

III. 욕망과의 화해: 〈도쿄 구울〉

라캉은 '욕망의 파괴 불가능성'을 말한다. 이는 욕망을 운반하는 기표의 연쇄 사슬을 끊을 수 없다는 것을 뜻한다. 욕망은 환유적 방식으로 연결되는 새로운 기표들을 계속 쫓아다니기 때문이다. 그리하여 욕망은 끊임없이 반복된다. 과연 우리는 이런 반복을 야기하는 원천적인 욕망과 화해할 수 있을까? 이시다 스이(石田スイ)의 원작 만화를 애니메이션화하여 화제를 모으고 있는 모리타 슈헤이(森田修平) 감독의 TV시리즈 〈도쿄 구울(東京喰種)〉(2014)은 바로 욕망과의 화해 가능성을 묻는 작품이라 할 수 있다. 줄거리는 다음과 같다.

인간 모습을 하고 있으면서 인육을 먹는 구울 종족들이 도쿄의 각 구역마다 살고 있다. 그중 '안테이크'라는 카페는 20구 지역의 구울들이 모이는 회합 장소이자, 인간과의 공존과 평화를 추구하는 구울 조직의 본부이다. 그들은 인간과의 전면전을 추구하는 다른 구울 조직과 대립 관계에 있다. 이 '안테이크' 조직은 인간을 좋아하는 구울과, 사람을 사냥하거나 해치는 짓을 하지 않는 구울로 구성되어 있다. 그들은 오직 자살자의 시체를 찾아내어 그것만 가공해서 먹는다. 하지만 구울을 박멸하려는 정부 기관의 수사관들에게는 이들 또한 다른 구울들과 마찬가지로 제거 대상일 뿐이다. 평범한 대학생 가네키가 반한 여자 리제는 '안테이크' 조직에 속해 있지 않은 구울이다. 어느 날 리제에게 유혹당한 가네키가 잡아먹히려던 순간에 공사장 크레인 철판이 떨어져 리제는 즉사하고 중상을 입은 가네키는 수술을 받는다. 사정을 모르는 의사에 의해 리제의 장기가 가네키에게 이식되고 이로 인해 가네키는 반(半)구울이 된다. 그후 가네키는 인간을 먹고 싶은 강렬한 충동에 시달리면서도 '안테이크'의 멤버가 되어 끝까지 인간으로 남고 싶어 한다. 그런 갈등 속에서 가네키는 결국 자신의 정체성을 찾아간다.

여기서 인육을 먹는 구울이 이드를 표상한다면 구울 수사관은 초자아를 대변한다고 할 수 있다. 혹은 구울로서의 가네키와 인간으로서의 가네키 간의 갈등도 이드와 초자아의 대결이라는 측면을 내포하고 있다. 인육을 먹는 구울의 설정은 다소 그로테스크하고 컬트적이지만, 그럼에도 이 작품은 탄탄한 구성과 서사를 통해 인간학적인 함의를 전달하는 데에 어느 정도 성공적이다. 또한 작품 속에 등장하는 구울들의 다양한 유형은 우리가 주변에서 찾아볼 수 있는 인간 유형의 복잡성 및 복합성을 잘 반영하고 있다. 가령 리제가 오로지 자신의 욕망에만 충실하려는 인간 유형을 상징한다면, 구울 수용소에서 장기간 가혹한 고문을 받으면서 자신을 지키기 위해 자기 안에 또 다른 인격을 만들어낸 제이슨은 자기 보존 본능이 지나치게 발달한 적응주의적 인간 유형을 대표한다. 그런 인간은 종종 자신이 받은 고통을 그대로 타자에게 반복함으로써 보상받으려는 심리가 강하다. 작품 속에서 제이슨은 탈옥한 후 잔혹한 인물로 변하여 자신이 받았던 동일한 방식으로 가네키에게 끔찍한 고문을 가한다.

이번에는 가네키가 자신의 절친한 인간 친구 히데요시를 먹으려는 니시키를 제지하다가 결국 죽이는 장면에 주목해보자. 이 장면 직후에 가네키의 이드적 측면 혹은 그림자나 아니마라고도 할 수 있는 리제의 환영이 나타나 가네키에게 히데요시가 맛있어 보이지 않느냐고 자극한다. 마침내 친구 히데요시를 먹으려고 달려드는 가네키 앞에 도우카가 나타나 이성을 잃지 말라고 만류한다. 여기서 니시키는 겉으로는 점잖아 보이지만 속은 어두운 욕망으로 가득 차 있는 인간 유형을 대표한다. 이에 비해 가네키는 겉과 속이 다 훤히 들여다보이는, 그런 의미에서 정직한 인간 유형을 반영하는 캐릭터라 할 수 있겠다. 한편 도우카는 자신의 신념에 따라 행동하는 강한 의지의 인간 유형을 떠올리게 하는 구울이다.

'안테이크'의 여점원인 도우카에게도 아끼는 인간 친구가 있다. 그 친구가 음식을 만들어 도우카에게 주면 도우카는 인간이 먹는 음식을 절대 먹어서는 안 됨에도 불구하고 친구의 마음을 다치게 하고 싶지 않아 태연히 먹어치운다. 그러고는 친구가 안 보는 곳에서 괴로워하며 먹은 것을 다 토해낸다. 이는 자신보다 남을 더 배려하는 인간 유형을 상기시킨다. 물론 가네키도 타자에 대한 배려가 뛰어난 캐릭터이다. 그는 어린 소녀 구울 히나미를 지켜주기 위해 도우카에게 구울로서 싸우는 법을 가르쳐달라고 청한다. 이런 타자에의 배려와는 거리가 멀지만 책을 좋아하는 구울로 말썽만 일으키는 20구의 골칫덩이 구루메를 들 수 있다. 몽상적인 인간 유형을 대변하는 그는 4화에서 이렇게 말한다.

책이란 좋은 거야. 단 한 문장만으로도 가지각색의 몽상에 빠져들 수 있으니까. 독자의 의식이 작가에 가까워질수록 작품을 아주 깊게 맛볼 수 있지. 이야기를 만들어낸 시점에서 이야기 속의 세계를 자유롭게 걸어 다닐 수 있는 거지. 책 속의 세계에 몰두하고 있을 때만 나는 나 자신이 무엇인지를 잊을 수 있어. 아주 괴롭고 힘들 때에 날 지탱해준 건 많은 이야기였어.

묘하게도 〈도쿄 구울〉에는 구울과 어울리지 않게 책과 관련된 장면이 많이 나온다. 이를테면 TV시리즈뿐만 아니라 하기와라 겐타로(萩原健太郎)의 극장판 실사영화(2017)에서도 가네키, 리제, 구루메, 소녀 히나미 등의 구울과 관련하여 종종 다카쓰키 센(高槻泉)이라는 소설가와 『흑염소의 알(黑山羊の卵)』이나 『카프카에게(拜啓ヵフヵ)』와 같은 그녀의 소설이 의미심장한 소도구로 등장한다. 이중 리제는 『흑염소의 알』 가운데 흑염소가 도망치는 자의 내장을 마구 찢어 끄집어내는 장면을 가장 좋아한다고 말한다. 가네키는 다카쓰키 센의 열렬한 팬으로, 그리고 소녀 히나미는 손에서 항상 책을 놓지 않는 사색파 인간 유형의 캐릭터로 설정되어 있다.

책이야말로 인간 문화의 특징을 보여주는 미장센이 아니던가! 이 점에서 〈도쿄 구울〉은 기이하게도 휴머니즘의 향기를 내뿜는다. "엄마인 제가 아마에를 부리면 히나미가 아마에를 부리지 못할 거예요"(6화)라고 말하는 료코는 어린 딸 히나미를 지키려다 구울 수사관에게 살해당했으며, 니시오라는 구울은 인간 여성인 기미의 사랑을 받았다. 무엇보다 "인간을 좋아해. 인간 속에서 살아남으려면 인간에게 배워야 한다"고 말하는 '안테이크'의 점장 요시무라에게서 우리는 합리적인 휴머니즘적 지도자의 인간 유형을 찾아볼 수 있다.

어떻게 욕망과 화해할 것인가?

구울은 인간의 음화(陰畵)이고 뒤집힌 척도이다. 그것은 특히 인간의 욕망을 전도된 형태로 적나라하게 노출시켜 보여준다. 놀랍게도 〈도쿄 구울〉은 주인공 가네키의 극적인 갈등과 그 변화를 통해 우리로 하여금 욕망과의 화해라는 아포리아의 문으로 들어가게 도와준다. "마음은 인간이고 몸은 구울"(3화)로 스스로를 인식하는 반구울 가네키에게 리제와 도우카는 다음과 같이 공격적인 어투로 비아냥거린다.

> 리제의 환영: "넌 구울도 아니고 인간도 아니야. 넌 너야. 어중간한 걸 즐기라구. 맛있는 게 기다리고 있어."(1화)
> 도우카: "확실히 넌 구울이 아냐. 그렇다고 인간도 아냐. 어중간한 네가 있을 자리는 없어. 인간으로 있고 싶다면 인육을 먹지 않고 한계까지 한번 굶어보든가. 하지만 구울에게 굶는 건 정말 지옥이라는 점은 말해두지."(1화)

이에 대해 가네키는 "난 인간도 구울도 아니야. 나 혼자야. 내가 있을 곳은 어디에도 없어"(2화)라고 말하며 절망한다. 하지만 가네키는 전술한 장면에서 유일한 친구 히데요시를 지키기 위해 자기 내장 속에 있는 리제의 힘을 빌린다. 그런데 리제는 욕망의 화신이다. 따라서 가네키는 곧 히데요시의 시신을 먹고 싶다는 욕망에 휩싸인다. 구울의 허기는 인간과 비교할 수 없을 만큼 강해서 가네키가 그 욕망을 제어하기란 불가능하다. 그럼에도 가네키는 거울에 비친 자신의 모습을 보고 포식을 멈춘다. 그 거울에는 리제의 얼굴이 보인다. 리제는 가네키의 이드이다. 거울 속에서 가네키가 본 것은 바로 자기 자신의 그림자, 곧 자신의 욕망 그 자체였다. 가네키는 자기 자신을 부정할 수 없듯이 욕망도 부정할 수 없는 어떤 것임을 받아들이지 않을 수 없다. 여기서 가네키는 욕망과의 화해로 향하는 첫 계단을 오른 셈이다.

하지만 욕망을 있는 그대로 받아들인다는 것은 언제나 큰 대가를 지불하지 않으면 안 된다는 것을 뜻한다. TV시리즈 12화에 나오는 제이슨의 마지막 고문 장면은 무고한 두 사람의 희생양을 앞에 두고 가네키의 선택을 강요하는 것이었다. 가네키는 둘 중에 누구를 죽일 것인지 선택해야만 했다. 그렇지 않으면 둘 다 죽인다는 것이다. 결국 가네키는 선택할 수 없었고 둘은 제이슨에게 살해당한다. 이때 가네키 앞에 리제의 환영이 나타나 다음과 같이 질책한다.

> 이렇게 된 건 누구 탓이지? 우연? 사고? 운? 운 같은 건 존재하지도 않아. 그저 상황과 상황의 조합일 뿐. 그 상황을 만드는 건 누구? 바로 너야. 이 세상의 모든 불이익은 본인의 능력 부족 때문이지. 넌 상처 입히는 사람보다 상처 받는 사람이 되라는 엄마의 가르침을 따랐기 때문에 이런 꼴을 당한 거야. 넌 상처 입히는 쪽보다 상처 받는 쪽을 선택했어. 하지만 어느 한쪽을 선택한 것 같지만, 실은 양쪽 모두를 버린 거지. 네 엄마도 그랬어. 민폐만 끼친 병든 언니의 요구를 무시했더라면 네 엄마가 과로로 죽을 일은 없었겠지. 어리석은 엄마였어. 널 사랑했다면 바보 같은 언니는 버렸어야만 했어.

가네키에게 돌아가신 어머니는 아무리 힘들어도 싫은 내색 한번 보이지 않고 누구에게든 폐를 끼친 적이 없으며 모두에게 똑같이

상냥한 사람으로 기억되고 있다. 어머니는 가네키에게 항상 "가네키, 손해를 보아도 괜찮단다. 상냥한 사람은 그것만으로도 행복한 거란다. 상처를 입히는 사람보다 상처를 받는 사람이 되거라. 상냥한 사람은 그것만으로도 행복한 거란다"라고 가르쳤다. 가네키는 그런 엄마를 늘 정말 훌륭한 분이라고 자랑스럽게 생각했다. 하지만 가네키는 리제의 집요한 추궁 끝에 결국 "외로웠어. 엄마가 날 선택해주기를 바랐어. 날 위해 살아주길 바랐어. 이모가 죽게 내버려두는 한이 있더라도. 누군가를 상처 입힌다 해도. 남의 생명을 빼앗는 한이 있더라도"라고 토로한다. 이에 리제는 다음과 같이 가네키를 향해 결정적인 질문을 던진다.

> 한쪽을 버리더라도 다른 쪽을 지켜야만 할 때가 있어. 네 엄마는 그걸 하지 못했어. 그건 상냥함이 아냐. 그저 약한 것일 뿐. 버릴 수 있는 강함이, 각오가 부족했어. 넌 아직도 상처 입는 쪽에 있을 수 있겠어? 제이슨 같은 놈을 용서할 수 있겠어?

가네키는 용서할 수 없다고 대답한다. 그러자 리제는 그것이 리제 자신을 받아들인다는 것을 의미하느냐고 묻는다. 이에 가네키는 그건 아니라고 하면서 리제를 쓰러뜨리고는 "내가 당신을 뛰어넘으면 돼"라고 말한다. 이에 리제가 "그것이 잘못된 선택이라 하더라도?"라고 되묻자 가네키는 "잘못된 것은 내가 아냐. 잘못된 것은 이 세계야"라고 외친다. 이 말을 들은 리제는 만족한 듯이 "그걸로 됐어. 살아남는다는 것은 타자를 먹는다는 거야. 날 먹어!"라고 말한다. 욕망 자체를 먹어치우라는 것이다. 그리하여 가네키는 12화의 마지막 장면에서 마침내 "난 구울이다!"라고 선언하고는 단숨에 제이슨을 쓰러뜨려 먹어치운다. 이로써 가네키는 처음으로 있는 그대로의 욕망을 받아들인다. 그렇다면 이것이 곧 욕망과의 화해를 의미하는 것일까?

실은 욕망과의 화해는 이 대단원의 결말 이전부터 이미 진행되고 있었다. "망가진 이 세계 / 일그러지고 왜곡된 세계에 서 있는 나는 / 투명해져서 보이지 않게 되었으니 / 날 찾지 말아줘. 날 보지 말아줘 / 누군가가 그렇게 만든 세계 안에서 / 네게 상처 입히고 싶지 않으니까"라고 노래하는 〈도쿄 구울〉의 주제가 가사처럼 가네키는 반(半)구울이 된 이후 줄곧 이 세상은 잘못되었고 그걸 바로잡아야 한다고 여겼다. 그러나 점차 가네키는 8화에서 다음과 같이 생각을 고쳐먹는다.

> 잘못된 건 이 세계가 아냐. 분명 길을 잘못 든 구울도 있어. 하지만 모든 구울이 다 그런 건 아냐. 좀 더 알아야만 해. 인간도, 구울도. 세계를 왜곡시키고 있는 것은 구울 만이 아냐. 당신[구울 수사관 아몬]도 마찬가지야. … 어떻게 해야 이해시킬 수 있을까? 싸우면 안 돼. 서로 빼앗아서도 안 돼. 끊어버려야 돼. 슬픔의 연쇄를.

가네키는 "상처 입히는 사람이 되느니 차라리 상처 받는 사람이 되라"는 죽은 엄마의 유훈에 따라 살고 싶었지만, 자신의 의지와 상관없이 구울의 세계와 얽히게 되면서 처음에는 자신의 비참한 운명이 잘못된 세상 탓이라고 여겼다. 하지만 견딜 수 없는 고통 속에서 그는 세계를 입체적으로 깊이 있게 보는 눈을 가지게 되었다. 그가 세계 속에서 읽어낸 슬픔의 연쇄는 라캉이 말하는 기표의 연쇄 사슬과 크게 다르지 않다. 가네키는 그 슬픔의 연쇄를 끊어버리지 않는 한 욕망과의 화해는 있을 수 없다는 점을 알게 되었다. 하지만 어떻게 그 사슬을 끊어낼 수 있단 말인가?

어쩌면 가네키에게 "자네는 구울이기도 하고 인간이기도 하네. 두 세계에 동시에 있을 수 있는 단 하나뿐인 존재야"(2화)라고 말하는 '안테이크' 점장 요시무라의 통찰력이 그 실마리를 던져줄지도 모른다. 이는 "두 세계에 동시에 있기"를 있는 그대로 인식하고 견뎌내는 것이 슬픔의 연쇄를 끊어내고 욕망과 화해하기 위한 전제 조건이라는 점을 시사해준다. 〈도쿄 구울〉은 여기서 더 나아가 그런 "두 세계 모두를 깨고 나가기"의 비전까지 제시하고 있다. 예컨대 극장판 실사영화에서 소녀 구울 히나미는 한쪽 눈에 안대를 걸친 가네키에게 헤르만 헤세(Hermann Hesse)의 『데미안(Demian)』을 읽어달라고 청한다. "새는 알에서 깨어나려 한다. 알은 세계이다. 태어나려는 자는 하나의 세계를 파괴하지 않으면 안 된다." 가네키는 히나미에게 이 유명한 구절의 의미가 "원하는 것을 얻고자 한다면 상처 받는 걸 두려워하지 말고 앞으로 나아가라는 것"이라고 알려준다. 파괴하지 않으면 안 되는 그 세계는 인간과 구울, 강자와 약자, 상처 입히는 자와 상처 받는 자가 확연하게 나누어져 있는 세계이다.

영화의 마지막 장면에서 히나미는 헤세의 책을 읽어달라고 가네키에게 다시금 청한다. 이때 가네키는 한쪽 눈에 안대를 하고 있지 않다. 영화 속에서 안대는 욕망과의 갈등을 암시하는 소도구이다. 구울이 인육을 욕망할 때는 눈이 빨개지는데, 가네키는 반구울이므로 한쪽 눈만 빨개진다. 한쪽 눈이 빨개진다는 것은 곧 가네키 내장 안에 살고 있는 욕망의 상징인 리제가 가네키를 지배한다는 것을 가리킨다. 가네키는 그런 욕망의 지배를 은폐하기 위해 안대를 쓰고 있었는데, 그것을 풀었다는 것은 곧 욕망과의 화해를 의미한다. 〈도쿄 구울〉은 이런 안대 외에도 욕망과의 화해를 암시하는 더 친근한 소도구를 갖추고 있다. 커피가 그것이다.

구울은 인간들이 먹는 음식을 먹으면 견디지 못하고 구토한다. 하지만 커피는 예외이다. 구울은 예로부터 커피만은 인간처럼 맛있게 먹어왔다. 커피는 구울 속에 남아 있는 인간의 지울 수 없는 흔적 혹은 욕망과의 화해 가능성을 암시하는 미장센이다. '안테이크' 조직에 속한 구울들은 인육을 먹고 싶은 욕망에 휩싸일 때마다 향기로운 커피를 마시며 다소나마 그런 욕망을 다스리고자 한다. 히나미는 죽은 아버지 묘지에 가서 생전에 좋아하던 커피콩을 바치고 싶어 한다. 이에 히나미의 안전을 걱정한 가네키가 그녀 대신 그녀의 아버지가 살해당한 장소에 가서 아버지가 이전에 묻어놓은 상자를 파낸다. 상자 안에는 아버지의 유품이 들어 있었는데 그 중에는 가면이 있다. 가면을 제작하는 구울은 "우리가 인간 사회에 녹아들기 위해서는 평생 벗을 수 없는 가면이 필요하다"(3화)고 말하는데, 욕망과의 화해 가능성을 암시하는 커피야말로 이런 구울의 인간적인 가면을 대표하는 기표가 아닐까 싶다.

'욕망과의 화해'의 정신분석적 의미

사람은 누구나 고독하다. 그래서 욕망이 있는 것이다. 욕망은 사람과 사람 사이를 연결시켜주기 때문이다. 그럼에도 욕망이 도달하는 곳은 맨 처음의 고독한 자리이다. 참으로 알 수 없는 일이다. 분명한 것은 내가 끊임없이 무언가를 욕망한다는 사실뿐이다. 여기서 욕망이란 일반적인 상식, 즉 대상에 대한 욕구(need)를 넘어서서 타자의 욕망을 욕망한다거나 욕망 자체를 욕망한다는 라캉적 개념이다. 욕망의 대상은 구체적인 대상이 아니라 욕망 자체라는 말이다. 욕망의 대상은 오직 대상a뿐이다. 즉 욕망은 실제 대상 때문에 생기는 것이 아니며, 실제 대상에 의해 채워지지도 않는다. 그렇기 때문에 나는 살아가면서 욕망하기를 멈추지 않는다. 내가 삶의 주체로서 살아 있다는 것은 곧 내가 욕망한다는 것을 의미한다. 나는 그것 혹은 그(그녀)를 욕망하는 것 이상으로 종종 나 자신의 존재를 욕망하기도 한다. 그런데 왜 붓다는 욕망을 끊으라고 했으며, 수행자들은 욕망하지 않는 무기물이 되고 싶어 하는 걸까? 공자나 주자, 퇴계 등은 왜 인간의 욕망을 부정해야 했을까? 욕망한다는 것, 그것은 일단 우리가 살아 있다는 증거임에 틀림없는데도 말이다. 무기물은 욕망하지 않는다. 오직 살아 있는 것들만이 욕망하며, 우리가 삶의 진리를 추구하면 할수록 욕망은 그만큼 더 부풀어 오른다. 그리하여 마침내 나는 죽음까지도 욕망하기에 이른다.

우리는 흔히 무언가를 손에 넣거나 생산해내려는 반복충동이 욕망이라고 생각한다. 하지만 라캉에게 아내를 빼앗긴 남자 바타유는 이와 반대로 소비와 낭비의 반복충동이야말로 욕망의 본질이라고 주장했다. 사실 인간의 삶은 생산 활동만으로 채워져 있는 것이 아니다. 우리는 통상 소비를 생산적인 소비, 즉 생산 활동에 필요한 것으로만 규정한다. 그러나 비생산적인 소비나 낭비 또한 인간의 삶에서 의미 있는 진실을 구성하고 있다. 가령 전쟁을 비롯하여 종교적 제의, 결혼식, 장례식, 호화 기념비의 건설, 유희, 웅장한 구경거리, 사치 등이 그것이다. 이런 것들은 엄밀히 말해 비생산적인 소비, 곧 낭비의 전형이라 할 수 있다. 누구도 이런 낭비가 인간의 삶에서 차지하는 엄청난 공간을 부정할 수 없을 것이다. 바타유에 따르면 이런 낭비에는 상실의 원칙이 작용하는데, 그런 낭비의 원칙이 생산 원칙보다도 상위 원칙이라는 것이다. 다시 말해 인간에게는 근본적으로 낭비의 욕망이 작동하고 있다는 말이다. 이 밖에도 욕망을 보는 관점은 다양하다. 가령 들뢰즈와 과타리는 욕망이란 어떤 구조에도 환원되지 않는 언어 이전의 경험으로서 사회변혁의 원동력이라고 주장했는가 하면, 푸코는 욕망을 권력이나 지식 체계와 결부시켜 이해하고자 했다.

어떤 경우든 욕망에 대해 말한다는 것은 곧 욕망과의 화해를 전제로 하고 있다. 붓다에게는 모든 욕망으로부터 자유로워지는 것이 곧 욕망과의 궁극적인 화해를 의미한다. 이에 비해 칸트나 퇴계는 욕망을 다스리는 것이야말로 욕망과의 화해에 이르는 길이었을 것이다. 이들이 주로 실존적 차원에서 욕망과의 화해라는 문제에 접근했다면, 바타유, 들뢰즈와 과타리, 푸코 등은 각각 욕망의 경제, 사회변혁의 욕망, 역사의 욕망이라는 관점에서 욕망과의 화해를 추구했다고 볼 수 있다. 그렇다면 욕망을 하나의 언어적 현상으로 설명하는 라캉은 과연 욕망과의 화해에 대해 어떤 생각을 가지고 있었을까? 이는 크게 네 가지 관점에서 정리가 가능할 것이다.

첫째, 욕망과의 화해란 대타자(부모, 사회)의 욕망을 그대로 따르는 것을 의미한다. 즉 상징계의 사회적 권력에 순응함으로써 욕망의 반복충동을 일상화시켜버리는 것이다. 대부분의 사람들이 일반적으로 받아들이는 이 방식은 엄밀히 말하자면 주체의 소외를 초래하는 하나의 병리적 증상이다. 욕망은 결여를 욕망하는 것이고 항상 환상 대상(대상a)을 헛되이 쫓아다니는 것이기 때문이다.

둘째, 이런 환상으로서의 증상은 환상 가로지르기를 통해 해소될 수 있다. 환상이란 근본적인 균열이나 공백을 메우기 위한 상상적 시나리오로 분석하거나 해석할 수 없다. 다만 그 환상 한가운데를 뚜벅뚜벅 횡단하면서 환상과의 거리를 만들어내는 가운데 마침내 공백과 대면하는 날을 기다리는 수밖에 없다. 그러면서 타자의 욕망이 아닌 바로 자기 자신의 욕망이 무엇인지를 묻는 것에 충실하지 않으면 안 된다.

셋째, 그런데 이처럼 환상 가로지르기를 거친 후에도 증상은 완전히 사라지지 않는다. 왜 그럴까? 라캉은 이것이 주이상스 때문이라고 여겼디. 주체는 자신의 주이상스를 견뎌내기 위해 주이상스를 증상으로 바꿈으로써 무의 심연으로 빠져 들어가지 않으려 한다. 이때의 증상을 라캉은 증환(생톰)이라고 부른다. 환상으로서의 증상의 경우 기표가 주이상스를 은폐하고 있다면, 증환으로서의 증상은 기표에 주이상스가 들어가 있다. 이와 같은 증환으로서의 증상과 자신을 동일시하는 것이야말로 라캉 정신분석이 도달하는 하나의 고원이라 할 수 있다.

넷째, 하지만 고원은 아직 끝이 아니며 시작도 아니다. 고원은 중간에 있으면서 자기 자신 위에서 진동하고 어떤 정점이나 외부의 목적지를 향하지 않으면서 자기 자신을 전개하는 그런 지역이기 때문이다. 그런 고원에는 항상 강렬함이 존재한다(들뢰즈·가타리, 2001: 48). 강렬함은 위반에서 나온다. 위반을 통해 주이상스에로 가까이 다가서는 것이다. 이때의 주이상스를 후기 라캉은 여성적 주이상스라고 특정했다. 여성적 주이상스는 결국 죽음이다. 거기에는 근원적 대상인 물(das Ding)을 획득하고자 하는 위반의 욕망으로서의 죽음충동이 깔려 있다. 주이상스에 도달하기 위해서는 위반, 곧 죽음이 필요한 것이다. 이때의 죽음은 생물학적 의미의 죽음이 아니라 상징계 안에서 상징계 너머의 차원을 엿보는 것을 뜻한다. 이처럼 죽음충동을 수용하는 것이야말로 욕망과의 화해의 최종 단계라 할 수 있다. 그때 비로소 주체는 구울이 커피를 마시면서 양립할 수 없는 두 개의 세계를 뚫고 나가듯이 삶과 죽음을 동시에 받아들이는 죽음의 주체로 다시 태어날 수 있을까? 만일 그것이 가능하다면, 죽음의 주체는 죽음이라는 창문을 통해 있는 그대로의 삶을 받아들이면서 삶의 모순과 화해하는 길을 걸어나갈 것이다.

11장

죽음의 주체:
타나토스·불사·트랜스휴머니즘

"영원히 계속 산다는 것은 징벌이다. 나도 로봇이 되고 싶다."(〈불새〉)

"인간은 근본적으로 허무에 속한 것이 아닐까 하는 공포"(〈이노센스〉)

I. 타나토스의 이야기: 〈데스노트〉

일본 만화와 애니메이션(및 영화)에는 죽음을 주제로 한 작품이 두드러지게 많다. 그것들은 죽음에 대한 일본인의 관념을 잘 보여준다. 거기서 죽음은 대개 부정적인 것이라기보다는 받아들여야만 하는 어떤 것, 삶의 끝이라기보다는 삶 속에서 이미 또는 항상 함께하는 것으로 간주된다. 게다가 성장하는 주체는 곧 죽어가는 주체이기도 하므로 죽음을 짊어진 채로 삶을 긍정적으로 추구하는 자세가 묘사되기도 한다. 가령 만화판 『바람계곡의 나우시카』는 오염을 짊어진 채로 정화를 추구하는 존재로서의 인간을 그려내고 있다. 깨끗한 것과 더러운 것을 함께 가지고 있기 때문에 인간이라는 것이다. 이리하여 나우시카는 파괴신인 거신병을 수용하고, 그런 마음을 알아차린 거신병은 나우시카를 어머니로 인식한다. 애니메이션판에서도 독을 내뿜는 죽음의 계곡인 부해의 숲이 실은 정화의 기능을 수행하는 숲, 생명을 유지하고 키우는 숲임이 밝혀진다. 〈원령공주〉의 소년 주인공 아시타카 또한 죽음의 저주에 걸려 살아 있으면서 죽음을 내포한 존재로 설정되어 있다.

그러나 2003년 12월에서 2006년 5월까지 『소년 점프』에 연재된 만화를 원작으로 하여 TV시리즈 애니메이션과 실사영화 극장판[1] 등이 제작된 〈데스노트(デスノート)〉는 기존의 통념과는 달리 질서를 위한 살인의 정당화나 유희로서의 죽음과 같은 새로운 죽음 관념을 제시하고 있다. TV시리즈 〈데스노트〉의 다음 줄거리는 이 점을 잘 보여준다.

> 주인공 야가미 라이트(夜神月)[2]는 어느 날 우연히 거기에 이름이 적힌 사람은 반드시 죽게 되는 데스노트를 줍는다. 이 노트는 본래 류크라는 사신(死神)의 소유물이었는데, 그가 고의로 지상에 떨어뜨린 것이다. 천재 고교생 라이트는 범죄자들이 처벌을 받지 않은 채 활보하는 세상에 분노를 느끼던 중, 데스노트의 힘과 자신의 두뇌로 불의가 없는 정의로운 신세계를 만들 것을 결심한다. 이리하여 범죄자들이 계속해서 죽어나가는 미스테리 사건이 끊이지 않는 가운데 경시청에 수사본부가 설치된다. 그곳의 책임자는 라이트의 아버지 야가미 소이치로(夜神總一郎)이다. 라이트는 몰래 아버지의 컴퓨터를 통해 수사 정보를 빼낸다. 그 결과 범죄자들의 죽음이 세계적 규모로 확장되면서 각국 경찰의 요청으로 명탐정 엘(L)이 수사에 나선다. 엘은 가장 유력한 용의자로 라이트를 주시한다. 매스컴은

---

1 가령 〈데스노트〉(2006. 가네코 슈스케 감독), 〈데스노트: 라스트게임〉(2006), 〈데스노트: L 새로운 시작〉(2008), 〈데스노트: 더 뉴 월드〉(2016) 등.
2 밤을 지배하는 달의 신을 뜻하는 이름.

사건의 범인을 '키라'라고 부른다. 엘의 본명을 알아내어 죽이려는 라이트와, 키라가 라이트라는 증거를 찾으려는 엘 사이에 격전이 벌어진다. 그런 와중에 제2의 키라를 자칭하는 인물이 나타난다. 그 제2의 키라는 다른 사신에게서 데스노트를 받은 아마네 미사(彌海砂)이다. 양친을 살해한 강도가 무죄판결을 받은 데에 원한을 품은 미사는 범인을 죽여준 키라를 숭배하게 된다. 나아가 라이트가 키라임을 알게 된 미사는 라이트에 대한 맹목적인 사랑에 빠진다. 한편 아버지를 속여 수사본부에 들어간 라이트는 미사와 접촉하고 엘을 살해하기 위해 그녀를 이용한다. 하지만 엘은 미사가 제2의 키라임을 알아내고 그녀를 구속한다. 라이트는 미사를 구하기 위해, 미사에게 데스노트를 준 사신 레무에게 엘을 죽이도록 촉구한다. 레무는 자신의 목숨을 희생하여 엘을 죽이고, 라이트는 마침내 수사의 전권을 쥐게 된다. 그후 엘의 후계자로 키워진 니아와 메로가 엘의 원수를 갚고자 키라를 추격한다. 니아는 키라 대책 기관을 움직였고 메로는 마피아 간부가 되었다. 니아와 메로가 키라를 추적하는 과정에서 라이트의 아버지가 죽지만, 라이트는 계속 범죄자들이 완전히 제거된 신세계의 구축에 매진한다. 하지만 메로의 조력을 얻은 니아에 의해 라이트가 키라라는 결정적 증거가 드러난다. 라이트는 류크에게 니아를 죽일 것을 명하지만, 류크는 라이트의 이름을 데스노트에 적어 넣어 죽이고 만다.

류크는 너무 권태로운 나머지 인간이 데스노트를 손에 넣으면 무언가 재미있는 일들이 벌어질 거라고 기대하여 데스노트를 지상에 떨어뜨렸다. 죽음을 유희의 담보로 설정한 것이다. 한편 라이트는 정의라는 이름으로 살인을 정당화한다. 이와 같은 새로운 죽음 관념을 밑그림으로 하여 전개되는 〈데스노트〉는 흔히 〈신세기 에반게리온〉 이후의 새로운 오이디푸스 이야기라고 말해진다. 어떤 측면에서 그렇게 말할 수 있을까? 그리고 〈데스노트〉는 어떤 시대적 배경하에서 태어난 것일까?

새로운 오이디푸스 이야기

1980년대 일본은 필요에 의해서가 아니라 이미지에 의해 물건이 매매되는 본격적인 소비사회의 시대로 접어든다. 그 소비 시대의 향수자는 주로 젊은 여성들이었다. 이에 비해 성인 남성들의 사회적 지위는 점차 저하하고 그 결과 아버지의 권위도 붕괴되기 시작한다. 1980년대 말에는 베를린장벽이 무너지고 동서 냉전이 종결되었으며, 사상적으로는 '이데올로기의 종언'이 상투어가 되었다. 이와 동시에 이념이나 법 혹은 보편적 가치로 집단을 구속하는 부성적 권위가 추락하고 만다. 1995년에 방영되기 시작한 〈신세기 에반게리온〉은 이런 시대적 배경하에서 나온 작품이다. 그것은 '아버지의 이름'으로 상징되는 것들이 유효성을 상실한 시대를 반영하고 있다. 강한 척하지만 실은 여성에게 의존적인 겐도는 '아버지가 단말마를 맞이한 시대'의 상징이었다.

그러나 2000년대에 들어서면서 이런 상황이 변했다. 고용의 유동성과 격차사회의 확대는 보통 사람들로 하여금 '나도 자기실현을 할 수 있다'는 생각을 하지 못하게 만들었다. 인간이 자력으로 자기실현을 이루기가 어려워지게 되면, 절대적 권위에 의존하여 그 권위의 힘을 자신과 동일시하는 경향이 증대한다. 이에 따라 일본 사회에 젊은이들의 우경화 현상이 확대됨과 아울러 절대적 권위를 지난 '아버지의 이름'이 새로운 옷을 입고 다시금 부활하게 된다. 스케가와 고이치로에 따르면 이와 같은 2000년대 일본의 새로운 경향을 대표하는 오이디푸스 이야기가 바로 〈데스노트〉이다. 〈데스노트〉가 만들어지고 널리 퍼진 것은 강한 아버지를 갈망하는 현대 일본 사회의 시대상을 반영하고 있다는 것이다(助川幸逸郎, 2008: 30-31, 44).

신, 법, 정의 등은 '아버지의 이름'으로 상징되는 것을 대표한다. 라캉은 이처럼 아버지의 이름으로 상징되는 것을 대타자라고 부른다. 왜 '아버지'가 아니고 '아버지의 이름'인가? 상상계의 거울단계에서는 어머니도 대타자가 될 수 있기 때문이다. 그때의 어머니는 '아버지의 이름'의 일종이다. 모성 원리에 의해 지배받는 일본 사회에는 '보이지 않는 아버지의 이름'이 늘 존재해왔다. 천황제가 그것이다. 하지만 오늘날의 상징천황제는 결코 강한 아버지가 아니다. 그것은 오직 허용된 '텅 빈 중심'으로서만 유효하게 기능할 수 있는 상징 장치이기 때문이다. 이에 비해 〈데스노트〉는 텅 빈 백지에 사자의 이름을 채워 넣는 죽음의 주체에 관한 서사로 강한 아버지를 추구하는 사람들의 마음을 사로잡고 있다.

라이트는 사신(死神)의 도움으로 스스로 절대적 권위가 되고자 한다. 그는 데스노트를 손에 넣음으로써 이미 아버지를 넘어섰고, 자신이 절대적 권위가 되기 위해 아버지를 죽일 필요는 없었다. 이 점에서 〈데스노트〉는 오이디푸스 이야기의 정형에서 다소 벗어나 있다. 하지만 후반부에서 라이트의 아버지는 결국 죽고 만다. 이 대목을 라이트가 간접적으로 친부를 살해한 것으로 해석할 수 있는 여지도 있다. 어쨌든 라이트는 스스로 강한 아버지(신)가 되어 정의로운 세상을 만들고자 한다. 그는 직접 부친을 살해하지는 않았지만 데스노트를 손에 넣음으로써 '신세계의 신'이 된 것이다. 이처럼 아버지(신)의 자리에 오르고자 욕망한다는 점에서 라이트는 오이디푸스의 후예라 할 수 있다. 요컨대 〈데스노트〉는 1980년대 일본 사회에서의 '아버지의 죽음' 이후에 새로운 권위를 추구해온 현대 일본인의 심상이 낳은 '새로운 오이디푸스 이야기'인 것이다.

이 오이디푸스 이야기에서 우리는 신이 되고자 하는 인간의 도착성을 읽어낼 수 있다. 신이 되려는 허구의 욕망이 현실을 침식하는 곳에서 불교계 신종교에 의해 조직적인 살상이 범해진 옴진리교 사건(1995)이나 14세 중학생에 의한 고베 아동 연쇄살인 사건(1997)이 일어난 것이다. 특히 옴진리교 사건의 경우 신을 대신하여 타자에게 죽음을 선고한다는 도착적인 욕망이 공동환상으로 이어져 신자들에게 공유되었다. 〈데스노트〉 최신판에서는 라이트가 연출하는 전능한 살인자 키라에게 심취한 사람들이 키라를 신으로 숭배하면서 '키라 왕국'이라는 컬트 집단을 만든다. 이는 무지몽매한 우민들의 신앙이 아니라 역으로 죽음의 불가지성을 거부하는 극단적인 이성 지상주의에서 생겨난 것이다. 이때 키라는 "속박을 벗어난 이성"과 다르지 않다(中條省平, 2015: 36).

타나토스의 이야기

그러나 방금 언급했듯이 〈데스노트〉는 오이디푸스 이야기의 전형은 아니다. 오히려 타나토스(죽음충동)의 이야기라는 관점에서 볼 때 〈데스노트〉의 본질이 더 잘 드러날 것이다. 예컨대 주인공 라이트와 그를 추적하는 명탐정 엘의 타나토스를 비교해보면 흥미로운 사실을 알 수 있다. 자신을 보편적인 정의라고 믿으면서 "이 세상은 썩어 있어!"(1화)라고 외치는 라이트가 만인에게 적용 가능하다고 가정되는 법과 정의의 편애자로서의 사디스트라면, 엘은 자신과 상대방에게만 통용되는 규칙과 계약을 선호하는 마조히스트이다. 사디즘과 마조히즘은 죽음충동을 배태한 주이상스를 추구한다는 점에서 같은 부류에 속한 성도착증이라고 할 수 있다. 물론 양자는 많은 측면에서 상반되는 증상을 보인다.

가령 사디스트는 다른 사람이 고통스러워하는 것을 좋아한다. 사디즘은 폭력을 행사함으로써 만족감을 느끼는 욕망의 구조를 가진다. 이때 사디스트는 아이에 대한 어머니의 절대 권력을 대신 연기하는 배우가 된다. 그러니까 사디스트가 추구하는 것은 고통 그 자체가 아니라 어디까지나 고통의 형태로 현현하는 초월적 힘과 쾌락, 즉 주이상스이다. 사디스트가 출현하는 가장 좋은 상황은 법의 이름하에 형벌이 가해지는 장면이다. 이는 사디스트를 움직이는 것이 초월적인 것에 대한 욕망이라는 사실을 시사한다.

한편 마조히스트는 언제나 자신이 굴욕 속에 학대받는 연극 무대 위에 서고 싶어 한다. 그 무대 위에서 자신을 학대하는 자(사디스트)는 어떠한 결여도 알지 못하는 대타자로서의 완벽한 어머니를 대신하는 존재로 간주된다. 거기서 거세된 어머니의 불완전성을 외면하도록 만드는 것은 바로 성도착자 자신의 학대받는 신체이다. 자신의 신체에 가해지는 폭력이 잔인하고 굴욕적일수록 도착적 주체는 대타자로서의 어머니의 결여를 외면할 수 있게 된다. 이처럼 우리는 통상 마조히스트 하면 타인이 내게 고통을 주는 것을 좋아하는 인간을 떠올리지만, 실은 그것만이 전부가 아니다. 가장 통어하기 어려운 고통을 스스로 지배함으로써 전능성을 향유(주이상스)하려는 존재야말로 진성 마조히스트이다. 이런 의미에서 할복의 미학을 창출해낸 일본인은 마조히즘의 본질에 매우 가까이 있다. 할복은 가장 잔혹한 고통을 연출함으로써 전능성을 과시하려는 충동에서 비롯된 것이기 때문이다.

사디스트와 마조히스트는 거세의 측면에서도 비교된다. 거세란 통상 남성의 성적 기능을 제거하는 것을 뜻하는 말이지만, 정신분석에서는 상징계의 사회적 규칙을 개인에게 강제하는 것을 가리킨다. 사디스트는 거세하는 측을 선호하지만, 마조히스트는 거세의 의미를 무효화시키고자 한다. 한편 성적 영역에서 거세는 근친상간을 금지하고 가족 이외의 상대와 이성애 관계를 가지는 것을 강요하는 것을 뜻한다. 마조히스트는 종종 성적 쾌락이 성기에 집약되기 이전 단계인 구순기로 퇴행함으로써 그런 거세의 강요로부터 벗어나고자 한다. 엘은 그 전형적인 사례를 보여준다.

엘은 용모 단정한 라이트와는 대조적으로 장발에다 눈 밑에는 검은 기미가 퍼져 있는 등 기괴한 용모의 괴짜이다. 항상 무릎을 껴안은 상태로 의자에 앉아 줄기차게 단 것만 먹고 그 밖의 음식은 일체 입에 대지도 않는다. 단 것을 먹지 않을 때는 종종 손가락을 깨문다. 이처럼 단 것에 집착하는 엘은 거세를 피해 구순기로 퇴행하는 모습을 보여준다. 또한 그가 의자에 앉는 방식은 태아의 자세와 닮았다. 마조히스트 엘은 태아로까지 퇴행함으로써 거세로부터 자유롭고자 하는 것이다. 이와 같은 거세로부터의 자유는 곧 죽음충동에의 자유와 이어진다. 그것은 참을 수 없는 충동이다. "흘러넘치는 충동을 억누를 수 없어"(TV시리즈 엔딩송) 태아처럼 웅크리고 앉아 세계를 몽상하면서 끝없이 단 것을 먹어야만 한다. 혹은 "누구나가 원하는 종말을 / 언젠가 내가 보여줄게 / 빛으로 눈부신 세계를"이라고 노래하는 TV시리즈 주제가처럼 사디스트 라이트보다 더 신세계의 환상을 욕망하면서 강렬한 죽음충동에 사로잡힌 자는 바로 마조히스트 엘이다.

히스테리적 일본의 이야기

사디스트인 라이트의 죽음충동은 오히려 그를 맹목적으로 사랑한 미사의 히스테리적인 키라 숭배에서 그 뚜렷한 형태를 보여준다. 데스노트를 사용해서 사람을 죽이려면 상대방의 얼굴을 떠올리면서 노트에 그 본명을 적어야 한다. 노트를 가진 인간에게는 자신의 남은 수명의 절반을 대가로 사신의 눈(응시)을 얻을 수 있는 권리가 부여되어 있다. 사신의 눈을 가진 자는 타인의 얼굴을 보기만 해도 그의 본명과 수명을 알 수 있다. 미사는 처음 데스노트를 손에 넣자마자 사신의 눈을 얻었다. 그후 엘의 추적을 피하기 위해 미사는 일단 노트의 소유권을 버린다. 다시금 노트를 얻은 미사에게 라이트는 "엘의 본명을 기억하는가?"라고 묻는다. 사신의 눈을 가지고 있는 동안에 미사는 엘의 얼굴을 보았다. 하지만 미사는 엘의 본명을 잊어버렸다. 그래서 다시금 남은 수명의 절반을 대가로 사신의 눈을 얻는다. 결국 미사는 라이트를 위해 자신의 목숨까지 희생하고자 했다. 이런 광적인 헌신은 연애 감정보다는 신에 대한 무녀의 헌신으로 보아야 할 것이다. 라이트가 신세계의 신이라면 미사는 그 신을 대타자로 섬기는 무녀였다.

정신분석에서는 무녀를 히스테리적 인물로 간주한다. 통상 히스테리는 "의미를 알 수 없는 여성의 분노"라고 말해진다. 나아가 정신의학적으로 히스테리는 "육체에 어떤 이상도 없는데 정신적 이유에서 육체에 이상을 보이는 질환"을 가리킨다. 어쨌든 프로이트 정신분석에서는 히스테리를 여성에게 특유한 것으로 본다. 거세를 겪은 남성이 성적 쾌락을 모두 성기에 집약시키는 데에 비해, 여성은 거세를 겪은 후에도 성기 이외의 성감대에서 쾌락을 느낀다는 것이다. 히스테리는 주로 아버지를 비롯한 현실의 구체적인 남성들에게 실망한 여성에게 일어난다. 이 때문에 히스테리적 여성은 현실의 남성을 경멸하면서 남성 일반 혹은 신과 같은 대타자에게 충성을 맹세하는 경향이 있다. 그리고 자신의 육체에는 거세에 지배받지 않는 영역이 있음을 현실의 남성들에게 과시하려 든다.

하지만 히스테리 증상이 여성에게만 국한된다고 본 프로이트의 견해는 분명 남성 중심적인 편견이라 아니할 수 없다. 의미를 알 수 없는 분노는 여성에게만 국한된 것이 아니다. 다만 여성들이 더 히스테리적으로 보이는 까닭은 우리 사회가 여성을 억압하는 가부장제 사회이기 때문이다. 여자든 남자든 히스테리 증상은 평범한 사람들을 향해 "당신과 나는 전혀 다르기 때문에 당신은 나를 이해할 수 없다"든가 "내 안에는 당신이 결코 침범할 수 없는 영역이 있다"든가 "내가 충성을 맹세하는 것은 당신처럼 현실 세계에 존재하는 사람이 아니라 현실 세계를 초월한 대타자이다"라는 거부의 메시지를 던진다.

이런 의미에서 무수한 '일본인론'이 하나의 인기 장르로 유행하는 일본 사회와, 일본은 특별하고 독특해서 외국인은 일본을 이해할 수 없다고 말하는 일본인들 또한 히스테리적이라고 말할 수 있겠다. 한때 그들은 일본을 신이 수호하는 나라라고 굳게 믿으면서 천황에 대한 맹목적인 헌신의 감정에 빠진 적도 있다. 그런 히스테리적 일본 사회에서 2000년대 이후 죽음과 서바이벌 게임을 결부시킨 후카사쿠 긴지(深作欣二) 감독의 영화 〈배틀 로얄(バトル·ロワイアル)〉(2000)이 상징하듯, 심각한 격차사회에서의 필사적인 생존에 대한 관심으로부터 타나토스의 이야기라는 옷을 입고 나타난 것이 〈데스노트〉가 아닐까 싶다. 이와 관련하여 우노 쓰네히로는 『제로 연대의 상상력』에서 "1990년대의 올드한 상상력을 체현한 작품이 〈신세기 에반게리온〉이라면, 서바이벌계로 상징되는 제로 연대

(2000년대)의 상상력을 체현한 작품이 〈데스노트〉"(宇野常寬, 2011: 26)라고 지적하기도 한다.

II. 불사(不死)를 욕망하는 주체: 〈불새〉

만화의 신으로 불리는 데즈카 오사무가 1967년에서 1986년까지 장기간에 걸쳐『콤(COM)』,『만화소년(マンガ少年)』,『야성시대(野性時代)』등의 잡지에 발표한『불새(火の鳥)』는 다음〈표 3〉과 같이 총 16권 12편의 에피소드로 이루어진 대작 만화이다. 거기서는 일본의 고대와 중세 및 먼 미래의 시간대를 넘나들며 불새의 피를 마시고 죽음을 정복하려는 인간들의 군상이 그려져 있다. 향후 여러 애니메이션 감독이 제작한 TV시리즈와 극장판 애니메이션들은 모두 이 만화판에 기초한 것이다.

〈표 3〉만화판 〈불새〉의 에피소드

에피소드	권수	줄거리
여명 편	1, 2	3세기의 야마토. 주인공 나기의 누나 히나쿠 중병을 고치기 위해 불새의 생피를 구하러 간 남편이 죽은 후, 야마타이국의 스파이인 의사 구즈리가 히나쿠를 살려내고 둘은 결혼하게 된다. 그러나 신혼 첫날밤 마을 사람들은 야마타이 군대에 의해 모두 학살당하고 유일한 생존자 나기가 적군 대장인 사루타를 습격했다가 붙잡힌다. 사루타는 나기의 용기를 높이 사서 그를 살려주고 노예로 삼아 본국으로 귀환한다.
미래 편	3	3403년. 문명이 쇠퇴하고 남은 자들은 슈퍼컴퓨터가 지배하는 5개 지하 도시에 살고 있다. 그중 2개 도시의 컴퓨터 사이에 분쟁이 벌어져 인류는 핵전쟁으로 멸망한다. 소수의 생존자 중 마사토는 불새로부터 역사 재건의 사명을 부여받고 영원히 죽지 않는 몸이 된다.
야마토 편	4	4세기경의 고분시대. 야마토의 왕자 오구나는 부왕의 명에 따라 구마소국의 수장 다케루를 암살한다. 그 과정에서 오구나는 다케루의 누이 가지카와 비극적인 사랑에 빠지게 된다.
우주 편	4	2577년. 5인이 우주를 항해하던 중 조종사 마키무라의 자살로 인해 우주선이 파손되어 각자 소형 구명정을 타고 탈출한 후 기이한 사태에 직면한다.

봉황 편	5, 6	나라시대. 주인공 가오는 출생 직후 눈과 팔을 하나씩 잃은 트라우마로 인해 악행을 거듭하던 중 한 여성을 만나 사랑을 알게 되지만 결국 그녀를 죽이고 만다. 하지만 그녀와 자신의 전생을 알고 난 후 크게 후회하던 중 고승 료벤을 만나 불사(佛師)로서 새로운 삶을 걷기 시작한다. 또 다른 주인공인 불사 아카네마루는 가오에게 오른팔을 잘린 후 역경을 딛고 어용불사로 출세한다. 둘은 동대사(東大寺) 기와 제작을 둘러싸고 경합을 벌이게 된다.
부활 편	7, 8	2482년. 사고로 거의 죽게 된 레오나는 과학의 힘으로 사이보그가 되지만, 부작용으로 인해 유기체와 무기물을 혼동하는 인식 장애를 겪게 된다. 그러던 중 치히로라는 구식 로봇을 인간 여성으로 오인하여 사랑에 빠진다.
우의 편 (羽衣編)	8	10세기 미호의 마쓰바라. 어부 즈쿠는 집 앞 소나무에 걸린 선녀 옷을 숨기고 선녀와 3년간 부부로 살게 된다.
망향 편	9, 10	우주 시대. 생태계가 무너지고 있는 지구에 절망한 연인 로미와 조지는 강도짓으로 마련한 돈으로 작은 혹성 에덴17을 구입하여 이주한다. 하지만 그곳은 지진이 빈발하는 황폐한 혹성이었다. 악덕 부동산업자가 사기를 친 것이었다. 남편 조지는 사고로 죽고 로미는 아들과 근친혼을 통해 자손을 잇게 된다. 그러나 계속 딸이 태어나지 않자 로미는 냉동 수면을 반복하면서 대대로 자손과의 근친혼을 이어가게 된다. 그러던 중 형제간 분쟁이 일어나고 사실을 알게 된 로미는 절망한 나머지 수면 장치에서 나오기를 거부한다. 이런 그녀를 불쌍히 여긴 불새가 다른 별의 인종인 무피를 에덴17에 보내준다. 수백 년 뒤 로미가 깨어났을 때 그곳에는 새로운 혼혈 인종이 번성하여 평화로운 문명을 영위하고 있었다. 로미는 그곳의 여왕이 되어 다스리던 중 고향에 대한 향수를 못 잊어 지구로 여행을 떠난다.
난세 편	11, 12	1172년. 헤이안경 근교의 산속에 사는 숯쟁이 벤타는 어느 날 고가의 빗을 주워 연인 오부에게 선물한다. 하지만 그 빗은 귀족 후지와라 가문의 것이었다. 이로 인해 둘의 양친이 참살당하고 오부도 끌려가서 다이라씨 가문의 시녀가 된다. 오부를 되찾기 위해 길을 떠난 벤타는 미나모토씨 가문의 수하에 들어가게 되는데, 원수지간인 두 가문의 전쟁에 말려든 두 연인은 서로 엇갈리는 운명에 빠진다.
생명 편	13	2155년. TV 프로듀서 아오이는 시청률을 올리기 위해 클론을 사용한 인간 사냥 프로그램을 고안한다. 이를 위해 클론 공장이 있는 페루로 가지만, 정작 아오이 자신의 대량생산되어 자신이 기획한 프로그램의 표적이 되고 만다.
이형 편 (異形編)	13	전국시대. 주인공 사콘노스케는 여자인데 어릴 때부터 잔혹한 부친에 의해 강제로 남자처럼 양육되었다. 부친이 코에 염증이 생기자 이를 치료하기 위해 나타난 비구니 야오는 사콘노스케를 꼭 빼닮았다. 부친을 증오하던 사콘노스케는 치료를 저지하기 위해 절을 찾아가 야오를 살해하지만, 그 절에서 벗어나지 못한다.
태양 편	14, 15, 16	7세기와 21세기가 교차. 주인공 하리마는 백제 왕족의 후예인데, 663년 백촌강 전투에서 패했을 때 적군이 얼굴을 벗기고 그 대신 늑대 얼굴의 가죽을 덮어씌웠다. 이리하여 늑대인간이 된 하리마는 기이한 인연으로 일본에 건너가 이누가미라는 이름의 귀족이 된다. 한편 21세기의 일본은 불새를 숭배하는 종교단체 '히카리' 일족이 지배하고 있었다. 또 한 명의 주인공 스구루는 어릴 때부터 '히카리'에 의해 황폐해진 지하 거리에서 살면서 그곳의 '반(反)히카리' 단체인 '샤드'에 소속된 냉혹한 킬러가 되었다. 하리마와 스구루는 서로 상대방이 되는 꿈을 꾼다.

무의식으로서의 불새

린타로 감독의 극장판 〈불새 봉황 편〉(1986)은 서두에서 "아득한 시간을 넘어 영원한 생명을 불태우길 계속하는 신비한 새가 있다. 그것은 낙원의 한가운데에서 빛을 발하고 지옥의 한가운데에서 불타오른다. 그 아름다운 모습은 불꽃과도 같고 신비한 모습은 환상과도 같다. 우주의 탄생과 더불어 태어나서 살아가는 모든 것을 지켜보아왔다. 이 전설의 새를 불새라 한다"고 설명하는 장면으로 시작한다. 또한 만화판 『봉황 편』의 주인공 아카네마루는 "선계에 사는 이 새는 신선의 몸을 먹고 몇 만 년을 산다. 이 새의 생피를 마신 자는 불로불사한다. 나는 이런 봉황을 조각하고 싶다"고 말한다. 흔히 불사조(피닉스)라 칭해지는 불새는 이집트 신화의 벤누(bennu)나 중국의 봉황 등 다양한 문화권에서 등장하는 상상의 새인데, 데즈카는 이를 새의 모습을 한 인간 이미지로 표현하면서 거기에 우주의 생명 에너지를 투사했다. 여기서 불새는 칼 융의 용어를 빌리자면 불사(不死)를 희구해온 인간들의 집단무의식적 원형(archetype)[3]이라 할 수 있다(최승선·전승규, 2015).

근세 일본을 배경으로 하는 만화판 『이형 편』은 불사를 욕망하는 무의식으로서의 불새를 잘 보여준다. 여자인데 남자로 키워진 주인공 사콘노스케는 몸종 가헤이와 함께 봉래사(蓬萊寺)라는 절에 잠입하여 야오(八百)라는 비구니를 살해한다. 야오는 800년을 살았고, 어떤 병도 치유하는 정체불명의 비구니이다. 사콘노스케는 비

---

[3] 융에 따르면 무의식에는 개인적 무의식과 집단적 무의식이 있는데, 이중 집단적 무의식은 선천적인 것으로 인간 모두에게 공통적이다. 이런 집단무의식은 꿈과 무의식을 통해 표출되는데, 융은 이것을 원형이라고 불렀다.

구니를 살해한 후 절을 떠나려 했지만 알 수 없는 힘에 의해 절을 떠날 수 없다. 병을 치료하기 위해 사람들과 요괴들이 찾아오자, 사콘노스케는 야오익 옷을 입고 빛나는 불새의 깃털을 이용해 치료해준다. 이 절은 바깥세상과는 다른 시간 속의 세계이다. 그곳은 때로 시간이 역행하기도 한다. 오랜 세월이 지나 노인이 된 사콘노스케 앞에 젊은 시절의 사콘노스케가 몸종 가헤이와 함께 나타난다. 즉 젊은 시절 사콘노스케가 죽였던 야오는 노년이 된 사콘노스케 그 자신이었던 것이다. 이를 알게 된 사콘노스케는 자신의 잘못을 속죄한 후 또 하나의 젊은 자신에게 살해되는 것을 스스로 선택함으로써 형벌의 사슬을 끊는다.

신비스럽고 기이한 이 에피소드에서 특히 주목할 것은 사콘노스케가 "내가 죽인 비구니는 바로 나 자신이었다"는 사실을 깨닫는 순간, 그녀 앞에 불새가 나타난다는 점이다. 정신분석적 주체 담론의 관점에서 볼 때, 사콘노스케가 살해한 비구니는 실은 '나'라는 자아를 고정불변하고 완전한 주체로 믿는 사콘노스케의 의식을 가리킨다. 내가 '나'라고 믿는 그 주체성은 가변적이고 유동적이며 종종 허구적인 것이다. 사콘노스케가 그런 환상에서 벗어났을 때 나타난 불새는 사콘노스케의 무의식을 표상한다. 이는 의식의 주체가 아닌 무의식의 주체를 문제 삼으면서 그 주체의 실체성을 부정한 라캉의 통찰을 떠올리게 한다.

대타자로서의 불새

라캉은 무의식의 주체가 성립되기 위한 근본적인 전제를 말한다. 대타자가 그것이다. 대타자는 상징적 차원에서 작동하는 허구적 존재, 즉 현실 속에서 인지 불가능한 부재하는 존재이다. 그럼에도 대타자는 항상 우리의 의사소통 속에 개입한다. 그것은 때로 신이라는 대행자로 인격화되곤 한다. 혹은 민족이나 어떤 주의(이즘) 등으로 사물화된다. 대타자는 종종 내게 명령을 내리며 내 인생을 바치도록 하는 현실 속의 개인이 될 수도 있다. 그러니까 대타자는 비실체적인 실체라 할 수 있다. 대타자는 그것을 믿고 따르는 개인들이 존재할 경우에만 힘을 가진다(손성우, 2013: 41).

이런 의미에서 불새는 하나의 대타자라 할 수 있다. 작품 속의 등장인물들은 그 생피를 마시면 불로불사할 수 있는 불새의 존재를 믿고 있다. 하지만 그렇다고 해서 누구나가 불새와 대면할 수 있는 것은 아니다. 불새라는 대타자와의 조우는 매우 선택적이다. 다카하시 료스케(高橋良輔)가 감독을 맡은 TV시리즈 애니메이션 〈불새〉 연작 〈여명 편〉에 나오는 야마타이국의 절대 권력자 히미코는 불새의 피를 얻기 위해 모든 수단을 동원하지만 결국 실패하고 만다. 이에 비해 다른 등장인물 나기는 불새를 안고 하늘로 비상하는가 하면, 구즈리 일가의 후손 다케루가 죽음의 위기에 처했을 때 불새가 나타나 "살아라!"고 명한다. 한편 고대 일본 최대의 사건인 임신난(壬申の亂)(672)을 배경으로 하는 〈태양 편〉에서 불새는 늑대인간 이누가미에게 다음과 같이 말한다.

> 나는 사람들의 싸움에 간섭할 수 없다. 나는 다만 보고 있을 뿐이다. 호토케(佛)와 가미(神)의 싸움은 결국 인간의 욕망이 만들어낸 것이니까. 인간들은 예로부터 신을 둘러싸고 분쟁을 계속해왔다. 그러나 신도 전쟁도 인간이 만들어낸 것이다. 그러니까 양쪽 다 자기가 옳다고 주장하는 것이다. 그렇게 옳은 자들끼리의 싸움은 멈추게 할 수가 없다. 나쁜 것은 호토케도 아니고 가미도 아니다. 나쁜 것은 호토케와 가미를 이용하려

는 인간의 욕망이다. 욕망과 결부될 때 종교는 어찌할 수 없는 잔혹한 도구가 되고 만다. 언젠가 그대도 진실을 알게 될 것이다. 인간으로 되돌아갈 때(TV시리즈 〈대양 편 4〉).

여기서 대타자로서의 불새는 종교전쟁과 같은 인간의 잘못된 욕망에는 관여하지 않고 다만 "보고 있을 뿐"이라고 말한다. 이 말은 종교적 메타포로서의 응시를 떠올리게 한다. 초월적이고 절대적이며 편재하는 신을 믿는 사람들은 야훼, 예수, 알라, 성모마리아 등 대타자의 응시를 반복적으로 느끼게 된다. "하늘에 죄를 지으면 빌 곳이 없다[獲罪於天 無所禱也]"(『論語』八佾篇)는 공자의 말도 '하늘[天]'이라는 대타자의 응시를 시사한다. 라캉 정신분석은 이런 대타자의 응시를 경험하게 되는 것이 "우리의 시각적 장의 구조가 유아기 때 대타자(부모)의 응시에 의해 결정지어지기 때문"이라고 설명한다. 혹은 초자아 때문에 대타자의 응시를 느끼게 된다는 해석도 가능하다. 자아를 통제하는 초자아는 마치 타자인 양 자아를 억압한다. 이런 "초자아의 심리적 구조가 시각적 장에서 출현할 때 응시의 형식을 가지게 되는데, 그것은 절대자 또는 신의 편재하는 응시로 경험되기도 한다."(백상현, 2014: 71)

위 인용문에서 대타자 불새는 다만 응시할 뿐 인간사에는 관여하지 않는 것으로 나온다. 이에 반해 『고사기』의 야마토 다케루(日本武尊) 신화 및 토우(土偶) 기원 신화를 배경으로 하는 히라타 도시오(平田敏夫) 감독의 극장판 애니메이션 〈불새 야마토 편〉(1987)에서는 대타자로서의 불새가 매우 적극적으로 인간사에 개입한다. 그 줄거리는 이렇다.

야마토국의 왕자 오구나가 행방불명된 형을 찾아 적대국인 구마소(熊襲)를 여행하던 중 그곳의 수장인 가와카미 다케루의 여동생 가지카의 화살을 맞는다. 오구나는 상처 부위에 약초를 바르다가 불새를 목격한다. 구마소에서는 불산에 사는 수호신이자 영원한 생명을 지닌 불새의 생피를 마시면 불로불사한다고 믿는다. 이윽고 오구나는 가지카의 약혼자인 히마리와 대결하여 승리하고, 다케루는 오구나에게 야마토국 정벌에 참전한다면 가지카와 결혼시켜주겠다고 한다. 그러자 오구나는 불새에게 피리를 들려주면서 어떻게 해야 좋을지 가르쳐달라고 청한다. 결국 오구나는 조국을 위해 축제 중에 다케루를 암살한다. 이에 가지카는 부친의 복수를 다짐하며 머리카락을 자르고 혼자서 오구나의 뒤를 추격한다. 도주 중 낭떠러지에 추락하여 위기에 처한 오구나를 구해준 불새는 그에게 살아남아 할 일이 있다고 말한다.

그렇다면 오구나가 할 일이란 무엇일까? 야마토국으로 돌아온 오구나는 부친의 사망 사실을 알게 된다. 실은 부친은 오구나가 야마토국의 장래에 위험인물이 될 것으로 보아 그가 죽기를 바라고 구마소로 보낸 것이었다. 오구나의 모친은 예전에 야마토국이 정복한 일족의 딸이었기 때문이다. 이리하여 오구나는 북방의 변경으로 추방당하고 거기서 노역자가 된 가지카와 재회하게 된다. 얼마 후 오구나는 부왕의 무덤에 같이 묻히게 될 순장(殉葬) 대상인 노역자들을 구하려다 감옥에 갇힌다. 그 감옥에서 오구나가 피리를 불자 불새가 나타나 이렇게 말한다.

이미 죽은 한 사람을 위해 많은 다른 생명을 빼앗다니. 인간은 생명의 무게가 모두 다 같다는 사실을 배우지 않으면 안 됩니다. 오구나여, 그것이 당신이 완수해야 할 사명입니다.

권력지의 비뚤어진 불사(不死)의 욕망을 위해 수많은 사람을 산 채로 묻는 순장 관습을 폐지하여 "인간은 생명의 무게가 모두 다 같다"는 생명의 진실을 세상에 알리는 일, 이것이 바로 오구나가 해야 할 일이었다. 이윽고 오구나와 가지카는 다른 노역자들과 함께 부왕의 무덤에 묻히고 말았지만, 불새의 빛을 받아 모두 땅속에서 생명을 유지한다. 오구나는 땅속에서 피리를 분다. 그 소리가 반 년 동안이나 계속되었지만, 마침내 오구나는 죽어서 불새가 되어 은하수로 날아간다. 이로부터 몇 년 뒤 하지베(土師部)들이 토우를 만들어 산 사람 대신 무덤 주위에 묻게 됨으로써 순장 풍습이 폐지된다. 그것은 결국 대타자 불새의 명령에 의한 것이었다.

징벌로서의 불사

이처럼 불사의 욕망을 제어하는 대타자 불새는 동시에 불사로써 인간에게 징벌을 내리는 대타자이기도 하다. 빔 벤더스 감독의 영화 〈베를린 천사의 시〉(원제는 '욕망의 날개')가 천사의 '영원한 생명'을 징벌로서 묘사하듯이 가와지리 요시아키(川尻善昭) 감독의 애니메이션 〈불새 우주 편〉(1987)은 다음과 같은 서사를 통해 불사가 하나의 징벌임을 시사한다.

때는 2557년의 미래. 주인공 마키무라는 어느 혹성에 파견되어 광석 채굴과 분석을 하던 중 불새를 목격하고 그 뒤를 따라 암벽 위로 올라갔다가 추락한다. 그러나 불새가 뿌린 빛 가루 덕분에 죽지 않고 살아나 불사의 몸이 되었다. 이후 그의 몸의 성장 속도가 느려지다가 점차 시간을 거꾸로 거슬러 올라가 젊어지기 시작한다. 그러던 중 동료에게 살해당해 캡슐에 넣어져 우주로 방출되었는데, 불새가 캡슐을 열자 그 안에서 태아 상태의 마키무라가 나타난다.

주인공 마키무라는 과거에 한 외계 종족을 몰살시킨 죄로 인해 불새의 저주를 받는다. 그는 시간을 거슬러 아기가 되었다가 다시 성장하여 노인이 되기를 되풀이하게 된다. 그는 이렇게 불멸의 존재가 되었지만, 스스로 죽음을 선택할 수도 없고 그저 유화(幼化)와 노화를 끝없이 반복하며 우주를 떠돌 뿐이다. 이와 함께 또 한 명의 주인공 사루타도 불새의 빛 가루를 받아 젊어지는 벌을 받는다. 그는 성장했다가 젊어지는 것을 영원히 반복한다. 사루타의 코가 흉측해진 것도 불새가 내린 징벌이다. 불새는 사루타에게 "당신의 얼굴은 영원히 추악한 얼굴이 되어 거기에 각인된 죄가 자자손손 이어질 것입니다. 당신의 자손들은 영원히 우주를 헤매면서 아무런 대가도 없는 여행을 계속하는 숙명에 빠질 것입니다"라고 말한다.

TV시리즈 〈부활 편〉도 이와 유사한 모티브를 재현하고 있다. 주인공 소년 레오나는 실험 중에 사고로 사망하지만 과학의 힘으로 부활한다. 하지만 그에게 주입된 인공지능이 오류를 일으켜 그는 생명체를 무기질로 인식하거나 또는 역으로 로봇을 생명체로 인식하기도 한다. 즉 인간을 인간으로 인식하지 못하고 오히려 로봇을 인간으로 인식하는 것이다. 이리하여 그는 꿈을 꾸었다는 이유로 폐기된 구형 로봇 치히로를 인간으로 인식하여 사랑에 빠진다. 그러면서 점차 그는 인간이면서 로봇의 마음을 가지게 된다(〈부활 편 1〉). 이후 로봇 치히로는 레오나의 잃어버린 기억을 되찾게 하기 위해 자신을 희생한다. 그러자 이에 강한 자책감을 느낀 레오나는 "영원히 계속 산다는 것은 징벌이다. 나도 로봇이 되고 싶다"(《부활 편 2》)고 말한다. 스스로 로봇이 되어 불사라는 징벌을 받겠다는 것이다.

이처럼 불사가 하나의 징벌이라면, 죽음은 하나의 선물이 될 수 있다. 생명력이 사라진 35세기 먼 미래의 지구를 배경으로 하는 〈미래 편〉은 바로 이런 '선물로서의 죽음'을 중심 모티브로 보여준다. 인간은 거대한 인공지능이 관리하는 지하 거대도시들 속에서 퇴행적인 문화를 향유하며 산다. 각 도시를 지배하는 인공지능 사이에 충돌이 일어나고 결국 모든 지하 도시가 핵전쟁으로 인해 파괴되고 인류는 멸망한다. 주인공 마사토는 사루타라는 은둔 과학자의 연구소로 피난하지만, 곧 연구소도 충격파로 파괴되고 방사능 때문에 더 이상 생존이 불가능해진다. 하지만 불새로 인해 불사의 생명을 얻은 마사토는 생명이 사라진 지구에서 무로부터 다시 시작하여 또 다른 문명을 만들라는 책무를 받게 된다. 영원한 삶을 가지게 된 마사토는 거의 미쳐간다. 그는 무의 바다에 유기체를 뿌린 후 생명의 진화를 지켜본다. 결말부에서 마사토는 30억 년이 지난 후 새로 태어난 인류를 보지만, 그들은 과거의 인류와 다를 바가 없다. 실망한 마사토는 자신이 원했던 건 새로운 인간이라고 외친다. 마사토는 결국 불새의 도움으로 우주 생명과 하나가 되어 사라지지만, 신생 인류는 과거의 인류가 범한 오류를 되풀이할 것임을 암시하며 이야기는 끝난다. 여기서 주목할 것은 불새가 마사토에게 죽음을 선물로 준다는 모티브이다.

불사의 욕망이 하나의 징벌이고 죽음은 그 징벌로부터 벗어나게 해주는 하나의 선물이라고 한다면, 생명이란 무엇일까? TV시리즈 〈미래 편〉은 이 물음에 대한 답변의 실마리를 던져준다. 3403년의 황폐한 지구를 배경으로 전개되는 이 에피소드에서 인류는 지하 도시 야마토를 거점으로 하여 생명을 존속해나간다. 그곳의 과학자 사루타 박사는 새로운 생명을 창조하고자 실험을 계속한다. 그러나 모두 불완전하고 미완성의 작품뿐이다. 그중에는 물로 가득 찬 캡슐 안의 소년이 있다. 소년은 바깥세상에 관한 책을 읽고 세상을 동경하여 캡슐에서 나가게 해달라고 간청한다. 그러나 박사는 "세상은 네가 책에서 읽은 것과는 다르다. 그렇게 멋진 곳이 아니야. 푸른 하늘과 초록빛 초원, 그런 것은 이젠 책 속에만 있어. 너의 상상 속에서만 존재할 뿐이야"라고 말한다. 캡슐 바깥으로 나오면 소년은 죽고 말 것이다. 하지만 소년은 "왜 나는 세계를 아름답다고 여기는 마음을 가지고 있는가?"라고 묻는다. 그는 어찌 되든 한순간만이라도 세상을 느끼고 싶어 한다. 이런 소년의 간절한 소원을 물리칠 수 없었던 박사는 결국 소년을 캡슐에서 꺼낸다. 그러나 나오자마자 소년은 곧바로 녹아서 없어진다. 절망하는 박사 앞에 불새가 나타난다(〈미래 편 1〉). 이 에피소드는 죽을 수밖에 없는 운명에도 불구하고 아름다움을 느낄 줄 아는 것이야말로 생명의 본질임을 시사한다.

여기서 더 나아가 TV시리즈 〈미래 편〉은 소년 마사토와 무피 소녀 다마미의 이야기를 통해 생명과 영원성을 결부시킨다. 무피는 50년 전 혹성 탐사 때 12호별에서 가져온 생명체인데, 어떤 가혹한 자연환경 속에서도 생존할 수 있는 강한 생명력의 소유자이다. 이뿐만 아니라 무피는 인간에게 꿈과 환상을 떠올리게 하는 능력도 가지고 있다. 어떤 형태로도 변형이 가능한 무정형 생명체인 무피는 그러나 인간에게 해로운 해충 같은 존재로 판명되어 박멸되고 만다. 사루타 박사는 이런 무피의 생명력을 연구해서 가혹한 환경에 적응 가능한 새로운 생명체를 창조하고자 한다(〈미래 편 1〉).

마지막 장면에서 무피 소녀 다마미는 "끝나지 않는 것이 생명이야. 그러니까 생명은 처음부터 영원이란다"라고 말한다(〈미래 편 2〉).

〈불새〉 속의 모성 원리와 아마에

〈불새〉에서 불사, 죽음, 생명은 '어머니'라는 메타포와 밀접하게 결부되어 있다. "깊이 상처 받은 영혼들은 엄마를 찾고 있어요." 이것은 TV시리즈 〈불새〉의 주제가에 나오는 가사이다. 어머니라는 메타포는 인류 보편의 사랑을 전해주는 뿌리 깊은 유산이지만, 모성 원리와 아마에의 강력한 지배하에 있는 일본의 경우 그것은 더 특별한 의미를 가질 수 있다. 데즈카가 총감독을 맡은 스기야마 다쿠(杉山卓) 감독의 극장판 애니메이션 〈불새 2772: 사랑의 코스모스 존〉(1980)은 독특한 방식으로 모성성과 아마에를 표현하고 있다.

영화는 캡슐 속에 있는 태아의 모습과 로봇이 아기에게 젖을 먹이는 장면으로 시작한다. 아기는 온갖 기계와 함께 커나간다. 로봇 오르가가 요리도 해주고 같이 놀아주는 등 무엇이든 다 해준다. 엄마가 따로 필요 없다. 오르가가 엄마 역할을 다 해주기 때문이다. 하지만 오르가는 꿈을 이해하지 못한다. 청년이 된 주인공 고도는 오르가를 소중한 친구이자 가족으로 여긴다. 오르가는 이런 고도의 마음을 얻기 위해 인간의 감정이 무엇인지를 이해하고자 노력하지만 뜻대로 잘 되지 않는다. 우주 비행사가 되기 위해 훈련을 받던 고도는 상관의 약혼녀 레나와 로맨스에 빠지게 된다. 이에 오르가는 질투심에 사로잡힌 듯한 행동을 보인다. 마침내 인간의 감정을 느낀 것이다. 우여곡절 끝에 결국 레나는 약혼자와 결혼하고 고도는 죽어가는 지구를 구하기 위해 불새 2772라 불리는 우주의 괴조를 포획하고자 사루타 박사 및 오르가와 함께 우주여행을 떠난다. 수차례의 위기 속에서 고도를 구해준 오르가는 마침내 불새와 맞서다 죽고 만다. 그때야 비로소 자신이 오르가를 사랑한다는 사실을 깨달은 고도는 오르가를 살려내기 위해 안간힘을 쓴다. 그 사랑의 에너지로 인해 고도의 우주선을 파괴하지 못하는 불새가 고도 앞에 나타나 마음의 힘, 사랑의 힘에 관해 말한다.

불새: "난 당신이 무섭고 부러워요. 당신은 제일 강한 무기를 가지고 있으니까요. 그래서 당신에게는 도저히 이길 수 없어요. 당신 마음속엔 저의 어떤 힘보다도 강한 무기가 있어요. 그것이 당신을 지켜주고 있습니다. 그것은 제가 가지고 싶어 오랫동안 찾고 있던 것입니다. 저의 패배입니다. 당신의 바람을 뭐든지 들어드리겠어요. 그 대신 제게 당신이 가지고 있는 그것을 아주 조금만 나누어주지 않겠습니까?"
고도: "난 그런 무기 같은 거 하나도 갖고 있지 않아."
불새: "아니에요. 당신의 무기는 우주의 그 어떤 파괴력보다도 강합니다. 그건 별의 운명을 바꿀 수 있을 정도의 힘을 가지고 있습니다."
고도: "난 무슨 말인지 모르겠어. 하지만 이젠 더 이상 너에 대해 흥미도 미련도 없어. 난 이 여자를 되살려야만 해. 내 손으로. 그렇지 않으면 난 살아갈 의미가 없어. 오르가를 되살려줘. 그럼 내 목숨이든 무기든 다 주겠어."
불새: "전 수리는 못해요. 그 대신 생명을 불어넣어줄 수는 있습니다."

이리하여 오르가가 되살아난다. 고도에게 오르가는 자신의 목숨보다도 더 소중한 존재이다. 불새가 "가지고 싶어 오랫동안 찾고 있던 것"은 바로 사랑, 그것 없이는 "살아갈 의미가 없는" 그런 사랑이다. 고도에게 지금 가장 중요한 것은 오르가에 대한 사랑이다. 사랑이 오르가를 되살린 것이다. 그리하여 고도는 오르가에게 다음과 같이 사랑을 고백한다.

> 고도: "오르가, 난 너 없이는 못살아. 네가 키워줄 때부터 네가 좋았어. 지금까지 다른 여자나 쓸데없는 일로 시간만 허비했어. 난 바보였어."
> 오르가: "전 로봇이에요. 당신은 인간이고 주인이에요."
> 고도: "로봇이건 인간이건 그게 무슨 상관이야. 사랑해. 우주의 그 무엇보다도 강하게 널 사랑해."
> 오르가: "그게 바로 제가 원했던 것이에요."

이것은 얼핏 로봇과의 사랑 이야기처럼 보이지만, 실은 '아마에'의 이야기이다. 어머니에 대한 의존 감정이 너무나 강한 나머지 어머니 없이는 살 수 없는 아이의 이야기인 것이다. 고도는 어머니와 다름없는 오르가에게 사랑을 고백한다. 그런데 되살아난 오르가 안에는 불새가 들어가 있다. 고도는 그런 오르가에게 이미 멸망한 지구를 재생시켜달라고 부탁한다.

> 오르가: "당신만은 살아남을 거예요. 불새의 피를 마시면 당신은 불사신이 될 거예요. 당신이 원하기만 하면 바로 불새가 나타나 당신에게 피를 줄 거예요. 그럼 세계가 멸망한다 해도 당신은 죽지 않아요."
> 고도: "불새가 네 몸에 들어가 있는 거구나. 그렇구나. 내가 원하는 건 딱 하나, 지구의 인간들과 생명들을 살리고 싶어. 지

구를 원래대로 되돌리고 싶어. 그 대신 난 죽어도 좋아."

오르가: "당신의 소원대로 해주면 당신은 지구 대신에 죽고 말 거예요."

고도: "후회는 하지 않을 거야. 내겐 그 소원밖에 없어. 불새에게 그렇게 전해줘."

오르가: "불새는 당신의 소원을 이루어줄 거예요. 하지만 이별이에요, 멋진 고도!"

오르가(불새)는 고도에게 불사를 주겠다고 하지만, 고도는 자신이 죽는 한이 있더라도 지구를 원래대로 되돌려 달라고 청한다. 그 결과 지구는 다시 살아나고, 그 대신 고도는 죽고 만다. 영화의 마지막 장면은 해변가에 누워 있는 고도와 오르가의 모습을 비춘다. 이윽고 오르가의 몸에서 불새가 빠져 나오더니, 이어서 고도가 사라지고 그 자리에 아기가 나타난다. 그러자 오르가가 젊은 인간 여성의 모습으로 일어나 아기를 품에 안는다. 이로써 〈불새 2772〉는 불사의 이야기가 아닌 아마에의 이야기임이 드러난다. 『파우스트』는 "영원히 여성적인 것이 우리를 구원한다"고 했지만, 이 작품에서 그것은 "영원히 모성적인 것이 우리를 구원한다"는 말로 대체되어야 마땅할 것이다.

III. 트랜스휴머니즘과 죽음의 주체: 오시이 마모루

1951년 도쿄 태생의 오시이 마모루(押井守)는 일본 국내에서보다 서구 세계에 더 많이 알려져 있는 감독으로 '일본 애니메이션에 새로운 방향을 제시한 개척자', '애니메이션의 철학자' 혹은 '일본 애니메이션이라는 종교의 창시자'라고 평가받는다. 실제로 다음 〈표 4〉의 주요 작품 속에서 신화와 종교(불교, 신도, 기독교)적 요소를 풍부하게 보여주는 그는 일본의 다른 애니메이션 감독들과 달리 종교적 모티브를 "훨씬 더 의미 있는 방식으로 활용"(Ruh, 2004: 52)하는 데 능숙하다. 나아가 동시대의 미야자키 하야오나 안노 히데아키와는 달리 아웃사이더의 자리를 즐기는 듯이 보이는 그는 현실과 허구 사이의 경계를 애매하게 만들면서 철학적, 심리학적으로 짜깁기된 서사의 창출에도 뛰어난 재능을 보여준다. 거기에는 자유를 표상하는 물고기나 새와 같은 동물이 많이 등장한다. 특히 개는 감독 자신을 표상하는 캐릭터라 할 수 있다.

곤 사토시와 마찬가지로 현실보다 꿈의 세계를 더 선호하는 그의 특징은 〈시끌별 녀석들 2: 뷰티풀 드리머〉에서부터 보이기 시작한다. 꿈과 현실의 경계 불확정성을 잘 보여주는 이 작품은 꿈꾸는 자들이 자신들이 꿈꾼다는 사실을 인지하지 못하는 그런 세계를 묘사하고 있다. 꿈의 세계를 선호한다는 것은 일면 자기만의 성에 갇혀 사는 자폐성의 승인을 의미한다. 이 점을 가장 잘 보여주는 전형적인 작품이 〈천사의 알〉이다. "당신은 누구?"라는 물음을 되풀이하는 소녀는 세상과 격리된 폐허의 방주 안에서 커다란 알을 품고 있다. 방주 안은 다양한 형태의 물병들로 가득 차 있고, 근처 마을에서는 사람들이 손에 창을 들고 허공을 날아다니는 거대한 그림자 물고기를 잡고자 헛된 시도를 반복한다. 거리에 거대한 전차가 지나가더니 이윽고 커다란 무기를 가진 무표정한 청년이 소녀에게 다가선다. 소녀는 청년에게 알을 깨뜨리지 말아달라고 부탁한다. 하지만 청년은 소녀가 잠든 사이에 알을 파괴한다. 눈을 뜬 소녀는 절규하면서 방주를 뛰쳐나와 미친 듯이 달려가더니 물속에 몸을 던진다. 그런데 물속에서 소녀는 성장한 자신의 환상을 본다.

〈표 4〉 오시이 마모루의 주요 작품

작품	개요
시끌별 녀석들 시리즈 (1981-1986/TV)	다카하시 루미코의 만화를 원작으로 만든 SF 로맨틱 코미디. 제목은 시끄러운 외계인을 뜻한다. 여자 쫓아다니기를 좋아하는 고교생 아타루와 일본의 요괴처럼 생긴 외계인 소녀 럼을 주인공으로 하는 218개의 에피소드로 이루어져 있다.
시끌별 녀석들: Only You(1983/film)	마을 사람들이 아타루의 결혼식에 초대받았을 때, 그들은 그의 외계인 약혼녀 럼이 신부가 아닌 것을 알고 놀란다. 아타루는 어릴 때 장난치다가 한 소녀(럼)의 그림자를 밟았는데, 외계인인 그녀가 살던 별에서는 다른 사람의 그림자를 밟는다는 것은 곧 결혼 프로포즈를 의미한다. 그래서 럼과 억지로 약혼할 수밖에 없었지만, 아타루는 그녀와의 결혼을 원치 않는다. 이로 인해 여러 소동이 일어난다.
시끌별 녀석들 2: 뷰티풀 드리머 (1984/film)	쾌활한 외계소녀 럼은 약혼자 아타루 및 친구들과 지구에서 살고 있다. 학교 축제 전날 밤, 세상이 변하기 시작하고 모든 것이 반복된다. 점차 필요한 모든 기능들이 정지되며 사람들이 사라지고 거리가 황폐해지고 럼과 친구들만 빼고 건물들이 무너져 내린다. 이들이 진실을 캐기 시작할 때 그것이 세상을 바꾸는 누군가의 꿈임을 알게 된다.
달로스 (1983-1984/OVA)	달 탐험가들이 지구 연방정부에 저항하는 게릴라전을 묘사한 SF.
천사의 알 (1985/OVA)	오시이와 일러스트레이터 아마노 요시타카가 함께 만든 판타지 작품. 황폐한 도시를 배경으로 알을 품고 있는 한 소녀가 새를 찾아 여행하는 한 청년을 만나게 된다. 명확한 스토리는 없으며, 안드레이 타르코프스키의 영향을 받아 영상미가 뛰어난 작품. 지나치게 전위적이라서 이해하기 힘들지만 섬세한 예술적 감각이 두드러진다.
황혼 Q2: 미궁 물건 파일 538 (1987/OVA)	아파트에 살고 있는 한 중년 남자와 어린 소녀를 추적하는 사설탐정에 관한 기이한 이야기. 그는 곧 정체성 위기에 빠지게 된다.
기동전사 패트레이버 시리즈 (1988-1992/OVA) (1989, 1993/film)	'레이버'라 불리는 인간형 로봇 기계가 널리 사용되는 근미래의 도쿄를 배경으로 하는 경찰 액션 드라마. 레이버 및 컴퓨터 바이러스와 관련된 사이버 범죄를 다루는 '패트레이버'라는 도쿄 메트로폴리탄 경찰 보안국의 활약상이 그려진다.
케르베로스: 지옥의 파수견 (1991/film)	실사영화. 증가하는 범죄에 대처하여 일본 정부는 케르베로스라는 팀을 조직하지만 결국 해체를 명받는다. 하지만 케르베로스는 이 명령을 거부하고 정부는 이들을 진압한다. 케르베로스의 이전 멤버 이누이가 감옥에서 풀려나고 모반의 지도자 도도메를 살해하기 위해 타이완으로 떠난다.
공각기동대 (1995/film)	컴퓨터 그래픽과 디지털 테크놀로지를 최대한 활용한 고도의 SF 사이버펑크 액션물로 네트워크 사회와 사이버공간에서의 자기 아이덴티티의 문제를 다룬 작품. 2029년의 미래를 배경으로 특수 경찰 조직에 소속된 여성 사이보그 구사나기가 '인형사'라 불리는 해커의 사이버 범죄를 담당하게 된다.

인랑 (2000/film)	반(反)테러 경찰 조직의 멤버인 후세가 테러리스트 소녀에 대한 미숙한 대처로 인해 정직당한다. 후세는 그 소녀에 대한 정보를 찾아다니던 중 그녀의 동생을 만나 친해진다. 둘은 경찰 업무와 '인랑'이라 불리는 테러 대책반 사이에서 대립 관계에 빠지게 된다.
아발론 (2000/film)	애니메이션풍의 실사영화. 가까운 미래에 '아발론'이라 불리는 가상현실 게임의 스타 플레이어인 애쉬라는 여성이 '스페셜 A' 또는 '클래스 리얼'이라 불리는 게임 세계의 비밀스런 영역에 도전한다. 광적인 게이머들은 성배를 찾아다니는 기사들에 비유된다.
이노센스 (2004/film)	〈공각기동대〉 속편. 사람들이 사이보그 및 로봇과 함께 살아가는 2032년의 미래를 배경으로 하는 특수 경찰 조직의 사이보그 형사인 바토와 도구사의 이야기. 이들은 '가이노이드'라 불리는 소녀형 애완 로봇에 의해 야기된 살인 사건을 조사한다. 몸과 영혼, 삶과 죽음, 인간중심주의 너머의 사랑 등 근원적인 주제를 미학적으로 다루고 있다.
스카이 크롤러 (2008/film)	전투가 일종의 쇼가 되어버린 미래 세계를 무대로 어른이 되지 않는 아이들(킬드레)의 삶을 묘사하는 이야기. 어린 시절이 소거되고 성장하지 않는 킬드레는 유전자 조작으로 태어난 복제 인간으로, 대리전쟁을 위한 부품 혹은 도구일 뿐이며 전사하지 않는 한 죽지 않는 존재로 설정되어 있다.
닐스의 신기한 여행 (2015/film)	노벨문학상 수상작인 셀마 라게를뢰프의 원작 『닐스의 모험』을 모델로 만든 작품.

둘은 서로 입술을 맞춘다. 물속에서 나온 비행선 한쪽에는 소녀의 모습이 조각되어 있다. 조각상이 된 소녀를 태운 이 비행선은 태양을 상징한다. 청년이 태양과 대치하는 장면으로 영화는 막을 내린다. 난해하기 그지없는 이 작품의 주제는 물과 알로 표상되는 카오스, 불확실한 자기 정체성, 거울단계의 동일시, 나르시시즘, 그림자 등과 관련성이 있어 보인다. 하지만 이 작품의 진정한 주제는 모든 주체성을 거부하는 자폐의 세계에 있는 것일지도 모른다.

〈황혼 Q2: 미궁 물건 파일 538〉도 그렇다. 폐허 속의 아파트 방을 무대로 남녀의 만남과 동거가 묘사되고 있지만, 기묘하게도 남자는 중년이고 여자는 어린 아기이다. 사회와 단절되어 생활하는 이들은 기이한 힘을 가지고 있다. 여자애가 하늘을 통과하는 비행기를 보면서 '물고기'라고 부르자 그 비행기가 거대한 잉어로 변신한다. 또한 남자가 방에서 잉어 배를 갈라 요리를 시작하자 상공의 여객기가 잉어로 변신하여 배가 갈라진다. 명칭을 부른다든지 요리를 하면 그것이 바깥세상에서 구체화되는 것이다. 이 작품에 대해 "신이 여자애와 중년 남자의 모습을 빌려 세계에 관여하는 모습을 그린 것"(橫田正夫, 2006: 222)이라는 해석도 있지만, 주체와 객체의 경계가 불확실하다는 점에서 이 또한 반(反)주체의 주제가 내포되어 있는 것으로 볼 수도 있겠다. 그것은 결여를 본질로 하는 라캉의 욕망하는 주체와 닮았다. 그 욕망의 주체는 꿈과 현실의 경계 불확정성을 사는 주체이면서 동시에 주체가 아닌 것이다.

후에 오시이는 이런 경계 불확정성의 주제를 확장시켜 우리 일상적 현실을 개조하는 데에 테크놀로지가 어떤 역할을 하는지에 관심을 기울이게 된다. 가령 〈공각기동대(攻殼機動隊)〉에서는 한 등장인물의 뇌가 해킹당하면서 그가 실제로 경험하지 않은 인생의 기억이 주입된다. 여기서 테크놀로지는 현실과 현실 아닌 것의 경계를 희미하게 만든다. 이와 마찬가지로 〈아발론〉의 마지막 장면에서 주인공 애쉬는 컴퓨터가 만들어낸 '클래스 리얼'의 천연색 현실과 그녀가 지금까지 알고 있던 단색의 현실 중 어느 하나를 선택해야만 하는 기로에 선다. 그러나 양자의 차이를 드러내기보다는 꿈이 현실을 형성하는 데에 어떻게 기여하는가를 보여주는 데에 더 관심이 있는 오시이는 이렇게 말한다. "나는 꿈과 현실을 구별한 적이 없다. ⋯ 나는 개들이 사는 방식이 그렇다고 생각한다. 개는 자신이 누구인지 조금도 신경 쓰지 않는다."(Horn, 2001: 15) 이리하여 오시이는 〈아발론〉의 에필로그에 나오는 머피의 입을 빌려 다음과 같이 경험적 현실과 꿈의 세계 사이의 경계를 해체시킨다.

현실이란 우리를 사로잡고 있는 강박관념일 뿐이다. ⋯ 애쉬,

겉에 보이는 것들이 당신을 혼란스럽게 만들지 못하게 하라.
이곳이야말로 당신이 속한 세계이다.

현실감각이 강박관념에 불과하다고 말하는 이 구절은 환상과 현실, 가상과 실제, 꿈과 사실이 분리 불가능하며 두 세계는 상호 침투적이라는 점을 잘 보여준다. 현실의 차원은 실로 복합적이다. 오시이 작품에서 이와 같은 경계적 상상력은 인형과 영혼의 기이한 모자이크를 보여주는 〈이노센스(イノセンス)〉에서 정점에 이른다. 그렇다면 경계적 상상력이 지시하는 주체는 어떤 것일까? 오시이 감독의 대표작이라 할 만한 〈공각기동대〉와 〈이노센스〉에서 주체의 문제는 매우 중요한 부분을 차지한다. 거기서는 고도의 테크놀로지가 낳은 사이보그적 주체 혹은 안드로이드(인간형 로봇)적 주체의 문제가 인간 혹은 인형의 주체와 대비되면서 제기되고 있다. 다시 말해 그것들은 사이보그나 안드로이드와 인간의 경계가 무엇인지, 또는 그 경계가 과연 존재하는지를 묻고 있는 것이다. 이런 맥락에서 다음에는 특히 〈공각기동대〉와 〈이노센스〉에 대해 테크놀로지와 죽음의 문제를 묻는 '트랜스휴머니즘(transhumanism)' 및 '테크노-애니미즘(techno-animism)'의 관점에서 조명해보고자 한다.

트랜스휴머니즘의 특징

'휴머니티플러스(H+)'(전신은 세계트랜스휴머니스트협회)는 트랜스휴머니즘을 "생명의 증진을 위한 원리와 가치에 입각하여 과학과 테크놀로지를 통해 현재의 인간 형식과 한계를 넘어서서 지적 삶의 진화를 유지하고 촉진시키고자 하는 일군의 삶의 철학"[4]으로 규정한다. 이 정의가 말해주듯이 트랜스휴머니즘은 인간 향상(human enhancement)을 위한 창발적인 테크놀로지를 옹호한다는 공통분모에 입각하고 있다. 그러면서도 문화적·지적 운동으로서의 트랜스휴머니즘은 다양한 흐름을 보여준다.

가령 인류와 테크놀로지 발전의 미래에 대해 낙관적인 입장에서 인간 진화와 발전의 총체적인 업그레이드를 지향하면서 실용적 접근을 강조하는 입장이 있는가 하면, 테크놀로지적 특이점(technological singularity), 즉 초지성을 가진 기계가 가까운 미래에 만들어질 것이며, 그것이 인류에게 혜택을 줄 것이라고 확신하는 입장도 있다. 또한 약물과 유전자공학의 진화를 통해 인간 심리 상태가 향상될 거라고 주장하면서 고통, 걱정, 스트레스 등의 부정적인 인간 경험이 궁극적으로 없어질 것으로 보는 관점도 있다. 나아가 인간을 특정 도시나 국가가 아닌 세계시민으로 간주하면서 내셔널리즘적, 지리적, 애국주의적 충성 대신 하나의 종으로서의 인간과 그 전체적인 통합성을 강조하는 한편 그런 인간 종족의 진화를 위해 테크놀로지를 활용해야 한다고 주장하는 관점도 있다. 이에 비해 가장 일반적인 유형의 트랜스휴머니즘으로는 인간 조건을 업그레이드함으로써 죽음이 정복될 것이라고 보는 등 노화와 죽음의 문제에 초점을 맞추는 입장을 들 수 있다. 어떤 경우든 인간과 기계의 경계를 넘어서는 테크놀로지의 가능성에 대해 긍정적이고 희망적인 태도를 보인다는 점은 공통적이다. 일본 문화는 대체로 이상과 같은 여러 관점을 공유하면서도 테크놀로지와 애니미즘이 결합된 '테크노-애니미즘'의 특징을 보여준다.

4 '휴머니티플러스' 홈페이지(http://humanityplus.org) 참조.

테크노-애니미즘과 일본의 서브컬처

일본을 "테크노-애니미즘의 고향"이라고 말하는 문화인류학자 앤 앨리슨은 『세기의 괴물들』에서 각종 장난감과 소프트 상품들에 대한 고찰을 통해 일본적 테크노-애니미즘의 특징을 제시하면서 일본인과 일본 문화에 깊이 스며들어 있는 '애니미즘적 무의식'에 주목한다. 그런 애니미즘적 무의식으로 인해 일본 문화에는 첨단 테크놀로지와 스피리추얼한 것들이 쉽사리 뒤섞여 함께 공존하는 경향을 지니게 되었다는 것이다. 앨리슨은 이와 같은 애니미즘적 감각을 인간과 인간 아닌 것의 경계 혹은 자연과 테크놀로지의 경계를 분명하게 구획 짓지 않는 일본의 민속 전통, 신도, 불교적 관념과 연관시켜 이해한다. 이때 앨리슨은 전후 일본의 대중문화에 지속적으로 나타나는 테크노-애니미즘의 출발점으로 데즈카 오사무의 만화 『철완 아톰』(1963)을 들고 있다. 이 작품은 인간과 비슷한 마음이나 영혼을 가지고 있는 로봇 소년을 상정하고 있는데, 일본 대중문화는 "모든 것에 영혼이 깃들어 있고, 바위에서 개미에 이르기까지 전체 우주 만물에 스피리추얼리티가 스며들어 있다"는 일본의 애니미즘적 종교 전통에 의해 고취되었다는 것이다.

요컨대 테크노-애니미즘은 근본적으로 일본이라는 몸에 딱 맞는 옷 같은 것이라는 말이다. 이때 앨리슨은 테크노-애니미즘을 "상품 소비주의의 물질적 실천 안에 깊이 스며들어 있는 하나의 스타일로서, 현대 테크놀로지와 상품에 영혼과 생명을 부여하고 뉴에이적 관행을 통해 문화적 전통을 되살리는 것"이라고 규정한다. 1990년대 이후 일본 애니메이션이나 게임 관련 캐릭터 상품들이 세계 각국으로 많이 수출되었다. 가령 파워레인저, 도라에몽, 울트라맨, 드래곤볼, 세일러문, 마징가Z, 건담, 다마고치, 포켓몬스터,

헬로우 키티 등을 비롯한 각종 캐릭터 상품, 특히 로봇이나 사이보그 캐릭터를 조형화한 피규어 상품 등을 들 수 있다. 앨리슨은 이런 상품들에 대해 발터 벤야민(Walter Benjamin)의 개념을 빌려 '마법의 상품(enchanted commodities)'이라고 명명한다. 그녀는 '포켓몬스터'나 '세일러문' 같은 장난감 캐릭터들은 마치 생명이 부여되어 살아 있는(animated) 것 같은 명확한 속성을 공유한다고 주장한다. 일본인들은 장난감 피규어들에게 생명과 행위 주체로서의 속성을 불어넣거나, 로봇과 동물들을 인간과 비인간의 경계가 해체된 그런 세계 안에 함께 위치시키기를 좋아한다는 것이다(Allison, 2006: 16, 21, 63).

한편 종교와 미디어의 관계에 천착해온 스테프 어퍼스는 「기계의 복수: 근대성, 디지털 테크놀로지, 애니미즘에 관하여」라는 글에서 테크노-애니미즘에 대한 사회학적 분석을 시도한다. 앨리슨이 '마법의 상품'을 테크노-애니미즘의 일본적 구현물로 이해한 것에 비해, 어퍼스는 막스 베버가 말한 탈마법화(disenchantment)를 뒤집은 재마법화(re-enchantment)의 관점에서 테크노-애니미즘과 트랜스휴머니즘의 관계 일반을 언급하고 있다. 이때 어퍼스는 특히 인터넷 전문 저널 『와이어드(Wired)』에 주목한다. 이 저널의 기고자 중에는 스스로를 포스트모던 시대의 애니미즘주의자라고 여기면서 테크노-샤먼이나 테크노-마녀라고 자칭하는 이들이 적지 않기 때문이다. 어퍼스는 이런 컴퓨터 전문가들을 '테크노-애니미즘주의자'로 보면서, 그 사회학적 배경으로 재마법화의 과정을 추적하고 있다. 즉 근대 후기의 사람들은 스스로가 일종의 시뮬레이트된 인공적인 '마법의 정원'에 살고 있음을 알게 되었다. 이들에게 신비로 경험된 것은 자연이 아니라 인간이 만든 테크놀로지적 환경이었으며, 더 중요한 것은 테크놀로지의 영역 안에 테크노-애니미즘적인 관념과 정조가 존재한다는 사실이다. 이와 같은 고대 형식의 종교인 테크노-애니미즘의 출현은 합리화의 가속화 과정이 낳은 직접적이고도 예상치 못한 결과 혹은 '비합리적인' 부대 효과라 할 수 있다. 합리화의 과정이 종교의 소멸이 아닌 재마법화를 초래했다는, 다시 말해 테크놀로지의 발전이 한편으로 테크놀로지 자체의 신비화 혹은 마법화(주술화)를 수반했다는 것이다(Aupers, 2002: 200, 216-218).

그러니까 물질적 환경에 대한 애니미즘적 관점과 인공지능 및 인공 생명공학 분야의 테크놀로지 발전 사이에 유비적 관계가 존재한다는 것인데, 사실 이런 테크노-애니미즘은 앞서 앨리슨이 밝혔듯이 일본에서 매우 뚜렷한 형태로 확인된다.

〈공각기동대〉와 테크노-애니미즘

그렇다면 〈공각기동대〉에서 테크놀로지의 마법화, 테크놀로지와 스피리추얼리티의 결합, 인간과 기계의 경계 불확정성으로 요약되는 테크노-애니미즘의 특징을 찾아볼 수 있을까? 시로 마사무네(士郎正宗)의 원작 만화에 기초한 〈공각기동대〉는 리들리 스콧 감독의 〈블레이드 러너〉(1982)로부터 많은 영향을 받았으며, 워쇼스키(Wachowski) 자매의 〈매트릭스〉(1999)에 영향을 끼쳤다고 말해진다. 2017년 미국에서 리메이크판 실사영화가 제작·상영될 만큼 세계적인 명성을 획득한 이 작품의 줄거리는 다음과 같다.

> 영화의 배경은 "기업의 네트워크가 별[지구]을 덮고 전자와 빛이 도처에 횡행하지만, 국가와 민족이 사라져 없어질 정도로 정보화되어 있지는 않은 가까운 미래"인 2029년으로 설정되어

있다. 첫 장면에서 스크린상에 일련의 컴퓨터 프로그램 숫자들이 명멸하더니 이윽고 기계로 된 골격이 나타나고 머리 부분에 가지각색의 테크놀로지적 조직이 이식된다. 기계 골격은 점차 인간다운 형상을 띠기 시작하고 피부가 덮인 신체는 커다란 용기에 담긴 액체 속에서 태아의 자세를 취하고 있다. 주인공인 컴퓨터를 내장한 사이보그 구사나기는 이렇게 태어났다. 그녀는 내장 컴퓨터를 통해 세계의 모든 정보를 읽는다. 하지만 거기에는 해킹의 위험이 수반된다. 곧 인형사라 불리는 해커가 등장한다. 정부의 특수 기관인 공안 9과의 인형사에 대한 수사가 진행되고 공각기동대의 리더 구사나기는 언제부터인가 자신의 정체성에 대한 의혹을 품게 되면서 이 해커와 적극적으로 교신한다. 그리고 인형사의 제안에 응하여 그의 마음과 자신의 마음을 합체할 것을 선택한다. 마지막 장면에서 인형사와 융합한 구사나기는 눈 아래 펼쳐진 도시를 내려다보며 "네트워크는 광대해"라고 말한다.

신과의 합일을 추구하는 무녀 같은 존재인 사이보그 구사나기와 인형사의 융합은 테크놀로지의 마법화를 연상케 한다. 그때 인형사는 신에 비견될 만하다. 실제로 영화는 융합 직전에 인형사가 하늘로부터 빛과 함께 천사의 모습으로 강림하는 장면을 보여준다. 융합 후 구사나기의 얼굴과 음성을 그대로 가진 소녀 사이보그가 '네트워크는 광대해'라고 말하면서 또 다른 타자와의 끝없는 융합 가능성을 암시한다. 그것은 자타의 모든 경계가 사라진 스피리추얼리티의 융합을 의미한다.

〈공각기동대〉의 스피리추얼리티는 구체적으로 기독교의 옷과 신도(神道)의 몸을 입고 있다. 융합 이전에 인형사는 구사나기의 입을 빌려 "우리가 지금은 거울에 비추어 보듯이 희미하게 보지만, 그때에 가서는 얼굴을 맞대고 볼 것이다"(「고린도전서」 13장)라고 했다가, 융합 이후에는 "내가 어렸을 때는 말하는 것이 어린아이와 같고 깨닫는 것이 어린아이와 같고 생각하는 것이 어린아이와 같다가 장성한 사람이 되어서는 어린아이의 일을 버렸다"(「고린도전서」 13:11)고 말한다. 거기서는 거울과 어린아이, 그리고 얼굴과 어른이 각각 동일한 수준에서 말해지고 있다. 전자(거울과 어린아이)가 상상계의 수준이라면 후자(얼굴과 어른)는 상징계의 틈새를 가리키는 것, 즉 실재계의 수준을 상상케 한다.

어쨌든 융합을 전후하여 발해진 이 신약성서의 구절들은 〈공각기동대〉가 "기계시대의 복음서"(김준양, 2006: 439)임을 시사한다. 이 복음서의 내용은 실은 기독교보다는 애니미즘적 신도에 입각해 있다. 가령 구사나기와 인형사의 최종적인 융합은 일본 천황가의 조상신이자 태양의 여신 아마테라스가 거울에 비친 자신의 모습에 이끌려 동굴에서 나오는 아마노이와토 신도 신화의 장면을 상기시킨다. 인형사가 구사나기의 입을 빌려 말한 「고린도전서」 13장의 구절은 이를 암시한 것이다. 또한 〈공각기동대〉의 첫 장면에 흐르는 주제가는 고대가요와 신도의 기도문인 노리토(祝詞)에서 찾아낸 〈도카미에미타메〉라는 가사에 가와이 겐지(川井憲次)가 곡을 붙인 것이다. 하늘에서 아마테라스가 천강한다는 내용과 분위기는 신도 그 자체이다. 실제로 오시이는 '네트워크'가 신도의 팔백만신과 같다고 말한다. 팔백만신이란 존재하는 모든 것에 신적 영혼이 깃들어 있다는 애니미즘적 신을 가리키는 말이다. 오시이는 "만물에 신과 영혼이 존재하듯이 모든 곳에 자기 자신이 단말로서 존재하는 것, 그리고 호스트 컴퓨터 없이 전부가 직접 연결되어 있는 것이 네트워크"(押井守他, 1996: 70-71)라고 규정한다.

스피리추얼리티와 테크놀로지의 이와 같은 결합은 인간과 기계의 경계 불확정성이라는 관념에 토대를 두고 있다. 〈공각기동대〉에서 이런 관념은 사이보그적 정체성의 물음을 중심으로 전개된다. "어쩌면 나는 훨씬 이전에 죽었고 지금의 나는 전자두뇌와 기계신체로 구성된 모의 인격이 아닐까? 아니, 처음부터 나란 건 존재하지 않았던 게 아닐까?"라고 묻는 구사나기는 자신의 출생과 과거에 대해 전혀 무관심하면서도 사이보그로서의 자신의 정체성에 만족하지 못한다. 그녀는 자신이 과연 '고스트(영혼)'라 불릴 만한 것을 가지고 있는지 심각하게 고민한다. 오시이는 사회 속 개인의 정체성을 묻기보다는 테크놀로지가 진행되는 시대에 인간은 계속 영혼을 지닐 수 있을까라는 철학적, 종교적 물음을 던진다. 이런 의미에서 〈공각기동대〉는 실로 형이상학적인 작품이라 할 만하다.

구사나기는 사유가 아니라 사이보그로서의 몸을 통해 이런 고민을 한다. 이는 최초의 낙하 장면에서 매우 상징적으로 묘사된다. 거기서 구사나기의 몸은 상처 받기 쉬우면서도 강력하며, 객체인 동시에 주체라는 인상을 준다. 하지만 최후의 낙하에서는 몸에 구애 받지 않는 영원한 생명을 위해 자신의 몸을 버리기에 이른다. 이리하여 〈공각기동대〉는 오토모 가쓰히로의 〈아키라〉나 안노 히데아키의 〈신세기 에반게리온〉처럼 인간의 정체성이 가지는 신체적 제약을 탈피하려는 시도를 보여준다. 거기서 추구되는 새로운 정체성은 일본 전통 사회에서의 그것을 초월한다(네피어, 2005: 179-180, 191).

이 초월은 "신체라는 공간적 범주보다는 시간적 범주로서의 기억이 전통적인 영혼의 개념을 대신하여 인간의 결정적인 조건으로 간주된다"(김준양, 2006: 436)는 점을 시사한다. 이때의 기억은 신체의 직접적인 인터넷 접속에 의해 실시간으로 조작된다. 이미지의 공장으로서의 상상계에 속한 기억은 스캔될 수 있고 나아가 영혼의 해킹까지 가능한 것이다. 이리하여 인간과 기계의 경계를 말하는 것은 더 이상 아무런 의미가 없게 된다. 융합을 결심하려는 순간, '내가 나로 있을 수 있는 보장'을 묻는 구사나기에게 인형사는 "인간은 끝없이 변화하며, 네가 지금의 너 자신이려고 하는 집착이 너를 제약한다"고 대답한다. 이 뜻을 이해한 구사나기는 "나의 전자두뇌가 액세스할 수 있는 방대한 정보와 네트워크의 확장, 그 전부가 나의 일부이며 나라는 의식 그 자체를 낳으며, 그리고 동시에 나를 어떤 한계에 계속 제약시킨다"고 말하면서 주체와 객체, 자아와 타자의 견고한 이분법적 관계를 역동적이며 가역적인 관계로 대체하여 파악함으로써 '순수한 내면'이라는 근대적 환상으로부터 탈출하고자 한다. 이는 어제의 내가 오늘의 나와, 그리고 오늘의 내가 내일의 나와 동일하지 않다는, 즉 '순수한 나' 혹은 '진정한 나'란 존재하지 않는다는 라캉의 발상과 통하는 구석이 있다. 구사나기는 "네트워크 쪽이 자신의 영혼이 아닐까?"라는 물음을 던지며 인형사와의 융합을 통해 '나'의 무한한 확장을 모색했던 것이다. 인형사가 인간 세계에 망명을 요구하는 다음 장면은 이런 '나'의 무한한 확장이 가능한 근거를 시사한다.

> 인형사: "지각을 가진 생명 형식으로서 나는 정치적 망명을 요구한다."
> 과학자1: "농담하나?"
> 과학자2: "웃기는군! 넌 자기 보존을 위한 프로그램에 지나지 않아."
> 인형사: "하지만 DNA도 자기 보존을 위한 하나의 프로그램일 뿐이라고 말할 수 있다."

〈공각기동대〉에서 가장 많이 인용되는 위 대사는 인형사 같은 네트워크상의 기계도 인간들처럼 인간적일 수 있음을 암시한다. 인형사는 계속해서 자신이 인공지능(AI)이 아니라 "정보의 바다에서 태어난 생명체"라고 말한다. 그런데 구사나기가 인형사의 마음속으로 다이빙할 때 인형사는 자신을 이렇게 설명한다. "나는 스스로를 지적인 생명 양식이라고 지칭한다. 왜냐하면 나는 지각이 있으며 나 자신의 존재를 인식할 수 있기 때문이다. 하지만 현재의 내 상태에서 나는 아직 불완전하다. 나는 모든 살아 있는 유기체에 고유한 가장 근본적인 생명 과정, 즉 생식과 죽음을 결여하고 있기 때문이다." 인형사는 기계에게 결여된 생식과 죽음이라는 생명 과정을 구사나기와의 융합을 통해 이루고자 했고, 그럼으로써 '나'의 무한한 확장을 기도했던 것이다. 이런 설정은 기계가 인간과 그렇게 다르지 않다는 트랜스휴머니즘적 발상과 맞닿아 있다.

〈이노센스〉와 인형의 존재론

〈공각기동대〉의 속편으로 오시이 마모루가 직접 시나리오를 쓴 〈이노센스〉 또한 인간과 기계가 수렴하는 세계를 보여주고 있다. 하지만 〈이노센스〉에서는 사이보그의 기억이나 영혼 대신 인형의 몸이 부각되고 있다. 따라서 '인형의 존재론'을 창구 삼아 〈이노센스〉에서 트랜스휴머니즘의 욕망이 어떤 방식으로 표출되고 있는지에 관해 생각해볼 필요가 있다. 이 작품의 줄거리는 다음과 같다.

〈이노센스〉의 서사는 고도의 테크놀로지가 낳은 인형, 즉 인간형 로봇이 애완용으로 대량생산되고 소비되는 근미래의 풍경을 배경으로 펼쳐진다. 일본과 러시아 간의 전후 영토 분쟁

지역인 '에토로후'가 중심을 이루는 그 풍경은 도교적 분위기 및 고딕풍이 뒤섞인 극동 최대의 정보 집약형 도시와 인간이 제국적 기업의 자본 권력에 의해 관리되는 디스토피아적 세계를 재현하고 있다. 영화는 섹스용 여성 로봇 가이노이드가 남자 주인을 살해하고 자살을 시도하는 사건 장면부터 시작된다. 이 사건에 배후에는 '로쿠스 솔루스'라는 기업이 있다. '로쿠스 솔루스'는 인간에 더욱 가까운 로봇의 생산을 위해 조직 폭력단을 통해 유괴해온 어린이들을 희생시켜 그들의 '영혼'을 로봇에게 복사하는 '고스트 더빙'을 불법적으로 자행한다. 그러자 이에 반발한 회사 내의 출하검사 부장이 공권력의 주목을 끌어 어린이들을 구하고자 로봇의 세 번째 윤리 코드, 즉 '사람을 해치지 않는다는 조건하에서 로봇은 자신의 존재를 유지한다'는 조항을 조작하여 수많은 동종의 사건을 일으킨 것이다. 구사나기의 도움을 받아 이런 사실을 알아낸 사이보그 요원 바토가 고스트 더빙 장치를 찾아내어 사건을 해결한다.

〈공각기동대〉가 영혼의 흔적을 지닌 사이보그의 사례를 다루고 있다면, 〈이노센스〉에서는 사이보그와 달리 그 자신의 생명이 없고 아무런 정체성도 가지지 못하는 인형으로서의 인조인간(가이노이드)이 중심적인 주제가 된다. 이때 '순진무구'를 뜻하는 제목인 '이노센스'의 세계는 고도의 테크놀로지에 의해 인간의 전통적 조건들을 모두 상실해버렸으면서도 완벽한 인간처럼 보이는 인형이 전면에 배치됨으로써 인간과 기계, 진짜와 가짜, 자기와 타자의 구별이 사실상 무의미해진 세계를 가리킨다. 데카르트적 사유의 주체가 사라진 곳, 바로 그곳이 이노센스의 세계인 셈이다. 바로 이런 이노센스의 세계에서 오시이는 라캉과 만난다. 거기서는 "주체로서의 인간이라는 나르시스 신화가 구축해온 시공간이 전면적으로 해체된다."(김준양, 2006: 475) 오시이는 그 대신 인형의 주체성을 말하고 싶어 하는 것 같다.

부처, 공자, 밀턴, 제아미(世阿彌) 등 동서고금의 난해한 격언들과 심지어 다나 J. 해러웨이(Donna J. Haraway)의 「사이보그 선언(Manifesto for Cyborgs)」(1985)까지 줄줄이 인용하면서 인조인간에 대한 윤리적 문제를 묻고 있는 이 작품의 등장인물 해러웨이(다나 해러웨이와 동일한 이름) 검시관은 이렇게 묻는다. "인간은 왜 생식에 그처럼 사로잡혀 있는 건가?" 감독은 이 물음에 대해 "인간 안에는 몸이 없다"는 답변을 제시한다. 이 말은 인간이 몸을 하나의 총체로서 인식할 수 없음을 뜻한다. 오히려 인간에게 몸이란 오직 결여나 부재로서만 스스로를 드러낸다. 정신분석에서 몸은 상상계와 상징계 사이의 경계 혹은 실재계에 위치한다. 라캉이 말한 거울단계에서의 오인 구조를 상기해보라. 유아는 거울에 비친 자신의 몸을 '총체적인 것'으로 잘못 보면서 심리적으로 반응한다. 거기서 '나'라는 정신적 표상이 생겨난다. 향후 주체는 유아가 자기 이미지와 '나'라는 관념을 동일시하듯이 영속적으로 자기 자신의 이미지에 사로잡힌다. 하지만 그것은 실제가 아닌 거울 이미지일 뿐이다. 인간은 몸에 대한 이런 최초의 이미지를 통해 생애에 걸쳐 반복적으로 자신과 타자의 이미지를 동일시하게 된다. 인간이 인형을 통해 자기 자신을 재창조하는 데에 사로잡히는 이유가 여기에 있다.

이와 관련하여 도널드 킨은 일본의 전통적인 인형 예능 분라쿠(文樂)에 대한 글에서 "인간은 이미지와 자신을 동일시한다. … 하지만 자신의 외양을 모방하는 데에 만족하지 않고, 거기에다 생명을 부여하고자 애쓴다"(Keene, 1973: 13)고 말한다. 이와 마찬가지로 분라쿠 기법을 도입한 기타노 다케시(北野武) 감독의 영화 〈돌스〉(2002)에서는 주인공 마쓰모토와 사와코의 동작을 인형의 무생물적인 우아함으로 묘사하고 있다. 수전 손택은 인형의 무생물성을 이렇게 이해한다. "인형은 무기력하고 유치하며 상처받기 쉽다. 하지만 인형은 또한 그 작음과 세밀성과 우아함에서 주권적이고 오만해 보이기도 한다. … 인형의 이와 같은 무생물성은 영혼의 이상적인 상태를 표현하는 전제 조건이 된다."(Sontag, 2001: 133-135) 그러니까 인형은 전체성을 주장하지 않으면서도 인간보다 더 우아하고 완전해 보인다는 것이다.

나아가 롤랑 바르트는 분라쿠와 관련하여 일본 애니메이션과 중요한 유비를 보여주는 인형의 몸에 내재된 두 가지 측면에 관심을 표명한다. 하나는 인형의 무언성과 가볍고 부유하는 특성이고, 다른 하나는 이런 특성이 전달하는 자유와 깨지기 쉬움(덧없음)이라는 속성이다. 가령 그는 『기호의 제국』에서 분라쿠와 관련하여 수행성의 특징에 주목한다. 즉 분라쿠에서 인형은 세 명의 인형사에 의해 수행되며, 이와 별도로 모든 인형의 대사를 담당하는 사람이 한 명 있다. 바르트가 보기에 인형의 몸과 목소리 및 동작 사이의 이런 분리는 서구적 주체의 환상을 허물어뜨린다. 그러면서도 바르트는 목소리, 몸, 행위(의지)의 관점에서 분라쿠 인형이 궁극적으로 서구에 결여되어 있는 전체성을 획득한다고 보았다. "생명성과 무생명성이라는 근본적인 대립과 관련하여 분라쿠는 그런 대립성에 도전하여 그것을 제거해버린다"는 것이다. 그러니까 분라쿠 인형의 주체성은 분산되어 있으면서도 동시에 전체성을 지니고 있다는 말이다. 이는 서구적인 통합된 전체로서의 주체라는 관념과는 전혀 다른 것이다. 분라쿠에서는 인형의 몸과 목소리와 동작의 의지가 따로따로이다. 그것은 안과 밖, 몸과 영혼, 신과 인간, 자기와 타자를 구분하는 서구적 이분법과도 전혀 다른 것이다(Barthes, 1982:

58-62). 한마디로 바르트는 언어와 분리된 인형의 주체성이 서구적 주체성의 경계를 허문다고 보았다.

한편 손택은 "분라쿠에 특징적인 이중적 상태, 즉 과장성과 신중성, 연극적 실체의 현존과 부재"(Sontag, 2001: 134)를 언급하면서 인형을 생명과 죽음 사이에서 흔들리는 존재로 본다. 이에 비해 실제적인 것이든 상징적인 것이든 인형을 형이상학적인 어떤 것으로 볼 수도 있다. 또한 인형을 영혼의 이미지로 보는 이들은 "인형은 영혼과 같다"든가 "인형은 인간이다. 조작자는 신이다"(Bolton, 2002: 754)라고 말하기까지 한다. 이와 마찬가지로 오시이는 〈이노센스〉의 다음과 같은 대사를 통해 인간과 기계, 인간과 인형 간의 차이를 무화시킨다.

> 김: "이제 알겠어. 분명 살아 있는 것처럼 보이는 것이 정말 그런가 하는 의문. 또한 생명 없는 것이 실은 살아 있는 것이 아닌가 하는 의문."
> 도구사: "그게 인형이 우리를 사로잡는 이유이지. 인형의 모델은 인간이야."
> 김: "인형은 사실 인간과 다름없어. 인형은 우리에게 단순한 메커니즘과 물질로 환원되는 존재에 대한 공포, 다시 말해 모든 인간은 근본적으로 허무에 속한 것이 아닐까 하는 공포를 불러일으키는 거야."
> 바토: "생명의 비밀을 밝히려는 과학이 이런 공포를 가져다준 것이지. 자연이 예측 가능하다는 생각은 불가피하게 인간 또한 근원적으로 기계의 일부로 환원될 수 있다는 결론으로 이어져. 인간의 몸은 스스로의 태엽을 감는 기계지. 인간은 영구적인 운동을 나타내는 산 이미지야."

생명과 무생명, 인간과 인형, 인간과 기계를 등치시키면서 그렇기 때문에 "인간은 근본적으로 허무에 속한 것이 아닐까 하는 공포"를 상기시키는 이 명상적인 대화는 피그말리온 신화[5]와 많이 닮았다. 그것은 인간중심주의에 대한 강한 회의를 불러일으키면서 '허무로서의 인형'의 관점에서 인간을 재정의하려 한다. 전통적으로 영혼은 인간 정체성의 궁극적인 표지로 간주되어왔다. 거기서 영혼은 인간 개체의 핵심적인 특징을 구성하는 정신, 마음, 기억, 정체성의 복합체로 정의될 수 있다. 이런 영혼을 '꽉 찬 무거운 영혼'이라 불러보자. 하지만 이제 인간은 그런 꽉 찬 무거운 영혼이 없는 인형에 비유된다. 만일 인형 안에 어떤 영혼이 존재한다면, 그것은 일종의 프로그램이나 네트워크 혹은 무의식이나 기억 그 자체일 뿐이다. 나아가 고스트 해킹, 고스트 더빙, 전자 이동이 가능한 시대가 상정되고 있다. 그 영혼은 안이 텅 비어 있고 너무나 가벼워서 복사할 수도 없다. 〈아발론〉에서는 그런 '텅 빈 가벼운 영혼'이 가상현실 세계에서 수호천사로 등장한다.

오시이는 우리에게 자의식과 정신을 수반하는 '꽉 찬 무거운 영혼'의 무게로부터 자유로운 몸이 될 것을 제안한다. 그럼으로써 인간은 '텅 빈 가벼운 영혼'을 지닌 인형처럼 될 것이다. 그 인간은 가이노이드나 안드로이드와 같은 인형을 만들어냄으로써 신처럼 되고자 한다. 결국 오시이는 인형을 "인간이 최후로 획득하는 상징적 몸"으로 간주하여 그것을 '세련된 몸(cool body)'이라고 부른다. 이에 비해 개나 여타 동물의 몸은 '기분 좋은 몸(sweet body)'이라고 칭한다(小川他編, 2004: 29-30). 오시이의 작품들은 한편으로 '세련된

---

5   현실의 여성에게 환멸을 느낀 조각가 피그말리온이 이상형을 직접 조각한 다음 아프로디테의 힘을 빌려 사람이 된 조각상과 결혼한다는 그리스신화.

몸'과 '기분 좋은 몸'에 대한 향수와, 다른 한편으로는 구사나기처럼 그런 몸까지 넘어서서 순수한 데이터나 혹은 언어 자체의 세계로 들어가려는 욕망 사이에서 분열되어 있는 듯싶다. 그럼에도 〈이노센스〉 마지막 장면에 나오는 다음 대화에서 구사나기는 행복을 묻는 바토에게 인형에 대한 향수가 '홀로 걸어가기'의 행복과 연결되어 있다고 대답한다. 그것은 "무소의 뿔처럼 혼자서 가라!"(『숫타니파타』)는 불교적 깨달음과 다르지 않다.

바토: "너는 스스로 행복하다고 생각하나?"
구사나기: "향수가 가치 있는 거라면 그렇다고 생각해. 최소한 난 불안으로부터 자유로워. 숲 속의 코끼리처럼 죄짓지 않고 무엇을 바라지도 않은 채 홀로 걸어가기."

트랜스휴머니즘과 오시이 마모루

이상에서 살펴보았듯이 〈공각기동대〉와 그 속편인 〈이노센스〉는 기계와 인간의 차이를 넘어서고자 하는 트랜스휴머니즘의 특징이 잘 표출된 전형적인 사례라 할 수 있다. 이 두 작품은 단지 '고스트(인간의 마음, 의식, 기억, 감정, 영혼)'만 남겨놓고 인간의 몸 전체가 기계와 인공두뇌로 대체된 사이보그를 비롯하여 안드로이드 로봇이나 인형의 세계를 무대로 전개된다. 인간만이 세상의 중심이 아니며 인간이 그 자신의 타자인 인형과 구별되지 않는다고 주장하는 그 세계는 인간과 비인간의 경계가 지극히 애매해진 테크노-애니미즘적 특징을 잘 구현하고 있다. 테크노-애니미즘의 가장 큰 특징은 '인간과 기계 간 불연속의 해체'[6]에 있는데, 〈공각기동대〉와 〈이노센스〉는 바로 인간과 기계의 경계가 애매해진 세계를 묘사하고 있기 때문이다.[7] 그것은 "근대적 휴머니즘으로부터 탈근대적 애니미즘으로의 이동"(김준양, 2006: 443)을 시사하는 표지라 할 수 있다.

앞서 살펴본 〈공각기동대〉의 여전사 사이보그 구사나기는 테크놀로지의 확장 앞에서 끊임없이 아이덴티티의 위기를 느끼면서 "인간이란 무엇인가?"를 반문하며 고뇌한다. 그 결과 구사나기는 컴퓨터 프로그램인 해커 인형사와의 융합을 선택한다. 이는 테크놀로지를 통한 보다 진화된 상태로의 궁극적인 상승을 암시한다. 경계 해체의 표상인 '인간과 기계의 융합'이라는 이런 트랜스휴머니즘적 상승은 단지 테크놀로지의 급격한 발전에 의해서만 일어나는 것이 아니다. 그것은 분명 인간의 한계를 넘어서려는 오래된 욕망에서 비롯된 것이기도 하다. 예컨대 사이보그는 "전지전능함을 향한 인간 의지의 집결점이며 스스로 신이 되겠다고 선언하는 인간의 무의식적 욕망의 실험장"(서수정, 2007: 152)과 다르지 않다.

사실 〈공각기동대〉와 〈이노센스〉는 인간의 자기 확장 가능성을 테크놀로지에서 찾고 있는데, 이는 인간 향상을 적극적으로 강조하는 트랜스휴머니즘의 목표와 정확히 일치한다. 어쩌면 '죽음과의 궁극적인 화해'라고 일컬어질 만한 그 목표는 기존의 휴머니즘 안에서는 결코 도달할 수 없을 것이다. 인간이 더 이상 인간 자신과 생명을 정의할 수 없으며 세계를 올바로 인식할 수도 없게 되었다

---

6 인간과 기계의 불연속은 인류에게 '네 번째 불연속'에 해당한다. 코페르니쿠스가 천체와 지상의 불연속을 제거했다면, 다윈은 인간과 동물 사이의 불연속적 구분을 해체했다. 한편 프로이트는 유아적인 본성과 문명화된 성품 혹은 병든 정신과 건강한 정신의 연속성을 입증했다. 이에 비해 트랜스휴머니즘은 인간과 기계의 불연속을 해체했다(신상규, 2014: 50).
7 오시이 감독의 작품에 나타난 경계 전이적 상상력에 관해서는 박규태(Park, 2008: 121-129) 참조.

고 전통적인 휴머니즘을 비판하는 오시이는 〈공각기동대〉와 관련된 한 인터뷰에서 다음과 같이 말한 바 있다.

> 이데올로기도 종교도 인간을 변혁시킬 수 없다면 우리에게 남겨진 가능성은 테크놀로지밖에 없다는 생각을 했다. 영화의 마지막에 등장하는 소녀[구사나기와 인형사가 융합한 의체]는 그런 의미에서 테크놀로지가 탄생시킨 새로운 인간이며, 새로운 시대의 이브라 할 수 있다. 단 그 소녀가 신의 모습일지 악마의 모습일지는 단정 지을 수 없다(안영순, 2005: 169 각주 21).

여기서 '새로운 인간'이란 바로 트랜스휴머니즘이 지향하는 '포스트휴먼'[8]을 연상케 한다. 이는 테크놀로지와의 융합이란 인류가 자신의 진화를 완성하기 위해 필연적으로 포용해야 할 어떤 것이며, 포스트휴먼이야말로 다음 단계의 참된 인간성이 될 수밖에 없다는 오시이의 비전을 시사한다(Poulter, 2014: 85-86). 이와 더불어 오시이는 위 인용문의 말미에서 엿볼 수 있듯이 트랜스휴머니즘과 포스트휴먼 혹은 테크노-애니미즘의 위험성에 대해서도 열린 물음의 여지를 남겨놓고 있다.

트랜스휴머니즘을 묵시론적 관점에서 이해하는 지젝 또한 트랜스휴머니즘에 대해 비판적인 입장을 피력한다. 트랜스휴머니스트들은 자신의 행위를 자유롭게 결정하는 자율적인 주체가 테크놀로지에 의한 인간 향상의 시대 이후에도 여전히 존재할 수 있다고 전

---

[8] 트랜스휴머니스트들은 인간이 보다 확장된 능력을 갖춘 존재로 자신을 변형시킬 수 있다고 예언하면서 이렇게 변형된 인간을 '포스트휴먼'이라고 부르기도 한다.

제한다. 하지만 지젝은 이 점에 대해 회의적이다. 테크놀로지에 의한 조작이 주체의 결정권에 개입함으로써 자율적인 개인이 존재하기 어렵게 될 것이라고 보는 것이다(Žižek, 2011: 347). 그럼에도 트랜스휴머니즘과 라캉 정신분석 사이에는 현저한 공통분모가 존재한다. 양자 모두 인간은 더 이상 과거의 인간이 아니라는 것, 그래서 전혀 새로운 인간학이 요청된다는 점을 주창한다.

4부

글쓰기의 욕망과 일본

일본에 대한 인문학적 글쓰기의 길은 다양하지만, 그중 특히 미학적, 문화론적, 정신분석적 관점에 주목할 필요가 있다. 이 세 가지 관점의 초점은 각각 가와바타 야스나리의 "아름다운 일본"(川端康成, 1969), 오에 겐자부로의 "애매한 일본"(大江健三郎, 1995), 사와라기 노이의 "분열증적인 일본"(椹木野衣, 1998)에 맞추어져 있다. 하지만 본서는 시종일관 "분열증적인 일본"을 향한 정신분석적 관점 안에 미학적, 문화론적 관점을 수렴시켜왔다. 4부에서는 이와 같은 본서의 기본적인 입장을 피터 그리너웨이의 〈필로우북〉에 대한 분석을 통해 종합적으로 제시하면서, 궁극적으로 "대상a적인 일본"을 도출해낼 것이다.

12장
일본에 대한 정신분석적 글쓰기: 피터 그리너웨이의 〈필로우북〉

"글쓰기가 없다면 삶은 얼마나 절망적일까요?"(세이쇼나곤)

I. 피터 그리너웨이의 영화 세계

영국 출신의 영화감독 피터 그리너웨이(Peter Greenaway, 1942-현재)는 바로크적 감수성, 포스트모더니즘적 연극성, 특히 연극·미술·문학·음악·무용·건축·사진·영화의 탈경계적 혼성성, 그로테스크한 카니발리즘, 관객과의 기묘한 퍼즐 게임, 충격 요법적인 표현으로 '현대 문화에서 바로크 미학의 특성을 가장 잘 구체화하고 현실화시킨 예술가', '아이러니와 블랙 유머의 대가', '가장 전복적인 예술가' 혹은 '헐리우드식 엔터테인먼트를 거부하는 실험영화감독', '지적 엽기 영화의 대가', '혼성성(hybrid)의 감독'[1] 등으로 칭해지곤 한다. 그는 자신의 대부분의 영상 작품을 먼저 책으로 출간하는 시

---

[1] 한 인터뷰에서 그리너웨이는 스스로에 대해 "어떤 면에서 나는 하이브리드입니다. 제가 항상 관심을 가져온 것은 문학과 미술입니다. 나에게 영화는 그 둘을 결합할 수 있게 해주는 매체입니다"(박기현, 2010: 43에서 재인용)라고 말한다.

나리오 작가이자 그 작품 세계와 연관된 예술 작품들을 미술관에서 전시하는 미대 출신의 전위 미술가이기도 하며, 나아가 많은 비평가로부터 수학자, 구조주의자, 형식주의자, 기호학자 등으로 불릴 만큼 천의 얼굴을 가진 다재다능한 감독이다.

1960년대 이래 현재까지 "풍경, 물, 죽음, 섹스, 육체 등의 테마를 반복적으로 보여주는"(편장완, 2006: 78) 60여 편의 인상적인 장·단편 영화를 세상에 내놓았는데, 특히 1980년대에 들어와 〈영국식 정원 살인 사건〉(1982), 〈하나의 Z와 두 개의 O〉(1985), 〈차례로 익사시키기〉(1988), 〈요리사, 도둑, 그의 아내 그리고 그녀의 정부〉(1989) 등을 통해 국제적인 명성을 쌓았다. 그후 1990년대에 이르러 바로크적 작풍을 대표하는 〈마콘의 아기〉(1993)를 비롯하여 장르와 내러티브의 파괴를 시도한 기점이자 그의 멀티미디어 경험을 집대성한 〈프로스페로의 서재〉(1991), 그리고 동양과 서양의 만남 및 서예와 하이퍼텍스트를 통해 새로운 형태의 21세기 영화를 선취한 〈필로우북(The Pillow Book)〉(1996) 등의 문제작을 선보였다. 한편 2007년 10월 부산국제영화제에서의 〈야경〉 상영[2]에 즈음하여 한국을 방문한 그리너웨이는 마스터클래스 강연을 행하기도 했으며, 최근에는 〈과나후아토의 아이젠슈타인〉(2015)과 〈파리 보행〉(2017)을 내놓은 바 있다.

여기서는 이 가운데 〈필로우북〉의 중심 주제인 '글쓰기'에 대한 정신분석적 접근을 통해 궁극적으로 '모노노아와레'를 비롯한 미학적인 일본 표상의 특징을 규명하고자 한다. 왜 정신분석적 접근인가? 종래 정신분석적 관점에서 그리너웨이의 영화를 읽으려는

---

[2] 〈영국식 정원 살인 사건〉, 〈차례로 익사시키기〉, 〈요리사, 도둑, 그의 아내 그리고 그녀의 정부〉도 부산국제영화제에서 상영되었다.

시도는 매우 드물다. 이는 아마도 파편화된 신체나 건축물과 인간의 관계 혹은 옷을 입는 방식과 같은 가시적인 면을 중시하면서 배우의 정신적인 내면세계를 보여주기보다는 배우가 차지하는 공간과 제스처 및 포즈를 더욱 선호하는 그리너웨이의 성향 때문일 것이다(서대정, 2012: 128). 실제로 스토리 라인보다는 미장센과 프레임 및 쇼트의 전복적인 구성에 더 집중하는 그의 영화는 캐릭터의 내적 심리 상태를 그려내는 데 충실하지 않기 때문에 관객들은 종종 그의 영화 속 캐릭터들과 정서적으로 동화하는 데에 많은 어려움을 겪는 것이 사실이다(편장완, 2006: 69). 그리하여 헐리우드식 엔터테인먼트를 거부하는 난해한 실험영화감독으로 악명 높은 그리너웨이는 너무 무겁고 지적 부담을 많이 주는 엘리트주의자라고 비판받기도 한다.

그러나 표면에 잘 드러나지 않는 서사와 캐릭터의 내면 읽기를 관객의 추론과 지성에 위탁하는 측면이야말로 정신분석적 접근의 필요성을 대변해준다. 정신분석은 보이지 않는 것, 알 수 없는 어떤 것을 읽어내는 테크닉이기 때문이다. 한 인터뷰에서 "당신은 당신이 읽은 책의 결과물입니다"(Rodgers, 1991-1992: 15)라고 말하는 그리너웨이는 그의 영화 곳곳에서 몸과 책에 대한 강박관념을 표출하고 있다. 가령 그는 〈요리사, 도둑, 그의 아내 그리고 그녀의 정부〉에서 "먹기, 마시기, 배변하기, 성교하기, 트림하기, 구토하기, 벌거벗기, 피 흘리기 등과 같은 인간의 몸에 대한 강박관념"(피종호, 2009: 276)을 자신의 영화 속에 표현하고 싶어 했다. 또한 책이란 이해와 설명을 통해 세계를 재현하거나 창조하려는 강박관념의 산물이라 할 수 있다. 그렇다면 정신분석이야말로 강박관념을 읽어낼 수 있는 유력한 도구가 아니겠는가?

몸과 책에 대한 강박관념은 무엇보다 몸-책의 글쓰기를 중심 테마로 설정하고 있는 〈필로우북〉의 '도서관'에서 그 정점에 도달한 듯이 보인다. 정영권이 〈필로우북〉을 "몸과 글쓰기 혹은 몸을 매개로 한 글쓰기에 대한 영화, 나아가 섹슈얼리티와 존재의 연속성 혹은 나르시시즘과 의사소통에 대한 탐구"(정영권, 2001: 174, 178)라고 요약한 것은 적절해 보인다. 참된 글쓰기는 몸으로 쓰는 것이며, 그런 글을 쓴다는 것은 나르시시즘 없이는 불가능하고, 그렇게 쓴 글을 남긴다는 것은 영원한 소유를 의미하기 때문이다. 영화 속에서 죽음을 통해 완성된 몸-책의 담지자로 등장하는 제롬은 여주인공 나기코에게 이런 편지글을 남긴다. "나기코, 난 당신을 기다리고 있어요. 도서관에서 만나요. 어떤 도서관이든 모든 도서관에서. 당신의 제롬이." 발터 벤야민은 책(자연이라는 책 또는 시대라는 책)과 도서관이야말로 바로크 시기의 핵심적인 주제라고 말한다(벤야민, 2009: 211-212). 이와 마찬가지로 〈필로우북〉의 '도서관'은 바로크적 비애의 강박적인 과잉과 분열을 내장한 모든 몸-책이 쓰이고 읽히다 언젠가는 먼지로 되돌아갈 운명에 처한 이 세계 자체의 알레고리와 다름없다. 〈필로우북〉의 한 장면은 이 점을 잘 암시하고 있다. 벌거벗은 한 남자의 온 몸에 글자가 쓰여 있고 그 밑에는 몸-책의 기원과 주체를 묻는 다음과 같은 자막이 뜬다.

태어나기 전에 책은 어디에 있는가? 책의 부모는 누구인가? 책은 두 명의 부모, 즉 엄마와 아빠를 필요로 하는가? 책은 다른 책 안에서 태어날 수 있는가? 책들의 부모 책은 어디에 있는가? 하나의 책이 다른 책을 낳으려면 몇 살이 되어야만 하는가?

II. '글쓰기'의 일본정신분석: 대상a로서의 몸-책

글쓰기의 욕망

〈필로우북〉에서 1972년생[3]으로 나오는 여주인공 나기코는 천 년 전의 수필집 『침초자(枕草子, 마쿠라노소시)』[4]의 저자 세이쇼나곤(清少納言, 966?-1017?)을 모델로 재현한 인물이다. 나기코의 숙모는 어린 그녀에게 종종 나기코가 28살이 되는 2000년은 세이쇼나곤의 『침초자』가 천 살이 되는 때라고 말해주었다. "너와 이름이 똑같은 나기코[5]라는 여인이 지은 책이란다. 네가 28세가 되는 해에 이 책의 나이는 꼭 천 년이 된단다." 여기서는 『침초자』가 쓰인 첫 번째 밀레니엄의 끝과 두 번째 밀레니엄의 끝이 대비를 이루고 있다. 『침초자』는 당시 궁중 생활에 대한 인상과 자연에 대한 감상을 일정한 체계 없이 삽화적으로 적은 수필집인데, 저자 세이쇼나곤의 부친 모토스케(元輔)는 기요하라(清原) 가문 출신으로 영화 속 나기코의 아버지와 마찬가지로 학자이자 시인이었다.[6]

---

[3] 1972년은 그리너웨이가 처음으로 세이쇼나곤의 수필집 『침초자』를 읽은 해이다. 그때 그리너웨이는 특히 사물을 분류하거나(가령 내가 좋아하는 것, 내가 싫어하는 것, 고귀한 것 등) 그것을 향유하는 세이쇼나곤의 독특한 방식에 깊은 인상을 받았고 언젠가 그걸 소재로 영화를 만들고 싶다는 생각을 했다고 한다 (Maricondi & Galway, 2008: 261).

[4] 헤이안시대 뇨보(女房, 상궁)였던 세이쇼나곤이 1001년에 내놓은 일본 최초의 수필집. 세이쇼나곤이 이치조(一條) 천황의 총애를 받았던 중궁 데이시(定子)의 뇨보로 출사한 993년부터 황후에 오른 데이시가 25세로 사망한 1000년까지 7년 동안 경험한 궁중 생활을 토대로 하여 자연과 사람 사는 이야기를 묘사한 총 302편으로 이루어져 있다.

[5] 실제로는 세이쇼나곤의 본명은 미상이다. '세이'는 기요하라씨를 뜻하며 '쇼나곤'은 가족이나 가까운 친척의 관직명으로 보인다.

[6] 세이쇼나곤의 집안은 대대로 가인 집안이다. 증조부 후카야부는 『고금집』에

영화는 일본 전통의 랜드마크인 교토에서의 어린 시절 나기코 이야기와 1990년대 홍콩에서의 어른이 된 나기코 이야기를 교차시키고 있다. 여기서 교토가 고전적인 것을 의미한다면 홍콩은 포스트모던적인 것을 표상한다. 대조적인 양자의 혼성은 우리가 살고 있는 세계의 복잡성을 드러낸다. 나아가 그리너웨이는 중간중간 『침초자』의 구절을 삽입하는 한편 나기코와 세이쇼나곤을 중첩시킴으로써 천 년의 로망을 사이에 둔 두 여인을 마치 동시대 인물처럼 느끼도록 재현한다. 천 년이라는 시간을 거슬러 두 여인이 하나가 되는 것이다. 그리너웨이는 이런 복잡한 서사 구조를 흑백과 컬러 화면의 혼합으로 처리한다. 가령 천 년 전 교토와 현대 홍콩의 장면은 컬러로 나오는 데 비해, 현대 교토에서의 나기코의 삶은 종종 오즈 야스지로와 미조구치 겐지(溝口健二)를 연상시키듯 흑백 장면으로 묘사된다. 이와 더불어 본 화면에 작은 화면을 삽입하는 다중 화면의 멀티 프레임 기법도 사용되고 있다.

나기코의 네 번째 생일날, 작가이자 서예가인 아버지가 붉은색으로 나기코의 얼굴에 그녀의 이름 '기요하라 나기코(淸原諾子)'를 적고 목덜미에 자신의 이름 '모토스케(元輔)'를 적어 넣는다. 이때 아버지는 다음과 같은 신화적 주문을 음송한다.

> 신이 인간을 창조했을 때 그는 진흙으로 첫 번째 형상을 만드시고 눈과 입술 그리고 성기를 그리셨다. 그리고 인간이 자기의 이름을 잊어버릴까 걱정하여 그것들 각각마다 이름을 써넣어주셨다.

노래가 실린 가인이며, 아버지 기요라하 모토스케는 951년 편찬된 두 번째 칙찬 와카집인 『후선집(後撰集)』의 엮은이 중 하나이다.

이러한 생일 의례가 매년 반복된다. 거기서 이름을 써넣는다는 것은 상징계로의 진입을 시사한다. 그런데 이후 나기코는 자신의 몸을 종이와 동일시하고 수많은 애인에게서 아버지의 모습을 찾으며, 자아를 세이쇼나곤과 동일시한다. 이는 상상계로의 주기적인 회귀를 암시한다. 한 책방 사장이 나기코의 가족을 재정적으로 지원하고 있다. 그는 동성애자로 나기코의 생일날마다 의례적으로 그녀의 아버지를 범한다. 얇은 장지문을 사이에 둔 옆방에서 아버지가 사장과 관계를 나누는 동안 숙모는 나기코에게 세이쇼나곤의 『침초자』를 읽어준다. 이와 함께 영화 속 내레이션은 천 년 전 세이쇼나곤의 목소리를 들려준다.

글을 쓰는 것은 평범하면서도 고귀한 일입니다. 글쓰기가 없다면 삶은 얼마나 절망적일까요?

여기서 글쓰기는 곧 수치스러움과 터무니없음에도 불구하고 우리를 살아가게 해주는 어떤 원동력을 가리킨다. 산다는 것은 평범하면서도 고귀한 일이기 때문이다. 삶이 없다면 글쓰기는 참으로 허망한 몸짓에 지나지 않는다. 아버지의 글쓰기는 책방 사장과의 비열한 거래에도 불구하고 그 자체가 하나의 삶을 구성한다. 소녀 나기코는 아버지를 찾아 책방에 갔다가 아버지와 사장의 남색 장면을 다시 목격한다. 이 체험은 앞으로 나기코의 인생에서 지워지지 않는 트라우마로 남을 것이다. 이때 아버지는 곧 새 책이 나올 거라고 말한다. 그러자 나기코는 "저 아저씨도 오늘이 생일이야? 얼굴에 이름을 적어주었어?"라고 묻고 이에 아버지는 "얼굴에 이름을 적어준 건 너뿐"이라고 답한다. 이 말을 들은 나기코의 얼굴에는 말할 수 없는 안도감과 기쁨이 감돈다. 그리하여 여섯 번째 생일날 나기코는 언젠가 모든 연인과의 사랑 이야기를 담은 자기만의 필로우북을 쓰기로 결심한다. 글쓰기에 대한 나기코의 욕망은 이렇게 원초적 트라우마의 기억 속에서 아버지에 대한 오이디푸스 콤플렉스와 함께 싹튼 것이었다.

몸의 글쓰기

얼굴에 이름을 쓰고 신화를 음송하며 『침초자』를 읽어주는 생일 의례는 나기코가 18세 때까지 계속된다. 그녀는 책방 사장의 조카와 억지로 결혼하지만 그것은 오래가지 못한다. 궁사(弓師)인 남편은 나기코의 생일날 그녀의 얼굴에 이름을 적어주지도 않았고 그녀가 일기를 쓰는 것도 싫어했기 때문이다. "당신은 책에 너무 돈을 낭비해. 백 권까지만이야, 그 이상은 안 돼." 이렇게 말하면서 남편이 나기코가 들고 있던 책을 남근 같이 생긴 화살로 쏘아서 명중시키자, 책의 페이지들이 허공에 날린다. 나기코는 베개 밑 서랍장에 일기장(필로우북)을 감추어 두고 매일 남편 몰래 일본어, 중국어, 영어로 일기를 쓴다. 그러나 이를 알아챈 남편이 어느 날 그 일기를 훔쳐 읽는다. 나기코가 따져 묻자, 남편은 일기는 남에게 보여주기 위해 쓰는 거 아니냐고 대수롭지 않다는 듯 말한다. 그러자 나기코는 "자신을 알기 위해 일기를 쓰는 것"이라고 반박한다. 남편이 수개 국어로 쓰인 그녀의 일기장을 불태운 날, 절망한 나기코는 집에 불을 지른 후 홍콩으로 도망가고 거기서 패션모델로 성공한다. 홍콩의 화려한 현대풍 패션쇼에 등장한 나기코의 모습과 왕조풍의 헤이안시대 세이쇼나곤의 모습이 겹쳐진다.

이후 나기코는 수많은 연인과 몸을 섞으면서 그 대가로 자신의 몸에 무엇이든 글씨를 써달라고 주문한다. 그것이 아버지에 대한 원초적 기억의 반복임은 말할 나위 없다. "그녀의 연인들은 다양하다. 가장 점잖은 서예가 연인은 오로지 어두운 곳에서만 그녀의 몸에 글씨를 쓰려 한다. 근시안을 가진 중년 남자 연인은 고집스럽게도 가장 싸구려 볼펜으로 오직 돋보기를 써야만 읽을 수 있을 만큼 작은 글씨를 쓴다. 건방진 젊은 연인은 마치 아이처럼 글씨를 쓴다. 늙은 홀아비 연인은 늘 젖은 스펀지나 혀로 잘못 쓴 글씨를 수정하거나 지운다. 회계사 연인은 나기코의 몸을 액수를 나타내는 숫자로 가득 채운다. 왼쪽 젖가슴에는 빼기를 하고 오른쪽 젖가슴에는 더하기를 한다. 어떤 연인은 의미를 알 수 없는 낙서로 거칠게 그녀의 몸을 긁어대어 피를 흘리게 한다. … 보이지 않는 잉크를 사용해서 나기코의 몸에 글을 씀으로써 자신의 재능을 숨기려는 수줍은 연인도 있다. 여인은 따뜻한 물로 몸을 씻어 내리거나 뜨거운 불 가까이에 몸을 가져가거나 혹은 양파 껍질 즙으로 몸을 씻어낸다. 그러면 그 매운 내로 인해 흘러내리는 눈물이 용제가 되어 보이지 않던 글씨가 드러나게 된다."(Greenaway, 1996: 7)

나기코가 카페 '티포'에서 젊고 잘생긴 영국인 제롬[7]을 만나면서 이런 행각은 일단락된다. 그는 수개 국어에 능통한 통역사이자 번역가이다. 둘은 밤낮으로 함께 있으면서 글쓰기의 욕망을 탐색한다. 나기코와 제롬은 밤낮을 가리지 않은 채 함께 목욕하고 사랑을 나눈다. 남자는 여자의 몸에 일본어, 불어, 이탈리아어, 영어, 중국

---

[7] 제롬이라는 이름은 그리너웨이가 라틴 교부 중에서 가장 박식하고 웅변이 뛰어난 인물이자 최초로 히브리 성서를 라틴어로 번역한 유명한 성 제롬(St. Jerome)에게서 따온 것이다. 성 제롬은 순결을 강조한 학자이면서 육체적 고행을 매우 중시한 은둔자이기도 했다. 그는 종종 맨 가슴을 돌로 찧는 고행자의 모습으로 묘사되곤 한다. 하지만 나기코의 연인 제롬에게는 이런 금욕적 측면은 나타나지 않는다.

어 문자를 쓰고 또 썼다. 문자 형태도 한자, 히라가나, 가타가나, 고딕체, 이국적인 폰트, 개인적인 수기 등 다양하다. 침대 시트 또한 문자가 어지럽게 인쇄된 종이들이다. 4개 국어에 능통한 제롬은 나기코의 욕망을 충족시켜주었다. 나기코에게 언어의 복수성은 풍요로운 사랑을 의미했으며, 그녀는 이런 제롬을 통해 좌절되었던 아버지에 대한 오이디푸스적 욕망을 충족시킬 수 있었다. 이윽고 제롬은 자기 몸에 글을 써서 13권의 몸-책으로 출판하자고 나기코에게 제안한다. 붉은 등이 여기저기 걸려 있는 나기코의 서재 한쪽에 놓인 도자기 욕조 안, 벌거벗은 나기코를 제롬이 어루만진다. "난 아버지를 명예롭게 하기 위해 작가가 될 거예요." 나기코가 이렇게 말하자 제롬이 그녀를 돕겠다고 응답한다. 이에 나기코는 제롬의 손에 붓을 쥐어주면서 어린 시절 아버지가 낭송했던 신화를 암송한다. 이때 화면 밑에는 네 살배기 나기코의 얼굴이 등장한다. 제롬은 붉은 색료로 나기코의 얼굴에 '기요하라 나기코'라는 이름을 적는다.

이리하여 제롬의 제안을 받아들인 나기코는 그의 몸에 글을 쓰는 작가이자 시인이 된다. 몸-책 글쓰기에 대한 나기코의 욕망이 본격적인 분출구를 찾은 것이다. 하지만 책방 사장은 그녀가 제롬의 몸에 쓴 첫 번째 몸-책 『육체의 서』의 출판을 거부한다. 이에 나기코는 직접 책방을 찾아가고, 책방 사장이 어릴 때 자신의 아버지를 능욕했던 사람이자 또한 제롬의 애인이라는 사실을 알게 된다. 마침내 제롬은 자신의 몸을 대가로 하여 몸-책의 출판 계약을 성사시킨다. 이 무렵 나기코는 사장에 대한 복수를 생각하고 있었고, 그의 애인인 제롬을 통한다면 손쉽게 사장에게 접근할 수 있었다. 하지만 정말로 제롬을 사랑하게 된 나기코는 질투심에 불타 사장과 제롬의 뒤를 밟는다. 이때 화면은 홍콩의 파노라마 같은 야경을 비추면서 도시의 몸 위에 씌어 있는 형형색색의 네온사인 글자들을 보여준다. 그중에는 '삼성전자 해외면세점'이나 '신라여관' 같은 간판 글자도 등장한다. 여기서 신라가 헤이안시대 일본의 등가물이라면 삼성전자는 포스트모던한 홍콩의 등가물이라 할 수 있다. 또한 여관과 면세점은 제롬과 책방 사장이 사랑을 나누는 은밀한 장소와 몸을 매개로 하는 그들의 상거래를 연상시킨다.

나기코는 둘의 정사 장면을 목격한 후 제롬을 거부한다. 그러자 제롬은 나기코의 사랑을 되찾기 위해 그녀의 오랜 친구인 호키의 아이디어에 따라 『로미오와 줄리엣』에 나오는 것과 같은 자살을 연기한다. 하지만 제롬의 자살 연기는 약물을 과용한 나머지 그만 현실이 되고 만다. 나기코가 제롬의 방을 찾아간다. 자신이 화가 나서 그랬다고 사과하면서 다시 시작하자고, 함께 사장에게 복수하자고 말한다. 그때 이미 제롬은 숨이 멎어 있었다. 망연자실한 나기코. 둥근 도자기 욕조 속에 달팽이처럼 알몸으로 누워 있는 나기코. 제롬은 죽고 나기코는 그의 시신을 여섯 번째 몸-책인 『사랑의 서』로 장식한다. 실의에 빠진 나기코는 자신의 모든 책, 사진, 일기, 글을 다 불태우고 다른 인생을 살고자 홍콩을 떠나 교토로 돌아간다. 한편 애인을 잃은 책방 사장은 제롬의 시신을 무덤에서 파내어 가죽을 벗겨낸 후 그 살갗으로 자신의 필로우북을 만든다. 이리하여 제롬의 몸은 보존 가능한 하나의 텍스트가 된다.

이 사실을 알게 된 나기코는 다시금 책방 사장에 대한 복수심을 상기해내고 출판 계약을 완수하기로 결심하면서 대담한 거래를 계획한다. 나머지 일곱 권의 몸-책, 즉 『유혹자의 서』, 『젊음의 서』, 『비밀의 서』, 『침묵의 서』, 『배반의 서』, 『잘못된 시작의 서』, 『사자의 서』를 제공함으로써 제롬의 몸-책을 되찾고자 한 것이다. 책방 사장은 이 게임에 몰두하게 되고 오직 다음 몸-책이 도착하기만을 기다리며 팔루스적 주이상스를 향유한다. 이리하여 13권의 몸-책이 모두 그에게 전달된다. 마지막 13번째 몸-책인 『사자의 서』는 1999년 12월 31일 자정 무렵 젊은 스모 선수의 몸에 쓰인 채 보내진다. 스모 선수는 책방 사장을 죽여 그 혀를 자르고 나기코를 위해 제롬의 피부로 만들어진 필로우북을 빼앗아온다. 그녀는 대리 아버지였던 책방 사장을 죽임으로써 아버지에 대한 오이디푸스적 욕망을 실현한 것이다.

하지만 몸-책 글쓰기에 대한 나기코의 욕망은 여기서 끝나지 않는다. 그녀는 제롬의 몸-책을 분재 아래 묻는다. 28세가 된 그녀는 이제 자신의 필로우북을 쓸 수 있을 만큼 성숙했다고 느낀다. "이제 나도 내 가슴을 뛰게 하는 것을 열거할 수 있어. 산사에서 연인이 해주는 키스. 역사를 모방하는 한낮의 정사. 사랑하기 전과 사랑하고 난 후." 영화의 마지막 장면에서 그녀는 제롬과의 사이에서 얻은 한 살짜리 딸아이의 얼굴에 생일 축하로 자신과 똑같은 이름 나기코라고 적어 넣고 한없는 애정을 담아 입을 맞춘다. "신은 그가 창조한 것이 맘에 들면 그 진흙 모형에 생명을 불어넣고 이름을 새겼다."

상상계의 글쓰기에서 상징계의 글쓰기로

쿠바의 라틴문학 연구자 세베로 사르두이(Severo Sarduy)는 「바로크와 네오바로크」(1972)라는 유명한 글에서 에로티시즘, 거울, 혁명이라는 세 가지 개념을 통해 바로크와 네오바로크의 본질적인 특징을 설명한다. 여기서 에로티시즘이란 바로크의 유희성과 과잉성을, 거울이란 그것의 반영성을, 그리고 혁명이란 로고스 중심주의에 대한 전복을 각각 의미한다(박기현, 2011: 173-174). 이 가운데 에로티시즘의 모티프가 던져주는 시사점에 관해서는 다음 장에서 후술하기로 하고 여기서는 먼저 거울이라는 메타포에 주목하기로 하자. 그리너웨이 영화에는 거울이 많이 등장한다. 가령 〈프로스페로의 서재〉의 무대인 프로스페로의 궁전은 거울로 가득 차 있다. 그리너웨이 영화 속의 거울은 사각형 화면 안에 또 다른 사각형이 들어가 있는 액자 속의 액자로서 바로크 미학의 중요한 특성을 보여준다. 이와 관련하여 그리너웨이는 "이곳은 중첩된 이미지, 움직이는 거울, 그리고 거울-이미지(거울-환영)들로 가득 찬 섬인데, 이 거울 이미지 속에서는 텍스트가 불러내는 그림들이 끊임없이 액자화되고 재액자화되는 사물과 사실과 사건처럼 만져질 수 있을 정도로 실제적이다"(박기현, 2010: 70에서 재인용)라고 말한다. 이처럼 이중 프레임으로 작용하는 거울은 그 가장자리로 풍경을 가두거나 혹은 보이지 않는 풍경을 보여주고 반사하기도 하는 이중의 역할을 한다. 거울은 전방위적인 시각을 담보해주는 깊이와 표면이 만나는 틀이며, "무의식까지 비춰주는 틀 아닌 틀"이기도 하다(조윤경, 2008: 153-154).

그렇다면 〈필로우북〉의 경우는 어떨까? 영화는 모두 부분에서 거울을 들여다보는 어린 나기코의 모습을 비춰주는데, 그녀의 얼굴에 쓰인 '기요하라 나기코'라는 문자는 거울 속에서 전도되어 나타난다. 이는 라캉이 말하는 상상계의 거울단계를 상기시켜준다. 라캉은 유아가 처음 거울 속에 비친 전도된 자기 이미지를 총체적이고 완전한 이상적 자아로 오인하며, 이로써 인간은 자아가 사회화되기 이전에 허구적 성향을 갖게 된다고 말한다. 거울 속에 비친 자신의 이미지에 매혹되어 그 이미지와 자신을 동일시하려는 이런 최초의 오인의 구조로부터 주체의 탄생이 시작된다. 그러니까 우리가 '나'라고 여기는 자아는 하나의 오인에 불과한 것이며, 거울단계의 자기 인식은 그런 착각의 원형을 보여준다는 것이다.

나기코의 거울단계적 '오인'은 그녀가 영화의 종반부에서 자신만의 필로우북을 가지기까지 계속 이어진다. 신혼의 나기코가 처음 맞이한 생일날, 그녀는 남편을 깨워 자기 얼굴에 이름을 적어달라고 조른다. 하지만 남편은 어린애 같은 짓을 그만하라고 핀잔을 준다. 그럼에도 나기코는 '아버지의 목소리'에 따라 창조 신화를 낭송한다. 남편은 그런 나기코를 전혀 이해하지 못한다. 그러자 나기코는 거울을 보면서 스스로 자기 얼굴에 이름을 쓰려 하지만 잘 안 된다. 이는 그녀의 상징계 진입이 결코 평탄치 못할 것임을 암시하는 듯하다. 나기코가 거울을 보면서 글씨 쓰는 장면이 노란색으로 처리되는 동안, 파란색으로 처리된 창이 하나 더 열리면서 나기코와 남편이 막 결혼을 하고 오픈카로 퍼레이드를 하는 장면이 펼쳐진다.

이때 주 화면의 공간은 기둥을 사이에 두고 두 개씩 가로로 길게 놓인 총 네 개의 거울로 분할된다. 왼쪽의 거울 두 개는 화면에 보이지 않는 책장을 동일하게 비추고 있고, 오른쪽의 거울 두 개 중 하나에는 나기코를 조롱하면서 나가버리는 남편의 모습이 비춰진다. 이어서 나란히 놓인 두 개의 거울은 울면서 스스로의 몸에 글씨를 쓰는 나기코의 모습을 이중으로 분할하여 보여준다. 그리하여 종이의 역할을 했던 나기코는 "작가이자 종이라는 매체이며 동시에 그것을 읽는 독자가 되는 다중적이고 분열된 정체성의 상징"(조윤경, 2008: 154-155)으로 기능하게 된다. 그녀는 자신의 언어를 아직 찾지 못했거나 혹은 일기장을 불태운 남편으로 인해 언어의 조각들을 상실하고 만 것이다. 그후 제롬과 만나면서 비로소 그녀에게 새로운 글쓰기의 가능성이 열리게 된다. 나기코의 방에는 큰 거울 앞에 노자기 욕조가 놓여 있다. 그녀는 거울 위에 물로 글자를 쓰면서 이어 검은 매직으로 거울에다 "나를 책의 페이지로 해"라는 제롬의 말을 적어 넣는다. 나기코에게 '아버지의 이름'을 대신했던 제롬이 이제 곧 그녀의 몸-책이 될 것임을 예건케 히는 이 말은 상상계적 글쓰기가 거의 끝나가면서 '아버지의 이름'을 매개로 하는 상징계의 글쓰기로 진입하고 있음을 시사한다.

'아버지의 이름'과 글쓰기

앞에서 나기코의 네 번째 생일날 아버지가 그녀의 얼굴에 '기요하라 나기코'라는 이름을 적는 장면을 언급했는데, 이와 관련하여 정영권은 아버지가 나기코의 몸에 써준 글씨는 그녀에게 각인된 인간의 최초의 사랑이자 인간과 의사소통하는 최초의 방식이었으며, 따라서 그녀의 아버지는 '아버지의 이름'으로 상징되는 가부장적 권위와는 거리가 멀다고 보았다(정영권, 2001: 175-176). 이런 해석은 나름대로 타당성을 지니지만, 아버지가 딸의 목덜미에 자신의 이름을 새겨 넣은 행위의 의미는 거기서 끝나지 않는다. 이 대목은 작가인 아버지가 나기코에게 창조신과 동일시되는 상징계적 대타자로서의 '아버지의 이름'으로 각인되었다고 이해할 수도 있다. 이 이름은 어떤 의미로는 그 자체가 법을 전하는 대타자이다. 나기코가 "난 아버지를 명예롭게 하기 위해 작가가 될 거예요"라고 말할 때의 아버지는 현실 속의 아버지라기보다는 그녀의 오이디푸스적 주체 형성 과정에 개입된 '아버지의 이름'을 가리키는 것으로 볼 수 있다. 그녀는 상징계에 완전히 몸담지 못한 채 수많은 늙은 연인과 제롬에게서 강박적으로 아버지의 모습을 찾아보고 싶어 했다. 제롬은 나기코의 몸에 영어, 이탈리아어, 불어로 주기도문을 적어 넣고 애무한다. "하늘에 계신 우리 아버지 이름을 거룩하게 하시옵소서." 이 주기도문은 '아버지의 이름'을 운반하는 기표이다. 나아가 제롬이 붉은 색료로 나기코의 얼굴에 '기요하라 나기코'라는 이름을 적는 장면은 매우 직접적으로 제롬이 '아버지의 이름'의 대행자임을 보여준다.

그런데 주이상스를 금지하는 '아버지의 이름'과 그것에 의해 집행되는 상징계의 법은 결코 완벽하지 않다. 나기코의 현실 속 아버지가 책방 사장에게 몸을 파는 무기력하고 비겁한 존재로 묘사되듯이 상징적 법은 그 안에 무수한 틈새와 균열을 내장하고 있다. 상징적 법은 그것이 배제하고자 하는 것에 근거를 두고 있다. 법을 위반하고자 하는 욕망은 법이 존재하기 위한 필수 조건이다. 이와 마찬가지로 주이상스 또한 완전하지 못하다. 주이상스에 제동을 거는 것은 금지를 구현하는 아버지의 상징적 법이다. 하지만 라캉은 이 법 자체가 또한 주이상스를 유인한다는 점을 강조한다. 주이상스를 금지하기 위해 법이 성립하지만, 그 법은 법을 위반하는 주이상스를 촉발한다는 것이다. 과연 "주이상스에 이르기 위해 위반은 필수적이다."(Lacan, 1992: 208) 이리하여 욕망과 법은 서로를 생산한다. 욕망은 법을 만들어내고 법 또한 욕망을 만들어낸다. 욕망은 주이상스를 향해 나아가려 하고 또 일정한 주이상스를 누린다. 하지만 그 주이상스는 '아버지의 이름'과 상징계의 법에 의해 제한받는 주이상스일 뿐이다. 아버지와 제롬을 범하는 책방 사장의 도착적 욕망, 온갖 남자에게 자신을 몸-책으로 제공하는 나기코의 사랑 행각, 그리고 무엇보다 13권의 몸-책이 만들어지는 장면들에서 우리는 이런 위반의 모티브를 엿볼 수 있다.

실재계의 글쓰기: 대상a로서의 몸-책

〈필로우북〉의 주요 등장인물들은 하나같이 몸과 글쓰기에 매혹되어 있지만, 그 의미는 조금씩 다르다. 가령 나기코의 아버지에게 육체와 문자는 신성한 어떤 것이고, 책방 사장에게 육체와 문자는 욕망의 도구이다. 이에 비해 나기코에게 육체와 문자는 결여로서의 욕망 그 자체 혹은 라캉이 말하는 '대상a'라 할 수 있다. 여기서 대상a는 이를테면 욕망의 가짜 대상을 가리키는 말이다. 그것은 왜곡, 즉 욕망이 객관적 현실에 초래하는 불안과 혼돈의 잔여를 물질화한 것에 지나지 않는다. 대상a는 객관적인 눈으로 바라볼 때는 무이다. 하지만 욕망에 의해 왜곡될 때 그것은 어떤 형태를 띠게 된다. 그리하여 우리는 나기코가 대상a로서의 몸-책을 어떻게 완성하는지에 대해 말할 수 있게 된다.

〈필로우북〉은 나기코가 예술의 대상에서 주체로, 텍스트에서 저자로 전이하는 과정을 보여준다(Sadashige, 1997: 1598). 처음에는 나기코의 몸에 글씨가 쓰여졌다가, 나기코가 제롬의 몸에 글씨를 쓰고 나아가 자신의 몸에 글씨를 쓴다. 이런 과정을 거쳐 나기코는 제롬을 비롯한 여러 남자의 몸을 책의 페이지로 삼아 글을 적어 책방 사장에게 차례로 보낸다. 먼저 제롬은 나기코에게 자신이 책방 사장과 그녀 사이의 메신저가 되겠다고 자청하면서 자기 몸에 글을 쓰라고 한다. 나기코는 제롬의 가슴 한복판에 "육체라는 책"이라고 쓴다. 이것이 13권의 몸-책 중 첫 번째 『육체의 서』이다. 제롬이 이 몸-책을 보여주자 책방 사장은 큰 관심을 보이면서 제롬의 몸을 애무한다. 곧이어 남녀 직원들이 들어와 몸-책의 카피를 뜬다. 이 『육체의 서』에서 육체가 가리키는 것은 무엇일까? 이와 관련하여 라캉은 "습관 아래 있는 것, 우리가 육체라고 부르는 것은 아마도 대상a의 잔여분일 것이다. 이때 대상a는 욕망 안의 잔여분, 즉 욕망의 원인으로서 불만족과 불가능성을 통해 욕망을 유지시킨다"(Lacan, 1998: 6)고 적고 있다. 대상a는 문화의 상징적 구조가 존재의 차원으로서의 육체를 배제한 이후에 남는 잉여 혹은 잔여라는 말일 것이다. 하지만 우리는 육체와 결부시키는 대상a의 규정 방식에서 더 나아가 육체가 책과 결부되는 방식을 고민해야 한다. 즉 『육체의 서』에서 책은 실제의 책이 아닌데도 책방 사장의 욕망을 유인한다는 점에서 일종의 대상a로 볼 수 있다. 그것은 실제의 육체를 배제한 잔여 혹은 잉여가 형상화된 책으로 다른 12권의 몸-책과 함께 실재계의 글쓰기에 속해 있다.

제롬의 몸에 쓰인 첫 번째 『육체의 서』 이후 나기코는 『순수의 서』, 『바보의 서』, 『무기력의 서』, 『노출증자의 서』에 이어 전술했듯이 제롬의 몸에 여섯 번째 『사랑의 서』를 쓰게 된다. 육체에서 사랑에 이르는 이 몸-책들은 결국 나기코가 꿈꾼 사랑이 어떤 것인지를 암시해준다. 사랑이란 바보같이 순수하고 무력한 노출증자의 육체에 기록되는 그런 것이다. 대상a로서의 '아버지의 목소리'에 사로잡힌 채 육체와 문자 속에서 사랑이라는 기표를 받아들이는 나기코에게 사랑이란 존재(being)를 가장하는, 다시 말해 실제로는 존재하지 않는 대상a와의 사랑을 의미한다. 대상a는 왜곡된 욕망에 의해서만 인지될 수 있는 대상이며, 객관적인 시선의 경우에는 존재하지 않는 대상이다. 나기코에게 제롬을 포함한 수많은 연인과의 성관계는 실은 사랑과는 무관한 것이었다. "성관계는 없다"는 라캉의 기이한 명제는 우리가 사랑하는 이유를 말해준다. 즉 사랑은 환상이며 그 역할은 남자와 여자의 관계에 내재하는 모순, 즉 이성 간의 조화롭지 못한 관계를 덮어 가리는 데에 있다. 이런 의미에서 사랑은 이데올로기와 유사하다(Salecl and Zizek ed., 1996: 2).

아버지에 대한 나기코의 오이디푸스적 사랑, 연인들에게서 아버지의 모습을 찾으려 했던 나기코의 사랑은 이데올로기적 환상에 불과한 것이었다. 심지어 제롬에 대한 나기코의 사랑조차 제롬의 죽음 이후에만 확인될 수 있었던 실재계적 글쓰기로서의 사랑이었다. 그것은 일반적인 글쓰기, 즉 상징계의 글쓰기에 대한 하나의 위반이라 할 수 있다.

제롬의 죽음 이후 일곱 번째 몸-책 『유혹자의 서』가 책방 사장에게 전달된다. 비에 흠뻑 맞아 글씨가 어지럽게 번진 몸-책의 남자가 흥정하자고 말한다. "나와 내 몸에 쓰인 글은 당신이 소유한다. 그 대신 당신의 필로우북을 돌려달라"는 것이다. 하지만 책방 사장은 이 제안을 거절하면서 남자의 몸에 물을 뿌린다. "네 피부는 가치가 없어. 너 때문에 걸작이 엉망이 되었잖아"라며 화를 낸다. 그러자 남자는 "천만에, 그건 당신의 무관심과 비 때문이지. 메시지는 남아 있어." 그러자 사장은 황급히 직원들을 내보낸 후 남자를 애무한다. 상징계의 법에 구속되어 살아가는 우리는 언제나 실재계로부터의 유혹에 노출되어 있지만, 대개는 이 책방 사장처럼 무관심과 무지한 분노로 인해 그 유혹의 낌새를 알아채지 못한다.

여덟 번째 몸-책 『젊음의 서』의 청년이 "거래할 것이 있다"고 수차례 소리 지르지만, 책방 사장은 "거래 따위는 없어"라고 하면서 그의 따귀를 때린다. 이에 청년이 눈을 감자 눈과 눈썹 사이에 쓴 작은 글자가 드러난다. "장님은 읽을 수 없다." 책방 사장이 청년의 모자를 벗기자 박박 밀은 머리 정수리에도 "읽고 싶어 근질근질한 것, 이해하고 싶어 긁적긁적하는 것"이라는 문자가 적혀 있다. 손가락 사이에도 "손은 자신의 손 위에 글을 쓸 수 없다"고 적혀 있고, 허벅지 사이에는 "탐구는 결코 끝이 없다"는, 그리고 귓불 뒤에는 "소란스럽다"는 문자가 쓰여 있다. 이윽고 책방 사장이 "무얼 팔 겠느냐?"고 묻자 청년은 "나와 내 몸에 쓰인 것"이라고 대답한다. 실재계의 글쓰기는 읽고 싶어도 읽을 수 없고 도무지 이해할 수 없는, 그러면서도 알 수 없는 소란스러움으로 끊임없이 우리를 매혹하는 탐구의 장이다.

가레산스이(枯山水)식 일본 정원을 본 딴 모래 정원 가운데 벌거 벗은 한 남자가 서 있고 그 주위를 사장과 직원들이 빙빙 돌며 어디에 문자가 적혀 있는지를 열심히 찾고 있다. 하지만 아무것도 찾아내지 못하자 책방 사장은 "아무것도 쓰여 있지 않아. 가짜야"라고 말하며 그 남자를 내친다. 결국 그는 아홉 번째 몸-책 『비밀의 서』를 읽을 수 없었다. 문 입구의 쪽문을 열고 한 남자가 혀를 쭉 내민다. 거기에는 '제10의 서, 침묵의 서'라고 적혀 있다. 『비밀의 서』가 몸의 보이지 않는 은밀한 곳에, 그리고 『침묵의 서』가 혓바닥에 쓰인 것처럼, 『배반의 서』는 죽어서 시신으로 도착한다. 책방 사장이 서점 건물 2층에서 창문을 열고 밖을 내다본다. 밖에는 승합차가 서 있고 그 밑에 한 남자가 깔린 채 죽어 있다. 경찰과 사람들이 죽 둘러서 있고 주변에는 어지럽게 종이들이 나뒹굴고 있다. 사장이 나와 그 남자의 셔츠를 열고 가슴팍을 드러내자 거기에는 '제11의 서, 배반의 서'라고 적혀 있다. 비밀스러운 침묵으로 언제나 우리를 배반하는 어떤 실재가 점점 더 조금씩 사장을 옥죄어오는 듯하다.

책방 사장이 방 한가운데 깔린 다다미 위에 높은 베개(필로우)를 베고 비스듬히 누워 있다. 화면 위쪽에 작은 창이 뜨면서 '신라여관'이라는 간판이 보이고 그 아래로 다시 '삼성전자 해외면세점'이라는 간판도 눈에 띈다. 이윽고 검은 차량이 화면 중앙으로 다가서자 운전자 청년의 팔뚝이 차창 밖으로 쑥 나온다. 거기에는 '제

12의 서, 탄생과 기원의 서'라고 적혀 있다. 어둠과 카오스가 빛과 코스모스의 신화적 기원이듯이 죽음충동의 자리인 주이상스야말로 모든 탄생의 기원이 된다. 그것은 곧 이어질 마지막 몸-책, 즉 『사자의 서』를 암시한다.

바깥에서 폭죽놀이가 한창일 때, 책방 사장의 방안에서는 한 스모 선수가 옷을 벗는다. 그의 온 몸에는 문자가 가득 쓰여 있다. 그러자 사장이 남자의 몸을 살피며 소리 내어 읽는다. "처형자. 얼지도 않고 비등도 하지 않고 모든 책을 종결하는 서. 최후의 서책. 종이가 열을 감지하지 못할 만큼 페이지가 시들어 썩어 문드러진 낡은 서책이라고 해서 반드시 죽음을 의미하는 것은 아니다. 얼지도 않고 비등하지도 않는, 이것은 기요하라 나기코의 책이다. 너는 아버지를 협박하고 범하고 수치스럽게 만들었다. 남편의 파멸도 너 때문일 것이다. 또한 너는 내 연인의 육체를 모독했다. 넌 벌써 알았겠지. 너무 오래 살았다는 것을." 과연 우리는 모두 너무 오래 살았거나 혹은 전혀 살지 않았다. 그러자 스모 선수가 책방 사장을 향해 돌아선다. 사장은 베개를 들어내고 서랍을 열어 필로우북을 꺼낸다. 그리고 그 제롬의 몸-책을 두루마기처럼 펼쳐 맨 몸에 두르고는 스모 선수 앞에 서서 뜻대로 하라는 투의 몸짓으로 고개를 끄덕인다. 이에 스모 선수가 머리에 꽂은 면도칼을 꺼내어 순식간에 사장의 멱을 딴다. 사장은 목을 감싸며 스모 선수를 향해 쓰러진다. 이로써 13권의 몸-책은 모두 완성되었지만, 글쓰기는 아직 끝나지 않았고, 기표(문자)의 연쇄는 계속 이어진다.

몸-책의 승화: 책 먹기

몸-책은 몸과 책이 하나가 되는 것, 곧 몸이 기표를 먹어치우는 책 먹기의 산물이다. 그것은 하나의 승화이다. 13권의 몸-책을 상기해 보라. '육체-순수-바보-무기력-노출증자-사랑-유혹자-젊음-비밀-침묵-배반-탄생과 기원-사자(死者)'의 기표 연쇄는 〈필로우북〉이 보여주는 영화적 승화 과정이라 할 수 있다. 에로스의 기표인 육체에서 시작되는 그 연쇄는 타나토스의 기표인 사자에 이르러 존재의 환유를 멈춘다. 영화는 모든 트라우마의 기원인 책방 사장을 존재로부터 지워버리는 처형자의 기표로서 "모든 책을 종결하는 서. 최후의 서책"인 13번째 『사자의 서』를 설정하고 있다. 책방 사장은 제롬의 시신으로 만든 『사랑의 서』의 강탈자이자 소유자였다. 그 사랑의 기표를 둘러싼 노출증자와 유혹자의 기표는 사랑이란 것이 실은 환상 대상a라는 아픈 진실을 암시한다.

사랑은 한순간이나마 우리를 좀 더 순수하게 만든다. 그렇다, 사랑 앞에서 우리는 '무기력'한 '바보'가 되곤 한다. 이런 식으로 사랑하는 연인들은 서로에게 자신의 모습을 '노출'시키고 싶어 한다. 그때 연인들은 유혹자가 된다. 일본 신화는 '유혹자'라는 뜻의 이름을 가진 연인 이자나기와 이자나미의 신혼(神婚)에 의해 일본열도가 태어났다고 전한다. 한편 라캉은 "세계는 우리에게 자신의 모습을 드러내는 노출증자가 아니라 우리를 엿보는 관음증자"라고 말한다. 만일 응시의 세계를 가리키는 이 말을 사랑에 적용시켜 '엿보는'을 '유혹하는'으로 대체할 수 있다면, 유혹자는 이제 관음증자가 된다. 그리하여 사랑의 관음증자는 모든 지식을 삼켜버리고 싶어 하는 '젊음'과, 그 지식들이 실은 텅 빈 지식이라는 '비밀'과, 그런 비밀을 은폐하는 대타자의 '침묵'을 경험하면서 마침내 모든 사랑이란 '배반'의 사랑이라는 사실을 깨닫게 될 것이다. 그럴 때 비로소 시지푸스의 형벌처럼 우리를 지배해온 '탄생과 기원'의 무한한 반복이 종지부를 찍고, 우리는 '사자'의 나라로 들어가는 문 입구에 서서 세계의 공백을 대면하게 된다. 바로 이때가 몸-책이 사랑으로 승격되는 순간이다. 백상현은 정신분석이 말하는 승화로서의 책 먹기에 대해 다음과 같이 풀어낸다.

> 통상 승화란 대상을 바꾸어 만족을 추구하는 것으로 이해되어 왔다. 하지만 이는 오해이다. 진정한 승화는 대상을 바꾸는 것이 아니라 목표 자체를 바꾸는 것이다. 이것이야말로 라캉이 말하는 승화의 핵심이다. 승화란 대상을 통해 욕망이 지속되는 세계에서 공백을 통해 만족이 실현되는 물의 차원으로 이동하는 것을 가리킨다. 그렇다면 어떻게 이런 이동이 가능할까? 여기서 라캉은 책 먹기의 개념을 말한다. '먹는다'는 동사는 유아의 사유 속에서 구강충동을 표현하는 가장 근본적인 언어이다. 이 '먹는다'는 행위가 승화의 단계로 들어설 수 있으려면 다른 어떤 것을 먹어야 한다. 라캉은 이를 묵시록의 일화를 따라 책이라고 가정한다. 즉 책을 먹는 행위야말로 구강충동의 단계가 욕망의 유한성으로부터 벗어나는 방식인 것이다. 이때 책, 즉 기표를 먹는다는 것은 기표가 내가 되는 것이며 책이 내가 되는 것을 가리킨다. 기의는 기표의 연쇄에서 파생되는 의미들이다. 이 기의를 통해 우리는 책의 의미를 이해하게 된다. 기의의 세계는 상징계 내의 유한성을 표상한다. 그런데 기표는 스스로 조합을 변화시킴으로써 얼마든지 다른 기의를 생산해낼 수 있는 우연성을 갖는다. 그러니까 기표를 먹음으로써 그것 자체가 된다는 것은 기의에 사로잡힌 신체 또는 엄밀한 의미에서 기의 그 자체라고 할 수 있는 신체를 사건적 기표에 개방하는 것이 된다. 아버지의 법을 중심으로 구성된 상징계의 유한한 테두리에서 빠져나가는 사건적 기표와 자신을 동

일시하는 것, 증상적 기표와의 동일시가 그것이다. 이는 유한성의 신체로부터 무한성의 신체로 나아가는 실천이다. 이런 의미에서 책 먹기로서의 승화는 존재의 환유를 멈추려는 시도이다. 끝없이 제공되는 욕망의 유사 대상들을 갈아타면서 존재의 진리, 즉 공백을 외면하려는 행위를 멈추고자 하는 것이다. 그리하여 주체는 환유의 토대인 공백과 대면하고 그것을 먹음으로써 스스로 공백이 된다(백상현, 2017: 368-371. 필자의 요약 및 강조).

그리너웨이의 다른 작품 〈요리사, 도둑, 그의 아내 그리고 그녀의 정부〉에는 범죄 조직의 두목인 알버트가 서적 판매업자 마이클에게 책의 페이지를 찢어 먹임으로써 질식사시키는 장면이 나온다. 그 책은 평소 마이클이 탐독하던 파스칼 아스트릭 라텔르의 『프랑스혁명사』였다.[8] 이 장면은 마이클이 책을 먹음으로써 책의 기표가 되고 그로 인해 죽음에 이른다는 역설을 잘 보여준다. 이런 책 먹기의 역설은 "구강충동의 단계가 욕망의 유한성으로부터 벗어나는 방식"에서 비롯된 것이다. 이뿐만이 아니다. 영화의 마지막 장면에서 여주인공 조지나는 남편 알버트에게 요리로 만들어진 마이클의 시신을 먹도록 강요한다. 엽기적인 이 장면은 고대 그리스의 디오니소스 비의(秘儀)를 떠올리게 한다. 거기서 바쿠스의 여신도들은 살아 있는 희생 제물을 갈기갈기 찢어 날로 먹음으로써 신과 소통하려 했다. '오모파기아(omophagya)'라 불리는 이 비의의 핵심은 디오니소스의 화신으로 간주되는 희생 제물의 몸을 뜯어먹는 데에 있다(엘리아데, 2005: 556). 오늘날 굿이나 유교 제사 혹은 신도

---

[8] 여기서 책을 찢어 먹게 한다는 것은 "계몽주의의 시민의 이상이 야만성에 의해 유린당하고 있음을 기호화한 것"(피종호, 2010: 287)으로 해석되기도 한다.

마쓰리 때 제물로 바친 음식을 제사 후에 서로 나누어 먹는 관행은 이와 같은 오래된 종교의식의 흔적이라 할 수 있다. 그것은 '신을 나누어 먹는 것'을 뜻한다. 그럼으로써 인간은 "유한성의 신체로부터 무한성의 신체로 나아가는 실천" 혹은 "존재의 환유를 멈추려는 시도"로서의 승화를 꿈꾸는 것이다.

그렇다면 〈필로우북〉의 나기코는 몸-책, 즉 책 먹기를 통해 스스로 공백이 된 것일까? 아마도 나기코는 사랑의 승화에 이르렀을 뿐이고, 라캉이 말하는 승화의 최종 단계에 도달하기에는 아직 가야 할 길이 더 남아 있는 것 같다. 그래서 글쓰기는 계속 이어질 수밖에 없다.

III. 주이상스의 글쓰기: 팔루스적 주이상스에서 여성적 주이상스로

에로스의 글쓰기

〈필로우북〉은 분명 글쓰기에 관한 영화이다. 앞에서도 언급했듯이 영화는 세이쇼나곤의 목소리를 빌려 "글을 쓰는 것은 평범하면서도 고귀한 일입니다. 글쓰기가 없다면 삶은 얼마나 절망적일까요?"라고 말한다. 그것은 평범한 글쓰기와 고귀한 글쓰기에 관한 이야기이다. 이때의 글쓰기는 남에게 보여주기 위한 '통속적 글쓰기'와 자신을 알기 위한 '실존적 글쓰기'에서 시작된다. 하지만 그것은 근본적으로 '나르시시즘적 글쓰기'이다. 가령 거울 위에 물로 글자를 쓰는 나기코의 장면에서 거울과 물은 나르시시즘의 기표라 할 수 있다. 이윽고 그것은 애증의 글쓰기로 나아간다. 최초로 자신의 몸에 글을 쓰는 나기코의 장면에서 그녀는 복부에 애증이라는 글자를 쓴다. 상하가 전도되어 있는 그 글씨는 '애증의 글쓰기'가 어떤 것인지를 잘 보여준다. 상징계의 글쓰기는 너무나 자주 진실을 전도시키고 사랑과 증오의 관계를 전복시킨다.

이리하여 그것은 '기표 연쇄의 글쓰기'임이 드러난다. 글의 의미는 고정된 것이 아니다. 기의는 기표 아래로 한없이 미끄러져 어딘가로 끊임없이 흘러간다. 예를 들어보자. 늙은 서예가가 자신의 몸에 글씨를 써주자마자 나기코는 문을 열고 밖으로 나가 양팔을 활짝 벌리고 얼굴을 젖힌 채 세차게 내리는 비를 온몸으로 맞는다. 이 장면은 빗물에 씻겨 내려가는 글자들을 클로즈업하여 보여준다. 또한 그녀가 자신의 몸에 직접 글을 써넣은 후 샤워를 하는 장면에서 영화는 먹물이 욕조 하수구로 흘러들어가는 모습을 부각시킨다. 이것들은 글쓰기가 기표 연쇄 사슬의 무한한 흐름일 뿐이라는 사실을 상상케 한다. 거기에는 '잉여의 글쓰기'가 내포되어 있다. 영화는 잉여 혹은 나머지를 상징하는 것으로서 쓰레기통에 버려지는 비계와 살덩이의 장면을 두 차례나 보여준다. 나아가 〈필로우북〉의 글쓰기는 '혼종의 글쓰기'이기도 하다. 영화 화면은 혼종성을 뒷받침하기 위해 이질적인 것들의 콜라주와 혼합을 보여주고, 언어 또한 영어, 불어, 일본어, 중국어, 한국어 등이 혼합되어 나타난다. 영화 속 무대 공간은 일본과 홍콩을 오가고 있고 시간은 쇼나곤의 시간, 나기코의 어린 시절의 시간, 성인 나기코의 시간 등이 중첩된다.

하지만 많은 논자가 동의하듯이, 〈필로우북〉은 무엇보다 '에로스의 글쓰기'에 관한 영화이다. 예컨대 조윤경은 "몸, 책, 영화의 동일화된 은유 구조 및 종이, 살갗, 필름의 등가 관계가 빚어내는 에로스의 글쓰기"가 〈필로우북〉의 주제이며, 거기서는 종이와 필름으로 은유화된 몸이 글쓰기와 사랑의 행위를 결합시키는 매체로 기능한다고 지적하면서 "몸이 책처럼, 살이 텍스트처럼 읽히며, 텍스트는 육체적 엑스터시에 도달하게 해준다"는 그리너웨이 자신의 해설을 인용한다(조윤경, 2008: 144). 한편 〈필로우북〉의 몸-책을 의사소통의 회로로 이해하는 정영권에 따르면, 영화에서 몸에 글을 쓰는 행위는 단순한 페티시즘이 아니다. '육체에의 글쓰기'는 섹슈얼리티의 대용물이 아니라 그 자체로 성적인 것이다. "내 몸을 종이라고 생각해요"에서 "난 이제 종이가 아니라 붓이 되는 거야"로 변하는 나기코의 말은 적극적인 의사소통에 대한 욕구이자 섹슈얼리티의 표현과 다름없다는 것이다(정영권, 2001: 178).

한편 진중권(2007)에 따르면 글쓰기는 청각을 시각으로 바꾸어놓는다. 하지만 글자를 피부에 쓸 때 글쓰기는 촉각이 된다. 그리고 그 종이의 냄새를 맡을 때 글쓰기는 후각이 된다. 이처럼 청각과 시각이 후각과 촉각이 될 때 글쓰기는 섹슈얼리티로 연결된다. 나기코의 글쓰기는 곧바로 성행위로 이어진다. 가령 〈필로우북〉은 세이쇼나곤의 목소리를 빌려 "아침, 하얀 종이 냄새, 종이 냄새는 비 내린 뜰에 갑자기 찾아온 새 연인의 살갗 내음과 같다. 먹물은 기름으로 잘 빚어 정돈한 머리카락 냄새이다. 붓은 희열의 도구. 사람들은 붓이 가진 의외의 효과를 잊고 있다"고 말한다. 그런가 하면 늙은 서양 남자의 몸에 글씨를 적고 그 대가로 성관계를 가진 후 축 늘어져 잠든 남자의 몸에 대해 "귓불은 뼈 단추 같고, 머리카락은 붉은 개털 같고, 발등은 썰물에 드러난 동굴 입구 혹은 절반쯤 펼쳐진 책 같고, 배꼽은 조개의 안쪽 같고, 복부는 뒤집어진 접시 같고, 페니스는 절인 오이 같구나"라고 묘사하는 나기코의 연민 어린 음성도 들려온다. 이와 같은 에로스의 글쓰기는 나기코와 제롬이 글자가 쓰인 수많은 종이 위에서 뒹굴며 사랑을 나누는 동안 내내 나른하고 도취적이면서 기묘하게 에로틱한 상송이 배경음악으로 흐르는 장면에서 하나의 정점에 도달한다.

> 그녀는 그 안에서 깨어나는가 / 그 안에서 그를 몰아내는가 / 천사가 날아간다 / 천사가 날아간다 / 아름다워라 / 그녀는 그 안에서 몸을 웅크리는가 / 그 안에서 은밀한가 / 한 남자가 변화한다 / 한 남자가 변화한다 / 이상해라 / 완벽한 혼합 / 그는 그녀 안에서 그녀와 교환되는가 / 한 어두운 남자가 그녀 안에서 변화한다 / 천사가 질주한다 / 금발의 천사가 / 혼란스럽게 한다 / 부드러워라 / 완벽한 혼합 / 천사의 성기

성기를 가진 천사는 에로티시즘의 양면성, 즉 아름다운 금빛 신성과 어둡고 폭력적인 동물성을 동시에 지시하는 기표로 에로스의 글쓰기에 부착되어 있는 의례로서의 글쓰기와 위반의 글쓰기를 예감케 한다. 가령 서예가 아버지가 딸의 몸에 붓으로 이름을 써주면서 창조 신화를 낭송하는 장면은 지극히 종교적이고 의례적인 글쓰기를 보여준다. 한편 에로티시즘은 절대적인 한계로서의 실재계를 돌파하는 파열의 행위이자 상징계의 법과 금지에 대한 침해의 행위라는 의미의 차원에서 영화는 동성애, 약물, 오르지(Orgy)적 섹스, 자살, 네크로필리아(Necrophilia, 시체 애착증), 도착 등 엽기적인 위반의 코드들로 가득 차 있다. 인간의 몸을 종이로 삼아 혀, 겨드랑이, 사타구니, 귓불 등에 작은 글자들을 써넣고 마치 물건처럼 이리저리 굴리는 행위나, 죽은 시신을 몸-책으로 발송하는 장면 혹은 제롬의 몸-책을 소유하고 싶은 욕망으로 시신의 피부를 도려내는 책방 사장의 행위는 매우 폭력적이고 착란적이다.

영화는 우리에게 몸을 책이라고 하고 책 읽기를 육체적 결합의 성적 행위라고 말한다. 이 점에서 영화는 에로티시즘이 가지는 강

렬한 위반의 기쁨을 표출하고 있다. 그런데 바타유가 정확히 포착했듯이 이와 같은 위반의 종착점은 바로 죽음이다. "에로티시즘은 죽음까지 파고드는 삶"(바타이유, 1989: 9)이라고 정의 내리는 바타유는 에로티시즘의 원천이 위반에 있으며 나아가 위반과 에로티시즘은 동일한 것이라고까지 주장한다. 이리하여 〈필로우북〉에서 에로스의 글쓰기는 '의례적 글쓰기'와 '위반의 글쓰기'를 거쳐 '타나토스의 글쓰기'로 접속된다.

타나토스의 글쓰기

그리너웨이의 영화는 "죽음과 풍경, 죽음과 동물, 죽음과 건축, 죽음과 섹스, 죽음과 음식 등 죽음과 관련된 소재"(편장완, 2006: 76)를 즐겨 다루면서 종종 알레고리적 시신을 등장시킨다. 이는 바로크 문학의 중요한 주제인 '메멘토 모리(memento mori, 죽음을 생각하라)'와 잘 조응된다. 〈필로우북〉의 경우 제롬이 영화 속에서 수행하는 가장 중요한 역할은 알레고리적 시신이 되는 것에 있다. 통상 알레고리(우의)는 발터 벤야민의 말처럼 해체를 필요로 한다(벤야민, 2009). 하지만 제롬의 시신은 해체되는 대신 가죽이 벗겨진다. 그의 가죽은 알레고리의 운반자 혹은 중개자로서 기능하며, 그의 나머지 몸은 불필요한 쓰레기로 처리되어 서점 옆 레스토랑의 쓰레기통에 버려진다. 이런 제롬의 시신은 몸을 상징계의 사회적 법, 도덕, 가치가 등록된 하나의 표면으로 간주하는 사고방식의 계보(니체, 카프카, 푸코, 들뢰즈)에 속한 아바타라 할 수 있다(Maricondi & Galway, 2008: 265-266).

그러나 제롬의 시신으로 만들어진 여섯 번째 몸-책 『사랑의 서』는 단순히 상징계적 아바타에만 머물지 않는다. 그것은 덧없는 영원성의 저장고로서의 도서관에 등록된 하나의 실재계적 깊이로 추상화된다. 제롬의 장례식장 장면은 이런 해석을 뒷받침해준다. 나기코는 그의 시신에 '영(永)'이라 적힌 낙인을 찍고 그가 남긴 마지막 편지 ― "나기코, 난 당신을 기다리고 있어요. 도서관에서 만나요. 어떤 도서관이든 모든 도서관에서. 당신의 제롬이" ― 에 "영원한 이슬과 깃털 같은 꿈[永露羽夢]"이라고 적어 넣는다. 영화의 종반부에서 나기코는 마지막 몸-책인 『사자의 서』를 완성한 후 책방 사장을 죽이고 제롬의 몸-책을 되찾아와 그 냄새를 맡고 그것에 자신의 피부를 갖다 댄다. 이 장면은 훔쳐낸 제롬의 시신에서 벗겨낸 가죽으로 만든 몸-책을 자신의 필로우북으로 삼아 밤마다 키스하는 책방 사장의 도착적인 네크로필리아와는 사뭇 상이한 타나토스의 글쓰기를 상기시킨다. 나기코에게 타나토스의 글쓰기는 궁극적으로 새로운 탄생을 위한 에로스(생명)의 글쓰기와 다르지 않기 때문이다.

이를 증명이나 하듯 나기코는 자신의 28세 생일날 제롬의 몸-책을 분재 밑에 묻고 물을 준다. 그러고는 제롬과의 사이에서 얻은 한 살 된 딸의 얼굴에 '나기코'라는 이름을 적는다. 이리하여 제롬의 몸-책은 다시 한번 죽어 아름다운 꽃을 피우는 비료가 될 것이고, 나기코는 딸의 성장과 함께 새로운 길을 걸어나갈 것이다. 이와 같은 엄마 나기코의 시간 및 딸 나기코의 시간과 더불어 〈필로우북〉은 세이쇼나곤의 시간과 나기코의 시간, 어린 나기코의 시간과 여인 나기코의 시간, 20세기의 끝(밀레니엄의 끝)과 21세기의 시작(새로운 밀레니엄의 시작)을 중층적으로 보여준다. 이 점에서 '크로노스의 글쓰기'를 말할 수도 있다. 이로써 〈필로우북〉은 궁극적으로 "에로스, 타나토스, 크로노스가 합일되는 글쓰기"(조윤경, 2008: 71)를 보여준다.

하지만 여기에 하나가 더 추가되어야 할 것이다. '주이상스의 글쓰기'가 그것이다. 그리너웨이는 화면 가득히 문자를 채우며 나기코의 주이상스를 그려낸다(박시성, 2007: 35). 특히 세차게 내리는 빗줄기 속에서 글자가 가득 쓰인 나신을 드러내며 희열에 잠겨 하늘을 올려 보는 나기코, 제롬이 나기코의 몸에 글씨를 써주는 장면에서 황홀경을 느끼는 듯한 나기코, 영화의 마지막 장면에서 고혹적인 입술을 반쯤 닫은 채 조용히 눈감는 나기코의 얼굴은 고도로 순화된 주이상스의 글쓰기가 무엇인지를 시각적으로 전해준다.

주이상스의 글쓰기: 팔루스적 주이상스에서 여성적 주이상스로

나기코의 욕망은 몸에 새겨지는 문자를 통해 채워진다. "나기코는 최상의 감각적 쾌락을 그녀 몸에 쓰인 문자의 이념과 동일시했다. 그녀는 연인들에게 자신의 몸에 글자를 써달라고 요청했고, 그들은 이런 그녀의 비위를 맞추어주면서 그녀의 요구에 성실하게 응했다. 나기코는 자신의 몸에 글씨를 써준 서예가들이나 작가들과 몸을 섞었다."(Greenaway, 1996: 8) 이처럼 몸-책의 글쓰기와 동일시된 최상의 감각적 쾌락은 어린 나기코가 결코 이해할 수 없었던 주이상스였다. 이를 원초적 주이상스라고 불러보자. 그런데 원초적 주이상스는 '아버지의 이름'이라는 새로운 법이 개입하면서 거세된다. 나기코의 경우 원초적 주이상스를 상실하게 된 요인은 이 밖에도 두 가지가 더 있다. 하나는 책의 출판을 대가로 나기코의 아버지에게 남색을 요구한 책방 사장이고, 또 하나는 문자의 주이상스를 이해할 수 없었던 남편이다. 다른 한편 글쓰기에 대한 나기코의 욕망은 아버지에 의해 이름이 붙여지고, 이후 몸-책으로서의 필로우북은 나기코에게 욕망의 대상이자 원인, 즉 대상a가 된다. 홍콩에서 일급 모델이 된 나기코는 만나는 연인마다 몸에 자기 이름을 써줄 것을 요구하면서 박탈당한 교토 시대 유년기의 원초적 주이상스를 그리워한다.

그러나 새 연인 제롬을 만난 후 종이가 아닌 붓이 되어보라는 권유에 따라 직접 자기 몸에 글을 쓰기 시작하면서 나기코는 원초적 주이상스의 기억을 되살리기 시작한다. 이때 자기 몸에 처음 쓴 글자가 애증(愛憎)이었음은 매우 시사적이다. 이는 향후 나기코가 고통과 쾌락, 애정과 증오 모두를 몸-책에 기록하게 될 양가적인 주이상스적 글쓰기의 주체로 새롭게 태어날 것임을 암시하는 대목이기 때문이다. 그런데 실은 그녀가 자기 몸에 최초로 쓴 글자는 복부의 '애증' 외에도 몇 가지가 더 있었다. 그녀는 양쪽 허벅지에 '주야(晝夜)'와 '노소(怒笑)' 그리고 왼쪽 팔에 '남(男)'이라는 문자를 썼다. 이때 허벅지에 쓰인 글자를 옆으로 읽으면 "낮에는 분노하고 밤에는 웃는다[晝怒夜笑]"는 뜻이 된다. 무엇에 분노하고 누가 웃는다는 것일까? 막이 내린 영화의 텅 빈 객석에 앉은 라캉의 자리에서 돌이켜볼 때 어쩌면 '주야'는 각각 남성성과 여성성을, 그리고 '노소'는 각각 팔루스적 주이상스에 대한 분노와 여성적 주이상스의 미소를 가리키는 것으로 상상해볼 수 있지 않을까? 그러고 보면 나기코가 오른 팔에 굳이 '여(女)'라는 대칭적 글자를 쓰지 않은 것은 그녀 자신이 이미 여성적 주이상스의 주체임을 자각했기 때문일지도 모르겠다. 그렇다면 그녀가 복부에 쓴 '애증'이라는 글자는 '아버지의 법' 혹은 '아버지의 이름'에 대한 애증으로 다시 읽어내야만 할 것이다.

이와 아울러 앞서 언급한 창조 신화와 샹송 가사 또한 새로운 읽기가 요청된다. "신이 인간을 창조했을 때 그는 진흙으로 첫 번째 형상을 만드시고 눈과 입술 그리고 성기를 그리셨다. 그리고 인간이 자기의 이름을 잊어버릴까 걱정하여 그것들 각각마다 이름을 써넣어주셨다"는 창조 신화에서 눈은 응시(gaze), 입술은 목소리, 성기는 팔루스의 표상으로 읽을 수 있겠는데, 이 세 가지는 모두 라캉이 말하는 대상a의 전형적인 사례에 속한다. 나아가 이름을 써넣는 명명 행위는 상징계적 대타자로서의 '아버지의 법'에 의한 분류, 질서, 지배의 행위로 이해될 만하다. 한편 조윤경은 '완벽한 혼합'과 '천사의 성기'를 노래하는 저 에로틱한 샹송이 남녀의 성적 합일과 그 합일이 상대방의 내면에 불러일으키는 변화를 노래한 것으로 풀어냈다(조윤경, 2008: 158-159). 이때 "한 어두운 남자가 그녀 안에서 변화한다"는 구절에서 잘 엿볼 수 있듯이 변화해야 하는 것은 여자가 아니라 남자 쪽이다. 또한 "그녀는 그 안에서 깨어나는가 / 그 안에서 그를 몰아내는가 / 천사가 날아간다"는 구절은 여자가 남자(팔루스적 주이상스)를 몰아내고 그 대신 여성적 주이상스의 기쁨에 눈뜨게 된다는 점을 함축하고 있다. 그런 기쁨이 "천사가 날아간다"는 표현이나 '야소(夜笑)', 즉 여성적 주이상스의 미소로 드러난 것이리라.

여성적 주이상스가 탄생하는 장소는 얼굴이 아니라 발바닥이다. 늙은 중국인 서예가가 나기코의 온 몸에 문자를 써넣자 나기코는 마지막으로 발바닥에 자기 이름을 써달라고 요청한다. "기요하라 나기코노 모토스케 세이쇼나곤." 여기서는 아직 기요하라 모토스케라는 아버지의 성과 이름이 붙어 있기는 하지만, 이전과는 달리 '아버지의 법'이 지배하는 장소 또는 '아버지의 이름'이 등록되는 장소인 얼굴이 아니라 발바닥에 그녀의 이름이 새겨진다. 전술했듯이 〈필로우북〉은 매우 명확하게 텍스트화된 몸을 '아버지의 법'의 화신으로 비유하고 있다. 가령 나기코의 목덜미에 적힌 '모토스케'는 '아버지의 이름'을 상징하며, 그것은 어린 나기코가 하나의 주체로 형성되는 데에 결정적이다. 영화의 종반부에 이르기까지 그녀에게는 대상a로서의 '아버지의 목소리'가 늘 따라다닌다. 그러나 결말에서 나기코는 가부장제적 사회에 각인된 '아버지의 법'에 반기를 들고 또 다른 대상a로서의 세이쇼나곤의 목소리를 매개로 하여 '아버지의 이름'으로부터 벗어나는 새로운 길을 발견하게 된다(Maricondi & Galway, 2008: 267, 280). 이 대목에서 세이쇼나곤은 화면 밖 관객을 응시하며 다음과 같이 말한다.

인생에는 신뢰할 만한 것이 두 가지 있지요. 육체의 희열과 문학의 희열이 그것입니다. 저는 이 두 가지를 모두 가지는 행운을 누렸답니다.

이는 몸과 글쓰기가 균열 없이 결합되는 여성적 주이상스를 가감없이 표현하고 있다. 여성적 주이상스는 기본적으로 육체 속에 있으며 육체에 속한 것이기 때문이다(김경순, 2009: 121). 이리하여 〈필로우북〉은 나기코가 그녀의 인생에서 중요한 의미를 가졌던 남자들(아버지, 책방 사장, 남편, 연인들, 제롬)을 떠나 독자적인 길을 걸어가게 될 것을 암시한다. 되풀이 말하거니와 나기코는 제롬의 몸-책을 분재 밑에 묻는다. 딸의 출생과 더불어 새로운 밀레니엄이 시작되고, 나기코는 스스로 창조 신화를 음송하면서 딸의 얼굴에 '나기코'라는 이름을 적어준다. 거기에는 아버지로부터 물려받은 '기요하라'라는 성씨는 빠져 있다. '아버지의 이름' 대신 '어머니의 이름'을 적어 넣은 것이다. 이제 새로운 세기는 어머니와 딸의 세계가 될 것이다.

〈필로우북〉을 비롯하여 그리너웨이 영화는 상당히 여성주의적이다. "그의 영화에서 여성은 권력에 길들지 않는 존재이며 새로운 세계를 창조하기 위해 기존의 세계를 해체시키려 한다. 기존의 세상 혹은 권력으로 상징되는 남편은 항상 부인에 의해 살해되는 것이다. '남편 죽이기'는 그리너웨이 영화에 자주 등장하는 모티프다."(이은주, 1997: 94) 가령 〈요리사, 도둑, 그의 아내 그리고 그녀의 정부〉의 마지막 장면에서 여주인공 조지나는 범죄 조직의 두목인 남편 알버트를 총으로 쏘아 죽여 복수한다. 이처럼 그리너웨이의 영화는 남성과 여성의 권력관계의 역할을 전도시키고자 시도한다. 그는 남성의 힘을 조정하고 가부장적 권력을 극복하는 정치적 능력을 지닌 여성에 관한 이야기를 선호한다(편장완, 2006: 76-77).

실제로 세이쇼나곤은 "정말 남자란 동물은 도저히 이해 안 된다. … 역시 남자란 다른 사람을 딱하게 생각한다든지 남의 마음에 신경을 쓴다든지 하는 감정과는 거리가 먼 존재인 것 같다. … 남자란 나 같은 여자 쪽에서 보면 참으로 기묘한 동물이다. 그 속을 전혀 알 수가 없다"(세이쇼나곤, 2004: 259, 455-457)고 당당하게 말하는 페미니스트였다. 이런 세이쇼나곤의 목소리와 함께 〈필로우북〉의 마지막 장면은 고혹적인 입술을 반쯤 닫은 채 살포시 조용히 눈감은 나기코의 표정을 클로즈업시킴으로써 그녀가 도달한 여성적 주이상스의 세계로 우리를 끌고 들어간다.

IV. 모노노아와레의 글쓰기와 일본의 기표

모노노아와레란 무엇인가: 일본의 기표

〈필로우북〉은 아버지가 어린 나기코의 얼굴에 이름을 써주는 팔루스적 주이상스의 장면으로 시작해서 28세가 된 나기코가 자신의 딸의 얼굴에 이름을 써주는 여성적 주이상스의 장면으로 끝난다. 이로써 여섯 살 때 나기코가 결심한 것이 이루어졌다. 그녀는 그녀만의 필로우북을 갖게 된 것이다. 나기코만의 필로우북, 그것은 주이상스의 글쓰기로 쓰인 몸-책을 넘어서 모노노아와레의 글쓰기로 채워지는 필로우북이 될 것이다. 그 여정에서 나기코는 책 먹기로 표상된 정신분석적 승화의 한 편린이라 할 수 있는 모노노아와레적 사랑의 길을 지나왔다.

그렇다면 일본을 나타내는 대표적인 기표 중 하나라 할 만한 '모노노아와레'란 무엇인가? 남편에게 절망한 나기코가 집에 불을 지르고 탈주하면서 "이별은 아름답고 쓸쓸한 것"이라고 말할 때 그것은 모노노아와레 미의식을 가장 쉬운 말로 표현하고 있다. 그것은 이를테면 감동을 주는 어떤 것 또는 깊고 진한 것의 아름다움, 무엇이든 깊고 절절한 느낌을 자아내는 것, 섬세한 교감의 세계, 자연과 인간의 대비 속에서 미를 발견하는 감성, 사물이나 사건 등에 예민하게 반응하는 감수성 또는 사물이나 사건에 감동할 줄 아는 능력, 비애와 연민의 공감을 환기시키는 사물의 파토스 등과 관련된 대표적인 일본 미학적 개념이다(박규태, 2012: 301).

사전적 정의에 따르면 모노노아와레는 "헤이안시대 문학에서 자연 혹은 인생에 있어 다양한 사상(事象)의 섬세하고 미묘하며 깊은 정취를 나타내는 말, 혹은 그것을 받아들이는 깊고 절절한 감정을 나타내는 말"을 가리킨다. 그것은 "존재하는 모든 사물 본래의 정취와 의미를 깨닫고 또한 그것에 솔직하게 감동하여 느끼는 것이 바로 '모노노아와레를 아는 것'이라고 규정한 모토오리 노리나가 이후 일본 문학 일반의 본질을 나타내는 말로 통설화되었고, 나아가 사물에 대한 공감과 일체화를 추구하는 대상적 감수성 및 타자를 배려하거나 널리 인정에 따르고자 하는 일본인의 심성을 나타

내는 대표적인 용어로 쓰이게 되었다."(桂島宣弘他編, 2001: 542-543)

일면 실재를 향해 살짝 열려져 있는 듯이 보이는 내밀하고도 섬세한 통찰력을 내장한 모노노아와레 관념은 다른 한편 상징적 질서의 구축에 결정적인 취약점을 노정하기도 한다. 가령 모노노아와레는 그것을 선악의 기준으로 삼는 모노노아와레 공동체의 내부에서만 통용될 수 있는 매우 특수한 윤리로 일본 외부에 대해서는 종종 배제의 논리로 작용하기 쉽다는 점, 모노노아와레에 원리적으로 내포되어 있는 자기 연민의 감정이 반전하여 열등감을 공유하려 들지 않는 자에 대해서는 바닥을 알 수 없는 증오심을 품게 될 수도 있다는 점 등을 들 수 있다. 노리나가의 배타적인 '가라고코로'론도 모노노아와레 공동체에서 배태된 증오심의 표출일 것이다. 어쨌거나 노리나가 국학을 거치면서 근세 일본의 도시 사회에서는 모노노아와레라 불리는 독특한 공통 감정을 공동성의 기반으로 하는 사회시스템이 형성되었고, 그후 서서히 쇠퇴했지만 오늘날까지도 일본 사회에는 여전히 기본적으로 동일한 구조가 존속하고 있다. 그래서 앞에서는 일본 사회를 모노노아와레 공동체라고 칭한 바 있다. "근세 이래 일본 문화의 핵심은 이런 공통 감정의 집단적 공유에 있는데, 거기서 비애감, 허무감, 무상감은 모노노아와레의 발효에 없어서는 안 될 전제이다."(百川敬仁, 2000: 10-14) 이는 바로크 비애극의 중요한 특질로서 폐허적 무상감에 주목한 벤야민의 통찰력을 상기시킨다(벤야민, 2009: 264-271). 〈필로우북〉에서 그리너웨이 감독의 바로크적 감수성과 모노노아와레가 만난 것은 결코 우연이 아니다.

모노노아와레의 글쓰기

이쯤에서 다시 모노노아와레의 글쓰기라는 문제로 되돌아가 〈필로우북〉과의 연관성을 짚어보기로 하자. 첫째, 바로크 미학 및 포스트모더니즘과 더불어 〈필로우북〉에 깔린 헤이안시대 왕조풍의 정조 자체가 이미 모노노아와레적이다. 너무나 당연해 보이는 이런 모노노아와레적 측면을 그리너웨이는 바로크 및 포스트모더니즘적 미학과 융합시킴으로써 그것을 보다 특별한 것으로 만드는 데에 성공했다. 이때『침초자』라는 헤이안시대 텍스트와 그 저자인 세이쇼나곤의 이미지가 중심 역할을 하고 있음은 말할 나위도 없다. 그런데 사실『침초자』는 통상 모노노아와레와는 다른 미의식을 대표하는 텍스트이다. 대상을 객관적, 비판적, 주지적으로 받아들이려는 태도에 의해 환기되는 감동 혹은 밝고 명랑한 정취를 뜻하는 '오카시'라는 미의식이 그것이다. 오카시는 모노노아와레와 함께 헤이안시대를 대표하는 미의식이다. 이와 관련하여 "『겐지 이야기』가 왕조시대의 귀족적 미학을 구현하며 마음속 깊이 애절하게 느끼는 정서인 내향적인 '모노노아와레'를 표현한 데 비해,『침초자』는 어떤 사물에 대해 객관적으로 바라보며 지적인 흥취를 느끼는 오카시의 정서를 표현한 것"이라는 이해가 하나의 통설이 되어 있다. 하지만 영화 〈필로우북〉에 관한 한 이런 통설은 그다지 큰 의미를 가지지 못한다. 영화 속에 묘사된 세이쇼나곤의 이미지와 발췌한『침초자』의 구절들은 가감 없이 모노노아와레적 풍취를 전해주고 있기 때문이다.

둘째, 〈필로우북〉의 주인공 나기코와『침초자』의 저자 세이쇼나곤의 상사성 또한 모노노아와레적이다. 둘은 '고상한 것들'의 리스트를 매개로 모노노아와레의 글쓰기에 동참한다. 가령 영화의 마지막 장면에서 나기코에게 '고상한 것들'의 리스트가 영어 자막으로 뜬다. "산 위의 구름에서 따뜻하게 내리는 비, 교토를 떠올리며 진홍색 옷을 입고 천천히 걷기, 마쓰노오대사(松尾大社) 정원에서 연인에게 키스받기, 조용한 물과 소란스런 물, 옛것을 모방한 오후의 정사, 이전의 사랑과 앞으로의 사랑, 육체와 글쓰는 탁자, 사랑을 쓰고 발견하기." 이 리스트를 영화 초반과 중반에 삽입된 다음과 같은 세이쇼나곤의 '고상한 것들'의 리스트와 비교해보라. "물오리알, 빙수에 꽃을 넣어 새 은그릇에 담은 것, 등꽃, 매화에 눈 내린 것, 아주 귀엽게 생긴 어린애가 딸기 먹는 모습. … 당나라 비단, 장식 검, 목각 부처, 중궁께서 한낮에 하시는 행차, 뜰에 눈이 많이 쌓인 것, 진보라색 천, 보라색인 것은 무엇이든 고귀하다. 꽃도 실도 종이도 다 그렇다."(세이쇼나곤, 2004: 96, 184-186) 나기코와 세이쇼나곤의 '고상한 것들'의 리스트는 사물을 죽 열거하고 있다는 점에서 공통점을 보여준다. 세부로 들어가자면 오카시와 모노노아와레의 차이를 감지할 수도 있겠지만, 영화적 표현의 자리에서 보자면 양자의 리스트는 "사물에 대한 감수성" 혹은 "사물에 감동할 줄 아는 능력"으로서의 모노노아와레 미학을 잘 드러내 보여준다. 나아가 영화 속에서 나기코와 세이쇼나곤 사이에 흐르는 섬세한 교감은 그 자체가 모노노아와레적이기도 하다.

셋째, 영화 속에서 이와 같은 교감을 가능케 하는 하나의 이유로 '미야비'라는 미의식의 매개를 들 수 있을 것이다. 여기서 미야비의 미의식이란 헤이안시대 궁정풍 혹은 도회풍의 우미하고 귀족적인 정취를 가리킨다. 모토오리 노리나가는 모노노아와레와 미야비를 거의 동일시했다. 이때 미야비의 무대가 "기품 있고 그윽하고 고상한 것들"로 가득 찬 여성적이고 부드러운 정취의 헤이안임은 물론이다. 노리나가는 "대저 인간이란 미야비의 마음을 알아야 한다. 미야비의 마음을 모르는 자는 모노노아와레를 모르며 마음이 없는 자이다"(『本居宣長全集』 1, 29)라 하여, 모노노아와레를 아는 것이 곧 이런 '미야비의 마음'이라고 생각했다. 그러니까 전술한 '고상한 것들'의 리스트는 곧 '미야비'의 리스트이자 '모노노아와레'의 리스트와 다르지 않다는 말이다.

넷째, 모노노아와레의 글쓰기와 〈필로우북〉은 불투명성이라는 특징을 공유한다. 〈필로우북〉의 몸-책에 쓰인 글자들은 지극히 단편적이고 탈서사적인 알레고리들로 이루어져 있다. 게다가 멀티 언어, 멀티 스크린, 멀티 사운드트랙(아악, 독경 소리, 중국 가요, 샹송), 멀티 장르(문학, 회화, 영화)의 혼성성과 잡종성은 불투명성을 더욱 극단화시킨다. 이런 불투명성과 잡종성을 모노노아와레의 글쓰기라는 범주로 묶을 수 있는 근거는 일본적 주체성의 문제와 관계가 있다. 흔히 '자아 불확실성'으로 특징지어지는 모노노아와레적 문화에서의 주체는 곧 부재하는 주체이며, 따라서 부단히 전체성(때때로 존재하지 않는, 극도로 이상화된, 허구적인 전체성)과의 융합을 추구하는 주체이다. 그런 주체의 특징으로 무엇보다 경계가 불분명한 애매성[9]을 들 수 있다. 〈필로우북〉의 탈경계적 특성은 단지 영화 기법상의 문제에만 관련된 것이 아니다. 그것은 몸과 책의 경계, 선과 악의 경계, 삶과 죽음의 경계, 주체와 대상의 경계에 대해 존재론적, 인식론적 측면에서 그 경계를 애매하고 낯설게 만드는

---

[9] 이와 관련하여 오에 겐자부로(大江健三郎)는 노벨문학상 수상 기념 연설에서 다음과 같이 말한 적이 있다. "개항 이래 120여 년간 근대화를 추진했던 일본은 오늘날 애매성의 두 상반된 축 사이에서 분열되어 있습니다. 이 애매성은 그것이 지닌 너무나 강력한 침투력으로 인해 일본이라는 나라는 물론이고 일본인들까지도 분열증적인 상태로 몰고 갑니다. 그것은 또한 깊이 패인 상흔처럼 작가인 내게 영향을 미치고 있습니다. 이처럼 애매성은 여러 측면에서 분명히 드러납니다."(Kenzaburo, 1995: 117)

바로크 미학과 유사한 특성을 보여준다. 니체적 선악의 피안에 위치하면서 주체와 대상의 궁극적인 합일을 지향하는 모노노아와레가 이런 바로크 미학과 공통분모를 가지는 것은 매우 자연스러워 보인다.

끝으로, 이상과 같은 모노노아와레의 글쓰기가 〈필로우북〉에서 가지는 포괄적인 의미에 대해 생각해보고 싶다. 일반적으로 그리너웨이의 영화는 단순한 감성에 의존하지 않고 지성에 호소한다(편장완, 2006: 70). 그의 데뷔작이라 할 수 있는 8분짜리 단편영화 〈감정의 죽음(Death of Sentiment)〉(1962)이라는 타이틀은 이 점을 상징적으로 시사한다. 하지만 모노노아와레는 감정의 제국에서 비로소 가능한 미적 감수성이다. 그렇다면 양자의 간극을 메워주는 것은 무엇일까? 그것은 바로 모노노아와레의 기표라 할 수 있는 비애, 허무, 무상이다. 사실 그리너웨이의 영화는 불가지론적 혹은 허무주의적 요소가 짙다(Gras, 1995: 123, 142). 〈필로우북〉의 경우 몸-책의 글자가 물에 씻겨져 욕조 하수구로 빨려 들어가는 장면이나 제롬 사후 동그란 욕조 안에 달팽이처럼 감겨진 나기코의 나신 장면 등은 이런 비애와 무상의 에토스를 잘 드러내 보여준다. 이 외에도 영화는 전반적으로 전술한 왕조풍의 모노노아와레 표상들을 매개로 하여 곳곳에서 바로크적 비애를 재현하고 있다. 그런 비애와 무상감은 존재의 핵심에 있는 공허한 심연으로서의 공백, 즉 실재와 어디선가 맞닿아 있을 성싶다.

가시적 혹은 불가시적인 일본의 기표

〈필로우북〉이 보여주는 일본의 기표는 이상에서 살펴본 모노노아와레 외에도 교토, 기모노, 가레산스이식 정원, 스모, 분재, 한자와 가나 문자 등 적지 않게 찾아볼 수 있다. 가령 홍콩과 함께 영화의 주된 배경으로 제시되고 있는 교토는 일본인의 마음의 고향, 일본 전통의 메카를 표상한다. 또한 일본에 대한 정신분석은 문자 문제를 빼고는 있을 수 없다고 말하는 가라타니 고진에 따르면 한자와 가나의 병용 및 훈독은 일본에서 거세의 배제를 초래함으로써 상징계에 들어가면서 동시에 들어가지 않는 분열증적 결과를 낳았다. 그렇기 때문에 대부분의 일본 문화론들이 일본에는 확고한 주체가 없다거나 원리적인 것이 부재한다고 말하게 된 것이다(가라타니 고진, 2006: 93). 이런 관점에서 보자면 한자와 가나 문자가 함께 쓰인 13권의 몸-책은 결국 주체의 부재를 시사하는 셈이다.

하지만 역시 모노노아와레라는 기표 다음으로 가장 중요한 것은 우키요에(浮世繪)의 기표라 하지 않을 수 없다. 그리너웨이는 세계에 대한 우리의 관점과 세계 안에서의 우리의 행동이 표상에 의해 항상 매개되어 있음을 보여준다. 이는 특히 사진사 호키가 소음으로 가득한 홍콩의 어떤 슈퍼마켓 주차장 옥상에서 나기코의 사진을 찍을 때, 그 배경으로 비행기 한 대가 근처 공항에 착륙하기 위해 바로 눈앞에서 천천히 빌딩 숲 사이를 지나가는 장면에서 잘 드러난다. 이 장면은 호키 사진의 조용한 몽타주와 오버랩된다. 거기서 서사의 시각적, 시간적 흐름은 단절된다. 비대칭적인 이런 장면 구성과 호키 사진의 서예적 감촉과 결은 알고 보면 일본의 우키요에 판화 제작 전통에 의해 중개되고 있다. 우리의 구체적인 삶은 예술을 모방한다. 나기코와 제롬이 우키요에 춘화에 나오는 의상과 체위를 모방하면서 사랑을 나누는 장면은 이 점을 가장 인상적으로 보여준다. 그리너웨이는 사진사 호키가 카페 티포에서 제롬과 함께 얘기를 나누면서 무심코 긁적거린 낙서를 보여주면서 유명한 우키요에 화가 가쓰시카 호쿠사이(葛飾北齋)를 직접 인용하기도 한다(Maricondi & Galway, 2008: 276).

〈필로우북〉은 우키요에로 대표되는 자포니즘(Japonism)[10]을 도입함으로써 바로크적 장식성을 강화시켰다는 점에서 그리너웨이 영화에 하나의 전환점을 제공했다는 평가를 받는다. 특히 우키요에 판화 그림을 삽입함으로써 영화의 외관과 표정을 간소화하고 내면 풍경이 잘 드러나지 않게 하는 효과를 낳는다. 이런 우키요에의 등장 시기가 모노노아와레 공통 감정의 출현과 거의 동시대인 17세기 후반이라는 점은 매우 흥미롭다. 게다가 이 시기가 놀랍게도 바로크 시대와 중첩되는 것은 결코 우연으로만 치부될 수 없을 것이다. 아름다움에 대한 인간의 감각은 충분히 공시적 구조를 가질 수 있을 테니 말이다. 어쨌든 우키요에는 모노노아와레의 공통 감각에 의한 육체 길들이기와 순화, 즉 '에로티시즘의 거세' 및 혹은 그런 순화에 대한 반작용으로서의 '에로티시즘의 과잉'[11]이라는 측면을 내포한다.

한편 이와 같은 가시적인 일본의 기표 외에도 〈필로우북〉은 비가시적인 중요한 일본문화코드를 많이 함축하고 있다. 예컨대 그리너웨이는 영화 시나리오를 출간한 단행본에서 다음과 같은 나기코의 일기를 제시한다. "나는 11시까지 세이쇼나곤을 잘난 체한다

---

[10] 19세기 중후반 유럽에서 유행하던 일본풍 미술 및 생활 문화(디자인, 그릇, 부채, 비단, 병풍 등)의 사조를 가리키는 말.

[11] 주지하다시피 우키요에 춘화는 남녀 성기를 비대하게 과잉 묘사하면서 해부학적으로 정밀하게 그려져 있다. 반면 성행위의 경우에는 종종 인체 구조상 불가능한 자세나 체위가 묘사된다. 요컨대 성기 부분은 편집증적으로 정밀하고 정확한 디테일을 묘사하는 데 비해, 인체 전체는 종종 극단적으로 변형시켜 표현하고 있는 것이다. 그 결과 마치 성기에 인간존재의 중심이 실려 있는 듯한 인상을 받게 된다.

고 힐난하는 무라사키 시키부(紫式部)¹²를 읽으면서 정원에 앉아 있었다. 시키부는 사람들과 다르게 보이려고 애쓰는 자는 좋은 평가를 받지 못할 것이며 앞날이 평탄치 못할 거라고 말한다. 이 말은 참으로 옳다. 그리고 너무나도 일본적이다. 일본인들은 남들과 다른 것을 미워한다. 천 년이 지난 오늘날에도 일본인은 조금도 변하지 않았다."(Greenaway, 1996: 114)

여기서 "일본인들은 남들과 다른 것을 미워한다"는 구절은 일본 문화론적 개념과 관계가 있다. 근대의 야나기타 구니오(柳田國男)의 일본 민속학은 물론이고 현대의 다채로운 일본 문화론(일본인론)은 본질적으로 모노노아와레에 입각한 국학의 변주곡이라 할 수 있다. 가령 일본 사회에서는 혼네를 숨기고 다테마에만 내세워도 누구나 이심전심으로 상대방의 의중을 읽어낼 것이 요구된다. 현대 일본에서는 이런 문화적 특질을 가리켜 장의 윤리나 모성 원리라고도 하고 혹은 아마에, 세켄, 기리, 수치라는 말로 표현하기도 한다. 간단히 말해 거기서는 일본이라는 장에 속해 있느냐 아니냐가 가장 중요한 윤리적 판단의 기준으로 작용하며, 그 장 안에서는 옳고 그름이나 잘나고 못남을 넘어서서 모든 자녀를 평등하게 감싸 안는 감성적인 모성 원리가 지배적일 뿐만 아니라 상위 질서나 집단에 의존하는 아마에의 심리가 널리 퍼져 있다. 또한 그 장 안에서는 개인보다도 그가 속한 집단의 '공기'를 더 중시하는 체념적 간인주의가 널리 받아들여지고, 나아가 다른 사람의 시선에 매우 예민하게 반응하는 세켄, 기리, 수치의 감각이 촘촘한 그물망처럼 퍼져 있다.

---

12 『겐지 이야기』를 펴낸 헤이안시대의 여성 문인.

글쓰기의 다형성

일본과 일본 문화는 다형적 충동의 세계를 가시적인 것으로 보여주는 박물관 같은 것이다. 거기에는 서로 모순되는 것들이 논리의 방해를 받지 않은 채 뒤섞여 있고, 알파에서 오메가까지 모든 것이 한 자리에 나란히 전시되어 있다. 베네딕트가 '국화와 칼'이라는 메타포로 말하려 했던 점이 이것이다. 따라서 일본에 대해 무언가를 쓴다는 것은 다형적 글쓰기가 될 수밖에 없다. 그렇지 않고서는 일본을 제대로 표현하기 어렵기 때문이다. 앞에서 언급한 몸의 글쓰기 혹은 몸-책의 글쓰기를 비롯하여 실존적 글쓰기, 애증의 글쓰기, 나르시시즘적 글쓰기, 기표 연쇄의 글쓰기, 잉여의 글쓰기, 혼종의 글쓰기, 에로스의 글쓰기, 의례적 글쓰기, 위반의 글쓰기, 타나토스의 글쓰기, 크로노스의 글쓰기를 거쳐 주이상스의 글쓰기와 모노노아와레의 글쓰기에 이르는 〈필로우북〉의 글쓰기는 곧 일본에 대한 정신분석적 글쓰기이기도 하다. 그것들은 모두 충동의 다형성을 반영하는 글쓰기이다.

맺음말: 일본과 대상a

"이미지가, 상상하는 힘이 자신의 미래와 시간의 흐름을 만들어간다."(〈신세기 에반게리온〉)

금지 사회에서 주이상스 사회로

〈필로우북〉의 주인공 나기코의 몸-책 글쓰기에 대한 욕망이 팔루스적 주이상스에서 여성적 주이상스로 전이하는 귀결은 라캉주의자 맥고완의 표현을 빌리자면 '금지 사회에서 주이상스 사회로'라는 포스트모던 일본 사회의 변용을 시사하고 있는지도 모른다. 맥고완은 사회질서와의 관계를 기준으로 삼아 다음과 같이 주이상스의 네 가지 유형을 제시한다(McGowan, 2004: 13, 71-76).

① 사회질서 유지에 위협이 되는 주이상스: 이는 불가능한 대상 혹은 철저히 금지된 대상과 관계가 있다.
② 사회질서를 유지시키는 데 필요한 주이상스: 하지만 모든 사회질서는 스스로를 지속시키기 위해 주이상스를 이용해야만 한다. 라캉은 『세미나 14』(미출간)에서 사회질서 자체가 주이상스로부터 생겨난다고 주장한다. 그 결과 금지와 주이상스

는 대립적임에도 불구하고 우리는 여전히 사회 내부에서 주이상스를 감지할 수 있게 된다.

③ 자기 포기의 주이상스: 사회가 지속되는 것은 주체들이 주이상스의 포기를 통해 또 다른 주이상스를 이끌어내는 데에서 기인하기도 한다. 이때 사회 통합은 주체들이 보다 큰 선과 사회적 의무를 위해 개인적인 주이상스를 포기하는 데에서 산출된 주이상스에 의존한다. 가령 전쟁의 공포 속에서 애국심으로 임무를 수행하는 군인이 있는가 하면 사회적 책무감으로 봉사하고 노동하는 볼런티어들도 많이 있다.

④ 작은 위반으로서의 주이상스: 가령 표현의 자유, 과음, 흡연, 복권, 경마, 포르노 등 해당 사회가 허용할 수 있는 범위 내의 각종 위반에서 비롯되는 주이상스도 있다.

이상의 네 가지 주이상스 유형은 정도의 차이는 있을지언정 일본을 비롯하여 대부분의 사회에 공통적이다. 그렇지만 ②와 ③의 주이상스는 일본 사회에서 매우 독특한 방식으로 나타난다. 예컨대 주이상스 ②를 대표하는 사례로 종교를 들 수 있는데, 특히 서구의 유대-기독교적 종교 전통은 종종 지금 여기에서의 주이상스를 포기하는 대신 사후의 영원한 생명을 약속함으로써 현실의 불만을 억제하여 사회 통합에 기여한다. 이에 비해 '나카이마', 즉 지금 여기를 곧 영원의 신대(神代)로 간주하는 현세 중심적인 일본 종교(신도)와 일본교(천황교)는 사후가 아닌 현세에서의 주이상스를 더 중요하게 여기는 방식으로 강력한 사회 통합을 도모한다. 무엇보다 주이상스 ③과 관련하여 장의 윤리, 세켄, 화의 원리, 모노노아와레 등의 문화코드를 비롯하여 기리라는 대단히 촘촘한 의무관념과 무사의 마코토라는 신도적 윤리를 하나의 사회적 불문율로서 요구하는 일본 사회에 더 많은 주이상스가 있음은 분명하다. 이런 의미에서 일본은 '주이상스 사회'에 가깝다고 말할 수 있다.

하지만 이와 동시에 700여 년에 걸친 혹독한 사무라이 통치와 메이지유신 이후 위로부터의 엄격한 엘리트 지배에 길들여진 일본에는 여전히 '금지 사회'의 속성이 많이 남아 있다. 금지 사회에서 '금지'란 곧 '주이상스의 금지'를 의미한다. 그 금지를 통해 작동하는 상징은 대상에게 아이덴티티를 부여하고, 금지에 기초한 상징적 질서는 일종의 사회계약을 구성하며 아무도 그것을 과도하게 누리지 못하도록 주이상스를 보호하고 관리하려 든다. 이와 같은 금지 사회는 모든 구성원이 사적인 방식으로 소유하는 주이상스를 사회질서를 위해 희생할 것을 요구한다. 전통적으로 금지 사회 일본에서는 세켄, 국가, 천황 등이 주이상스의 금지를 명하는 '아버지의 이름'의 궁극적인 대행자로 기능해왔다. 그런 대행자들의 금지 명령에 따르는 것이 곧 장의 윤리로 불렸으며, 그 장 안에서 '나'를 버리고[無私] 최선을 다해 주어진 역할을 완수하는 개개인의 도덕인 마코토의 윤리가 일본인들의 사고와 행동을 지배해왔다. 일본 문화는 이런 금지에 대한 (혹은 금지 안에서의) '허용된 위반' 위에 세워진 상징적 구축물이라 할 수 있다. 그런데 금지 사회가 유지되려면 가혹한 금지가 주체에게 초래하는 불만족을 상쇄하고 보완하기 위해 다른 한편으로 상상계에 더 많이 의존하지 않으면 안 된다. 영화, 잡지, 만화, 애니메이션, 게임, AV(포르노) 등과 같은 상상계적 이미지가 차고 넘치는 일본은 이런 금지 사회의 측면을 매우 인상적인 방식으로 보여준다.

전통적인 가부장제적 아버지의 부재는 주이상스 사회의 출현을 말해주는 중요한 징후이다. 금지로부터 주이상스로의 전환을 이해하기 위해 우리는 부성적 권위의 위상에서 일어나는 변화를 인식해야만 한다. 주이상스 사회의 출현은 부성적 기능 및 상징적 권위의 쇠퇴와 상당 부분 일치하기 때문이다. 그렇다면 현대 일본 사회의 경우는 어떠한가? 11장에서 언급했듯이 1980년대 말에는 베를린장벽이 무너지면서 동서 냉전이 일단 막을 내렸고 사상적으로 '이데올로기의 종언'이 상투어가 되었다. 이에 따라 이념이나 법으로 집단을 구속하는 '아버지'의 권위는 막다른 골목으로 몰렸다. 1995년에 방영되기 시작한 안노 히데아키 감독의 〈신세기 에반게리온〉 TV시리즈는 그 난해함에도 불구하고 이런 시대적 배경을 등에 업고 엄청난 사회적 신드롬을 낳았다. 이념, 법, 보편적 가치 등 '아버지의 이름'으로 상징되는 것들이 유효성을 상실한 시대를 반영한 이 애니메이션에서 강한 척하지만 실은 여성에게 의존적인 겐도(주인공 신지의 아버지)는 '아버지가 단말마를 맞이한 시대'의 상징이었다(助川幸逸郎, 2008: 30-31).

현대 일본 사회가 금지 사회로부터 주이상스 사회로 이동하고 있음을 보여주는 징후는 초월성이 소거된 '무종교' 개념과도 밀접한 연관성이 있다. 아마 도시마로(阿滿利麿)에 따르면 무종교란 '무신론'을 뜻하지 않는다. 그것은 특정 교단 종교의 신자가 아니라는 것을 뜻하며, 실제로는 '팔백만신'으로 표상되는 자연종교의 측면이 강하다. 그러니까 무종교란 단순히 '종교가 없음'을 말하는 것이 아니라, 기존의 종교 개념으로 잘 포착되지 않는 종교를 포괄한다. 또한 그것은 기존의 '종교'에 대한 공포심에서 비롯된 자기방어의 한 표현으로 초월적 구원의 프로그램을 결핍하고 있으며, 일본인의 인생관 혹은 일본인의 심층적인 심성과도 밀접한 관계가 있다 (아마 도시마로, 2000).

금지 사회는 무엇보다 '주이상스와 거리를 유지하는 사회'이다. 그런데 초월의 관념을 가능케 하는 것이 바로 주이상스에 대한 명시적인 금지이다. 이때의 초월이란 저 멀리 혹은 표면 밑이나 뒤에 무언가 근본적으로 다른 것이 존재한다는 관념을 가리킨다. 금지는 우리가 위반해서는 안 되는 어떤 장벽을 설정한다. 이와 동시에 금지는 그 과정에서 장벽 너머의 어떤 공간을 설정한다. 그것은 초월적 공간이다. 인간은 금지 행위를 통해 초월적 공간의 조각가로 거듭나는 것이다. 그런데 우리는 이 초월적 공간을 오직 부재를 통해서만 알 수 있다. "실재는 초월적인 것"(Lacan, 2013: 79)이라는 라캉의 말처럼 초월은 실재계에 속한 것이기 때문이다. 다시 말해 초월적 공간은 우리가 거기에 접근할 수 없다는 부정적인 방식으로만 존재한다. 우리는 초월적 공간이라는 욕망의 대상에 직접 접근할 수 없다. 따라서 이때 욕망하는 주체와 욕망의 대상 사이에는 거리가 존재할 수밖에 없다.

그러나 주이상스 사회가 확산됨에 따라 명시적인 금지가 부재하게 되면서 이런 거리가 사라지기 시작한다. 보다 중요한 것은 이와 더불어 모든 깊이도 사라지고 있다는 점이다. 초월과 거리와 깊이가 사라지면서 그 결과 가장 가치 있는 대상조차 다른 것과 똑같은 대상이 되어버린다. 이리하여 상징화의 과정이 상징적 질서 안의 간극에 가득 채워진다. 그 결과 우리는 원래 상징화될 수 없는 것인 실재계를 가리키던 공백, 즉 간극, 결여, 구멍, 틈새, 공(空), 무, 여백이 부재하는 세계에 살게 될 것이다. 거기서 우리는 모든 욕망의 대상이 접근 가능한 것이 되었다는 착각에 사로잡힌다. 그 욕망의 대상들이 표면에 존재하게 되어 쉽게 손에 넣을 수 있다는 환상이 우리를 지배하게 되는 것이다. 이리하여 주이상스 사회에는 더 이상 어떤 초월도 거리도 깊이도 특별히 의미 있는 것으로 존재하지 않게 된다.

거기서는 즐기라는 명령이 동시에 모든 거리를 넘어서라는 명령으로 받아들여진다. 주이상스 사회에 사는 사람들은 욕망과 그 대 상 간의 간극을 참고 견디기보다는 그 간극을 참을 수 없는 존재 의 무거움으로, 다시 말해 즐기라는 명령에 대한 위반으로 느낀다. 따라서 주이상스 사회에서 거리는 점점 더 사라져버리게 된다. 일 본인의 이른바 '무종교' 관념은 이런 주이상스 사회에 잘 맞는 옷 이라 할 수 있다. 초월이 배제된 무종교 관념은 아예 처음부터 거 리나 깊이와는 무관한 것이었다. 그 대신 거기에는 '거리와 깊이를 무화시키는 하나'에 대한 강박적인 모노노아와레적 합일 감정이 충만하게 흐르고 넘칠 따름이다. 〈별의 목소리〉와 〈초속 5센티미 터〉에서 〈너의 이름은〉에 이르기까지 신카이 마코토의 애니메이션 세계가 묘사하고 있는 것이 이런 모노노아와레의 세계이다.

　주이상스 사회로서의 일본을 본질적으로 가장 잘 말해주는 표상 은 바로 '이미지의 제국'일 것이다. 전술했듯이 금지 사회의 중요한 특징인 이미지에 의한 지배는 주이상스 사회에도 필수적이다. 물 론 양자는 상이한 맥락을 가진다. 초월성을 전제로 하는 금지 사회 와 달리 주이상스 사회에서 이미지의 과잉 노출은 초월성의 부재 를 보여줄 뿐이다. 우리가 이미지에서 얻는 주이상스는 초월과는 무관한 상상적인 것이다. 그럼에도 이미지는 주체로 하여금 그가 즐기라는 명령을 따르도록 상상하는 것을 허용한다. 이런 의미에 서 이미지에 대한 강조는 주이상스 사회에 현저한 특징이라 할 수 있다. 왜냐하면 그것은 전체적인 주이상스에 대한 환상뿐만 아니 라, 사회에 위협적인 주이상스와 달리 상상적 자유를 제공하기 때 문이다. 언어와 그 안에 내포된 주이상스의 부재가 금지 사회에 핵 심적이듯이 이미지와 그 안에 내포된 주이상스의 환상은 주이상스 사회에 핵심적이다. 일본을 '기호의 제국'으로 규정한 롤랑 바르트 에 따르면 "이미지는 더 이상 언어를 예시하지 않는다. 언어가 구조적으로 이미지에 기생하는 것이다."(Barthes, 1983: 204) '언어로부터 이미지로'의 이와 같은 전환은 정신분석적 관점에서 볼 때 상징계에 대한 강조로부터 상상계에 대한 강조로의 변화에 상응한다.

그런데 이처럼 금지 사회에서 주이상스 사회로, 언어로부터 이미지로, 상징계에서 상상계로의 전환과 변화에 즈음하여 근래 '장의 윤리'와 '마코토의 윤리'가 작동해온 일본 사회에 '허용된 위반'을 넘어서서 그것과 본질적으로 상이한 어떤 균열이 생겨나기 시작한 듯싶다. 소노 시온의 영화 세계와 애니메이션 작품에 대한 라캉적, 일본 문화론적 해석을 통해 이런 균열의 다양한 층위가 아이덴티티와 주체의 문제로 나타나는 양상들을 살펴보는 것이 본서의 의도 중 하나였다. 조심스레 진단해보건대 그 균열들은 결국 주이상스 사회의 도래를 말해주는 하나의 증환일 수도 있다. 주이상스 사회는 구성원에게 전체를 위해 개인적인 주이상스를 희생하도록 요구하는 대신, 반대로 라캉의 말처럼 "주이상스를 가지라"고 명한다. 이런 의미에서 향후 일본에서는 무사(無私)라는 전통적 가치가 종래 지녔던 집단적인 설득력이 점차 약화될지도 모르겠다. 1990년대 말 이래 일본 사회에 급속하게 퍼진 '공공철학' 담론[1]이나 참된 '자기 찾기' 프로젝트로서의 스피리추얼리티 담론[2] 등은 이런 징후를 잘 보여준다. 공공철학은 무사 대신 '사'를 살려 '공'을 열자는 '활사개공(活私開公)'을 주창하며, 스피리추얼리티 담론에서는 무사의 집단주의 대신 개인의 영성을 더 중시하기 때문이다.

---

[1] 1998년 이래 김태창의 주도로 진행되어온 '공공철학 교토포럼'을 중심으로 전개되어온 학문·철학·시민운동. 이에 관해서는 박규태(2014) 참조.

[2] 1990년대 이후 '치유'와 '자기 찾기'를 키워드로 하여 일본 서브컬처와 미디어, 출판계, 학술계 등에서 광범위하게 일어난 일종의 새로운 의식·문화운동을 가리키는 말. 이에 관해서는 박규태(2015) 참조.

포스트 고도성장기 일본 사회가 금지 사회로부터 주이상스 사회로 바뀌고 있음을 보여주는 사회 문화적 징후들을 일일이 거론하는 것은 본서의 범위를 벗어나는 작업이다. 여기서는 다만 주이상스의 사회야말로 논리보다 감정의 세계가 우선하는 모노노아와레 공동체로서의 일본 사회에 더 친화성이 있을 것이라고 예상하는 데에 그치기로 하자. 〈노리코의 식탁〉의 노리코와 유카, 〈사랑의 죄〉의 미쓰코와 이즈미, 특히 〈필로우북〉의 결말부에서 여성적 주이상스를 발견하는 나기코 등은 이런 주이상스 사회의 시민을 대변하는 캐릭터일 수도 있다. 반면 노리코의 부친, 이즈미의 남편, 책방 사장 등은 강박적인 팔루스적 주이상스에 사로잡혀 있는 금지 사회의 엘리트 지배계급을 대변하는 전형이라 할 수 있다.

대상a를 욕망하는 일본

이처럼 금지 사회에서 주이상스 사회로 이행하고 있는 일본에 대해 글을 씀으로써 내가 보고 싶어 하는 것은 도대체 무엇일까? 우리는 모두 글쓰기의 주체가 되기를 욕망한다. 그리고 그 글쓰기의 대상이 실재한다고 생각한다. 과연 그럴까? 일본에 대한 다형적 글쓰기, 내게 그것은 갈수록 '대상a를 욕망하는 일본' 혹은 '대상a로서의 일본'에 대한 글쓰기로 수렴되고 있다. 다시 물어보자. 대상a란 무엇인가? 한마디로 그것은 주이상스가 그렇듯이 비켜서서 바라본 욕망의 뒷모습이라 할 수 있다. 1장에서 언급했듯이 라캉은 우리가 흔히 욕망이라고 부르는 것을 욕구(생물학적 욕망), 요구(욕구의 언어화), 욕망으로 세분하면서, 욕망을 욕구와 요구 사이의 분열 혹은 차이로 규정한다. 욕구를 완벽하게 요구로 전환시키는 것은 불가능하기 때문이다. 그리하여 욕구가 만족된 이후 혹은 주체가 요구한 대상을 얻은 후에도 욕망은 그 자체로 지속된다. 욕망은 결코 '꺼지지' 않는다. 이런 의미에서 라캉적 욕망은 흔히 텅 빈 '결여'로 정의된다. 이 결여로부터 주체가 요구하는 대상을 획득한 순간마다 그 주체가 여전히 얻지 못해 아쉬워하는, 혹은 가지고 있지 않은 어떤 것이 출현한다. 라캉은 이것을 대상a라고 불렀다. 이런 대상a를 욕망하는 "주체는 자신이 아닌 다른 것으로 나타나며, 그에게 주어지는 것은 그가 보고 싶어 하는 것이 아니다."(라캉, 2008: 162)

일본 문화론의 원형이라 말해지는 모토오리 노리나가는 일본 문화의 본질이 양파 같다는 점을 간파하고 있었다. 그래서 그는 바다 건너 외국 문화(가라고코로)가 유입되기 이전의 고유한 일본 문화(야마토다마시이)를 집요하게 찾아다녔던 것이다. 존재하지 않는 대상a를 실재하는 것으로 믿고 그것을 전유하려는 이런 욕망의 흐름은 야나기타 구니오 및 오리구치 시노부의 민속학과 스즈키 다이세쓰(鈴木大拙)의 일본적 영성론을 거쳐 우메하라 다케시(梅原猛)의 기층문화론, 가와이 하야오의 모성적 중공(中空) 구조론, 야마오리 데쓰오(山折哲雄)의 샤머니즘 담론, 나카자와 신이치(中澤新一)의 대칭성 인류학적 신화론, 가마타 도지(鎌田東二)의 신도론, 고마쓰 가즈히코(小松和彦)의 요괴론 등 최근 영성적 지식인들의 일본 문화론(박규태, 2015: 제6장)에 이르기까지 지루하리만큼 수없이 되풀이되어 왔다. 사실 모든 일본 문화론 자체가 겉으로는 매우 다양해 보이지만, 그 내실은 대개 노리나가 국학의 단조로운 변주에 지나지 않는다. 일본 문화는 일본만의 고유한 어떤 것을 가지고 있다는 것이다. 하지만 그러한 일본 문화 담론은 환상일 뿐이다. 이 점을 전제로 하지 않는 일본 문화론은 결코 아무런 의미도 전해줄 수 없다.

그것이 환상이라는 사실을 전제로 할 때에만 일본 문화는 의미를 가질 수 있다. 존재하지 않는 노리나가의 '고도(古道)'를 환상 대상a로서 욕망해온 일본은 자신의 그림자만 보고 있는 것이 아닐까? 대상a는 실제로는 이따한 내상노 가지지 않는 욕망을 지속하게 만듦으로써 우리로 하여금 계속 살아가도록 동기를 부여하는 역할을 한다. 그것은 언어 너머의 실재계에 속해 있으며, 따라서 언어의 세계인 상징계 안에서는 아무것도 의미하지 않는 하나의 아포리아로 남아 있다. 그러면서도 그것은 상징계의 공백을 채워줌으로써 주체에게 존재감을 부여한다. 다시 말해 대상a란 '결여 그 자체'로서 주체를 유지시키는 욕망의 원인이자 동시에 근원적 환상으로서의 욕망의 대상과 다르지 않은 것이다. 이때의 환상이란 내 안의 '다른 나'가 '나'의 의지와는 무관하게 대상a를 뒤쫓는 것을 가리킨다. 소노 시온의 영화와 〈필로우북〉 및 '성장'의 문제를 다룬 애니메이션 작품들은 많은 경우 대상a를 욕망하는 일본의 환상을 가로지르고 있다.

"너의 욕망에 대해 양보하지 말라"는 라캉의 명제는 이와 같은 서브컬쳐적 주체의 환상 가로지르기와 밀접하게 연계되어 있다. 라캉적 욕망은 주체가 존재의 차원을 획득하기 위해 존재의 핵심에 위치한 공백을 메우려는 대상a와 환상의 관계를 가리키는 말이기 때문이다. 우리는 우리에게 생기를 불어넣는 욕망의 원인을 제거함으로써가 아니라, 역설적으로 환상으로서의 욕망을 타자의 것이 아닌 자기 자신의 것으로 끝까지 고집함으로써만 환상 너머로 나아갈 수 있다. 따라서 환상 가로지르기는 환상 바깥에서가 아니라 오로지 그 내부에서만 취해질 수 있다. 다시 말해 우리가 환상 너머로 나아가기 위해서는 어떤 것이 환상이라는 사실을 아는 것만으로는, 혹은 거리를 두고 그것에 대해 이야기하는 것만으로는 충분치 않다. 오히려 이와 동시에 욕망을 구축하고 지탱하는 바로 그 환상을 횡단해야만 한다(주판치치, 2004: 354-355).

유토피아적 신일본의 이미지를 보여주는 가와구치 가이지(川口開治) 원작의 애니메이션 〈지팡구(ジパング)〉(2004)[3]에서처럼, 지금도 일본은 부재하는 유토피아에 대한 집단적 환상을 끊임없이 재생산하고 있다. 이런 "유토피아를 구상하는 자는 그 유토피아 안에서의 독재자"라는 한나 아렌트(Hannah Arendt)의 말처럼 환상을 만들거나 누리는 자는 그 환상 안에서의 독재자와 다르지 않다. 일본인이 유독 만화나 애니메이션을 좋아하는 것도 이런 환상 구조에서 비롯된 것일지도 모른다.

실제 대상이 아닌 환상 대상a를 욕망하는 일본에 대한 정신분석을 시도한 본서에서 일본문화코드에 주목해야 했던 이유가 여기에 있다. 일본문화코드는 대부분 일본 문화의 원천인 '외부'를 무시하거나 소거한 채 '고유한 일본정신(야마토다마시이)'이라는 '내부'에 집착하는 환상의 기표들로 구성되어 있는데, 그 환상을 드러내고 벗겨내기 위해서는 일본문화코드 안쪽으로 들어가야만 하기 때문이다. 단지 일본에 대한 이런저런 지식과 정보 혹은 일정한 거리를 유지하는 객관적인 설명과 이해를 알고 있는 것만으로는 부족하다. 본서는 일본문화코드를 매개로 하여 일본인의 정신세계 속에

---

[3] 2002년 일본의 해상자위대 순양함 미라이호(여기서 '미라이'는 미래를 뜻함)가 훈련 도중 이상한 폭풍우에 휘말려 일본의 진주만 습격으로 시작된 태평양전쟁기인 1942년으로 타임슬립하게 된다. 미라이호의 부함장 가도마쓰는 우연히 미드웨이 해전에서 격추된 비행기에 타고 있던 제국 해군 사관 구사카를 구조해준다. 미라이호 자료실에서 1942년 이후에 일어날 미래의 일들을 알게 된 구사카는 실제 일어난 '무조건 항복'의 역사가 일본에 치욕적인 것이라 생각하여, 진행 중인 전쟁을 조기 종식시켜 만주를 발판으로 하는 '지팡구'를 세움으로써 군사적 자주권을 가진 강한 유토피아적 신일본을 만들어내고자 획책한다.

들어가 그들의 욕망을 구축하고 지탱해온 환상을 함께 횡단하려는 시도이다. 이런 의미에서 일본정신분석이란 곧 환상 가로지르기라는 말로 대체될 수도 있다.

일본이라는 대상a

일본 문화는 종종 양파에 비유되곤 한다. 그 껍질을 하나씩 벗겨나가면 마지막에 남는 것은 없다. 알맹이가 없는 것이다. 어쩌면 껍질 자체가 알맹이일지도 모른다. 이 점에서 일본 문화는 라캉이 말하는 대상a와 매우 닮았다. 라캉은 대상a라는 개념을 일반적이고 상식적인 대상과 구별하기 위해 만들어냈다. 우리가 통상 욕망의 대상으로서 당연시하는 것들은 라캉에 의하면 실은 존재하지 않는다. 어쩌면 우리는 존재하지 않는 그림자 같은 대상을 글쓰기의 대상으로 착각하고 있는지도 모른다. 글쓰기의 대상은 실은 존재하지 않는다. 모노노아와레의 문화를 추구해온 일본, 혹은 주이상스 사회로 전이되고 있는 일본의 경우는 더더욱 그렇다. 다만 환상으로서의 일본이라는 대상a만이 존재할 따름이다. 그래서 무모함에도 불구하고 일본정신분석을 내세워야 할 필요가 있었다. 그것은 한편으로 우리 자신에 대한 정신분석을 촉구한다. 대상a란 언제나 실재하는 그 무엇으로서 표현된 것(presentation)이라기보다는 그 대상을 표현하고자 하는 우리 자신의 욕망에 의해 재현되어야 할 것(representation)에 더 가깝기 때문이다.

이런 재현의 대상인 일본을 바르트는 '기호의 제국'이라고 명명했는데, 이때 '제국'이 시사하는 기호의 과잉은 "너무 풍요로운 나머지 결국 무의미해지고 말"(뒤랑, 1998: 291) 위험성을 내포하고 있다. 가령 '텅 빈 중심'으로서의 천황제는 그 근원적인 결여로 인해 역설적으로 미시마 유키오의 마지막 연작 소설의 제목처럼 '풍요의 바다'가 될 수도 있지만, 동시에 미시마가 주창한 '문화 개념으로서의 천황'과 같은 무의미한 이데올로기가 될 수도 있다. 본서에서 주목한 일본 영화와 애니메이션으로 표상되는 이미지의 제국 일본에서는 '중요한 무언가'가 항상 다른 어떤 것으로 교체되어 있다. 그러니까 일본이란 이런 결여 자체에 붙여진 이름이라 할 수 있다. 예컨대 일본은 9세기에 한자로부터 가나(假名)를 만들었다. 그런데 한자는 빌려온 얼굴이고 가나는 실은 한국의 이두를 모델로 해서 만든 임시의 얼굴이다. 진짜 얼굴은 항상 다른 어떤 것에 의해서만 표상된다. 일본의 본질은 어디에도 부재한다. 다만 부재하는 주체[無私]의 집단주의가 지배하고 있을 뿐이다. 우리가 일본이라는 환상 대상a를 가로질러 가야 하는 이유가 여기에 있다.

주체는 기표의 세계(상징계)로 들어감으로써 주체가 된다. 그런데 존재 자체는 상징계로 들어가는 순간 억압될 수밖에 없다. 그리하여 존재가 결여된 곳에서 주체의 욕망은 끊임없이 대상을 찾으려고 한다. 이것이 바로 대상a의 기능이다. 이때 대상a는 하나의 스크린 역할을 한다. 존재의 결여는 절대 메꿀 수 없는 것인데도 우리는 끊임없이 대상을 찾아 나선다. 그 결과 스크린으로서의 대상a를 만들어내는 것이다. 이 대상a의 스크린은 무언가를 보여주는 동시에 가려버린다. 정확히 이런 의미에서 우리에게 일본은 대상a이다. 일본은 우리에게 무언가를 보여주는 동시에 은폐해버린다. 일본의 역사는 의식적, 무의식적으로 한국에 대한 기억과 흔적을 지워버리고자 만들어낸 헛된 왜상들로 점철되어 있다.

하지만 대상a로서의 일본에 대한 정신분석이 의도하는 궁극적인 지향성은 이런 왜상으로 가득 차 있는 일본을 비난하거나 깎아내리기 위한 것이라기보다는, 다이아몬드의 다음 제언처럼 오히려 한국과 일본의 참된 공통점을 지향함으로써 허망한 왜상들이 한일 관계의 생산적인 미래를 바꾸지 못하게 하기 위한 데에 있다.

오늘날 한국과 일본은 모두 경제 부국이 되었다. 그러나 대한해협을 사이에 둔 이 두 나라는 잘못된 신화와 참혹했던 과거라는 굴절된 렌즈를 통해 상대방을 바라본다. 이 대단한 두 나라 사람들이 서로의 공통점을 발견하지 못하고 계속 대립한다면, 동아시아의 미래는 암울할 것이다. 일본인이 진정 누구이며, 그들과 밀접하게 연관된 한국인과는 어떻게 갈라지게 되었는지 하는 문제를 올바르게 이해하는 작업은 그들 사이의 공통점을 찾기 위한 기초가 될 것이다(다이아몬드, 2011: 629-630).

일본인이 과연 누구이며 일본인과 한국인이 역사적으로 어떤 밀접한 관계에 있었는지를 올바르게 알기 위해서는 현재를 출발점으로 삼는 길과 과거로부터 출발하는 길 모두가 필요하다. 도래인 문화에 대한 이해가 후자에 속한다면, 본서에서 시도한 일본정신분석은 "오늘날 일본인은 우리에게 과연 누구인가?"를 묻는 전자의 길 위에서 이루어진 것이었다. 아마도 그 길을 걷다 보면 언젠가는 우리 자신을 만나게 될 것이고, 그럴 때 한국인과 일본인의 공통점이 지금보다 더 많이 보이게 되리라고 기대된다. 그런데 참된 공통점을 찾아내기 위해서는 먼저 차이의 고원을 넘어서야만 한다. 그렇지 않을 경우 공통점은 자칫 환상에 매몰되기 십상이다. 라캉은 주체가 환상을 가로질러 자기소외를 극복해야만 진정한 주체가 될 수 있음을 시사한다. 그리고 환상을 가로질러 차이의 고원에 도달하려면 무엇보다 이미지의 숨겨진 의미와 상상의 힘에 눈뜨지 않으면 안 된다. "이미지가, 상상하는 힘이 자신의 미래와 시간의 흐름을 만들어갈 것"(《신세기 에반게리온》)이기 때문이다. 이때의 '이미지'가 상상계에 속한 것이라면, '상상하는 힘'은 어디까지나 상징계의 몫이다. 하지만 우리는 아직도 이미지의 제국 일본에 대한 상상력의 빈곤을 겪고 있다. 이해의 부족이나 오해는 지적 노력을 통해 메꾸고 바로잡을 수 있다. 그러나 상상력의 빈곤을 메우기 위해서는 정신분석과 같은 좀 더 심층적인 접근이 필요하지 않을까? 이런 맥락에서 본서가 시도한 '환상 가로지르기'로서의 일본정신분석은 '일본 상상하기'로 바꿔 말해도 좋을 성싶다.

후기

일본인이든 한국인이든 세상살이는 기본적으로 크게 다르지 않다. 그러나 집단으로서의 한국과 일본 혹은 한국 문화와 일본 문화를 거론할 경우 일본인과 한국인은 사고방식이나 행동 양식에서 분명한 차이가 있다고 말하지 않을 수 없다. 거기서 한일 양국은 비유컨대 숲과 나무의 관계를 드러낸다. 만일 먼 거리에서 숲만 바라본다면 양국은 차이보다 유사성이 더 눈에 띨 것이다. 하지만 숲 속으로 들어가면 전혀 다른 풍경들이 나타날 것이다.

　일본이라는 숲의 생태 환경이 낳은 영화와 애니메이션의 나무들을 다룬 본서는 라캉 정신분석적 개념들과 일본문화코드를 통해 궁극적으로 '주체의 문제'에 다가서고자 했다. 어쩌면 일본인만큼 주체의 문제에 예민한 사례는 다시 찾기 힘들지 모르겠다. 지정학적으로 '문화의 종착역'이라고 말해지기도 하는 일본은 고대 이래 학문을 비롯한 모든 영역에서 일본정신에 입각한 주체적 수용에 힘써왔다. 그러나 역설적이게도 이는 종종 '한(韓) 지우기'를 수반하는 '주체의 상실'로 귀결되곤 했다. 특히 근대 이후 오늘날에 이르기까지 일본 문화는 '개인으로서의 주체 확립'이라는 난제에 직면해 있다. 본서에서 집중적으로 조명한 소노 시온의 영화와 〈신세기 에반게리온〉을 비롯한 애니메이션 작품들은 공통적으로 이와 같은 주체의 문제를 각각 독특한 방식으로 묘사하고 있다. 주체의 문제가 핵심인 라캉 정신분석을 본서에 끌어들인 중요한 동기가 바로 이 점에 있었다.

  종래 나는 일본 영화나 애니메이션에 대해 강의하면서 늘 "무언가 더 있을" 것 같은 막연한 느낌에 사로잡히곤 했다. 그 '무언가 더'를 형상화하기 위해 일본 문화론이나 일본 사상사의 크고 작은 고원들을 넘나들다가 언제부터인가 라캉과 만나게 되었다. 정신분석이 전공도 아니고 라캉을 불어 원전으로 읽은 적도 없는 문외한이 무모하게도 라캉으로 영화와 애니메이션을 읽고 일본정신분석이란 것을 감행하다니, 돌이켜 생각해보면 참 겁이 없었구나 싶다. 아마도 무지한 자의 용기였을 것이다. 라캉이 언급한 '진리의 독점불가능성'에 기대어 위로를 받고 싶었던 것일까? 그럼에도 본서에서 크고 작은 오독은 불가피해 보인다. 라캉 읽기는 원래 오독에서 자유롭기가 쉽지 않다고들 한다. 해체주의자 데리다는 "해독은 본질상 오독"이라는 전제하에서 "해체는 오독을 기념하는 것"이라고 보았다. 그렇다 해도 일본 읽기가 언제까지나 오독의 기념비가 되어서는 안 되겠다는 생각에 적어도 일본에 대한 오독만큼은 최소화하고 싶었다. 하지만 그것이 뜻대로 되었는지는 의문이다. 언제나 마음을 열어놓고 따가운 질책과 지적을 기다리고자 한다.

  끝으로 어려운 시절에도 진지하게 인문학적 정신에 기대어 좋은 책을 펴내는 데에 진력하시는 강동권 사장님, 번잡한 글을 꼼꼼하게 살펴주신 임양희 편집장님과 정재은 선생님께 마음으로부터 깊은 감사의 뜻을 표하고 싶다. 아울러 본서 중 일부는 다음과 같이 기존의 지면에 수록된 글을 대폭적으로 수정 보완하여 사용했음을 밝혀둔다.

서문: 왜 일본정신분석인가?: 「특집 〈현대 일본을 정신분석하다〉 편집자의 말: 아프게 피지 않는 꽃은 없다」, 『일본비평』 5, 서울대학교 일본연구소, 2011.

3장 주체와 아이덴티티: 「소노 시온의 영화와 아이덴티티: 〈자살클럽〉과 〈노리코의 식탁〉에 대한 정신분석학적 해석」, 조관자 편, 『일본, 상실의 시대를 넘어서』, 박문사, 2014.

4장 사랑과 여성적 주이상스: 「현대 일본 영화와 섹슈얼리티: 소노 시온의 〈사랑의 죄〉를 중심으로」, 『일본비평』 11, 서울대학교 일본연구소, 2014.

5장 사랑의 응시: 「소노 시온 영화와 '응시'의 종교: 환상·욕망·사랑」, 『종교문화비평』 25, 한국종교문화연구소, 2014.

9장 성장을 꿈꾸는 반(¥)주체: 「〈신세기 에반게리온〉 재고: 성장을 꿈꾸는 반(¥)주체」, 『비교일본학』 42, 한양대학교 일본학국제비교연구소, 2018.

12장 일본에 대한 정신분석적 글쓰기: 「피터 그리너웨이 〈필로우북〉의 '글쓰기'와 일본 표상」, 『비교일본학』 36, 한양대학교 일본학국제비교연구소, 2016.

2018년 10월 14일,
하얀이가 태어난 그날 하얀이 엄마와 함께.

참고 문헌

한국어 문헌

가라타니 고진, 2006(2003), 『일본정신의 기원』, 송태욱 옮김, 이매진.

가라타니 고진, 2011, 『일본 근대문학의 기원』, 박유하 옮김, 도서출판 비.

가타오카 류, 2012, 「'제재기복'의 공공철학에 참여하여」, 『공공철학』 17(2012. 5).

가토 슈이치, 2010, 『일본문화의 시간과 공간』, 박인순 옮김, 작은이야기.

강응섭, 2005, 「라캉과 종교」, 『라깡과 현대정신분석』 7(2), 한국라깡과 현대정신분석학회.

강응섭, 2006, 「라캉, objet a, 예수 이름」, 『라깡과 현대정신분석』 8(1), 한국라깡과 현대정신분석학회.

강응섭, 2009, 「종교의 형식과 내용에 관한 라캉적 에세이」, 『철학과 현상학 연구』 42, 한국현상학회.

강효정, 2005, 「애니메이션 캐릭터를 대상으로 한 프로이트의 정신분석 적용 연구」, 세종대학교 영상대학원 석사 논문.

고미숙, 2000, 「감각의 제국: 욕망, 팔루스, 그리고 파시즘」, 『비평기계』, 소명출판.

고바야시 요시키, 2017, 『라캉, 환자와의 대화』, 이정민 옮김, 에디투스.

고병권, 2002, 「원령공주와 생태주의」, 이진경 외, 『이것은 애니메이션이 아니다』, 문학과경계사.

구키 슈조, 2001, 『'이키'의 구조』, 이윤정 옮김, 한일문화교류센터.

권순정, 2014, 「라캉의 환상적 주체와 팔루스」, 『철학논총: 새한철학회 논문집』 75(1).

권택영, 2001, 『감각의 제국: 라캉으로 영화읽기』, 민음사.

기리도시 리사쿠, 2002, 『미야자키 하야오론』, 남도현 옮김, 써드아이.

김경순, 2009, 『라캉의 질서론과 실재의 텍스트적 재현』, 한국학술정보.

김경욱, 2000, 「독한 향신료처럼 '식'과 '성'을 넘나드는 욕망의 실루엣: 피터 그리너웨이의 〈요리사, 도둑, 그의 아내 그리고 그녀의 정부〉」, 『출판저널』 272.

김동욱, 2016, 「프로이트의 정신분석을 적용한 미야자키 하야오의 작품 분석: 〈센과 치히로의 행방불명〉과 〈원령공주〉를 중심으로」, 『일러스트레이션 포럼』 49.

김미연, 2003, 「주이상스: 남성의 쾌락을 넘어서」, 『페미니즘과 정신분석』, 도서출판 여이연.

김상환·홍준기 편, 2003, 『라깡의 재탄생』, 창작과비평사.

김서영, 2007, 『영화로 읽는 정신분석』, 은행나무.

김석, 2007, 『에크리: 라캉으로 이끄는 마법의 문자들』, 살림.

김석, 2010, 『프로이트 & 라캉: 무의식에로의 초대』, 김영사.

김석, 2014, 「라캉과 지젝」, 김석 외, 『라캉과 지젝』, 글항아리.

김윤아, 2005, 『미야자키 하야오』, 살림.

김은주, 2012, 「포스트모더니즘과 연극형식의 영화에 관한 연구: 〈요리사, 도둑, 그의 아내 그리고 그녀의 정부〉와 〈도그빌〉을 중심으로」, 『영상기술연구』 17, 한국영상제작기술학회.

김정한, 2011, 「슬라보예 지젝, 사유의 반란」, 『실천문학』 103(2011년 가을호).

김준양, 2006, 『이미지의 제국』, 한나래.

김태창, 2010, 『상생과 화해의 공공철학: 중국과의 對話·共働·開新』, 조성환 옮김, 도서출판 동방의빛.

김태창, 2012, 「'한'과 '야마토'」, 『공공철학』 17(2012. 5).

김태창, 2013, 「공공하는 철학을 통해서 한살림운동의 뜻을 생각한다」, 『공공철학』 32(2013. 8).

김현강, 2009, 『슬라보예 지젝』, 이룸.

김현진, 2006, 「시선을 중심으로 본 주체와 욕망의 메커니즘: 자크 라캉의 시각이론을 중심으로」, 『뷔히너와 현대문학』 27, 한국뷔히너학회.

김형기, 2005, 「독일어권 연극에서의 가면」, 김형기 외, 『가면과 욕망』, 연극과인간.

나카무라 유지로, 2012, 『토포스: 장소의 철학』, 박철은 옮김, 그린비.

네피어, 수잔 J, 2005, 『아니메: 인문학으로 읽는 재패니메이션. '아키라'에서 '센과 치히로의 행방불명'까지』, 임경희·김진용 옮김, 루비박스.

니시다 기타로, 2013, 『장소적 논리와 종교적 세계관』, 김승철 옮김, 정우서적.

다이아몬드, 재레드, 2011(2001), 『총, 균, 쇠』, 김진준 옮김, 문학사상사.

뒤랑, 질베르, 1998, 『신화비평과 신화분석』, 유평근 옮김, 살림.

드뷔뇨, 장, 1988, 『축제와 문명』, 류정아 옮김, 한길사.

들뢰즈, 질·펠릭스 가타리, 2001, 『천개의 고원』, 김재인 옮김, 새물결.

라이트, 엘리자베스, 2002, 『라캉과 포스트페미니즘』, 이소희 옮김, 이제이북스.

라캉, 자크, 1994, 『욕망이론』, 권택영 편, 문예출판사.

라캉, 자크, 2008, 『세미나 11: 정신분석의 네 가지 근본개념』, 자크-알랭 밀레 편, 맹정현 외 옮김, 새물결.

라캉, 자크, 2016, 『세미나 1: 프로이트의 기술론』, 자크-알랭 밀레 편, 맹정현 옮김, 새물결.

류철균 외, 2009, 「재패니메이션에 나타난 이중인격 모티프 연구: 곤 사토시의 〈퍼펙트블루〉, 〈천년여우〉, 〈파프리카〉를 중심으로」, 『문학과 영상』 10(3).

마부치 가즈오 외 교주, 2016, 『금석이야기집: 일본부7』, 이시준 외 옮김, 세창출판사.

마이어스, 토니, 2005, 『누가 슬라보예 지젝을 미워하는가』, 박정수 옮김, 앨피.

맥고완, 토드 외, 2008, 「영화 이론에서의 라캉주의 정신분석」, 『라캉과 영화이론』, 김상호 옮김, 인간사랑.

모토오리 노리나가, 2016, 『모노노아와레: 일본적 미학이론의 탄생』, 김병숙 외 옮김, 모시는 사람들.

무까이 마사아키, 2017, 『라캉 대 라캉』, 임창석·이지영 옮김, 새물결.

미나미 히로시, 1996, 『일본적 자아』, 서정완 옮김, 소화.

미야자키 하야오, 2013a, 「바람이 분다. 왜 하필 세계대전 전투기 기술자인가」, 『오마이뉴스』 인터뷰(2013. 8. 16).

미야자키 하야오, 2013b, 『반환점』, 황의웅 옮김, 대원씨아이.

바르트, 롤랑, 1997, 『기호의 제국』, 김주환 옮김, 민음사.

바르트, 롤랑, 1998, 『카메라 루시다』, 조광희 옮김, 열화당.

바타이유, 조르쥬, 1989, 『에로티즘』, 조한경 옮김, 민음사.

박규태, 2000a, 「오옴진리교 사건에 비추어본 일본 문화와 '악의 문제'」, 『일본의 언어와 문학』 6, 단국일본연구학회.

박규태, 2000b, 「현대 정보화사회에서의 종교와 폭력: 오옴진리교와 '가상의 현실화'」, 『종교와 문화』 6, 서울대학교 종교문제연구소.

박규태, 2002, 「일본인의 가치관」, 일본학교육협의회, 『일본의 이해』, 태학사.

박규태, 2005, 『애니메이션으로 보는 일본』, 살림.

박규태, 2009a, 『일본정신의 풍경』, 한길사.

박규태, 2009b, 「모노노아와레, 일본 문화론, 애니메이션: 덧없음과 체념의 주체성」, 『일본사상』 17, 한국일본사상사학회.

박규태, 2010, 「일본 애니메이션 속의 전쟁표상」, 『일본학연구』 31, 단국대학교 일본연구소.

박규태, 2011, 「'일본교'와 '스피리추얼리티': 현대 일본인의 '정신'세계를 종교의 저울에 달아본다」, 서울대학교 일본연구소 편, 『일본비평』 5, 그린비.

박규태, 2012a, 「신사의 현대적 풍경: 회사 신사」, 권숙인 엮음, 『현대 일본의 전통문화』, 박문사.

박규태, 2012b, 「현대 일본 종교와 '마음'의 문제」, 『신종교연구』 27, 한국신종교학회.

박규태, 2012c, 「모토오리 노리나가의 모노노아와레론 재고: 감성적 인식론의 관점에서」, 『일본연구』 17, 고려대학교 일본연구센터.

박규태, 2013, 「일본교와 섹슈얼리티: 미시마유키오·천황제·에로티시즘」, 한국종교문화연구소 편, 『종교문화비평』 23, 청년사.

박규태, 2014, 「현대 일본 공공철학 담론의 의의: 김태창을 중심으로」, 『비교일본학』 31, 한양대학교 일본학국제비교연구소.

박규태, 2015, 『포스트-옴시대 일본 사회의 향방과 '스피리추얼리티'』, 한양대학교출판부.

박규태, 2017, 「'신불(神佛) 애니미즘'과 트랜스휴머니즘」, 『일본비평』 17, 서울대학교 일본연구소.

박규태, 2018, 「순례와 일본인: 구마노고도를 중심으로」, 일본비평 18, 서울대학교 일본연구소.

박기수, 2004, 「텔레비전 시리즈 애니메이션: 신세기 에반게리온」, 『애니메이션 서사 구조와 전략』, 논형.

박기수, 2018, 『미야자키 하야오: 애니메이션 스토리텔링 전략』, 논형.

박기현, 2010, 「상호매체성의 이론과 그 적용: 피터 그리너웨이의 〈프로스페로의 서재〉를 중심으로」, 『비교문화연구』 19, 경희대 비교문화연구소.

박기현, 2011, 「피터 그리너웨이의 작품에 나타난 바로크 미학」, 『인문언어』 13(1).

박시성, 2007, 『정신분석의 은밀한 시선: 라깡의 카우치에서 영화 읽기』, 효형출판.

발리, 폴, 2011, 『일본 문화사』, 박규태 옮김, 경당.

백상현, 2014, 『라캉 미술관의 유령들』, 책세상.

백상현, 2015, 『고독의 매뉴얼: 라캉, 바디우, 일상의 윤리학』, 위고.

백상현, 2016, 「'한없이 가벼운 존재'의 매혹」, 김서영 외, 『헬조선에는 정신분석』, 현실문화.

백상현, 2017a, 『라깡의 인간학: 『세미나 7』 강해』, 위고.

백상현, 2017b, 「『라캉, 환자와의 대화』에 부쳐」, 고바야시 요시키, 『라캉, 환자와의 대화』, 에디투스.

베네딕트, 루스, 2000, 『일본인의 행동패턴』, 서정환 옮김, 소화.

베네딕트, 루스, 2008, 『국화와 칼』, 박규태 옮김, 문예출판사.

벤야민, 발터, 2009, 『독일 비애극의 원천』, 한길사.

벨지, 캐더린, 2008, 『문화와 실재: 라캉으로 문화 읽기』, 김전유경 옮김, 경성대학교출판부.

변정은, 2010, 「일본 TV 애니메이션의 그로테스크 캐릭터 표현을 통한 라캉의 정신분석 의미 연구」, 홍익대학교 영상대학원 석사 논문.

보위, 맬컴, 1999, 『라캉 Lacan』, 이종인 옮김, 시공사.

비트머, 페터, 1998, 『욕망의 전복: 자끄 라깡 또는 제2의 정신분석 혁명』, 홍준기·이승미 옮김, 한울.

사럽, 마단, 1994, 『알기쉬운 자끄 라깡』, 김해수 옮김, 백의.

사카이 나오키, 2017, 『과거의 목소리: 18세기 일본의 담론에서 언어의 지위』, 이한정 옮김, 그린비.

서대정, 2012, 「영화적 개념의 탈영토화와 뉴미디어적 재영토화: 피터 그리너웨이의 영화 작업을 중심으로」, 『영화연구』 53, 한국영화학회.

서수정, 2007, 「애니메이션에 나타난 '현대 사이보그' 특성: 〈공각기동대〉와 〈이노센스〉를 중심으로」, 『한국콘텐츠학회논문지』 7(4).

세이쇼나곤, 2004, 『마쿠라노소시』, 정순분 옮김, 갑인공방.

손성우, 2013, 「라캉의 욕망, 응시, 환상 개념으로 접근한 애니메이션 〈고쿠리코 언덕에서〉에 관한 고찰」, 『영화』 6(1).

스탬, 로버트 외, 2003, 『어휘로 풀어보는 영상기호학』, 이수길 외 옮김, 시각과 언어.

시부사와 타츠히코, 1999, 『몸, 쾌락, 에로티시즘』, 문대찬 옮김, 바다출판사.

신상규, 2014, 『호모 사피엔스의 미래: 포스트휴먼과 트랜스휴머니즘』, 아카넷.

신카이 마코토, 2017, 『너의 이름은』, 박미정 옮김, 대원씨아이.

아마 도시마로, 2000, 『일본인은 왜 종교가 없다고 말하는가』, 정형 옮김, 예문서원.

아베 긴야, 2005, 『일본인에게 역사란 무엇인가: 세켄 개념을 중심으로』, 이언숙 옮김, 길.

아사다 아키라, 1995, 『구조주의와 포스트구조주의』, 이정우 옮김, 새길.

아쿠타가와 류노스케, 2000, 「신들의 미소」, 『서방의 사람』, 하태후 옮김, 형설출판사.

안소현, 2005, 「가면의 개념과 현상」, 김형기 외, 『가면과 욕망』, 연극과 인간.
안승범, 2016, 「SF 애니메이션에 투영된 세기말 한일 미래세대의 입장과 태도」, 『비교한국학』 24(3).
안영순, 2005, 「〈공각기동대〉와 〈이노센스〉에 나타난 오시이 마모루의 존재인식」, 『순천향 인문학논총』 15.
안지성·조희숙, 2010, 「라캉(Lacan)으로 읽는 〈벼랑위의 포뇨〉」, 『어린이미디어연구』 9(1).
야나기 무네요시, 1996, 『다도와 일본의 미』, 김순희 옮김, 소화.
양명수, 2008, 「칸트의 동기론에 비추어 본 퇴계의 理發」, 퇴계학연구원, 『퇴계학보』 123.
양석원, 2001, 「욕망의 주체와 윤리적 행위」, 『안과 밖』 10, 영미문학연구회.
양세혁·류범열, 2015, 「캐릭터의 자아 방어기제를 은유하는 '안티돔' 공간의 성격화 전략: 〈에반게리온〉의 TV시리지와 극장판 〈EOE〉를 중심으로」, 『만화애니메이션 연구』 41.
양원석, 2017, 「신카이 마코토의 '세카이계' 연구: 〈너의 이름은〉을 중심으로」, 『일본연구』 28.
에반스, 딜런, 1998, 『라깡 정신분석 사전』, 인간사랑.
에반스, 딜런, 2013, 「칸트주의 윤리학에서 신비체험까지: 주이상스 탐구」, 대니 노부스 편, 문심정연 옮김, 『라캉정신분석의 핵심개념들』, 문학과지성사.
엘리아데, 미르치아, 2005, 『세계종교사상사 1』, 이용주 옮김, 이학사.
염동철, 2014, 「미야자키 하야오의 〈센과 치히로의 행방불명〉에서 나타난 기호학적 특성연구: 라캉의 이론에 의한 치히로의 경험분석을 중심으로」, 『애니메이션연구』 10(1).
오질비, 베르트랑, 2002, 『라캉, 주체 개념의 형성』, 김석 옮김, 동문선 현대신서.
요모타 이누히코, 2011, 『일본 영화의 래디컬한 의지』, 강태웅 옮김, 소명출판.
우에노 치즈코, 2012, 『여성혐오를 혐오한다』, 나일등 옮김, 은행나무.
워커, 스티븐 F., 2012, 『융의 분석심리학과 신화』, 장미경 외 옮김, 시그마프레스.

유사첩 외, 2017, 「〈신세기 에반게리온〉에서 나타난 이데올로기 특징 분석: '롱기누스의 창'과 'AT필드'를 중심으로」, 『만화애니메이션 연구』 47.

융, 칼 구스타프, 2004, 『인격과 전이』(융 기본 저작집3), 융저작 번역위원회 옮김, 솔.

이동은, 2017, 「일본 무사도의 출현에 대한 정신분석적 고찰」, 한신대학교 정신분석대학원 심리학과 석사 논문.

이병창, 2007, 「라캉에게서 죽음의 충동의 개념」, 『시대와 철학』 18(3).

이부영, 2003, 『자기와 자기실현』, 한길사.

이상란, 2014, 「미야자키 하야오 〈하울의 움직이는 성〉에 나타난 '자기실현' 과정」, 『드라마연구』 43.

이성근, 2002, 「신세기 에반겔리온: 신세기의 복음, '무아'의 존재론」, 이진경 외, 『이것은 애니메이션이 아니다』, 문학과경계사.

이승제 외, 2017, 「〈신세기 에반게리온〉의 인물 갈등에서 나타난 인정투쟁의 양상: '잃어버린 10년'의 사회 갈등 반영을 중심으로」, 『애니메이션 연구』 13(2).

이영임, 2005, 「글로벌/로컬 문화상품 소비 시대의 가면」, 김형기 외, 『가면과 욕망』, 연극과 인간.

이윤복, 2016, 「센과 치히로의 행방불명과 일본 사회 기층 소통문화 세간의 전개」, 『사회과학연구』 27(2).

이은주, 1997, 「카메라로 쓴 광시곡 피터 그리너웨이의 영화 세계」, 『미술세계』 152.

이재성 외, 2009, 「다자이 오사무의 『인간실격』 정신분석적 고찰」, 『일본학보』 80.

이정우, 2018, 「일본적 시간론의 한 연구: 도겐과 니시다에서의 '영원의 지금'」, 『동양철학연구』 93.

이종영, 2012, 『내면으로: 라깡·융·밀턴 에릭슨을 거쳐서』, 울력.

이지성, 2010, 『재패니메이션 성지순례』, 어울마당.

이진경, 2008(2005), 「요리사, 도둑, 그의 아내 그리고 그녀의 정부: 욕망은 어떻게 혁명과 조우하는가?」, 『이진경의 필로시네마』, 그린비.

이창재, 2006, 「일본 영웅신화 '오쿠니누시'에 대한 정신분석」, 『비교민속학』 32.

이혜선 2006, 「채움에서 비움으로: 욕망의 제자리 찾기」, 『공연과 리뷰』 55.
이호경, 2005, 「독일어권 지역 축제문화에서의 가면과 인간의 욕망」, 김형기 외, 『가면과 욕망』, 연극과 인간.
인성기, 2006, 「정신분석적 관점에서 본 카프카의 『성(城)』」, 『독일문학』 97.
임진수, 2011, 『부분대상에서 대상a로』, 파워북.
전윤경, 2017, 「질 들뢰즈의 '되기'의 사유로 본 〈너의 이름은〉: '몸 바꾸기'의 의미를 중심으로」, 『문화콘텐츠연구』 11, 건국대학교 글로컬문화전략연구소.
정경운, 2016, 「미야자키 하야오의 『바람이 분다』에 드러난 '아름다움'과 '살아야 함'의 의미연구」, 『감성연구』 12.
정영권, 2001, 「〈필로우북〉: 육체에 새겨진 기호의 제국」, 『시네포럼』 4.
정지영, 2012, 「라캉주의 영화 비평에서 봉합이론의 재고찰」, 『영어영문학』 58(4).
정혁현, 2014, 「라캉과 지젝의 신 개념」, 김석 외, 『라캉과 지젝』, 문학동네.
조윤경, 2008, 「매체로서의 몸과 에로스의 글쓰기: 피터 그리너웨이의 〈필로우북〉을 중심으로」, 『기호학연구』 23, 한국기호학회.
주판치치, 알렌카, 2004, 『실재의 윤리: 칸트와 라캉』, 이성민 옮김, 도서출판b.
지글러, 장, 2010, 『빼앗긴 대지의 꿈』, 양영란 옮김, 갈라파고스.
지젝, 슬라보예 외 편, 2010, 『사랑의 대상으로서 시선과 목소리』, 라캉정신분석연구회 옮김, 인간사랑.
지젝, 슬라보예 외, 2005, 『성관계는 없다: 성적 차이에 관한 라캉주의적 탐구』, 김영찬 외 편역, 도서출판b.
지젝, 슬라보예, 2002, 『이데올로기라는 숭고한 대상』, 이수련 옮김, 인간사랑.
지젝, 슬라보예, 2004, 「왜 칸트를 위해 싸울 가치가 있는가?」, 알렌카 주판치치, 『실재의 윤리』, 이성민 옮김, 도서출판b.
지젝, 슬라보예, 2005, 「성적 차이의 실재」, 『성관계는 없다』, 김영찬 외 편, 도서출판b.
지젝, 슬라보예, 2007, 『How to Read 라캉』, 박정수 옮김, 웅진지식하우스.
지젝, 슬라보예, 2013, 「환상의 일곱 가지 베일」, 대니 노부스 편, 문심정연 옮김, 『라캉정신분석의 핵심개념들』, 문학과지성사.

진중권, 2007, 「피터 그리너웨이의 〈필로우북〉: '이름을 쓰는 행위'의 의미」, 『씨네21』 624.

최승선·전승규, 2015, 「소멸과 재생의 순환 서사에 있어 시각적 상징으로서의 원(圓)에 관한 연구: 데즈카 오사무의 〈불새〉를 중심으로」, 『기초조형학연구』 72.

최종길, 2011, 「〈모노노케 히메〉를 통해 본 일본의 천민과 천황제」, 『일어일문학』 50.

추혜진, 2014, 「곤 사토시 작품에서 나타나는 양면성을 지닌 캐릭터의 페르소나 연구: 〈퍼펙트블루〉, 〈망상대리인〉, 〈파프리카〉를 중심으로」, 『만화애니메이션연구』 35.

카노 아라타, 2017, 『너의 이름은』, 신카이 마코토 원작, 김빈정 옮김, 대원씨아이.

칸트, 임마누엘, 2002, 『실천이성비판』, 백종현 옮김, 아카넷.

캠벨, 조셉, 2002, 『신화의 힘』, 이윤기 옮김, 이끌리오.

크리스테바, 줄리아, 2001, 『공포의 권력』, 서민원 옮김, 동문선.

페르하에허, 파울, 2013, 「전-존재론적 비-실체의 원인과 궁핍: 라캉의 주체 개념에 관하여」, 대니 노부스 편, 문심정연 옮김, 『라캉 정신분석의 핵심 개념들』, 문학과지성사.

편장완, 2006, 「피터 그린어웨이 감독의 작품 세계에 관한 연구: '요리사, 도둑, 그의 아내, 그리고 그녀의 정부'를 중심으로」, 『영상기술연구』 8, 한국영상제작기술학회.

폰 프란츠, 마리 루이제, 2013, 「개성화 과정」, 칼 구스타브 융 편, 『인간과 상징』, 이부영 외 옮김, 집문당.

퐁티, 메를로, 2004, 『보이는 것과 보이지 않는 것』, 남수인 외 옮김, 동문선.

프로이트, 1997, 『쾌락원칙을 넘어서』(프로이트전집 14), 박찬부 옮김, 열린책들.

피종호, 2009, 「영화와 회화의 상호매체성: 피터 그린어웨이의 영화와 바로크 회화」, 『카프카연구』 21, 한국카프카학회.

피종호, 2010, 「연극형식과 색채 드라마투르기. 피터 그린어웨이의 바로크 포스트모더니즘 영화」, 『카프카연구』 24, 한국카프카학회.

핑크, 브루스, 2010, 『라캉의 주체: 언어와 향유 사이에서』, 이성민 옮김, 도서출판b.

호머, 숀, 2006, 『라캉 읽기』, 김서영 옮김, 은행나무.

홍준기, 2000, 「라캉의 성적 주체 개념: 『세미나 제20권: 앙코르』의 성 구분 공식을 중심으로」, 『철학과 현상학연구』 15.

홍준기, 2008, 「이데올로기의 공간, 행위의 공간: 슬라보예 지젝의 포스트마르크스주의」, 경상대학교 사회과학연구원, 『마르크스주의연구』 5(3).

일본어 문헌

『古事記』(日本思想大系, 岩波書店, 1982)

『日本書紀』上·下(日本古典文學大系, 岩波書店, 1967/1965)

『續日本紀』前·後編(新訂增補 國史大系[普及版], 吉川弘文館, 1994)

『古語拾遺』(神道大系 古典編, 神道大系編纂會, 1986)

『萬葉集』(日本古典文學大系, 岩波書店, 1957-1962)

『本居宣長全集』(筑摩書房, 1968-1993)

『朝日新聞』 1998年 3月 2日字 夕刊.

『SPA!』 1992年 8月 26日號.

青木眞弥編, 2007, 『今敏』, キネマ旬報社.

東浩紀, 2007, 『ゲーム的リアリズムの誕生』, 講談社.

阿部幸弘, 1997, 「究極の, そして最も幸福なアマチュア」, 『ユリイカ臨時增刊 宮崎駿の世界』, 靑土社.

安倍晋三, 2006, 『美しい国へ』, 文藝春秋.

五十嵐太郎, 1997, 「いかに庵野秀明は語ったか7」, 『エヴァンゲリオン快樂原則』, 第三書館.

イザヤ·ベンダサン, 1970, 『日本人とユダヤ人』, 山本書店.

イザヤ·ベンダサン, 1975, 『日本教について』, 山本七平譯, 文春文庫.

イザヤ·ベンダサン, 1976, 『日本教徒: その教祖と現代知識人』, 角川書店.

イザヤ·ベンダサン, 2013, 『日本教は日本を救えるか: ユダヤ教·キリスト教と日本人の精神構造』, 山本七平譯編, さくら舍.

泉政文, 2010,「〈世界〉と〈戀愛〉: 新海誠の作品をめぐって」, 黒沢淸他編,『アニメは越境する』, 岩波書店.

今井信治, 2012,「ファンが日常を「聖化」する」, 山中弘編,『宗教とツーリズム』, 世界思想社.

宇野常寬, 2011,『ゼロ年代の想像力』, 早川書房.

大江健三郎, 1995,『あいまいな日本の私』, 岩波新書.

大塚英志, 2001,『定本 物語消費論』, 角川文庫.

大塚英志, 2003,『アトムの命題』, 德間書店.

大塚英志, 2004,『「おたく」の精神史』, 講談社現代新書.

大塚英志, 2016,『感情化する社會』, 太田出版.

小川他編, 2004,『押井守與 MEMENTO MORI』, 日本テレビ放送網株式會社.

押井守他, 1996,「映畫とは實はアニメーションだった」,『ユリイカ 特集 ジャパニメーション』, 1996年 8月号, 靑土社.

笠井潔, 2008,「社會領域の消滅と「セカイ」の構造」,『探偵小說は「セカイ」と遭遇した』, 南雲堂.

樫尾直樹, 2008,「江原啓之と日本の靈性の未來」,『宗教と現代がわかる本 2008』, 平凡社.

樫尾直樹, 2010,『スピリチュアリティ革命: 現代靈性文化と開かれた宗教の可能性』, 春秋社.

桂島宣弘他編, 2001,『日本思想史辭典』, ぺりかん社.

加藤幹郎, 1997,「危機の時間」,『宮崎駿の世界』(ユリイカ臨時增刊), 靑土社.

柄谷行人, 2007,『日本精神分析』, 講談社學術文庫.

河合隼雄, 1976,『母性社會日本の病理』, 中央公論社.

川端康成, 1969,『美しい日本の私』, 講談社現代新書.

北村正裕, 2007,『エヴァンゲリオン解讀 そして夢の續き』, 三一書房(新版).

キネマ旬報映畫總合研究所, 2011,『'日常系アニメ'ヒットの法則』, キネマ旬報社.

切通理作, 2001,『宮崎駿の世界』, ちくま新書.

鴻上尚史, 2009,『「空氣」と「世間」』, 講談社現代新書.

小谷眞理, 1997a,「ナノテク姫」,『宮崎駿の世界』(ユリイカ臨時增刊), 靑土社.

小谷眞理, 1997b,『聖母エヴァンゲリオン』, マガジンハウス.

小森健太朗, 2013,『神, さもなくば残念』, 作品社.

子安宣邦, 1995,「江戶思想への視點」,『江戶の思想1』, ぺりかん.

佐佰順子, 1999,「21世紀の女神, サイボーグ＝ゴッデス」,『Filmmakers⑥ 宮崎駿』, キネマ旬報社.

坂口安吾, 1985,『堕落論』, 角川文庫(改訂版).

相良亨, 1978,『本居宣長』, 東京大學出版會.

相良亨, 1989,『日本の思想』, ぺりかん.

佐々木孝次, 1985,『母親と日本人』, 文藝春秋.

椹木野衣, 1998, "スキゾフレニックな日本の私",『日本·現代·美術』(第三章/第四章), 新潮社.

ジャック·ラカン, 1972,『エクリ』1, 佐々木孝次他譯, 弘文堂.

澤野雅樹, 1997,「生を摑む足:「未来少年コナン」から「もののけ姫」へ」,『ユリイカ 臨時増刊 宮崎駿の世界』, 青土社.

島薗進, 2007,『スピリチュアリティの興隆: 新靈性文化とその周邊』, 岩波書店.

杉田俊介, 2016,「「君の名は」論: セカイとワカイの間に」,『すばる』, 集英社.

助川幸逸郎, 2008,「夜神月は'死んで「新世紀の神」となった」,『文學理論の冒險』, 東海大學出版會.

園子溫, 2012,『非道に生きる』, 朝日出版社.

高橋実, 1997,「レオの首のゆくえ: 宮崎駿は「神殺し」を完遂したか」,『ユリイカ臨時増刊 宮崎駿の世界』, 青土社.

高山宏, 1997,「アニメーティングなもの」,『ユリイカ臨時増刊 宮崎駿の世界』, 青土社.

田中雅一, 2007,「癒しとイヤラシのポルノグラフィー: 代々木忠監督作品をめぐって」, 京都大學人文科學研究所,『人文學報』94.

田坂昂, 1985,『三島由紀夫入門』, オリジン.

ダリオー·トマージ他編, 2012,『カオスの神'園子溫』, FILM ART.

田原嗣郎, 1986,『平田篤胤』, 吉川弘文館(新装版).

對馬路人他, 1979,「新宗教における生命主義的救済」,『思想』665.

鶴見済, 1993,『完全自殺マニュアル』, 太田出版.

土居健郎, 1971,「「甘え」の構造』, 弘文堂.

中根千枝, 1967,『タテ社會の人間關係』, 講談社現代新書.

中条省平, 2015,『マンガの論點: 21世紀日本の深層を読む』, 幻冬舎新書.

中村元, 1962,『東洋人の思惟方法3 日本人の思惟方法』, 春秋社.

中村雄二郎, 1998,『日本文化における惡と罪』, 新潮社.

永沢哲, 1997,「神々は死んだのか」,『ユリイカ臨時増刊 宮崎駿の世界』, 青土社.

永瀬唯, 1997,「おぞましきもの, 目覺めよ:「THE END OF EVANGELION」と「もののけ姫」」,『ユリイカ臨時増刊 宮崎駿の世界』, 青土社.

西田幾多郎, 2016,『西田幾多郎哲學論集Ⅲ』, 岩波文庫.

西田谷洋, 2017,「物語のサンプリング: 村上春樹と新海誠」,『人間發達科學部紀要』11(3).

西田谷洋, 2014,『ファンタジーのイデオロギー: 現代日本アニメ研究』, ひつじ書房.

新渡戸稲造, 1983,『武士道』, 奈良本辰也 譯, 三笠書房.

長谷川櫂, 2009,『和の思想』, 中公新書.

浜口恵俊, 1982,『間人主義の社會日本』, 東洋経済新報社.

朴奎泰, 1995,「宗教と女性: 他者的考え方の再發見」,『女と男』, 金光教本部教廳.

尾藤正英, 1992,『江戶時代とは何か』, 岩波書店.

平島奈津子, 1997,「ファンタジーが生まれる空間」,『ユリイカ臨時増刊 宮崎駿の世界』, 青土社.

福嶋亮大, 2009,「自然の利用」,『ユリイカ』2009年 3月号.

文化廳編, 2016,『宗教年鑑』, 文化廳.

前島賢, 2010,『セカイ系とは何か: ポスト・エヴァのオタク史』, ソフトバンク新書.

前島賢, 2014,『セカイ系とは何か』, 星海社文庫.

松江哲明他, 2012,『園子温映畫全研究1985-2012』, 洋泉社.

三島由紀夫, 2006,『文化防衛論』, ちくま文庫.

南方熊楠, 2015,「厠神」,『南方民俗学』(南方熊楠コレクション第2巻), 河出文庫(新装版).

宮崎駿, 1995,『宮崎駿, 高畑勲とスタジオジブリのアニメーションたち』, キネマ旬報社, no.1166.

宮崎駿, 1997a,「宮崎駿 Now and then」,『宮崎駿の世界』(ユリイカ臨時増刊), 青土社.

宮崎駿, 1997b,『出發點 1979~1996』, 德間書店.

百川敬仁, 2000, 『日本のエロティシズム』, ちくま新書.

山本七平, 1977, 『「空氣」の研究』, 文藝春秋.

山本七平, 1978, 『日本人の人生觀』, 講談社學術文庫.

山本七平, 1981, 『日本教の社会學』, 小室直樹 對談集, 講談社.

山本ひろ子, 1997, 「「瘢痕」を失った物語」, 『ユリイカ 臨時増刊 宮崎駿の世界』, 靑土社.

横田正夫, 2009, 『日韓アニメーションの心理分析』, 臨川書店.

横田正夫, 2008, 『アニメーションとライフサイクルの心理學』, 臨川書店.

横田正夫, 2006, 『アニメーションの臨床心理學』, 誠信書房.

代々木忠, 1992, 『プラトニック・アニマル』, 情報センター出版局.

助川幸逸郎, 2008, 「夜神月は´死んで「新世紀の神」となった」, 『文學理論の冒險』, 東海大學出版會.

志水義夫他編, 2017, 『「君の名は」の交響』, ひつじ書房.

和辻哲郞, 1992, 『日本精神史研究』, 岩波文庫.

영어 문헌

Allison, Anne, 2006, *Millennial Monsters: Japanese Toys and the Global Imagination*, Berkeley: University of California Press.

Althusser, Louis, 1971, "Ideology and Ideological State Apparatus", *Lenin and Philosophy and Other Essays*, trans. by Ben Brewster, New York: Monthly Review Press.

Aupers, Stef, 2002, "The Revenge of the Machines: On Modernity, Digital Technology and Animism", *AJSS* 30(2).

Barthes, Roland, 1973, "The Third Meaning: Notes on Some of Eisenstein's Stills", trans. Richard Howard, *Art-forum* 11(5).

Barthes, Roland, 1982, *Empire of Signs*, trans. by Richard Howard, New York: Hill and Wang.

Barthes, Roland, 1983, *A Barthes Reader*, ed. by Susan Sontag, New York: Noonday

Press.

Baudry, Jean-Louis, 1974-1975, "Ideological Effects of the Basic Cinematographic Apparatus", *Film Quarterly* 28(2).

Bolton, Christopher A., 2002, "From Wooden Cyborgs to Celluloid Souls: Mechanical Bodies in Anime and Japanese Puppet Theater", *Positions* 10(3).

Braunstein, Néstor, 2003, "Desire and Jouissance in the Teachings of Lacan", in *The Cambridge Companion to Lacan*, ed. by Jean-Michel Rabaté, Cambridge University Press.

Carter, Angela, 1979, *The Sadean Woman: An Exercise in Cultural History*, London: Virago Press.

Clarke, Peter Bernard, 2000, *Japanese New Religions: In Global Perspective*, Richmond: Curzon Press.

Copjec, Joan, 1994, *Read My Desire: Lacan against Historicists*, London: MIT Press.

Dewey, John, 1934, *A Common Faith*, New Haven: Yale University Press.

Eisenstein, Paul, 2003, *Traumatic Encounters: Holocaust Representation and the Hegelian Subject*, Albany: State University of New York Press.

Evans, Dylan, 1996, *An Introductory Dictionary of Lacanian Psychoanalysis*, New York: Routledge.

Fink, Bruce, 2002, "Knowledge and Jouissance", ed. by Suzanne Barnard and Bruce Fink, *Reading Seminar XX: Lacan's Major Work on Love, Knowledge, and Feminine Sexuality*, New York: State University of New York Press.

Fink, Bruce, 2004, *Lacan to the Letter: Reading Écrits Closely*, Minneapolis and London: University of Minnesota Press.

Freud, S., 1949, *Group Psychology and the Analysis of the Ego*, trans. by James Strachey, London: The Hogarth Press.

Gras, Vernon, 1995, "Dramatizing the Failure to Jump the Culture/Nature Gap: The Films of Peter Greenaway", *New Literary History* 26.

Greenaway, Peter, 1996, *The Pillow Book*, Paris: Editions Dis Voir.

Homer, Sean, 2005, *Jacques Lacan*, New York: Routledge.

Horn, Carl G., 2001, "At the Carpenter Center: The PULP Mamoru Oshii

Interview", *PULP* 5(September 2001).

Kant, Immanuel, 2011, *Groundwork of the Metaphysics of Morals*(A German-English Edition), ed. and trans. by M. Gregor and J. Timmermann, Cambridge: Cambridge University Press.

Keene, Donald, 1973, *Bunraku: The Art of the Japanese Theatre*, Tokyo: Kodansha International.

Kenzaburo, Oe, 1995, "Japan, the Ambiguous, and Myself"(Nobel Prize Speech at Stockholm in 1994), *Japan, the Ambiguous, and Myself*, Tokyo: Kodansha International.

Kernberg, Otto, 2011, "The concept of the death drive: a clinical perspective", ed. by Salman Akhtar and Mary Kay O'Neil, *On Freud's Beyond the Pleasure Principle*, London: Karnac.

Kesel, Marc de, 2009, *Eros and Ethics: Reading Jacques Lacan's Semina VII*, trans. by Sigi Jöttkandt, New York: State University of New York Press.

Lacan, Jacques, 1977, *The Four Fundamental Concepts of Psychoanalysis*, ed. by Jacques-Alain Miller, trans. by Alan Sheridan, New York: Penguin Books.

Lacan, Jacques, 1988, *The Ego in Freud's Theory and in the Technique of Psychoanalysis, 1954-55(SeminarII)*, trans. by Sylvana Tomaselli, New York: Norton.

Lacan, Jacques, 1990, *Television*, ed. by Joan Copjec, trans. by Denis Hollier, New York: Norton.

Lacan, Jacques, 1991, *Freud's Papers on Technique(Seminar I)*, ed. by Jacques-Alain Miller, trans. by John Forrester, New York: Norton.

Lacan, Jacques, 1992, *The Ethics of Psychoanalysis(Seminar VII)*, ed. by Jacques-Alain Miller, trans. by Dennis Porter, New York: Norton.

Lacan, Jacques, 1993, *The Psychoses(Seminar III)*, ed. by Jacques-Alain Miller, trans. by Russell Grigg, New York: Norton.

Lacan, Jacques, 1998, *On Feminine Sexuality: The Limits of Love and Knowledge(Seminar XX, Encore)*, ed. by Jacques-Alain Miller, trans. by Bruce Fink, New York: Norton.

Lacan, Jacques, 2002, *Écrits*, trans. by Bruce Fink, New York: Norton.

Lacan, Jacques, 2007, *The Other Side of Psychoanalysis(Seminar XVII)*, trans. by Russell Grigg, New York: Norton.

Lacan, Jacques, 2008, *My Teaching*, trans. by David Macey, New York: Verso.

Lacan, Jacques, 2013, *The Triumph of Religion*, trans. by Bruce Fink, Polity Press.

Levine, Steven Z., 2008, *Lacan Reframed*, London: I. B. Tauris.

McGowan, Todd and Sheila Kunkle eds., 2004, *Lacan and Contemporary Film*, New York: The Other Press.

McGowan, Todd, 2004, *The End of Dissatisfaction?: Jacques Lacan and the Emerging Society of Enjoyment*, New York: State University of New York Press.

McGowan, Todd, 2007, *The Real Gaze: Film Theory After Lacan*, New York: State University of New York Press.

Maricondi, P. Willoquet and M. Alemany Galway, 2008, *Peter Greenaway's Postmodern/Poststructualist Cinema*, Lanham, Maryland: The Scarecrow Press.

Metz, Christian, 1982, *The Imaginary Signifier: Psychoanalysis and Cinema*, trans. by Celia Britton etc., London: Macmillan.

Mijolla, Alain de ed., 2005, *International Dictionary of Psychoanalysis, vol. I*, New York: Tompson Gale.

Miller, Jacques-Alain, 1978, "Suture: Elements of the Logic of the Signifier", trans. by Jacqueline Rose, *Screen* 18(Winter 1978).

Mulvey, Laura, 1999, "Visual Pleasure and Narrative Cinema", *Film Theory and Criticism*, ed. by Leo Braudy and Marshall Cohen, New York: Oxford UP.

Oudart, Jean-Pierre, 1978, "Cinema and Suture", *Screen* 18(Winter 1978).

Park, Kyutae, 2008, "A Study on Mamoru Oshii: Identity and Border in Japanese Animation", 『일본사상』 15, 한국일본사상사학회.

Pluth, Ed, 2007, *Signifiers and Acts: Freedom in Lacan's Theory of the Subject*, New York: State University of New York Press.

Poulter, Matthew, 2014, *Your Effort to Remain What You Are is What Limits You: Transhumanism in the Films of Mamoru Oshii*, M.A. Thesis in Film Studies, Carleton University, Ottawa, Ontario.

Rodgers, Marlene, 1991-1992, "Prospero's Books: Word and Spectacle, An

Interview with Peter Greenaway", *Film Quarterly* 45(2).

Ruh, Brian, 2004, *Stray Dog of Anime: The Films of Mamoru Oshii*, London: Palgrave Macmillan.

Sadashige, Jacqui, 1997, "The Pillow Book", *The American Historical Review* 102(5).

Salecl, Renata and Slavoj Zizek ed., 1996, *Gaze and Voice as Love Objects*, Durham, NC: Duke UP.

Salecl, Renata, 2000, *(Per)Versions of Love and Hate*, New York: Verso.

Salecl, Renata, 2004, *On Anxiety*, New York: Routledge.

Sontag, Susan, 2001, "A Note on Bunraku", *Where the Stress Falls*, New York: Farrar, Straus and Giroux.

Trémeau, Fabien, 1991, "Aino Korrida: The Cutting Edge of Feminine Eroticism", *Lacanian Ink* 5.

William, Linda, 1989, *Hardcore: Power, Pleasure, and the "Frenzy of the Visible"*, Berkeley: University of California Press.

Yokota, M. et. al, 2001, "Psychological dependence in Japanese animation films: A case of Rin Taro", *The Japanese Journal of Animation Studies* 3.

Žižek, Slavoj, 1989, *The Sublime Object of Ideology*, New York: Verso.

Žižek, Slavoj, 1991, *Looking Awry: An Introduction to Jacques Lacan through Popular Culture*, Cambridge: MIT.

Žižek, Slavoj, 1992, *Enjoy your Symptom!: Jacques Lacan in Hollywood and out*, New York: Routledge.

Žižek, Slavoj, 1997, *The Plague of Fantasies*, New York: Verso.

Žižek, Slavoj, 1999, *The Ticklish Subject*, New York: Verso.

Žižek, Slavoj, 2000, *The Fragile Absolute*, New York: Verso.

Žižek, Slavoj, 2002, *Welcome to the Desert of the Real: Five Essays on September 11 and Related Dates*, New York: Verso.

Žižek, Slavoj, 2011, *Living in the End Times*, New York: Verso.

Žižek, Slavoj ed., 2003, *Jacques Lacan: Critical Evaluations in Cultural Theory*, New York: Routledge.

Zupančič, Alenka, 2000, *The Ethics of the Real*, New York: Verso.

찾아보기

ㄱ

〈가구야공주 이야기〉 397, 401
가라타니 고진(柄谷行人) 10-18, 292, 301, 587
가마타 도지(鎌田東二) 599
가와구치 가이지(川口開治) 601
가와모토 기하치로(川本喜八) 24, 292, 461-463, 467
가와바타 야스나리(川端康成) 409, 545
가와이 하야오(河合隼雄) 84, 296, 599
가와지리 요시아키(川尻善昭) 512
가타(型)의 문화 92, 116, 123, 137, 215, 223, 330
가토 슈이치(加藤周一) 114
간인(間人)주의 23, 93-95, 115, 120-124, 327, 589
〈감각의 제국〉 23, 228, 267-268, 271, 286

거울단계 49-52, 58, 63, 73, 76, 123, 171-172, 188, 231-232, 306, 377, 424, 499, 522, 535, 558-559
〈게이온!〉 337, 341
고마쓰 가즈히코(小松和彦) 599
곤 사토시(今敏) 24, 291, 297, 336, 467-471, 479, 481, 520
〈공각기동대〉 298, 521-524, 528-531, 533-534, 539-541
구로키 가오루(黒木香) 213-215, 217
〈구름 저편, 약속의 장소〉 24, 316-317, 325
구원의 소녀 21, 296, 298-299, 321, 344, 354
기노시타 렌조(木下蓮三) 399
〈기동전사 건담〉 419
기리(義理) 23, 98-104, 106, 114-115, 120-125, 139, 223, 305,

389, 431, 589, 592
〈기묘한 서커스〉 23, 144-145, 147, 150, 152-153, 226, 265, 272, 277, 286

ㄴ

나가이 아키라(永井明) 396
나카무라 유지로(中村雄二郎) 114-115
나카이마(中今) 23, 96-97, 120-122, 132, 137, 316, 322, 363, 592
나카자와 게이지(中沢啓治) 399
나카자와 신이치(中沢新一) 599
〈너의 이름은〉 24, 293, 323-328, 336, 341-342, 368, 379, 596
〈노리코의 식탁〉 23, 144-145, 147-148, 155-159, 161, 164, 166, 170, 174, 178, 184, 223-224, 598
〈늑대 아이 아메와 유키〉 346
니시다 기타로(西田幾多郎) 85, 98, 114, 117, 120, 129-132
니토베 이나조(新渡戸稲造) 83, 102

ㄷ

다카하시 료스케(高橋良輔) 509
다카하시 루미코(高橋留美子) 296, 337, 521
다카하시 신(高橋しん) 303
다카하타 이사오(高畑勲) 318, 367, 397, 399
다테(縦)사회 23, 88-89, 115, 121-122
다테마에(建前) 23, 90, 116, 121-123,

431, 589
대상a(objet petit a) 23, 25, 33, 35, 67, 71-76, 123, 126, 128-129, 133, 135, 149, 181, 184, 200-201, 208-211, 218, 230-232, 235-237, 239, 242, 245-251, 254, 258, 261-262, 306, 321, 381-382, 391, 441-442, 469, 474-476, 480, 491, 493, 545, 550, 562-563, 567, 576, 578-579, 591, 598-603
대타자 33, 47-48, 53-55, 61, 66, 70, 73, 75, 116, 122-123, 129, 131-134, 154, 169, 171, 175-178, 181, 187, 203, 205, 232, 234, 241, 246, 251, 277-278, 281, 287, 306, 343, 348, 381, 389, 398, 400, 425, 430, 440-441, 459, 467, 475, 493, 499, 501, 503-504, 508-510, 512, 560, 567, 578
〈데스노트〉 25, 292, 495-496, 498-500, 504-505
데즈카 오사무(手塚治虫) 293-295, 297, 318, 398
도미노 요시유키(富野喜幸) 419
〈도성사〉 461-462
〈도쿄 구울〉 24, 292, 396, 460, 482, 485-486, 489-490
〈동경대부〉 468, 481

ㄹ

〈럭키☆스타〉 337, 339-340

루스 베네딕트(Ruth Benedict) 84, 99, 104, 106, 113, 590
〈루팡 3세 칼리오스트로의 성〉 354, 361, 402
린타로(りんたろう) 303, 307, 507

■

〈마녀 배달부 키키〉 299, 350, 353-354, 362-363, 390, 402
마루야마 마사오(丸山眞男) 12, 84
마쓰모토 레이지(松本零士) 304, 398
마코토(誠) 10, 22-23, 105-108, 111, 114, 116, 120-123, 154, 224, 292, 298, 363, 389, 390, 408, 410, 592-593, 597
〈망상대리인〉 468, 471-474, 481
〈맨발의 겐〉 399
메이와쿠(迷惑) 9
모노노아와레(物哀れ) 10-11, 17, 19, 22-23, 25, 109-112, 114, 116, 121-123, 126-129, 131, 166, 216-217, 292, 302, 309-312, 314, 316, 322, 336, 341-343, 393, 408-412, 427, 440, 442-444, 447-449, 451-452, 456, 547, 580-590, 596, 598, 602
모리타 슈헤이(森田修平) 482
모성 원리 23, 84, 86, 115, 121-123, 292, 296, 499, 516, 589
모토오리 노리나가(本居宣長) 10, 15, 17, 109, 111-112, 126-127, 133, 138, 343, 439, 443, 581-582, 584, 599-600

무라카미 하루키(村上春樹) 309
무사(無私) 21, 85, 105-106, 108, 115-117, 122-123, 130, 154, 216-217, 224, 592, 597
무스비(結び) 323, 325-328, 331, 333, 342
물(das Ding) 33, 35, 76-77, 123, 126-128, 163-165, 169, 175, 186-188, 239, 286, 343, 390, 441, 457, 469, 477, 479, 494, 568
〈미래소년 코난〉 298, 348, 353, 361, 399
미시마 유키오(三島由紀夫) 105, 110, 119, 343-344, 603
미야비 109-110, 343, 584-585
미야자키 하야오(宮崎駿) 20-21, 24, 220, 291, 297-298, 345-346, 348-357, 359-360, 362-365, 367-369, 377, 383-385, 387, 392-394, 399-407, 409-412, 445-446, 467, 520

ㅂ

〈바람계곡의 나우시카〉 298, 318, 350, 353-354, 361, 367, 385, 392, 402, 445
〈바람이 분다〉 24, 346, 348, 351, 402-405, 408-410
〈반딧불의 묘〉 399
〈배틀 로얄〉 504
〈베를린 천사의 시〉 60, 249, 512
〈벼랑 위의 포뇨〉 24, 348, 354-355, 362-363, 365, 371-372

〈별의 목소리〉 24, 303, 312, 314, 316, 596
〈불새〉 25, 292, 303, 398, 495, 505, 507, 509-510, 512, 516, 519
〈붉은 돼지〉 349-350, 362-364, 393, 402

ㅅ

사드(Marquis de Sade) 77, 190
〈사랑의 노출〉 23, 143-144, 146-147, 150-155, 223-226, 228-231, 238-239, 243-250, 252, 258-261, 263
〈사랑의 죄〉 23, 143-144, 146-147, 149, 151-152, 155, 190-191, 197, 202, 207-208, 211-212, 217-220, 222, 225, 256, 275
사비(寂び) 23, 109-110, 116, 121-123
사와라기 노이(椹木野衣) 545
〈사자의 서〉 466
사카구치 안고(坂口安吾) 194, 221
상상계(the imaginary) 22-25, 33, 45-52, 54-59, 63, 69, 71-72, 122-123, 125, 131, 133, 147, 154, 164, 170-172, 185, 188, 198, 209, 231-233, 257, 263, 292, 299, 302, 306, 316, 319, 325, 336, 341, 354, 358, 360, 364-365, 368, 370-373, 387, 392, 398, 424-425, 427, 429, 432, 447, 450-451, 453, 458, 474-475, 499, 530, 532, 535, 552, 557-558, 593, 597, 605
상징계(the symbolic) 12, 15, 22-23, 25, 33, 35-36, 45-48, 51-59, 61, 63, 69-78, 81-82, 122-126, 128-129, 133, 136, 147-149, 151, 154, 163-165, 168, 170-172, 175-178, 183, 185, 188, 198-199, 202-208, 223-224, 229-231, 233, 238-239, 248, 257, 263, 269, 271, 282-286, 292, 302, 306, 316, 319, 322, 328, 335, 340-341, 348, 354, 356, 360, 364-365, 370-373, 376-378, 380-383, 386, 389-390, 393, 398, 413, 424-425, 429, 432, 440, 452-453, 458, 471, 474, 476, 480, 493-494, 502, 530, 535, 552, 557, 559-561, 564, 568, 571, 573-574, 578, 587, 597, 600, 603, 605
〈세상에서 고양이가 사라진다면〉 396
세이쇼나곤(淸少納言) 313, 546, 550-553, 570, 572, 575, 578-580, 583-584, 588
세카이계 21, 24, 183, 293, 299-303, 308-310, 312-314, 319, 323, 337-338, 340-342, 397, 446
세켄(世間) 23, 85, 95-96, 98-99, 103, 108, 114-115, 120-126, 223, 292, 297, 327, 389, 432, 589, 592-593
〈센과 치히로의 행방불명〉 24, 346,

348, 350, 353, 355, 362-363, 365, 378, 382-386, 389-393, 402

소노 시온(園子溫) 21, 23, 143-145, 147-151, 154-156, 159-160, 172-173, 179-180, 185, 188-190, 207-209, 217, 219-220, 223-226, 228, 238, 244-246, 248, 252, 254, 261-262, 272, 277, 287, 597, 600, 608-609

수치[恥]의 문화 103-105, 116, 292

스기야마 다쿠(杉山卓) 516

스즈키 다이세쓰(鈴木大拙) 599

〈스카이 크롤러〉 398, 522

스피리추얼리티 23, 212-213, 215-217, 221-222, 526, 528-529, 531, 597

시고토(仕事) 23, 98, 102-103, 107, 116, 121-122, 214, 388-390, 408, 410

〈시끌별 녀석들 2: 뷰티풀 드리머〉 520-521

〈시인의 생애〉 465

〈신세기 에반게리온〉 21, 24, 292, 297-298, 300, 308-309, 311, 336-337, 359-360, 396, 400, 414-416, 418-421, 424-425, 428-438, 440-443, 445-450, 452-454, 456, 498, 504, 531, 591, 594, 605, 609

신카이 마코토(新海誠) 21, 24, 291, 293, 303, 309-311, 314, 323, 325, 327, 330, 336, 379, 596

실재계(the real) 22-25, 33, 45-46, 48, 55-59, 61, 69, 71, 74, 122-123, 128-129, 147, 164-166, 170, 180, 187-188, 209, 231-233, 239, 243, 249, 254, 320, 322, 336, 364-365, 371-373, 377-378, 383, 390, 392, 398, 458-459, 530, 535, 562-565, 573, 575, 595, 600

쓰카모토 신야(塚本晋也) 478

ㅇ

아마 도시마로(阿滿利麿) 594

아마에(甘え) 19, 23-24, 86-87, 108, 115, 121-123, 133-136, 230, 292, 296-297, 299, 303-304, 307-309, 354, 358, 420-421, 424-426, 428-431, 443, 449, 485, 516, 518-519, 589

〈아발론〉 522-523, 538

아브젝시옹(abjection) 355, 357-360

〈아키라〉 296, 358, 531

아톰의 명제 293, 295-296, 299, 301, 303, 310, 321, 337, 420

〈악몽탐정〉 478

안노 히데아키(庵野秀明) 21, 24, 297, 336, 358, 396, 403, 414-415, 420, 444-445, 454

안드레이 타르코프스키(Andrei Tarkovsky) 385, 521

『안티고네』 167

야나기타 구니오(柳田國男) 83, 589, 599

야마오리 데쓰오(山折哲雄) 599
야마토다마시이(大和魂) 10-11, 13, 15, 599, 601
〈언어의 정원〉 311, 323
〈여행〉 463, 465
역(役)의 원리 23, 88-89, 115, 121-122, 327
영원의 소년 296-297, 307, 344
〈오니〉 461
오리구치 시노부(折口信夫) 466, 599
오모이야리(思いやり) 305, 389, 431
오모파기아(omophagya) 569
오시이 마모루(押井守) 291, 295, 336, 369, 519, 521, 523-524, 530-531, 533-535, 537-541
오쓰카 에이지(大塚英志) 214, 293-295, 338, 419, 447-448, 452
오에 겐자부로(大江健三郎) 545, 585
오이디푸스콤플렉스 14, 52, 72, 123, 230, 278, 354-355, 370, 421-423, 429, 432, 553
오즈 야스지로(小津安二郎) 125, 150, 551
오토모 가쓰히로(大友克洋) 358, 531
와비(詫び) 23, 109-110, 116, 121-123
와쓰지 데쓰로(和計哲郞) 83
〈요리사, 도둑, 그의 아내 그리고 그녀의 정부〉 547-548, 569, 580
요요기 다다시(代々木忠) 213, 215-217
『우르세이 야쓰라』 296, 337
우메하라 다케시(梅原猛) 599

우에노 치즈코(上野千鶴子) 194-196, 220
〈우주전함 야마토〉 398
우키요에(浮世絵) 587-588
〈원령공주〉 24, 297-298, 348, 350-351, 353-355, 357-359, 363-369, 384, 387, 392-393, 399, 401, 446, 496
〈은하철도 999〉 303-304
응시(gaze) 22-23, 33, 46, 51, 60, 63-67, 73, 78, 114, 123-126, 147, 179, 201, 209, 223, 229, 231-239, 241, 245-247, 249-251, 254, 262-263, 277-278, 280-281, 284, 430, 440-442, 461-463, 465, 471, 480, 503, 510, 567, 578, 579
〈이노센스〉 495, 522, 524, 533-534, 537, 539-540
이상적 자아(ideal ego) 47-48, 51, 257, 424-425, 558
이세신궁(伊勢神宮) 97, 119-120
이시다 스이(石田スイ) 482
〈이웃집 토토로〉 24, 299, 348-350, 353-354, 362-363, 365, 369-370, 402
이카사레루(生かされる) 23, 108, 116, 121-123, 212, 315, 408
일본교 118-122, 137, 592
일본 문화론(일본인론) 19, 22, 24-25, 30, 83-84, 114, 120-121, 292, 416, 431, 587, 589, 597, 599, 608

일상계(공기계) 337-341
잇쇼켄메이(一所懸命) 23, 105, 107-108, 114, 116, 121-122, 305, 341, 363, 389-390, 408

ㅈ

〈자살클럽〉 23, 143-145, 147-148, 155-157, 159-163, 165, 172-173, 177-178, 181-182, 185, 223-224
자아이상(ego ideal) 47, 51, 257, 423-425
장(場)의 윤리 23, 84-86, 88, 114-115, 121-124, 129, 132, 223, 292, 297, 327, 589, 592-593
제욱시스(Zeuxis) 65, 241
조르주 바타유(Georges Bataille) 267, 270, 492-493, 574
주이상스(jouissance) 22-25, 33, 35-36, 47-48, 56-57, 59, 61-63, 67-71, 74, 76-78, 82, 123, 128, 137-139, 147, 160, 163-164, 167, 181, 185, 189-190, 200-203, 205-209, 211-213, 216, 221-222, 234, 240, 242-244, 246-252, 254, 256, 260, 262, 265-267, 270-272, 275, 283, 286, 314, 336, 368, 371, 381, 390, 392, 411, 441, 454, 457, 463, 466-467, 494, 501, 557, 561, 566, 570, 576-581, 590-598, 602, 609
〈지팡구〉 601

ㅊ

〈차가운 열대어〉 143-144, 146, 150-151, 153, 223, 225-226
〈천공의 성 라퓨타〉 299, 348, 353-354, 361-363, 392, 402
〈천년여우〉 468, 474, 476, 481
〈천사의 알〉 336, 520-521
〈초속 5센티미터〉 310-311, 314-316, 323, 596
〈최종 병기 그녀〉 302-304, 308-309, 397

ㅋ

쾌락원칙 35, 56, 67-70, 74, 162-164, 205, 252, 265-266, 390, 394, 411, 413

ㅌ

타나토스(죽음충동) 25, 35, 56, 70, 160, 188, 305, 495, 500, 504, 567, 574-575
테크노-애니미즘(techno-animism) 525-528, 539, 541
트랜스휴머니즘(transhumanism) 495, 519, 524-525, 533, 539-541

ㅍ

파라시오스(Parrhasios) 65, 241
〈파프리카〉 298, 336, 460, 468, 477-478, 481
팔루스(phallus) 51, 53-54, 59, 68, 70, 73-74, 76-77, 202-203, 205, 248, 250, 256, 269, 271-

272, 278, 286, 368, 371, 423-
424, 430-431, 557, 570, 576-
578, 598
〈퍼펙트 블루〉 460, 468-470, 481
페르소나(가면) 282, 284, 334, 350,
375-377, 440, 473
페티시즘 269, 286-287, 572
〈폼포코 너구리 대작전〉 367
〈프로스페로의 서재〉 547, 558
〈피카돈〉 399
피터 그리너웨이(Peter Greenaway)
25, 273, 545-548, 550-551,
554, 558, 569, 572, 574, 576,
579-580, 583, 586-588, 609
〈필로우북〉 25, 466, 545-547, 549-
550, 558, 562, 567, 570-572,
574-575, 578-580, 582-583,
585-586, 588, 590-591, 598,
600

ㅎ
〈하울의 움직이는 성〉 24, 348, 353,
355, 362-363, 365, 371-374,
376, 402, 409
현실원칙 35-36, 56, 70, 411
호리 다쓰오(堀辰雄) 403-404
호리코시 지로(堀越二郎) 403-406
호소다 마모루(細田守) 346-347
혼네(本音) 23, 90, 116, 120-123,
215-216, 589
홀바인(Hans Holbein) 66, 236
화(和)의 원리 23, 90-92, 114-115,
122-123, 292, 297, 327, 592

환상 가로지르기 23, 33, 61, 76, 82,
147, 166, 179-182, 185, 242,
271, 392, 394, 467-469, 471,
474, 476-477, 479, 493-494,
600, 602, 605
〈황혼 Q2: 미궁 물건 파일 538〉 521-
522
후카사쿠 긴지(深作欣二) 504
히라타 도시오(平田敏夫) 510